判例講義 民事訴訟法

小林秀之 編

弘文堂

はしがき

小林　秀之

　本書は、判例解説と学習書を兼ねている。最新の民訴法判例の学習書であるが、同時に民訴法全体についての知識も判例学習を通じて得られるように工夫してある。

　生きた法である判例の理解なくして、民訴法がどのように民事訴訟手続の中で実現されているかを知ることはできない。その意味では、他の基本法と同様、判例学習は民訴法でも必要不可欠であるが、従来の判例解説書は、多数の執筆者が加わり一人の執筆者が一つの判例しか担当していないため、全体としての統一性に欠け整合性のある説明に欠けるきらいがあった。

　本書では、原則として一つの領域は一人の執筆者がその領域の判例を統一的に解説するという方針をとっているため、その領域の判例とその解説を読み進んでいけば、自然に領域全体の法知識も整合的に身につくようになっている。

　本書はまた、戦後の判例を中心に民訴法全体で223判例を収録しており、民訴法の学習に必要にして十分な数の判例を本書1冊で学べるようにしている。そのため、1判例の説明が原則1頁で、重要判例については2頁ないし3頁の構成にしたが、前述したように、一つの領域が同一の執筆者によって統一的に解説されているから、その領域の判例のどこかで十分な説明がなされるようになっている。同時に、可能な限り最大限の情報を盛り込むよう編集を工夫した。具体的には、なるべく図解を取り入れるように心がけた。「事実の要約」「裁判の流れ」「判旨」の順に読めば判例の内容が理解でき、「判例の法理」と「判例を読む」を読めば判例の位置付けや学説との関係が分かり、さらに判例学習を深めたい場合は、注で背景事情を知り追加情報を検索できるはずである。

　2004（平成16）年からわが国でも法曹養成に特化した法科大学院が設立されたことから、判例を通じた法学教育の重要性がますます強調されるようになってきた。その後現在まで、本書のような、判例学習を通じて法律全体の知識が具体的に身につく教育方法が法学教育の一つの大きな流れとなっており、法学部のみならず法科大学院のテキストとして本書を利用すれば判例学習が極めて容易になり民訴法全体の理解も深まるであろう。

　本書の執筆者には、主に学界の研究者で民訴法研究の中心になっておられる方々に、その得意分野をお願いした。御多忙にもかかわらず、本書の編集方針に沿って短期間で御執筆や加筆訂正をして下さったお蔭で、本書は発刊にこぎつけることができた。

　なお、他の法律とは異なる面がある民訴法判例学習の意義については「判例の学び方」を、近時の重要判例や判例全体の動向については「最新・重要判例解説」を参照してほしい。

　本書ができるにあたっては、弘文堂の北川陽子取締役の絶大な尽力によるところが大きい。執筆者全員を代表して感謝の意を表する。

平成31年満開の梅を見つつ

CONTENTS

はしがき〔小林秀之〕　iii
CONTENTS　iv
凡　例　xv
判例の学び方〔小林秀之〕　xx
最新・重要判例解説〔小林秀之〕　xxii
判例へのアクセス　xxxi

Chapter 1　総　論

●民事訴訟の対象──訴訟と非訟　　畑　宏樹　1

1　法律上の争訟 (1)【蓮華寺事件】◆最判平元・9・8民集43巻8号889頁　1
2　法律上の争訟 (2)【玉龍寺事件】◆最判平21・9・15判時2058号62頁、判タ1308号117頁　3
3　部分社会と司法審査──国立大学における単位授与【富山大学事件】
　　◆最判昭52・3・15民集31巻2号234頁・280頁　4
4　訴訟と非訟 (1)──夫婦同居の審判　◆最大決昭40・6・30民集19巻4号1089頁　5
5　訴訟と非訟 (2)──婚姻費用の分担に関する処分の審判と憲法32条
　　◆最決平20・5・8判時2011号116頁、判タ1273号125頁　7

●訴訟上の権能の濫用　　金子宏直　8

6　訴訟上の権能の濫用 (1)──訴権の濫用　◆最判昭53・7・10民集32巻5号888頁　8
7　訴訟上の権能の濫用 (2)──親子関係不存在確認の訴えと権利濫用
　　◆最判平18・7・7民集60巻6号2307頁　10
8　訴訟上の権能の濫用 (3)──訴えの提起と不法行為　◆最判昭63・1・26民集42巻1号1頁　11

●信義則　　金子宏直　13

9　信義則 (1)──争点形成　◆最判昭48・7・20民集27巻7号890頁　13
10　信義則 (2)──訴訟承継　◆最判昭41・7・14民集20巻6号1173頁　15
11　信義則 (3)──当事者の確定　◆最判昭48・10・26民集27巻9号1240頁　16
12　信義則 (4)──一部請求　◆最判平10・6・12民集52巻4号1147頁　18

●訴訟に要する費用　　金子宏直　20

13　訴訟に要する費用 (1)──弁護士費用の請求　◆最判昭48・10・11判時723号44頁　20
14　訴訟に要する費用 (2)──訴訟上の救助と相手方の即時抗告　◆最決平16・7・13民集58巻5号1599頁　21
15　訴訟に要する費用 (3)──訴訟上の救助と猶予した費用の支払　◆最決平19・12・4民集61巻9号3274頁　22

●国際民事訴訟法 .... 中野俊一郎　23

16　民事裁判権の免除（1）【横田基地夜間飛行差止等請求事件】◆最判平 14・4・12 民集 56 巻 4 号 729 頁　23
17　民事裁判権の免除（2）　◆最判平 18・7・21 民集 60 巻 6 号 2542 頁　24
18　国際裁判管轄権（1）——外国会社に対する国際裁判管轄【マレーシア航空事件】
　　◆最判昭 56・10・16 民集 35 巻 7 号 1224 頁　26
19　国際裁判管轄権（2）——特段の事情　◆最判平 9・11・11 民集 51 巻 10 号 4055 頁　28
20　国際裁判管轄権（3）——国際裁判管轄の合意【チサダネ号事件】
　　◆最判昭 50・11・28 民集 29 巻 10 号 1554 頁　29
21　国際裁判管轄権（4）——離婚事件の国際裁判管轄　◆最判平 8・6・24 民集 50 巻 7 号 1451 頁　30
22　国際的訴訟競合【グールド事件】◆東京地中間判平元・5・30 判時 1348 号 91 頁、判タ 703 号 240 頁　32
23　外国判決の承認——懲罰的損害賠償を命じる外国判決の承認【萬世工業事件】
　　◆最判平 9・7・11 民集 51 巻 6 号 2573 頁　34

Chapter 2　当事者と裁判所

●当事者の確定 .... 川嶋四郎・薮口康夫　36

24　氏名冒用訴訟　◆大判昭 10・10・28 民集 14 巻 1785 頁〔川嶋〕36
25　死者を当事者とする訴訟　◆大判昭 11・3・11 民集 15 巻 977 頁〔川嶋〕38
26　表示の訂正　◆大阪地判昭 29・6・26 下民集 5 巻 6 号 949 頁〔川嶋〕39
27　法人でない社団の当事者能力　◆最判昭 42・10・19 民集 21 巻 8 号 2078 頁〔薮口〕40

●当事者能力 .... 川嶋四郎・名津井吉裕　41

28　民法上の組合の当事者能力　◆最判昭 37・12・18 民集 16 巻 12 号 2422 頁〔川嶋〕41
29　預託金会員制ゴルフクラブの当事者能力　◆最判平 14・6・7 民集 56 巻 5 号 899 頁〔川嶋〕42
30　当事者能力と登記請求権　◆最判昭 47・6・2 民集 26 巻 5 号 957 頁〔川嶋〕44
31　当事者能力と当事者適格の交錯　◆仙台高判昭 46・3・24 行集 22 巻 3 号 297 頁〔川嶋〕45
32　法人でない社団による登記請求　◆最判平 26・2・27 民集 68 巻 2 号 192 頁〔名津井〕46

●当事者適格 .... 川嶋四郎・名津井吉裕　47

33　当事者適格——相続財産管理人　◆最判昭 47・11・9 民集 26 巻 9 号 1566 頁〔川嶋〕47
34　選定当事者——共同の利益を有する者　◆最判昭 33・4・17 民集 12 巻 6 号 873 頁〔川嶋〕49
35　法定訴訟担当（1）——遺言執行者　◆最判昭 51・7・19 民集 30 巻 7 号 706 頁〔川嶋〕50
36　法定訴訟担当（2）——債権者代位権　◆大判昭 14・5・16 民集 18 巻 557 頁〔川嶋〕51
37　紛争管理権【豊前火力発電所建設差止請求訴訟】
　　◆最判昭 60・12・20 判時 1181 号 77 頁、判タ 586 号 64 頁〔川嶋〕53
38　任意的訴訟担当　◆最大判昭 45・11・11 民集 24 巻 12 号 1854 頁〔川嶋〕55
39　法人の内部紛争（1）——原告適格　◆最判平 7・2・21 民集 49 巻 2 号 231 頁〔名津井〕57
40　法人の内部紛争（2）【銀閣寺事件】◆最判昭 44・7・10 民集 23 巻 8 号 1423 頁〔川嶋〕58

41　入会団体の当事者適格　◆最判平6・5・31民集48巻4号1065頁〔川嶋〕　60

●訴訟能力　　　　　　　　　　　　　　　　　　　　　　　　　　　　佐藤鉄男　62
42　意思能力　◆最判昭29・6・11民集8巻6号1055頁　62
43　訴訟能力——特別代理人　◆最判昭33・7・25民集12巻12号1823頁　64

●訴訟代理　　　　　　　　　　　　　　　　　　　　　　　　　　　　上北武男　65
44　訴訟代理人の代理権の範囲　◆最判昭38・2・21民集17巻1号182頁　65
45　訴訟代理人の訴訟上の地位　◆最判昭25・6・23民集4巻6号240頁　67
46　弁護士による代理（1）——双方代理　◆最大判昭38・10・30民集17巻9号1266頁　68
47　訴訟代理人がある場合の訴訟手続の中断等【光華寮事件】　◆最判平19・3・27民集61巻2号711頁　69
48　弁護士による代理（2）——懲戒処分　◆最大判昭42・9・27民集21巻7号1955頁　71

●法人の代表　　　　　　　　　　　　　　　　　　　　　　　　　　　佐藤鉄男　72
49　訴訟と法人代表者の表見代理　◆最判昭45・12・15民集24巻13号2072頁　72

●裁判所の管轄　　　　　　　　　　　　　　　　　　　　　　上北武男・名津井吉裕　73
50　訴額の算定　◆最判昭49・2・5民集28巻1号27頁〔上北〕　73
51　不法行為に関する訴え（5条9号）　◆最決平16・4・8民集58巻4号825頁〔上北〕　75
52　移送（1）——地家裁間の移送　◆最判昭58・2・3民集37巻1号45頁〔上北〕　76
53　移送（2）——著しい損害・遅滞の内容　◆大阪高決昭54・2・28判時923号89頁、判タ389号100頁〔上北〕　78
54　移送（3）——地簡裁間の移送　◆最決平20・7・18民集62巻7号2013頁〔名津井〕　80

●裁判官の除斥・忌避・回避　　　　　　　　　　　　　　　　　　　　佐藤鉄男　81
55　裁判官の除斥事由——前審への関与　◆最判昭39・10・13民集18巻8号1619頁　81
56　裁判官の忌避事由　◆最判昭30・1・28民集9巻1号83頁　82

Chapter 3　訴訟の対象と処分権主義

●請求の特定と訴えの変更　　　　　　　　　　　　　　　　　　　　　我妻　学　83
57　差止請求と請求の特定【新幹線訴訟】　◆名古屋高判昭60・4・12下民集34巻1～4号461頁　83
58　訴えの選択的併合　◆最判平元・9・19判時1328号38頁、判タ710号121頁　85
59　訴えの変更　◆最判昭39・7・10民集18巻6号1093頁　86
60　訴えの交換的変更と旧訴の扱い　◆最判昭32・2・28民集11巻2号374頁　87

●境界確定訴訟　　　　　　　　　　　　　　　　　　　　　　　　　　我妻　学　88
61　境界（筆界）確定の訴え（1）　◆最判昭58・10・18民集37巻8号1121頁　88
62　境界（筆界）確定の訴え（2）　◆最判昭38・10・15民集17巻9号1220頁　89

| 63 | 境界（筆界）確定の訴えと当事者適格　◆最判平7・3・7民集49巻3号919頁　90 |

●訴え提起の効果 ……………………………………………… 我妻　学・田村陽子　91

64	時効の完成猶予および更新（時効の中断）　◆最判昭44・11・27民集23巻11号2251頁〔我妻〕　91
65	二重起訴と相殺の抗弁　◆最判昭63・3・15民集42巻3号170頁〔我妻〕　92
66	別訴債権を本訴での相殺の抗弁に提出することの許否
	◆①最判平3・12・17民集45巻9号1435頁、②最判平10・6・30民集52巻4号1225頁〔田村〕　94
67	反訴請求債権を自働債権とし本訴請求債権を受働債権とする相殺の抗弁の許否
	◆最判平18・4・14民集60巻4号1497頁〔我妻〕　96
68	占有の訴えと本権の訴え　◆最判昭40・3・4民集19巻2号197頁〔我妻〕　98

●訴えの取下げ ………………………………………………………………… 我妻　学　99

69	刑事上罰すべき他人の行為による訴えの取下げ　◆最判昭46・6・25民集25巻4号640頁　99
70	裁判外の訴え取下げの合意の効力　◆最判昭44・10・17民集23巻10号1825頁　100
71	訴えの取下げと再訴の禁止　◆最判昭52・7・19民集31巻4号693頁　101

●訴訟上の和解 ……………………………………………………………… 我妻　学　102

| 72 | 和解契約の解除と訴訟の終了　◆最判昭43・2・15民集22巻2号184頁　102 |
| 73 | 訴訟上の和解と錯誤（無効）　◆最判昭33・6・14民集12巻9号1492頁　103 |

Chapter 4　訴訟要件・訴えの利益

●訴訟要件 …………………………………………………………………… 萩澤達彦　104

| 74 | 仲裁契約の成立　◆最判昭57・2・23民集36巻2号183頁　104 |

●確認の訴えの利益 ……………………………………………… 萩澤達彦・原　強　105

75	遺言無効確認の利益　◆最判昭47・2・15民集26巻1号30頁〔萩澤〕　105
76	消極的確認の利益　◆最判昭39・11・26民集18巻9号1992頁〔萩澤〕　106
77	檀信徒総会決議不存在確認の訴え　◆最判平17・11・8判時1915号19頁、判タ1197号117頁〔萩澤〕　108
78	遺産確認の利益　◆最判昭61・3・13民集40巻2号389頁〔萩澤〕　110
79	子の死亡後の親子関係確認の利益　◆最大判昭45・7・15民集24巻7号861頁〔萩澤〕　113
80	離縁無効確認の利益　◆最判昭62・7・17民集41巻5号1381頁〔萩澤〕　115
81	法律上の争訟　◆最判平7・7・18民集49巻7号2717頁〔萩澤〕　116
82	債務不存在確認の訴えの攻撃的性格
	◆東京高判平4・7・29判時1433号56頁、判タ809号215頁〔萩澤〕　118
83	具体的相続分確認の訴え　◆最判平12・2・24民集54巻2号523頁〔原〕　120
84	遺言者生存中に提起された遺言無効確認の訴え
	◆最判平11・6・11判時1685号36頁、判タ1009号95頁〔原〕　122

85	条件付法律関係の確認——敷金返還請求権の確認　◆最判平11・1・21民集53巻1号1頁〔原〕	124
86	債務不存在確認の訴えを本訴とする訴訟において当該債務の履行を求める反訴が提起された場合　◆最判平16・3・25民集58巻3号753頁〔萩澤〕	126
87	特別受益財産と確認の利益　◆最判平7・3・7民集49巻3号893頁〔萩澤〕	128

●給付の訴えの利益　………………………………………………………　萩澤達彦　130

88	給付の訴え——登記請求訴訟　◆最判昭41・3・18民集20巻3号464頁	130
89	将来の給付の訴えを提起することのできる請求権としての適格【横田基地訴訟事件】　◆最判平19・5・29判時1978号7頁、判タ1248号117頁	132
90	併合された将来給付の訴え——保険金請求　◆最判昭57・9・28民集36巻8号1652頁	136

●形成の訴えの利益　………………………………………………………　萩澤達彦　137

91	形成の訴えの利益の有無【ブリヂストン事件】　◆最判平4・10・29民集46巻7号2580頁	137
92	株主総会決議取消の訴え　◆最判昭45・4・2民集24巻4号223頁	138

Chapter 5　訴訟の審理

●訴状の送達　………………………………………………………　小林秀之・田頭章一　139

93	公示送達の不知と追完　◆最判昭42・2・24民集21巻1号209頁〔小林〕	139
94	郵便に付する送達　◆①最判平10・9・10判時1661号81頁（(1)事件）、判タ990号138頁（(1)事件）、②最判平10・9・10判時1661号81頁（(2)事件）、判タ990号138頁（(2)事件）〔田頭〕	140

●口頭弁論の準備　…………………………………………………………　田頭章一　142

95	秘密保持命令　◆最決平21・1・27民集63巻1号271頁	142

●口頭弁論　…………………………………………………………………　小林秀之　144

96	口頭弁論の再開　◆最判昭56・9・24民集35巻6号1088頁	144

●訴訟行為　………………………………………………………　山本浩美・田村陽子　145

97	先行行為に矛盾する主張——訴訟上の信義則　◆最判昭51・3・23判時816号48頁〔山本〕	145
98	相殺に対する反対相殺　◆最判平10・4・30民集52巻3号930頁〔田村〕	146

●適時提出主義　……………………………………………………………　山本浩美　148

99	時機に後れた攻撃防御方法　◆最判昭46・4・23判時631号55頁	148

●弁論主義　…………………………………………………………………　小林秀之　149

100	当事者からの主張の要否 (1)——所有権喪失事由　◆最判昭55・2・7民集34巻2号123頁	149
101	当事者からの主張の要否 (2)——代理人による契約締結　◆最判昭33・7・8民集12巻11号1740頁	151

102 当事者からの主張の要否（3）——公序良俗　◆最判昭 36・4・27 民集 15 巻 4 号 901 頁　152
103 当事者からの主張の要否（4）——間接事実（否認理由に相当する事実）
　　◆最判昭 46・6・29 判時 636 号 50 頁、判タ 264 号 198 頁　153
104 被告が主張した原告に有利な事実——当事者の主張の要否
　　◆最判平 9・7・17 判時 1614 号 72 頁、判タ 950 号 113 頁　154
105 職権による過失相殺　◆最判昭 43・12・24 民集 22 巻 13 号 3454 頁　155
106 権利抗弁　◆最判昭 27・11・27 民集 6 巻 10 号 1062 頁　156

●**裁判所の釈明**　　　　　　　　　　　　　　　　　　　　　　　　　山本浩美・原　強　157
107 裁判所の釈明権　◆最判昭 45・6・11 民集 24 巻 6 号 516 頁〔山本〕　157
108 法的観点指摘義務と既判力の縮小　◆最判平 9・3・14 判時 1600 号 89 頁、判タ 937 号 104 頁〔山本〕　158
109 法的観点指摘義務と他の請求権の釈明
　　◆最判平 22・10・14 判時 2098 号 55 頁、判タ 1337 号 105 頁〔原〕　159

Chapter 6　証拠法

●**資料・証拠の収集**　　　　　　　　　　　　　　　　　　　　　　　町村泰貴・田村陽子　161
110 模索的証明　◆東京高決昭 47・5・22 高民集 25 巻 3 号 209 頁〔町村〕　161
111 情報の収集——弁護士法 23 条の 2 の照会　◆最判昭 56・4・14 民集 35 巻 3 号 620 頁〔町村〕　163
112 診療録の証拠保全の要件　◆広島地決昭 61・11・21 判時 1224 号 76 頁、判タ 633 号 221 頁〔町村〕　164
113 行政庁の所持する文書と提出命令　◆最決平 12・3・10 判時 1711 号 55 頁、判タ 1031 号 165 頁〔町村〕　166
114 文書提出命令（1）——訴訟に関する書類（刑訴法 47 条）は法律関係文書か
　　◆最決平 16・5・25 民集 58 巻 5 号 1135 頁〔町村〕　168
115 文書提出命令（2）——捜索差押許可状および捜索差押令状請求書は法律関係文書か
　　◆最決平 17・7・22 民集 59 巻 6 号 1837 頁〔町村〕　170
116 文書提出命令（3）——被疑者の勾留請求の資料とされた告訴状は法律関係文書か
　　◆最決平 19・12・12 民集 61 巻 9 号 3400 頁〔町村〕　172
117 文書提出命令（4）——銀行の貸出稟議書　◆最決平 11・11・12 民集 53 巻 8 号 1787 頁〔町村〕　174
118 文書提出命令（5）——信用組合の貸出稟議書【木津信稟議書提出命令事件】
　　◆最決平 13・12・7 民集 55 巻 7 号 1411 頁〔町村〕　177
119 文書提出命令（6）——文書提出義務と技術または職業の秘密および証拠の必要性と不服申立て
　　◆最決平 12・3・10 民集 54 巻 3 号 1073 頁〔町村〕　178
120 文書提出命令（7）——220 条 4 号ロにいう「公務員の職務上の秘密」
　　◆最決平 17・10・14 民集 59 巻 8 号 2265 頁〔町村〕　180
121 文書提出命令（8）——市議会議員の調査研究報告書は自己専用文書か
　　◆最決平 17・11・10 民集 59 巻 9 号 2503 頁〔町村〕　182
122 文書提出命令（9）——銀行本部からの社内通達文書と自己専用文書
　　◆最決平 18・2・17 民集 60 巻 2 号 496 頁〔町村〕　184

123 文書提出命令（10）――銀行が作成し保存している自己査定資料と自己専用文書
　　◆最決平 19・11・30 民集 61 巻 8 号 3186 頁〔町村〕 185
124 文書提出命令（11）――223 条 4 項 1 号の「他国との信頼関係が損なわれるおそれ」
　　◆最決平 17・7・22 民集 59 巻 6 号 1888 頁〔町村〕 186
125 文書提出命令（12）――職業の秘密　◆最決平 20・11・25 民集 62 巻 10 号 2507 頁〔田村〕 188
126 文書提出命令の不遵守　◆東京高判昭 54・10・18 下民集 33 巻 5〜8 号 1031 頁〔町村〕 190

● 自　白 ･･･ 伊東俊明・髙田昌宏　191
127 擬制自白　◆最判昭 43・3・28 民集 22 巻 3 号 707 頁〔伊東〕 191
128 間接事実の自白　◆最判昭 41・9・22 民集 20 巻 7 号 1392 頁〔伊東〕 192
129 補助事実の自白――文書の真正　◆最判昭 52・4・15 民集 31 巻 3 号 371 頁〔伊東〕 193
130 権利自白　◆最判昭 30・7・5 民集 9 巻 9 号 985 頁〔髙田〕 195
131 自白の撤回の要件　◆大判大 4・9・29 民録 21 輯 1520 頁〔伊東〕 197
132 過失の自認の効力　◆東京地判昭 49・3・1 下民集 25 巻 1〜4 号 129 頁〔髙田〕 198

● 証明責任 ･･･ 田村陽子・髙田昌宏・近藤隆司　199
133 証明責任の分配（1）――虚偽表示における第三者の善意【不動産売買無効等確認事件】
　　◆最判昭 35・2・2 民集 14 巻 1 号 36 頁〔田村〕 199
134 証明責任の分配（2）――準消費貸借契約　◆最判昭 43・2・16 民集 22 巻 2 号 217 頁〔髙田〕 200
135 証明責任の分配（3）――安全配慮義務　◆最判昭 56・2・16 民集 35 巻 1 号 56 頁〔髙田〕 202
136 証明責任の分配（4）――背信行為と認めるに足りない特段の事情
　　◆最判昭 41・1・27 民集 20 巻 1 号 136 頁〔髙田〕 204
137 事案解明義務　◆最判平 4・10・29 民集 46 巻 7 号 1174 頁〔髙田〕 205
138 損害の発生と損害額の算定（248 条）
　　◆最判平 20・6・10 判時 2042 号 5 頁、判タ 1316 号 142 頁〔近藤〕 207

● 訴訟における証明・事実認定 ･････････････････････････････････････ 近藤隆司・薮口康夫　208
139 訴訟上の証明【ルンバール・ショック事件】　◆最判昭 50・10・24 民集 29 巻 9 号 1417 頁〔近藤〕 208
140 集団訴訟における証明【大阪国際空港訴訟】　◆最大判昭 56・12・16 民集 35 巻 10 号 1369 頁〔近藤〕 211
141 統計学的立証の可否【鶴岡灯油訴訟】　◆最判平元・12・8 民集 43 巻 11 号 1259 頁〔近藤〕 212
142 概括的認定――過失の一応の推定　◆最判昭 32・5・10 民集 11 巻 5 号 715 頁〔近藤〕 213
143 過失の一応の推定　◆最判昭 43・12・24 民集 22 巻 13 号 3428 頁〔薮口〕 214
144 事実上の推定　◆新潟地判昭 46・9・29 下民集 22 巻 9〜10 号別冊 1 頁〔近藤〕 215
145 弁論の全趣旨　◆最判昭 36・4・7 民集 15 巻 4 号 694 頁〔近藤〕 216

● 証拠調べ ･･･ 近藤隆司・町村泰貴　217
146 反対尋問の保障　◆最判昭 32・2・8 民集 11 巻 2 号 258 頁〔近藤〕 217
147 弁論の併合と証拠調べの結果の援用　◆最判昭 41・4・12 民集 20 巻 4 号 560 頁〔近藤〕 218
148 無断（秘密）録音テープの証拠能力　◆東京高判昭 52・7・15 判時 867 号 60 頁、判タ 362 号 241 頁〔近藤〕 219

149　唯一の証拠方法の申出とその採否　◆最判昭53・3・23判時885号118頁〔町村〕220
150　「黙秘すべきもの」（197条1項2号）の意義
　　　　◆最決平16・11・26民集58巻8号2393頁〔町村〕221
151　金融機関が有する顧客情報と職業の秘密　◆最決平19・12・11民集61巻9号3364頁〔町村〕222
152　報道関係者の取材源に係る証言拒絶　◆最決平18・10・3民集60巻8号2647頁〔町村〕223
153　磁気テープの証拠調べ　◆大阪高決昭53・3・6高民集31巻1号38頁〔町村〕225
154　文書真正の推定　◆最判昭39・5・12民集18巻4号597頁〔町村〕227

Chapter 7　多数当事者訴訟と複数請求訴訟

●通常共同訴訟　　　　　　　　　　　　　　　　　　　　　　　　　　中西　正　228
155　通常共同訴訟人独立の原則――当然の補助参加　◆最判昭43・9・12民集22巻9号1896頁　228
156　不動産の共有者の1人が不実の持分移転登記を了している者に対し同登記の
　　　抹消登記手続請求をすることの可否　◆最判平15・7・11民集57巻7号787頁　229
157　商標権の共有者の1人が当該商標登録の無効審決について単独で
　　　取消訴訟を提起することの許否　◆最判平14・2・22民集56巻2号348頁　230

●必要的共同訴訟　　　　　　　　　　　　　　　　　　　　　　中西　正・名津井吉裕　231
158　固有必要的共同訴訟（1）――第三者に対する入会権確認の訴え【馬毛島事件】
　　　◆最判平20・7・17民集62巻7号1994頁〔中西〕231
159　固有必要的共同訴訟（2）――被告側の共同相続　◆最判昭43・3・15民集22巻3号607頁〔中西〕233
160　固有必要的共同訴訟（3）――共同相続人間における相続人の地位不存在確認の訴え
　　　◆最判平16・7・6民集58巻5号1319頁〔中西〕234
161　固有必要的共同訴訟（4）――遺産確認の訴え　◆最判平元・3・28民集43巻3号167頁〔中西〕235
162　固有必要的共同訴訟（5）――前婚の無効確認と後婚の取消
　　　◆最判昭61・9・4判時1217号57頁、判タ624号124頁〔中西〕236
163　固有必要的共同訴訟（6）――訴えの取下げ　◆最判昭46・10・7民集25巻7号885頁〔中西〕237
164　必要的共同訴訟と上訴（1）　◆最大判平9・4・2民集51巻4号1673頁〔中西〕238
165　必要的共同訴訟と上訴（2）　◆最判平12・7・7民集54巻6号1767頁〔名津井〕239

●主観的併合　　　　　　　　　　　　　　　　　　　　　　　　　　　中西　正　241
166　主観的予備的併合　◆最判昭43・3・8民集22巻3号551頁　241
167　主観的追加的併合　◆最判昭62・7・17民集41巻5号1402頁　243

●補助参加　　　　　　　　　　　　　　　　　　　　　　　　　間渕清史・薮口康夫　244
168　補助参加の利益　◆東京高決昭49・4・17下民集25巻1～4号309頁〔間渕〕244
169　補助参加の態様　◆最判昭51・3・30判時814号112頁、判タ336号216頁〔間渕〕245
170　補助参加人に対する判決の効力　◆最判昭45・10・22民集24巻11号1583頁〔間渕〕246

171 訴訟告知の効力の客観的範囲　◆最判平14・1・22判時1776号67頁、判タ1085号194頁〔間渕〕　247
172 共同訴訟的補助参加　◆最判昭63・2・25民集42巻2号120頁〔薮口〕　248

●独立当事者参加　　　　　　　　　　　　　　　　　　　　　　　　　　　　三木浩一　249
173 独立当事者参加の可否　◆最判平6・9・27判時1513号111頁、判タ867号175頁　249
174 債権者代位訴訟と独立当事者参加　◆最判昭48・4・24民集27巻3号596頁　250
175 上告審での独立当事者参加　◆最判昭44・7・15民集23巻8号1532頁　251
176 敗訴者の1人による上訴　◆最判昭48・7・20民集27巻7号863頁　252

●共同訴訟参加　　　　　　　　　　　　　　　　　　　　　　　　　　　　　藤本利一　253
177 共同訴訟参加と当事者適格　◆最判昭36・11・24民集15巻10号2583頁　253

●訴訟承継　　　　　　　　　　　　　　　　　　　　　　　　　　　　　　　藤本利一　254
178 訴訟の終了――養子縁組取消訴訟　◆最判昭51・7・27民集30巻7号724頁　254
179 訴訟承継――権利譲渡人からの引受申立て　◆東京高決昭54・9・28下民集30巻9～12号443頁　255
180 訴訟承継制度――義務者の参加申立て　◆最判昭32・9・17民集11巻9号1540頁　256
181 引受承継人の範囲　◆最判昭41・3・22民集20巻3号484頁　257

●訴えの客観的併合　　　　　　　　　　　　　　　　　　　　　中西　正・名津井吉裕　258
182 離婚の訴えに附帯して別居後離婚までの期間における子の監護費用の
　　支払を求める申立て　◆最判平19・3・30判時1972号86頁、判タ1242号120頁〔中西〕　258
183 多数当事者訴訟と上訴期間
　　◆①最判昭37・1・19民集16巻1号106頁、②最決平15・11・13民集57巻10号1531頁〔名津井〕　259

Chapter 8　判　決

●申立事項と判決事項　　　　　　　　　　　　　　　　　　　　　　　　　　坂田　宏　261
184 引換給付判決――立退料の支払と引換えの建物明渡判決　◆最判昭46・11・25民集25巻8号1343頁　261
185 消極的確認訴訟における申立事項――一定額を超える債務不存在確認訴訟の意味
　　◆最判昭40・9・17民集19巻6号1533頁　263

●判決効の時的・客観的範囲　　　　　　　　　　　　　　　　　　　　　　　髙地茂世　264
186 既判力の時的限界（1）――取消権　◆最判昭55・10・23民集34巻5号747頁　264
187 既判力の時的限界（2）――白地手形　◆最判昭57・3・30民集36巻3号501頁　265
188 建物買取請求権と既判力――遮断効　◆最判平7・12・15民集49巻10号3051頁　266
189 必要的共同訴訟と既判力――遮断効　◆最判平9・3・14判時1600号89頁、判タ937号104頁　267
190 争点効　◆最判昭44・6・24判時569号48頁、判タ239号143頁　269
191 限定承認の蒸し返し――既判力に準ずる効力　◆最判昭49・4・26民集28巻3号503頁　270

192 一部請求——明示の場合　◆最判昭37・8・10民集16巻8号1720頁　271
193 後遺症による損害額の増大　◆最判昭43・4・11民集22巻4号862頁　272
194 確定判決の騙取　◆最判昭44・7・8民集23巻8号1407頁　274
195 信義則——判決の効力　◆最判昭51・9・30民集30巻8号799頁　275

● **判決効の主観的範囲** ……………………………………………………… 坂田　宏　276
196 口頭弁論終結後の承継人——既判力の主観的範囲　◆最判昭48・6・21民集27巻6号712頁　276
197 請求の目的物の所持人——実質的当事者に対する115条1項4号の類推適用
　　◆大阪高判昭46・4・8判時633号73頁、判タ263号229頁　278
198 法人格否認の法理——法人格否認の場合における判決の既判力・執行力拡張の否定
　　◆最判昭53・9・14判時906号88頁　279
199 判決の反射効（1）——保証人敗訴判決確定後の主債務者勝訴の確定判決の保証人による援用
　　◆最判昭51・10・21民集30巻9号903頁　280
200 判決の反射効（2）——共同不法行為者の1人がした相殺　◆最判昭53・3・23判時886号35頁　281

Chapter 9　上　訴

● **上訴の利益** …………………………………………………………………… 小林秀之　282
201 上訴の利益（1）　◆最判昭31・4・3民集10巻4号297頁　282
202 上訴の利益（2）　◆名古屋高金沢支判平元・1・30判時1308号125頁、判タ704号264頁　283

● **上訴審の審判の範囲** ……………………………………………………… 小林秀之　284
203 上訴審の審判の範囲——予備的請求　◆最判昭33・10・14民集12巻14号3091頁　284
204 一部請求と相殺、不利益変更禁止　◆最判平6・11・22民集48巻7号1355頁　285
205 不服の限度——上訴しない当事者の請求　◆最判昭58・3・22判時1074号55頁、判タ494号62頁　286
206 不利益変更の禁止　◆最判昭61・9・4判時1215号47頁、判タ624号138頁　287

● **控訴審の手続** ……………………………………………………………… 小林秀之　288
207 必要的差戻　◆最判昭58・3・31判時1075号119頁、判タ495号75頁　288
208 控訴審での反訴　◆最判昭38・2・21民集17巻1号198頁　289

● **上告審の手続** …………………………………………………… 佐野裕志・齋藤善人　290
209 経験則違反と上告　◆最判昭36・8・8民集15巻7号2005頁〔佐野〕　290
210 再審事由と上告理由　◆最判昭38・4・12民集17巻3号468頁〔佐野〕　291
211 審理不尽という上告理由　◆最判昭35・6・9民集14巻7号1304頁〔佐野〕　292
212 破棄判決の拘束力（1）——法律上の判断　◆最判昭43・3・19民集22巻3号648頁〔佐野〕　294
213 破棄判決の拘束力（2）——事実上の判断　◆最判昭36・11・28民集15巻10号2593頁〔佐野〕　296
214 違式の裁判　◆最判平7・2・23判時1524号134頁、判タ875号95頁〔佐野〕　297

215 原判決を破棄する場合における口頭弁論の要否
　◆最判平 19・1・16 判時 1959 号 29 頁、判タ 1233 号 167 頁〔佐野〕 298

216 即時抗告審における手続保障　◆最決平 23・4・13 民集 65 巻 3 号 1290 頁〔齋藤〕 299

217 上告受理──再審事由との関係　◆最判平 15・10・31 判時 1841 号 143 頁、判タ 1138 号 76 頁〔齋藤〕 300

●再審の手続 ･･･ 齋藤善人・佐野裕志　301

218 再審事由と補充性　◆最判平 4・9・10 民集 46 巻 6 号 553 頁〔齋藤〕 301

219 再審の原告適格　◆最判平元・11・10 民集 43 巻 10 号 1085 頁〔佐野〕 303

220 再審期間の始期　◆最判昭 52・5・27 民集 31 巻 3 号 404 頁〔佐野〕 305

221 再審と有罪の証拠　◆最判平 6・10・25 判時 1516 号 74 頁、判タ 868 号 154 頁〔佐野〕 307

222 補充送達の効力と再審事由　◆最決平 19・3・20 民集 61 巻 2 号 586 頁〔佐野〕 308

223 第三者による再審　◆最決平 25・11・21 民集 67 巻 8 号 1686 頁〔齋藤〕 310

判例索引　312

編者・執筆者紹介　318

凡　例

(1) 法令・条文の引用は、民事訴訟法については条文数のみで表記し、他の法令については『六法全書』(有斐閣) の法令略語表に従った。なお、2013年の家事事件手続法の施行に伴い廃止となった家事審判法、家事審判規則については、略称として「家審」「家審規」を用いた。
(2) 判例集、雑誌、基本書等の略語は、以下によるほか、一般の慣例に従った。

判例

大判（決）	大審院判決（決定）
大連判	大審院連合部判決
最大判（決）	最高裁判所大法廷判決（決定）
最判（決）	最高裁判所判決（決定）
高判（決）	高等裁判所判決（決定）
地判（決）	地方裁判所判決（決定）
家審	家庭裁判所審判
簡判（決）	簡易裁判所判決（決定）

判例集

民（刑）録	大審院民（刑）事判決録
民（刑）集	大審院民（刑）事判例集（明治憲法下） 最高裁判所民（刑）事判例集（日本国憲法下）
裁判集民（刑）	最高裁判所裁判集民（刑）事
高民（刑）集	高等裁判所民（刑）事判例集
東高民（刑）報	東京高等裁判所民（刑）事判決時報
下民（刑）集	下級裁判所民（刑）事裁判例集
行集	行政事件裁判例集
労民集	労働関係民事裁判例集
裁時	裁判所時報
訟月	訟務月報
家月	家庭裁判月報
新聞	法律新聞
評論	法律評論

雑誌

金判	金融・商事判例
金法	金融法務事情
銀法	銀行法務21
自正	自由と正義
ジュリ	ジュリスト
曹時	法曹時報
判時	判例時報
判タ	判例タイムズ
判評	判例時報付録の判例評論
ひろば	法律のひろば
法協	法学協会雑誌
法教	法学教室
法研	法学研究
法時	法律時報
法セ	法学セミナー
民商	民商法雑誌
民訴雑誌	民事訴訟雑誌

判例解説

最判解民（刑）	最高裁判所判例解説民事篇（刑事篇）○年度（最高裁）
平成（昭和）○年度重判	平成（昭和）○年度重要判例解説（有斐閣）
平成（昭和）○年度主判解説	平成（昭和）○年度主要民事判例解説（判例タイムズ社）
私判リマ	私法判例リマークス（年2回、日本評論社）
基本判例	民法の基本判例〔第2版〕（別冊法教、1999）
判セ	判例セレクト（法教別冊付録）
判例講義民訴3版	小林秀之編『判例講義民事訴訟法〔第3版〕』（悠々社、2016）
百選5版	高橋宏志＝高田裕成＝畑瑞穂編『民事訴訟法判例百選〔第5版〕』（別冊ジュリ、有斐閣、2015）（第1版、続版、第2版、百選Ⅰ・Ⅱ（分冊）、百選Ⅰ〔新法対応補正版〕・Ⅱ〔新法対応補正版〕、第3版、第4版は、それぞれ版数を明記）

基本書（最新版以外は版数を明記）

安達・国際民事訴訟法の展開	安達栄司『国際民事訴訟法の展開』（成文堂、2000）
池田・債権者代位訴訟	池田辰夫『債権者代位訴訟の構造』（信山社、1995）
池田・新世代の民事裁判	池田辰夫『新世代の民事裁判』（信山社、1996）
伊藤	伊藤眞『民事訴訟法〔第6版〕』（有斐閣、2018）
伊藤・当事者	伊藤眞『民事訴訟の当事者』（弘文堂、1978）
伊藤ほか・論争	伊藤眞＝加藤新太郎＝山本和彦『民事訴訟法の論争』（有斐閣、2007）
伊藤＝加藤編・判例から学ぶ	伊藤眞＝加藤新太郎編『「判例から学ぶ」民事事実認定』（有斐閣・ジュリ増刊、2006）
伊藤滋夫・事実認定の基礎	伊藤滋夫『事実認定の基礎』（有斐閣、1996）
伊東・研究	伊東乾『民事訴訟法研究』（酒井書店、1968）
井上ほか・これからの民訴	井上治典ほか『これからの民事訴訟法』（日本評論社、1984）
井上・実践と理論	井上治典『民事手続の実践と理論』（信山社、2003）
井上・多数当事者の訴訟	井上治典『多数当事者の訴訟』（信山社、1992）
井上・民事手続論	井上治典『民事手続論』（有斐閣、1993）
井上・多数当事者訴訟の法理	井上治典『多数当事者訴訟の法理』（弘文堂、1981）

岩松・研究	岩松三郎『民事裁判の研究』(弘文堂、1961、再版1969)
上田	上田徹一郎『民事訴訟法〔第7版〕』(法学書院、2011)
上田・判決効の範囲	上田徹一郎『判決効の範囲』(有斐閣、1985)
梅本	梅本吉彦『民事訴訟法〔第4版〕』(信山社、2009)
大江=加藤=山本・手続裁量	大江忠=加藤新太郎=山本和彦『手続裁量とその規律』(有斐閣、2005)
太田・証明論の基礎	太田勝造『裁判における証明論の基礎』(弘文堂、1982)
岡垣・人事訴訟の研究	岡垣学『人事訴訟の研究』(第一法規、1980)
貝瀬・国際社化会の民事訴訟	貝瀬幸雄『国際化社会の民事訴訟』(信山社、1993)
春日・証拠法研究	春日偉知郎『民事証拠法研究』(有斐閣、1991)
春日・証拠法論	春日偉知郎『民事証拠法論』(商事法務、2009)
春日・証拠法論集	春日偉知郎『民事証拠法論集』(有斐閣、1995)
加藤・手続裁量論	加藤新太郎『手続裁量論』(弘文堂、1996)
加藤・弁護士役割論	加藤新太郎『弁護士役割論〔新版〕』(弘文堂、2000)
加(正)・新訂要論	加藤正治『新訂民事訴訟法要論〔7版〕』(有斐閣、1955)
兼子・体系	兼子一『民事訴訟法体系』(酒井書店、初版1954、新修初版1956)
兼子・研究①〜③	兼子一『民事法研究1〜3巻』(酒井書店、1950〜1969)
兼子・判例民訴	兼子一『判例民事訴訟法』(弘文堂、1950)
兼子編・実例法学全集民訴上、下	兼子一編『実例法学全集民事訴訟法(上)(下)』(青林書院新社、(上)1963、(下)1965)
川嶋	川嶋四郎『民事訴訟法』(日本評論社、2013)
川嶋・概説	川嶋四郎『民事訴訟法概説〔第2版〕』(弘文堂、2016)
川嶋・差止救済過程	川嶋四郎『差止救済過程の近未来展望』(日本評論社、2006)
川嶋・創造的展開	川嶋四郎『民事訴訟過程の創造的展開』(弘文堂、2005)
河野	河野正憲『民事訴訟法』(有斐閣、2009年)
河野・当事者行為	河野正憲『当事者行為の法的構造』(弘文堂、1988)
木川・重要問題講義上、中、下	木川統一郎『民事訴訟法重要問題講義(上)(中)(下)』(成文堂、1992〜1993)
木川・民訴政策序説	木川統一郎『民事訴訟政策序説』(有斐閣、1968)
菊井・上、下	菊井維大『民事訴訟法〔補正版〕(上)(下)』(弘文堂、1969、初版は1958)
菊井=村松・全訂①〜③	菊井維大=村松俊夫『全訂民事訴訟法Ⅰ、Ⅱ、Ⅲ』(日本評論社、Ⅰ補正版1993、Ⅱ1989、Ⅲ1986)
倉田・民事実務	倉田卓次『民事実務と証明論』(日本評論社、1987)
草野・和解技術論	草野芳郎『和解技術論〔第2版〕』(信山社、2003)
小島・基礎法理	小島武司『民事訴訟の基礎法理』(有斐閣、1988年)
小林	小林秀之『民事訴訟法』(新法学ライブラリー10、新世社、2013)
小林・アドバンス	小林秀之『アドバンス民事訴訟法』(日本評論社、2007)
小林・ケースで学ぶ	小林秀之『ケースで学ぶ民事訴訟法〔第2版〕』(日本評論社、2008)
小林・ケースでわかる	小林秀之『ケースでわかる民事訴訟法』(日本評論社、2014)
小林・事例分析	小林秀之『事例分析ゼミ民事訴訟法』(法学書院、2007)
小林・新証拠法	小林秀之『新証拠法〔第2版〕』(弘文堂、2003)
小林・民事裁判の審理	小林秀之『民事裁判の審理(上智大学法学叢書第11巻)』(有斐閣、1987)
小林・民訴法がわかる	小林秀之『民事訴訟法がわかる〔第2版〕』(日本評論社、2007)
小林・メソッド	小林秀之『プロブレム・メソッド新民事訴訟法〔補訂版〕』(判例タイムズ社、1999)
小林=角・手続法から見た民法	小林秀之=角紀代恵『手続法から見た民法』(弘文堂、1993)
小林・原・民事訴訟法	小林秀之=原強『民事訴訟法』(新・論点講義シリーズ、弘文堂、2011)
小林=村上・国際民訴法	小林秀之=村上正子『国際民事訴訟法』(弘文堂、2009)
小林編・法学講義民事訴訟法	小林秀之編『法学講義民事訴訟法』(弘文堂、2018)
小室・上訴制度の研究	小室直人『上訴制度の研究』(有斐閣、1961)
小山	小山昇『民事訴訟法〔新版〕』(青林書院、2001)
小山・多数当事者	小山昇『多数当事者訴訟の研究』(小山昇著作集第4巻、信山社、1993)
小山・判決効	小山昇『判決効の研究』(小山昇著作集第2巻、信山社、1990)
小山・民事調停法	小山昇『民事調停法〔新版〕』(有斐閣、1977)
小山・民訴判例漫策	小山昇『民訴判例漫策』(判例タイムズ社、1982)
斎藤	斎藤秀夫『民事訴訟法概論〔新版〕』(有斐閣、1982)
裁判所研修所・講義案	裁判所職員総合研修所監修『民事訴訟法講義案〔3訂版〕』(司法協会、2016)
坂田・処分権主義	坂田宏『民事訴訟における処分権主義』(有斐閣、2001)
澤木=青山編・国際民事訴訟法の理論	澤木敬郎=青山善充編『国際民事訴訟法の理論』(有斐閣、1987)
司法研修所編・要件事実①、②	司法研修所編『民事訴訟における要件事実第1巻〔増補版〕、第2巻』(法曹会、1986、1992)
新堂	新堂幸司『新民事訴訟法〔第5版〕』(弘文堂、2011)
新堂・基礎	新堂幸司『民事訴訟法学の基礎』(有斐閣、1998)
新堂・訴訟物上、下	新堂幸司『訴訟物と争点効(上)(下)』(有

	斐閣、1988、1991）
新堂・展開	新堂幸司『民事訴訟法学の展開』（有斐閣、2000）
新堂・民訴制度	新堂幸司『民事訴訟制度の役割』（有斐閣、1993）
新堂・判例	新堂幸司『判例民事手続法』（弘文堂、1994）
新堂編・特講	新堂幸司編著『特別講義民事訴訟法』（法学教室全書、有斐閣、1988）
住吉・民事訴訟読本	住吉博『民事訴訟読本』（法学書院、1973、正〔第2版〕1976、続〔第2版〕1977）
高桑＝道垣内編・国際民事訴訟法	高桑昭＝道垣内正人編『国際民事訴訟法（財産法関係）』（新・裁判実務大系3、青林書院、2002）
高橋・上、下	高橋宏志『重点講義民事訴訟法（上）（下）〔第2版補訂版〕』（有斐閣、（上）2013、（下）2014）
高橋・概論	高橋宏志『民事訴訟法概論』（有斐閣、2016）
竹下ほか編・研究会新民訴	竹下守夫ほか編集代表『研究会新民事訴訟法』（有斐閣、1999）
田辺・動態と背景	田辺公二『民事訴訟の動態と背景（田辺公二著作集第1巻）』（弘文堂、1964）
谷口	谷口安平『口述民事訴訟法』（成文堂、1987）
徳田・複雑訴訟	徳田和幸『複雑訴訟の基礎理論』（信山社、2008）
中田・訴と判決の法理	中田淳一『訴と判決の法理』（有斐閣、1972）
中野・解説	中野貞一郎『解説新民事訴訟法』（有斐閣、1997）
中野・過失の推認	中野貞一郎『過失の推認〔増補版〕』（弘文堂、1987）
中野・現在問題	中野貞一郎『民事手続の現在問題』（判例タイムズ社、1989）
中野・訴訟関係	中野貞一郎『訴訟関係と訴訟行為』（弘文堂、1961）
中野＝下村・民事執行法	中野貞一郎＝下村正明『民事執行法』（青林書院、2016）
中野・論点①、②	中野貞一郎『民事訴訟法の論点Ⅰ、Ⅱ』（判例タイムズ社、Ⅰ1994、Ⅱ2001）
中野ほか編・講義	中野貞一郎＝松浦馨＝鈴木正裕編『民事訴訟法講義〔第3版〕』（有斐閣、1995）
中野ほか編・新講義	中野貞一郎＝松浦馨＝鈴木正裕編『新民事訴訟法講義〔第3版〕』（有斐閣、2018）
那須・民事訴訟と弁護士	那須弘平『民事訴訟と弁護士』（信山社、2001）
西野・裁判の過程	西野喜一『裁判の過程』（判例タイムズ社、1995）
長谷部・民事手続原則の限界	長谷部由起子『民事手続原則の限界』（有斐閣、2016）
花村・民事上訴制度の研究	花村治郎『民事上訴制度の研究』（成文堂、1986）
林屋	林屋礼二『新民事訴訟法概要〔第2版〕』（有斐閣、2004）
福永・当事者論	福永有利『民事訴訟当事者論』（有斐閣、2004）
藤田	藤田広美『解析民事訴訟〔第2版〕』（東京大学出版会、2013）
藤原・証明	藤原弘道『民事裁判と証明』（有信堂高文社、2001）
古田・国際訴訟競合	古田啓昌『国際訴訟競合』（信山社、1997）
法務省・一問一答	法務省民事局参事官室編『一問一答新民事訴訟法』（商事法務研究会、1996）
松浦＝青山編・仲裁法の論点	松浦馨＝青山善充編『現代仲裁法の論点』（有斐閣、1998）
松本・証明責任の分配	松本博之『証明責任の分配』（1987年版の新版、信山社、1996）
松本・事案の解明	松本博之『民事訴訟における事案の解明』（日本加除出版、2015）
松本・人事訴訟法	松本博之『人事訴訟法〔第3版〕』（弘文堂、2012）
松本・訴訟における相殺	松本博之『訴訟における相殺』（商事法務、2008）
松本・民事自白法	松本博之『民事自白法』（弘文堂、1994）
松本＝上野	松本博之＝上野男『民事訴訟法〔第8版〕』（弘文堂、2015）
三ケ月	三ケ月章『民事訴訟法〔第3版〕』（法律学講座双書、弘文堂、1992）
三ケ月・研究①～⑩	三ケ月章『民事訴訟法研究①～⑩』（有斐閣、①②1962、③④1966、⑤⑥1972、⑦1978、⑧1981、⑨1984、⑩1989）
三ケ月・全集	三ケ月章『民事訴訟法』（法律学全集、有斐閣、1959）
三ケ月・判例民訴法	三ケ月章『判例民事訴訟法』（弘文堂、1974）
三木ほか	三木浩一＝笠井正俊＝垣内秀介＝菱田雄郷『民事訴訟法（リーガルクエストシリーズ）〔第3版〕』（有斐閣、2018）
三谷・民事再審の法理	三谷忠之『民事再審の法理』（法律文化社、1988）
村上・証明責任の研究	村上博巳『証明責任の研究〔新版〕』（有斐閣、1986）
村上・民事裁判における証明責任	村上博巳『民事裁判における証明責任』（判例タイムズ社、1980）
山木戸・基礎的研究	山木戸克己『民事訴訟理論の基礎的研究』（有斐閣、1961）
山木戸・人事訴訟手続法	山木戸克己『人事訴訟手続法』（有斐閣、1958）
山木戸・論集	山木戸克己『民事訴訟法論集』（有斐閣、1990）
山本・基本問題	山本和彦『民事訴訟法の基本問題』（判例タイムズ社、2002）
山本・審理構造論	山本和彦『民事訴訟審理構造論』（信山社、1995）
吉野・集中講義	吉野正三郎『集中講義民事訴訟法〔第4版〕』（成文堂、2007）
竜嵜・証明責任論	竜嵜喜助『証明責任論』（有斐閣出版サービス、1987）

演習等

演習民訴上、下	小山昇＝中野貞一郎＝松浦馨＝竹下守夫編『演習民事訴訟法（上）（下）』（演習法律学大系10、11、青林書院新社、1973）
新演習民訴	小山昇＝中野貞一郎＝松浦馨＝竹下守夫編『演習民事訴訟法』（新演習法律学講座12、青林書院、1987）
演習民訴①	鈴木正裕＝井上治典＝上田徹一郎＝谷口安平＝福永有利＝吉村徳重『演習民事訴訟法』（有斐閣、1982）
演習民訴②	新堂幸治＝伊藤眞＝井上治典＝梅本吉彦＝小島武司＝霜島甲一＝高橋宏志『演習民事訴訟法2』（有斐閣、1985）
新版民訴演習①～②	三ケ月章＝中野貞一郎＝竹下守夫編『新版民事訴訟法演習Ⅰ、Ⅱ』（有斐閣、1983）
民訴演習①～②	中田淳一＝三ケ月章編『民事訴訟法演習 第Ⅰ、Ⅱ』（有斐閣、1963、1964）
判例演習	小室直人編『判例演習講座〔8〕民事訴訟法』（世界思想社、1973）
井上・演習	井上治典『ケース演習民事訴訟法』（有斐閣、1996）
基本セミナー	鈴木重勝＝上田徹一郎編『基本問題セミナー民事訴訟法』（一粒社、1998）
霜島ほか編・目で見る民訴	霜島甲一＝栂善夫＝納谷廣美＝若林安雄編著『目で見る民事訴訟法教材〔第2版〕』（有斐閣、2000）
新堂ほか編著・考える民訴	新堂幸司＝霜島甲一＝小島武司＝井上治典＝梅本吉彦＝高橋宏志編著『考える民事訴訟法〔第3版〕』（弘文堂、1983）
争点1版、新版、3版	民事訴訟法の争点（有斐閣、第1版・1979、新版・1988、第3版・1998）
争点〔伊藤＝山本編〕	民事訴訟法の争点〔伊藤眞＝山本和彦編〕（新・法律学の争点4、有斐閣、2009）
中村編・民訴演習	中村英郎編『民事訴訟法演習』（成文堂、1994）
長谷部ほか編著・基礎演習	長谷部由起子＝山本弘＝笠井正俊編著『基礎演習民事訴訟法〔第3版〕』（弘文堂、2018）
林屋＝小島編・ゼミナール	林屋礼二＝小島武司編『民事訴訟法ゼミナール』（有斐閣、1985）

注釈書

菊井＝村松・新コンメ①～⑦	〔菊井維大＝村松俊夫原著〕秋山幹男＝伊藤眞＝垣内秀介＝加藤新太郎＝高田裕成＝福田剛久＝山本和彦『コンメンタール民事訴訟法Ⅰ～Ⅶ』（日本評論社、①第2版追補版2014、②第2版2006、③第2版2018、④2010、⑤2012、⑥2014、⑦2016）
基本法コンメ民訴①～③	賀集唱＝松本博之＝加藤新太郎編『基本法コンメンタール民事訴訟法1～3〔第3版追補版〕』（日本評論社、2012）
小林ほか編・注解民訴①、②	三宅省三＝塩崎勤＝小林秀之編集代表『注解民事訴訟法Ⅰ、Ⅱ』（青林書院、① 2002、② 2000）
斎藤ほか編・注解民訴①～⑫	斎藤秀夫＝小室直人＝西村宏一＝林家礼二編『注解民事訴訟法〔第2版〕1～12巻』（第一法規、①～⑤ 1991、⑥～⑧ 1993、⑨～⑫ 1996）
条解	〔兼子一原著〕松浦馨＝新堂幸司＝竹下守夫＝高橋宏志＝加藤新太郎＝上原敏夫＝高田裕成『条解民事訴訟法〔第2版〕』（弘文堂、2011）
条解民事執行法	浦野雄幸『条解民事執行法』（商事法務研究会、1985）
新基本法コンメ①～②	加藤新太郎＝松下淳一『新基本法コンメンタール民事訴訟法1、2』（日本評論社、① 2018、② 2017）
新・コンメ	笠井正俊＝越山和広『新・コンメンタール民事訴訟法〔第2版〕』（日本評論社、2013）
注釈民訴①～⑨	新堂幸司＝鈴木正裕＝竹下守夫編集代表『注釈民事訴訟法1～9巻』（有斐閣、①新堂幸司＝小島武司編・1991、②上田徹一郎＝井上治典編・1992、③竹下守夫＝伊藤眞編・1993、④鈴木正裕＝青山善充編・1997、⑤新堂幸司＝福永有利・1998、⑥谷口安平＝福永有利編・1995、⑦吉村徳重＝小島武司編・1995、⑧鈴木正裕＝鈴木重勝編・1998、⑨石川明＝高橋宏志編・1996）
新判例コンメ①～⑥	谷口安平＝井上治典編『新・判例コンメンタール民事訴訟法1～6巻』（三省堂、①② 1993、③～⑤ 1994、⑥ 1995）

講座・大系

現代裁判法大系	西口元編『現代裁判法大系13民事訴訟』（新日本法規出版、1998）
現代民事裁判の課題①～⑩	『現代民事裁判の課題1～10』（新日本法規出版、①小川英明＝長野益三編1989、②村重慶一編1991、③小野寺規夫編1990、④佐藤歳二編1990、⑤小川英明＝中野哲弘編1990、⑥篠田省二編1990、⑦山口和男編1989、⑧塩崎勤1989、⑨山口和男＝林豊編1991、⑩村重慶一編1991）
講座民訴①～⑦	新堂幸司編集代表『講座民事訴訟1～7巻』（弘文堂、①～③ 1984、④ 1985、⑤ 1983、⑥ 1984、⑦ 1985）
講座新民訴法①～③	竹下守夫編集代表『講座新民事訴訟法1～3巻』（弘文堂、① 1998、② 1999、③ 1998）
実務①～⑩	鈴木忠一＝三ケ月章監修『実務民事訴訟講座1～10巻』（日本評論社、①～⑤ 1969、⑥ 1971、⑦ 1969、⑧～⑩ 1970）
新実務①～⑭	鈴木忠一＝三ケ月章監修『新・実務民事訴訟講座1～14巻』（日本評論社、①② 1981、③④ 1982、⑤⑥ 1983、⑦ 1982、⑧ 1981、⑨ 1983、⑩⑪ 1982、⑫ 1984、⑬ 1981、⑭ 1982）
実務民訴〔3期〕	新堂幸司監修、高橋宏志＝加藤新太郎編

①～⑥	『実務民事訴訟講座[第3期]1巻～6巻』(日本評論社、①2014、②2014、③2013、④2012、⑤2012、⑥2013)
新民訴大系①～④	三宅省三＝塩崎勤＝小林秀之編集代表『新民事訴訟法大系1～4巻』(青林書院、1997)
法律実務講座①～⑥	岩松三郎＝兼子一編『法律実務講座民事訴訟編1～6巻』(有斐閣、1958～1963)
民事証拠法大系①～⑤	門口正人ほか編『民事証拠法大系1～5巻』(青林書院、2003～2007)
民訴講座①～⑤	民事訴訟法学会編『民事訴訟法講座1～5巻』(有斐閣、1954～1956)

記念論文集

青山古稀	青山善充先生古稀祝賀論文集『現代民事手続法の新たな地平』(有斐閣、2009)
伊東古稀	伊東乾教授古稀記念論文集『民事訴訟の理論と実践』(慶應通信、1991)
伊藤古稀	伊藤眞先生古稀祝賀論文集『民事手続の現代的使命』(有斐閣、2015)
井上追悼	井上治典先生追悼論文集『民事紛争と手続理論の現在』(法律文化社、2008)
兼子還暦上、中、下	兼子博士還暦記念『裁判法の諸問題(上)(中)(下)』(有斐閣、(上)(中)1969、(下)1970)
河野古稀	河野正憲先生古稀祝賀『民事手続法の比較法的・歴史的研究』(慈学社、2014)
木川古稀上、中、下	木川統一郎博士古稀祝賀『民事裁判の充実と促進(上)(中)(下)』(判例タイムズ社、1994)
吉川追悼上、下	吉川大二郎博士追悼論集『手続法の理論と実践(上)(下)』(法律文化社、1980～1981)
小島古稀上、下	小島武司先生古稀祝賀『民事司法の法理と政策(上)(下)』(商事法務、2008)
小室＝小山還暦上、中、下	小室直人・小山昇先生還暦記念『裁判と上訴(上)(中)(下)』(有斐閣、1980)
新堂古稀上、下	新堂幸司先生古稀祝賀『民事訴訟法理論の新たな構築(上)(下)』(有斐閣、2001)
末川古稀上、中、下	末川先生古稀記念『権利の濫用(上)(中)(下)』(有斐閣、1962)
鈴木古稀	鈴木正裕先生古稀祝賀『民事訴訟法の史的展開』(有斐閣、2002)
谷口古稀	谷口安平先生古稀祝賀『現代民事司法の諸相』(成文堂、2005)
栂＝遠藤古稀	栂善夫先生・遠藤賢治先生古稀祝賀『民事手続における法と実践』(成文堂、2014)
貞家退官記念上、下	貞家最高裁判事退官記念論文集『民事法と裁判(上)(下)』(民事法情報センター、1995)
中田還暦上、下	中田淳一先生還暦記念『民事訴訟の理論(上)(下)』(有斐閣、(上)1969、(下)1970)
中野古稀上、下	中野貞一郎先生古稀祝賀『判例民事訴訟法の理論(上)(下)』(有斐閣、1995)
中村古稀	中村宗雄先生古稀祝賀記念論集『民事訴訟の法理』(敬文堂、1965)
中村(英)古稀	中村英郎教授古稀祝賀『民事訴訟法学の新たな展開』(成文堂、1996)
福永古稀	福永有利先生古稀記念『企業紛争と民事手続法理論』(商事法務、2005)
松田在職四十年上、下	松田判事在職四十年記念『会社と訴訟(上)(下)』(有斐閣、1968)
三ケ月古稀上、中、下	三ケ月章先生古稀祝賀『民事手続法学の革新(上)(中)(下)』(有斐閣、1991)
山木戸還暦上、下	山木戸克己教授還暦記念『実体法と手続法の交錯(上)(下)』(有斐閣、(上)1974、(下)1978)
竜嵜還暦	竜嵜喜助先生還暦記念『紛争処理と正義』(有斐閣出版サービス、1988)

判例の学び方

小林　秀之

I　民訴法判例の意義と現行法

　平成10年から全面的に改正された現行民事訴訟法が施行されている。主要六法の中でも、最も近代的な法典といえるが、それでも判例の役割は大きい。以下では、民訴法判例を学ぶ意義と関連づけて説明してみよう。

　第一に、解釈論的疑問点は現行法によってかなり解消されているのは事実であるが、民訴法の最も重要な問題の多くについて、現行法は今後の判例（ないし学説）の動向に委ねていることである。例えば、民訴法の最も重要な原則である「弁論主義」について旧法と同様現行法は何も規定していない（特に当事者の主張しない事実を裁判所は認定できない、という第1テーゼ）。あまりにも大原則すぎるためでもあるが、その内容は判例の発展に委ねることが適切だという政策的判断もある。そのため、本書100事件以降の弁論主義に関する判例を学ばなければ、「弁論主義」の具体的内容や実際の規律が全くわからないという帰結になり、判例を学んで大原則が初めて理解できることになる。同様のことは、民訴法の基本概念である「訴訟物」や「既判力」についてもほぼ当てはまり、既判力の範囲について現行法114条1項は、「確定判決は、主文に包含するものに限り、既判力を有する」とのみ規定するが、肝心の既判力の範囲を原則的に画定している訴訟物の範囲については全く規定がない。そのため、有名な訴訟物論争については立法的に何ら結着がつけられていないし、最終的には判例の発展に委ねられている。近時の判例は、「同一紛争の蒸し返し防止」という視点から信義則を利用して判決効の範囲を訴訟物を超えたものにしつつあるが（→195事件）、このような判例の発展の可能性を立法によって縛らないという配慮を行っている。こうなると、条文を見ただけでは基本概念は理解できず、学説を理解しつつ判例を学んでいかなければ、基本概念の中身をおさえられないことになる。

　第二に、民訴法などの手続法に特有な行為規範と評価規範の区別の問題がある。これは、手続法、特に民訴法の性格として、法典に規定されている内容は原則的に行為規範であり、評価規範としてどのような効力を有するかは、むしろ判例に当たらなければわからないということである。さらに、上告審が破棄事由として原判決を破棄するところまで踏み切れるかは、評価規範としての効力といっても違反が著しい場合に限定されてくる面がある。このように、民訴法の規定が何段階にも分かれた形で効力を生じるため、どのような形で効力が生じるかは判例を見る必要がある。

　第三に、現行民訴法自体、それ以前の判例理論の集積をそのまま立法化した規定や、逆に判例が固まってしまってその不都合さを立法的に修正した規定が多く含まれていることである。例えば、現行法51条の義務承継者の訴訟参加や権利承継人の訴訟引受けは、旧法下ではそれを認める明文の規定がなかったにもかかわらず、戦後の判例が認めるようになっていたのを明文化したものであるし（→179、180事件）、逆に片面的独立当事者参加は判例が認めなかったため（最大判昭42・9・27民集21巻7号1925頁）、立法的に現行法47条1項で明文で認めたものである。現行法220条における文書提出義務の一般義務化も、旧法下における限定的義務（旧法312条1号ないし3号）についての判例による拡張解釈がその背景にある。

Ⅱ　判例学習の留意点

　第一に、先ほど説明した判例学習の意義にも関係してくるが、民訴法の判例は、あくまで適法・違法の判断に関係するものであって、しかも評価規範に関するものがほとんどである。しかし、民事訴訟制度の運用がどのようになされているかは、むしろ当・不当の判断や実態に大きく関係してくる。例えば、争点整理手続が具体的にどのように進行しているかについては、実際の訴訟での運用をみる必要があり、判例だけからでは十分に窺いきれない。

　第二に、わが国の民訴判例は質量ともに豊富になっているが、必ずしも全部の問題について判例が存在しているわけではないことである。例えば、近時の実務では、陳述書が頻用され、その取扱いが問題になっているが、直接の判例は存在しない。伝聞証拠の許容性や訴え提起後第三者が作成した文書の証拠能力を肯定した戦後の判例は存するが、近時の実務で利用されている陳述書について直接判示する判例が存在しない以上、陳述書については学説や実務の取扱いを検討するしかない。

Ⅲ　判例学習の今後と本書

　判例学習の今後の重要性に大きく関係することとして、法科大学院での法曹養成教育がある。周知のように、わが国でも米国のロースクールのように4年制大学での教育の後に、大学院レベルでプロフェッショナル教育としての法曹養成教育を行うことが具体化し、法曹養成の中心となっている。

　法科大学院での教育の方法や内容については、現在ロールプレイや法律相談なども従来の講義方式と並んで行われているが、双方向性の授業で判例そのものが講義の対象の中心を占めていることは間違いない。双方向の授業としてケース・メソッドであれば、まさに判例自体が教材として使用されることになるし、プロブレム・メソッドでも、対象となる問題は判例に題材を求めることになるからである。

　本書は、このような判例を中心とした法科大学院の教育も意識して編集されている。領域ごとに、原則一人の執筆者が全体的な流れを考えながら解説しているので、領域ごとにまとまった知識を得ることができると同時に、判例の事案の概要や要旨を議論することにより、双方向的な判例学習が可能になるように組み立てられている。単に、授業で出てきた判例の内容をアクセスしやすい形で提供するという以上に、本書自体を通読し議論することにより、判例学習を通じて民訴法全体の知識を十分消化した形で身につけることを狙っている。

最新・重要判例解説

小林　秀之

I　民訴判例の近時の全体像と最近の動向

　平成10年1月1日から現行民訴法（平成民訴法）が施行されたが、旧民訴法の判例も立法的に変更されていない限り、現行法下で同様に効力を有することとされている。そこで、ここでは民訴判例の戦後の流れを近時を中心に鳥瞰するとともに、重要判例を中心に、民訴判例の最近の動向を見ていこう。近時の重要判例の動向を分析することにより、民訴判例の具体的な全体像と共に柔軟化ないし弾力化への大きな流れを見てとることができる。

II　民事訴訟の対象

1　民事審判権の限界

　現代社会の複雑化に伴い、かつては自律的な団体内部で自主的に解決されていた問題が次々と裁判所に持ち込まれるようになってきた。

　象徴的なのは、宗教団体の内部紛争であり、「信教の自由」（憲20条）や「法律上の争訟」（裁3条）の解釈にも関係する微妙な問題であるだけに取扱いが難しかった。最高裁は、種徳寺事件（最判昭55・1・11民集34巻1号1頁）で、住職たる地位の確認は宗教上の地位の確認であるので不適法であるが、それを前提とした代表役員の地位確認や本堂の明渡請求には、裁判所の審判権は宗教上の教義の解釈にわたらない限り及ぶとした。しかし、宗教上の教義の解釈が絡む問題については慎重で、板まんだら事件（最判昭56・4・7民集35巻3号443頁）では、正本堂建立の本尊「板まんだら」の真偽が不当利得の前提問題であっても、訴訟の帰趨を左右する必要不可欠の判断であるとして、裁判所の審判権は及ばないとした。蓮華寺事件（最判平1・9・8民集43巻8号889頁➡1事件）は、その集大成的な判示で、具体的な法律関係に関する訴訟であっても、宗教団体内部でなされた懲戒処分の効力が請求の当否を決する前提問題が、宗教上の教義の内容に深く関わっている場合は、裁判所の審判権は及ばないとしている。

　裁判所が中立性を重視し宗教上の争いには巻き込まれないようにしようとする判例の態度を見て取ることができるが、司法的解決を否定する面もあり、最近は、司法的判断の範囲拡大を目指す別の動きもある。玉龍寺事件（最判平21・9・15判時2058号62頁・判タ1308号117頁➡2事件）は、教義の内容ではなく、「宗制に違反して甚だしく本派の秩序を紊した」との理由による剥職事由が問題であるならば、本案審理が可能であることを示唆している。大学については「部分社会」論から、単位授与行為には民事審判権は及ばないが、修了認定（大学の卒業に該当）には及ぶとした富山大学事件（最判昭52・3・15民集31巻2号234頁・280頁➡3事件）が有名であるが、「学問の自由」（憲23条）にも関係してくる。判例を鳥瞰してみても、団体によって「部分社会」の性質が大きく変わってくることに留意する必要があり、「部分社会」論による一般論的な解決は避けるべきであろう。

2　境界確定訴訟や入会権確認訴訟と当事者

　境界確定訴訟は、形式的形成訴訟であり、実質は非訟なので当事者の申立てに裁判所は拘束されない

とするのが大審院以来の判例であったが（最高裁として確認したのは、最判昭38・10・15民集17巻9号1220頁→62事件）、所有権の範囲とも無関係だから取得時効は抗弁にならない、と最高裁（最判昭43・2・22民集22巻2号270頁）は判示していた。判例は上記の立場から、訴えの利益や当事者適格についても、係争地が取得時効のため同一人の所有に帰しても、取得部分を分筆登記するために訴えの利益（最判昭58・10・18民集37巻8号1121頁→61事件）と当事者適格（最判平7・3・7民集49巻3号919頁→63事件）は認められるとし、所有権の時効取得によってもあるいは境界部分の譲渡によっても、境界確定訴訟は影響されないという立場をとっている（最判平11・2・26判時1674号75頁、判タ1001号84頁）。

なお、近時の判例は、共有者のうちに境界確定訴訟提起に同調しない者がいる場合は、その余の共有者は隣接する土地の所有者と訴え提起に同調しない者とを被告として訴え提起できるとした（最判平11・11・9民集53巻8号1421頁）。固有必要的共同訴訟で、構成員（例、入会権者）の間で訴え提起に同調しない構成員を被告として訴え提起を可能にしようとしていた近時の学説の考え方に通じるところがあり、馬毛島事件（最判平20・7・17民集62巻7号1994頁→158事件）は、第三者に対する入会権確認の訴えにおいて、訴え提起に同調しない他の入会権者も被告として訴えれば、適法な訴えとなるとした。すなわち、「入会集団の構成員のうちに入会権の確認を求める訴えを提起することに同調しない者がいる場合であっても、入会権の存否について争いのあるときは、民事訴訟を通じてこれを確定する必要があることは否定することができず、入会権の存在を主張する構成員の訴権は保護されなければならない。そこで、入会集団の構成員のうちに入会権確認の訴えを提起することに同調しないものがいる場合には、入会権の存在を主張する構成員が原告となり、同訴えを提起することに同調しないものを被告に加えて、同訴えを提起することも許されるものと解するのが相当である。このような訴えの提起を認めて、判決の効力を入会集団の構成員全員に及ぼしても、構成員全員が訴訟の当事者として関与するのであるから、構成員の利益が害されることはないというべきである」と判示する。

3　国際民訴法

国際民訴法は、近時、最も動きの激しい領域である。

裁判権の免除につき、従来の判例は、昭和3年の大審院決定（大決昭3・12・28民集7巻1128頁）以来、外国国家に対してはわが国の民事裁判権は相手国家の同意がない限り及ばないとする絶対免除主義をとってきた。しかし、横田基地夜間飛行差止等請求事件（最判平14・4・12民集56巻4号729頁→16事件）において、米軍機の離発着であったため結論は否定したが、一般論としては制限免除主義を肯定した。そして、パキスタン政府に対する準消費貸借に基づく金銭請求で、わが国も制限免除主義に立つことが最高裁によって宣言された（最判平18・7・21民集60巻6号2542頁→17事件）。

国際裁判管轄については、有名なマレーシア航空事件（最判昭56・10・16民集35巻7号1224頁→18事件）による逆推知説的な国内土地管轄の準用も、その後の一連の下級審判例は「当事者間の公平や裁判の適正、迅速」といった「特段の事情」法理により制限されると判示してきた。最高裁も下級審判例を受けて（最判平9・11・11民集51巻10号4055頁→19事件）、この「特段の事情」法理を承認するに至った。裁判権の免除および国際裁判管轄とも、判例法理を立法化して立法的解決が図られている。

「特段の事情」法理も、「特別の事情」として立法化されたが（3条の9）、エンターテイメント事件（最判平28・3・10民集70巻3号846頁）においては、ネット上の名誉毀損につき外国での関連訴訟の進行等が「特別の事情」にあたるとしてわが国の国際裁判管轄を否定された。

外国判決の承認についても、当該外国国家において、同種の判決について重要な点でわが国と異ならない条件で、わが国の判決の効力を認めていれば足りるとして、「相互保証」の要件を緩和する最判昭

和58年6月7日（民集37巻5号611頁➡判例講義民訴1版23事件）は注目されたが、米国カリフォルニア州の懲罰的損害賠償の承認の可否をめぐってわが国でも議論が沸騰した萬世工業事件（最判平9・7・11民集51巻6号2573頁➡23事件）は、懲罰的損害賠償は「公序」に反するという理由で懲罰的損害賠償部分の承認を拒否した。

Ⅲ 当事者能力と当事者適格の交錯

　当事者能力は、訴訟当事者となれる一般的な資格のことであり、原則として権利能力を有する者が当事者能力を有する（28条）が、民訴法は代表の定めある法人格なき社団・財団にも、一般的に訴訟当事者になることを認める（29条）。自然人と法人（法人格なき社団・財団も含む）以外は、当事者能力を持たないとすると、自然や動物が民事訴訟の当事者になれないことになろう。

　アメリカでは、特別法により自然や動物が当事者になれる（standing がある）ことがあるが、わが国ではアマミノクロウサギなどが問題になった先例があるものの、民訴法の解釈論としては難しい（先例もすべて否定）。そのため、環境保護団体などが「紛争管理権」と主張して、当事者になれないかが争われたことがある（最判昭60・12・20判時1181号77頁「豊前火力発電所建設差止請求訴訟」➡37事件）。

　最高裁は、原告住民7名は地域住民の代表として差止請求訴訟を追行する当事者適格を欠くし、紛争過程で相手方と交渉してきた第三者が紛争管理権を取得し当事者適格を有するという見解は、制定法上の根拠を欠くとした。紛争管理権が否定されたことを受けて、任意的訴訟担当の活用を唱える見解もあるが、これは当事者適格の問題である。

　判例が民法上の組合に当事者能力を認めた三銀行団債権管理委員会事件（最判昭37・12・18民集16巻12号2422頁➡28事件）は、一審と原審で権利能力なき社団か民法上の組合かの判断が食い違ったように、両者の区別が実務上難しいことを示唆している。

　このように、適切な当事者を選び出すために、当事者能力と当事者適格が交錯しながら機能している。民法上の組合に29条により当事者能力を認めつつ、任意的訴訟担当で業務執行組合員に当事者適格を認めるのも同様といえる。

　権利能力なき社団の登記請求の当事者適格と登記請求の方法については、従来の判例（最判平6・5・31民集48巻4号1065頁）では、登記名義人となるべき構成員が個人で原告となり原告個人への登記名義の変更を求めるべきとされていた。しかし、最近の判例（最判平26・2・27民集68巻2号192頁➡32事件）は、それに加えて、権利能力のない社団が原告となって構成員個人名義への登記請求が許されるとして、次のように判示した。「権利能力のない社団は、構成員全員に総有的に帰属する不動産について、その所有者の登記名義人に対し、当該社団の代表者の個人名義に所有権移転登記手続をすることを求める訴訟の原告適格を有すると解するのが相当である。そして、その訴訟の判決の効力は、構成員全員に及ぶものと解されるから、当該判決の確定後、上記代表者が、当該判決により自己の個人名義への所有権移転登記の申請をすることができることは明らかである。なお、この申請に当たって上記代表者が執行文の付与を受ける必要はないというべきである。」

Ⅳ 弁論主義と釈明権

　弁論主義についても、判例は当事者の主張を要する事実の吟味を厳密に行うとともに、釈明権や法的

観点指摘義務による補完を広く認めるようになってきている。

　例えば、所有権喪失事由は抗弁事実なので当事者の主張を要するとした最判昭和 55 年 2 月 7 日（民集 34 巻 2 号 123 頁➡ **100 事件**）は、従来の判例が所有権取得の来歴事実については、当事者の主張を要しないとしていたのを改めたものであるし、別口の債務の弁済という積極否認については、当事者の主張を要しないとした最判昭和 46 年 6 月 29 日（判時 636 号 50 頁、判タ 264 号 198 頁➡ **103 事件**）も同様に弁論主義の適用範囲を厳密に考えたものであるが、抗弁が主張されている以上それを否定する積極否認は、当事者間の攻撃防御の対象に入っていると機能的に考えられている。そして、弁論主義を厳密かつ機能的に考えると同時に、それを補完するものとして、近時の判例理論の大きな流れは、釈明権の行使や釈明義務の範囲を広く認めるようになってきている。事案の適切な解決のための釈明義務を認めた最判昭和 39 年 6 月 26 日（民集 18 巻 5 号 954 頁➡判例講義民訴 1 版 104 事件）を嚆矢とし、昭和 40 年代の判例は積極的釈明権行使の範囲を拡大し、最判昭和 45 年 6 月 11 日（民集 24 巻 6 号 516 頁➡ **107 事件**）は別個の請求原因についての釈明権の行使も許されるとしている。そして、近時の判例の流れは、新たな法的構成の可能性について当事者に指摘し、当事者と対論する義務があるとする法的観点指摘義務に向かっている。証拠から窺える新たな相殺適状の時期について、当事者の主張・立証を尽くさせるべきであるとした最判昭和 51 年 6 月 17 日（民集 30 巻 6 号 592 頁）もそのような判例と理解できるし、被告が主張した原告に有利な事実について釈明したうえで、この事実を斟酌すべきとした最判平成 9 年 7 月 17 日（判時 1614 号 72 頁➡ **104 事件**）からも法的観点指摘義務への動き（特に補足意見参照）を見て取ることができる。一歩進めると、法的観点指摘義務を怠ると、既判力の範囲の縮小までもたらすのではないかという議論につながってくる（最判平 9・3・14 判時 1600 号 89 頁、判タ 937 号 104 頁、反対意見参照➡ **108 事件**）。

　法的観点指摘義務の最高裁判例としては、最判平成 22 年 10 月 14 日（判時 2098 号 55 頁、判タ 1337 号 105 頁➡ **109 事件**）が注目される。定年をめぐる労働事件であるが、原審が、定年の 1 年前までに定年規定を厳格に適用し再雇用しない旨を告知すべき信義則上の義務があると、当事者の主張なくして認定したのに対して、最高裁は釈明権を行使して原告に主張するかどうか促すとともに、被告に十分な反論反証の機会を与えるべきであるとして、破棄差戻した。法的観点指摘義務について釈明権の行使を必要とした判例と言えよう。

V　証拠の収集

　従来のわが国の民訴法では、英米法系、特にアメリカのディスカヴァリに見られるような証拠収集のための多様で一般的な手段については、十分な整備がなされておらず未発達であった。ところが、近時この領域で急速に判例が発達した。例えば、旧民訴法下でも文書提出義務が限定的であったにもかかわらず、近時下級審判例は拡張解釈の傾向が強く、また提出命令があるにもかかわらず不提出の場合に、文書の記載事実を超えて要証事実まで真実と認める高裁判例もだいぶ以前に現れていた（東京高判昭 54・10・18 下民集 33 巻 5 ～ 8 号 1031 頁➡ **126 事件**）。現行法は、これらの判例の流れを立法化し、文書提出義務を一般義務化するとともに（現 220 条 4 号参照）、不提出の場合の制裁も強化した（同 224 条 3 項参照）。

　ところが、逆に一般義務化されると、その例外である拒絶事由、特に 220 条 4 号ニの「専ら文書の所持者の利用に供するための文書」（新自己使用文書ないし自己専用文書）の解釈が問題になってきた。最高裁（最決平 11・11・12 民集 53 巻 8 号 1787 頁➡ **117 事件**）は、銀行の貸出稟議書について「専ら銀行内部の

利用に供する目的で作成され、外部に開示することが予定されていない文書であって、開示されると銀行内部における自由な意見の表明に支障をきたし銀行の自由な意思形成が阻害されるおそれがある」として、特段の事情がない限り、新自己使用文書（自己専用文書）にあたると判示した。これに対して、破綻した金融機関の貸出稟議書（最決平13・12・7民集55巻7号1411頁➡ **118事件**）や銀行本部からの社内通達文書（最決平18・2・17民集60巻2号496頁➡ **122事件**）あるいは銀行が作成し保存している自己査定資料（最決平19・11・30民集61巻8号3186頁➡ **123事件**）は、新自己使用文書にあたらないとされた。同号ハについても、提出拒絶できる197条1項3号の「技術又は職業の秘密」とは、その事項が公開されると、当該技術の有する社会的価値が下落しこれによる活動が困難になる、ないし職業の遂行が困難になるものを指すと判示した判例がある（最決平12・3・10民集54巻3号1073頁➡ **119事件**）。

VI 訴訟物と判決効

1 信義則による修正

従来わが国では、「訴訟物の範囲イコール既判力の範囲」のテーゼは絶対的なものであるとして疑われてはこなかった。昭和30年代の訴訟物論争の嵐も、訴訟物が既判力の範囲を決定するという大前提に基づいていた。しかし、近時の判例理論は、信義則により判決効の範囲を修正するようになってきた。前提となる限定承認の効力の判断に対して信義則により既判力に準ずる拘束力を認めた最判昭和49年4月26日（民集28巻3号503頁➡ **191事件**）を皮切りとして、同一紛争の蒸し返しについて信義則によって訴訟物の枠を超えて再訴を禁じた最判昭和51年9月30日（民集30巻8号799頁➡ **195事件**）は、事案の特殊性もあるといった当時の学説のおおかたの予想を超えて、一大判例理論に発展していった。そして、一部請求についても、明示した一部請求は許されるとしていたが（最判昭37・8・10民集16巻8号1720頁➡ **192事件**）、前訴で一部請求を行った原告の敗訴確定の後に、後訴で残部請求を行うことは信義則によって許されないとする最判平成10年6月12日（民集52巻4号1147頁➡ **12事件**）によって大きく修正された。

2 既判力の時的限界

従来のわが国の考え方では、当該事由が既判力の基準時以前に存在していたか、以後に存在するようになったかで、既判力によって遮断されるか否かを決定していた。しかし、当該事由（特に形成権の場合）がどのような性質のもので、基準時以前に主張し得たか否かという期待可能性が大きく関係してくるはずである。最高裁も、取消権（最判昭55・10・23民集34巻5号747頁➡ **186事件**）や白地手形の補充権（最判昭57・3・30民集36巻3号501頁➡ **187事件**）については、基準時以後の行使であっても基準時以前に行使し得たものである以上、原則として既判力によって遮断されるとしつつ、相殺権（最判昭40・4・2民集19巻3号539頁）や建物買取請求権（最判平7・12・15民集49巻10号3051頁➡ **188事件**）については、基準時以前に行使し得たとしても基準時後の行使は許されるとしている。

また、賃料増減額確認請求訴訟の既判力の基準時についても、最判平成26年9月25日（民集68巻7号661頁）は、既判力は特段の事情がない限り、賃料増減請求の効果が生じた時点の賃料額に係る判断について生じるとする。その時点での判断についての確定した既判力により、当事者間における賃料に係る紛争の直接かつ抜本的解決が図られるからである。

3 訴訟上の相殺の抗弁

訴訟上の相殺の抗弁についての判断は、主文に包含されていないにもかかわらず、例外的に既判力が

生じる（114条2項）。このように、訴訟上行使される相殺の抗弁は、反訴的性格を有するため、同時に別訴で訴求すると二重起訴禁止（142条）との関係で問題となってくる。最高裁は、現に係属中の訴訟の訴訟物となっている債権を自働債権として、他の訴訟において相殺の抗弁を主張することは許されないとした（最判昭63・3・15民集42巻3号170頁➡65事件、最判平3・12・17民集45巻9号1435頁）。しかし、一部請求の前述の判例理論の関係から、明示の一部請求の訴えを提起しつつ、残部を別の訴訟で相殺の抗弁に供することは、特段の事情がない限り許されるとしている（最判平10・6・30民集52巻4号1225頁➡66②事件）。また、訴訟上の相殺の抗弁に対して、訴訟上の相殺を再抗弁として主張することは、審理の錯雑を招くため許されないとしている（最判平10・4・30民集52巻3号930頁）。

4　一部請求

　従来の判例理論では、明示の一部請求は許され、訴訟物は分割され、既判力は一部にのみ及ぶ（残部には及ばない）というものであると理解されてきた。しかし、近時の判例は大きく動いている。

　まず、明示された一部請求後の残部請求であるが、従来は既判力が及ばない以上当然許されると考えられてきたが、最判平成10年6月12日（民集52巻4号1147頁➡12事件）は、以下のように判示し、信義則理論により、一部請求で敗訴した原告は残部請求することは許されないとした。

　「数量的一部請求を全部又は一部棄却する旨の判決は、このように債権の全部について行われた審理の結果について行われた審理の結果に基づいて、当該債権が全く現存しないか又は一部として請求された額に満たない額しか現存しないとの判断を示すものであって、言い換えれば、後に残部として請求し得る部分が存在しないとの判断を示すものにほかならない。したがって、右判決が確定した後に原告が残部請求の訴えを提起することは、実質的には前訴で認められなかった請求及び主張を蒸し返すものであり、前訴の確定判決によって当該債権の全部について紛争が解決されたとの被告の合理的期待に反し、被告に二重の応訴の負担を強いるものというべきである。以上の点に照らすと、金銭債権の数量的一部請求訴訟で敗訴した原告が残部請求の訴えを提起することは、特段の事情がない限り、信義則に反して許されないと解するのが相当である。」

　次いで、一部請求によって残部について時効中断がなされるかについては、訴訟物は一部のみであることからすると否定的に考えるだけで良いのか、残部について裁判上の請求に準じた事項中断効は認められないとする判例（最判昭34・2・20民集13巻2号209頁）と権利行使の意思は認められるから、何らかの中断効は認められないかという学説の批判が対立していた。最判平成25年6月6日（民集67巻5号1208頁）は、この対立に終止符を打ち、残部に対して裁判上の請求に準じた時効中断効は認められないが、裁判上の催告としての効力は生じるとして次のように判示した。

　「ア　明示的一部請求の訴えにおいて請求された部分と請求されていない残部とは、請求原因事実を基本的に同じくすること、明示的一部請求の訴えを提起する債権者としては、将来にわたって残部をおよそ請求しないという意思の下に請求を一部にとどめているわけではないのが通常であると解されることに鑑みると、明示的一部請求の訴えに係る訴訟の係属中は、原則として、残部についても権利行使の意思が継続的に表示されているものとみることができる。

　したがって、明示的一部請求の訴えが提起された場合、債権者が将来にわたって残部をおよそ請求しない旨の意思を明らかにしているなど、残部につき権利行使の意思が継続的に表示されているとはいえない特段の事情のない限り、当該訴えの提起は、残部について、裁判上の際国として消滅時効の中断の効力を生ずるというべきであり、債権者は、当該訴えに係る訴訟の終了後6箇月以内に民法153条所定の措置を講ずることにより、残部について消滅時効を確定的に中断することができると解するのが相当

である。

　イ　もっとも、催告は、6箇月以内に民法153条所定の措置を講じなければ、時効の中断の効力を生じないのであって、催告から6箇月以内に再び催告をしたにすぎない場合にも時効の完成が阻止されることとなれば、催告が繰り返された場合にはいつまでも時効が完成しないことになりかねず、時効期間が定められた趣旨に反し、相当ではない。

　したがって、消滅時効期間が経過した後、その経過前にした催告から6箇月以内に再び催告をしても、第1の催告から6箇月を経過することにより、消滅時効が完成するというべきである。この理は、第2の催告が明示的一部請求の訴えの提起による裁判上の催告であっても異なるものではない。」

Ⅶ　多数当事者訴訟

　わが国の多数当事者訴訟についての従来の判例の傾向は、一口でいうと、「純粋化」ないし「単純化」の流れであった。選定当事者が機能せず、クラス・アクションのような集団訴訟制度がないわが国で、大衆化・複雑化した現代社会の影響をもろに受けた集団訴訟の波をかぶることは、訴訟の錯綜化・長期化を生じさせるため、ぜひとも避けなければならないという潜在意識がわが国の従来の判例の中に潜んでいたためと思われる。通常共同訴訟の範囲を極大化して必要的共同訴訟の範囲を判決効が抵触する場合にのみ極小化し、通常共同訴訟人独立の原則を徹底した戦後の判例は、共同訴訟人の訴訟行為は他の共同訴訟人に対して当然効果が生じると期待できる場合（例：当然の補助参加関係を擬制できる場合）でも、効果は及ばないとした最判昭和43年9月12日（民集22巻9号1896頁➡155事件）に象徴される。

　上記のような「純粋化」の動きとしては、入会権の確認を求める訴えは固有必要的共同訴訟なので、入会権者全員が原告にならなければ当事者適格を欠くとした最判昭和41年11月25日（民集20巻9号1921頁）や、主観的予備的併合や主観的追加的併合のように条件つきの共同訴訟を否定した最判昭和43年3月8日（民集22巻3号551頁➡166事件、前者につき）あるいは最判昭和62年7月17日（民集41巻5号1402頁➡167事件、後者につき）に代表されよう。

　独立当事者参加について、必ず三面訴訟でなければならず、片面的な独立当事者参加は許されないとした最大判昭和42年9月27日（民集21巻7号1925頁➡判例講義民訴1版158事件）は、三面訴訟説を徹底したもので、「純粋化」の極に立つものである。しかし、訴訟承継の場合を含め、必ずしも三面的な紛争ばかりでない現実の紛争の実態を無視した面があり、「柔軟化」ないし「弾力化」のために現行法による立法的修正を必要とした（現47条1項は片面的独立当事者参加を正面から承認している）。

　もっとも、このような「純粋化」を修正しようとする「柔軟化」の動きも、判例の中に育ち始めている。入会権の内容である使用収益権の確認ないしそれに基づく妨害排除請求は、固有必要的共同訴訟でなく構成員が各自訴訟提起し得るとした最判昭和57年7月1日（民集36巻6号891頁）は、このような新しい動きを示すものだろう。また、必要的共同訴訟において共同訴訟人の1人が上訴すると、当然に他の共同訴訟人も上訴人になるとしていた従来の判例は、必要的共同訴訟の訴訟行為の規定（現40条参照）には忠実であったが、硬直化した不都合な結果を招いていた。これを修正し、訴訟全体は上訴審に移審するけれども上訴しなかった共同訴訟人は上訴人にならないとする最大判平成9年4月2日（民集51巻4号1673頁➡164事件）も、そのような「柔軟化」の動きと評価できよう（最判平17・7・7民集54巻6号1767頁は複数の株主が提起した株主代表訴訟も同様とする）。さらに、前述した馬毛島事件（➡158事件）も、固有必要的共同訴訟と当事者適格の関係について、入会権確定訴訟は固有必要的共同訴訟であると

しつつ、入会権者全員が原告か被告かのいずれかになれば足りるとして、「柔軟化」を図っている。

Ⅷ　訴えの利益と債務不存在確認訴訟

　訴えの利益、特に確認の利益については、「現在の法律関係」の確認に限られるというシェーマが従来の判例を支配してきたが、近時は「柔軟化」の大きなうねりが見られる。過去の親子関係の確認（最大判昭45・7・15民集24巻7号861頁➡ **79事件**）や遺言無効確認（最判昭47・2・15民集26巻1号30頁➡ **75事件**）、遺産確認（最判昭61・3・13民集40巻2号389頁➡ **78事件**）など、過去の法律関係や事実関係の確認も、紛争解決に有益であれば確認の利益は認められるようになり、しかも例外的な取扱いではなくなってきている。他方、具体的相続分の確認は遺産分割審判の前提の確認にすぎず、紛争の直接かつ抜本的解決のために適切かつ必要であるとはいえないし（最判平12・2・24民集54巻2号523頁➡ **83事件**）、遺言者生存中の遺言無効確認も事実上の地位確認にすぎないので（最判平11・6・11判時1685号36頁、判タ1009号95頁➡ **84事件**）、いずれも確認の利益を有しない。

　債務不存在確認訴訟は、給付訴訟の反対形相といわれるが、種々の特質を有する。給付訴訟（反訴）が提起された場合の訴えの利益の消失も特質の一つである。原被告間に一切の債務が存在しないことの確認は、漠然としていて広過ぎるため、一切の原被告間の権利義務の確認ではなく、特定の債権債務についての確認であることが必要で、請求の趣旨だけでは不十分であれば請求原因ほか訴状全体（必要があれば一件記録）から補充して、審理の対象となる債権債務を特定する必要がある（最判昭40・9・17民集19巻6号1533頁）。

　既判力の範囲は、当事者の合理的意思や訴訟経済、応訴の煩わしさからすれば、既判力が全額に及ぶことを前提に残額を明示した一部認容の債務不存在確認判決をすべきであろう（前掲最判昭40・9・17）。このように、既判力は常に債務不存在確認が求められた債権金額に及ぶから、二重起訴との関係でも、既判力の範囲である債権金額全額について生じる。

　債務不存在確認訴訟が提起された後に、対象となった債権債務の給付訴訟が提起された場合、二重（重複）起訴として、民訴法142条により不適法にならないかが問題となってくる。給付訴訟の訴訟物には、給付義務の存否の判断が含まれ、債務不存在確認訴訟の訴訟物と同一だからである。しかし、むしろ給付義務が肯定された場合、執行力がプラスされる点で、給付訴訟のほうが紛争解決機能はより高い。

　そのため、債務不存在確認訴訟の後に、給付訴訟を別訴で提起することは、給付義務の存否につき既判力の抵触が生じるおそれがあるから、二重起訴禁止に触れるが、執行力がプラスされる点では紛争解決機能は高まるので、反訴は許される（最判平16・3・25民集58巻3号753頁➡ **86事件**）。

Ⅸ　民法（債権法）改正の影響

　平成29年に成立した民法（債権法）改正（施行は2020年4月1日）が判例に及ぼす影響を、債権者代位権に絞って見てみよう。

　従来の判例は、債権者代位権を法定訴訟担当の典型例とし、債権者代位訴訟の提起を債務者が予知すれば管理処分権を失い、当事者適格を失う（大判昭14・5・16民集18巻557頁➡ **36事件**）。債権者代位訴訟の判決の効力は、法定訴訟担当なので債務者に有利にも不利にも及ぶ（大判昭15・3・10民集19巻586頁）。債務者が債権者代位訴訟に参加するには、独立当事者参加による（最判昭48・4・24民集27巻596頁➡

174事件)。

　今回の民法（債権法）改正の結果、債権者が債権者代位訴訟に着手した後も、債務者は管理処分権を失わず、第二債務者からの弁済を受領できる（民423条の5）。債権者代位訴訟提起後、債権者は遅滞なく債務者に訴訟告知しなければならない（民423条の6）。債務者は管理処分権を有し続けるため、債権者代位訴訟への参加は共同訴訟参加となるが、債権者の代位債権を否定する場合などは、独立当事者参加も可能だろう。判例も近い将来、このような方向で変更されていくことになると思われる。

判例へのアクセス

小林　秀之

I 「判例集」とは何か

判例集とは、文字通り過去の判決（判例）を集めて載せた書物のことである。その判例集を大きく分けると、裁判所や官公庁が出している公的判例集と民間で出している判例集とがある。以下、具体的に紹介する。

1 公的判例集（官版判例集）

最も権威があるのは『最高裁判所判例集』である。これは最高裁自身によるもので、原則として毎月発行される。「最高裁判所民事判例集」と「最高裁判所刑事判例集」との2部に分かれていて、裁判官の補足意見や反対意見、弁護士の上告趣意も載っている。また、第1審と第2審（原審）の判決も末尾に登載されている。

これらは、通常「民集」「刑集」と略され、「最判（決）昭○年○月○日民集○巻○号○頁」といった具合に引用される。年月日のほかに判例集の掲載頁を引用するのは、同じ日に複数の判例が言い渡されることがあるからである。最高裁の前身である「大審院」時代の判決（民事は昭和21年、刑事は昭和22年までの判決）の中には、現在も判例法としての意義をもつものが多い。『大審院民事（刑事）判決全録』（明治8年～大正10年）は「民録」「刑録」と呼ばれ、『大審院民事（刑事）判例集』もやはり「民集」「刑集」と呼ばれる。

他の公式判例集には、『高等裁判所民事（刑事）判例集』、『下級裁判所民事（刑事）判例集』、『行政事件裁判判例集』、『労働関係民事裁判例集』、『家庭裁判所月報』など、約40種類がある。ただし、近時は私版判例集が充実してきたこともあり、発行を中止しているものも出てきているので、注意する必要がある。

2 私版判例集

民間で出している判例集には、最新の判例を紹介する「判例時報」や「判例タイムズ」、金融関係については「金融法務事情」や「金融商事判例」などがあり、最高裁判例については最高裁調査官によるとされるコメントがついている。

＊最高裁の調査官とは、キャリア10年以上の裁判官であり、「裁判官の命を受けて、事件（……）の審理及び裁判に関して必要な調査をつかさどる」（裁判所法57条2項）。立法理由や判例・学説などの調査結果は裁判官に報告される。

最高裁の調査官による判例解説は、短いものが「ジュリスト」に、本格的なものは「法曹時報」に掲載される。法曹時報に掲載された解説は、のちに年度ごとに『最高裁判所判例解説』として出版される。最高裁の考えを知るには欠かせない資料である。

判例評釈は、様々な雑誌に掲載されるが、判例時報別冊の「判例評論」は本格的な判例研究である。年度ごとのものとしては、①判例タイムズの別冊である「主要民事判例解説」（9月発行）と②ジュリストの「重要判例解説」（6月発行）、③法律時報増刊の「判例回顧と展望」（4月発行）が代表的なものである。特に②は、詳細な判例研究であり、また、冒頭に「民事訴訟法判例の動き」が掲載されているの

で、判例の動向を知るのに便利である。

　ジュリストや法学教室、法学セミナーなどの法律雑誌に掲載される判例研究も参考になるし、各大学の紀要にも判例研究が載っていることがある。本書のような判例学習書には、ジュリスト別冊の「判例百選」シリーズなどがあるが、より細密なものとして『新・判例コンメンタール民事訴訟法』（三省堂）等がある。

II　判例集へのアクセス方法

　原文に当たるためには、上記の判例集を見ることになる。「民集」や「判例時報」「判例タイムズ」などは、主要な図書館に行けば調べられる。本格的な研究を行う場合には、『民事裁判例総索引』（法曹会）、「法律判例文献情報」（第一法規出版）などの文献や、「判例マスター」や「リーガルベース」などのCD ROMが参考になる。

　インターネットでの情報入手も便利になっており、特に最高裁のホームページ（http://www.courts.go.jp）は、最高裁の判決も載せている。ほかに、法務省（http://www.moj.go.jp）や日弁連（http://www.nichibenren.or.jp）のホームページも参考になる。

1 法律上の争訟（1）（蓮華寺事件）

最高裁平成元年9月8日判決　民集43巻8号889頁、判時1329号11頁、判タ711号80頁　▶裁3条1項

論　点　▶宗教団体の内部紛争と民事審判権の限界

事実の要約　日蓮正宗（包括宗教法人）は、末寺である蓮華寺（被包括宗教法人）の住職・代表役員であったYを異説を唱えた等の理由により擯斥処分（僧籍剥奪）に付し、新たな住職を選任した。その後、新住職は蓮華寺を原告XとしてYに対し寺院建物の明渡しを求めて提訴した（蓮華寺第1事件；なお、本件については、YからX寺の代表役員たる地位の確認の訴えも提起されている〔蓮華寺第2事件〕が、民集に掲載されているのは第1事件についてだけである）。

```
日蓮正宗
 │①擯斥処分（僧籍剥奪）
 ▼       ②寺院建物明渡請求
 Y  ←──────────────  X
旧住職              蓮華寺・新住職
```

裁判の流れ　1審：請求認容　2審：訴え却下　最高裁：上告棄却

1審は実質判断をしてXの請求を認容、Y控訴。これに対し、2審は1審判決を取り消して訴えを却下したため、X上告。

判　旨　＜上告棄却＞「当事者間の具体的な権利義務ないし法律関係に関する訴訟であっても、宗教団体内部においてされた懲戒処分の効力が請求の当否を決する前提問題となっており、その効力の有無が当事者間の紛争の本質的争点をなすとともに、それが宗教上の教義、信仰の内容に深くかかわっているため、右教義、信仰の内容に立ち入ることなくしてその効力の有無を判断することができず、しかも、その判断が訴訟の帰趨を左右する必要不可欠のものである場合には、右訴訟は、その実質において法令の適用による終局的解決に適しないものとして、裁判所法3条にいう『法律上の争訟』に当たらないというべきである〔最判昭56・4・7民集35巻3号443頁〔板まんだら事件〕参照〕。

本件擯斥処分の効力の有無「の判断をするについては、Yに対する懲戒事由の存否、すなわちYの前記言説が日蓮正宗の本尊観及び血脈相承に関する教義及び信仰を否定する異説に当たるかどうかの判断が不可欠であるが、右の点は、単なる経済的又は市民社会事象とは全く異質のものであり、日蓮正宗の教義、信仰と深くかかわっているため、右教義、信仰の内容に立ち入ることなくして判断することのできない性質のものであるから、結局、本件訴訟の本質的争点である本件擯斥処分の効力の有無については裁判所の審理判断が許されないものというべきであり、裁判所が、Xないし日蓮正宗の主張、判断に従ってYの言説を『異説』であるとして本件擯斥処分を有効なものと判断することも、宗教上の教義、信仰に関する事項について審判権を有せず、これらの事項にかかわる紛議について厳に中立を保つべき裁判所として、到底許されないところである」。

判例の法理　★**宗教団体の内部紛争をめぐる最高裁判例**　宗教団体の内部紛争に絡む訴訟は多数存在するところ、一連の裁判例を通じて最高裁が導いた判例法理は以下のようなものである1)。①住職たる地位の確認のように単なる宗教上の地位の確認は、具体的な権利義務に関わるものではないので許されない（最判昭55・1・11民集34巻1号1頁〔種徳寺事件〕）。②住職の地位を前提とする代表役員等の地位確認の訴えの法律上の争訟性については、ⓐ本案判決をする前提問題として住職たる地位の選任ないし罷免の適否を判断しなければならない場合であっても、その判断が宗教上の教義の解釈に関わるものでない限りは、肯定される（最判昭55・4・10判時973号85頁〔本門寺事件〕）が、ⓑ教義の解釈に関わる判断が必要となる場合には否定される（蓮華寺第2事件、最判平5・9・7民集47巻7号4667頁〔日蓮正宗管長事件〕、最判平11・9・28判時1689号78頁〔仏世寺事件〕など）。③本件同様、寺院の建物の明渡請求といった本案の前提問題として、教義の解釈に関わる判断が必要である場合には、法律上の争訟性が否定される（本件、最判平5・7・20判時1503号5頁1事件〔白蓮院事件〕、最判平5・9・10判時1503号5頁2事件〔妙真寺事件〕、最判平5・11・25判時1503号5頁3事件〔小田原教会事件〕、最判平14・1・29判時1779号22頁2事件〔常照寺事件〕、最判平14・2・22判時1779号22頁1事件〔大経寺事件〕など。厳密には宗教団体の内部紛争とは言い難いが、前掲板まんだら事件もこの類型に属する）。

判例を読む　★**二段階審理方式モデル**　最高裁によって積み重ねられてきた判例を見渡すと、住職や信徒の地位確認の場合のように、私法上の権利義務その他の法律関係が訴訟物でない場合には、法律上の争訟性が否定されるとともに、私法上の権利義務その他の法律関係が訴訟物である場合であっても、その前提問題として教義の解釈に関わる判断を必要とする場合には、やはり法律上の争訟性は否定される。このように、最高裁の判例法理は、まず第一段審理として訴訟物自体につき法律上の争訟性が認められるかを審理し、これが肯定される場合に、第二段審理として争点、前提問題の審理に進み処分の効力等を判断するという、いわゆる**二段階審理方式モデル**2)を採用していると解されている。

★**本案判決か却下判決か**　最高裁の確立した判例法理①より、いわば**争訟性の衣**をまとうことにより宗教事項が訴訟物レベルで直接問題となることはほとんどなくなったといってよいだろう3)。そこで、現在では攻撃防御のレベルで宗教事項が関わってくる場合に裁判所はこのような争訟をどのように扱うべきか、という点に議論の焦点は絞られてくる。最高裁は、上記の判例法理②③を契機として却下判決を志向する立場にあるといえる4)。このような判例理論に対して、学説では紛争解決の必要性を重視して本案判決を志向する立場が大勢を占め、その理由づけの相違から大要以下の3説が有力に主張されている。

第1説は、当該宗教法人の明文または不文の代表役員・管長選任の規則、僧籍剥奪処分発動の規則に依拠し、その規則が定める要件事実の存否を裁判所は判断するが、この要件事実の主張・立証がないときは民事裁判の原則どおり主張・立証責任の所在に従って本案判決をするという見解である5)。この見解は明快な考え方ではあ

るが、宗教上の争いの実際的な帰趨が法律構成（被処分者側が教義に関わる争点を故意に作出するなど）ないし主張・立証責任の分担に左右されることになるといった批判がなされている[6]。

第2説は、宗教事項に関しては宗教団体の自治を尊重し、その自律的結果を裁判の基礎として本案判決をするという見解である[7]。紛争解決の必要性を満たしつつ宗教団体の自律性を重視するこの見解はそれなりに評価はできるものの、この見解によると、二派に宗教団体が割れている場合には、結果的に裁判所は常に主流派側に立つことになり、裁判の中立性といった点で大いに疑問が残る[8]といった指摘がなされている。

さらに第1説と第2説の中間的な立場として、結社の自由を根拠とした団体の自律的処分を尊重しつつ、それが制限される範囲を手続的・実体的側面から具体的に規律し、宗教事項に立ち入らない手続的・実体的制限遵守の審理の能否によって、本案判決か却下判決かを判断すべきとする第3の見解も存在する[9]。

●**紛争解決の必要性**　先に示した3つの見解は、いずれも宗教団体の内部紛争をめぐる訴訟につきその解決の必要性を重視する立場に基本的に立脚するものといえる。本件のような事案について考えると、確かに有力説の論者が指摘するように[10]、建物明渡請求という典型的な民事紛争を訴え却下とし、裁判所の審判の外に置いてしまうと法外の実力の争いにこの紛争を委ねることになってしまい、ひいては裁判を受ける権利の重大な侵害にもつながるといった側面もあろう。しかしながら、前述の判例理論①の存在により、昨今裁判所にその決着を求める宗教団体の内部紛争は、そのほとんどが世俗的な権利を訴訟物として提訴に至るといった、いわば**争訟性の衣**をまとったものであることに鑑みると、論者の指摘するほどに紛争解決の必要性を重視することには大いに疑問が残る[11]。加えて、紛争解決のみならず裁判所には中立性という役割も同時に課せられていることもあわせて考えるべきである[12]。

一言に宗教団体の内部紛争をめぐる訴訟といっても、例えば住職個人が宗教団体の内部処分により生活の基盤が覆されることになり、裁判所に権利救済を求めてきたような場合もあれば、本件のように宗教団体内部の権力闘争が背景にあるような場合もあろう。後者のような事例において、裁判所が裁判権を行使したがために、その主流派側に裁判所が常に加担するような結果は、やはり中立性という観点からはおよそ容認できないものといわざるを得ない。このように考えてくると、今後裁判所には、事件の実質をよく把握し、個人の生活基盤の崩壊につながるような事件と、宗教団体内部の権力闘争が背後に控えている事件とを区別して取り扱い[13]、前者については本案判決を、後者については却下判決を志向するといった態度が望まれるのではなかろうか。もっとも、どのような事件について本案判決を要求すべきかというその判断基準や、本案判決をするとした場合の審判権の範囲といった問題はなお課題として残されることにはなろう。

〔畑　宏樹〕

1審＝大阪地判昭59・9・28判時1145号81頁／2審＝大阪高判昭61・5・6判時1207号61頁

1) 山本克己・百選3版7頁参照。
2) 新堂・基礎281頁以下参照。
3) 松村和德「宗教団体の内部紛争と民事審判権の限界」中村編・民訴演習24頁。
4) 判例の傾向に賛成するものとして、本間靖規・龍谷法学18巻1号77頁以下。小林・メソッド65頁以下も結果として却下判決を志向する立場に近い。
5) 中野貞一郎「司法審判権の限界」民商103巻1号1頁以下、同・判タ704号82頁、中野・論点Ⅰ11頁、伊藤眞「宗教団体の内部紛争と裁判所の審判権」判タ710号4頁以下など。片井輝夫「法律上の地位の前提たる宗教上の地位と裁判所の審判権」判タ829号4頁以下もこの立場に近い。
6) 小林・メソッド65頁、高橋宏志「審判権の限界」争点〔伊藤＝山本編〕21頁、高橋・上340頁など。
7) 松浦馨「宗教上の地位・信仰対象をめぐる訴訟と法律上の争訟」民商94巻2号234頁以下、94巻3号369頁以下、同「宗教団体の自律的結果承認の法理」三ケ月古稀中1頁以下、同「民事訴訟における司法審査の限界」竜嵜還暦1頁以下、同・平成元年度重判121頁以下、新堂・前掲注2) 245頁以下・281頁以下、高橋宏志・私判リマ1号203頁以下、高橋・上340頁など。
8) 小林・メソッド65頁。これに対し、高橋・上341頁は、少数派がいるというだけで自律的決定を軽視するというのは、それも実質的判断論であり、かつ団体の規律としては極端であり、いくつかの派に割れているとしても、手続が遵守されていれば、それを宗教団体の判断とみるべきと反論する。
9) 竹下守夫「団体の自律的処分と裁判所の審判権」書研所報36号1頁以下、同・民商102巻3号341頁以下。
10) 例えば、中野・前掲注5) 民商18頁など。
11) 松村・前掲注3) 26頁参照。
12) 松村・前掲注3) 26頁。
13) 松村・前掲注3) 28頁、谷口安平・百選Ⅰ新法対応補正版5頁も同旨か。

2 法律上の争訟（2）（玉龍寺事件）
最高裁平成21年9月15日判決　判時2058号62頁、判タ1308号117頁、裁判集民231号563頁、裁時1492号16頁
▶裁3条1項

論　点　▶宗教団体の内部紛争と民事審判権の限界

事実の要約　包括宗教法人Xは、末寺である玉龍寺の住職・代表役員であったYが「在家僧侶養成講座」の講師を担当し受講者に法階を授与するなどした行為が、包括宗教法人の懲誡規程4条1項3号所定の「宗旨又は教義に異議を唱え宗門の秩序を紊した」として擯斥処分（僧籍剥奪）を行ったうえで、所有権に基づき寺院建物・土地の明渡しを求めて提訴した。

```
        ①擯斥処分
  X - - - - - - - - - - → Y
        ②寺院建物土地明渡請求

  包括宗教法人         玉龍寺旧住職
```

裁判の流れ　1審：請求認容　2審：訴え却下　最高裁：上告棄却
　1審は実質判断をしてXの請求を認容、Y控訴。これに対し、2審は1審判決を取り消して訴えを却下したため、X上告受理申立て。

判　旨　＜上告棄却＞「Xは、Yの上記行為が懲誡規定〔ママ〕4条1項3号所定の擯斥事由に該当する旨主張しているのであって、この主張及び上記擯斥事由の内容に照らせば、本件訴訟の争点である上記擯斥処分の効力の有無を判断するには、宗教上の教義ないし信仰の内容に立ち入って審理、判断することを避けることはできないから、Xの訴えは、裁判所法3条にいう『法律上の争訟』に当たらず、不適法というべきである」。

判例の法理　★**二段階審理方式モデル**　宗教団体の内部紛争にかかる訴訟が提起された場合に、これが「法律上の争訟」（裁3条1項）に当たるかがまず問題となる。これまでの最高裁によって形成されてきた判例法理によると、①住職や信徒の地位確認の場合のように、私法上の権利義務その他の法律関係が訴訟物ではなく、宗教上の事項を訴訟物に含む場合には、法律上の争訟性が否定される（最判昭55・1・11民集34巻1号1頁〔種徳寺事件〕）、②私法上の権利義務その他の法律関係が訴訟物である場合であっても、その前提問題として教義の解釈に関わる判断を必要とする場合には、やはり法律上の争訟性は否定される（最判平1・9・8民集43巻8号889頁〔蓮華寺事件〕→1事件）、最判平5・7・20判時1503号5頁1事件〔白蓮院事件〕、最判平5・9・10判時1503号5頁2事件〔妙真寺事件〕、最判平5・11・25判時1503号5頁3事件〔小田原教会事件〕、最判平14・1・29判時1779号22頁2事件〔常説寺事件〕、最判平14・2・22判時1779号22頁1事件〔大経寺事件〕など）。このように、最高裁の判例法理は、まず第一段審理として訴訟物自体につき法律上の争訟性が認められるかを審理し、これが肯定される場合に、第二段審理として争点、前提問題の審理に進み処分の効力等を判断するという、いわゆる**二段階審理方式モデル**[1]を採用していると解されている。

　本件もこれまでの最高裁の判例法理を基本的には踏襲していることから、最高裁の判例法理に一事例を付け加えたものととらえることができる[2]。

判例を読む　★**本案審理の可能性**　最高裁が形成してきた判例法理により、宗教事項が訴訟物レベルで問題となることはほとんどなくなったといえ、現在では攻撃防御のレベルで宗教事項が関わってくる場合に裁判所はこのような争訟をどのように扱うべきかという点に議論の焦点が絞られることになるところ、判例は却下判決を志向する立場にあるのに対し、学説では紛争解決の必要性を重視して本案判決を志向する立場が大勢を占めている。

　この点につき、本件では、懲誡規程5条1号に剥職事由（「宗制に違反して甚だしく本派の秩序を紊した」）が定められており、法階は管長が叙任することとされていることから、Yの上記行為がこの剥職事由に該当するか否かが問題となっているのであれば、必ずしも宗教上の教義ないし信仰の内容に立ち入って審理、判断する必要はない旨が、判旨の傍論として指摘されている点が注目される。本件では、XがあくまでもYの上記行為が懲誡規程4条1項3号所定の擯斥事由に該当するとの主張をしているにすぎず、その限りにおいては、やはり従来の判例法理を前提とする以上、訴え却下とされざるをえない。もっとも、宗教団体の内部紛争にかかる訴訟であっても当事者の争点形成のあり方次第では、本案審理に進む途が開かれたものと本件を評することもでき[3]、従来の判例法理からは一歩前進した感がある。とはいえ、裁判所として懲誡規程5条1号の剥職事由該当性を独自に審理の対象とすることができるかについては、当事者からの主張がなされていない本件においては難しいかもしれない[4]。

〔畑　宏樹〕

1審＝岐阜地判平成19年10月1日判例集未登載／2審＝名古屋高判平成20年6月18日判例集未登載

1) 新堂・基礎281頁以下参照。
2) 濱崎録・私判リマ41号102頁、堀野出・速報判例解説vol.61 63頁など。
3) 川嶋四郎・法セ664号134頁。
4) 堀野・前掲注2) 163頁。これに対し、小林学・ジュリ1398号142頁は、争点形成プロセスの規律を当事者任せにするのではなく裁判所にも期待すべき旨を主張する。あわせて、安西明子『民事訴訟における争点形成』（有斐閣、2016）57頁も参照されたい。

3 部分社会と司法審査——国立大学における単位授与（富山大学事件）

最高裁昭和52年3月15日判決　民集31巻2号234頁・280頁、判時843号22頁、判タ348号205頁　▶裁3条1項

論点 ▶ 大学における単位授与行為・専攻科修了認定行為と司法審査

事実の要約　国立富山大学経済学部の学生であったX_1～X_6および同学部専攻科の学生であったX_7は、同学部U教授の授業に出席し、同教授の実施した試験を受け、同教授から合格の判定を受けたが、U教授がY_1（同学部長）よりある理由により当該年度途中で授業担当を停止させられていたことから、大学側は右授業並びに試験が正式のものでないとしてX_1～X_6については単位認定せず、X_7については単位認定および専攻科修了の認定をしなかった。そこでX_1～X_7は、Y_1Y_2（同大学学長）に対し、「単位授与・不授与」未決定の違法確認または単位認定義務確認等を求め（①事件＝民集31巻2号234頁）、さらにX_7は、Y_1Y_2に対し、「専攻科修了・未修了」未決定の違法確認等を求めて出訴した（②事件＝民集31巻2号280頁）。

①事件
X_1～X_7 → Y_1 Y_2
単位授与・不授与未決定違法確認
単位認定義務確認等

②事件
X_7 → Y_1 Y_2
専攻科修了・未修了未決定違法確認等

裁判の流れ　1審：訴え却下　2審：一部控訴棄却・一部取消・差戻　最高裁：①②事件ともに上告棄却

1審は、特別権力関係論によりX_1らの主張を斥け、X_1ら控訴。2審は、単位認定については1審と同じ理由から司法審査の対象外としたが（①事件）、特別権力関係の範囲内の事項であっても一般市民としての権利義務に関するものは司法審査の対象になるとし、専攻科修了は市民法秩序に連なるので司法権が及ぶとして原判決を取り消した（②事件）。①事件に対しX_1ら上告、②事件に対しY_1Y_2上告。

判旨　①判決〈上告棄却〉「大学は、国公立であると私立であるとを問わず、学生の教育と学術の研究とを目的とする教育研究施設であって、その設置目的を達成するために必要な諸事項については、法令に格別の規定がない場合でも、学則等によりこれを規定し、実施することのできる自律的、包括的な権能を有し、一般市民社会とは異なる特殊な部分社会を形成しているのであるから、このような特殊な部分社会である大学における法律上の係争のすべてが当然に裁判所の司法審査の対象になるものではなく、一般市民法秩序と直接の関係を有しない内部的な問題は右司法審査の対象から除かれるべきものである」「単位授与（認定）行為は、他にそれが一般市民法秩序と直接の関係を有するものであることを肯認するに足りる特段の事情のない限り、純然たる大学内部の問題として大学の自主的、自律的な判断に委ねられるべきものであって、裁判所の司法審査の対象にはならない」。

②判決〈上告棄却（一部破棄自判1)）〉「学生が専攻科修了の要件を充足したにもかかわらず大学が専攻科修了の認定をしない」ことは「実質的にみて、一般市民としての学生の国公立大学の利用を拒否することにほかならないものというべく、その意味において、学生が一般市民として有する公の施設を利用する権利を侵害するものであると解するのが、相当である。されば、本件専攻科修了の認定、不認定に関する争いは司法審査の対象になる」。

判例の法理　●**部分社会と司法審査**　①判決は、**部分社会論**を用いて大学の単位認定（授与）行為には司法審査が及ばないことを明らかにしている一方で、②判決では、大学の専攻科修了認定は**一般市民法上の地位**として、司法審査の対象になるとしている。これは、地方公共団体の議員に対する出席停止の懲罰決議に関する紛争は法律上の争訟ではないが、議員の除名処分には司法審査が及ぶとするこれまでの最高裁の論理2)を踏襲するものといえ、最高裁は、大まかには団体等の内部規律には司法審査は及ばないが、外部に関わる紛争には司法審査が及ぶと判断しているようである3)。

判例を読む　●**部分社会論**　①判決が用いた部分社会論に対しては、団体にも国会、地方議会、政党、大学、宗教団体等多種多様なものがあり、各団体の性格に応じたキメの細かい検討が必要ではないかといった指摘が多くなされている4)。また、そもそも部分社会というだけで、なぜ司法審査が及ばないのかといった根本的な疑問もあり5)、大学が部分社会であるとしても単位認定全てが司法審査の対象外とは単純にはいえず、大学の有する学問の自由や自治の価値と学生の不利益処分との利益衡量といったことも必要といえよう6)。

なお、②判決では、国公立大学における専攻科修了認定については司法審査の対象になるとしており、その趣旨に照らすと卒業の認定も司法審査の対象になろう7)。しかしながら、②判決においては、部分社会論ではなく公の施設の利用権の侵害という論理が用いられており、この論理によると、私立大学の専攻科修了認定や卒業認定には司法審査が及ばないということになろうか。

〔畑　宏樹〕

1審＝富山地判昭45・6・6行集21巻6号871頁／2審＝名古屋高金沢支判昭46・4・9行集22巻4号481頁

1) 形式的には上告の一部が認容されているが、これはY_1に対する単位授与・不授与未決定の違法確認を不適法とした部分をも取消・差戻とした原審判決主文の不備によるもので、原審が理由中でとった結論自体は正当とされている。
2) 前者につき、最大判昭35・10・19民集14巻12号2633頁、後者につき、最大判昭35・3・9民集14巻3号355頁。
3) 高橋宏志・百選Ⅰ新法対応補正版7頁。
4) 佐藤幸治『現代国家と司法権』（有斐閣、1988）147頁以下、同「審判権の範囲と限界」ジュリ971号202頁以下、新堂・基礎279頁、小林・メソッド58頁、高橋・前掲注3）7頁など。
5) 佐藤・前掲注4）『現代国家と司法権』147頁。
6) 小林・ケース56頁。
7) 石井健吾・ジュリ643号91頁。

4 訴訟と非訟（1）——夫婦同居の審判

最高裁昭和40年6月30日大法廷決定　民集19巻4号1089頁、判時413号3頁、判タ178号203頁

▶憲32条・82条、民752条、家審9条1項乙類1号

論　点 ▶ 夫婦同居審判の合憲性

事実の要約　別居中の夫婦X女とY男の間で、X女からY男に夫婦同居の審判が申し立てられた。

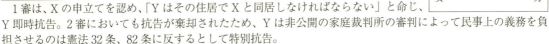
夫婦同居審判の申立て
X女 ──→ Y男

裁判の流れ　1審：申立認容　2審：抗告棄却　最高裁：抗告棄却

1審は、Xの申立てを認め、「Yはその住居でXと同居しなければならない」と命じ、Y即時抗告。2審においても抗告が棄却されたため、Yは非公開の家庭裁判所の審判によって民事上の義務を負担させるのは憲法32条、82条に反するとして特別抗告。

決定要旨　＜抗告棄却＞(1)「憲法82条は『裁判の対審及び判決は、公開法廷でこれを行ふ』旨規定する。そして如何なる事項を公開の法廷における対審及び判決によって裁判すべきかについて、憲法は何ら規定を設けていない。しかし、法律上の実体的権利義務自体につき争があり、これを確定するには、公開の法廷における対審及び判決によるべきものと解する。けだし、法律上の実体的権利義務自体を確定することが固有の司法権の主たる作用であり、かかる争訟を非訟事件手続または審判事件手続により、決定の形式を以て裁判することは、前記憲法の規定を回避することになり、立法を以てしても許されざるところであると解すべきであるからである」。「同居義務等は多分に倫理的、道義的な要素を含むとはいえ、法律上の実体的権利義務であることは否定できないところであるから、かかる権利義務自体を終局的に確定するには公開の法廷における対審及び判決によって為すべきものと解せられる」。

本件の夫婦同居の「審判は夫婦同居の義務等の実体的権利義務自体を確定する趣旨のものではなく、これら実体的権利義務の存することを前提として、例えば夫婦の同居についていえば、その同居の時期、場所、態様等について具体的内容を定める処分であり、また必要に応じてこれに基づき給付を命ずる処分であると解するのが相当である。けだし、民法は同居の時期、場所、態様について一定の基準を規定していないのであるから、家庭裁判所が後見的立場から、合目的の見地に立って、裁量権を行使してその具体的内容を形成することが必要であり、かかる裁判こそは、本質的に非訟事件の裁判であって、公開の法廷における対審及び判決によって為すことを要しないものであるからである」。

(2)夫婦同居の「審判確定後は、審判の形式的効力については争いえないところであるが、その前提たる同居義務等自体については公開の法廷における対審及び判決を求める途が閉ざされているわけではない。従って、同法の審判に関する規定は何ら憲法82条、32条に牴触するものとはいい難く、また、これに従って為した原決定にも違憲の廉（かど）はない」。

判例の法理　●**訴訟非訟二分論**　本決定で最高裁が用いた理論は、①訴訟事件か非訟事件かの区分として、実体的権利義務の存否を確定する裁判の場合と、裁判所の裁量によってその権利義務の具体的内容を定める裁判の場合とに区分し、前者を訴訟事件、後者を非訟事件とし、②訴訟事件については、必ず公開の法廷における対審および判決によらなければならないが、非訟事件については裁判所が後見的立場から裁量権を行使してその具体的内容を定める必要があり、必ずしも訴訟手続による必要はない、というものである（決定要旨(1)）。単純に図式化するなら、実体的権利義務の存否を確定する裁判＝訴訟事件＝訴訟手続、権利義務の具体的内容を形成する裁量的裁判＝非訟事件＝非訟手続、とするいわば**訴訟非訟二分論**ともいうべき理論が採用されている。

そして、さらに決定要旨(2)が説くように、非訟事件の裁判が確定しても、実体的権利義務の存否自体の争いについては、別途公開・対審・判決による裁判を求めることができるとして、夫婦同居審判の合憲性を導こうとしている。

このような最高裁の理論は、金銭債務臨時調停法7条の調停に代わる裁判を違憲とした最大決昭和35年7月6日（民集14巻9号1657頁）によって初めて説かれたものであり、以後の多くの最高裁の判断もこれに従っている[1]。

判例を読む　●**訴訟手続と非訟手続**　訴訟事件を処理する訴訟手続と非訟事件を処理する非訟手続との間には、以下のような明確な差異が存在する[2]。

まず**審理方式**について、訴訟手続では、公開・対審構造がとられ、公開の法廷で口頭弁論を開き、両当事者に対等で十分な主張・立証の機会を保障しているのに対し、非訟手続では、厳格な対審構造はとられず、非公開が原則で、裁判所が相当と認める者の傍聴を許すことができるだけの審問が行われる（非訟30条）。審判の基礎となる**資料の収集**についても、訴訟手続では弁論主義が採用されているのに対し、非訟手続では職権探知主義が採用されている（非訟49条1項）。また**裁判の形式**も、訴訟手続では判決でなされるのに対して、非訟手続では決定でなされる（非訟54条）。

●**訴訟事件と非訟事件**　訴訟手続と非訟手続との間に、上記のような明確な手続構造上の違いがあるとするならば、問題はどのような事件が訴訟事件もしくは非訟事件となるのか、その振り分けの基準についてである。この点につき、古くはその裁判の作用の性質に着目し、訴訟事件は、裁判所が法律を適用して紛争を解決する**民事司法**であるのに対し、非訟事件は、国家が私人間の生活関係に介入するために命令処分をする**民事行政**であるとする見解が有力に唱えられていた[3]。上述のように本件をはじめとする一連の最高裁の判例法理は、実体的権利

義務の存否を確定する裁判の場合を訴訟事件、裁判所の裁量によってその権利義務の具体的内容を定める裁判の場合を非訟事件と区分するものであるが、基本的にはこのかつての有力説の影響を受けたものと考えられる4)。

　しかしながら、このような最高裁の判例法理に対しては批判が多い。まず第1に、最高裁は実体的権利義務とその具体的内容の形成とは峻別できるとの前提に立っているが、本件のように夫婦であることを前提としている以上、夫婦であることと具体的同居態様のほかに、いわばその中間として同居義務なるものが独立に観念できるのか、換言すると夫婦同居義務なるものは夫婦であることの反射にすぎないのではないかという疑問が生ずる5)（この点は本件最高裁決定の少数意見でも述べられている）。第2に、決定要旨(2)が述べるように、最高裁は、同居を命ずる審判が確定しても、当事者は別途実体的な同居義務自体の存否を訴訟で争えるとしているが、この点については、夫婦関係の存在を認めながら（婚姻無効や夫婦関係不存在とは異なり、夫婦であることには争いがない）、家事事件手続法による審判とは別に、夫婦同居義務の存否そのものを訴訟で争うことを認めるということは、論理的にも不可解であるし、仮にこれを認めて審判後にも訴訟を提起できるとすると、非訟事件の裁判は極めて不安定な地位に置かれることになるし、何より訴訟経済的にも無駄が多い6)。

　このような判例法理の問題点をふまえて、ある事件が非訟事件であるかどうかを、非訟事件に共通してみられる特性、すなわち、①裁判官の裁量を要する事件、②継続的法律関係で事情に応じて裁判の取消変更を要する事件、③特に迅速な解決を要する事件、④公益的要素の強い事件、を抽出し7)、ある事件がこのいずれかの特性を備えているかどうか、さらに当該事件の当事者の地位を弱体化せしめてもよいかどうか、という手続法的観点から子細に検討しなければならない、という見解が学説上は有力に唱えられている8)。この見解に従うと、本件は①②の要素が特に強い事件といえ、このことをもって、同居審判につき非訟的処理をすることの合憲性の実質的根拠と考えることとなろう9)。とはいえ、このような見解も、いわゆる訴訟非訟二分論を前提としたものであることは否定できない。

✱非訟事件の審理方式　そこで、近時では、非訟事件性が問題とされてきた諸事件から諸性質に基づいて事件を分類し、それぞれに適した審理方式を考えるべきという見解も有力に唱えられている10)。この見解は、非訟事件にみられる性質として、①形成処分的性質、②形成処分をする際に裁量を要する性質、③迅速な解決を要する性質、④事情に応じて裁判を適宜変更していく必要のある性質、⑤対審構造になじみにくい性質、⑥プライバシーの尊重が特に要請される性質等をあげ、それぞれの事件が、これらの性質のどれをどの程度もつかという視点から事件を分類する一方で、公開・対審・判決という当事者の手続保障のための諸原則の役割を個別に検討したうえで、この諸原則のどれとどれをどのように用いるのが適切かを事件分類ごとに個別的に検討すべきである、と主張する。このような見解に立脚すると、訴訟事件＝公開・対審・判決、非訟事件＝非公開・非対審・決定という単純な審理方式だけでなく、**第3の中間的な審理方式**をも提供することができることになる11)。この見解を提唱する論者によると、本件の同居審判は、これが家庭事件であることに鑑みると、非公開であることが事案の解明にも役立ち、プライバシー保護にも資する面はあるが、このことは一般公開しないことの正当化理由とはなっても、対審構造をとらないことの理由には当然にはならない、とされている12)。このように考えてくると、今後は、民事裁判に対する憲法上の様々な保障の内容も、事件類型の実情に即した具体的なものに発展させていくことが要請されているといえよう13)。

（畑　宏樹）

1審＝福岡家審昭36・9・5／2審＝福岡高決昭36・9・30

1) 本決定と同日になされた最大決昭40・6・30民集19巻4号1114頁（婚費分担審判事件）のほか、最大決昭41・3・2民集20巻3号360頁（遺産分割審判）、最大決昭41・12・27民集20巻10号2279頁（過料の裁判）、最決昭45・5・19民集24巻5号377頁（借地条件変更の裁判）、最大決昭45・6・24民集24巻6号610頁（破産宣告決定）、最大決昭45・12・16民集24巻13号2099頁（更生計画認否の裁判）、最決昭46・7・8判時642号21頁（親権者変更審判）、最大決昭59・3・22判時1112号51頁（推定相続人廃除審判）など。
2) 訴訟手続と非訟手続の違いの詳細については、鈴木正裕「訴訟と非訟」新演習民訴28頁以下など参照。
3) 兼子・体系40頁。
4) 青山善充・百選3版5頁。
5) 青山・前掲注4) 5頁、鈴木正裕・百選2版13頁、高橋宏志・家族法判例百選7版15頁、我妻栄・法協83巻2号303頁以下など。
6) 鈴木・前掲注2) 34頁、同・前掲注5) 14頁。
7) 青山・前掲注4) 5頁は、さらに5つ目の特性として、プライバシー保護の必要性が高い事件を掲げる。
8) 鈴木・前掲注2) 32頁。
9) 青山・前掲注4) 5頁参照。
10) 新堂幸司「訴訟と非訟」争点3版12頁以下、新堂31頁。
11) 一般論として中間的な第三の裁判手続の必要性を提唱するものとして、我妻栄「離婚と裁判手続」民商39巻1・2・3号1頁以下、山木戸・論集205頁など。
12) 新堂・前掲10) 争点3版15頁参照。
13) 小林・メソッド52頁。

5 訴訟と非訟（2）──婚姻費用の分担に関する処分の審判と憲法32条

最高裁平成20年5月8日決定　判時2011号116頁、判夕1273号125頁、裁時1459号1頁、家月60巻8号51頁
▶憲31条、32条、家審7条、民訴331条、335条、336条、旧非訟25条

論　点 ▶ 非訟事件における審問請求権と憲法32条

事実の要約　Yと婚姻関係にあったXは、Yと別居し離婚調停を申し立てたが、不調に終わり婚姻費用分担の調停が本件審判に移行した。

婚姻費用分担の調停の申立て
X女 ──────▶ Y男

裁判の流れ　1審：申立認容　2審：抗告認容　最高裁：抗告棄却

1審は、Yが支払うべき分担金額を毎月12万円としたうえで、既発生の分担金債務から既払額を控除した額の支払を命じた。X即時抗告。2審（抗告審）は、分担金として月額16万円が相当として、原審判を変更した。これに対し、Yは、Xの抗告申立てに際しYに対して抗告状および抗告理由書の副本が送達されていなかったため、Yは抗告審において反論の機会を与えられないまま不利益な判断を受けたことが憲法32条に反するとして特別抗告（民訴336条）を申し立てた。

決定要旨　＜抗告棄却＞「憲法32条所定の裁判を受ける権利が性質上固有の司法作用の対象となるべき純然たる訴訟事件につき裁判所の判断を求めることができる権利をいうものであることは、当裁判所の判例の趣旨とするところである〔最大決昭35・7・6民集14巻9号1657頁および最大決昭40・6・30民集19巻4号1114頁を引用〕。…本質的に非訟事件である婚姻費用の分担に関する処分の審判に対する抗告審において手続にかかわる機会を失う不利益は、同条所定の『裁判を受ける権利』とは直接の関係がないというべきであるから、原審が、Y（原審における相手方）に対し抗告状及び抗告理由書の副本を送達せず、反論の機会を与えることなく不利益な判断をしたことが同条所定の『裁判を受ける権利』を侵害したものであるということはできず、本件抗告理由のうち憲法32条違反の主張には理由がない」。

もっとも、なお書きとして、「原審においては、Yに対してXから即時抗告があったことを知らせる措置が何ら執られていないことがうかがわれ、Yは原審において上記主張をする機会を逸していたものと考えられる。そうであるとすると、原審においては十分な審理が尽くされていない疑いが強いし、そもそも本件において原々審の審判を即時抗告の相手方であるYに不利益なものに変更するのであれば、家事審判手続の特質を損なわない範囲でできる限りYにも攻撃防御の機会を与えるべきであり、少なくとも実務上一般に行われているように即時抗告の抗告状及び抗告理由書の写しをYに送付するという配慮が必要であったというべきである。以上のとおり、原審の手続には問題があるといわざるを得ないが、この点は特別抗告の理由には当たらないところである」（なお、田原睦夫裁判官による補足意見、那須弘平裁判官による反対意見が付されている）。

判例の法理　★**非訟事件における憲法32条の適用可能性**　憲法32条にいう「裁判を受ける権利」の直接の対象は純然たる訴訟事件に限られ本件のような非訟事件は含まない、とする従来の判例法理は、本決定においても基本的には引き継がれている。もっとも、本決定も引用する従来の裁判例においては審判手続の非公開性が問題とされていたのに対して、本件では、当事者の手続関与ないし反論の機会の保障（審問請求権）が問題とされており、本決定は、非訟事件においては憲法32条は適用対象外とする新たな一事案を付加したものといえる[1]。

判例を読む　★**非訟事件における手続保障（審問請求権）**　本件最高裁は、なお書きにおいて、Yの手続保障への配慮の必要性は認めたものの、それは裁判所の職権主義・裁量主義の問題であり、直接憲法32条による保障を受けるものではないとした[2]。これに対し、学説においては古くから、非訟事件における当事者の審問請求権の存在を認め[3]、その根拠を憲法32条に求める見解が有力に唱えられてきた。この点において、憲法32条を解釈指針とすることにより、Xの即時抗告の抗告状等の送達等が必要であり原審もこれを前提として決定すべきであったとして、原決定の扱いを維持することには違憲の疑いを解消できないとする那須裁判官の反対意見は興味深い。

なお、平成23年の非訟事件手続法（平成23年法51号）の全面改正、家事事件手続法（平成23年法52号）の制定（家事審判法の廃止）により、当事者の手続上の地位・権能に関わる規律に大きな変容が加えられており、非訟事件手続における手続保障論は今後ますますその重要性が高まっていくものと思われる[4]。

（畑　宏樹）

1審＝横浜家小田原支審平19・8・9判例集未登載／2審＝東京高決平19・10・11判例集未登載

1) 山田文・速報判例解説3号154頁、川嶋四郎・法セ650号126頁など。
2) 本間靖規・私判リマ38号127頁参照。
3) 山木戸・基礎的研究65頁、鈴木忠一『非訟・家事事件の研究』（有斐閣、1971）259頁、小島武司「非訟化の限界について」中央大学80周年記念論文集10頁、中野貞一郎・現在問題1頁など。学説上かかる見解が有力であったにもかかわらず、判例がこれを直ちに受け入れることをしなかったことの理由として、本間・前掲注2) 129頁は、非訟事件における審問請求権の保障が、どの場面でどの程度施されるものかが明確でなく、さらに特別抗告理由につなげることに躊躇を覚えてきたからではないか、と分析し、最終的には非訟事件における審問請求権の具体的発現については立法によるべきとする。
4) 両法における当事者等の手続保障については、徳田和幸「非訟事件手続法・家事事件手続法における当事者等の手続保障」法時83巻11号11頁以下参照。

6 訴訟上の権能の濫用（1）——訴権の濫用

最高裁昭和53年7月10日判決　民集32巻5号888頁、判時903号89頁、判タ370号66頁、金判557号13頁
▶2条、有19条、商204条の2、憲32条

論　点　▶訴えの提起が訴権の濫用として許されない場合

事実の要約　Y有限会社（被告・控訴人・上告人）はX（原告・被控訴人・被上告人）とその娘A（Y会社の代表取締役）を中心とする同族会社であった。昭和47年3月頃からYは経営に行き詰まったため、同年5月28日にXとAらは社員らの持分総計220口のうち200口を訴外CD夫婦に譲渡して経営から手を引くことにした。Xの持分60口をCに、40口をDに、Aの持分90口をCに、Aの夫の持分10口をCに譲渡することが合意され、CDは代償としてY会社が当時負担していた債務の弁済のため500万円を出捐し、XとAはY会社に対して取締役の辞任届を提出した。

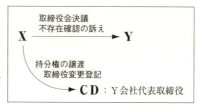

昭和47年5月28日のY会社の社員総会において社員持分譲渡の承認、Cの取締役およびDの代表取締役選任等の決議がなされたとして取締役変更の登記がなされた。さらに、同年6月11日にはY会社の社員総会において商号の変更の決議がなされたとして商号変更の登記がなされた。

それから3年経過して昭和50年になり、XはY会社に対して、前記2つの決議（持分譲渡承認とこれに伴う旧役員の辞任承認および新役員の選任等に関する社員総会決議）の不存在確認を求めた。

裁判の流れ　1審：Xの請求認容　2審：控訴棄却　最高裁：破棄自判・訴え却下

1審では社員総会決議が存在しないものとしてXの請求を認容した。控訴審では、Xが自ら社員持分の譲渡を承認したにもかかわらず現状を踏みにじるような本訴請求をすることは権利濫用として許されないとするYの主張を退け、「そもそも社員総会決議またはこれに代わる書面決議なるものが存在しないといういわば有限会社法の明文規定を全く蹂躙する重大な瑕疵の存する場合であるから」、Xが決議不存在の確認を求めることを権利の濫用としてたやすく排斥できないとした。Y上告。

判　旨　＜破棄自判・訴え却下＞「Xは、相当の代償を受けて自らその社員持分を譲渡する旨の意思表示をし、Y会社の社員たる地位を失うことを承諾した者であり、右譲渡に対する社員総会の承認を受けるよう努めることは、Xとして当然果たすべき義務というべきところ、当時Aと共に一族の中心となってY会社を支配していたXにとって、社員総会を開いて前記Xらの持分譲渡について承認を受けることはきわめて容易であったと考えられる。このような事情のもとで、Xが、社員総会の持分譲渡承認決議の不存在を主張し、Y会社の経営が事実上CD夫婦の手に委ねられてから相当長年月を経たのちに右決議…不存在確認を求める本訴を提起したことは、特段の事情のない限り、Xにおいて何ら正当な事由なくY会社に対する支配の回復を図る意図に出たものというべく、Xのこのような行為はCD夫婦に対し甚しく信義を欠き、道義上是認しえないものというべきである。ところで、株式会社における株主総会決議不存在確認の訴は、商法252条〔現会社830条〕所定の株主総会決議無効確認の訴の一態様として適法であり、これを認容する判決は対世効を有するものと解されるところ…右商法252条の規定は〔旧〕有限会社法41条により有限会社の社員総会に準用されているので、右社員総会の決議の不存在確認を求めるXの本訴請求を認容する判決も対世効を有するものというべきである。そうすると、前記のようにXの本訴の提起がCD夫婦に対する著しい信義違反の行為であること及び請求認容の判決が第三者であるCD夫婦に対してもその効力を有することに鑑み、Xの本件訴提起は訴権の濫用にあたるものというべく、右訴は不適法たるを免れない」。

判例の法理　★**訴権の濫用**　当事者に認められる訴訟上の権能は様々で、忌避や上訴等の申立ての濫用と並んで訴訟提起そのものが濫用に当たるかも問題となる。本件は、訴えの提起そのものが権利の濫用に当たり不適法とした最初の最高裁判例である。

本件以前に権利濫用その他の一般条項に基づき訴え提起そのものを不適法としたものとして、子の親に対する損害賠償の訴えについてはやむをえない相当の事由がなければ道義に反し許されないとするもの1)、**訴訟の蒸し返しであり許されないとするもの2)** があった。しかし、それ以後は信義則ないし権利濫用が問題となる場合、特に、長年経過して提起された解雇無効確認訴訟については直ちに訴えを不適法とするのではなく、実体法上の権利主張のレベルにおいて信義則違反等を捉えて請求棄却の本案判決をするものが多い3)。

従来学説においては訴訟上の権能の濫用も訴訟上の信義則（➡9事件「判例の法理」）の一類型と考えられている。訴権の行使自体が信義則もしくは権利濫用となる場合を制限的に捉え、訴訟狂による訴えや仮装訴訟のような、原告の意図が相手方や裁判所に対し損害を与えるために訴えを提起する場合や単なる引延ばしのために訴えを提起する場合が訴権の濫用に当たるとしていた。このような場合には権利保護の利益が欠けるため本案について判断するまでもなく訴えを却下できるとする4)。

本件では、形式上は社員総会決議の不存在確認請求であるものの、控訴審のように上記決議には重大な瑕疵があり不存在であると判断するのではなく、経営状態の回復した会社の経営権を旧経営者が取り戻そうとする実質を重視して、本案判決をせずに訴え提起が濫用に当たるとして却下している。

判例を読む　★**訴訟上の権能の失効**　訴訟上の信義則違反のうち、長期間訴訟上の権能が行使されずに、それ

を基礎にして相手方の信頼が形成された後の権能の行使が信義則に基づき制限される場合は、訴訟上の権能の失効と呼ばれ、訴訟上の権能の濫用と区別される。通常、抗告や異議申立てについて適用される。本件でも、CDが会社の経営を継続した３年経過後にＸが訴えを提起したという点が訴訟上の権能の失効に当たる可能性がある。しかし、訴えの提起は裁判を受ける権利として憲法32条により保障されており、紛争発生から訴え提起までに長期間が経過したというだけでは訴権の失効を正当化することはできない。そのため、訴訟上の権能の濫用として考慮すべきとされる 5)。

✦訴権 訴権は原告の訴え提起の権能である。訴権をめぐる考え方には、**権利保護請求権説、紛争解決説、手続保障説**がある。このうち紛争解決説が現在の多数説であり、民事訴訟の目的を紛争解決とし、訴権を裁判所に対して本案判決を求める公法上の権利とする。この考え方による場合には、訴権の濫用は、実体法上の権利濫用であるのか本案判決を求める公法上の権利の濫用であるのかについても考える必要がある 6)。

✦訴権と実体権 決議不存在確認請求をＸの社員権という実体権の濫用（権利濫用）として構成できるか。決議不存在確認の訴えは、決議を不存在とする認容判決に対世効が認められるため、法が例外的に認める過去の法律関係を確認する訴えの特質をもつ。そうした過去の法律関係を確認することは、いわば訴訟制度を利用しうる地位であって実体法上の権利として把握できない。そのため、実体権の濫用ではなく訴権の濫用もしくは確認の利益の問題として取り扱うべきとされる 7)。

✦確認の利益 本件判旨に対しては、訴えの利益を欠くとして却下すべきであると指摘される。まず、本件におけるＸの目的はＹ会社の経営権の回復にあるものの、仮にＸの社員総会決議不存在確認の訴えが認められた場合でも、Ｘが取締役の地位を認められることにはならず、紛争の抜本的解決にならないから、確認の利益を欠き訴えは却下できる 8)。実体的な私権の濫用の場合であり、Ｘは商法（旧）204条ノ２第３項（現会社145条）等による持分権譲渡承認の擬制により社員でなくなっているとするもの 9)、訴訟という手段を通じて信義則違反を譲渡人に許すことになりクリーンハンドの原則に反し訴えの利益なしとするものもある 10)。これに対して、本件では、Ｘが偽りの社員総会議事録を作成してもらい登記を完了させたという事実から、当時会社を支配していたＸは、禁反言の法理により、決議不存在の主張を許されないとして請求棄却すべきという指摘もある 11)。

✦訴権の濫用と訴訟上の信義則 本件ではＸの訴え提起を訴権の濫用に当たると判断するにあたり、訴訟提起がCDに対して信義則違反に当たることと認容判決の対世効がCDに及ぶことをあげている。CDに対する信義則違反と対世効の問題が訴権の濫用にどのように関係しているのか。訴訟上の信義則は相手方当事者に対する関係で問題とされるが、本件では相手方当事者はＹではなく、その事実上の経営者であるCDに対するＸの行為を問題としている。信義則違反に当たる具体的な事情として、Ｘが持分権譲渡に関して社員総会で承認を受ける義務があったこと、承認が容易に受けられたこと、相当期間を経過したことをあげる。ただし、これらの事情にもかかわらず、あえてＸが訴訟提起をしたことが相手方当事者Ｙ会社を害する目的に基づく権利行使として権利濫用に当たるのであり、CDへの対世効の有無は必要な判断要素とはいえない。

✦対世効 訴権の濫用の判断要素として対世効がCDに拡張されることに関して、訴権は国家（裁判所）に対する権能でありCDという私人に対して対世効が及ぶことから訴権の濫用を導けないとする消極的見解と 12)、対世効に限られず反射効でもCDの利益が侵害されるような事実上の効力で足りるとする積極的見解に分かれる 13)。

〔金子宏直〕

1審＝岡山地津山支判昭51・6・10民集32巻5号895頁／2審＝広島高岡山支判昭52・9・30民集32巻5号901頁

1) 大判昭18・7・12民集22巻620頁。
2) 最判昭51・9・30民集30巻8号799頁（→195事件）。
3) 本間義信・ジュリ693号150、151頁。判例として、福岡高判昭38・9・26労民集14巻5号1255頁、大阪高判昭39・6・30民集15巻3号742頁、大阪高判昭41・4・22労民集17巻2号613頁。
4) 中野貞一郎「民事訴訟における信義誠実の原則」訴訟関係73頁、山木戸克己「民事訴訟と信義則」末川古稀中270頁。裁判を受ける権利の保障（憲32条）の見地から濫用と認めるに慎重であるべきとの指摘がある。中野ほか編・新講義〔第3版〕28頁〔徳田和幸〕。
5) 注釈民訴①53頁〔谷口安平〕。
6) 髙橋・下24頁は、本件について実体法上の権利濫用（主張の濫用）とする。髙橋・概論45頁は、訴権という表現にも慎重さを求めている。
7) 加茂紀久雄・最判解昭53年度295頁。
8) 山本和彦・百選Ⅰ新法対応補正版16頁。
9) 吉川義春・民商80巻5号594頁。
10) 福永有利・判タ375号57頁。
11) 本間・前掲注3）152頁。
12) 福永・前掲注10）57頁。
13) 新堂幸司・判評244号160頁、164頁。

7 訴訟上の権能の濫用（2）——親子関係不存在確認の訴えと権利濫用

最高裁平成18年7月7日判決　民集60巻6号2307頁、判時1966号58頁、家月59巻1号92頁

▶民1条・799条・739条、人訴12条

論点 ▶ 戸籍上の嫡出子として記載されている者について第三者が親子関係の不存在確認請求の訴えを提起することが権利濫用に当たるか

事実の要約　XはAB夫婦の長女であり、AB夫婦にはCが次女として出生した。その後XはD夫婦の養子となり養育された。AB夫婦は、XをD夫婦の養子とした後、昭和16年にF夫婦から頼まれ、F夫婦に生まれたYをAB夫婦の嫡出子の長男として出生届を出した。AB夫婦はYを実子として養育し、大学卒業後、婚姻後も、AB夫婦およびCと同居していた。Aは昭和49年に死亡し、Bは平成8年に死亡した。Cは自宅不動産を主とするAB夫婦の遺産のすべてを相続していたが、平成14年に死亡した。

```
実子だが他夫     故AB      実子でないが
婦の養子で同  ┌ ─── ─ ┐  戸籍上実子で
居なし       X ──→ Y    長年同居

         親子関係不存在確認請求
```

Xは、AB夫婦とYの間には実親子関係がないと主張しAB夫婦との実親子関係不存在確認ならびに養子関係不存在確認の訴えを提起した。これに対して、YはXがD夫婦の養子縁組後Dの子として生活していたこと、AB夫婦は生涯Yとの実親子関係を継続し、死亡するまで否定しなかったこと、AB夫婦が死亡した現在Yは養子縁組をすることができないこと、XがC死亡後その遺産の独占を図る目的であることなどの事情に照らすと、本訴請求は権利の濫用であると主張した。

裁判の流れ　1審：Xの請求認容　2審：Yの控訴棄却、Y上告受理申立　最高裁：一部破棄差戻・一部上告棄却

判旨　＜一部破棄差戻・一部上告棄却＞「戸籍上の両親以外の第三者であるXがAB夫婦とその戸籍上の子であるYとの間の実親子関係が存在しないことの確認を求めている場合においては、AB夫婦とYとの間に実の親子と同様の生活の実体があった期間の長さ、判決をもって実親子関係の不存在を確定することによりY及びその関係者の被る精神的苦痛、経済的不利益、改めて養子縁組の届出をすることによりYがAB夫婦の嫡出子としての身分を取得する可能性の有無、Xが実親子関係の不存在確認請求をするに至った経緯及び請求をする動機、目的、実親子関係が存在しないことが確定されないとした場合にX以外に著しい不利益を受ける者の有無等の諸般の事情を考慮し、実親子関係の不存在を確定することが著しく不当な結果をもたらすものといえるときには、当該確認請求は権利の濫用に当たり許されないものというべきである」。

判例の法理　特別養子縁組制度が作られる前には、生後まもなく他人の子供を嫡出子として出生届を出して実子と同様に養育する場合、いわゆる「藁の上からの養子」がみられた。本件は、藁の上からの養子に対して戸籍上の姉（親子関係に関して第三者）から親子関係不存在確認請求が求められている。判例は一貫して実親子関係のない出生届出に養子の届出の効力を認めていなかった（最判昭49・12・23民集28巻10号2098頁、同昭50・4・8民集29巻4号401頁）。しかし、その後、藁の上からの養子の死後に母親らが原告となり検察官を被告とした親子関係不存在確認請求について、戸籍の正確性・真実性を確保すべきとしても一般社会通念上許容できない不当な結果をもたらすとして訴え提起を権利濫用とする高裁判例が出され、実質的な救済の途が開かれていた（東京高判平14・1・16家月54巻11号37頁）。本件は、こうした高裁判例をさらに進め、第三者からの訴えが権利濫用に当たるかの判断要素（実の親子と同様の生活の実体があった期間の長さ、実親子関係の不存在の確定による子および関係者の被る不利益、改めて養子縁組できるか、原告が実親子関係不存在確認請求をするに至った動機と目的、実親子関係の不存在の確定により原告以外に不利益を受ける者の有無）を明らかにしている。本件と同日、最高裁は約51年間親子の実体があった子に対する戸籍上の親からの親子関係の不存在確認の請求を権利濫用に当たるとして、破棄差戻としている[1]。

判例を読む　❖**必要的共同訴訟**　親子関係不存在確認の訴えは、家制度との関係でかつては必要的共同訴訟と解されていたが、その後判例は父子関係・母子関係の各不存在が確定されると判示している（最判昭56・6・16民集35巻4号791頁）。第三者が申立人になる場合は、血縁のない父または母と子のみを共同訴訟の相手方にすればよいことが、平成15年改正人訴法12条2項で明定された[2]。

❖**実親子関係の確認と養子関係確認の訴えの利益**　上述のように判例は一貫して実親子関係のない出生届出には養子の届出の効力を認めないため、本件でも（別途養子縁組はない）養子縁組不存在確認は権利濫用に当たらないとしている。学説には無効行為の転換等により養子縁組を認めるものがある[3]。

❖**親死亡後の親子関係確認訴訟の当事者**　父母の両者または子のいずれかが死亡した後は、検察官を被告として訴えを提起できる（人訴12条3項）。

〔金子宏直〕

1審＝広島地判平16・5・14民集60巻6号2329頁／2審＝広島高判平17・1・27民集60巻6号2321頁

1) 最判平18・7・7家月59巻1号98頁、判時1966号62頁。
2) 梶村太市＝徳田和幸『家事事件手続法〔第3版〕』（有斐閣、2016）578頁。固有必要的共同訴訟とするものに、松本・人事訴訟法379頁。
3) 学説については、本山敦・民法判例百選Ⅲ親族・相続（有斐閣、2015）78頁。

8 訴訟上の権能の濫用（3）——訴えの提起と不法行為

最高裁昭和63年1月26日判決　民集42巻1号1頁、判時1281号91頁、判夕671号119頁、金法1199号23頁、金判800号3頁

▶民416条・709条

論　点　▶　訴えの提起そのものが不法行為になる要件

事実の要約　Y（被告・被控訴人・上告人）は、Aの土地をその管財人から処分を委ねられていたBを通して1億500万円で買い受けた。Yの承諾のもとにBは後日土地を実測して差額をYに清算する特約つきで上記土地を同額でCに売却した。土地家屋調査士であるX（原告・控訴人・被上告人）はCから依頼されBの指示に基づいて測量をしたが、Yが別に依頼した専門業者Dによる測量結果のほうが約720坪大きかった。Yは関係者を参集しXの測量方法に問題があることをDに説明させ、Dの測量結果に基づきCに対して残代金544万5000円の清算を求めたが、Cは拒絶した。そこでYは、Xの過少測量により上記清算金額の損害を被ったとして損害賠償請求の訴えをXに対して提起した（前訴）。しかし、前訴の裁判所はXの測量はCの依頼に基づいてなされたことを理由にYの請求を棄却した。

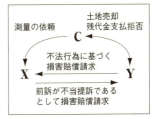

そこで、Xは、後訴として、Yに対して、前訴提起は理由のない不当なものであるとして前訴の弁護士費用80万円と慰謝料120万円の支払を求める本件訴えを提起した。

判例の流れ　1審：Xの請求棄却　2審：一部認容　最高裁：破棄自判・控訴棄却

1審はXの請求棄却。X控訴。原審は、Yは、前訴提起に先立ちXに測量図等がどのような指示に基づいて作成されたかについて事実の確認をすべきであり、そのような措置をとっていればXに対する請求は本来筋違いであるとして、Yの前訴提起は不法行為に当たり、Xに対して弁護士費用80万円の賠償責任を負うとした。Y上告。

判　旨　＜破棄自判・控訴棄却＞「法的紛争の当事者が当該紛争の終局的解決を裁判所に求めうることは、法治国家の根幹にかかわる重要な事柄であるから、裁判を受ける権利は最大限尊重されなければならず、不法行為の成否を判断するにあたっては、いやしくも裁判制度の利用を不当に制限する結果とならないよう慎重な配慮が必要とされることは当然のことである。したがって、法的紛争の解決を求めて訴えを提起することは、原則として正当な行為であり、提訴者が敗訴の確定判決を受けたことのみによって、直ちに当該訴えの提起をもって違法ということはできないというべきである。一方、訴えを提起された者にとっては、応訴を強いられ、そのために、弁護士に訴訟追行を委任しその費用を支払うなど、経済的、精神的負担を余儀なくされるのであるから、応訴者に不当な負担を強いる結果を招くような訴えの提起は、違法とされることのあるのもやむをえないところである。

以上の観点からすると、民事訴訟を提起した者が敗訴の確定判決を受けた場合において、右訴えの提起が相手方に対する違法な行為といえるのは、当該訴訟において提訴者の主張した権利又は法律関係（以下「権利等」という。）が事実的、法律的根拠を欠くものであるうえ、提訴者が、そのことを知りながら又は通常人であれば容易にそのことを知りえたといえるのにあえて訴えを提起したなど、訴えの提起が裁判制度の趣旨目的に照らして著しく相当性を欠くと認められるときに限られるものと解するのが相当である。けだし、訴えを提起する際に、提訴者において、自己の主張しようとする権利等の事実的、法律的根拠につき、高度の調査、検討が要請されるものと解するならば、裁判制度の自由な利用が著しく阻害される結果となり妥当でないからである」。

「…Yのした前訴の提起が裁判制度の趣旨目的に照らして著しく相当性を欠くものとはいえず、したがって、Xに対する違法な行為であるとはいえないから、Xに対する不法行為になるものではないというべきである」。

判例の法理　**●不当提訴**　本判決は、訴え自体が不法行為を構成するいわゆる不当提訴となる要件について判断した初めての最高裁判決である。本件では、不当提訴となるのは、訴えの提起が裁判制度の趣旨目的に照らして著しく相当性を欠くと認められるときに限られると判示している。

●違法性の判断基準　本件では、違法性の判断基準として、①敗訴判決の確定、②提訴者の主張した権利または法律関係が事実的、法律的根拠を欠くこと、③提訴者がそのことを知りながら、または通常人であれば容易にそのことを知りえたといえるのに、あえて訴えを提起した等、訴えの提起が裁判制度の趣旨目的に照らして著しく相当性を欠くことをあげる。最高裁は従来の下級審判例と同様に具体的事情を勘案したうえで違法性判断を行う方向を定着させたものといえる[1]。

ただし、Yの提訴について、本件最判は、「自己の主張しようとする権利等の事実的、法律的根拠につき、高度の調査、検討が要請されるものと解するならば、裁判制度の自由な利用が著しく阻害される結果となり妥当でない」と③の要素を欠き違法ではないと判断している。この点は、本件原審が、Yは前訴を提起する前にXに対して事実関係の調査をすべきであったという理由でYの提訴を不法行為と判断したのと異なっている。

ところで、本件最判のように違法性を基準にして提訴自体が不法行為となり、損害賠償責任が発生すると論じることには批判もある。例えば、訴権の濫用だけでは相手方に対する不法行為の成立が説明できないとして、不当提訴が裁判所を通じて相手方に事実行為として不法行為になるから、提訴と応訴との間には因果関係があり損害賠償責任が生じるとする考え方や、不当提訴は故意またはそれに準じる場合（重過失）にのみ不法行為が認めら

れる類型であるとする考え方がある2)。

✪裁判を受ける権利 私人が訴えを提起する権利は「裁判を受ける権利」として憲法32条で保障されている。そこで、訴え提起を不法行為に当たり許されないと判断する場合には慎重な配慮が必要となる3)。本最判は、提訴者と応訴者の利益の衡量を行っている。提訴する者が、前訴において敗訴したことのみでは、提訴が違法であると判断することはできない。しかし、提訴者の請求が妥当か否かにかかわらず、相手方は応訴しなければ欠席判決を受けるなどの理由から、応訴を実質的に強制される立場にある。そこで、相手方にとって応訴の負担が不当となる場合に限定して、提訴を違法としうるとしている。

<u>判例を読む</u> **✪不当応訴** 債権の存在に争いがなく、債務者が任意に弁済しないため、債権者が提訴したにもかかわらず債務者が争う場合のように、応訴して争うこと自体が不法行為になる場合は、**不当応訴**ないし不当抗争と呼ばれる。不当提訴と不当応訴をあわせて**不法行為訴訟**と呼ぶ。不当提訴については原告の裁判を受ける権利との関係を考慮する必要があるのに対して、不当応訴の場合には応訴を実質的に強制される被告の立場を考慮する必要がある。本最判は不当提訴に関するものであり、不当応訴について違法性の判断基準をどのようにすべきか問題となる4)。

✪弁護士費用の賠償 判例および学説上、訴訟に要した弁護士費用（報酬ないし手数料）の賠償請求は、不当提訴ないし不当応訴の場合に認められている5)。かつて学説は、訴訟に要した弁護士費用の賠償請求に関して、前訴の原因である不法行為と前訴自体の不法行為を区別するか否かの問題と関わり、前訴の原因である不法行為と弁護士費用の発生との間に相当因果関係を求める立場と、具体的衡平を強調して前訴自体が不法行為に当たる場合に制限する立場に分かれていた6)。

また、訴訟に要した弁護士費用は、不法行為に基づく損害賠償請求において、**相当因果関係のある損害**として判例および学説上広く認められている（➡13事件「判例の法理」）7)。そして、不法行為に基づく損害賠償における弁護士費用の賠償請求は、原告のみが請求できることから**片面的な敗訴者負担**と呼ばれる。これに対して、不当提訴の場合には、前訴の被告が弁護士費用の賠償を請求できる点が異なる。そして、不当提訴における弁護士費用の賠償請求については、後訴として改めて請求する必要があること、および違法性の判断基準の箇所で述べた要件が課されている。これらの相違点から、訴訟に要した弁護士費用についての不法行為に基づく損害賠償請求の場合には、被害者である原告に有利な政策判断があると指摘される8)。

✪前訴と後訴の関係 本件において、前訴は契約違反ないし不法行為に基づく損害賠償請求であり後訴も損害賠償請求であるが、前訴の原因となった行為が違法であるか否かの問題と、本件最判で判断されている前訴提起が違法であるか否かの問題とは異なる。また、前訴と後訴に関連して権利濫用が問題となっているが、後訴提起が信義則に反し許されないとされる訴訟の実質的蒸し返しの場合（➡195事件）とは異なることにも注意する必要がある。

〔金子宏直〕

1審＝静岡地判昭59・3・23民集42巻1号14頁／2審＝東京高判昭59・10・29民集42巻1号21頁

1) 林屋礼二「不当提訴による賠償請求」ジュリ908号53頁、松尾卓憲＝吉村徳重・判タ672号47、50頁、中島弘雅・法教96号90頁。
2) 伊藤敏孝・法学研究（慶應義塾大学）62巻4号147頁、吉田邦彦・判評362号39頁。
3) 西川佳代・百選5版79頁。当事者間の前訴提起前および前訴手続外での交渉経緯などを考慮する。
4) 加藤新太郎・百選Ⅰ24頁（本最判の判断基準を準用すべきとする）。
5) 大判昭16・9・30民集20巻1243頁（川島武宜・判例民事法昭和16年度356頁、末川博・民商15巻417頁）、大連判昭18・11・2民集22巻1179頁（川島武宜・判例民事法昭和18年度291頁、末川博・民商20巻2号97頁）。弁護士費用の賠償の判例について、山田紘一郎「弁護士費用」法時49巻3号157頁。
6) 前者の立場に、末延三次・判例民事法昭和11年度76頁、後者の立場に、末川博・民商4巻2号412頁、川島武宜・前掲注5) 判例民事法昭和16年度。
7) 最判昭44・2・27民集23巻2号441頁。
8) 小島武司・百選2版72頁。

9 信義則（1）―争点形成

最高裁昭和48年7月20日判決　民集27巻7号890頁、判時714号182頁、判夕299号296頁、金法697号22頁、金判380号2頁
▶2条、263条

論　点 ▶ 前訴と矛盾する主張立証が信義則上許されるか否か

事実の要約　X（原告・被控訴人・上告人）は訴外Aに対して有する501万円の手形債権に基づきAの動産を仮差押えした。Aの娘婿であるY（被告・控訴人・被上告人）は上記仮差押えの排除を求めて第三者異議訴訟を提起した（前訴）。前訴において、Yは上記仮差押えの前にAから営業財産を譲り受け、仮差押物件の所有権を取得したと主張した。ただし、前訴は休止満了による訴えの取下げとみなされた（旧238条〔現263条〕）。

Xは、前訴係属中にYに対して上記手形金の支払を求める本件訴えを提起した。Xは、YがAから営業譲受けを主張し、Aの商号を引き続き使っており、手形債務はAの営業上の債務であるから、Yは上記手形債務の支払について責任を負うと主張した。これに対して、YはAからの営業譲受けを否認した。

裁判の流れ　1審：Xの請求認容　2審：取消・請求棄却　最高裁：上告棄却

このような前訴における態度と異なるYの主張が信義則に反するかが問題となった。1審は、Yが前訴において営業譲受けを主張し、その証拠を提出したことを認定した。そのうえで、「右のように前訴で同一当事者に対し攻撃方法として営業の譲受、商号の続用を主張立証した者が後訴で突然これをひるがえし、右と全く両立しない営業譲渡を受けたことも商号続用をしたこともない旨の主張立証をすることは特段の事情のない限り信義則上許されないから〔営業譲渡の事実は〕全部立証されたものとするほかはなく」として、Xの手形金請求を認容した。

これに対して、控訴審は「別訴である事実を主張してそれに沿う確定裁判を得た場合には、もはや、後訴でこれと全く矛盾する事実を主張することは、それを正当化する特段の事情がない限り、信義則に反し許されないものというべきである」と論じた。しかし、前訴が旧238条により擬制取下げになっていることを重視し、「別訴が取下げられた場合には、別訴は初めから係属しなかったものとみなされるのであるから、後訴において、別訴の主張と矛盾する主張をしたとしても、直ちにこれを信義則に反し許されないものとして排斥しなければならない理論上の根拠はないものと解すべきである」と論じ、Yの営業譲受けの否認を有効とし、証拠調べの結果として営業譲受けの事実は認められないとしてXの請求を棄却した。X上告。

判　旨　＜上告棄却＞「先にある事実に基づき訴を提起し、その事実の存在を極力主張立証した者が、その後相手方から右事実の存在を前提とする別訴を提起されるや、一転して右事実の存在を否認するがごときことは、訴訟上の信義則に著しく反することはいうまでもない。しかし、原審の適法に確定したところによると、Yが先に第三者異議訴訟において主張していた営業譲受けの事実はなく、その主張が虚偽であったのであり、かえって本訴における右の否認が真実に合致した主張であり、しかも右第三者異議訴訟はすでに休止満了によって訴の取下とみなされているというのであって、かかる事実関係のもとにおいては、Yの前記否認は、信義則に反せず有効であると解するを相当とする」。

判例の法理　❖**信義則の適用**　2条は「裁判所は、民事訴訟が公正かつ迅速に行われるように努め、当事者は、信義に従い誠実に民事訴訟を追行しなければならない」と定める。同条の趣旨は、当事者が互いに相手方がもつ裁判を受ける権利を尊重しなければならないから、このような役割をもつ当事者の訴訟行為も、相手方の攻撃防御方法提出の機会を保障し、かつ、裁判所が適正・迅速に訴訟資料を形成しうるという目的に沿うものでなければならないことにある。そして従来の判例の考え方を前提として、このような趣旨を規定したものと説明される[1]。

明文規定のない旧法下でも信義誠実の原則が民事訴訟手続に適用されると考えられていた。一般条項としての信義則の適用について、恣意性や法的不確実性を排除して客観性を高めるため、一般に①訴訟状態の不当形成の排除、②訴訟上の禁反言（先行行為に矛盾する挙動の禁止）、③訴訟上の権能の失効、④訴訟上の権能の濫用禁止に分類されている[2]。まず、①訴訟状態の不当形成の排除とは、一方の当事者が策をめぐらし故意に訴訟法規の適用要件を満たす状態を作り出して適用を図り、もしくは、故意に法規の適用を妨害する状態を作り出して適用を免れようとする場合に、その効果を否定するものである。例えば、裁判籍の盗取の場合がある。②訴訟上の禁反言は、訴訟上過去に一定の態度をとってきた一方当事者が、相手方がこれを信頼して自己の訴訟上の地位を築いた後に、従前の態度と矛盾する挙動に出た場合において、もしも、その挙動を容認すると相手方の訴訟上の地位が不当に崩される結果となるときに、後行の矛盾挙動の効力を否定するものである。③訴訟上の権能の失効は、長期間訴訟上の権能が行使されずに、それを基礎にして相手方の信頼が形成され訴訟活動が行われた後には、当該権能を行使してもその効力を否定するものである。例えば、抗告や異議申立てについて問題になる。④訴訟上の権能の濫用は、法が認めた趣旨に反する権能の行使を認めないとするものである。例えば、忌避権の濫用の場合が当たる[3]。

❖**争点形成と信義則**　本件では、Yが前訴においてAからの営業譲受けを主張したにもかかわらず、後訴においてこれを否定し争うことが禁反言に当たるか問題となる。本件判旨は、一般論として、訴えを提起した者が、前訴における自己の主張を前提に相手方から別訴を提起されると、一転して否認することは、著しく訴訟上の信

義則に反すると論じる。しかし、結論としては、本件において前訴が取下げ擬制されたことと営業譲受けが真実ではないことをあげて、信義則の適用を否定している。

この点について、特段の事情がない限り前訴と矛盾する主張は信義則に反し許されないとする原審と比較すると、営業譲受けが真実でないことと取下げ擬制されたことを信義則適用の例外事由にしたとも考えられる。しかし、これらを信義則の例外事由とすることに批判もある4)。むしろ、本件最判は、訴訟における真実の発見、当事者の客観的な権利関係の保護、判決間の整合等の要素を考慮して一般条項である信義則の適用を否定したといえる5)。

ところで、本件後、原告（買主）が売買契約の無効を主張し仮定的に取消・解除を主張して手付金、内金の返還請求を提起し、被告（売主）はこれらを争い売買残代金の反訴請求を提起したが、原告が従前の主張を放棄して被告の主張に従い残代金を供託したうえで目的物引渡と所有権移転登記請求の再反訴を提起すると、被告が一転して売買契約の無効等を主張した態度は信義則に著しく反するとする判例がある6)。この事案では、原告は被告の主張に従い義務を履行しており、また、本訴提起から被告の反訴提起まで約2年、原告の再反訴まで約4年経過している事情から信義則が適用されたものと考えられる。

判例を読む ✪**口頭弁論の一体性** 弁論が数期日にわたる場合でも提出された資料を一体として扱う原則を口頭弁論の一体性原則と呼ぶ。この原則のもとでは、当事者が口頭弁論のどの段階でいかなる主張をするかは原則的に自由である。そして、当事者の主張は細部では互いに矛盾が存在する場合も多い7)。

✪**適時提出主義** 裁判資料の提出時期については、法定序列主義と随時提出主義がある。**法定序列主義**では、裁判資料の種類（請求原因事実、抗弁事実、再抗弁事実等）によって提出段階が定められ、その時期を外すと提出できなくなる。これに対して、旧法では、前述の口頭弁論の一体性原則と関連して、口頭弁論の終結に至るまで随時裁判資料を提出できるという**随時提出主義**をとっていた（旧137条）。しかし、当事者が準備の程度や訴訟戦略上の理由で裁判資料の提出の順序を決めることから、審理の遅延が生じるという問題があった。

現行法では争点の整理と圧縮を前提に、効率的で弾力的な審理の実現を図る目的で**適時提出主義**を定めている（156条）。さらに、攻撃防御方法の提出が円滑な審理の進行を妨げ、相手方当事者に不当な負担を生じさせる場合には、その提出が制限されることがある（157条等）。準備的口頭弁論や弁論準備手続などの争点整理手続終了後に攻撃防御方法を提出する場合には信義則に基づく説明義務が課されている（167条、174条）8)。

同一訴訟内であればYが営業譲受けを否認することを時機に後れた攻撃防御方法として却下することも考えられる。しかし、本件のように前訴と後訴の全体を通じて当事者が矛盾した主張をする場合には、より一般的な訴訟上の信義則の適用により制限せざるをえない。

株主代表訴訟の被告が提訴後に役員報酬について株主総会決議を行い、訴訟で決議の存在を主張することは訴訟上の信義則に反しないとする例がある9)。

✪**判決理由中の判断の拘束力との関係** 本件では前訴が取下げ擬制されて判決が確定していないことが、信義則の適用を否定するうえで重要な意味をもっている。仮に、前訴が確定していれば、前訴と矛盾する主張立証をすることが許されるかは判決理由中の判断の拘束力の問題になる。信義則により判決理由中の判断に拘束力を認める立場では、前訴勝訴者の場合には信義則のうち矛盾挙動禁止（禁反言）により、前訴敗訴者の場合には権利失効により後訴に対する拘束力が生じる余地がある10)。

〔金子宏直〕

1審＝福岡地判昭45・1・29民集27巻7号895頁／2審＝福岡高判昭47・11・29民集27巻7号900頁

1) 法務省編・一問一答29頁、伊藤342頁。
2) 伊藤・前掲注1) 325頁、林屋礼二「民事訴訟における権利濫用と信義則の関係」新実務① 175頁は、広義の信義則を当事者間の信義則（狭義の信義則）と裁判所・当事者間の信義則に分ける。
3) 札幌高決昭51・11・12判タ347号198頁、青山善充＝奥博司・百選Ⅰ新法対応補正版22頁、判例講義民訴1版 7事件「判例の法理」。
4) 中野貞一郎・民商70巻6号1057頁、石川明＝石渡哲・判タ303号88頁。
5) 田尾桃二・最判解民昭48年度336、343頁、宇野聡「信義則の活用」法教221号11頁は、このような総合的判断は信義則の適用の困難さを示しているとする。同旨、高橋・概論148頁。
6) 最判昭51・3・23判時816号48頁（→97事件）。
7) 田尾・前掲注5)。
8) 法務省編・一問一答184頁。
9) 最判平17・2・15金判1218号45頁、川嶋四郎・法セ612号129頁。
10) 条解538頁〔竹下守夫〕。

10 信義則（2）—訴訟承継

最高裁昭和41年7月14日判決　民集20巻6号1173頁、判時455号40頁、判タ196号109頁　▶2条、124条

論　点 ▶ 訴訟承継をした相続人が上告審で自らの訴訟行為の無効を主張することの許否

事実の要約　X（原告、被控訴人、被上告人）は、自己の所有する家屋をYに賃貸した。Yは右家屋において旅館を営んでいたが、順次 Y_4～Y_9（被告、控訴人、上告人）の6名に各部屋を転貸するようになった。Xは、昭和36年9月に、Yに対して賃貸借契約解除の意思表示をし、昭和37年3月13日にYに対しては家屋明渡および賃料相当額の遅延損害金の支払い、Y_4～Y_9に対しては各部屋の明渡を請求する訴えを提起した。

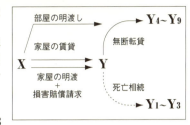

裁判の流れ　1審：Xの請求認容　2審：控訴棄却　最高裁：上告棄却

昭和37年3月14日に1審の裁判長が第1回口頭弁論期日を指定し、3月23日には本件訴状と4月4日の第1回口頭弁論期日の呼出状が被告Y宛てに送達された。しかし、Yはすでに3月16日に死亡しており、1審裁判所は上記第1回口頭弁論期日をYとの関係で開かず、口頭弁論期日を「追って指定」とする旨の措置をとった。その後9月13日にYの相続人Y_1～Y_3は、弁護士Aを訴訟代理人に選任し、Yの訴訟を承継する旨の申立てをした。1審裁判所は上記受継を許可し、その後11回の口頭弁論期日を開き審理した結果に基づいて、昭和38年12月3日にX勝訴判決を下した。Y_1～Y_9控訴。

原審は3回の口頭弁論期日の審理後、昭和39年9月9日にYらの控訴を棄却した。Y_1～Y_9上告。

1、2審の訴訟において、被告Yに対する訴訟をY_1～Y_3が訴訟承継したことについては、Y_1～Y_3もXも何ら異議を述べず、本件請求の当否のみが争われていた。ところが、Y_1～Y_3は上告理由で、本件訴状がYの死亡後に送達されたのであるから、Yは訴訟当事者ではなく、Y_1～Y_3は受継の申立てをすることもできないのであり、原審は本案審理をせずに訴え却下の判決をすべきであったと主張した。

判　旨　＜上告棄却＞「上告人Y_1～Y_3の3名は、前記のとおり、みずから被告たるYの訴訟を承継する手続をとりこれを承継したものとして、本件訴訟の当初からなんらの異議を述べずにすべての訴訟手続を遂行し、その結果として、被上告人Xの本訴請求の適否について、第1、2審の判断を受けたものである。このように、第1、2審を通じてみずから進んで訴訟行為をした前記Y_1～$Y_3$3名が、いまさら本件訴訟の当事者（被告）が死者であるYであったとしてみずからの訴訟行為の無効を主張することは、信義則のうえから許されないものと解するのが相当である」。

判例の法理　❂**信義則**　本件は、いわゆる**死者名義訴訟**において訴訟の受継を許可された相続人（Y_1～Y_3）が、1、2審を通じて異議なく訴訟行為をしながら、上告審で当事者は死者であるからと自らの訴訟行為の無効を主張することは信義則（禁反言）に反するとしている。

本件以前に最高裁は必要的共同訴訟人の1人が死亡したが、他の共同訴訟人のうち死亡者を受継すべき者が受継手続をせずに控訴するなど一切の訴訟行為をした場合に、上告人が控訴審における訴訟行為の無効を主張することを信義則に反すると判断している1)。

判例を読む　❂**当事者の確定**　当事者の確定に関しては、**表示説、意思説、行動説**等がある2)。死者名義訴訟は当事者の確定の問題とされている。本件では、Yの相続人であるY_1～Y_3は自ら訴訟の受継を許可され異議なく訴訟行為を行っており、意思説や行動説ではY_1～Y_3が当事者とされる3)。これに対して、表示説を形式的に適用すると、本件では死者のYが当事者であり、Y_1～Y_3は当事者ではないから任意的当事者変更の場合に当たる4)。

❂**訴訟の係属時期**　訴訟係属の効力が生じる時期に関しては、**訴状提出時説、裁判長の期日指定時説、訴状送達時説**がある5)。多数説の訴状送達時説によると、本件ではY_1～Y_3に送達がなく訴訟係属の効果がなく、受継手続は適法ではなく訴え却下すべきであると考えられる。ただし、この点に関しては、訴訟承継の類推適用により受継を認める可能性が指摘されている6)。

❂**責問権**　本件では訴訟当事者と相続人とは訴訟上も実質的に同一の人格とみるべきであり、死者名義宛ての訴状送達でも相続人名義宛ての訴状の送達と等価であるから、責問権の喪失を理由に上告を棄却すれば足りるという指摘がある7)。このように死者名義宛ての訴状送達の効力を認める場合でも、相続人が事実上、訴えの提起を知らず、かつ最後まで訴訟に関与する機会のないまま判決が確定する稀な場合に、例外として再審の訴えを認めれば足りるとする8)。

〔金子宏直〕

1審＝京都地判昭38・12・3民集20巻6号1177頁／2審＝大阪高判昭39・9・9民集20巻6号1180頁

1) 最判昭34・3・26民集13巻4号493頁。
2) 中野ほか編・新講義第3版〔本間靖規〕91頁、高橋・上150頁。
3) 大判昭11・3・11民集15巻977頁（→25事件）、上田竹志・百選5版16頁。
4) 納谷廣美・注釈民訴①399頁（死亡が判明した時点により、第1回口頭弁論期日の終了前なら表示の訂正、それ以後の訴訟係属中なら任意的当事者変更として処理する。判決が確定した後では死者を当事者とする無効な判決となる）。
5) 奈良次郎・最判解民昭和41年度330頁。
6) 兼子・体系108頁、菊井＝村松・全訂①1176頁。
7) 伊東乾・民商56巻2号116頁、123頁。
8) 石川明・判評98号102頁。

11 信義則（3）——当事者の確定

最高裁昭和48年10月26日判決　民集27巻9号1240頁、判時723号37頁、判タ302号145頁、金法705号42頁、金判393号11頁

▶179条、137条、257条、民1条

論　点　▶　①実質的に同一な新旧会社でも法人格が異なると主張することの許否
　　　　　②自白の撤回の許否

事実の要約　旧Z会社の代表取締役Aは、X（原告、被控訴人、被上告人）から賃借しているビルの居室明渡しと延滞賃料支払債務等の履行請求を回避する目的で、旧Z会社の商号（N開発株式会社）を別名称（I地所株式会社）に変更して、代表取締役・監査役・本店所在地・営業所・什器備品・従業員などが旧Z会社と同一で会社の目的もほぼ同一のY会社（被告、控訴人、上告人）に、旧Z会社の旧商号（N開発株式会社）をつけて設立した。Xは、こうした事情を知らずに、Y会社を相手に居室明渡し等の訴えを起こした。

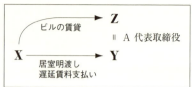

裁判の流れ　1審：Xの請求認容　2審：控訴棄却　最高裁：上告棄却

　1審では、被告Y会社の代表であるAが欠席したためXが勝訴した。
　控訴審において、Aは1年あまりの審理期間中に商号の変更や新会社のY会社の設立について何の主張もせず、Xから旧Z会社が居室を賃借したこと、賃料延滞していること、Xから賃料延滞に基づく停止条件付賃貸借解除の通知を受けたことを自白して口頭弁論が終結された。ところが、Aは弁論再開の申立てをし、初めてY会社は旧Z会社と別法人であると主張し、上記3つの点についての自白は事実に反するとして撤回し、Y会社は旧Z会社の債務について責任を負わないと主張した。
　控訴審は、法人格否認の法理の適用により旧Z会社とY会社が同一であるとみなせるとして、Yによる自白の撤回を認めず旧Z会社の債務について責任を負うとした。Y上告。

判　旨　＜上告棄却＞「株式会社が商法の規定に準拠して比較的容易に設立されうることに乗じ、取引の相手方からの債務履行請求手続を誤まらせ時間と費用とを浪費させる手段として、旧会社の営業財産をそのまま流用し、商号、代表取締役、営業目的、従業員などが旧会社のそれと同一の新会社を設立したような場合には、形式的には新会社の設立登記がなされていても、新旧両会社の実質は前後同一であり、新会社の設立は旧会社の債務の免脱を目的としてなされた会社制度の濫用であって、このような場合、会社は右取引の相手方に対し、信義則上、新旧両会社が別人格であることを主張できず、相手方は新旧両会社のいずれに対しても右債務についてその責任を追求することができるものと解するのが相当である」。〔論点①〕
　「Yは…形式上は旧会社と別異の株式会社の形態をとってはいるけれども、新旧両会社は商号のみならずその実質が前後同一であり、新会社の設立は、Xに対する旧会社の債務免脱を目的としてなされた会社制度の濫用であるというべきであるから、Yは、取引の相手方であるXに対し、信義則上、Yが旧会社と別異の法人格であることを主張しえない筋合いにあり」、Yは自白を撤回できず、旧会社のXに対する本件居室明渡し、延滞賃料支払等の債務について責任を負うと判示した。〔論点②〕

判例の法理　★**法人格否認の法理**　本最判では、新旧会社が実質上同一で、新会社の設立が債務の免脱を目的とする会社制度の濫用であるから、旧会社の債務の履行を請求された場合に新会社が別人格であると主張することは信義則上許されないとする。〔論点①〕
　法人格否認の法理は、会社法上認められる法人格を濫用する場合に実体法上の効力を否定するものである。法人格否認の法理が適用されるのは、①株式会社の実質が全く個人企業と同一視される場合（形骸事例）、②旧会社について支配権を有する有力株主、取締役などが会社の取引上の債務を免れるために旧会社を解散して、営業目的、営業場所、取締役、得意先、仕入先、従業員など営業の形態、内容が実質的に同じ新会社を設立して契約上の債務を回避しようとする場合（濫用事例）が考えられる。
　本最判以前に、最高裁は、①に該当する場合、店舗の明渡請求訴訟であるが、賃借人である株式会社が節税目的により設立された実質上個人企業であり、すでに会社代表者個人の明渡義務を認める裁判上の和解が成立している事案において、「法人格が全くの形骸に過ぎない場合またはそれが法律の適用を回避するために濫用される場合には、その法人格を否認することができる」として株式会社も明渡義務を負うと判示している 1)。
　これに対して、②に該当する場合について法人格否認の法理の適用を認める下級審判例はあったが 2)、本件は最高裁もこれを認めることを明らかにしたものである。
　★**当事者の確定**　法人格否認の法理を訴訟法上どのように考えるかという問題は、具体的には当事者の確定の問題と関係する。すなわち、新旧法人（YかZ）のいずれが当事者なのか（さらに法人の代表者なのか）を考える必要がある。当事者の確定は訴え提起時に必要になる重要な問題であり、当事者能力、訴訟能力、当事者適格等の判断の前提となる。当事者の確定に関しては、表示説、意思説、行動説、適格説、規範分類説等がある（→10事件「判例を読む」）。表示説は、訴状の記載から客観的に当事者を確定するものである。適格説は、訴状の合理的解釈のみならず訴訟に現れた一切の事情を考慮し、実体法上の紛争主体として訴訟に登場した者を訴訟当事者として確定する。規範分類説は、行為規範と評価規範に分け、訴訟手続を進行させる局面と、すでに行われた手続を振り返る局面の基準を使い分ける。

本件は法人格否認の場合でも、YとZが実質上Aの個人会社ではないのでAが当事者とは考えられない。YかZのいずれが当事者であるか判断することになるが、被告Y会社の商号が旧Z会社と同一であるという事情があり、形式的に表示説によっても被告を新会社Yと考えることができる。他の立場、例えば規範分類説の立場でも、AがYの代表者として自白の撤回をしたことから被告はYと考えられる。

　しかし、本件でYを当事者と確定することには批判があり、例えば、訴え提起の時点における被告は新会社Yではなく旧会社Zであったと考えるべきで、本件最判がYを被告としたのは信義則の考慮が働いていると論じられる3)。

判例を読む　✿**法人格否認の訴訟法上の問題**　被告を新会社Yとすると旧会社Zは訴訟手続に無関係となってしまう。Xが取得したYに対する債務名義に基づき、Yに対して強制執行をする場合にZから第三者異議の訴えが提起される可能性がある。XはZから提起された**第三者異議の訴え**のなかで改めて法人格否認の要件について審理を求める必要がある。例えば、旧会社に対する動産執行に対して新会社が第三者異議の訴えで別人格を主張することを認めない判例がある4)。Xの保護を考えると、新旧会社の実質が前後同一と認められる場合には、当事者の確定の段階で法人格否認の法理を適用して、訴訟手続上も1つの実体として会社を当事者とすべきことが論じられる5)。これに対して、法人格否認における背後者や他の会社に対する手続保障の必要性から、法人格否認の法理は当事者の確定の問題に適用されないとする見解もある6)。

　関連する問題として、法人格否認の場合における判決効の拡張が認められるか否かという議論もある7)。

✿**任意的当事者変更**　当事者の確定に関連して、当事者の訂正と任意的当事者変更の問題がある。確定された当事者と訴状・判決等における当事者欄の記載の表記とが食い違う場合に、確定された訴状における当事者に表示を変更することを表示の訂正という。これに対して、当事者の同一性がなくなる場合には、任意的当事者変更の問題になる。任意的当事者変更は法規に定められたものではなく、その許否や要件について議論がされている8)。

　本件でも、仮にXが訴えを提起した相手がZであり、訴訟活動を行ったYと当事者に同一性がないと考える場合には、任意的当事者変更の問題となる。そして、控訴審の弁論再開後にYが商号変更および新会社の設立の事実を主張したため、Xが法人格否認の法理の適用を主張してYに対する訴訟追行をした時点で、任意的当事者変更がされたと考えることができる。

✿**自白の撤回**　本最判では、自白の撤回と信義則の関係も判断されている。すなわち、控訴審の口頭弁論再開前に、旧会社Yと新会社Zの代表取締役を兼ねるAが旧会社の取引行為についてした自白を、弁論再開後Aが新会社の代表者として、新旧両会社が別異の法人格であると主張して撤回することは信義則に反し許されないとする。〔論点②〕

　ところで、自白が成立すると裁判所の事実認定を拘束し証拠調べを不要になる以外に、原則として自白した当事者が自ら撤回することは許されない。自白の撤回が許されるのは、①刑事上罰すべき他人の行為により自白した場合、②相手方の同意がある場合、③自白の内容が真実に反し、かつ、自白が錯誤によってなされた場合の3つである9)。そこで、本件では、Y（A）の自白は事実に反せず錯誤もないことから自白の撤回は信義則と無関係に許されないことが指摘される10)。

〔金子宏直〕

1審＝東京地判昭43・2・21民集27巻9号1249頁／2審＝東京高判昭45・5・6下民集21巻5＝6号629頁

1) 最判昭44・2・27民集23巻2号511頁、森本滋・会社法判例百選2版10頁。
2) 福岡高判昭43・11・16下民集19巻9号607頁。
3) 高見進・百選I新法対応補正版31頁。堀野出・百選5版19頁は、YZを共同被告とすべきとする。
4) 最判平17・7・15民集95巻6号1742頁。
5) 谷口安平・百選2版42頁、新堂143頁、高橋・上164頁。
6) 福永有利「法人格否認に関する訴訟法上の諸問題」関西法学25巻4＝5＝6号541頁。
7) 高橋・上699頁、最判昭53・9・14判時906号88頁（→ 198事件）は否定する。
8) 中野ほか編・新講義100頁〔本間靖規〕。
9) 中野ほか編・新講義316頁〔春日偉知郎〕、松本・民事自白法61頁。
10) 高見・前掲注3) 30頁、実務上の意義を指摘するものとして、東條敬・最判解民昭和48年度45頁。

12 信義則（4）――一部請求

最高裁平成10年6月12日判決　民集52巻4号1147頁、判時1644号126頁、判夕980号90頁、金法1529号50頁、金判1051号40頁

▶2条、114条2項、246条

論点 ▶ 金銭債権の数量的一部請求訴訟において敗訴した原告による残部請求の許否

事実の要約　X（原告・控訴人・被上告人）は不動産売買等を目的とする有限会社であり、建築工事、地域開発事業等を目的とするY（被告・被控訴人・上告人）から、福岡県宗像市に存する10万坪の土地の買収と市街化調整区域に編入されるよう行政当局に働きかけを行う等の業務の委託（本件業務委託契約）を受けた。YはXに対して9000万円の報酬を支払うほか、Yが上記土地を宅地として販売するときにはXにその土地の1割を販売ないし斡旋させるとの合意をした（本件合意）。しかし、Yは上記土地を宅地とせずに市の開発公社に売却し、Xの債務不履行を理由に業務委託契約を解除した。そのため、Xは土地の一部の販売ないし斡旋ができなくなった。

主位的請求：業務委託契約に基づく報酬請求権の一部
X ───▶ Y

予備的請求：合意に基づく報酬請求権の一部

主位的請求：合意に基づく報酬請求権の残部
X ───▶ Y

予備的請求：①業務委託契約に基づく報酬請求権の残部、②不当利得に基づく請求権

そこで、前訴としてXは、主位的請求として、商法512条により、本件業務委託契約に基づく報酬請求権12億円のうち1億円の支払を、予備的請求として、Yが市の開発公社に土地を売却して本件合意の条件成就を故意に妨害したから、〔改正前〕民法130条により本件合意に基づく12億円の報酬請求権を取得したとして、そのうち1億円の支払を求めたが、各請求とも棄却する判決が確定した。前訴確定後、Xは、①主位的請求として本件合意に基づく報酬請求権のうち前訴で請求していない2億9830万円の支払、②予備的請求の1として商法512条に基づく同額の支払、③予備的請求の2としてYの契約解除による報酬相当額2億6730万円の不当利得返還請求を求めた。

裁判の流れ　1審：訴え却下　2審：取消・差戻　最高裁：破棄自判・控訴棄却

1審は、本件訴訟はいずれも前訴の実質的な蒸し返しであるとしてXの訴えを却下した。X控訴。原審は、①主位的請求および予備的請求の1は、前訴各請求と同一の債権の一部請求・残部請求の関係にあるが、本訴が前訴の蒸し返しで信義則に反するという特段の事情を認められないし、③予備的請求の2は前訴とは訴訟物を異にすると判断し、1審判決の取消・差戻の判決を下した。Y上告。

判　旨　<破棄自判・控訴棄却>「一個の金銭債権の数量的一部請求は、当該債権が存在しその額は一定額を下回らないことを主張して右額の限度でこれを請求するものであり、債権の特定の一部を請求するものではないから、このような請求の当否を判断するためには、おのずから債権の全部について審理判断することが必要になる。すなわち、裁判所は、当該債権の全部について当事者の主張する発生、消滅の原因事実の存否を判断し、債権の一部の消滅が認められるときは債権の総額からこれを控除して口頭弁論終結時における債権の現存額を確定し…現存額が一部請求の額以上であるときは右請求を認容し、現存額が請求額に満たないときは現存額の限度でこれを認容し、債権が全く現存しないときは右請求を棄却するのであって、当事者双方の主張立証の範囲、程度も、通常は債権の全部が請求されている場合と変わるところはない。数量的一部請求を全部又は一部棄却する旨の判決は、このように債権の全部について行われた審理の結果に基づいて、当該債権が全く現存しないか又は一部として請求された額に満たない額しか現存しないとの判断を示すものであって、言い換えれば、後に残部として請求し得る部分が存在しないとの判断を示すものにほかならない。したがって、右判決が確定した後に原告が残部請求の訴えを提起することは、実質的には前訴で認められなかった請求及び主張を蒸し返すものであり、前訴の確定判決によって当該債権の全部について紛争が解決されたとの被告の合理的期待に反し、被告に二重の応訴の負担を強いるものというべきである。以上の点に照らすと、金銭債権の数量的一部請求訴訟で敗訴した原告が残部請求の訴えを提起することは、特段の事情がない限り、信義即に反して許されないと解するのが相当である」。

判例の法理　**★一部請求**　一部請求は、数量的に可分な給付を目的とする請求権の一部を分割して請求することをいう（分割請求とも呼ばれる）。原告が申立手数料等を節約するために一部を請求する合理性があると考えられる（試験訴訟等の場合）。一部請求の問題は、一部請求の訴訟物をどのように捉えるか、残額請求が既判力等の判決効により遮断されるかという問題に関連する。

★訴訟物　処分権主義を前提にすると原告による一部請求は許されることになるが、一部請求の訴訟物は請求した部分のみか債権全額なのかが問題となる。従来の判例理論は一部請求を明示したか否かを基準にする。すなわち、前訴で一部請求であることを明示した場合には、その部分だけが訴訟物になり残額には既判力が及ばないとして再訴を認める 1)。これに対して、不明示の場合には1個の債権全体が訴訟物となり、既判力も債権全体に及ぶとする 2)。両判例は前訴において一部認容されたものである（本件は前訴において請求棄却の事例で違いがある）。

本件では、一部請求を明示している場合に当たる（12億円の報酬請求権のうち1億円）。本件の1審では 3)、明示の一部請求の場合に当たるが、指標のない金銭給付訴訟では、請求権全体が存在しないという理由中の判断によって紛争が解決するという被告の期待と、原告に十分な手続が与えられていることから、訴訟上の信義則ないし公平の見地から一部と残部を別個に請求できないと判示している。また、本件判旨では、1個の金銭債権の数量的一部請求は、債権の特定の一部を請求するものではないから、請求の当否を判断するためには債権全部について審

理判断することが必要になり、全部または一部棄却の判決は、残部請求しうる部分が存在しないという判断にほかならないとする。

●**残額請求と判決効**　上述のように従来の判例理論は、一部請求であることを明示したか否かによって訴訟物が債権の一部であるか全体であるかを区別している。そして、訴訟物の範囲と既判力の範囲を一致させ、明示の場合には残額請求は既判力により遮断されないとする。従来、学説は、判例理論を支持する立場と[4]、一部請求を否定する立場が分かれていた[5]。そして、本件最後、一部請求の訴訟物と残額請求に対する既判力ないし判決効をめぐり議論されている[6]。

数量的に分割可能な請求について、処分権主義により当事者が請求を分割して訴訟をする根拠ないし合理性を認めず、請求で明示された給付分量は請求の数量的上限を示すものにすぎないととらえ、勝敗を問わず債権全部が審判の対象（訴訟物）になり、既判力は債権全額の存否につき生じるとする見解（一部請求否定）も有力となりつつある[7]。

●**信義則による遮断**　残額請求を既判力により遮断することに対して疑問が提示され[8]、有力説は、黙示の一部請求の後訴として残額請求が遮断されるのは、前訴での訴訟物とならなかった権利部分の失権の可否が問題となり、信義則に基礎をおく訴訟物の枠を超える失権効の一種であるとする[9]。そして、原告の分割請求の利益と被告の紛争解決への信頼を調和させるために、事件の具体的事情により、原告が前訴で全部請求をしなかったことに特別の正当事由があれば、原告がその証明をすることを前提として残額請求を認めるべきであるとする[10]。

本件判旨では、後訴を既判力により遮断せずに、この有力説に沿う形で信義則により残額請求の後訴を遮断した点において、従来の判例理論を実質的に修正するものといえる[11]。ただし、本件で既判力により遮断をしなかった点は主位的請求と予備的請求について前訴と訴訟物が異なるという事情を考える余地がある。

|判例を読む|　●**信義則**　上述の有力説は一部請求が棄却された場合と認容された場合とを区別する。本件のような請求棄却の場合には、判決理由中の判断の拘束力による遮断の問題とされる。これに対して、請求認容・請求棄却の場合を問わず、信義則のうちでも禁反言の法理を適用し却下しうるとする見解がある[12]。

●**後遺症に基づく損害賠償**　不法行為に基づく損害賠償請求で勝訴判決確定後に、後遺症に基づく損害賠償請求が一部請求後の残額請求に該当するかという問題がある。判例は一部請求後の残額請求の場合とするものがあるが、学説は前訴において予測のできなかった後遺症に基づく損害賠償は一部請求後の残額請求ではなく、前訴とは別個の訴訟事件と考えるべきとする[13]。

●**一部請求と相殺の抗弁**　一部請求でも被告から相殺の抗弁が提出されうる。前提問題として一部請求の審理の対象と関連する。判例は、一部請求訴訟における過失相殺について外側説をとり、相殺の抗弁についても、損害の全額から過失割合による減額をし、その残額が請求額を超えないときに残額を認容し、残額が請求額を超えるときは請求額を認容する。相殺の抗弁についても同様の考え方にたつ[14]。

また、一部請求中の債権の残額を自働債権とする相殺の抗弁については二重起訴禁止の原則と関連する。判例は訴訟上の権利濫用としてこのような相殺の抗弁を否定する特段の事由がないとして抗弁を認めた[15]。

●**明示的一部請求と時効の中断**　明示的一部請求の訴えにおいて、弁済等の抗弁により債権総額の認定がされても判決理由中の判断にすぎず、残額については時効の中断（改正前民法149条）を認めない。ただし、6か月以内の残部請求の訴えにより、残部について催告の効果（改正前民法153条）を生じるとする[16]。

民法改正（平29法44号）により、時効の「中断」は「更新」に、時効の「停止」は「完成猶予」とよばれる。改正後民法147条1項で、裁判上の請求に完成猶予の効力が定められた[17]。

〔金子宏直〕

1審＝東京地判平8・9・5民集52巻4号1178頁、判タ959号269頁／2審＝東京高判平9・1・23民集52巻4号1187頁

1) 最判昭37・8・10民集16巻8号1720頁（→192事件）。
2) 最判昭32・6・7民集11巻6号948頁。
3) 東京地判平8・9・5民集52巻4号1178頁、判タ959号269頁。
4) 条解529頁〔竹下守夫〕。
5) 三ケ月122頁、一部請求の許否は法的な指標の有無を基準とする。
6) 学説については、畑瑞穂「一部請求と残部請求」争点（伊藤＝山本編）120頁、小林秀之＝山本浩美・受験新報2017年10月号2頁。
7) 残額請求は請求の拡張でのみ認める、高橋・上105頁、請求失権効により残額請求を遮断、山本・基本問題119頁、既判力の範囲により残額請求の余地を認める、伊藤227頁。
8) 佐上善和「一部請求と残額請求」新版民訴演習①131頁。
9) 条解533頁〔竹下守夫〕。
10) 特段の事由がなければ残額請求を認めないものに、納谷廣美・争点3版147頁。
11) 佐上善和「時の判例」法教220号132頁、山下郁夫「時の判例」ジュリ1141号172頁。
12) 中野貞一郎「一部請求論について」同・現在問題85頁。
13) 最判昭42・7・18民集21巻6号1559頁、学説として、高橋・上113頁。
14) 不法行為に基づく損害賠償の一部請求と過失相殺の抗弁について、最判昭48・4・5民集27巻3号419頁、金銭債権の一部請求と相殺の抗弁について、最判平6・11・22民集48巻7号1355頁（→204事件）。
15) 最判平10・6・30民集52巻4号1225頁、越山和広・平成25年度重判128頁。
16) 最判平25・6・6民集67巻5号1208頁、越山和広・平成25年度重判128頁、山田文・法教422号4頁。
17) 潮見ほか編『詳解改正民法』83頁〔松久三四彦〕（商事法務、2018）。

13 訴訟に要する費用（1）——弁護士費用の請求

最高裁昭和48年10月11日判決　判時723号44頁、金法704号22頁、集民110号231頁

▶61条、155条2項、民419条

論　点　▶　債務不履行に基づく損害賠償請求において弁護士費用を請求することの許否

事案の要約　事実関係の詳細は不明である。手形金等の請求事件においてX（原告、控訴人、上告人）が、弁護士費用その他の取立費用を債務不履行（履行遅滞）に基づき損害賠償請求した事件である。本件は、利息制限法1条1項（現1条）所定の利率の制限を超える約定のある金銭消費貸借の返還請求の事案であった。

裁判の流れ　1審：不明　2審：不明　最高裁：上告棄却

原審は金銭債務の不履行による損害賠償については、〔改正前〕民法419条の適用により、弁護士費用その他の取立費用を含めることができないと判断した。X上告。

判　旨　<上告棄却>「民法419条によれば、金銭を目的とする債務の履行遅滞による損害賠償の額は、法律に別段の定めがある場合を除き、約定または法定の利率により、債権者はその損害の証明をする必要がないとされているが、その反面として、たとえそれ以上の損害が生じたことを立証しても、その賠償を請求することはできないものというべく、したがって、債権者は、金銭債務の不履行による損害賠償として、債務者に対し弁護士費用その他の取立費用を請求することはできないと解するのが相当である」。

判例の法理　★**弁護士費用の賠償請求**　判例は、訴え提起そのものが不法行為になる場合には、弁護士報酬も相当因果関係の賠償として認めていた[1]。また金銭債務請求訴訟で支出した弁護士費用でも、相手方の応訴が不当応訴に当たる場合には不法行為に基づく損害と認められる余地がある[2]。そして、不法行為に基づく損害賠償請求の場合には、無効な根抵当権に基づく競売の申立および競売手続開始がなされたため、根抵当権設定登記の抹消登記請求と競売申立等が不法行為であるとして訴訟追行のための弁護士費用等を損害賠償請求した事案で、相当因果関係のある損害として相当額の弁護士費用の賠償を認めている[3]。

しかし、判例は債務不履行に基づく損害賠償請求の訴えについて、弁護士費用の賠償を否定していた[4]。学説は、金銭債務不履行による損害賠償は〔改正前〕民法419条により損害賠償額が限定されており弁護士費用等の取立費用は請求できないとする[5]。本最判も同条を根拠に弁護士費用の賠償を否定した。

また、本最判は、金銭債務以外の一般の債務不履行に基づく損害賠償請求の場合に弁護士費用の賠償が認められるかについて判断していない。そこで、不法行為に基づく損害賠償請求の場合と同様に認められる可能性がある。本最判後も金銭債権以外の債務不履行に基づく損害として弁護士費用の請求を認める下級審判決がある[6]。

★**訴訟費用の敗訴者負担**　訴訟費用は敗訴者の負担とされるのが原則である（61条）。その結果、敗訴者は自らの訴訟費用と相手方である勝訴当事者の訴訟費用をも負担しなければならない。この場合の勝訴当事者から敗訴当事者に対する訴訟費用の請求権は、**訴訟法上の費用賠償請求権**であり、民訴法が定める訴訟費用の負担の裁判（67条）と費用額確定決定（71条）の手続に従ってのみ請求できる。

判例を読む　★**弁護士費用の各自負担**　民事訴訟法上、例外的に付き添い弁護士の場合（155条2項）を除き弁護士費用は訴訟費用に含まれず**当事者が各自負担する**（アメリカ・ルールと呼ばれる）。ところで、広い意味での訴訟に要する費用のうち弁護士費用は大きな部分を占めている。そのため、弁護士費用を敗訴者の負担にさせるべきであるという立法論は現在でも検討されている[7]。

★**訴訟費用の負担**　訴訟に要する費用は、上記の訴訟費用、すなわち提訴費用に代表される裁判費用（手数料と立替金）と、それ以外の弁護士費用に代表される当事者費用がある。

広い意味で、訴訟に要する費用を誰が負担するかという問題は、民事訴訟の社会的役割との関係で考えなければならない。いずれの当事者が権利者なのかが明らかな場合には、敗訴当事者が勝訴当事者の訴訟費用を負担することが公平に適うことになる。これに対して、紛争解決過程でどのような権利か明らかになる場合には、敗訴当事者が訴訟費用を負担することが公平に適うとはいえない。むしろ、紛争当事者間で分担して費用負担するほうが公平ともいえる。また、公害訴訟のように社会的に有意義な訴訟については、当事者だけではなく社会による負担も必要とされる[8]。

〔金子宏直〕

1審＝東京地判昭44・9・9／2審＝東京高判昭45・5・13

1) 大連判昭18・11・2民集22巻1179頁。
2) 東京地判昭47・9・8判時694号70頁。
3) 最判昭44・2・27民集23巻2号441頁、小島武司・百選続版72頁。
4) 大判大4・5・19民録21輯725頁。
5) 田邨正義「弁護士費用」実務民訴②158頁、これに対して、新堂848頁は、民法419条は例外を認めないものではないとする。
6) 例えば、売買契約の債務不履行について、東京地判平元・3・29判タ717号160頁、興信所の調査についての債務不履行について、名古屋地判平7・1・30判時1534号85頁等。
7) 川上明彦「弁護士費用の敗訴者負担肯定の試みと限界」自正50巻2号32頁以下等の同号特集。
8) 太田勝造「裁判手数料と弁護士費用について」法政論集（名古屋大学）147号652頁。

14 訴訟に要する費用（2）——訴訟上の救助と相手方の即時抗告

最高裁平成 16 年 7 月 13 日決定　民集 58 巻 5 号 1599 頁、判時 1879 号 45 頁、判タ 1168 号 127 頁、裁時 1367 号 16 頁、訟月 51 巻 5 号 1308 頁、金法 1755 号 53 頁
▶ 86 条、84 条

論　点 ▶ 相手方当事者による即時抗告の許否

事実の要約　X（インドシナ難民として定住、在留資格許可）は、窃盗罪で懲役刑が確定して強制退去の対象となり（出入国管理及び難民認定法 24 条）、仮出獄後、退去強制令書により入国管理センターに収容された。X は仮放免申請をしたが不許可となったため処分取消しならびに損害賠償請求を Y（国）に対して提起した（本訴）。本件は、この処分取消等を求めた本訴における訴訟救助付与の申立てに関する争いである。

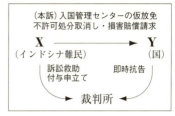

裁判の流れ　1 審：訴訟救助付与決定　2 審：決定取消、X 抗告　最高裁：抗告棄却

本訴には法律扶助協会により民事法律扶助の決定がなされ、X は救助要件の疎明資料として同扶助決定証明書を提出し、X に訴訟救助の付与決定がされた。これに対して、相手方当事者 Y が即時抗告した。Y は抗告理由の中で、X には領置金（10 万円）があり収容中で生活費がかからないから、提訴に必要な費用（2 万 4600 円）を支払う資力があると主張した。原審は訴訟救助付与の決定を取り消し、救助付与の申立てを却下した。X 抗告。

決定要旨　＜抗告棄却＞「民訴法 86 条は、同条に基づく即時抗告の対象となるべき決定から、同法 82 条 1 項に基づいてされた訴訟上の救助の決定を文言上除外していない。また、訴訟上の救助の決定を受けた者が同項本文に規定する要件を欠くことが判明し、又はこれを欠くに至った場合における救助の決定の取消しについて、同法 84 条は、利害関係人が裁判所に対してその取消しを申し立てることができる旨を規定している。訴訟上の救助の決定は、訴え提起の手数料その他の裁判費用等についてその支払の猶予等の効力を有し（同法 83 条 1 項 1 号等）、それゆえに訴えの適法性にかかわるものであるほか（同法 137 条 1 項後段、2 項、141 条 1 項参照）、訴訟の追行を可能にするものであるから、訴訟の相手方当事者は、訴訟上の救助の決定が適法にされたかどうかについて利害関係を有するものというべきである」。

判例の法理　本件は訴訟救助の相手方による即時抗告を認める。本決定の参照する大審院決定（大決昭 11・12・15 民集 15 巻 24 号 2207 頁）は相手方による即時抗告を認めていたが、その後、高裁において、認めるもの 1)（学説に対応させて積極説と表記）と訴訟費用の担保提供を求められる場合に制限するもの 2)（制限説）に分かれていた。積極説に立つ判例は、①訴訟上の救助に関する裁判に対する即時抗告の対象について法律上限定がないこと（86 条）、②救助付与の取消しについて利害関係人の申立権が認められていること（84 条）、③訴え提起の手数料の不納付による訴状却下の裁判を得られない不利益が相手方にあること、④濫訴のおそれなどを挙げる。本件でも同様の理由を挙げており、積極説にたつ高裁決定の理論に沿うものといえる。

学説は、積極説 3)、制限説 4)、消極説 5) 等に分かれており、近時は消極説も有力である。

判例を読む　❂**訴訟救助の適用範囲**　現行法では救助付与は「訴訟の準備及び追行に必要な費用を支払う資力がない者又はその支払により生活に著しい支障を生ずる者」（82 条 1 項）と定める。X は外国人であり訴訟費用の担保が問題になる場合のため相手方の即時抗告が可能であるが、制限説でも、本件の事案では付与決定の資力の認定にあたり翻訳や調査等が必要であり、これらを必要な費用として考慮すべきであるとする 6)。

❂**裁判を受ける権利の保障**　訴訟費用の担保提供を求められる場合は実際には少ないことから、制限説と消極説であまり違いが生じないとの指摘もある。しかし、近時の消極説は、訴訟救助が訴訟費用の猶予にとどまるものの、付与されるか否かは受救助者の裁判を受ける権利の保障の点から相手方の即時抗告を全面的に否定すべきであるとする。また、前掲注 1) 2) のように即時抗告の許否が問題になった従来の事案では公害訴訟も多く、被害者救済の考慮も必要である。

❂**訴訟上の権能の濫用**　相手方の即時抗告などが可能でも、もっぱら訴訟戦略上の目的から行われ、当事者に著しい不利益が生じるような場合には、訴訟上の権能の濫用にあたる余地があろう。

〔金子宏直〕

---

1 審＝大阪地決平 15・12・12／2 審＝大阪高決平 16・4・19 民集 58 巻 5 号 1611 頁

1) 名古屋高金沢支決昭 46・2・8 下民集 22 巻 1〜2 号 92 頁（イタイイタイ病訴訟事件）、東京高判昭 54・11・12 判時 951 号 64 頁（安中公害訴訟第 2 次訴訟事件）、東京高判昭 63・3・25 判時 1272 号 98 頁（豊田商事詐欺商法事件）、高松高判平 2・12・17 判時 1383 号 136 頁（第 2 次徳島じん肺訴訟事件）、大阪高判平 5・9・29 訟月 40 巻 6 号 1222 頁（尼崎有害物質排出規制等請求事件）、東京高判平 7・12・25 訟月 43 巻 4 号 1133 頁（横田基地騒音第 4 次訴訟事件）。
2) 東京高判昭 54・5・31 判時 933 号 71 頁、福岡高判昭 55・5・27 下民集 31 巻 5 ＝ 6 号 424 頁（長崎じん肺訴訟事件）、福岡高判昭 57・7・8 判タ 479 号 118 頁、東京高判昭 61・11・28 判時 1223 号 51 頁、判タ 641 号 202 頁。
3) 内武吉「訴訟上の救助」実務② 184 頁、横田忠『訴訟上の救助に関する研究』（裁判所書記官研修所、1973）190 頁、基本法コンメ民訴① 208 頁〔大喜多啓光〕、伊藤・622 頁。
4) 斎藤ほか編・注解民訴② 195 頁〔斎藤秀夫〕、注釈民訴② 629 頁〔福山達夫〕。
5) 花村治郎・判評 343 号 43 頁、川嶋・法セ 49 巻 12 号 119 頁、酒井・北海学園大学法学研究 41 巻 3 号 105〜123 頁。
6) 我妻・私判リマ 32 号 104〜107 頁。

15 訴訟に要する費用（3）——訴訟上の救助と猶予した費用の支払

最高裁平成19年12月4日決定　民集61巻9号3274頁、判時1994号34頁、判タ1261号161頁、裁時1449号4頁
▶84条、61条、82条1項

論点 ▶ 救助決定を取り消さずに費用の支払を命じることの許否

事実の要約　Xは、原告として提起した訴訟の1審、2審および上告審において救助決定を受けたが、Xの全部敗訴が確定し、訴訟費用全部負担の裁判が確定した。そこで、猶予されていた訴訟費用の支払が問題となったのが本件である。

```
             猶予した訴訟費用の
             支払請求
      X  ←────────  裁判所
（訴訟救助受給者
  敗訴確定）
```

裁判の流れ　1審：猶予費用の支払命令、X即時抗告　2審：抗告棄却、抗告許可の申立て、抗告許可　最高裁：抗告棄却

原々審はXに対して職権により、民訴法84条に基づく救助決定の取消をすることなく、猶予費用の支払を命じた（7万4000円）。X即時抗告。原審もこれを支持した。そのため、Xは、「本件のような場合でも、民訴法84条に従って救助決定を取り消さない限り、受救助者に猶予費用の支払を命じる決定をすることはできない」と主張し抗告した。

決定要旨　＜抗告棄却＞「民事訴訟において、訴訟上の救助の決定（以下「救助決定」という。）を受けた者の全部敗訴が確定し、かつ、その者に訴訟費用を全部負担させる旨の裁判が確定した場合には、救助決定は当然にその効力を失い、裁判所は、救助決定を民訴法84条の規定に従って取り消すことなく、救助決定を受けた者に対し、猶予した費用の支払を命ずることができると解するのが相当である。なぜなら、訴訟上の救助の制度は、民事訴訟においては原則として敗訴の当事者が訴訟費用を負担すべきこと（同法61条）を前提として、訴訟の準備及び追行に必要な費用を支払う資力がない者等に対し、勝訴の見込みがないとはいえないときに限り、救助決定により、訴訟及び強制執行につき裁判費用等の支払の猶予等をするものであって（同法82条1項、83条1項）、その支払を免除するものではないのであるから、少なくとも、訴訟の完結により、救助決定を受けた者の全部敗訴が確定して勝訴の見込みが完全に失われ、その者が訴訟費用の全部を負担すべきことが確定した場合にまで救助決定の効力が維持されることは予定されていないというべきだからである」。

判例の法理　84条は、82条1項本文の要件を欠くことが判明したときには申立てまたは職権で裁判所はいつでも救助の決定を取り消し、猶予した費用の支払を命ずる旨定める。「いつでも」と明定されており、訴訟完結後も取消できる。しかし、82条1項本文は資力がないことは要件にするが、勝訴の見込みを同項但書に定められているものの、勝訴の見込みを欠くことを取消事由とは定めていない。そこで、受救助者に訴訟完結後に猶予費用の支払を命じるために、救助決定の取消ができるのか、あるいは取消が必要かについて争いが生じうる。判例は、訴訟上の和解で訴訟終了した場合に取消を必要とし（名古屋高決昭35・12・15高民集13巻10号879頁）、敗訴の場合に取消を不要とするが、取消自体を否定する（広島高岡山支決昭34・9・11高民集12巻7号326頁、判時207号23頁）と、敗訴確定により支払猶予の資格を失うとする（大阪高決昭48・3・20判時702号72頁）。学説は取消を必要とする見解[1]、取消しを不要とする見解[2]に分かれていた。平成8年民訴改正の際には検討事項に挙げられるにとどまった[3]。本件は、すでに同様の判断をする下級審決定もあったが[4]、最高裁として、受救助者が全部敗訴し訴訟費用の負担が確定した場合については訴訟救助制度は訴訟費用の支払の猶予にとどまり支払を免除する目的ではないことを理由に、訴訟救助の決定を取り消さずに猶予した訴訟費用の支払を命じることができること明らかにした。

判例を読む　❶**訴え取下げ、和解、一部敗訴の場合と取消**　受救助者が訴えを取り下げた場合には訴訟は初めから係属しなかったとみなされ、救助決定も失効する。訴訟完結後でも取消しが必要とされるのは、和解で終了した場合である。和解調書を債務名義にした執行手続にも救助の効果が及ぶため資力が回復していれば救助を取り消す必要がある。しかし、和解条項が履行されない限り無資力の状態は継続し、裁判所は現実に履行されるか直接知ることができないから和解成立のみを救助の取消事由にできない。そこで救助を取り消す必要がある（前掲名古屋高決昭35・12・15、大阪高決昭50・1・28判時781号81頁）。一部勝訴で受救助者の訴訟費用の負担が決められた場合には、判例は受救助者の負担分については直ちに支払を命じ、相手方の負担分は取り消す必要がある（前掲大阪高決昭48・3・20）。

❷**裁判を受ける権利**　受救助者に敗訴で直ちに支払を命じるのは、敗訴時の費用負担の危険性を高め、訴え提起の際に救助の申立てを躊躇する恐れもあり、現行法が受救助の資力要件を緩和した趣旨と矛盾する可能性がある。総合法律支援法により法律扶助制度が拡充されている今日、訴訟費用の支払の猶予という訴訟救助と償還免除の余地のある法律扶助が相互に裁判を受ける権利の保障につながるように調整される必要がある。　〔金子宏直〕

1審＝大阪地決平18・10・17民集61巻9号3282頁／2審＝大阪高決平18・12・26民集61巻9号3283頁

1) 菊井＝村松・全訂① 730頁、斎藤ほか編・注解民訴② 184頁、内田武吉「訴訟上の救助」実務② 186頁注34、菊井＝村松・新コンメ② 129頁、基本法コンメ民訴① 207頁〔大喜多啓光〕。
2) 横田忠『訴訟上の救助に関する研究』（裁判所書記官研修所、1973）155頁。
3) 法務省民事局参事官室「民事訴訟手続に関する検討事項」（第九3）。
4) 大阪地決昭59・10・30判夕545号190頁。

16 民事裁判権の免除（1）（横田基地夜間飛行差止等請求事件）

最高裁平成14年4月12日判決　民集56巻4号729頁、判時1786号43頁、判タ1092号107頁　▶日米地位協定18条

論　点 ▶ 外国国家の非主権的行為と民事裁判権の免除

事実の要約　在日米軍横田基地周辺の住民であるXらは、当該基地飛行場から離発着する航空機の騒音がXらの人格権等を侵害するとして、Y（米国政府）に対し、夜間の航空機離発着の差止めと損害賠償支払いを求めて訴えを提起した。

```
       損害賠償・差止請求
  X ─────────────→ Y
 （住民）           （米国政府）
```

裁判の流れ　1審：訴え却下　2審：控訴棄却　最高裁：上告棄却

1審は絶対免除主義により訴えを却下。2審は、日米地位協定1) 18条5項は、「駐留軍等の公務執行中の不法行為に関して、Yが裁判権に服することを免除したもの」であるとして控訴を棄却。Xが上告。

判　旨　<上告棄却>日米地位協定18条5項の規定は、「外国国家に対する民事裁判権免除に関する国際慣習法を前提として、外国の国家機関である合衆国軍隊による不法行為から生ずる請求の処理に関する制度を創設したものであり、合衆国に対する民事裁判権の免除を定めたものと解すべきではない」。

「外国国家に対する民事裁判権免除に関しては、いわゆる絶対免除主義が伝統的な国際慣習法であったが、国家の活動範囲の拡大等に伴い、国家の私法的ないし業務管理的な行為についてまで民事裁判権を免除するのは相当でないとの考えが台頭し、免除の範囲を制限しようとする諸外国の国家実行が積み重ねられてきている。しかし、このような状況下にある今日においても、外国国家の主権的行為については、民事裁判権が免除される旨の国際慣習法の存在を引き続き肯認することができるというべきである。本件差止請求及び損害賠償請求の対象である合衆国軍隊の航空機の横田基地における夜間離発着は、我が国に駐留する合衆国軍隊の公的活動そのものであり、その活動の目的ないし行為の性質上、主権的行為であることは明らかであって、国際慣習法上、民事裁判権が免除されるものであることに疑問の余地はない。したがって、我が国と合衆国との間でこれと異なる取決めがない限り、Xらの差止請求及び損害賠償請求についてはYに対して我が国の民事裁判権は及ばないところ、両国間にそのような取決めがあると認めることはできない」。

判例の法理　⭐**絶対免除主義**　慣習国際法上、国家は原則として他国の民事裁判権に服しない（主権免除ないし国家免除の原則）。その根拠は外国主権の尊重に求められるが、免除の及ぶ範囲につき、各国の実行は必ずしも一致していない。絶対免除主義は、法廷地所在不動産の物権訴訟や国家が応訴した場合を除き、国家は原則的に他国の民事裁判権に服しないと説く。昭和3年の大審院決定2)以来、判例はこの考え方に従っていた。

⭐**制限免除主義への移行傾向**　絶対免除主義の考え方は、国家の活動が、政治・軍事など国家固有の営みに限定されていた時代には、疑われることが少なかったといえよう。しかし、社会主義国の誕生以後、国家が商業取引をはじめとする多種多様な活動を行うようになると、それと関わりをもつ私人に権利保護の途を閉ざすことに対して、疑問の声が高まった。国家の行為を主権的行為と非主権的行為に分け、後者について免除を否定する考え方（制限免除主義）の登場である。1970年代以後、英米法圏を中心として、主権免除につき国内法を制定する国が増えており、そこでは一般に制限免除主義が採られてきた。2004年末に成立した国連国家免除条約3)もこの考え方に従う。わが国はこの条約に署名し、その内容に準拠して、「外国等に対する我が国の民事裁判権に関する法律」（対外国民事裁判権法：平21法24号）4)を制定した。

⭐**本判決の位置づけ**　本判決は、制限免除主義への世界的移行傾向を強調しつつ、この立場においても主権的行為についてはなお免除が認められるところ、本件で問題となる米軍の夜間離発着訓練はこれに該当するため、わが国裁判所が裁判権を行使することはできないとした。つまり、昭和3年大審院決定を変更するかどうかの判断を留保したまま結論を導いたわけであるが、実質的には制限免除主義に大きく傾斜した説示をするところから、平成18年判決（➡17事件）における先例変更への道を開いたものと評価することができよう5)。制限免除主義においては、免除が認められる行為とそれ以外の行為をどういった基準で区別するかが問われる。これについては行為性質基準説、行為目的基準説の対立があり、本判決は「活動の目的ないし行為の性質」というにとどまるが6)、平成18年判決は、この点についてもより踏み込んだ判断を示している。

⭐**不法行為事件と主権免除**　不法行為事件の場合、外国の主権的行為につき免除を認める国際慣習法上の義務があるかについては疑いの余地があるが7)、いずれにせよ本件のような事案において、主権的行為であるとして外国国家に免除を認めても、国際法に違反するものではないと解される8)。

〔中野俊一郎〕

1審＝東京地八王子支判平9・3・14判時1612号101頁／2審＝東京高判平10・12・25判時1665号64頁

1) 「日本国とアメリカ合衆国との間の相互協力及び安全保障条約6条に基づく施設及び区域並びに日本国における合衆国軍隊の地位に関する協定」。外務省HP（http://www.mofa.go.jp/mofaj/area/usa/sfa/kyoutei/.html）を参照。
2) 大決昭3・12・28民集7巻1128頁。
3) 外務省HP（http://www.mofa.go.jp/mofaj/gaiko/treaty/shomei_23.html）を参照。
4) 本法につき飛澤知行『逐条解説・対外国民事裁判権法』（商事法務、2009）。
5) 薬師寺公夫・ジュリ1246号259頁、広部和也・法教269号164頁、吉田健司・曹時56巻12号2903頁、同・最判解民平成14年度390頁。
6) 米軍機の離発着訓練を主権的行為と見た判旨の結論については、これを支持する見解がある一方で（高桑昭・民商127巻6号872頁など）、行為性質基準説の視点からは逆の評価もありうることが指摘されている（横溝大・法協120巻5号1068頁、広部・前掲注5）165頁）。
7) この問題については、水島朋則・法学論叢（京都大学）151巻6号120頁、152巻3号113頁に詳しい。
8) 田中清久・法学（東北大学）68巻2号141頁、薬師寺・前掲注5）259頁。

17 民事裁判権の免除（2）

最高裁平成18年7月21日判決　民集60巻6号2542頁、判時1954号27頁、判タ1228号119頁

▶対外国民事裁判権法8条

論　点　▶　外国国家の非主権的行為と民事裁判権の免除

事実の要約　日本企業である X_1X_2 は、Y（パキスタン共和国）の国防省関連企業でありYの代理人であるA社との間で高性能コンピューター等の売買契約を締結したが、目的物引渡後も代金が支払われないため、当該債務を消費貸借の目的とする準消費貸借契約を締結した。Xらは、これに基づき、Yに対して貸金元金、利息および遅延損害金の支払いを求める訴訟を提起した。XY間の売買契約書中には、日本法を準拠法とし、日本の裁判所で裁判手続を行う旨の条項があったが、準消費貸借契約書中には日本法を準拠法とする条項だけが置かれている。

（売買契約→）準消費貸借契約

$X_1X_2 \longrightarrow Y$（パキスタン共和国）

貸金支払請求

裁判の流れ　1審：請求認容　2審：訴え却下　最高裁：破棄差戻

1審はYの弁論期日不出頭、準備書面不提出により自白の成立を認めた。2審は、昭和3年大審院決定1)を援用しつつ、絶対免除主義の立場から、Yによる免除放棄がないとして訴えを却下。Xが上告。

判　旨　＜破棄差戻＞「外国国家に対する民事裁判権免除に関しては、かつては、外国国家は、法廷地国内に所在する不動産に関する訴訟など特別の理由がある場合や、自ら進んで法廷地国の民事裁判権に服する場合を除き、原則として、法廷地国の民事裁判権に服することを免除されるという考え方（いわゆる絶対免除主義）が広く受け入れられ、この考え方を内容とする国際慣習法が存在していたものと解される。しかしながら、国家の活動範囲の拡大等に伴い、国家の行為を主権的行為とそれ以外の私法的ないし業務管理的な行為とに区分し、外国国家の私法的ないし業務管理的な行為についてまで法廷地国の民事裁判権を免除するのは相当でないという考え方（いわゆる制限免除主義）が徐々に広がり、現在では多くの国において、この考え方に基づいて、外国国家に対する民事裁判権免除の範囲が制限されるようになってきている。…『国家及び国家財産の裁判権免除に関する国際連合条約』も、制限免除主義を採用している。このような事情を考慮すると、今日においては、外国国家は主権的行為について法廷地国の民事裁判権に服することを免除される旨の国際慣習法の存在については、これを引き続き肯認することができるものの…外国国家は私法的ないし業務管理的な行為についても法廷地国の民事裁判権から免除される旨の国際慣習法はもはや存在しないものというべきである」。

「外国国家は、その私法的ないし業務管理的な行為については、我が国による民事裁判権の行使が当該外国国家の主権を侵害するおそれがあるなど特段の事情がない限り、我が国の民事裁判権から免除されないと解するのが相当である」。

「外国国家は、我が国との間の条約等の国際的合意によって我が国の民事裁判権に服することに同意した場合や、我が国の裁判所に訴えを提起するなどして、特定の事件について自ら進んで我が国の民事裁判権に服する意思を表明した場合には、我が国の民事裁判権から免除されないことはいうまでもないが、その外にも、私人との間の書面による契約に含まれた明文の規定により当該契約から生じた紛争について我が国の民事裁判権に服することを約することによって、我が国の民事裁判権に服する旨の意思を明確に表明した場合にも、原則として、当該紛争について我が国の民事裁判権から免除されないと解するのが相当である」。

「Yが、Xらとの間で高性能コンピューター等を買い受ける旨の本件各売買契約を締結し、売買の目的物の引渡しを受けた後、Xらとの間で各売買代金債務を消費貸借の目的とする本件各準消費貸借契約を締結したとすれば、Yのこれらの行為は、その性質上、私人でも行うことが可能な商業取引であるから、その目的のいかんにかかわらず、私法的ないし業務管理的な行為に当たるというべきである。そうすると、Yは、前記特段の事情のない限り、本件訴訟について我が国の民事裁判権から免除されないことになる」。

「Y政府代理人A社名義の注文書にはYが本件各売買契約に関して紛争が生じた場合に我が国の裁判所で裁判手続を行うことに同意する旨の条項が記載されていることが明らかであり、更にY政府代理人A社名義でXらとの間で交わされた本件各準消費貸借契約の契約書において上記条項が本件各準消費貸借契約に準用されていることもうかがわれるから、Xらの主張するとおり、A社がYの代理人であったとすれば、上記条項は、Yが、書面による契約に含まれた明文の規定により当該契約から生じた紛争について我が国の民事裁判権に服することを約したものであり、これによって、Yは、我が国の民事裁判権に服する旨の意思を明確に表明したものとみる余地がある」。

判例の法理　**✪制限免除主義の採用**　本判決は、絶対免除主義を採用した昭和3年大審院決定2)を変更し、裁判権免除が認められる範囲を外国国家の主権的行為に限る立場（制限免除主義）をとった点で、重要な意義を有する。1970年代以後の国家実行においては、国家の非主権的な行為についてまで免除を与える国際法上の義務は認められない傾向にあること、2004年の国連国家免除条約も制限免除主義に立脚することなどに鑑みれば、本判決が制限免除主義の採用を明らかにしたのは自然なことであった。ただし、本判決が、外国国家の非主権的行為につき、「我が国による民事裁判権の行使が当該外国国家の主権を侵害するおそれがあるなど特段の事情がない限り」裁判権を行使する、との制限を設けた点には注意が必要である。

✪制限免除主義の内容　制限免除主義において、免除の対象となる行為とそれ以外の行為をどう区別するかにつ

いては、必ずしも統一的な国家実行があるわけではない3)。この点につき本判決は、被告の行為は「その性質上、私人でも行うことが可能な商業取引であるから」「その目的のいかんにかかわらず、私法的ないし業務管理的な行為に当たる」として、いわゆる行為性質基準説を採用している。

✪**免除放棄** 絶対免除主義の立場においても被告国家による免除放棄は許されるが、昭和3年の大審院決定はこれを極めて制限的に理解し、「此ノ如キ旨ノ表示ハ常ニ国家ヨリ国家ニ対シテ此ヲ為スコトヲ要スル」とした。この考え方によると、国家が私人との契約中で法廷地国での裁判に明示的同意を与えていた場合でも、免除放棄は認められないことになる。本判決はこれを正当に改め、「私人との間の書面による契約に含まれた明文の規定により当該契約から生じた紛争について我が国の民事裁判権に服することを約することによって、我が国の民事裁判権に服する旨の意思を明確に表明した場合にも」免除の放棄を認めてよいとした。

判例を読む ✪**行為性質基準説の採用** 現在の慣習国際法上、行為目的を考慮して外国国家に広く免除を与えることは禁じられていない。このことは国連国家免除条約2条2項後段4)からも窺える。しかし、行為目的基準説による場合、その運用の仕方によっては実質的に絶対免除主義に近い結果を招きかねないという面もあり、基本的に行為性質基準によるとした本判決の態度は正当といえよう。もっとも、行為目的の考慮を全く不要視してよいかどうかについては疑問も指摘されるほか5)、具体的にどのような行為が非主権的行為にあたるかについては、今後の事例の蓄積を待たなければならない。この点、国連国家免除条約を踏まえて平成21年に制定された対外国民事裁判権法は、免除が否定される「商業的取引」を「民事又は商事に係る物品の売買、役務の調達、金銭の貸借その他の事項についての契約又は取引」と定義するとともに(8条)、労働契約(9条)、不法行為(10条)などいくつかの類型について特則を置く。

✪**「特段の事情」の考慮** 本判決は、外国国家の非主権的行為であっても、「我が国による民事裁判権の行使が当該外国国家の主権を侵害するおそれがあるなど特段の事情」があれば例外の余地があるとしており、対外民事裁判権法の下でもその解釈が問題となりうる。このような例外的判断枠組については、実務の処理に柔軟性を与えるものとして評価する向きもあるが6)、どのような事情がここでいう「特段の事情」に含まれるかは明らかでなく7)、当事者の予見可能性を損なう面がなくはない8)。今後の判例の蓄積による明確化が望まれるところであるが、いずれにせよ、ここでいう「特段の事情」が認められるのはかなり例外的な場合に限られるとみるべきであろう9)。

✪**免除放棄の意思表示** 本判決は、国家による免除放棄の意思を明確にするという見地から、「書面による契約に含まれた明文の規定により」免除を放棄したことが必要であるとした。対外国民事裁判権法5条1項も、書面による契約で特定事件に関し裁判権に服することを明示した場合、外国は裁判手続から免除されないという。本件では、売買契約書中に日本裁判所の専属管轄条項があったが、準消費貸借契約中にはそれがないため、この点を肯定しうるかどうかにつき疑問も指摘されるが10)、準消費貸借契約の契約書で当該条項が準用されていることから、本判決の判断は支持されうるであろう11)。

なお、本件取引が非主権的行為として裁判権免除の対象にならないとすれば、免除放棄の判断はほんらい必要でないことになる。しかし本判決は、「特段の事情」による例外の余地を認めている関係上、原審に判決を差し戻すにつき、この点に関する判断を示したものと思われる12)。

✪**執行免除の問題** 制限免除主義の採用により、外国国家を相手方とする私人からの訴訟提起は、かなりの程度容易化されることになった。しかし、執行手続からの免除はなお広い範囲で認められており(対外国民事裁判権法18条参照)、下された判決に被告国家が任意に従わない場合には、原告の権利救済に多大な困難が予想される。この点は今後に残された課題といえよう。

〔中野俊一郎〕

1審=東京地判平13・8・27民集60巻6号2551頁／2審=東京高判平15・2・5民集60巻6号2554頁

1) 大決昭3・12・28民集7巻1128頁。
2) 前掲注1)。
3) ただし、国家実行に違いがあっても、共通して免除が与えられる場合があれば、その最大公約数的な部分につき慣習国際法の確立を論じることは可能である。水島朋則・平成18年度重判278頁。
4) 2条2項「契約又は取引が1(c)に定める『商業的取引』であるか否かを決定するに当たっては、その契約又は取引の性質を主として考慮すべきものとする。ただし、契約若しくは取引の当事者間でその契約若しくは取引の目的も考慮すべきことについて合意した場合又は法廷地国の慣行により契約若しくは取引の目的がその契約若しくは取引の非商業的な性質を決定することに関係を有する場合には、当該契約又は取引の目的も考慮すべきものとする」。
5) 平覚・法教314号3頁。
6) 小寺彰・判評582号31頁は、この判断枠組は国内法上の事由による免除の余地を認めるものであり、「裁判権免除に関する複雑な状況を的確に捉えた判断」だとして肯定的に評価する。
7) これによって行為目的を考慮する余地が残されたと見るものとして、平・前掲注5)3頁。
8) 水島朋則・ジュリ1321号37頁は、この要件が「主権行為概念の拡大と同じような状況」をもたらす可能性を指摘する。
9) 三木素子・ジュリ1342号180頁。最判平21・10・16民集63巻8号1799頁は、ジョージア州日本代表部に勤務していた者からの地位確認請求訴訟につき、その審理や救済が被告州の「主権的機能にかかわる裁量権に介入」し、「外国国家の主権を侵害するおそれがある」とした原審判決を覆し、事件を差し戻した。
10) 高桑昭・ジュリ1326号214頁。
11) 早川吉尚・民商139巻2号195頁。
12) 早川・前掲注11)194頁。

18 国際裁判管轄権（1）——外国会社に対する国際裁判管轄（マレーシア航空事件）

最高裁昭和56年10月16日判決　民集35巻7号1224頁、判時1020号9頁、判タ452号77頁　▶3条の2

論　点 ▶ 国際裁判管轄の決定方法と外国法人の普通裁判籍

事実の要約　訴外Aは、マレーシア国内で同国法人Y（マレーシア航空）と旅客航空運送契約を締結し、ペナンからクアラルンプールに向かう国内線旅客機に搭乗中、ハイジャックが原因と思われる墜落事故に遭い死亡した。Aの妻子であるX₁ら（日本在住）は、AのYに対する損害賠償債権を相続したとして、運送契約不履行に基づく損害賠償請求訴訟を日本で提起した。

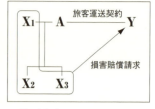

裁判の流れ　1審：訴え却下　2審：取消・差戻　最高裁：上告棄却
　1審は、義務履行地や不法行為地が全てマレーシアにあるとして管轄を否定した。2審は、Yが日本に営業所をもつほか、X₁らの住所地が義務履行地になるとして差戻を命じた。Yが上告。

判　旨　＜上告棄却＞(1)「本来国の裁判権はその主権の一作用としてされるものであり、裁判権の及ぶ範囲は原則として主権の及ぶ範囲と同一であるから、被告が外国に本店を有する外国法人である場合はその法人が進んで服する場合のほか日本の裁判権は及ばないのが原則である。しかしながら、その例外として、わが国の領土の一部である土地に関する事件その他被告がわが国となんらかの法的関連を有する事件については、被告の国籍、所在のいかんを問わず、その者をわが国の裁判権に服させるのを相当とする場合のあることをも否定し難い」。
(2)「この例外的扱いの範囲については、この点に関する国際裁判管轄を直接規定する法規もなく、また、よるべき条約も一般に承認された明確な国際法上の原則もいまだ確立していない現状のもとにおいては、当事者間の公平、裁判の適正・迅速を期するという理念により条理にしたがって決定するのが相当であり」、
(3)「わが民訴法の国内の土地管轄に関する規定、たとえば、被告の居所（民訴法2条〔現4条2項〕）、法人その他の団体の事務所又は営業所（同4条〔現4条4項・5項〕）、義務履行地（同5条〔現5条1号〕）、被告の財産所在地（同8条〔現5条4号〕）、不法行為地（同15条〔現5条9号〕）、その他民訴法の規定する裁判籍のいずれかがわが国内にあるときは、これらに関する訴訟事件につき、被告をわが国の裁判権に服させるのが右条理に適う」。
(4)「Yは、マレーシア連邦会社法に準拠して設立され、同連邦国内に本店を有する会社であるが、Bを日本における代表者と定め、東京都…に営業所を有するというのであるから…わが国の裁判権に服させるのが相当である」。

判例の法理　★**国際裁判管轄の意義・法源**　国際裁判管轄とは、ある渉外民事事件につき、いかなる国が裁判を行うべきかを決定する問題をいう。これに関する慣習国際法は一般に認められず、わが国では一部の例外を除き条約の適用もないから、国内法によるが、平成23年改正以前は明文規定がなく、条理によるとされていた[1]。判旨(2)は、このような従来の考え方に従ったものである。これに対して、平成23年改正民訴法は3条の2以下に国際裁判管轄の明文規定をおくため、現在では条理による必要はなくなった。

★**国内管轄規定からの逆推知**　条理の具体的内容として、かつての通説は、4条以下により、わが国裁判所の1つが国内土地管轄をもつときに、わが国に国際裁判管轄を認めていた（逆推知説）[2]。つまり、国内管轄の存在から国際裁判管轄の存在を推知するわけである。本判決も、判旨(3)(4)で結論的にこの立場をとり、「民訴法の規定する裁判籍のいずれかがわが国内にあるとき」に国際裁判管轄を認める。

判例を読む　★**管轄配分説からの批判**　逆推知説に対しては、主として国際私法学の方面から、①国内管轄は国際裁判管轄があって初めて問題となるから判断の順序が逆である、②渉外事件の特性を十分に考慮しない、③自国や自国民の利益のみを追求する結果になりやすい、といった批判が加えられた。そして、国家主義的見地ではなく、当事者間の公平、裁判の適正・迅速を中心とした訴訟法上の条理により、普遍主義的見地から、国家間での妥当な国際裁判管轄配分ルールを定立すべきである、との見解が有力化してゆく（管轄配分説）。判旨(2)が、「当事者間の公平、裁判の適正・迅速を期するという理念」に言及するのは、この学説に敬意を払ったものであるが、結論的には逆推知説によっているから、単なるリップサービスの域を出ない。もっとも、その後の判例理論展開の基礎を作ったのは、まさにこの部分であったと評価することもできよう。
　この見解をとる論者の多くは、国内管轄の決定と国際裁判管轄の決定は理念的に共通する部分が多いので、民訴法上の国内土地管轄規定は、渉外事件の特性に応じて適宜修正を加えたうえで、国際裁判管轄の決定についても類推ないし参照することができると説く[3]（そのため、修正類推説とも呼ばれる）。ただ、そこでいう修正の具体的内容については、なお明確を欠く部分も少なくないほか、事案ごとの特殊事情を管轄判断に反映させる必要を認めない点にも批判があった。

★**利益衡量説からの批判**　一部の学説は、渉外事件の内容は複雑かつ多様であるから、国際裁判管轄の存否判断に当たっては、単に抽象的な管轄規則の定立・当てはめに終始するのではなく、裁判を受けることについての原告の利益、被告の応訴の便宜や証拠収集の便宜など、事案ごとの諸事情を比較考量する必要があり、とりわけ本判決のような限界事例については、原被告の力関係の格差が考慮に入れられるべきであるという[4]。下級審判例の中にも同様の考え方をとるものがあったが[5]、この見解に対しては、法的安定性や当事者の予見可能性を害するとの批判が多かった[6]。

★**「特段の事情」論の展開**　学説から様々な批判や意見が示される中、これ以後の下級審判例は、本判決が判旨(1)(2)で述べた一般論に従いながら、結論的には、「わが国で裁判を行うことが当事者間の公平、裁判の適正・迅速を

期するという理念に反する特段の事情がある場合を除き」、民訴法の定める裁判籍のいずれかがわが国内にあれば国際裁判管轄を肯定しうる、との考え方を確立してゆく（「特段の事情」論ないし修正逆推知説）7)。これは、土地管轄規定からの逆推知によって管轄規則の明確性を担保するとともに、「特段の事情」という限定的利益衡量判断の枠組みを設けることによって、具体的妥当性の確保をも図ったものであり、妥当な方法論的枠組みであったと考えられる。

　学説上も、この考え方が次第に支持を増やし8)、従来の管轄配分説の内部からも、類型的利益衡量によって国際裁判管轄ルールを設定し、ルール設定の際に考慮されなかったか、具体的事件ではその前提と異なっている事情を「特段の事情」として考慮する見解（新類型説）9)が出現する中、平成9年、最高裁もこの下級審判例理論を追認するに至った（→19事件）。

❋**外国法人の普通裁判籍**　法人の普通裁判籍は、「その主たる事務所又は営業所」の所在地に認められるが（4条4項）、外国法人の場合には、「日本における主たる事務所又は営業所」によって定まる（5項）。逆推知説は、4条5項の規定は国際裁判管轄の決定に直接用いられるために、外国法人が日本に事務所・営業所をもつ場合には、当該法人に対する民事訴訟一般につき日本に国際裁判管轄が認められると説き、本判決はこの結論を是認した。

　これに対して、管轄配分説を中心とする学説の多数は、外国法人の内国営業所と事件との間に何ら関連性がない場合、外国法人を一般的に内国訴訟に服させるのは不当であるから、内外法人を問わず、法人の普通裁判籍は4条4項の類推により、その本拠地だけに認められるべきであり、日本に営業所をもつ外国法人については、5条5号の類推により、当該営業所の業務に関連する事件についてのみ、営業所所在地の特別裁判籍を認めれば足りるとしていた10)。さらに、外国会社による日本での事業活動という点を捉えて管轄権を認める見解も主張されていた11)。平成23年改正民訴法は、これらの議論をふまえ、日本に事務所・営業所をもつ外国法人、日本で事業を行う者（日本で継続取引をする外国法人を含む）につき、訴えの業務関連性を要件として国際裁判管轄を認めている（3条の2第3項、3条の3第4号・5号）。したがって、改正法のもとでは、本判決とは異なり、単に外国法人の営業所が日本にあるというだけで、国際裁判管轄を認めることはできない。

❋**営業所所在地管轄**　「業務関連性」の解釈については見解の対立がある。本件のような外国での航空機事故の場合、被告外国法人の日本営業所が、事故便の航空券を実際に販売したことが必要とする見解12)、当該営業所所在地国の代理店が販売した場合でもよいとする見解13)、当該営業所の抽象的な業務範囲に属していればよいとする見解14)がある。最後の説によれば、本件の場合、日本に営業所所在地管轄を認めうることになるが、この点については、改正民訴法の下でも解釈の余地が残りうるであろう。

❋**その他の管轄原因**　本件における日本の国際裁判管轄は、改正法のもとでは、上に述べた営業所所在地管轄、事業地管轄（3条の3第4号・5号）のほか、被告の財産所在地管轄（3条の3第3号）、消費者契約に関する消費者の住所地管轄（3条の4第1項）によっても基礎づけられうる。これに対して被告Yの側からは、事故地に証拠が集中することなどを「特別の事情」（3条の9：→19事件）として主張することになろう。

〔中野俊一郎〕

1審＝名古屋地判昭54・3・15民集35巻7号1236頁／2審＝名古屋高判昭54・11・12判タ402号102頁

1) 新実務⑦15頁〔池原季雄〕ほか。
2) 兼子・体系66頁、江川英文・法協60巻3号374頁。
3) 新実務⑦18頁〔池原〕。
4) 講座民訴②48頁〔石黒一憲〕。
5) 東京地中間判昭54・3・20判時925号78頁（バンコック交通事故事件）。
6) 高桑昭・渉外判例百選3版197頁など。
7) 東京地中間判昭59・3・27判時1113号26頁など。
8) 竹下守夫・ＮＢＬ386号32頁、注釈民訴⑤442頁〔山本和彦〕、中野古稀下421頁〔小島武司〕。
9) 注釈民訴①106頁〔道垣内正人〕。
10) 新実務⑦23頁〔池原〕など。
11) 松岡博『国際取引と国際私法』（晃洋書房、1993）61頁。
12) 小原喜雄・判評296号41頁、山田鐐一・民商88巻1号111頁。
13) 注釈民訴①125頁〔道垣内〕。
14) これを示唆するものとして新実務⑦25頁〔池原〕、平塚真・ジュリ770号141頁。

19 国際裁判管轄権（2）──特段の事情

最高裁平成9年11月11日判決　民集51巻10号4055頁、判時1626号74頁、判タ960号102頁　▶3条の3第1号

論　点 ▶ 義務履行地の国際裁判管轄と「特段の事情」判断

事実の要約　日本法人Xは、ドイツ在住日本人Yとの間で、自動車買付け等の業務委託を内容とする契約をドイツで締結し、買付資金をY指定のドイツ国内の銀行口座に送金した。しかしXは、Yの預託金管理に不信感をもち、信用状での代金決済を提案して預託金返還を求めたが、Yに拒絶されたため、預託金残金等の支払請求訴訟を提起した。

```
        預託金返還請求
X  ─────────────▶  Y
（日本法人）        （在独日本人）
```

裁判の流れ　1審：訴え却下　2審：訴え却下　最高裁：上告棄却
1審、2審とも国際裁判管轄を否定したため、Xが上告。

判　旨　＜上告棄却＞(1)「どのような場合に我が国の国際裁判管轄を肯定すべきかについては、国際的に承認された一般的な準則が存在せず、国際的慣習法の成熟も十分ではないため、当事者間の公平や裁判の適正・迅速の理念により条理に従って決定するのが相当である」。
(2)「我が国の民訴法の規定する裁判籍のいずれかが我が国内にあるときは、原則として、我が国の裁判所に提起された訴訟事件につき、被告を我が国の裁判権に服させるのが相当であるが、我が国で裁判を行うことが当事者間の公平、裁判の適正・迅速を期するという理念に反する特段の事情があると認められる場合には、我が国の国際裁判管轄を否定すべきである」。
(3) Xは、本件契約の準拠法は日本法であり、預託金返還債務の履行地は債権者Xの住所地にあるというが、「本件契約は、ドイツ連邦共和国内で締結され、Yに同国内における種々の業務を委託することを目的とするものであり、本件契約において我が国内の地を債務の履行場所とすること又は準拠法を日本法とすることが明示的に合意されていたわけではないから、本件契約上の債務の履行を求める訴えが我が国の裁判所に提起されることは、Yの予測の範囲を超える」。「Yは、20年以上にわたり、ドイツ連邦共和国内に生活上及び営業上の本拠を置いており、Yが同国内の業者から自動車を買い付け、その代金を支払った経緯に関する書類などYの防御のための証拠方法も、同国内に集中している。他方、Xは同国から自動車等を輸入していた業者であるから、同国の裁判所に訴訟を提起させることがXに過大な負担を課することになるともいえない」。したがって、本件契約準拠法のいかんにかかわらず、「本件については、我が国の国際裁判管轄を否定すべき特段の事情がある」。

判例の法理　❖「特段の事情」論　「当事者間の公平、裁判の適正・迅速を期するという理念に反する特段の事情」がある場合を除き、わが国の国際裁判管轄は、民訴法上の裁判籍のいずれかが内国にあれば認められる（判旨(2)）。この考え方の利点は、管轄規則の適用により法的明確性を保ちつつ、限定的利益衡量によって具体的妥当性をも確保しうる点にあり、平成23年改正民訴法第3条の9もこれと同趣旨の規定をおく。ところが本判決は、管轄原因の有無につき判断を留保したまま、「特段の事情」判断のみによって管轄否定の結論を導いた（判旨(3)）。これについては、結論を管轄規則の適用から導くか「特段の事情」判断から導くかは審理順序の問題にすぎず、裁判所の裁量によるとして、肯定的に評価する向きもある 1)。しかし、本判決の手法は生の利益衡量に等しく、法的安定性を害するほか、判旨が特段の事情として考慮した事情は、いずれも渉外事件では特異なものではないとして、否定的にみるものも多い 2)。後者によれば、まず義務履行地管轄の有無を判断し、それが肯定される場合に、管轄否定に導く真に特殊な事情を考慮すべきだった、ということになる。最判平成28年3月10日（民集70巻3号846頁）3) は、日本に不法行為地管轄（3条の3第8号）が認められうるとしたうえで、外国における関連訴訟の進行等が「特別の事情」（3条の9）に該当するとした。

❖債務履行地管轄　平成23年改正以前は、不法行為請求に履行地管轄を認めない点で意見の一致が見られたものの 4)、義務履行地の決定に関しては、契約準拠法説 5)、履行地が契約上特定されているか一義的に定まることを要求する国際民訴法独自説 6) が対立しており、本判決はこれに立ち入らず、「特段の事情」判断で管轄否定の結論を導いた。改正民訴法は、「当該債務」の「契約において定められた」履行地か、「契約において選択された地の法」による履行地が日本にあるときに管轄を認めるため（3条の3第1号）、本件の場合、預託金返還債務の履行地も準拠法も合意されていなかったとすれば、債務履行地管轄は否定され、やはり特別の事情（3条の9）の判断によることになろう。

〔中野俊一郎〕

1審＝千葉地判平4・3・23／2審＝東京高判平5・5・31東高民報44巻1～12号19頁
1) 竹下守夫＝村上正子・判タ979号23頁、山本和彦・民商119巻2号116頁。
2) 道垣内正人・ジュリ1133号213頁、中野俊一郎・法教213号124頁、海老沢美広・平成9年度重判289頁、安達栄司・NBL662号70頁、野村美明・私判リマ1999（上）163頁。
3) 小林秀之＝山本浩美・受験新報2018年12月号2頁。
4) 新実務⑦15頁（池原季雄）、渡邉惺之・ジュリ971号229頁など。
5) 林脇トシ子・ジュリ471号155頁、中野俊一郎・平成元年度重判263頁。
6) 新実務⑦27頁（池原）ほか多数説。

20 国際裁判管轄権（3）——国際裁判管轄の合意（チサダネ号事件）

最高裁昭和50年11月28日判決　民集29巻10号1554頁、判時799号13頁、判タ330号261頁　▶3条の7

論　点　▶　国際裁判管轄合意の要件

事実の要約　ブラジル法人Bは、日本法人Aとの売買契約に基づき、日本に営業所をおくオランダ船社Yとブラジル－大阪間の原糖の海上運送契約を締結したが、荷揚時に海水濡れによる毀損が発見された。日本の保険会社Xは、貨物海上保険契約に基づいてAに保険金を支払い、これによりAのYに対する損害賠償請求権を代位取得したとして、Yを被告とする損害賠償請求訴訟を日本で提起した。

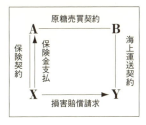

裁判の流れ　1審：訴え却下　2審：訴え却下　最高裁：上告棄却
　1、2審は契約中のオランダへの専属管轄約款を有効として訴えを却下。X上告。

判　旨　＜上告棄却＞(1)「国際民訴法上の管轄の合意の方式については成文法規が存在しないので、民訴法の規定の趣旨をも参しゃくしつつ条理に従ってこれを決すべきであるところ、同条の法意が当事者の意思の明確を期するためのものにほかならず、また諸外国の立法例は、裁判管轄の合意の方式として必ずしも書面によることを要求せず、船荷証券に荷送人の署名を必要としないものが多いこと、及び迅速を要する渉外的取引の安全を顧慮するときは、国際的裁判管轄の合意の方式としては、少なくとも当事者の一方が作成した書面に特定国の裁判所が明示的に指定されていて、当事者間における合意の存在と内容が明白であれば足りると解するのが相当であり、その申込と承諾の双方が当事者の署名のある書面によるのでなければならないと解すべきではない」。(2)外国裁判所への専属管轄合意は、「(イ)当該事件がわが国の裁判権に専属的に服するものではなく、(ロ)指定された外国の裁判所が、その外国法上、当該事件につき管轄権を有すること、の二個の要件をみたす限り」原則として有効である。(3)「わが国の裁判権を排除する管轄の合意を有効と認めるためには、当該外国判決の承認の要件としての相互の保証をも要件とする必要はない」。(4)被告の普通裁判籍を管轄する裁判所への国際専属管轄合意は、「はなはだしく不合理で公序法に違反するとき等の場合は格別、原則として有効」である。

判例の法理　★**合意の成立準拠法**　意思表示の瑕疵や合意の方式など、国際裁判管轄合意の成立をめぐる問題は、法廷地であるわが国の国際民訴法により判断されるが[1]、国際民訴法上、独自の実体判断基準を立てるか[2]、当事者の準拠法指定を許すか[3]につき、争いがある。前説では、例えば意思表示の瑕疵については日本民法と類似した扱いがとられる[4]が、後説では、当事者の明示・黙示の意思から合意の成立準拠法（本件ではオランダ法か）を決定すべきことになる。当事者の予見可能性や仲裁合意の成立問題[5]との整合性からすると、後説に分があるように思われるが、前説が多数説であり、判旨(1)もこれを前提にする。

★**合意の方式**　11条2項は、当事者の意思を明確にするため、国内管轄の合意は書面によるべき旨を規定する。国際民訴法の解釈上、この趣旨を徹底し、書面性に加えて両当事者の署名を要求する見解がある[6]。しかし、船荷証券では当事者一方の署名しかないのが通例であるため、学説は一般にこの点を緩やかに解しており[7]、判旨(1)も両当事者による署名は必要でないとした。

★**合意の有効要件**　国際裁判管轄の有効要件として、本判決は、合意管轄地とわが国の間の相互保証を不要としたうえで（判旨(3)）、①事件がわが国の専属管轄に属せず、②指定された外国裁判所が管轄を認め、③公序に反しないことをあげた（判旨(2)(4)）。判旨は、合意管轄地が被告住所地であることや海運会社の経営政策的必要性をあげて公序違反性を否定したが、本件では、外国訴訟が原告にとって費用倒れになること、内国牽連性の強さなどから、公序違反性を認める見解も少なくない[8]。船荷証券上の管轄約款については、合意形成過程の形骸化という問題もあるため、より一般的に、合意管轄地および内国と事件との牽連性を中心とした利益衡量により有効性を判断する見解も主張されるが[9]、中立的第三国への管轄合意の困難化や法的安定性等の点で批判がある[10]。

　平成23年改正法は、外国裁判所が裁判権を行うことができないとき、日本の専属管轄に反するときには専属管轄合意の効力を認めず、消費者契約、労働契約につき特則をおくほか（3条の7第4～6号、3条の10）、日本裁判所の専属管轄合意がある場合を「特別の事情」審査の対象から除外した（3条の9）。また、判旨(4)の公序審査は、改正法のもとでも妥当する。

〔中野俊一郎〕

1審＝神戸地判昭38・7・18判時342号29頁／2審＝大阪高判昭44・12・15判時586号29頁

1) ただし、主契約準拠法説（谷川久・ジュリ350号135頁）もある。
2) 溜池良夫・海事判例百選増補版203頁、川又良也・海法会誌復刊9号51頁、矢吹徹雄・渉外判例百選（新法対応補正版）46頁など。
3) 川上太郎・判タ256号41頁、斎藤ほか編・注解民訴⑤404・465頁〔山本和彦〕。
4) 貝瀬幸雄・国際化社会の民事訴訟316頁。
5) 松浦＝青山編・現代仲裁法の論点373頁〔澤木敬郎〕を参照。
6) 藤田泰弘・判タ246号19頁、同・民商75巻2号163頁。
7) 久保田穰・ジュリ295号91頁、川又・前掲注2）52頁、溜池・前掲注2）203頁、谷川・前掲注1）136頁、矢吹徹雄・判タ333号119頁、平塚眞・昭和45年度重判217頁など。
8) 矢吹・前掲注7）121頁、伊東乾＝本田耕一・法研50巻3号101頁、川上・前掲注3）44頁。
9) 貝瀬・前掲注4）289頁、石黒一憲『現代国際私法（上）』（東京大学出版会、1986）367頁。
10) 平塚眞・渉外判例百選3版207頁。

21 国際裁判管轄権（4）——離婚事件の国際裁判管轄
最高裁平成8年6月24日判決　民集50巻7号1451頁，判時1578号56頁，判タ920号141頁　▶118条，人訴3条の2

論点 ▶ 離婚事件の国際裁判管轄規則と例外的処理

事実の要約　日本人男Xとドイツ人女Yは，昭和57年に東ドイツ（当時）で婚姻し，同59年には長女が生まれた。一家は，同63年からドイツのベルリンに居住していたが，Xは平成元年4月，旅行名目で長女を連れて来日したのち，Yに対しドイツに戻る意思のないことを告げ，以後，長女とともに日本に居住している。Yは同年7月8日，住所地であるベルリンの家庭裁判所に離婚訴訟を提起した。訴状，呼出状等のXに対する送達は公示送達で行われ，Xが応訴しないまま，離婚を認め長女の親権者をYとする判決が同2年5月8日に確定した。他方Xは，平成元年7月26日，日本でYに対する本件離婚等請求訴訟を提起した（訴状がYに送達されたのは同2年9月20日である）。

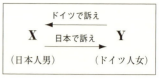

裁判の流れ　1審：訴え却下　2審：取消・差戻　最高裁：上告棄却

1審は，婚姻生活地であり一方当事者が住むドイツに専属管轄ありとして訴えを却下。2審は，夫婦の一方の本国・住所地であるわが国に管轄があるとして差戻を命じたため，Yが上告。

判旨　＜上告棄却＞(1)離婚請求訴訟において，「被告が我が国に住所を有する場合に我が国の管轄が認められることは，当然というべきである。しかし，被告が我が国に住所を有しない場合であっても，原告の住所その他の要素から離婚請求と我が国との関連性が認められ，我が国の管轄を肯定すべき場合のあることは，否定し得ないところであり，どのような場合に我が国の管轄を肯定すべきかについては，国際裁判管轄に関する法律の定めがなく，国際的慣習法の成熟も十分とは言い難いため，当事者間の公平や裁判の適正・迅速の理念により条理に従って決定するのが相当である。そして，管轄の有無の判断に当たっては，応訴を余儀なくされることによる被告の不利益に配慮すべきことはもちろんであるが，他方，原告が被告の住所地国に離婚請求訴訟を提起することにつき法律上又は事実上の障害があるかどうか及びその程度をも考慮し，離婚を求める原告の権利の保護に欠けることのないよう留意しなければならない」。

(2)「ドイツ連邦共和国においては，…判決の確定により離婚の効力が生じ，XとYとの婚姻は既に終了したとされている（記録によれば，Yは，離婚により旧姓に復している事実が認められる。）が，我が国においては，右判決は民訴法200〔現118〕条2号の要件を欠くためその効力を認めることができず，婚姻はいまだ終了していないといわざるを得ない。このような状況の下では，仮にXがドイツ連邦共和国に離婚請求訴訟を提起しても，既に婚姻が終了していることを理由として訴えが不適法とされる可能性が高く，Xにとっては我が国に離婚請求訴訟を提起する以外に方法はないと考えられるのであり，右の事情を考慮すると，本件離婚請求訴訟につき我が国の国際裁判管轄を肯定することは条理にかなうというべきである」。

(3)上告理由が引用する判例（最大判昭39・3・25）は，「事案を異にし本件に適切ではない」。

判例の法理　●**昭和39年の大法廷判決**　外国人間の離婚事件の国際裁判管轄について，昭和39年3月25日の大法廷判決[1]は，当時の有力説[2]にならい，条理解釈として，被告住所地に原則管轄を認めるとともに，「国際私法生活における正義公平の理念」から，「原告が遺棄された場合，被告が行方不明である場合その他これに準ずる場合」には，原告住所地に例外管轄を認めるという考え方を示した。当該事件では，被告が所在不明であるとして原告住所地である日本に管轄が認められたが，同年4月9日の判決では，同じルールにより，在日米国人夫から在米米国人妻に対する離婚請求につき，例外要件に当たらないとして管轄が否定されている[3]。その後の下級審裁判例も，多少の動揺はあるが[4]，基本的にはこの考え方によって管轄の有無を決してきた[5]。

●**被告住所地管轄の原則**　「原告は被告の法廷地に従う」（Actor sequitur forum rei）との法諺が示すように，被告住所地管轄原則の歴史は古く，その趣旨は受動的立場におかれる被告の手続的保護にある。本判決も，判旨(1)前段においてその原則的妥当性を説いており，この点で従来の判例との不整合はない。他方，判旨(1)が「当事者間の公平や裁判の適正・迅速の理念」をあげる点には，財産関係事件の国際裁判管轄についての判例理論（➡ 18，19事件）の影響が窺われるほか，応訴を余儀なくされる被告の不利益，原告の権利保護の必要性に言及する点は，本件における例外的処理を基礎づけるための下地になっている。

●**例外的処理としての管轄肯定**　本判決は，被告Yの住所地であるドイツで離婚判決が確定しており，重ねて離婚の訴えを提起しえないが，当該離婚判決は民訴法118条2号の要件を充足せず，内国で承認されないという特殊事情があることを考慮して，わが国に国際裁判管轄を認めた（判旨(2)）。管轄肯定という結論自体は異論のないところと思われるが[6]，昭和39年判決ルールとの関係（判旨(3)）が問題となる。

判例を読む　●**本国管轄**　昭和39年判決は外国人間の離婚事件に関するものであったため，当事者が日本人であることを理由に国際裁判管轄を認めうるかどうかは，未決着の問題と解されてきた。

この点につき，多数説は，①対人主権に基づき，国家は自国民の身分関係保護のために管轄権を行使しうること，②わが国の国際私法は本国法主義をとり，身分的法律関係と本国との密接な関係を認めていること，③外国在住日本人につき，判決による戸籍訂正の必要がありうること，などの理由から，本国管轄を肯定していた[7]。比較法的に見ても，本国管轄を全く認めない国は例外的である。この見解は，夫婦いずれの本国にも管轄を認めるもの[8]，夫婦の共通本国に管轄を限定するもの[9]に分かれていた。

他方において、準拠法決定と管轄決定との質的相違を強調し、管轄原因としての国籍の適格性を否定する見解も有力に説かれていた[10]。上記大法廷判決が住所地管轄のみに言及することもあって、この立場を前提とした下級審裁判例も少なくない。原審判決が、原告の内国国籍・内国住所を理由に管轄を肯定したのに対して、本判決は、国籍に言及することなく、特殊事情の存在を理由に同じ結論を導く点で、少なくとも、当事者一方の内国国籍を理由に管轄を認める立場はとらなかったといえる[11]。もっとも、次に述べるように、本判決は特殊事情を考慮した事例判決とみるべきであり[12]、この点は重要性をもたない[13]。

❖**本判決の位置づけ** 昭和39年判決ルールによっても、一方当事者の住所地で下された確定判決が日本で承認されず、日本において裁判による婚姻関係の解消が求められるという特殊事情を、「その他これに準ずる場合」と構成すれば、本判決と同じ結論を導くことは可能であった。ところが、本判決はそれによらず、昭和39年判決は「事案を異にし本件に適切ではない」という（判旨(3)）。他方において本判決は、昭和39年判決を外国人間の離婚事件に関するものと限定的に理解し、内国人が関わる離婚事件につき本国管轄を認めるものでもない。

そうすると、本判決は、一方当事者の本国・住所地国で確定した離婚判決が日本で承認されないという特殊事情を考慮して、当該事案限りの例外的処理を行った事例判決と理解すべきことになる。その背後には、いわゆる「緊急管轄」（ルール上は内国に国際裁判管轄が認められないが、内国における強度の権利保護の必要性に鑑み、例外的処理として内国に管轄を認める）の考え方があるとみてよいであろう[14]。下級審裁判例の中にも、これとほぼ同様の発想に基づく処理を認めたものがある[15]。

❖**学説の動向と人訴法の改正** 昭和39年判決ルールは、本国管轄の是非を明らかにしないほか、「遺棄、行方不明、その他これに準ずる場合」という例外要件の解釈についても不明確さを残していたため[16]、同判決以後の下級審裁判例においては、例外要件の審査が前面に出て、原則例外の逆転ともいいうる状況が現出していた。そこで学説上は、被告の現在の住所（一般的住所）、婚姻生活地としての住所（特殊的住所）の双方に管轄を認める見解[17]、特段の事情のない限り、①被告の住所地国、②原告の住所地国であり、かつⓐ夫婦の最後の共通住所地であるか、ⓑ被告の応訴、または管轄の合意があるか、ⓒ被告の所在が不明である場合に国際裁判管轄を認める見解[18]のように、当事者の婚姻住所を中心としてルールの再構築をはかる動きが顕著になり、立法的解決が要請されていた。

平成30年に成立した「人事訴訟法等の一部を改正する法律」[19]は、離婚を含む「人事に関する訴え」につき、日本の裁判所は、被告の住所が日本国内にあるとき（3条の2第1号）、当事者双方が日本国籍を有するとき（第5号）、原告住所に加えて当事者の最後の共通住所が日本にあったとき（第6号）などに国際裁判管轄を有するという。また、同条第7号は、「日本国内に住所がある身分関係の当事者の一方からの訴えであって、他の一方が行方不明であるとき、他の一方の住所がある国においてされた当該訴えに係る身分関係と同一の身分関係についての訴えに係る確定した判決が日本国で効力を有しないときその他の日本の裁判所が審理及び裁判をすることが当事者間の衡平を図り、又は適正かつ迅速な審理の実現を確保することとなる特別の事情があると認められるとき」に、日本裁判所の国際裁判管轄を肯定するため、本件のような事例は、改正法においては、同号の適用問題として処理されることになる。さらに、同法3条の5第1号は、財産関係事件の国際裁判管轄の規律（3条の9）と平仄を合わせ、当事者間の衡平や裁判の適正・迅速を害する「特別の事情」がある場合に、例外的な訴え却下を認めることとしている。

〔中野俊一郎〕

1審＝浦和地越谷支判平3・11・28民集50巻7号1467頁／2審＝東京高判平5・1・27民集50巻7号1474頁

1) 最（大）判昭和39・3・25民集18巻3号486頁。
2) 池原季雄・国際法外交雑誌48巻4号541頁・6号738頁、同・家月4巻12号1頁。
3) 最判昭39・4・9家月16巻8号78頁。
4) 道垣内正人・ひろば39巻11号13頁参照。
5) 最近の例として東京高判平5・3・29家月45巻10号65頁、横浜地判平10・5・29判夕1002号249頁など。
6) ただし、渡邊惺之・法教195号107頁（差戻の可能性を示唆）。
7) 木棚照一＝松岡博＝渡邊惺之『国際私法概論〔第5版〕』（有斐閣、2007）262頁〔渡邊惺之〕参照。
8) 実方正雄『国際私法概論〔2訂版〕』（有斐閣、1953）288頁、三ケ月ほか編・新版民訴演習①23頁〔青山善充〕。
9) 溜池良夫『国際私法講義〔第3版〕』（有斐閣、2005）449頁。
10) 池原・前掲注2）家月6頁。
11) 渡邊・前掲注6）106頁、多喜寛・平成8年度重判288頁。
12) 山下郁夫・ジュリ1103号130頁、小野寺規夫・平成8年度主判解説316頁。
13) 海老沢美広・私判リマ1997（下）177頁、鳥居淳子・判夕996号172頁。
14) 海老沢・前掲注13）177頁、渡邊・前掲注6）106頁、道垣内正人・ジュリ1120号132頁、竹下守夫・駿河台法学10巻2号77頁。
15) 名古屋地判平7・2・17判時1562号98頁。
16) 溜池良夫・民商51巻6号950頁、田村精一・渉外判例百選3版211頁を参照。
17) 矢澤昇治・熊本法学43号1頁、44号1頁。
18) 道垣内・前掲注4）。西島太一・阪大法学46巻6号193頁もほぼ同旨。
19) [http://www.moj.go.jp/content/001177561.pdf]

22 国際的訴訟競合（グールド事件）

東京地裁平成元年5月30日中間判決　判時1348号91頁、判タ703号240頁　　▶142条

論点 ▶ 国際的な二重起訴は禁止されるか、並びにその要件・効果

事実の要約　日本法人Xは、米国デラウェア州法人Yの元従業員Aが設立した米国法人Bとの間で、銅フォイル事業に関する技術指導契約を締結し、Bから技術指導を受けた。ところがYは、この技術指導は、X、日本法人C、フランス法人DおよびEが、共謀してYのノウハウを不当に入手しようとしたものであると主張して、この四者を共同被告として、米国オハイオ州連邦地裁で損害賠償等を求める訴えを提起した。

これに対してXは、逆にYを被告として、東京地裁で上記損害賠償債務の不存在確認を求める訴えを提起した。

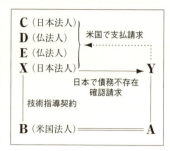

裁判の流れ　1審中間判決：管轄肯定　1審終局判決：請求認容（控訴〔控訴取下げ〕）

判旨　＜X勝訴＞民事訴訟法231〔現142〕条にいう「『裁判所』」とは、我が国の裁判所を意味するものであって、外国の裁判所は含まないものと解するのが相当であるから、本件訴訟が同条に定める二重起訴に当たるとすることはできない。…しかし、国際的な規模での取引活動が広く行なわれている今日の社会において、日本の裁判所に管轄権が認められさえすれば、同一の訴訟物に関する外国訴訟の係属を一切顧慮することなく常に国際的な二重起訴状態を無視して審理を進めてよいとも認め難い。そこで、この点については、同法200〔現118〕条が一定の承認要件の下に外国判決の国内的効力を承認する制度を設けている趣旨を考え、国際的な二重起訴の場合にも、先行する外国訴訟について本案判決がされてそれが確定に至ることが相当の確実性をもって予測され、かつ、その判決が我が国において承認される可能性があるときは、判決の抵触の防止や当事者の公平、裁判の適正・迅速、更には訴訟経済といった観点から、二重起訴の禁止の法理を類推して、後訴を規制することが相当とされることもあり得るというべきである」。

しかしながら、「本件口頭弁論終結時において、米国訴訟は…全体としていまだ本案審理を開始する段階に至っていないことが認められ、将来において米国訴訟についての本案判決が下され、それが確定するに至るかどうかについては、現段階で相当の確実性をもって予測することはできない。そして、同法200〔現118〕条の要件のうち、3号の要件については、それが将来における米国訴訟の判決の内容のみならずその成立過程に関する事柄を含むものである以上、現段階でいまだ本案審理も開始されていない米国訴訟の判決が同号の要件を具備するものと断定することもまた困難である」。したがって、「二重起訴の禁止の法理の趣旨を類推して本件訴えを不適法として却下し、その審理を拒絶することは相当ではない」。

「民事訴訟法上、訴訟手続の中止が認められるのは、裁判所の職務執行不能による場合（同法220〔現130〕条）及び当事者の故障による場合（同法221〔現131〕条）に限られており、国際的な二重訴訟の場合に裁判所に訴訟手続を中止する権限を認める成文上の根拠はない」。

判例の法理　★**国際訴訟競合の意義**　渉外事件においては、複数国が自国法に基づき競合して国際裁判管轄をもつのが常態であるため、同一事件につき異なる国の裁判所で重複して訴訟が係属することがある。最近わが国において多くみられるのは、本件のように、外国訴訟で被告とされたものが、これに対抗するため内国で訴訟提起する形のもの（原被告逆転型）であるが、外国訴訟と内国訴訟の原被告が同じである場合（原被告同一型）もないではない。国内事件の場合には、142条が定める**二重起訴禁止の法理**により後訴は不適法却下されるが、判旨が指摘するように、同条にいう「裁判所」は外国の裁判所を含まないとみるのが一般的な理解である。そのため、条理上、国際的な二重起訴を規制すべきかどうか、規制すべきだとすればそのための要件ないし判断枠組は何かといった点について、学説・判例は対立している。

★**規制消極説**　国内事件においては、後訴を二重起訴として却下しても、当事者は前訴裁判所において質的に異ならない権利保護を受けることができる。ところが渉外事件においては、各国法制度間の相違が大きい上、外国での訴訟追行に伴う当事者の負担も格段に大きく、また外国訴訟で下される判決が常に内国で効力をもつという保障もない。したがって、そもそも二重起訴を禁止するための制度的前提を欠くため、国際的な二重起訴は禁止されないとみることも可能であり、かつての判例はこの立場をとっていた[1]。

★**規制積極説**　規制消極説によると、当事者がそれぞれ内外国で別個に訴訟追行できるため、国際的な訴訟経済に反するのみならず、同一事件につき矛盾した判決が下され、跛行的法律関係を生じる可能性が高い[2]。また、原被告同一型の場合には、被告は重複審理に応じる不利益を負う。そのため、最近の学説・判例の多数は、国際訴訟競合を規制する必要を認めるが、その具体的方法については見解の一致をみない。

(a)　**承認予測説**　国際訴訟競合を規制する根拠として、跛行的法律関係の発生防止を重視する見解は、ドイツやフランスの通説・判例にならい、先に係属した外国訴訟で下される判決が、民訴法118条に照らし、わが国で承認されることが予測される場合に、内国訴訟を規制すべき旨を説く[3]。この見解は、外国判決承認制度と国際訴訟競合の規制を整合的に把握しうる点に優れ、学説上多くの支持を集めた。

本判決も、基本的にはこの立場を採用している。ただし、判旨もいうように、公序要件（118条3号）や判決の

確定性（同条柱書）との関係では、確実な承認予測が難しいという問題があるため、この見解においては、「承認されることに対する重大な疑念がないこと」で足りるものとされる4)。

(b) **利益衡量説（比較衡量説／プロパー・フォーラム説）** 英米法上、国際訴訟競合は、受訴裁判所が管轄権行使につき便宜かどうかという見地から行われる、管轄権行使の裁量的制限（フォーラム・ノン・コンヴェニエンス法理）のための審査において、一要素として考慮される。最近の有力説はこの発想にならい、問題を二重起訴の禁止ではなく国際裁判管轄の決定問題として把握する。すなわち、内国での権利保護の可否という重大問題を不確実な承認予測に依存させることは問題であり、事案によっては後行内国訴訟を維持するのが適当な場合もあるから、事件ごとの利益衡量により、いずれの国が法廷地としてより適当かという観点から、管轄レベルで処理すべきだというのである5)。最近の判例も、外国での訴訟係属を、わが国の国際裁判管轄を例外的に否定すべき「特別の事情」(3条の9)判断の一要素とみる傾向にあり6)、これを支持する学説も増加している7)。

(c) **折衷説** 一部の見解は、類型に応じて上の2つの解決方法を使い分けるべきであると説く。すなわち、原被告共通型においては、重複審理に応じる負担から被告を保護するという二重起訴禁止の根拠が端的に妥当するので、外国で下されるべき判決が日本で承認できない場合にのみ、内国後訴を許す。他方、原被告逆転型においては、このような被告保護は問題にならず、また跛行的法律関係の発生も、両当事者がそれを承知で行動している以上重視する必要がないから、二重起訴の問題とはせず、いずれが適切な法廷地かという見地から、国際裁判管轄の決定問題として処理すべきである、とする8)。

❂**検討** 承認予測説は、先係属外国訴訟で下されるべき判決の承認予測が確実にできる限りは、既判力抵触の防止という二重起訴禁止の趣旨に最も適合的であり、筋の通った考え方といえるであろう。例えば、間接管轄要件や送達要件（118条1号・2号）を欠くために、当該国判決の不承認が明らかな場合には、日本での後訴を禁止する必要はないと考えられる。しかしながら、本判決がいうように、承認・不承認は確実に予測できない場合が多い。それに加えて、各国手続法の相違から、訴訟物の同一性を判断することが容易でないという問題も残る。さらに、司法制度の同一性を欠く国家間で先係属訴訟優先原則を貫徹することの難しさも考えれば、国際訴訟競合を規律する判断枠組として、事案の性質に応じた利益衡量を排除することは難しい。もっとも、国際裁判管轄の判断にあたり利益衡量判断を肥大化させることは、法的安定性の確保という点で問題を残す。このような視点からすると、解釈論的対応としては、折衷説により、承認予測を中心としながら、それが確実にできない場合に備えて、管轄規制や信義則といった手法をも併用する余地を認めておくのが現実的であるように思われる。

❂**中止の可能性** 規制積極説においては、外国訴訟係属を考慮して内国訴訟を却下したが、外国で本案判決が得られなかった場合や承認要件を満たさなかった場合、内国訴訟の原告が、時効によって権利保護を受けられなくなる可能性がある。そのため、中止規定（130条以下）の類推が学説上説かれるが、本判決は、法文上の根拠を欠くとしてこれを否定した9)。立法的手当てが望まれるところであるが、「期日は追って指定」という実務的手法によっても、ほぼ同等の効果が得られよう。

〔中野俊一郎〕

1審終局判決＝東京地判平3・9・24判時1429号80頁、判タ769号280頁

1) 大阪地中間判昭48・10・9判時728号76頁（関西鉄工事件）、東京地中間判平元・6・19判タ703号240頁（品川白煉瓦事件）。
2) これは関西鉄工事件において現実化した。大阪地判昭52・12・22判タ361号127頁、評釈として古田啓昌・国際私法百選2版226頁。
3) 道垣内正人・法協100巻4号752頁、新実務⑦116頁〔澤木敬郎〕など。
4) 道垣内正人・渉外判例百選〔新法対応補正版〕51頁。
5) 石黒一憲・判評382号209頁、澤木＝青山編・国際民事訴訟法の理論330頁以下〔石黒一憲〕。
6) 東京地判平3・1・29判時1390号98頁（真崎物産事件）、東京地判昭59・2・15判時1135号70頁（グリーンラインズ事件）、静岡地浜松支判平3・7・15判時1401号98頁（エンケイ事件）。外国裁判所で係属した関連訴訟の存在を「特別の事情」と見た事例として、最判平28・3・10民集70巻3号846頁。この問題につき後友香・阪法68巻5号1043頁以下。
7) 古田啓昌・国際訴訟競合77頁ほか。また、同様の利益衡量の枠組を訴えの利益の審査に求める見解として、渡邉惺之「国際的二重訴訟論」中野古稀下504頁。
8) 斎藤ほか編・注解民訴⑤465頁〔山本和彦〕。
9) 前掲注1) 品川白煉瓦事件判決も同旨。

23 外国判決の承認——懲罰的損害賠償を命じる外国判決の承認（萬世工業事件）

最高裁平成9年7月11日判決　民集51巻6号2573頁、判時1624号90頁、判夕958号93頁　▶118条、民執24条

論　点　▶　懲罰的損害賠償を命じる外国判決の承認適格性ないし公序違反性

事実の要約　米国オレゴン州の組合（パートナーシップ）であるXは、日本法人Y₁の子会社であるカリフォルニア州法人Aとの間で、Y₁のオレゴン州工場進出計画に伴う土地賃貸借契約を締結した。しかし、この進出計画が中止されたことから両者間に紛争を生じ、Aはカリフォルニア州裁判所で、Xの欺罔的行為を理由に、契約が拘束力を欠く旨の確認と損害賠償を求めた。他方、Xは反訴を提起し、Aに契約の履行を求めるとともに、Y₁およびその社長であるY₂に対しては、欺罔的行為（意図的不実表明、重要事実の意図的隠蔽）に基づく損害賠償を請求した。カリフォルニア州裁判所は、本件契約の拘束力は否定したが、損害賠償についてはXの主張を容れ、Y₁Y₂に対し、補償的損害賠償として約42万ドル、訴訟費用として約4万ドルを支払うよう命じるとともに、Y₁に対しては、これに加えて約112万ドルの懲罰的損害賠償を支払うよう命じた。そこでXは、日本でこの米国判決の執行を求めた。

裁判の流れ　1審：一部認容　2審：控訴棄却　最高裁：上告棄却
　1、2審とも、当該米国判決のうち、補償的損害賠償を命じる部分については日本での承認・執行を認めたが、懲罰的損害賠償を命じる部分については、民訴法200〔現118〕条3号の公序に反するとして（1審）、あるいは、同条にいう「外国裁判所の判決といえるかどうか自体が疑問」であるうえ、仮にこれを肯定しても「本件外国判決の執行を認めることは我が国の公序に反する」として（2審）承認・執行を拒絶したため、Xが上告。

判　旨　＜上告棄却＞「カリフォルニア州民法典の定める懲罰的損害賠償…の制度は、悪性の強い行為をした加害者に対し、実際に生じた損害の賠償に加えて、さらに賠償金の支払を命ずることにより、加害者に制裁を加え、かつ、将来における同様の行為を抑止しようとするものであることが明らかであって、その目的からすると、むしろ我が国における罰金等の刑罰とほぼ同様の意義を有するものということができる。これに対し、我が国の不法行為に基づく損害賠償制度は、被害者に生じた現実の損害を金銭的に評価し、加害者にこれを賠償させることにより、被害者が被った不利益を補てんして、不法行為がなかったときの状態に回復させることを目的とするものであり…加害者に対する制裁や、将来における同様の行為の抑止、すなわち一般予防を目的とするものではない。もっとも、加害者に対して損害賠償義務を課することによって、結果的に加害者に対する制裁ないし一般予防の効果を生ずることがあるとしても、それは被害者が被った不利益を回復するために加害者に対し損害賠償義務を負わせたことの反射的、副次的な効果にすぎず、加害者に対する制裁及び一般予防を本来的な目的とする懲罰的損害賠償の制度とは本質的に異なるというべきである。我が国においては、加害者に対して制裁を科し、将来の同様の行為を抑止することは、刑事上又は行政上の制裁にゆだねられているのである。そうしてみると、不法行為の当事者間において、被害者が加害者から、実際に生じた損害の賠償に加えて、制裁及び一般予防を目的とする賠償金の支払を受け得るとすることは、右に見た我が国における不法行為に基づく損害賠償制度の基本原則ないし基本理念と相いれないものであると認められる」。「したがって、本件外国判決のうち、補償的損害賠償及び訴訟費用に加えて、見せしめと制裁のためにY₁に対し懲罰的損害賠償としての金員の支払を命じた部分は、我が国の公の秩序に反するから、その効力を有しない」。

判例の法理　●**懲罰的損害賠償判決の承認と公序**　懲罰的損害賠償（懲罰賠償）とは、特に悪性の強い不法行為が行われた場合に、被害者が加害者に対して、実際に生じた損害額を超える額の賠償を求めうるという制度である。英米法系諸国に広くみられる制度であり、特に米国では、州によって相異はあるが、陪審制や弁護士の成功報酬制度とも相まって、極めて高額の賠償が命じられることが少なくない1)。そのため1980年代に入ると、このような賠償を命じる判決が、同様の制度をもたない国で承認・執行されうるかが世界的に問題化するに至った。本判決は、カリフォルニア州の懲罰賠償制度が、実損賠償を建て前とするわが国の不法行為法制度と基本的に整合しないことを指摘して、当該米国判決の承認・執行はわが国の公序に反し認められないとした。

●**判決中に記載のない利息部分の執行**　英米法系諸国においては、判決利息を主文中に記載せず、執行手続段階で計算することが多い。この場合には、判決国法上認められる利息部分もわが国で執行できるかが問題となる。債務名義の明確性や債務者の手続保障といった観点から、理論的問題も指摘されるところであるが2)、下級審判例3)・学説4)とも、結論的にはこれを肯定的に解してきた。最高裁も、同じ日に同一事件につき下された判決5)において、「判決によって支払を命じられる金員に付随して計算上明らかな利息が発生する場合に、その給付についても判決自体に記載するか、又は判決に記載せず法律の規定によってこれについても執行力を認めることにするかは、技術的な事柄」であり、「本件利息は、カリフォルニア州法上、判決によって支払を命じられた金員に付随して発生し、執行することができるものとされている」として、これを肯定している。

判例を読む　●**懲罰賠償判決の民事判決性（承認適格性）**　118条、民執法24条による承認・執行の対象となる外国判決は、私法上の請求権について下された民事判決に限られ、刑事事件や行政事件に関する判決を含まない。

他方、懲罰的損害賠償の本質は、損害填補という民事法的目的を超えて、制裁という刑事法的な目的にあること、その執行は域外的な公権力行使につながりうることなどから、懲罰賠償判決はここでいう民事判決に該当しないとする見解が、学説上有力に主張されている(非民事判決説)6)。原審の東京高裁判決もこのような解釈による可能性を示唆していたが、むしろ多数の見解は、懲罰賠償といえども、私人の請求に基づき私人に対して支払いが命じられる私法上の損害賠償としての性質を否定されるものではないとして、その承認適格性を肯定している。本判決も、米国判決の承認適格性に言及していないことから、後者の考え方によったものといえよう。

❖**懲罰賠償判決の公序違反性** 多数説によれば、懲罰賠償判決の承認の可否は、118条3号の公序審査に持ち込まれることになるが(公序説)、この見解にもいくつかのバリエーションがみられる。

(a)**承認に肯定的な見解** 一方においては、外国判決承認制度の本旨、国際的法交通促進の見地から、外国懲罰賠償判決についてもその承認を原則とし、強度の内国牽連性、日本企業に対する差別扱いといった例外事情がある場合に限り公序違反を認める立場(原則承認説)7)や、懲罰賠償判決を承認すること自体はわが国の公序に反しないが(それにより、判決国で履行や執行がなされた場合にも、不当利得に基づく内国での取戻主張を封じ得る)、執行は許されず、この意味において懲罰賠償判決は自然債務に類するという見方(承認肯定・執行否定説)8)がある。確かに、外国法制度の異質性に対しては基本的に寛容さが求められるし、外国判決の承認と執行を別に扱うことも理論的には考えうるところであるが、米国内においてすら批判の少なくない懲罰賠償制度は、わが国の基本的法観念とは大きく隔たったものというべきであるし、ここで承認と執行を区別すべき必要性も十分ではないように思われる。

(b)**承認に否定的な見解** そのため、公序説に立つ多くの見解は、本件で問題となったような米国懲罰賠償判決の承認・執行は、わが国の公序に反し許されないと説く。この見解はさらに、懲罰賠償判決の刑事法的性質が内国法秩序にとって異質であることを強調して、その反公序性をある程度カテゴリカルに認める立場(性質基準説ないし一般的公序違反説)9)と、制度の異質性のみならず賠償額の過大さにも着目しながら反公序性を審査する立場(金額基準説ないし中間説)10)に分かれる。両説とも、個別事案に即して公序判断を行う点では異ならないが、前説は非民事判決説と同じくより類型的な処理を、後説は賠償額の相当性をも考慮したより柔軟な処理を志向する点に相異がある。

本判決は、金額の多寡に言及しない点で前説の考え方に近いが、この見解に対しては、類型的処理の是非のほか、民事判決性を肯定することとの一貫性や、わが国にも労基法114条のように制裁的性質の賠償を認めた規定が散見されることなどが、問題点として指摘される。

他方、後説に対する批判としては、「相当限度」を画する基準の不明確さのほか、賠償額の相当性判断と実質再審査禁止原則の関係11)、特に、慰謝料や訴訟費用に当たる部分が判決中に明示されていない場合に、わが国の目からみて相当な部分を独自に画定してこれを承認すること(減額的部分承認)12)の是非が問題点として指摘されよう。また、後者の考え方をつきつめると、制裁的性質を含まない填補賠償判決であっても、そこで命じられた賠償額がわが国の目からみて過大である場合には、その承認が問題となりうる点に注意が必要であろう。

〔中野俊一郎〕

1審=東京地判平3・2・18判時1376号79頁、判タ760号250頁／2審=東京高判平5・6・28判時1471号89頁、判タ823号126頁

1) 手塚裕之・ジュリ1020号117頁、早川吉尚・民商110巻6号94頁。
2) 山田恒久・平成5年度重判294頁、酒井一・ジュリ1083号114頁。
3) 東京地判平6・1・14判時1509号96頁、神戸地判平5・9・22判時826号206頁。
4) 早川吉尚・法教211号142頁ほか。
5) 最判平9・7・11民集51巻6号2530頁。さらに最判平10・4・28民集52巻3号853頁。
6) 石黒一憲『ボーダーレス・エコノミーへの法的視座』(中央経済社、1992)136頁、道垣内正人・判評391号44頁、早川吉尚・ジュリ1050号194頁、神前禎・ジュリ1023号140頁、横溝大・判評475号40頁。
7) Kono,Herausforderungen desl ZVR,S.46.
8) 酒井一・民商107巻4=5号172頁。
9) 竹下守夫「判例から見た外国判決の承認」中野古稀下545頁、吉野正三郎=安達栄司・判タ828号93頁、中野俊一郎・NBL627号23頁、藤田泰弘・判タ953号64頁、田尾桃二・金判1031号58頁。
10) 岡田幸宏・名古屋大学法政論集152号455頁、小林秀之=吉田元子・NBL630号47頁、春日偉知郎・平成5年度重判292頁、渡辺惺之・特許管理41巻10号1326頁、櫻田嘉章・平成9年度重判293頁など。
11) 道垣内正人・民事執行法例百選23頁、小杉丈夫・NBL538号25頁など。
12) 小林=吉田・前掲注10) 46頁など。

24 氏名冒用訴訟

大審院昭和10年10月28日判決　民集14巻1785頁

▶ 133条2項1号、338条1項3号等

論点 ▶ いわゆる氏名冒用訴訟と当事者の確定

事実の要約　前訴において、Y（前訴原告、再審被告、被控訴人、被上告人）は、Xら（前訴被告、再審原告、控訴人、上告人）に対して、XらがA会社の株主であると称して、株金払込請求訴訟を提起した。Yが勝訴し判決が確定したので、Yは、Xらに対する強制執行に及んだ。Xらは、これにより初めてYの提訴・Xらの敗訴判決を知り、本件再審の訴えを提起した。そこで、Xらは、BがXらの委任状を偽造しXらの氏名を冒用し、C弁護士を訴訟代理人に選任して訴訟行為をさせた旨を主張した。

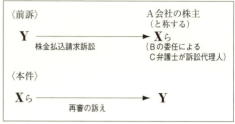

裁判の流れ　1審：請求棄却　2審：控訴棄却　大審院：破棄差戻

原審は、Xは当事者にならず、判決効も及ばないので、訴訟上の救済を講じる必要がないとして、請求を棄却した。Y上告。

判旨　＜破棄差戻＞「他人の氏名を冒用して訴訟を為す者ある場合に於て、訴訟行為が冒用者の行為として為され、訴訟の判決が、其の冒用者に対して言渡されたるときは、其の効力は冒用者のみに及び、被冒用者に及ぶことなしと雖も、訴訟当事者の氏名を冒用し、当事者名義の委任状を偽造して訴訟代理人を選任し、被冒用者名義を以て訴訟行為を為さしめ、裁判所が、之に気付かずして、被冒用者に対し判決を言渡したるときは、其の被冒用者は、訴訟当事者となりたるものなれば、判決の既判力は冒用者に及ばずして、被冒用者に及ぶものと謂はざるを得ず。従て、被冒用者は、判決の確定前に在ては、上訴に依りて之が取消を求むることを得べく、確定後に在ては、民訴法420条第3号〔現338条1項3号〕に依り、再審の訴を起すことを得べきものとす」。

判例の法理　民事訴訟において、ある者（冒用者）が他者（被冒用者）の氏名を冒用して、自ら（または訴訟代理人を選任して）訴訟行為を行い、裁判所がその事実に気づかないうちに判決を言い渡して確定した場合に、この判決の効力は誰に対して及ぶのか、また、訴訟に関与する機会がなかった被冒用者には、いかなる救済手段が与えられるべきかが、問題となる。このような氏名冒用訴訟事件は、原告側の冒用の場合と被告側の冒用の場合とが考えられる。

本件は、被告側の氏名冒用の事例であるが、本件原審は、原告側の氏名冒用に関する2つの大審院判決1)に従い、被冒用者は、当事者と表示されただけでは訴訟当事者の地位を取得せず、判決効も及ばないので、再審の訴えを提起することはできないと判示した。これに対して、本判決は、原告側の氏名冒用と被告側のそれとを区別し、被告側の氏名冒用の場合には、判決の既判力は冒用者ではなく被冒用者に及ぶとしたうえで、その取消しのために（判決確定前は上訴を提起でき）判決確定後は、再審の訴えを提起することができる旨を判示したのである。本判決は、表示説（または意思説）を採用したと評価することができる。ただし、判例は特にいかなる説に立つかについては明示的な言及を行っていない。

判例を読む　★**当事者確定の必要性**　従来、このような氏名冒用訴訟に関する問題の処理は、当事者確定理論の守備範囲とされてきた。当事者の確定とは、ある訴訟において、現実に誰が当事者の地位についているかを明らかにすることをいう2)。訴訟手続の主役は当事者であり、民事訴訟の過程は、当事者の具体的営為の積み重ねで展開していく。その手続の様々な局面で、誰が当事者であるかを明らかにして、その手続保障を考えていく必要がある。それゆえ、当事者は、訴訟のあらゆる段階で確定される必要がある3)。その確定により、例えば、訴状・呼出状等の送達名宛人（被告）が決まり、弁論の許容性が判断でき、管轄における裁判籍、裁判官などの除斥・忌避、当事者能力、訴訟能力、当事者適格、手続の中断事由、証人能力（証人尋問か当事者尋問か）などが判定でき、判決の名宛人（原告・被告等）が決まることになる。法は、その当事者を、訴状に記載することを要請する（133条2項1号）が、それでも誰が当事者かが明らかではない場合には、当事者の確定が必要になる。

★**当事者の確定基準に関する諸学説**　どのような基準で当事者を確定するかについては、学説上争いがある4)。

まず、訴状の表示は内心で考えられた人の表示であるので、原告の内心の意思を基準とし、内心で考えられている人が当事者であるとする、**意思説**が存在する。しかし、内心の意思はそれ自体確定が困難であり、原告の特定が問題とされているときに原告の意思によることはできないなどの難点がある。次に、訴訟上当事者らしく行動し、また、当事者らしく処遇された者が、当事者であるとする、**行動説（挙動説）**がある。しかし、現実には、代理人や使者さらには郵送等により提訴がなされ、現実に行動する者が原告とは限らず、しかも、被告についても同様のことが妥当するので、この説も必ずしも適切とは言い難い。意思説・行動説ともに、その基準が必ずしも明確であるとはいえないのである。

さらに、訴状に氏名・住所・職業などを用いて当事者として表示された者が当事者であるとする、**表示説**がある。ただ、その中にも、訴状の当事者欄に記載されている名称だけを、形式的に基準とする、**形式的表示説**と、訴状の当事者欄だけではなく、請求の趣旨・原因等、訴状全体から、誰が当事者かを決定する、**実質的表示説**5)がある。この実質的表示説が、通説であるといわれる。なお、訴状の当事者欄の名称で当事者を決めるが、それが仮名や変更前の商号であることが訴状全体から明らかになった場合には、実名・変更後の商号への訂正を許す

とする、仮名訂正説も、この表示説の1類型とされる6)。

　学説は、さらに展開し、まず、**適格説**が提唱されることになる。これは、訴訟当事者を、当該訴訟で解決されるべき実体法上の紛争主体として訴訟に登場する者と定義し、「訴訟上与えられた徴表のかぎりで、かつその一切を斟酌して、解決を与えることが最も適切と認められる実体法上の紛争主体を捉える」という方法で、当事者を確定すべきであるとする説である。紛争解決の適切さが基準になるので、当事者適格の類推から適格説と呼ばれている。しかし、この考え方は、基本において、形式的当事者概念から乖離しており7)、その評価が、かなり裁量的になり、事後的な説明の理論に堕するおそれも存在する。次に、当事者の確定に際しては、いくつかの基準を併用すべきであるとする、**併用説**が主張された。これは、原告については行動説、被告については、第1に原告の意思、第2に適格、第3に訴状の表示を基準に判断すべきであるとするものである。ただ、これには、さらにどのような基準で、第1、第2、第3と考えていくのかについて疑問があり、また、行動説、意思説、適格説等を併用するので、それらに対する批判が、ここでも妥当することになる。

　このような状況で、いわゆる**二重規範説**（行為規範・評価規範二分説、規範分類説）が提唱された8)。この説は、これから手続を進めるに当たって誰を当事者として扱うかの行為規範の観点と、すでに進行した手続を振り返って手続の当事者が誰であったかを回顧的に考える評価規範の観点とを二分し、行為規範としては、明確な基準を提供する表示説を採用し、評価規範としては、紛争解決に適する者で、かつ、手続の結果を帰せしめてもかまわない程度に手続に関与する機会が与えられていた者を、当事者に確定するとする説である9)。

　さらにまた、いわゆる**紛争主体特定責任説**10)も主張された。この説は、従来の学説が、当事者の確定の責任が誰にあるのかを分析していなかったと批判し、真の紛争主体を特定する責任を原告と被告で分配していく理論の一環として、当事者の確定を考える説である。この説によれば、通常、紛争主体の特定責任は、原告にあるが、しかし、交渉相手としていた者の周辺に紛らわしい者がいる場合や、原告からの照会に被告が何ら説明をしない場合などには、原告に不利益を帰すことはできないとされ、これらの場合には、特定責任が被告に移転する結果、原告は、被告を多少不正確にしたままでも訴えを提起できるとされる。そして、事後的な処置として、表示の訂正（→26事件）が許されるとする。

　なお、以上は、いずれも訴訟手続過程のあらゆる段階で、当事者の確定を考える見解であるが、当事者確定理論の役割を見直し、この理論の利用範囲を制限すべきことを主張する、**確定機能縮小説**11)も、主張されている。これによれば、当事者確定理論の射程を、訴え提起時（遅くとも第1回の口頭弁論期日まで）に限定し、その後の処理（例えば、氏名冒用訴訟や死者名義訴訟等の処理）は、任意的当事者変更や判決効の理論等の問題であるとする。また、特に、氏名冒用訴訟においては、当事者の確定理論に依拠することなく、手続保障の欠如を理由に、被冒用者に対する判決を無効とする見解12)も主張されており、この議論が、判決の騙取の問題（→194事件）とも関係することが明らかにされている。

✪氏名冒用訴訟と学説　さて、本件被告側の氏名冒用訴訟に諸説を当てはめれば、次の通りとなる。

　まず、意思説・表示説は、被冒用者が被告となるが、通常、何ら手続保障もなかった被冒用者に判決効を及ぼすのは妥当ではなく、この局面では被冒用者を当事者とせず、冒用者を当事者とすることができる行動説や二重規範説などが優れている13)。適格説や紛争主体特定責任説による確定は、個別事情に左右される面があるが、本件の場合には、冒用者が当事者とされることになるであろう。なお確定機能縮小説では、本件は、当事者確定理論の守備範囲から外れることになる14)。

　このように当事者の確定理論は様々な展開を見せているが、今後は個別具体的な事件の文脈にふさわしい理論の探求が目指されるべきであろう。また、本件のような氏名冒用訴訟の場合に、被冒用者に判決の効力が及ばないとしても、その救済手段としては、再審の訴え（338条1項3号）を認めるべきであろう。ただ、再審の訴えを提起するまでもなく、別訴（例、損害賠償請求訴訟）の前提問題として判決の無効を主張することも肯定すべきであろう（この点については、最判昭44・7・8・民集23巻8号1407頁、最判平10・9・10判時1661号81頁を参照）。

〔川嶋四郎〕

1審＝東京地裁／2審＝東京控訴院

1) 大判大4・6・30民録21輯1165頁、大判昭2・2・3民集6巻13頁。
2) 新堂134頁。
3) 川嶋41頁。
4) 以下については、高橋・上135頁、小林100頁、川嶋41頁、松原弘信「当事者の確定と任意的当事者変更」争点〔伊藤＝山本編〕56頁等を参照。
5) 兼子107頁。
6) 鈴木重勝・百選続版24頁を参照。
7) 高橋・上155頁、川嶋35頁。
8) 新堂135頁以下。
9) この見解に関する基層的な問題提起については、上田竹志「民事訴訟法における『行為規範と評価規範』の意義」民事研修633号11頁以下を参照。なお、川嶋44頁も参照。
10) 佐上善和「当事者確定の機能と方法」講座民訴③63頁。
11) 例えば、伊藤・当事者155頁、上野恭男「当事者確定基準の機能」名城大学30周年記念論文集〔法学篇〕133頁等。
12) 中山幸二「氏名冒用訴訟の判決の効力について」木川古稀上285頁。
13) この結果、冒用者の提訴の目的が達成できなくなるが、当事者確定理論を通じてそのような結果を導くことは適切な事件処理といえるであろう。
14) なお、氏名冒用訴訟類型における判例も古いものであり、手続保障が定着しつつある現在では、いずれの学説も、個別事件で妥当な帰結を導く道具的な色彩を帯びる。

25 死者を当事者とする訴訟

大審院昭和 11 年 3 月 11 日判決　民集 15 巻 977 頁　　▶ 133 条 2 項 1 号、137 条等

論　点　▶ いわゆる死者名義訴訟と当事者の確定

事実の要約　A は、広島株式取引所取引員であった B に委託して株式取引を行ったが、28 円あまりの損害を生じたので、B が立替払いをしていた。その後 B が破産宣告（現、破産手続開始決定）を受けたので、破産管財人 X が、その立替金の支払を求めて、被告を A と表示して、本件訴えを提起した。しかし、その当時すでに A は死亡しており、Y が家督相続していたが、訴状等は、A の妻 C が同居人として受領していた。なお、Y は未成年であり、C はその親権者であった。

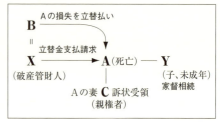

裁判の流れ　1 審：請求認容　2 審：1 審取消・不適法却下　大審院：破棄差戻

1 審では、手続上 A 死亡の事実が判明せず、被告欠席のまま、X 勝訴判決が言い渡された。その後、1 審判決の送達前に、このような事実が判明したので、X は、手続の受継を求めるとともに、控訴を申し立てた。これに対して、2 審は、死者を被告とする訴訟は不適法であり、旧民訴法 228 条〔現 137 条〕により訴状が補正されない限り訴え却下を免れないが、本件では、すでに 1 審判決がなされているので補正はできないとして、1 審判決を取り消し、不適法却下の判決を下した。X 上告。

判　旨　＜原判決破棄・1 審判決取消・1 審裁判所へ差戻＞「本訴に於ける実質上の被告は、即ち被上告人 Y にして、只其の表示を誤りたるに過ぎざるものと解するを相当とす。故に、同裁判所〔第 1 審裁判所〕は、宜しく民事訴訟法第 352 条〔現 270 条〕・第 224 条〔現 133 条 2 項〕・第 228 条〔現 137 条〕に則り、訴状に於ける被告の表示を Y と訂正せしめ、尚同人は未成年者なるを以て、其の法定代理人を記載せしめたる上、訴訟手続を進行せしむべきものなるに拘らず、事茲に出でず、被告を A として審理判決を為したるは、違法たるを免れずと雖、右の如く被告の表示を誤りたるが為、本訴は、実質上訴訟関係の不成立を来したるものと謂ふべからず」。

判例の法理　従来、判例は氏名冒用訴訟の場合と同様に、死者名義訴訟（死者を被告とする訴訟）の問題処理に際しても、**当事者確定理論**（→ 24、25 事件）を用いてきた。ただ、本件に現われているように、通常、死者名義訴訟は、氏名冒用訴訟とは異なり、意図的に企てられることなく生じる 1）。それゆえ、訴訟の途中で死者名義訴訟であることが明らかになった場合には、どのようにして、当事者の手続保障に配慮しつつ、それまでの審理を活かして、紛争処理の目的を達することができるかが、問われることになる 2）。

本判決は、死者 A を被告と表示して提訴された訴訟の事後処理が、当事者の確定理論を通じて、被告を A の相続人である Y と確定することにより、行われたものである。それは、本判決が、本件の事実上の被告を Y と確定し、ただ当事者の表示を誤ったにすぎないと解し、**表示の訂正**（→ 26 事件）による処理を行っているからである。本件では、通説の表示説ではなく、意思説が採用されたと解されている。

判例を読む　学説上は、近時、様々な当事者の確定基準が提言されており、改めて、当事者確定理論の射程自体が、根本から問い直されている（→ 24 事件の解説）。要約的に示せば、原告の内心の意思を基準とする**意思説**、当事者らしく行動し、当事者らしく処遇された者を当事者とする**行動説**、訴状等の記載から合理的に解釈される者を当事者とする**表示説**、紛争解決の適切さを基準に当事者の確定を考える**適格説**、これらの基準を併用すべきであるとする**併用説**、行為規範としての当事者の確定と評価規範としての当事者の確定とを区別して考える**二重規範説**、当事者確定の問題を紛争主体の特定に関する原告・被告間の責任分配の問題と捉える**紛争主体特定責任説**等である。これに対して、本判決後の裁判例の中には、いくつかの異なる確定基準によるものが見られる。まず、本件同様に、意思説を採用したもの 3）のほかに、行動説に基づき表示の訂正を行ったもの 4）も登場した。さらに、死者名義訴訟において、相続人が訴訟手続に関与しないままに終了した場合には、通常それまでの訴訟手続を活かすことは考えられないので、表示説を採用し、判決効を及ぼさない扱いをした裁判例 5）もみられる。このように、裁判例は、具体的事案に応じて、意思説、行動説および表示説を適宜使い分けている。これに対して、学説上は、それを矛盾として批判するものもあるが、具体的に妥当な結論を導くものとの好意的な評価もある。そのような評価が正当と考えられ、当事者確定理論の定立の意義自体が問われているといえる。

なお、本件は、判決言渡後に A の死亡が判明した事例である。全面勝訴者である X の控訴の利益は問題とはなるものの、受継の申立て（126 条）とともに控訴提起を行っており、続審での実質対論の機会を保障するという意味で、控訴の利益を肯定できよう 6）。ちなみに、口頭弁論終結後で判決言渡前に判明した場合には、口頭弁論の再開（153 条）が認められよう。

（川嶋四郎）

1 審＝広島区裁判所／2 審＝広島地裁

1) 伊藤・当事者 178 頁。
2) 川嶋 47 頁。
3) 例えば、東京高判昭 45・1・20 下民集 21 巻 1＝2 号 9 頁。
4) 例えば、名古屋地判昭 29・5・13 下民集 5 巻 5 号 694 頁、京都地判昭 27・12・16 下民集 3 巻 12 号 1785 頁。
5) 例えば、大判昭 16・3・15 民集 20 巻 3 号 191 頁（ただし、再審の訴えを肯定）。
6) これについては、川嶋 880 頁を参照。

26 表示の訂正

大阪地裁昭和29年6月26日判決　下民集5巻6号949頁　　▶133条2項1号

論　点 ▶ いかなる場合に、表示の訂正が認められるか

事実の要約　振出人「株式会社栗田商店代表取締役栗田末太郎」の記名押印のある約束手形は、この振出人が、A会社に振り出したものであるが、その後被告Y₁、原告Xへと順次裏書譲渡された。Xは、満期日に支払を求めたが拒絶されたので、裏書人Y₁と株式会社栗田商店Y₂とを共同被告として、手形金支払請求訴訟を提起しようとした。ところが、Xは、Y₂につき所轄法務局で資格証明を申請したところ、Y₂は、手形振出後に本店を移転し商号を「栗江興業株式会社」と変更したため、資格証明を得ることができなかった。Xは、やむなく訴状被告欄に被告の表示として「株式会社栗田商店こと栗田末太郎」と記載し、この訴状に本件約束手形の写しを甲第1号証として添付して、本件訴えを提起した。その後、Y₂の本店移転・商号変更の事実が明らかになったので、Xは、Y₂の表示を、「栗江興業株式会社右代表取締役栗田末太郎」に訂正すると申し立てた。これに対して、Y₂の訴訟代理人は、この訂正が、「栗田末太郎」個人を被告とした訴えを、人格を異にする「栗江興業株式会社」に変更するものであり、当事者の変更となり、許されないと主張した。大阪地裁は、次のように判示し、表示の訂正を許し、Xの請求を認容した。

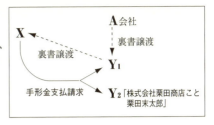

判　旨　＜Xの請求認容＞「当事者の変更と当事者の表示の訂正とはこれを区別しなければならない。前者は確定された当事者を変更する場合に生じ、後者はその前提たる当事者の確定の問題である。すなわち、当事者の表示の訂正は確定された当事者をより適正な表示に更正するにすぎない場合に生ずるもので、同一人格者間の問題であるに反し、当事者の変更は、別人格者間に生ずる問題である。而して具体的に当該訴訟において何人が当事者であるか」については、表示説の立場をとるとしたうえで、その場合「訴状全般（単に当事者の表示欄のみでなく請求の趣旨原因その他）の記載の意味を客観的に解釈して何人が原告であり、被告であるかを決するを相当とす」るとして、本件の場合には前記事実の要約に記されたような事情があるので、「かかる場合は当初より原告Xが右手形の振出人を被告とする意思を有していたことを認めうることはもちろん、訴状の記載上も振出人を被告としたものと解しうべく、すなわち本訴は栗田末太郎個人を被告としたものでなく振出人たる『株式会社栗田商店』商号変更後の『栗江興業株式会社』を被告としたものと解せられる。然らば本件被告の表示の訂正によって被告の同一性は維持せられているのであって、人格の変更を来さないものといわねばならない」。

判例の法理　本判決は基本的に、当事者の確定理論（→ 24、25事件の解説）における表示説の立場に立ち、約束手形の振出人として「株式会社栗田商店代表取締役栗田末太郎」として記載され「栗田末太郎」個人を被告とした訴状の表示を、実在する法人「栗江興業株式会社」に訂正することを認めたものである。その理由として、被告の同一性が維持されていることが、あげられている。自然人を被告として提訴された事件において、当事者の確定を通じて法人を被告とし、法人名に被告欄の訂正を認めたものとして注目すべき裁判例である。

ただ、裁判例の中には、各会社が実在していた事案で、被告を「豊商事株式会社」から「株式会社豊商事」に変更するのは、表示の訂正として行うことはできないと判示したもの[1]もある。

判例を読む　当事者の表示の訂正と任意的当事者変更は、いずれも訴状における当事者（被告）の表示を、甲から乙に変更するものであるが、その要件効果は全く異なる。**表示の訂正**は、当事者の同一性に変更がない場合に行われるものであり、訴訟係属中ならいつでも行うことができ、訂正前の訴訟手続における全ての効果や実体的な訴訟状態が、訂正後にも原則としてそのまま引き継がれることになる。これに対して、**任意的当事者変更**は、当事者の表示の変更に伴い当事者の同一性が失われる場合であり、新当事者の手続保障に配慮しなければならない。それゆえ、任意的当事者変更は、原則として1審限りで許され、それまで形成されてきた訴訟状態も、新当事者は当然には引き継がないとされるが、その要件・効果をめぐっては、諸種の学説が提唱されている[2]。

個別事件において、表示の訂正が許されるか、すなわち、当事者の同一性が維持されるかどうかが吟味される場合には、従前の手続を振り返って、誰が当事者であったかを判定する際に、現実に訴訟追行の機会と地位が与えられていたのは誰かについて、具体的に判断することが要請されることになる[3]。ただ、元来当事者の同一性が維持されるかどうかは、極めて抽象的かつ曖昧な基準であるので、個別事件の状況を踏まえた同一性の判断の根拠が、詳細に示される必要がある（なお、判決の更正については、257条参照）。また、同一性の判断は、規範的評価の側面が強く、判断に際しては、信義則の見地や、紛争主体特定責任説（→ 24事件）のいう原告・被告間の行為責任の分配という視点も、重要となるであろう[4]。

（川嶋四郎）

---

1) 大阪高判昭29・10・26下民集5巻10号1787頁。
2) 新堂845頁、高橋・上170頁、小林104頁、川嶋871頁等。さらに、上田竹志「任意的当事者変更について」民訴雑誌60号171頁も参照。
3) 新堂141頁。
4) 川嶋44〜45頁。なお、民事訴訟と信義則については、川嶋四郎「『民事訴訟と信義則』論における新たな局面について」同志社法学401号53頁も参照。

27 法人でない社団の当事者能力

最高裁昭和42年10月19日判決　民集21巻8号2078頁、判時500号26頁、判タ214号146頁　▶民33条、民訴29条

論点 ▶ 法人格のない社団の当事者能力を認めるための要件とその認定

事実の要約　X（原告・被控訴人・被上告人）は、もと「A町11番区」と称し、A市A（市制施行前はA町）11番区、通称新地と称する地域に居住している住民により結成された団体である。独立の法人格は有しないが、規約に基づき毎年総会を開き、選挙により代表者である区長その他役員を選出し、住民から費用（区費）を徴収して、その所属するA市の事業とは別にX独自に区民のレクリエーション、夜警、消防等共同の福利を増進するための諸事業を行い、消防ポンプや不動産（本件建物並びにその敷地等）を区有財産として管理している。

Xは昭和15年に本件建物を取得し、当時の区長・役員ら9名の共有名義で所有権移転登記を行った後に建物の一部をBに賃貸した。ところが昭和23年にBの賃借権を相続したY（被告・控訴人・上告人）が昭和28年になって賃料を支払わないので、昭和29年にXは賃料不払いを理由に賃貸借契約を解除し、Yを被告として本件建物の明渡しを求める訴訟を提起した。

Y側は、1審より一貫して本案前の抗弁として、Xは権利能力のない社団に該当せず当事者能力を有しないと主張して争ったが、1審も2審も、Xの当事者能力を肯定した。そこで、Yが上告した。

裁判の流れ　1審：X勝訴（一部認容）　2審：一部変更するもX勝訴　最高裁：上告棄却

判　旨　＜上告棄却＞「法人格のない社団すなわち権利能力のない社団が成立するためには、団体としての組織をそなえ、多数決の原理が行なわれ、構成員の変更にかかわらず団体そのものが存続し、その組織において代表の方法、総会の運営、財産の管理等団体としての主要な点が確定していることを要することは、当裁判所の判例とするところである〔最判昭39・10・15民集18巻8号1671頁〕。

原判決の確定するところによれば、Xは、古くよりA市A（市制施行前はA町）11番区通称新地と称する地域に居住する住民により、その福祉のため各般の事業を営むことを目的として結成された任意団体であって、同市Aに属する最下部の行政区画でも、また財産区でもなく、区長、区長代理者（副区長）、評議員、組長等の役員の選出、役員会および区民総会の運営（その議決は多数決による）、財産の管理、事業の内容等につき規約を有し、これに基づいて存続・活動しているというのであるから、原審が以上の事実関係のもとにおいて、Xをもって権利能力のない社団としての実体を有するものと認め、これにつき民訴法46条〔現29条〕の適用を肯定した判断は、上記判例に照らして、正当として是認しうる。」

判例の法理　本判決は、判旨でも引用されている最判昭和39年10月15日（民集18巻8号1671頁）が示した、実体法上の権利能力のない社団の要件として、①団体としての組織をそなえ、②多数決の原理が行われ、③構成員の変更にかかわらず団体そのものが存続し、④その組織において代表の方法、総会の運営、財産の管理等団体としての主要な点が確定していること、という4点を要求し、それらを満たす団体に民訴法29条の適用を認めるとした判例である。

判例を読む　訴訟上の当事者となりうる一般的資格である当事者能力につき、民事訴訟法はその28条で、原則として当事者能力が民法等の実体法による旨を規定する。しかし他方で、29条は、例外的に権利能力のない社団・財団も当事者になれることを定める。そのための上記4要件は、基本的に、当時の民法上の通説[1]に従ったものであるとされ、訴訟法上もこれを受けて、団体の組織面での構成員からの独立性に着目するのが訴訟法上の通説[2]であった。本判決も、その判断枠組みを採用し、事実の要約欄や判旨の後半部分の事実認定から、当事者能力を肯定した裁判例といえる。

しかし、その後、民法学説においては通説を全面的に批判し、団体の財産的独立性（団体財産の存在）を重視する見解[3]があらわれた。それに伴い訴訟法学説においても、団体の財産的独立性を重視するか否かが議論となり、ⓐ団体の財産的基礎の存在を民訴法29条適用の必須要件とする説[4]や、ⓑ金銭請求訴訟に限っては本判決の4要件の補助的要件としてとらえる説[5]や、ⓒ団体の債務について構成員が責任を負わない場合に限り、補助的要件として扱うべしとする説[6]が登場するに至っているなど、議論が盛んになってきている[7]。

この問題については後掲29事件（最判平14・6・7民集56巻5号899頁）が判示しているので、同事件の「判例を読む」も参照していただきたい。

〔薮口康夫〕

1審＝神戸地判昭35・11・17民集21巻8号2084頁／2審＝大阪高判昭40・10・4民集21巻8号2094頁

1) 我妻栄『民法講義Ⅰ　民法総則〔新訂版〕』（岩波書店、1965）133頁。
2) 兼子一『新修民事訴訟法体系〔増訂版〕』（酒井書店、1965）110頁。
3) 星野英一「いわゆる『権利能力なき社団について』」同『民法論集(1)』（有斐閣、1970）227頁以下。
4) 新堂147頁注1)。新堂説は、団体の財産的基礎の程度として、後掲29事件（最判平14・6・7民集56巻5号899頁）程度の財産管理体制が必要とする。
5) 伊藤126頁注26)。
6) 長谷部由起子「法人でない団体の当事者能力」成蹊法学25号135頁以下。
7) 例えば、高橋宏志教授は、かつては新堂説と同様に、法人格のない社団を「人の結合体で、その団体の活動に必要な財産的基礎があり…」と定義していた（高橋宏志「紛争解決過程における団体」『基本法学2　団体』（岩波書店、1983）291頁）が、現在では、固有の財産の存在は権利能力なき社団の要件とはせず、考慮の資料にとどめる方が適当であろうと（高橋・上181頁注5)、見解が変わっている。

28 民法上の組合の当事者能力

最高裁昭和37年12月18日判決　民集16巻12号2422頁　▶28条、29条

論点 ▶ 民法上の組合は、当事者能力を有するか

事実の要約　X（原告・控訴人・被上告人）は、「三銀行団債権管理委員会」という名称の組織であり、A株式会社に対して貸金債権を有する3つの銀行が、その会社の経営管理および債権の保全回収を目的として結成された民法上の組合である（代表者の定めもある）。Xは、A会社の有する一切の債権を譲り受け、その取立金から生じた剰余金を各銀行の債権額に応じて配当したり、A会社の経営資金に関して各銀行との調整に当たるという内容の活動を行っていた。本件は、Xが、A会社のY（被告・被控訴人・上告人）に対する薪炭等売掛代金債権を譲り受け、それに基づき提訴された売掛代金等請求事件である。

X（三銀行団債権管理委員会）
　A会社からの債権譲受人
↓売掛代金等請求
Y

裁判の流れ　1審：Xの訴え却下　2審：取消・差戻　最高裁：上告棄却

1審は、Xが旧46条（現29条）所定の「法人でない社団」ではないとするYの主張を認め、Xの当事者能力を否定し、訴えを却下した。これに対して、2審は、Xの当事者能力を肯定し、1審判決を取り消して、事件を1審に差し戻した。これに対して、Yが上告した。

判旨　＜上告棄却＞「原審は、Xを以って、…A株式会社に対して債権を有するB銀行大阪支店、C銀行新町支店及びD銀行道頓堀支店の三者が、それぞれの有する右債権を出資し同会社の経営を管理してその営業の再建整理を図ると共に、協力して三者それぞれの有する右債権を保全回収するため、民法上の任意組合として結成しEを代表者とした三者の協同組織である旨認定判断して居るものと解すべきである。かかる組合は、旧民訴法46条〔現29条〕所定の『権利能力なき社団にして代表者の定あるもの』として訴訟上の当事者能力のあることは、累次の大審院判例の趣旨とする所であって、現在維持せられて居る」。

判例の法理　今日、社会的には多様な実相をもつ非法人団体が活動しているが、29条で、法人でない社団または財団でも、代表者または管理人の定めがあるものには、その名において訴えまたは訴えられる資格（民事訴訟の当事者となることができる一般的な資格）としての当事者能力を認めた。訴訟上の当事者能力は、実体法上の権利能力に対応するかたちで認められるものである（28条参照）が、この種の非法人の社会的実体を尊重し、その団体の相手方保護や団体にとっての利便性の観点から、権利能力のない非法人でも、29条の要件を満たす限り、訴訟上は当事者能力が肯定されるとしたものである。

本判決は、原審の事実認定に即して、本件「三銀行団債権管理委員会」が、本条の法人でない社団に当たるとして、その当事者能力を肯定した。判決理由では、大判昭和10年5月28日（民集14巻1191頁）と大判昭和15年7月20日（民集19巻1210頁）とが引用されている。しかし、すでに指摘されているように、前者の事案における団体は実質的には社団であり、後者のそれは、民法上の組合と性質決定されたものの頼母子講であり組合といえるかどうかは疑問であるので、本判決は、代表者の定めのある民法上の組合を法人でない社団で代表者の定めのあるものと認めて当事者能力を肯定した最初の最高裁（最上級審）判例として、意義がある[1]）。

判例を読む　民法上の組合は、契約による人の結合形態であり、法人格を有するものではないが、それが当事者能力を有するか否かについて、学説[2]）上は、否定説と肯定説とが対立する。近時は、肯定説が有力である。

まず、否定説は、社団と組合とを概念上峻別し、組合には固有の目的も財産的独立性もなく、訴訟手続の簡素化は他の手段で考えるべきであるとする。また、肯定説に立つと組合員の利益を害するおそれがあり、さらに、組合固有の財産がないので勝訴判決も実効性に乏しいと指摘する。

これに対して、肯定説は、組合も固有の組合財産を有し、業務執行組合員により代表された団体的な性格を有することをあげ、また、組合員は業務執行組合員の訴訟追行による不利益を甘受すべきであるとする。そして、強制執行の局面では、組合財産に対する執行で奏功しなければ、承継執行文の付与（民執27条2項類推）を受け、組合員各自の損失分担義務（民675条）に基づいて、各自の固有財産に対して執行できるとする。

肯定説が、現実に即した妥当な見解であると評価できる[3]）。なお、民法上の組合の組合員は、組合員全員が当事者となることや業務執行組合員等を選定当事者（30条）に選定することで、提訴が可能となる。また、判例[4]）上は、業務執行組合員等が任意的訴訟担当として訴訟追行できるとされ（→38事件）、学説上は、業務執行組合員が法令による訴訟代理人（54条1項）に準じるとする有力説[5]）もある[6]）。いずれも利用可能な手続であるが、その選択は、手続利用者に委ねられている。紛争当事者には、選択の自由が認められ、その選択に際しては、便宜性が考慮されるが、請求の基礎をなす実体法上の契約関係（誰と誰との契約であるか）等も、重要な考慮要素になるであろう。

（川嶋四郎）

1審＝大阪地裁／2審＝大阪高判昭33・11・24

1) 小山昇・民商49巻3号344頁。
2) 川嶋57頁、林伸太郎・百選Ⅰ新法対応補正版84頁参照。
3) 小林107頁も参照。
4) 最判昭45・11・11民集24巻12号1854頁（→38事件）。
5) 新堂197頁。
6) ちなみに、組合と名の付くものでも、実定法上法人格が認められている場合がある点は、注意を要する。例、労働組合、生活協同組合等。

29 預託金会員制ゴルフクラブの当事者能力

最高裁平成14年6月7日判決　民集56巻5号899頁、判時1789号68頁、判タ1095号105頁　▶29条

論　点　▶当事者能力が肯定されるためには、「法人でない社団」が、財産的側面の要件として独立した財産を有することが必要か

事実の要約　本件は、預託金会員制ゴルフクラブX（原告・控訴人・上告人）が、船橋カントリークラブ株式会社Y（被告・被控訴人・被上告人）に対して、XY間の協約書と商法旧282条2項（現会社442条3項参照）に基づき書類等の閲覧請求権を行使（謄本の交付を請求）した事件であり、Xが当事者能力を有するか否かが問題となった。民訴法29条にいう「法人でない社団」に該当するためには、①団体としての組織を備え、②多数決の原則が行われ、③構成員の変更にかかわらず団体そのものが存続し、④その組織において代表の方法、総会の運営、財産の管理その他団体としての主要な点が確定していなければならない（最判昭39・10・15民集18巻8号1671頁参照）が、本件では「財産の管理」の点が確定しているか否かが争点となった1)。

```
X  ──→  Y
預託金会員制    船橋カントリー
ゴルフクラブ    クラブ株式会社
```

裁判の流れ　1審：訴え却下　2審：控訴棄却　最高裁：原判決破棄・1審判決取消

1審および原審は、ともに、XはYの計算に基づきその財政的基盤の上に成り立っており、それ自体独立して権利義務の主体となるべき社団としての財政的基盤を欠くと判示して、本件訴えを却下した。

判　旨　＜原判決破棄・1審判決取消＞「民訴法29条にいう『法人でない社団』に当たるというためには、団体としての組織を備え、多数決の原則が行われ、構成員の変更にかかわらず団体そのものが存続し、その組織において代表の方法、総会の運営、財産の管理その他団体としての主要な点が確定していなければならない〔最判昭39・10・15民集18巻8号1671頁参照〕。これらのうち、財産的側面についていえば、必ずしも固定資産ないし基本的財産を有することは不可欠の要件ではなく、そのような資産を有していなくても、団体として、内部的に運営され、対外的に活動するのに必要な収入を得る仕組みが確保され、かつ、その収支を管理する体制が備わっているなど、他の諸事情と併せ、総合的に観察して、同条にいう『法人でない社団』として当事者能力が認められる場合があるというべきである。

これを本件について見ると、…財産的側面についても、本件協約書の前記(ウ)〔略〕の定め等によって、団体として内部的に運営され対外的にも活動するのに必要な収入の仕組みが確保され、かつ、規約に基づいて収支を管理する体制も備わっているということができる。さらに、XとYとの間で本件協約書が調印され、それに伴って規則も改正されているところ、その内容にも照らせば、Xは、Yや会員個人とは別個の独立した存在としての社会的実体を有しているというべきである。以上を総合すれば、Xは、民訴法29条にいう『法人でない社団』に当たる」。

判例を読む　★**本件最高裁判決の意義**　本判決は、事例判決であり、最高裁が初めて預託金会員制ゴルフクラブの当事者能力を認めたものであるが、法理論的には、上記昭和39年判決における財産管理の確定に関する要件を明確化した点に意義がある2)。まず、従前最高裁は、預託金会員制ゴルフクラブの当事者能力を否定していた（例、最判昭61・9・11判タ623号74頁等）が、ゴルフ場経営会社からゴルフ場の管理運営を委ねられ、会員の自主組織が存在せず会社の意向に沿って運営され、会社の業務を代行するにすぎず、独立した主体としての実体を備えていないことを、その理由としていた（ただし、株主会員制ゴルフクラブの当事者能力は認められていた。最判平12・10・20判タ1046号89頁参照）。

★**29条の法人でない社団の判断基準：民法学と民事訴訟法学の展開**　29条は、日常空間と訴訟空間をつなぐ重要な規定である。28条は、原則として、当事者能力が民法等の実体法規定による旨を規定するが、29条は、その例外規定として、実体法規範から独立し、訴訟法独自の視点から、当事者能力の判断枠組を付加している。それは、日常生活空間における民事紛争の当事者関係をそのまま訴訟空間に移行しうる可能性を有する規定である。29条は、このように、社会的な紛争実態を訴訟上も尊重し、一定の社団とその相手方の裁判を受ける権利（憲32条）を民事訴訟法上保障し、国民の司法アクセスを増進させる規定なのである3)。

一般に、29条の法人でない社団か否かの判断基準は、判例上、上記昭和39年判決が提示していた。そこで示された4つの要件は、基本的に民法学上の通説4)に従ったものである。この学説は、社団と民法上の組合とを比較し、社会学的実態の異同に基づいて峻別し、その組合と対置した社団の要件を説くものであった（なお、判例〔→28事件参照〕は、民法上の組合の当事者能力を、29条に基づいて肯定している）。

その後、民法学説は、新たな展開をみた。すなわち、法人とは、個々の構成員に対する債権者による掴取から隔離された法人債権者のための排他的責任財産を創造する法技術であり、権利能力なき社団論を論じる実益は、個々の構成員の財産から独立した財産を有する団体であれば、法人格がなくとも法人と同様に扱うことにある。そして、組合であっても、組合員の債権者による個々の組合財産に対する持分の差押えができない（民676条1項の類推）ので、排他的責任財産創出のための法技術という点において、組合と権利能力なき社団とは共通すると、論じられたのである5)。

これに対して、民事訴訟法学は、やや異なる展開をみた。伝統的な通説は、29条の法人格のない社団を、一定の目的のための多数人の結合体であってその構成員個人の生活活動から独立した社会活動を営むと認められる

程度のもの6)と定義していた（ただ、この見解は、民法上の組合の当事者能力を否定していたが、これは、社団・組合峻別説に立脚する伝統的な民法理論を前提とするものであった）。

しかし、有力説として、29条にいう社団を、人の結合体であって、その団体の活動から生じた債務の引当てに供することができるように、構成員から独立して管理されている独自の財産を有するものと定義する見解7)が登場した。

さらに、伊藤教授8)は、権利能力なき社団に関する民法理論・判例理論を分析し、①対内的独立性（社団構成員の脱退加入によっても同一性が維持されていること）、②対外的独立性（社団の代表の定めがあり現に代表者が活動していること）、③内部組織性（社団の組織運営、財産管理等の規約の存在と総会等による構成員の意思の反映が保障されていること）、④財産的独立性（社団に独自の財産があるか、独自の財政が維持されていること）が、29条の社団となりうるか否かの要素であると論じた。ここでは、財産的独立性が明示されているが、この説は、金銭請求訴訟の被告となるときは、執行対象財産が存在することが29条の社団の認定のために必要であるが、その他の訴訟類型では、固有財産の存在は他の要件と相まって団体の独立性を認定するための補助的要因にすぎないと論じていた9)。

なお、上記昭和39年判決は、団体固有の財産が現実に存在するか否かを問題としていないので、「管理の方法」が定まっていれば十分であると把握する見解10)も存在した。

しかし、その財産管理の方法という要素の内実は、必ずしも明確ではなかった。また、上記学説上の通説的見解は、一定の目的のための多数人の結合体であって構成員各自の生活活動から独立した社会活動を営むと認められる程度のものが29条で当事者能力をもつとしていたものの、独自の財産を有することが必要か否かについては、必ずしも明確ではなかったが、この点に関する学説を概説すれば、おおむね次のとおりである。

まず、近時、当該団体債務の引当てに供しうるように構成員から独立して管理される独自の財産を有することを強調する有力説（必要説）が提唱された。しかし、これに対して、上述のような場合分けを行い、社団が金銭給付訴訟の被告となる場合にのみ団体独自の財産があるか独自の財政運営がなされているかなどの財産的独立性の要件が必要であるとする説（制限的必要説）や、さらに、もともと一般に金銭請求訴訟において被告の財産の有無が当事者能力の判断で問題にされていないことや、構成員に判決効を拡張する余地も存在することから、独自の財産をもつことは当事者能力の要件とはならないとする説（不要説）も、有力に主張されていた。ただ、この不要説でも、社団固有の財産の存在は、社団性を判断するための諸ファクターの1つと位置づけていた。

★本件最高裁判決の評価 このような状況で、本判決は、書類等の閲覧請求訴訟ではあるが、特に限定を付すことなく一般的な規範定立を行っている。それゆえ、判例上は、基本的に、社団固有の財産の存否について、不要説が採用されたと考えられる。

一般に、当事者能力は形式的に判断されるべきこと、現代社会に存在する多様な団体に代表者による訴訟追行の便宜を享受させるべきこと（それが29条の趣旨と考えられること）、29条には財産の要件が明示されていないこと、および、例えば全財産の帰属が争いとなる訴訟では訴訟要件の存否の判断が本案審理の終了までできなくなるのは不当であることなどから、この判断は妥当であろう。ただ、不要説でも、独自の収支・管理システムの存在が総合考慮の1つのファクターとなることには注意を要する。

本件で、Xは団体として内部的に運営され対外的にも活動するのに必要な収支の仕組みが確保されており（Xの通常経費はYが支出するという規約の存在）、かつ、規約に基づいて収支を管理する体制（Xの監事が監査すること）も備わっているので、Xは、Yおよび会員個人からは独立した社会的実体を有していると評価できる。ただ、被告から見れば、訴訟費用の償還（61条）に不安を感じるかもしれないが、担保提供命令の規定（75条）の類推適用か、または、本件ではYが支出する金銭との相殺によって、その不安も解消できるであろう11)。

さらに、本件については、特に、井上治典「ある権利能力なき社団の当事者資格」同『民事手続の実践と理論』（信山社、2003）3頁も参照。

（川嶋四郎）

1審＝千葉地判平13・2・21判時1756号96頁／2審＝東京高判平13・8・22民集56巻5号951頁

1) 本件の事案の詳細については、井上・実践と理論3頁を参照。
2) 本件については、山本弘・百選3版28頁、川嶋四郎・法セ576号119頁、小林106頁等を参照。
3) 川嶋52頁参照。
4) 我妻栄『民法講義Ⅰ民法総則〔新訂版〕』（岩波書店、1965）133頁。
5) 星野英一「いわゆる『権利能力なき社団』について」同『民法論集(1)』（有斐閣、1970）227頁、291頁等を参照。
6) 例、兼子・体系110頁。
7) 新堂146頁。
8) 伊藤・当事者19頁以下。
9) なお、長谷部由起子「法人でない団体の当事者能力」成蹊法学25号99頁以下も参照。
10) 菅野孝久「住民団体・消費者団体の当事者能力」争点3版78頁以下等。
11) 民訴法29条に関する近時の広範な総合的研究として、名津井吉裕『民事訴訟における法人でない団体の地位』（大阪大学出版会、2016）を参照。

30 当事者能力と登記請求権

最高裁昭和47年6月2日判決　民集26巻5号957頁、判時673号3頁、判タ282号164頁　▶28条、29条

論　点　▶権利能力なき社団やその代表者は、登記請求訴訟を提起できるか

事実の要約　権利能力なき社団であるA連合会は、本件土地建物を所有しているが、登記実務上A名義の登記ができないので、その会長Y（被告・控訴人・上告人）個人名義の登記がなされていた。その後、Yが会長を辞任し、新たに会長に選任されたX（原告・被控訴人・被上告人）は、Yに対して、代表者交代を理由として、本件土地建物の所有権移転登記請求訴訟を提起した。これに対して、Yは、権利能力なき社団が原告となるべき旨を主張していた。

X（A連合会新会長）
↓ 移転登記請求
Y（元会長）登記名義人

裁判の流れ　1審：請求認容　2審：控訴棄却　最高裁：上告棄却
1審および2審は、ともにXの請求を認容したので、Y上告。

判　旨　＜上告棄却＞「権利能力なき社団の資産はその社団の構成員全員に総有的に帰属しているのであって、社団自身が私法上の権利義務の主体となることはないから、社団の資産たる不動産についても、社団はその主体となり得るものではなく、したがって、登記請求権を有するものではないと解すべきである。不動産登記法が、権利能力なき社団に対してその名において登記申請をする資格を認める規定を設けていないことも、この趣旨において理解できるのである。したがって、権利能力なき社団が不動産登記の申請人となることは許され」ない。ただし、「社団構成員の総有に属する不動産は、右構成員全員のために信託的に社団代表者個人の所有とされるものであるから、代表者は、右の趣旨における受託者たるの地位において右不動産につき自己の名義をもって登記をすることができるものと解すべきであり、したがって、登記上の所有名義人となった権利能力なき社団の代表者がその地位を失ってこれに代る新代表者が選任されたときは、旧代表者は右の受託者たる地位をも失い、新代表者においてその地位を取得し、新代表者は、信託法の信託における受託者の更迭の場合に準じ、旧代表者に対して、当該不動産につき自己の個人名義に所有権移転登記手続をすることの協力を求め、これを訴求することができるものと解するのが相当である」。

判例の法理　本判決は、権利能力のない社団[1]が、登記請求権を有せず、かつ、不動産登記の申請人となることは許されないことを理由にあげ、権利能力のない社団の登記請求訴訟における当事者能力を否定した。そして、権利能力なき社団の代表者交代の場合において、当該社団の不動産が代表者個人名義で登記されているとき、その移転登記請求訴訟では、新代表者が自己名義に移転登記請求をすることができるか、それとも、当該社団が代表者個人名義に移転登記請求をすることができるかの問題については、新代表者が、自己名義に登記を移すことを求めて提訴できる旨を判示した。さらに、本判決は、判旨に掲げた部分に続けて、権利能力のない社団の不動産登記の方法について、その社団の代表者が、社団の構成員の受託者たる地位において、個人の名義で所有権の登記をすることができるにすぎず、その社団を権利者とする登記をし、または、その社団の代表者である旨の肩書を付した代表者個人名義の登記をすることは、許されないものと解すべきであると判示し、考え方の分かれていた下級審裁判例を統一した[2]。

判例を読む　29条は、法人でない社団または財団でも、代表者または管理人の定めがあるものに、その名において訴えまたは訴えられる資格、すなわち、当事者能力を認めた。これは、実体法上の権利能力と訴訟上の当事者能力との照応関係（28条）の例外をなし、個々の具体的事件を通じて、法人でない社団等に実質的に権利能力を認めるものであり、その限りで実体法を修正するものであるとするのが、民事訴訟法学上の多数の考え方である。しかし、本判決の立場は、登記請求については、この29条の適用を排除するものである[3]。学説上は本判決の立場が通説と考えられるが、本判決の後にも、権利能力なき社団自体が当事者となり、代表者個人名義に登記を移すように請求することもできるとする有力説[4]が主張されていた。ただし、その場合の請求の趣旨は、ある構成員の個人名義へ移転登記せよという形式をとるべきである、とされる[5]。近時、多数の入会権者により構成される入会団体（法人格のない社団）に当事者能力を認め、入会団体が、構成員から規約上の多数決による授権を得て任意的訴訟担当（→38事件）の法形式で、総有権確認訴訟の当事者となることを肯定した、最判平成6年5月31日（民集48巻4号1065頁→41事件参照）が現われたが、これは、本判決を修正する可能性を秘めていた。ごく最近、本判決の上記後段部分に抵触しないかたちで、法人格のない社団に、登記請求訴訟の原告適格が認められた（最判平26・2・27民集68巻2号192頁[6]）→32事件）。

（川嶋四郎）

1審＝東京地判昭42・8・2／2審＝東京高判昭44・10・21

1）最判昭39・10・15民集18巻8号1671頁参照。
2）この点に関する諸学説については、河内宏・不動産取引百選2版82頁を参照。
3）なお、沖縄のいわゆる門中の事案に関する最判昭55・2・8民集34巻2号138頁も参照。さらに、不動産登記手続と訴訟手続との違いの指摘については、下田文男・百選Ⅰ新法対応補正版86～87頁を参照。ただし、後掲平成26年判決は、登記請求権の所在の問題と登記請求訴訟の当事者適格の有無の問題を分けて考える立場を示した。川嶋四郎・私判リマ50号113頁参照。
4）新堂150頁。
5）なお、その判決の執行の方法については、松本博之「非法人社団の当事者能力と実体関係」民商93巻臨時増刊(2)73頁、88頁以下を参照。
6）これについては、川嶋四郎・私判リマ50号110頁。

31 当事者能力と当事者適格の交錯

仙台高裁昭和 46 年 3 月 24 日判決　行集 22 巻 3 号 297 頁、判時 629 号 51 頁
▶ 28 条、29 条

論　点 ▶ 当事者能力と当事者適格とは、いかなる関係にあるか

事実の要約　A 町の教育委員会 Y（被告・被控訴人）は、町立小学校 B 分校の廃止処分を行ったので、その学区内の住民 4 名が B 分校の存置対策委員会 X（原告・控訴人）を結成した。そして、X は、Y に対して、分校の廃止により子女の通学が著しく困難もしくは危険になるので、この廃止処分は、保護者の子女を就学させる権利を侵害するものであり、かつ、手続上の違法、裁量権の濫用があると主張して、本件処分の不存在、無効確認および取消しの訴えを提起した。

X（B 分校存置対策委員会）
↓
B 分校廃止処分
不存在確認等請求
↓
Y（A 町教育委員会）

裁判の流れ　1 審：訴え却下　2 審：控訴棄却
　1 審は、X を旧民訴法 46 条（現 29 条）所定の法人格のない社団と認めることはできないので、当事者能力を欠くとして、訴えを却下した。X 控訴。

判　旨　＜控訴棄却＞学校教育法第 22 条の「保護者は、…特定の小学校に子女を就学させるため当該営造物を利用する、一種の法律上保護されるべき利益…を有している」ので、市町村の設置する小学校・分校につき廃止処分がなされ、「子女の通学が著しく困難もしくは危険であって、その就学が事実上不可能となるような状態が招来される場合には、…保護者は…右処分の効力を争うについて法律上の利益を有する」。ここでいう「保護者」とは、①子女に対し親権または後見を行う者で、学齢期間にある子女を有する者のみに限られ、しかも②現に親権または後見を行う実親、養親または後見人という住民個人を指す。X は、「B 分校学区内の住民から選出された 4 名によって構成されている団体であって、団体それ自体前記①②の資格を具備せず、従って右法的利益享受の主体たりえないものであることが明らかであり、しかも X 委員会の構成員が前記法的利益を有するとしても…X 委員会が右個人の前記法的利益につき法律上管理処分権を有するとか、X 委員会が団体として構成員個人のなすべき本件処分の効力を争う訴訟につき任意的訴訟担当が認められるとする法律上の根拠はみあたらない」。

判例の法理　上記の論点に限定して、以下説明を加えてゆきたい。
　まず、当事者能力とは、民事訴訟の当事者となることができる一般的な資格をいい、事件の具体的内容とは無関係に判断される訴訟要件であるのに対して、当事者適格は、特定の訴訟物との関係で本案判決を求め、または、求められるにふさわしい資格をいう[1]。この両者の区別は、通常、法人格のない社団についても妥当するとされるが、法人格のない社団は、たとえ当事者能力が肯定されても、当事者適格が認められねば、本案判決を得ることはできない。
　本件は、X 委員会のみが原告となっていた事件であり、X 委員会が仮に旧 46 条（現 29 条）にいう法人でない社団に該当するとしても、本件提訴につき当事者適格を有しない限り本訴は不適法を免れないので、当事者適格の有無につき判断するとした。そして、判旨に掲げたように、上述のような保護者個人（①と②）には当事者適格が認められるが、X 委員会には当事者適格がない、と判示した。

判例を読む　例えば、住民団体が公害・環境破壊の差止めを求める場合や、消費者団体が消費者問題を提起する場合などにも、本件のような問題は生じる。これらの団体に当事者能力が認められても、それらの訴訟で当事者適格が否定されれば、本案判決を得られない点では変わりがないからである[2]。
　ただ、環境紛争においては、紛争管理権説[3]という注目すべき見解が提唱された。この説は、訴訟物たる権利関係に法的利益や管理処分権を有するか否とに関係なく、環境利益をめぐる提訴前の紛争過程で相手方と交渉を行い紛争原因の除去について持続的に重要な活動を行った者（住民や団体）は、紛争過程での行動や役割によって紛争管理権を取得し、当事者適格を有するに至るとする説である（ただし、民事訴訟の局面に関して、伊藤教授は、のちに改説した。➡ 37 事件）。この場合に、紛争管理権説を有する団体には、できるだけ当事者能力を肯定すべきであるとされる。このような考え方を活用すれば、本件においても、当事者適格が認められる可能性が生じる。訴訟過程を通じた当事者巻き込み型で展開的な手続形式が可能になると考えられるからである[4]。このように、当事者能力・当事者適格を、訴訟遮断の要件として考えるのではなく、一般には、当事者適格が認められれば、逆推して、29 条を通用し、当事者能力を肯定する方向性が望ましいということができる。
　なお、登記請求訴訟における法人でない社団の当事者能力については、30、32 事件の解説を参照。
　さらに、当事者能力を一般的資格として画一的に考える通説に対して、裁判例を詳細に分析したうえで、個別訴訟の内容いかんにより当事者能力を認めるための要件を個別的相対的に考える考え方[5]も、提唱されている[6]。

〔川嶋四郎〕

---

1 審＝仙台地判昭 45・4・8

1) 新堂 283 頁以下、高橋・上 239 頁以下、川嶋 50 頁以下。
2) 福永有利・百選 I 新法対応補正版 88、89 頁、小林 109 頁。
3) 伊藤・当事者 90 頁以下。
4) このような段階的な訴訟当事者の考え方については、川嶋・差止救済過程 128 頁参照。
5) 伊藤・当事者 20 頁以下。
6) さらに、川嶋 53 頁以下も参照。

32 法人でない社団による登記請求

最高裁平成26年2月27日判決　民集68巻2号192頁、判時2215号94頁、判タ1399号84頁

▶民33条、民訴1編3章、同29条、不登63条

論　点 ▶ 代表者個人名義への所有権移転登記手続請求訴訟における権利能力のない社団の原告適格

事実の要約　権利能力のない社団であるXが、本件土地・建物はXの構成員全員に総有的に帰属すると主張して、共有持分の登記名義人のうちの一人であるYに対して、Xの代表者Aへの持分移転登記手続を求めて提訴した。

裁判の流れ　1審：一部請求棄却　2審：取消自判　最高裁：上告棄却

第1審は、本件建物について請求を認容し、本件土地について請求を棄却した。Xのみが控訴したところ、原審は第1審判決を取り消して、請求認容を自判した。Yが上告受理を申し立て、代表者個人名義への所有権移転登記手続請求訴訟は、社団ではなく、代表者が原告となるべきである等と主張した。

判　旨　＜上告棄却＞「訴訟における当事者適格は、特定の訴訟物について、誰が当事者として訴訟を追行し、また、誰に対して本案判決をするのが紛争の解決のために必要で有意義であるかという観点から決せられるべき事柄である。そして、実体的には権利能力のない社団の構成員全員に総有的に帰属する不動産については、実質的には当該社団が有しているとみるのが事の実態に即していることに鑑みると、当該社団が当事者として当該不動産の登記に関する訴訟を追行し、本案判決を受けることを認めるのが、簡明であり、かつ、関係者の意識にも合致していると考えられる。また、権利能力のない社団の構成員全員に総有的に帰属する不動産については、当該社団の代表者が自己の個人名義に所有権移転登記手続をすることを求める訴訟を提起することが認められているが〔最判昭47・6・2民集26巻5号957頁参照〕、このような訴訟が許容されるからといって、当該社団自身が原告となって訴訟を追行することを認める実益がないとはいえない。

そうすると、権利能力のない社団は、構成員全員に総有的に帰属する不動産について、その所有権の登記名義人に対し、当該社団の代表者の個人名義に所有権移転登記手続をすることを求める訴訟の原告適格を有すると解するのが相当である。そして、その訴訟の判決の効力は、構成員全員に及ぶものと解されるから、当該判決の確定後、上記代表者が、当該判決により自己の個人名義への所有権移転登記の申請をすることができることは明らかである。なお、この申請に当たって上記代表者が執行文の付与を受ける必要はないというべきである。」

判例の法理　❖**代表者個人名義の登記と社団の原告適格**　不動産登記法及び登記実務は、権利能力のない社団の構成員全員に総有的に帰属する不動産を社団名義や代表者肩書付の個人名義で登記することを許さない1)。しかし、判旨も引用する判例は、社団の代表者は構成員全員のための受託者たる地位においてその個人名義で登記できる旨判示し、代表者が自己に登記請求権が帰属する旨を主張して登記請求訴訟の原告となることを認めている。本判決は、当該判例により登記能力も登記申請資格も否定された社団が、代表者個人への所有権移転登記手続を求める訴訟の原告となることの可否（原告適格）につき、これを肯定した点に意義がある。

❖**執行文の要否**　本判決は、代表者個人名義への所有権移転登記手続請求を認容した本件確定判決に基づき、代表者が登記申請をする際、（承継〔交替〕）執行文は不要とした。判決による登記申請では、請求認容判決により意思表示が擬制されて狭義の強制執行は終了したことがその前提にあるものと解される2)。

判例を読む　❖**構成員に対する判決効**　本判決は、社団が原告として受けた判決の効力は構成員全員に及ぶと判示する。近時は、総有権確認請求訴訟において社団の原告適格を認めた最判平成6年5月31日（民集48巻4号1065頁）等3)を契機として、社団の原告適格を訴訟担当と解する見解が有力である。この見解のもとでは、本件社団の原告適格も訴訟担当とみなして115条1項2号による既判力拡張を認めたものと見る余地がある。他方、社団に当事者能力を認めることは当該社団に事件限りの権利能力を認めることに帰するため、社団は固有の当事者適格を有すると解する通説の立場に依拠しつつも、そこでの権利能力は法人のそれと全く同一ではないことにかんがみ、構成員にも反射的に判決効が生ずるとする見解4)もある。

❖**代表者の提訴権限**　判例上、社団による提訴には当該不動産の処分に相当する「総会の決議等の手続による授権」が必要とされるが（前掲平成6年最判）、本判決にはその旨の指摘がない。代表者が受託者たる地位（前掲昭和47年最判）として有する登記権限に基づいて代表者は提訴権限を有すると判断したのならば、その旨言及すべきであった。

〔名津井吉裕〕

1審＝盛岡地判平22・5・10民集68巻2号197頁／2審＝仙台高判平23・7・14民集68巻2号206頁

1) 構成員全員の共有名義で登記できることに問題はない。
2) なお、民執174条1項但書・2項・3項は、意思表示の擬制の時点を執行文の付与に合わせる必要がある場合に限って執行文を要求する。川嶋隆憲・法学研究（慶應義塾大学）88巻3号58頁、畑・法教422号17頁等。
3) 社団への権利帰属の主張を失当とした、最判昭55・2・8判時961号69頁等も参照。
4) 名津井・法教409号60頁。最近の整理として、小林＝山本・新報2018年8月号2頁。

33 当事者適格——相続財産管理人

最高裁昭和47年11月9日判決　民集26巻9号1566頁　　▶28条、115条1項2号、民936条1項

論　点　▶　相続財産管理人は、法定代理人か当事者（法定訴訟担当者）か

事実の要約　被相続人Aの相続人7名（X、B～G）が限定承認（民922条以下）をし、Xが相続財産管理人（民936条）に選任された。そのXが、原告として自己の名で、亡AのYに対する貸金の返還請求訴訟を提起したのが本件である。ここで、Xは、自己の名で（自己を法定訴訟担当として）、提訴したものである。

裁判の流れ　1審：請求認容　2審：取消・訴え却下　最高裁：上告棄却

1審は、Y欠席でX勝訴、2審は、職権で当事者適格を問題として取り上げ、相続財産の権利義務主体は相続人全員であり、相続財産管理人は、法定代理人にすぎず、本件訴えは当事者適格を欠くとし、1審判決を取り消し、訴えを却下した。これに対して、Xが上告した。

判　旨　＜上告棄却＞「相続人は、…相続財産管理人が選任された場合であっても、相続財産に関する訴訟につき、当事者適格を有し、前記の相続財産管理人は、その法定代理人として訴訟に関与するものであって、相続財産管理人の資格では当事者適格を有しないと解するのを相当とする。…原審の判断は、正当として首肯することができる」。

判例の法理　⭐**法定代理と第三者の訴訟担当**　**法定代理**とは、本人の意思に関係なく代理人が選任される場合であり、法定代理人には、実体法上の法定代理人、訴訟法上裁判所により選任される特別代理人（35条、236条）、および、個々の訴訟行為の法定代理人（例、102条3項）がある。28条によれば、訴訟無能力者の法定代理は、原則として民法その他の法令に従う（28条）ので、実体法上の法定代理人は、訴訟法上も法定代理人となる。法定代理人は、当事者ではないので、その訴訟行為の効果は全て本人に帰属し、さらに、管轄（普通裁判籍）、除斥・忌避原因、訴訟救助、訴訟費用の負担および判決の効力などについては、本人を基準とする。

これに対して、**第三者の訴訟担当**とは、訴訟物たる権利義務の主体に代わり、または、それと並んで、第三者が当事者適格を有し、この当事者の受けた判決の効力が、権利義務の主体にも及ぶこと（115条1項2号）をいう。この場合には、当該第三者が当事者となるのであり、代理人となるのではない。第三者の訴訟担当の中で、法律上当然に行われる場合を、**法定訴訟担当**といい、本来の権利義務主体（実質的利益帰属者）の授権に基づいて第三者に当事者適格が認められる場合を、**任意的訴訟担当**という。法定訴訟担当には、担当者のための法定訴訟担当（例、破産管財人が破産財団に関する訴訟を追行する場合）と権利義務の帰属主体のための法定訴訟担当（例、婚姻事件等において本来の適格者死亡後にも訴訟を可能とするために当事者とされる検察官（人訴12条3項等））に分かれる[1]。

本件では、相続財産管理人が、法定代理人か、それとも、当事者（法定訴訟担当）かが、問題となったのである。

⭐**判例の法理と原審の事件処理方法**　本判決は、民法936条1項の規定により相続財産管理人が選任された場合でも、相続財産に関する訴訟については、相続人が当事者適格を有し、相続財産管理人は、相続人全員の法定代理人として訴訟に関与するのであり、相続財産管理人としての資格では、当事者適格を有しない旨を判示したものである。

その理由として、本判決は、相続財産管理人が選任された場合には、その者が相続財産全部について管理・清算をすることができるが、この場合でも、相続人が相続財産の帰属主体であることは単純承認の場合と異なることはないこと、および、民法936条2項は、相続財産管理人の管理・清算が「相続人のために、これに代わって」行われる旨を規定しているので、相続財産管理人は相続人全員の法定代理人として相続財産につき管理・清算を行うものというべきであることをあげる。

なお、本件の事件処理のあり方について、原審における本件処理は妥当ではなく、裁判所の訴え却下は不当であり、せめて1審での補正を許すべく事件を差し戻すべきであった[2]と指摘されている。

ちなみに、本判決後、最判昭和49年4月26日（民集28巻3号503頁）[3]は、相続財産管理人を被告とする訴訟において、「相続財産の限度で支払え」という旨の給付判決があったとき、この判決の効力は相続人に及ぶと判示している。これは、相続財産管理人自身に被告適格を認めたものとも解することができるであろう。

判例を読む　⭐**学説の現況**　相続財産管理人は、法定代理人か、それとも、当事者（法定訴訟担当）かについて、学説は多岐に分かれる[4]が、大きく分けて、代理的構成と当事者（訴訟担当）的構成およびその他の構成がある[5]。

代理的構成としては、まず、本判決同様、相続財産管理人を相続人全員の法定代理人とみる見解（相続人代理説）がある。次に、相続財産管理人に死亡した被相続人の法主体性の残映を認め、相続財産管理人をこの被相続人の代理人と見る見解（被相続人代理説）がある。また、相続財産管理人の管理下にある相続財産を、29条の法人でない財団とみて、相続財産管理人をその代表者であるとする見解（目的財産代表説）もある。

これに対して、**訴訟担当的構成**としては、相続財産管理人は、その職務上自ら訴訟当事者となるべきであるとする見解（職務説）がある。これは、相続財産管理人を、利害関係人保護のために選任され財産管理権を与えられているものと考え、それにより相続人は管理処分権を奪われ、相続財産管理人はその職務上自己の名で当事者となるとする説である。また、第三者の訴訟担当を、自己の権利実現のための訴訟担当、財産管理人、および、職務上の当事者に三分類し、相続財産管理人を財産管理人の範疇に分類する見解（財産管理人分類説）もある。

以上は、相続財産管理人を、法定代理人・当事者のいずれかに性質決定する考え方であるが、それ以外の法的構成として、例えば、相続財産管理人は、相続人の代理人として訴訟追行しても、自ら当事者として訴訟追行してもよいとする見解（選択説）や、特に限定承認や財産分離（民943条）の請求がなされた場合は、相続人が相続財産につき処分権を失わないことを根拠に、相続人と相続財産管理人とが共同して訴訟追行すべきであるとする見解（共同訴訟説）が、それである。

　この問題をどのように考えるべきかは難しい問題であり、他者の財産の管理に関する様々な他の制度との比較検討を行い実体法秩序のもとでの位相を考える必要があろう。まず、相続人代理説では、管理財産について相続財産管理人と相続人との間で訴訟をする必要が生じた場合の説明に窮することになる。次に、訴訟において限定承認が問題となり、それを否定する判決がなされた場合に、相続人代理説や訴訟担当的構成に立ち、相続人の固有財産にも給付判決の効力が及ぶとすると、相続財産管理人の管理権限が相続人の固有財産に及んでいないので、その説明に窮することになる。これとは逆に、限定承認を認める給付判決が言い渡された場合に、被相続人代理説や目的財産代表説に立ち、相続人の固有財産との関係では、この判決の効力が及ばないとするならば、訴訟の相手方に不測の不利益が生じるおそれがある6)。

　それぞれ一長一短があり、個別事件ごとに類型化したり、受動訴訟・能動訴訟に分けて考えたり、また、第三者が提訴する場合か否かで場合分けをしたりして、各説の妥当性・相当性を考える方向性も考えられる。しかしながら、以下に述べるように、現実には、法定代理と第三者の訴訟担当の差異が相対化している点を考えれば、原則的に選択説が許されると解すべきであろう。ただし、特に限定承認や財産分離の請求がなされた場合のように、相続人が相続財産につき処分権を失わないときには、相続人と相続財産管理人とが共同して訴訟追行すべきであるとする共同訴訟説が妥当であろう。ただし、提訴時において、原告に被告共同化の負担を課すことが妥当かどうかについての吟味は必要である。

　❖**法定代理と決定訴訟担当の差異の相対化**　上述のように、概念的には、法定代理と第三者の訴訟担当（特に、法定訴訟担当）との差異は顕著であるが、すでに指摘されているように現実には必ずしも大きな差異は存在しない7)。例えば、本件を例にとり考えた場合に、相続財産管理人を法定代理人とみてもまた当事者とみても、実際に訴訟を行うのはXであり、相続人は背後に退いている。判決効も、Xが当事者であれ法定代理人であれ、相続人7名が、その効力を受ける点では変わりがない（法定代理人の場合には、直接的に効果が生じ、訴訟担当の場合には、115条1項2号によりその効果が及ぶ）。

　また、当事者が誰かにより、上述のように種々の差異が生じることもあるが、限定承認の場合には、差異を生じさせない解釈が可能であるとされる。例えば、訴訟費用については、相続財産が負担すると解すれば、訴訟救助の判断に際しても、資力（82条参照）につき、相続財産管理人個人の資力ではなく相続財産で考えるべきことになり、相続人の資力判断の場合と同じになる。証人尋問か当事者尋問かについても、一方で、相続財産管理人が法定代理人であるとすれば、相続人も相続財産管理人も当事者尋問になり（211条参照）、他方で、当事者（訴訟担当者）であるとすれば、相続財産管理人だけが当事者尋問であり、相続人は証人尋問になるとも思われるが、相続人は潜在的当事者であるという実質をみて、当事者尋問と解することもできるであろう。このように、法定代理と第三者の訴訟担当との差異が少なくなれば、相続財産管理人の性質決定自体に疑問を呈する見解が登場することになる。しかし、訴状の必要的記載事項欄の形式的な重要性を考えると、現行実務上では、当事者の手続保障に配慮しつつ、訴訟過程を通じた当事者補正の手続も考案すべきと考えられる。

　なお、本件同様、訴訟担当者であるか法定代理人であるかが問題となるものとして、不在者の財産管理人8)、遺言執行者9) 等がある10)。一般に、他者の財産管理に関わる者には多様な法形式がみられ、それぞれが有する権限も異なるが、手続を利用する当事者本人の視点（あるいは実質的な利益帰属主体保護の観点）からは、実質的な手続保障が存在する限りで、できるだけ手続を生かすかたちでの裁判所の訴訟手続運営が望まれる。　　　　　　　　　　　　　　　　（川嶋四郎）

1審＝青森地弘前支判昭46・3・17／2審＝仙台高秋田支判昭47・3・29

1) 新堂295頁以下。川嶋104頁以下も参照。
2) 高橋・上268頁。
3) 東松文男・百選Ⅱ新法対応補正版328頁。
4) 福永有利・民商69巻1号105頁、中野ほか・新講義153頁以下〔福永有利〕等を参照。
　なお、中野・論点① 106頁以下も参照。
5) 川嶋73頁。
6) 福永・前掲注4) 153頁参照。
7) 高橋・上268頁。
8) 最判昭47・9・1民集26巻7号1289頁（法定代理人であることを前提とする）。
9) 最判昭51・7・19民集30巻7号706頁（法定訴訟担当であるとした）　➡ 35事件。
10) 川嶋104頁。

34 選定当事者——共同の利益を有する者

最高裁昭和33年4月17日判決　民集12巻6号873頁　　　　　　　　　　　▶30条

論　点 ▶ 選定当事者制度における共同の利益を有する者の意義

事実の要約　繊維製品の販売を業とする X_1〜X_{17}（原告・被控訴人・被上告人）は、A会社に対してそれぞれ売掛代金債権を有していたが、A会社の営業不振に伴う休業後、Y_1Y_2（被告・控訴人・上告人）と残債務について協議したうえで、Y_1Y_2は、その各債務の連帯保証を承諾した。その後、X_1〜X_{17}は、X_1を原告となるべき者に選定し、Y_1Y_2に対して、保証債務の履行請求訴訟を提起した。これに対して、Y_1Y_2は、X_1は旧民訴法47条（現30条）の要件を欠くので、選定当事者とはなりえないと主張した。

裁判の流れ　1審：請求認容　2審：控訴棄却　最高裁：上告棄却

1審・2審ともに、Y_1Y_2の主張を斥け、X_1らの請求を認容したので、Y_1Y_2が上告。

判　旨　＜上告棄却＞「原判決の確定した本件の経過事実関係の下においては、原判決が本件訴訟の目的たる権利は、X_1〜X_{17}全員につき同一の事実上及び法律上の原因に基くものというべく、しかも、本訴における当事者双方の主要な攻撃防禦の方法は X_1〜X_{17}全員につき共通であると認められるので、X_1〜X_{17} 17名は民訴法47条1項〔現30条1項〕にいわゆる『共同ノ利益ヲ有スル多数者』に該当するものと解すべきであるとの判示を正当としてこれを是認することができる。されば、所論の違法は認められない」。

判例の法理　選定当事者とは、共同の利益に関して共同して提訴しようとする多数の者の中から選ばれて、総員のために、総員に代わって当事者になる者をいう（30条）。選定当事者制度は、訴訟を簡略化・単純化する方策の一つであり、選定当事者による選定者のための訴訟追行のケースは、法が認めた任意的訴訟担当（→38事件）の一例である。それゆえ、裁判制度の側が、この制度利用をどこまで認めるか、また、任意的訴訟担当の許容範囲をどのように考えるかについての態度決定次第で、共同の利益の広狭に影響が生じるという側面もある。

共同の利益に関する判例は、必ずしも多くはない。

古く大判昭和15年4月9日（民集19巻695頁）は、土地所有者から土地の明渡しを求められた借地人と当該土地上の家屋所有者およびその借家人が、その借地人を選定当事者に選定した事案において、共同の利益を有する多数者とは、相互の間において共同訴訟人となりうるべき関係を有し、かつ、主要な攻撃防御方法を共通にする者を意味する旨を判示した。これは、被告側の選定当事者に関する事例であるが、従来、判例・学説は、一般に、原告・被告側を問わず、一般に、共同の利益について論じていた（法文上も、特に書き分けられていない）。

本判決は、原告側の選定当事者の事例において、基本的に、この大審院判例を踏襲し、本件 X_1 を共同の利益を有する者と認めたものと考えられる。

判例を読む　共同の利益を有する者の意味内容については、かねてから、学説上多様な見解が示されていた。

例えば、固有必要的共同訴訟人となることができる者に限るとする説、同一の権利または法律関係について共同直接の利害関係を有する者とする説、旧59条（現38条）前段の通常共同訴訟人に限るとする説、旧59条（現38条）前段の通常共同訴訟人の場合および同条後段の通常共同訴訟人の場合で攻撃防御方法が共同訴訟人に共通なときはこれに該当するとする説、旧59条（現38条）の通常共同訴訟人の全てをいうとする説などが存在した[1]が、近時は、単に主要な攻撃防御方法だけを問題とし、それが共通であれば足りるとする説（その内容も多岐に分かれる）が、多数説化しつつある。

現行法下においても、本判決は、少なくとも旧法下における選定当事者制度[2]が現行法でも維持されている限りで、その局面においては、先例的な意義をもつ。

ただし、現行法では、新たな選定当事者の手続が従来の規定に付加された。すなわち、「係属中の訴訟の原告又は被告と共同の利益を有する者で当事者でないものは、その原告又は被告を自己のためにも原告又は被告となるべき者として選定することができる」（30条3項）とされたのである。これは、追加的選定と呼ばれるが、新しい第三者の参加の制度として、「選定参加」と呼ぶことができるであろう。この場合には、伝統的な訴訟が公共訴訟に変貌する可能性をも秘めており、共同の利益を有する者の解釈に際しても、従来の選定当事者の場合とはやや異なった考慮を要することが必要となるであろう[3]。

なお、消費者被害の回復を目的として、平成25年には、「消費者の財産的被害の集団的な回復のための民事の裁判手続の特例に関する法律」、すなわち、消費者裁判手続特例法（平25法96号）が制定された[4]。

（川嶋四郎）

1審＝岐阜地裁／2審＝名古屋高判昭32・8・21

1) 以上、日比野泰久・百選Ⅰ新法対応補正版90頁参照。
2) 川嶋108頁。
3) この点については、川嶋四郎「新たな選定当事者制度の救済構造について」同・創造的展開68頁、川嶋810頁以下を参照。
4) これについては、例えば、山本和彦『解説・消費者裁判手続特例法〔第2版〕』（弘文堂、2016）参照。

35 法定訴訟担当（1）——遺言執行者

最高裁昭和 51 年 7 月 19 日判決　民集 30 巻 7 号 706 頁、判時 839 号 69 頁、判タ 340 号 153 頁　▶民 1015 条

論　点　▶遺言執行者の法的地位とその職務範囲

事実の要約　本件土地を所有していた亡Aは、「土地をBに遺贈する、遺言者執行者をY（被告、控訴人、被上告人）とする」旨の公正証書遺言を作成した。A死亡後YによってBに仮登記がなされた。亡Aの養子X（原告、被控訴人、上告人）は、その土地を耕作し続けており、相続を原因とする所有権移転登記を得た。そこで、Xは、Yに対して仮登記の抹消等を求めて提訴した。

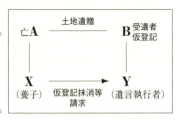

裁判の流れ　1審：請求認容　2審：請求棄却　最高裁：上告棄却
1審では、X勝訴。2審では、被告は受遺者であるという理由で、X敗訴。X上告。

判　旨　＜上告棄却＞「遺言執行者は、遺言の執行に必要な一切の行為をする権利義務を有し（民法 1012 条）、遺贈の目的不動産につき相続人により相続登記が経由されている場合には、右相続人に対し右登記の抹消登記手続を求める訴を提起することができるのであり、また遺言執行者がある場合に、相続人は相続財産についての処分権を失い、右処分権は遺言執行者に帰属するので（民法 1013 条、1012 条）、受遺者が遺贈義務の履行を求めて訴を提起するときは遺言執行者を相続人の訴訟担当者として被告とすべきである〔最判昭 43・5・31 民集 22 巻 5 号 1137 頁〕。更に、相続人は遺言執行者を被告として、遺言の無効を主張し、相続財産について自己が持分権を有することの確認を求める訴を提起することができるのである〔最判昭 31・9・18 民集 10 巻 9 号 1160 頁〕。」「遺言執行者は、遺言に関し、受遺者あるいは相続人のため、自己の名において、原告あるいは被告となるのであるが、以上の各場合と異なり、遺贈の目的不動産につき遺言の執行としてすでに受遺者宛に遺贈による所有権移転登記あるいは所有権移転仮登記がされているときに相続人が右登記の抹消登記手続を求める場合においては、相続人は、遺言執行者ではなく、受遺者を被告として訴を提起すべきであると解するのが相当である。けだし、かかる場合、遺言執行者において、受遺者のため相続人の抹消登記手続請求を争い、その登記の保持につとめることは、遺言の執行に関係ないことではないが、それ自体遺言の執行ではないし、一旦遺言の執行として受遺者宛に登記が経由された後は、右登記についての権利義務はひとり受遺者に帰属し、遺言執行者が右登記について権利義務を有すると解することはできないからである」。

判例の法理　本判決は、一般に遺言執行者の権限と職務内容を述べ、遺言執行者は、遺言に関し受遺者・相続人のために自己の名で原告・被告となるとして、それが法定訴訟担当（➡33 事件）であることを明らかにする。そして、本判決は、本件のようにすでに遺贈による（仮）登記がなされているときは、遺言執行者の権利義務は残っておらず、したがって、相続人は、遺言執行者ではなく受遺者を被告として、その抹消を求めるべきであると判示した。

判例を読む　まず、遺言執行者の法的地位に関しては、先に述べた相続財産管理人の場合（➡33 事件）のように議論がある。民法 1015 条は、遺言執行者を相続人の代理人とみなすと規定しているので、法定代理人説が存在する。しかし、これには批判が強く、例えば遺言による推定相続人の廃除の執行を遺言執行者が行う（民 893 条）が、これを相続人の代理人として行うのは背理であり、また、現実には相続人と遺言執行者間で遺言や遺産をめぐり訴訟が行われることもある[1]。そこで、判例（本判決）・通説は、遺言執行者は自己の名で当事者となる法定訴訟担当であるとする[2]。

そこで、次に、遺言執行者の職務範囲（当事者適格の基礎）が問題となる。まず、本判決があげる昭和 31 年判決は、相続人は遺言執行者を被告として、遺言の無効を主張し、相続財産につき自己の持分確認訴訟を提起することができるとする。また、本判決のあげる昭和 43 年判決は、相続開始後、相続財産たる不動産につき相続人に登記がされた後、その不動産が遺贈の目的物であるとして、受遺者が遺贈義務の履行を求め登記請求をする場合には、遺言執行者を被告とすべきであり、登記名義人は被告適格を欠くとする。これに対して、本判決は、受遺者へすでに仮登記がなされているときは、登記を得た受遺者が被告適格をもつとした[3]。さらに、最判平成 7 年 1 月 24 日（判時 1523 号 81 頁）は、特定の不動産を特定の相続人に相続させる旨の遺言により、その者が所有権を取得した場合には、その者は単独で登記申請でき、遺言執行者にはその登記手続をする義務はないとする。また、最判平成 10 年 2 月 27 日（判タ 970 号 106 頁）は、遺言により特定の相続人に相続させるものとされた特定の不動産について、賃借権確認訴訟の被告適格を有する者は、遺言執行者があるときでも遺言書に当該不動産の管理・引渡しを遺言執行者の職務とする旨の記載があるなど特段の事情のない限り、その相続人であるとした[4]。

（川嶋四郎）

1審＝千葉地判昭 48・7・20／2審＝東京高判昭 50・10・27

1) 高橋・上 272 頁以下。
2) 職務上の当事者かどうかについては、高橋・上 278 頁注 35 参照。
3) これに対して、この場合でも、遺言執行者の職務は終了していないとする指摘として、伊藤昌司・判評 223 号 139 頁参照。
4) 本文で述べたような様々な判例の流れを概観し、今後の展望を示すものとして、例えば、笠井正俊・百選 5 版 28 頁を参照。

36 法定訴訟担当 (2)――債権者代位権

大審院昭和14年5月16日判決 民集18巻557頁 ▶115条1項2号、民423条

論　点 ▶ 債権者代位訴訟における債務者の地位

事実の要約 X（原告、控訴人、上告人）は、A村との契約により、村有地下の大理石を採取する債権を取得し、採掘に着手したところ、Y_1Y_2（被告、被控訴人、被上告人）が妨害し、A村はその排除を行わなかった。そこで、Xは、その採取権を保全するために、A村に代位してその所有権に基づき、本件妨害排除請求等の訴訟を提起した。これに対して、本件口頭弁論開始後に、A村がY_1に対して、土地明渡等の請求訴訟を提起したので、本件訴訟の帰趨が問題となった。

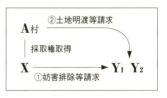

裁判の流れ 1審：訴え却下　2審：控訴棄却　大審院：破棄差戻

判　旨 <破棄差戻>「按ずるに、債権者が、民法第423条第1項に依り、適法に代位権の行使に著手したるときは、債務者は、其の権利を処分することを得ざるものにして、従て、債権者の代位後は、債務者に於て其の代位せられたる権利を消滅せしむべき一切の行為を為すを得ざるは勿論、自ら其の権利を行使することを得ざるものと解するを相当とす。蓋、裁判上の代位に関する非訟事件手続法第76条第2項〔現88条3項〕に依れば、債権の履行期到来前に於て、債権者が代位を為す場合に於ても、債務者は其の権利の処分権を失ふものなるを以て、履行期到来後なるに拘らず、其の到来前の場合に比し、代位の効力薄弱なるを得ざるは、当然のことなりと謂ふべく、若し然らずとせば、債権者は、代位の目的を達すること能はざるに至るべきのみならず、一旦代位権を行使したる債権者の行為を、徒労に帰せしむる虞あればなり。故に、債権者が訴を以て代位権を行使したる後に在りては、債務者は第三債務者に対し、処分行為と目すべき訴を提起することを得ざると同時に、之が為、曩に債権者の提起したる訴が理由なきに帰するものに非ず。尤も、債権者が代位権を行使したる後、如何なる時期より、債務者に於て其の権利を処分することを得ざるに至るやに付ては、法文上之を明定するところなきも、前示非訟事件手続法第76条第1項の法意に準拠し、債権者は債務者をして其の権利に付処分権を失はしめんとせば、其の者に対し、代位権の行使に著手したることを通知するか、又は、債務者に於て既に債権者が代位権の行使に著手したることを了知し居れるが如き事実の存せざるべからざるものと謂ふべく、債務者は、右通知を受けたる時より、又は、右了知の時より、其の権利を処分することを得ざるに至るものと、解せざるべからず。是債務者不知の間に其の権利の処分権を制限するは不当なるを以て、債権者の通知を要するも、既に債務者に付通知を受けたると同視し得べき事実、即ち、債務者が了知せる以上、特に通知なきも、債務者保護に欠くるところなきを以てなり」。

判例の法理 判例によれば、債権者代位権を行使する債権者は、法定訴訟担当（→33事件）の形式で、債権者代位訴訟を提起することになる。これは、法定訴訟担当の中でも、第三者が自己の利益のために、訴訟物につき管理処分権能が認められ、それに基づき訴訟担当が許される場合（担当者のための法定訴訟担当）である[1]。そこで、この場合に、債権者が債権者代位訴訟を提起すれば、債務者は、どのような立場に置かれることになるのかが、問題となる。

本判決は、債権者が債権者代位権を行使した場合に、債務者がそれを了知すると、以後債務者は自己が第三債務者に対して有する債権につき管理処分権を奪われることになり、その権利の行使ができなくなるとする。本判決によれば、それは、履行期到来前でさえ債権者が裁判上の代位を行うことにより債務者がその処分権を失う（非訟88条3項）ことからすれば、履行期到来後の場合はもちろん、債務者が処分権を失うことになること、そうでなければ、債権者は代位の目的を達することができなくなり、その行為が徒労に終わってしまうおそれがあることを、根拠とする。

さらに、大判昭和15年3月15日（民集19巻586頁）は、債権者代位訴訟（法定訴訟担当）の結果、判決の効力は、有利にも不利にも債務者に及ぶと判示している。また、最判昭和48年4月24日（民集27巻3号596頁）は、債権者代位訴訟の係属中に旧民訴法71条（現47条1項）に基づき債務者が提起した訴えは、重複訴訟の禁止（旧231〔現143〕条）に触れないと判示した上で、本判決を踏襲し、審理の結果債権者代位権の行使が適法であること、つまり、債権者が代位権の目的となった権利につき訴訟追行権を有していることが判明したときは、債務者は、その権利につき訴訟追行権を有さず当事者適格を欠くことになる、と判示した。

判例を読む このように、判例は、債権者代位訴訟を、法定訴訟担当の一種と位置づけ、判決効は、有利にも不利にも債務者に及ぶとするが、現在学説は、多岐に分かれている[2]。

まず、通説[3]は、債権者が、訴訟物（債務者の第三債務者に対する権利）についての管理処分権を与えられ債権者代位訴訟を提起するので、法定訴訟担当であり、この訴訟の判決効は、115条1項2号により、債務者に有利にも不利にも及ぶ、とする。ただそれは、債権者が適法な代位権の行使としてした訴訟の場合に限るとする。この説は、債権者代位権の行使を、保全すべき請求権の実現資料を債務者の支配圏に獲得するために、債務者の意思にかかわらずその権利について債権者に管理権を取得させる「一種の私的差押え」であり、その反面として、債務者にその権利の処分権の制限を認めるべきである、とする。

これに対して、法定訴訟担当を対立型（拮抗型）と吸収型に分け、債務者に対する判決効に差異を生じさせる見

解4)が登場した。一方で、対立型は、債務者固有の権限と相いれない独自の権限を債権者に認めるので1つの権利をめぐり2つの立場が対立拮抗する場合であり、例えば債権者代位訴訟や取立訴訟はこの類型に属するとし、他方で、吸収型は、債務者の権限が全面的に剥奪される場合であり、例えば破産管財人の訴訟などはこの類型に属するとされる。そして、判決効についてみれば、対立型では、訴訟担当者の得た判決は、被担当者に有利な場合（担当者の勝訴判決の場合）にのみ、被担当者に拡張されるとし、これに対して、吸収型では、訴訟担当者の得た判決が有利にも不利にも被担当者に及ぶとする。なお、対立型では敗訴判決の効力拡張は否定されるが、立法論としては、債務者を引き込む方法を考案すべきであるとされる。

　このような通説に対する問題提起を受けて、さらに、新たな学説が提唱されることになる。

　まず、債権者代位訴訟を法定訴訟担当と解することを否定する見解5)が提唱された。この説は、一般に当事者適格の基礎を、訴訟の結果にかかる重要な利益に求めることから出発し、債権者代位訴訟においては、債権者が自己の利益を守るという自己固有の当事者適格に基づき提訴されるのであり、担当者のための訴訟担当とは性格づけられないとする。そして、その帰結として、債務者は、債権者の提訴後も当事者適格を失わないこと（債権者・債務者が共同で第三債務者を訴えた場合には、類似必要的共同訴訟となる）、および、判決効は、債権者が第三債務者に対して得た判決は、債務者に有利には及ぶが不利には及ばないことを導き出している（第三債務者に、民執157条1項の類推により、債務者を当事者として訴訟に引き込む道が与えられるとし、債務者に不利な判決を及ぼす方法も提示されている）。

　次に、債権者代位訴訟を法定訴訟担当の枠内で捉え、訴訟告知を通じて、債務者に不利にも判決効を及ぼすべきと解する説6)が提唱された。これは、上記対立型の場合に、被担当者が自分に利益がある場合にだけ判決効を受けるとしたのでは、訴訟の相手方（第三債務者）は、担当者に勝っても、なお、債務者から訴えられる煩わしさを忍ばねばならないのは公平に反するとし、被担当者には、訴訟告知（非訟88条2項参照）を受け、47条による訴訟参加または共同訴訟的補助参加のできる道を設けておき、これを利用しない場合には、公平・訴訟経済の観点から、不利な判決も被担当者に及ぶと解すべきである、とされる。

　さらに、債権者代位訴訟を、正統型（本来型）と藉口型（転用型）とに類型化し、正統型は法定訴訟担当と捉え、権利催告を活用して、債務者に不利にも判決効を及ぼすべきであるとする説7)も、提唱された。まず、債権者代位訴訟において、債権者の債務者に対する債権も、債務者の第三債務者に対する債権も、ともに金銭債権であるような類型を正統型と呼び、中間省略登記を求めるような場合を藉口型と呼び、正統型を法定訴訟担当と考える。そして、債権者は、無資力状態等にある債務者の機能不全に対処するために、債務者に対して、権利を行使するように相当の期間を定めて催告することができるとする。その催告にもかかわらず、債務者が、正当な理由なく権利行使をしない場合に、債権者は、この管理機能の不全を補完するだけの財産管理権を取得することになる。このような権限が、債権者の当事者適格を基礎づけることになる（これは、玉突き＜ビリヤード＞理論と称されている）。ただ、権利催告がなくても、特段の事情（緊急の時効中断の必要性、債務者の所在不明等）がある場合は、適法に訴えを提起することができる、とされる。このように、権利催告を介して、債務者に不利にも判決を及ぼすことを正当化するのである。なお、藉口型の場合には、債権者の固有の当事者適格を認め、判決効は原則通り相対効にとどめ、債権者の得た判決の効力は債務者には及ばないとする。

　以上、代表的な見解を一瞥したが、これら以外にも、多様な学説が展開されているのが現状である。

　ただ、近時は、債務者に手続保障を与えて、債権者の第三債務者に対する債権者代位訴訟における判決の効力を、有利にも不利にも債務者に及ぼすべく、解釈上の努力がなされていた8)。

　債権法改正後における民法423条の6は、債権者代位訴訟を提起した債権者に、債務者に対する訴訟告知を義務付けることにより、債務者に対する手続保障を確保する考え方を採用した。

〔川嶋四郎〕

1審＝関区裁判所／2審＝盛岡地裁

1) 新堂291頁以下、川嶋106頁以下。
2) 高橋・上251頁、川嶋106頁以下。
3) 兼子・判例民訴100頁。
4) 三ケ月章「わが国の代位訴訟・取立訴訟の特異性とその判決の効力の主観的範囲」三ケ月・研究⑥1頁。
5) 福永有利「当事者適格理論の再構成」山木戸還暦上34頁（後に、同・当事者論に所収）。
6) 新堂294頁。
7) 池田・債権者代位訴訟82頁。さらに、小林119頁も参照。
8) この点について、詳しくは、高橋・上218頁以下、吉村徳重「既判力の第三者への拡張」講座民訴⑥139頁、小林＝角・手続法から見た民法156頁、川嶋107頁、および、それらの引用する文献を参照。

37 紛争管理権（豊前火力発電所建設差止請求訴訟）

最高裁昭和60年12月20日判決　判時1181号77頁、判タ586号64頁　　▶28条、30条

論　点 ▶ 環境訴訟における当事者適格をどのように考えるべきか

事実の要約　X_1ないしX_7（原告・控訴人・上告人）は、Y電力会社（被告・被控訴人・被上告人）に対して、Y社の豊前火力発電所の操業停止等を求める訴えを提起した。X_1ら7名は、漁業者でも農業者でもなかったが、この訴えは、豊前地域の代表として、環境権（憲13条・25条に基づき、健康で快適な生活を維持するに足る良好な環境を享受し支配する権利）に基づき、環境の保全を求めるものであった。

この訴訟において、特に、X_1ら7名は、私的権利や利益を追求しているのではないことを、明言していた。

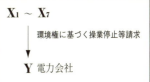

裁判の流れ　1審：訴え却下　2審：控訴棄却　最高裁：上告棄却

1審・2審ともに、環境権に基づく本件請求は、実定法上は認できる特定の具体的権利または法律関係の主張ではないので、民事訴訟の審判対象としての資格（訴えの利益）を欠くとして、不適法却下した。

X_1ら7名が上告。最高裁は、それとは別の理由、すなわち、当事者適格の欠缺を理由に、上告を棄却した。

判　旨　＜上告棄却＞「Xらの本件訴訟追行は、法律の規定により第三者が当然に訴訟追行権を有する法定訴訟担当の場合に該当しないのみならず、記録上右地域の住民本人らからの授権があったことが認められない以上、かかる授権によって訴訟追行権を取得する任意的訴訟担当の場合にも該当しないのであるから、自己の固有の請求権によらずに所論のような地域住民の代表として、本件差止等請求訴訟を追行しうる資格に欠けるものというべきである。なお、講学上、訴訟提起前の紛争の過程で相手方と交渉を行い、紛争原因の除去につき持続的に重要な役割を果たしている第三者は、訴訟物たる権利関係についての法的利益や管理処分権を有しない場合にも、いわゆる紛争管理権を取得し、当事者適格を有するに至るとの見解がみられるが、そもそも法律上の規定ないし当事者からの授権なくして右第三者が訴訟追行権を取得するとする根拠に乏しく、かかる見解は、採用の限りでない」。

判例の法理　★**環境訴訟と当事者適格**　本件のような大規模な環境訴訟において、特に環境保全のための差止請求訴訟の担い手として、誰が正当な当事者となることができるか、という当事者適格の問題は、難問の1つである（当事者適格一般については、→31事件解説）[1]。それは、確立した権利義務の主体で対立関係にある者を当事者とすべきであるとする伝統的な当事者適格論では対応しきれない要素が、その種の事件に存在することに起因する。端的にいって、大規模な環境紛争の民事訴訟を通じた解決は優れて現代的な問題であり、そこにおいて侵害の危機に曝され、または、侵害された権利・利益の種類と態様には多様なものがあり、その主体は、範囲の点で不特定である。それゆえ、既存の実体法上の管理処分権を基礎に据えた伝統的な当事者適格概念では対処できない困難な問題が生じることになるのである。

★**紛争管理権説の提唱と本判決の立場**　そこで、基本的な発想を転換し、当事者適格の基礎を実体的権利義務から切り離して把握する注目すべき見解が、登場することになる。これが、伊藤教授により提唱され本判決でも言及された**紛争管理権説**である。この説は、訴訟物たる権利関係に法的利益や管理処分権を有すると否とに関係なく、環境利益をめぐる提訴前の紛争過程で相手方と交渉を行い紛争原因の除去について持続的に重要な活動を行った者（住民や団体）は、紛争過程での行動や役割によって紛争管理権を取得し、当事者適格を有するに至るとする説[2]である（ただし、教授は、後述のように、民事訴訟の局面では、後に改説した）。

この新たな説に対して、本判決は、伝統的な当事者適格論に依拠して、否定的評価を加えたのである。すなわち、本件原告X_1らは、地域住民の代表者として提訴したとするが、それは他者の権利の行使という側面を有する。本判決は、第三者が他人の権利を行使できる場合は第三者の訴訟担当の場合に限られるとし、本件がこのような場合に当たらないことを、まず指摘する。そして、なお書きで、特に紛争管理権説にも言及し、法律上の規定もなく、しかも当事者からの授権なしに第三者が訴訟追行権を取得する根拠に乏しいとして、この見解を明示的に否定したのである。

判例を読む　★**紛争管理権説をめぐる議論**　紛争管理権説は、学界において、その基本的な発想や意図、さらには、提訴前の紛争処理過程における紛争関係主体が行った現実の活動実績を、当事者適格論に反映させる手法などの点で高く評価された。

しかし、いくつかの観点から、次のような問題点も指摘された。すなわち、実体的権利義務から解き放して当事者適格を肯定しようとすること、提訴前の運動主体が紛争の主体を代表できること、この説にいう紛争概念が曖昧であり没主体的であること、多様な争点をもったこの種の訴訟を紛争管理権に集約してしまうこと、紛争管理権者への授権なしに判決効を拡張すること、さらには、紛争管理権説は効率性を重視した訴訟機能を拡大する思想とも考えられかねないことなどが、それである。

★**新たな学説の展開**　このように、紛争管理権説は最高裁でも否定され、学説も、一定の共感と理解を示しつつも、概して批判的であった。そこで、新たな手続理論が探究されることになった。その展開を簡潔に示せば、次の通りである[3]。

まず、井上治典教授の**争点ごとの当事者適格論**[4]をあげることができる。これは、環境紛争などのように、1

つの訴訟で多様な利害対立が生じる場合を念頭に置き、訴訟追行資格は、手続の開始から終了に至るまで固定的なものとして捉えられるべきではなく、動態的な手続過程とそこで争われる事項に対して弾力的に考えられねばならない、とする基本的な考え方に基づく見解である。

次に、伊藤教授は、紛争管理権説の実務への受容をめざし、新たな理論構成を提示した5)。これは、民事訴訟については、環境保護団体などによる環境保全活動の実績と包括的な授権の考え方を結び付けて、その団体などの任意的訴訟担当を認める理論構成を提示するものである。紛争管理権の発生根拠とされていた提訴前の紛争解決過程への団体等の関与等を、任意的訴訟担当の要件として再構成し、環境保護団体等は、訴訟担当者として民事差止訴訟の当事者適格を取得する、と理論構成するものである。

また、**選定当事者制度を活用する説**6)が提唱された。これは、大規模な環境紛争において、提訴者が地域住民全体に対して新聞広告や手紙で提訴についての通知を行い、賛成の通知をした住民全体の代表として提訴者が選定されたと解する説である。選定当事者（30条）の制度における授権の要件を維持しつつも、簡易な授権の調達を追求する見解である。

さらに、**集団利益訴訟の理論**7)も提唱された。これは、環境紛争におけるように、集団的利益を擁護することを目的とする訴訟を、従来の個人利益訴訟とは異なる特別な訴訟類型と認識することから出発する。すなわち、環境紛争など集団利益の観念される集団の各構成員は、その利益帰属主体ではないので、構成員の授権により誰かを訴訟担当者とすることができず、また、構成員が協議して代表者を選出することも困難であることを前提に、実質的に集団を代表することが客観的に期待できる者を代表者として、訴訟追行を可能とするほか道はない、とされる。その訴訟追行権者かどうかの判断要素として、紛争管理権の有無、原告の個人的利害関係、集団の支持、原告の紛争に対する実質的支配力、原告の情報収集力・資金力、（団体の場合には）組織の強度などの訴訟追行能力、確定判決が存在する場合には前訴への関わり方などが、あげられている。

✪**環境訴訟における当事者適格のあり方**　これらの諸説は、いずれも注目すべき見解であり、本件最高裁判決の存在を前提としても、環境訴訟（特に、差止請求訴訟）の将来に対して、新たな展望の可能性を切り開くものである。さらに、これらの各説に示唆を得た、**段階的当事者適格論**の構想もみられる8)。

これは、「提訴時における正当な当事者＝事実審の口頭弁論終結時における正当な当事者」という伝統的な図式に変更を加えることから出発し、この種の紛争における多様な利益主体を訴訟に巻き込みうるために、手続進行段階に応じた適切な訴訟追行権者の探求を目指す見解である。いわゆる抽象的差止請求の適法性の問題9)に関する基本的な考え方10)とも関わる。

本稿では、このような私見の具体的内容を詳論する余地はないが、例えば、提訴段階では、万一実体的な権利・利益を有する者の提訴がなくても、団体であれ個人であれ、紛争管理権者（伊藤教授が提示した当初の要件を満たす者）による差止請求訴訟の提訴が許されると解する。ただ、紛争管理権者は、その後に多様な利害関係主体を訴訟に巻き込む責任を負担することになる。この種の紛争は、本来的には「タウン・ミーティング」的な場で処理することが望ましく、裁判所は、いわば「失われたタウン・ミーティングの機会を回復できる公的に整序されたフォーラム」となるべきである、との考えに基づくものである。そのような場の設定が、裁判所の役割に属するか否かは問題になりうるが、最終的な法的救済の提供の場としての裁判所の役割を考えた場合には、そのようなフォーラム提供の最終的な役割を担うべきではないかと考えられる11)。実践的な面での当事者巻き込みの責任は、提訴当事者が負うことになる。

なお、この紛争管理権をめぐる問題も、当事者能力と当事者適格とが交錯する問題（➡31事件）の1事例である12)。

〔川嶋四郎〕

1審＝福岡地小倉支判昭54・8・31判時937号19頁／2審＝福岡高判昭56・3・31判時999号33頁

1) 川嶋113頁。
2) 伊藤・当事者90頁以下。
3) 川嶋114頁。
4) 井上・多数当事者訴訟の法理335頁以下。
5) 伊藤眞「紛争管理権再論」竜嵜還暦203頁。
6) 小林・メソッド105頁。
7) 福永有利「新訴訟類型としての『集団利益訴訟』の法理」（同・当事者論所収）。
8) 以上の各説の検討と私見の詳細は、川嶋四郎・差止救済過程128頁以下を参照。
9) 川嶋・前掲注8) 104頁以下、148頁以下を参照。
　　また、このような基本的な考え方は、アメリカ公共訴訟事件の審理手続からの示唆をも基礎とする。例えば、川嶋四郎「公共訴訟過程の現代的展望」同志社法学379号25頁、同『公共訴訟の救済法理』（有斐閣、2016）49頁以下等を参照。
10) 川嶋・前掲注8) 103頁以下を参照。
11) 川嶋・前掲注9) 『公共訴訟の救済法理』300頁参照。
12) 小林108頁。さらに、佐藤鉄男「本件批評」百選3版38頁参照。

38 任意的訴訟担当

最高裁昭和45年11月11日大法廷判決　民集24巻12号1854頁、判時611号19頁、判タ255号129頁

▶ 30条、54条1項本文、信託11条

論　点 ▶ 任意的訴訟担当は、どのような要件の下で許容されるか

事実の要約　X（業務執行組合員。原告・控訴人・上告人）は、Y県（被告・被控訴人・被上告人）の知事の発注する水道復旧工事の請負等を共同で営むことを目的として、他の4名とともに、A建設工業共同企業体という名称の民法上の組合を組織した。Aは、Yとの間に請負工事契約を締結し工事を開始したが、Yは途中で工事の中止を命じ、残工事を他の業者に発注した。そこで、Xは、自己の名でYに対してAの被った損害の賠償請求訴訟を提起した。

X（民法上の組合〔A〕の構成員・業務執行組合員）
↓損害賠償請求
Y

裁判の流れ　1審：請求棄却　2審：取消・訴え却下　最高裁：破棄差戻

1審は、Xの当事者適格を問題にすることなく請求を棄却した。2審は、Xの当事者適格を取り上げ、本件は、Aの構成員がXに訴訟追行権を与えた任意的訴訟担当であるが、旧47条（現30条）のような法的規定のない任意的訴訟担当は許されないとして、1審判決を取り消し、訴えを却下した。これに対して、Xが上告した。

判　旨　＜破棄差戻＞「訴訟における当事者適格は、特定の訴訟物について、何人をしてその名において訴訟を追行させ、また何人に対し本案の判決をすることが必要かつ有意義であるかの観点から決せられるべきものである。したがって、これを財産権上の請求における原告についていうならば、訴訟物である権利または法律関係について管理処分権を有する権利主体が当事者適格を有するのを原則とするのである。しかし、それに限られるものでないのはもとよりであって、たとえば、第三者であっても、直接法律の定めるところにより一定の権利または法律関係につき当事者適格を有することがあるほか、本来の権利主体からその意思に基づいて訴訟追行権を授与されることにより当事者適格が認められる場合もありうるのである。そして、このようないわゆる任意的訴訟信託〔任意的訴訟担当のこと、以下同じ〕については、民訴法上は、同法47条〔現30条〕が一定の要件と形式のもとに選定当事者の制度を設けこれを許容しているのであるから、通常はこの手続によるべきものではあるが、同条は、任意的な訴訟信託が許容される原則的な場合を示すにとどまり、同条の手続による以外には、任意的訴訟信託は許されないと解すべきではない。すなわち、任意的訴訟信託は、民訴法が訴訟代理人を原則として弁護士に限り、また、信託法11条〔現10条〕が訴訟行為を為さしめることを主たる目的とする信託を禁止している趣旨に照らし、一般に無制限にこれを許容することはできないが、当該訴訟信託がこのような制限を回避、潜脱するおそれがなく、かつ、これを認める合理的必要がある場合には許容するに妨げないと解すべきである」。

判例の法理　★**第三者の訴訟担当**　訴訟物である権利義務の帰属主体に代わり、または、それと並んで、第三者が当事者適格を有する形態を、第三者の訴訟担当というが、これは、法の定めによるか、授権によるかに応じて、法定訴訟担当と任意的訴訟担当とが区別される（→ 33事件）。前者は、法の定めにより当然に特定人が当事者適格を得る場合であり、後者の「任意的」とは、本来的な権利義務の帰属主体の意思により特定人に訴訟追行を委ねるという意味である（なお、法の定めにより任意的訴訟担当が認められている選定当事者〔30条〕のような制度もある）。本件は、後者の許否およびその許容基準が問題とされた事件である。なお、本判決では、訴訟担当を「訴訟信託」と表記しているが、本来的に禁止される信託法10条の訴訟信託を想起させるので、以下、同条の場合以外には、訴訟信託の語を用いない。

★**判例の法理とその意義**　さて、本判決は、任意的訴訟担当の一般的な許容基準を提示した初めての最高裁判決である。すなわち、任意的訴訟担当は、**弁護士代理の原則**（54条1項本文。訴訟代理人を原則として弁護士に限定すること）および**訴訟信託の禁止**（訴訟行為をさせることを主たる目的とする信託の禁止）の趣旨に照らし、一般的に無制限に許容することはできないが、このような制限を回避、潜脱するおそれがなく、かつ、これを認める合理的必要がある場合には許容するに妨げないと判示する。そして、この基準を適用して、民法上の組合の業務執行組合員による組合規約に基づく任意的訴訟担当を許容したものである。

ちなみに、この組合規約には、Xは、建設工事の施行に関して、Aを代表して発注者等と折衝する権限、並びに、自己の名義で請負代金の請求・受領およびAに属する財産を管理する権限を有するものと定められていた。本判決は、次に述べるように、最高裁の任意的訴訟担当に対する消極的傾向を転換し、文言上は、比較的緩やかな許可基準を提示した意義がある。

本判決以前には、一般的な許容基準は明確ではなかった。ただ、個別的には、わずかに頼母子講における債権債務関係の訴訟について、一貫して講元による任意的訴訟担当が認められてきた1)にすぎず、本件のような民法上の組合については、業務執行組合員の任意的訴訟担当を肯定するもの2)もあったが、最高裁は、民法上の組合の清算人につき、その任意的訴訟担当を許容しなかった3)。また、労働組合員の労働契約上の権利関係について、労働組合による任意的訴訟担当も、許されない旨が判示されていた4)。

本判決以降の下級審裁判例には、肯定例も否定例も見られる。その一般的傾向としては、選定当事者（30条→ 34事件）における選定行為が欠けていた場合（訴訟担当者も共同の利益の主体である場合）には、任意的訴訟担当を許すが、全くの第三者に担当させることは、簡単には許さないようである5)と、分析されている。ちなみに、全くの第三者による訴訟担当を許容した例としては、旧満州国所有の日本国内の土地について、中国から授権されて、日

本国が明渡請求訴訟を追行することを許容した例 6) がある。

判例を読む ★**学説の動向** 学説上、かつては、基本的に判例同様に、任意的訴訟担当を比較的厳格に制限する立場が支配的であった。しかし、近時は次第に緩和する方向に向かっていたが、最近になってまた、そのような傾向に制限を加える見解が登場した 7)。

まず、古くは、法律に規定がない限り権利の帰属主体が任意に訴訟追行権限を他人に付与することはできないとし、法規が許容する選定当事者、および、手形の取立委任裏書の場合における被裏書人（手18条）等以外には、任意的訴訟担当を許容すべきではないとする**法定説** 8) が存在した。しかし、本判決以前にも、原則的には任意的訴訟担当を許容すべきではないとしながら、権利の帰属主体がその有する管理処分の権能を他人に授権するについて、正当な業務上の必要があれば、任意的訴訟担当を許すべきであるとする**正当業務説** 9) が提唱された。

これに対して、やはり本判決以前に、より広い範囲で任意的訴訟担当を許容すべきとする**実質関係説** 10) が提唱され、今日、通説としての地位を占めている。この説は、基本的に、正当業務説が任意的訴訟担当を原則不許可とすることに反対し、それを許容する必要性や許容した場合の弊害などを実質的に考慮して、他人の権利関係やこれに関する訴訟の結果について、訴訟担当者が有する実質的な利害関係に従って、任意的訴訟担当の許否を判断すべきであるとする見解である。一般には、弁護士代理の原則や訴訟信託の禁止という規制の趣旨は、主として三百代言の跳梁を防ぐことにあるので、そのようなおそれのない限りは、より広く認めてもよいとされたのである。

この実質関係説によれば、より具体的には、次の場合に、任意的訴訟担当が許容される。すなわち、第1に、法律上の規定がある場合（例えば、選定当事者の場合）、第2に、権利義務の帰属主体が自己の責に帰すべきでない事由で自ら当事者となれず、訴訟代理人をも選任できない場合で、緊急に訴訟をする必要がある場合、第3に、訴訟担当者が、他人の権利関係に関する訴訟について自己固有の利益を有する場合（例えば、譲受人に対して担保責任を負う譲渡人の場合）、第4に、訴訟追行権限を含む包括的な管理権が与えられており、権利帰属主体と同程度またはそれ以上に当該権利関係について知識を有するまでに関与している場合（例えば、講元、民法上の組合財産に関する訴訟における業務執行組合員、労働組合員の労働契約上の権利関係についての訴訟における労働組合等）が、それに当たる、とされる。

さらに今日、判例理論を前提として、一定の類型化を志向する見解 11) や、また、実質関係説を批判し、任意的訴訟担当が認められる場合を、訴訟担当者が他人の権利関係について独立の訴訟を許容してでも保護すべき程度に重要な利益をもつ場合に限定しようとする見解 12) もみられる。

なお、ごく最近では、任意的訴訟担当の許否基準に関して実体関係への回帰傾向もまた顕著である 13)。

しかし、基本的に、権利の存否は事実審の口頭弁論終結時点を基準にして決められるものであり、提訴権すなわち応訴義務を発生させる権利や訴訟追行権は、訴訟法上の独自の観点から決すべきであると考えられる。その際、原告・被告の実体的権利義務関係は、考慮要素の一つであり、より一般的に提訴前の原告・被告関係から決するのが妥当であろう。また、弁護士代理の原則についても、司法制度改革後においてさえ実在するいわゆる司法過疎や弁護士の偏在といった現実の下で、厳格な貫徹が不適切な場合も生じて来るであろう。さらに、場合により、段階的な当事者適格の充足という考え方（→ 37、40 事件解説）を、ここでも取り入れるのが妥当であると考えるが、詳論は他日を期したい 14) 15)。

ちなみに、ごく最近、基本的には昭和 45 年判決を踏襲しつつ、担当者と被担当者との間に直接的な接点を有しない事例において、授権の存在を認定して任意的訴訟担当を認めた、最判平成 28 年 6 月 2 日（民集 70 巻 5 号 1157 頁）が言い渡され、注目を集めている。

（川嶋四郎）

1審＝和歌山地判昭 37・2・27／2審＝大阪高判昭 42・6・23

1) 大判昭 11・1・14 民集 15 巻 1 頁、最判昭 35・6・28 民集 14 巻 8 号 1558 頁等。
2) 大判大 4・12・25 民録 21 輯 2267 頁。
3) 最判昭 37・7・13 民集 16 巻 8 号 1516 頁。
4) 最判昭 35・10・21 民集 14 巻 12 号 2651 頁。川嶋 111 頁も参照。
5) 高橋・上 299 頁、伊藤眞「任意的訴訟担当とその限界」争点新版 106 頁。
6) 東京地判昭 60・12・27 判時 1220 号 109 頁。
　これに対して、否定例として、大阪地判昭 60・5・16 判タ 561 号 148 頁がある。これは、外国企業が代理店である日本企業に授権を行い、その企業が任意的訴訟担当となった事例であった。これについては、小林 124 頁参照。
7) この点については、川嶋 110 頁を参照。
8) 加藤（正）・要論 116 頁等。
9) 兼子 161 頁。
10) 福永有利「任意的訴訟担当の許容性」中田還暦上 75 頁（後に、同・当事者論に所収）。
11) 伊藤眞「任意的訴訟担当とその限界」争点新版 31 頁。
12) 中野・論点② 120 頁。
13) 近時の議論の全体像については、例えば、園田賢治「任意的訴訟担当の現代的展開」法教 445 号 17 頁等を参照。
14) なお、比較的新しい判例として、最判平 13・3・22 金法 1617 号 39 頁〔マンションの管理組合法人による任意的訴訟担当が否定された事例〕を参照。これについては、川嶋四郎「判例解説」法セ 574 号 107 頁等を参照。
15) 川嶋 115 頁も参照。

39 法人の内部紛争（1）——原告適格

最高裁平成7年2月21日判決　民集49巻2号231頁

▶民訴28、134条、宗教法人18条

論点 ▶ 氏子は神社（宗教法人）の代表役員の地位を争う訴訟の原告適格を有するか

事実の要約　Z（上告事件の補助参加人）が、宗教法人Y（神社）の宮司に任命され、Yの規則に基づいて代表役員に就任し、代表役員として登記されたところ、Yの氏子であるXら26名が、Yに対し、ZがYの代表役員でないことの確認およびZの代表役員就任登記の抹消登記手続を求める訴えを提起した。

裁判の流れ　1審：請求認容　2審：控訴棄却　最高裁：一部破棄自判・一部上告棄却

第1審は、Xらの請求を認容した。Yが控訴したところ、原審は、氏子は宗教法人法12条3項・23条・44条2・3項等にいう信者に当たり、宗教法人の存立・運営に利害関係のある法律上の地位にあるとしてYの控訴を棄却した。Yが上告したところ、最高裁は、Xらのうち、Yの責任役員ないし氏子総代の原告適格を認めたのに対し、その余の氏子の原告適格は、次の理由からこれを否定し、原判決の一部を破棄し、第1審判決を取り消したうえで、当該訴えを却下する一方で、その余の上告を棄却した。

判旨　＜一部破棄自判・一部上告棄却＞「本件訴えは、Xらが、自らの地位ないし権利関係についての確認等を請求するものではなく、ZがYの代表役員の地位にないことの確認及びこれを前提に前記登記の抹消をそれぞれ請求するものであるから、その訴えの利益、また、したがって原告適格を肯定するには、組織上、XらがYの代表役員の任免に関与するなど代表役員の地位に影響を及ぼすべき立場にあるか、又は自らが代表役員によって任免される立場にあるなど代表役員の地位について法律上の利害関係を有していることを要するものというべきである。」「宗教法人法及び本件神社規則によれば、Yの責任役員は、代表役員の任免に直接関与する立場にあり、また、氏子総代も、総代会の構成員として責任役員を選考し、ひいては代表役員の地位に影響を及ぼすべき立場にあるということができるから、Yの責任役員及び氏子総代は、いずれもYの代表役員の地位の存否の確認等を求める訴えの原告適格を有するというべきである。しかしながら、氏子は、Yの機関ではなく、代表役員の任免に関与する立場にないのみならず、自らが代表役員によって任免される立場にもないなど代表役員の地位について法律上の利害関係を有しているとはいえないから、右確認等を求める訴えの原告適格を有しないというべきである。」

判例の法理　★**法律上の利害関係**　本判決は、宗教法人の代表役員たる地位の不存在確認訴訟の原告適格は、代表役員の任免に直接関与する責任役員、責任役員を選考する総代会の構成員である氏子総代には認められるのに対し、単なる氏子は代表役員の地位に法律上の利害関係を有しないため、原告適格はないと判示した。本判決の後、最判平成8年6月24日（判時1575号50頁）においても、宗教法人である寺院の前住職の五男が代表役員等の地位にないことの確認を求める訴訟を提起した前住職の長男の原告適格を否定しており、代表役員の任免に関与する地位にある等、法律上の利害関係を厳格に要求する立場が維持されている。他方で、宗教法人の構成員であれば、代表役員の地位を争う法律上の利害関係が認められるとして、原告適格を認める下級審裁判例も散見される（広島地判昭49・4・18判時758号94頁、神戸地判昭51・9・13判時853号76頁等）。しかし、本判決を含めた判例の潮流は、当該役員の任免に関与することが宗教法人規則で定められている等、法律上の利害関係がある場合に限り、原告適格を認める方向にあるものと見られる[1]。

判例を読む　★**宗教法人の性格と構成員の地位**　宗教法人法は、機関として3名以上の責任役員（うち1名が代表役員）を置くことを要するが（18条）、他の構成員については、設立・財産処分・規則の変更・合併・解散に関して「信者その他の利害関係人」に公告し、意見具申を求めるべき旨を規定するだけであり、宗教法人の組織や構成員の範囲は、個々の宗教法人の規則に委ねられている。その結果、当該宗教法人の如何なる地位にある者が代表役員の地位を争う資格を有するかは、事案に即して個別的に判断しなければならない[2]。もっとも、一般の社団法人組織と比べると、役員の任免に関与する権利を構成員に認めない例が多いようである。

★**氏子の地位**　本判決において原告適格を否定された氏子は、責任役員や総代の被選任資格を有する等の点では法律上の地位を有するほか、氏子がその地位の存在等を確認する訴えにおいては、確認の利益も原告適格も肯定される[3]。しかし、当事者適格は、そもそも請求との関係で判断されるべきものである。本件においては、神社規則上、氏子は法人の意思決定・業務執行、役員等の選任に関与しないものとされ、氏子としての地位自体も、当該宗教を崇敬し、経費の分担に応じる限り、付与されるものとされていた。本判決は、このような氏子の地位にかんがみ、代表役員の地位の確認を求める本件請求との関係で、単なる氏子の法律上の利害関係を否定したものと考えられる[4]。

〔名津井吉裕〕

1審＝金沢地七尾支判平1・11・27民集49巻2号251頁／2審＝名古屋高金沢支判平3・5・20民集49巻2号261頁

1) 東京高判昭60・11・21判時1173号14頁（最判平5・9・7民集47巻7号4667頁の原審）、東京高判平2・3・15判時1346号87頁（最判平2・10・29判時1366号46頁の原審）。渡辺一男『宗教法人法例解』（第一法規出版、1982）178頁・373頁。
2) 高地・法教180号96頁。
3) 西・最判解民平成7年度92頁以下。
4) 西・最判解民平成7年度104頁以下。

40 法人の内部紛争（2）（銀閣寺事件）

最高裁昭和44年7月10日判決　民集23巻8号1423頁、判時569号44頁、判タ239号147頁

論点 ▶ いわゆる法人の内部紛争において、誰が被告適格を有するか

事実の要約　X（原告・控訴人・被上告人）は、宗教法人A寺（通称銀閣寺）の住職であったが、その寺院規則では、いわゆる充て職制がとられ、A寺の住職が同法人の代表役員・責任役員に充てられることになっていた。Xが、その任命権者である包括宗教法人Y₁寺（相国寺：被告・被控訴人・上告人）に対して、A寺の住職・代表役員・責任役員の辞任を内容とする退職願書を提出したので、Y₁寺は、新たにY₂をA寺の特命住職および代表役員・責任役員に任命し、その旨の変更登記もなされた。しかし、

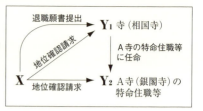

Xは、退職願書の提出を無効であるとして、Y₁寺およびY₂を被告として、自己が依然としてA寺の住職・代表役員・責任役員の地位にあることの本件確認訴訟を提起した。

裁判の流れ　1審：X敗訴（請求棄却）　2審：取消・一部の請求を認容　最高裁：破棄自判

1審は、本案判断を行い、Xの請求を棄却。2審は、住職の地位にあることの確認請求については、訴えを却下したが、代表役員・責任役員の地位にあることの確認請求については、Xの請求を認容した。Y₁寺・Y₂が上告。最高裁は、一方で、住職の地位確認については、宗教上の地位の確認を求めるものにすぎないとして原判決を維持した（この点については、いわゆる「審判権の限界」の問題として、**1事件**およびその解説を参照）。他方で、代表役員・責任役員の地位確認については、原判決を破棄し、1審判決を取り消したうえで、次のように判示して、訴え却下の自判を行った。

判旨　＜破棄自判＞「Xは、本訴において、宗教法人A寺を相手方とすることなく、Yらに対し、Xが同宗教法人の代表役員および責任役員の地位にあることの確認を求めている。しかし、このように、法人を当事者とすることなく、当該法人の理事者たる地位の確認を求める訴を提起することは、たとえ請求を認容する判決が得られても、その効力が当該法人に及ばず、同法人との間では何人も右判決に反する法律関係を主張することを妨げられないから、右理事者の地位をめぐる関係当事者間の紛争を根本的に解決する手段として有効適切な方法とは認められず、したがって、このような訴は、即時確定の利益を欠き、不適法な訴として却下を免れないことは、当裁判所の判例の趣旨とするところである〔最判昭42・2・10民集21巻1号112頁、最判昭43・12・24裁判集民事93号859頁〕。法人の理事者が、当該法人を相手方として、理事者たる地位の確認を訴求する場合にあっては、その請求を認容する確定判決により、その者が当該法人との間においてその執行機関としての組織法上の地位にあることが確定されるのであるから、事柄の性質上、何人も右権利関係の存在を認めるべきものであり、したがって、右判決は、対世的効力を有するものといわなければならない。それ故に、法人の理事者がこの種の訴を提起する場合には、当該法人を相手方とすることにより、はじめて右理事者の地位をめぐる関係当事者間の紛争を根本的に解決することができることとなる」。

判例の法理　本件は、従来からいわゆる法人の内部紛争といわれてきた一事例であり、本判決は、宗教法人の内部紛争の事例を超えて、一般に、法人の内部紛争における当事者適格の判断基準に関する先例となるものである。本件で、最高裁は、ある法人の代表者・理事者であると主張する者が、原告として自己の地位の積極的確認訴訟を提起する場合における被告適格について、一般に、その法人を被告とすべきであると判示した。その理由としては、法人を相手方として、その地位の確認を訴求し、それを認容する確定判決により、その者が、当該法人との間において、その執行機関としての組織法上の地位にあることが確定されることを理由としてあげる。そして、事柄の性質上、何人も右権利関係の存在を認めるべきものであり、この判決が対世的効力を有することに言及し、法人を被告として初めてその地位をめぐる関係当事者間の紛争を根本的に解決することができるとする。本判決は、このように、判決効の観点から、この種の事例における法人の被告適格を導くのである。ただ、法人の代表者・理事者であると主張する者を被告とする必要があるか否かについては、その不要性を示しているとも読むことができる[1]。

判例を読む　★**判例の動向**　本判決に先立ち、本件判旨に引用されている2つの判例により、法人の内部紛争における被告適格のあり方が示されていた。

まず、昭和42年判決は、合資会社の無限責任社員Xが、他の自称無限責任社員Yに対して、Yが無限責任社員でないことなどの確認を求めたのに対して、最高裁は、このような当事者間における判決の効力は会社には及ばないので、Yが無限責任社員か否かという法律紛争は根本的に解決されないとして、確認の利益を否定した原判決を、全面的に維持した。次に、昭和43年判決は、ある宗教法人の主管者であったYが、包括団体である曹洞宗により解任され、Xが新たに主管者に任命されたが、その任命の効力につき争いが生じたので、XがYに対して、自己が主管者の地位にあることの確認を求めた事件において、本件判旨に示されたのと同様の理由により、訴えを不適法却下した[2]。

これら両判決は、法人も被告に加わっていれば確認の利益が満たされるとするものであり、確認の利益の観点から、それぞれ訴えを却下したものである。それゆえ、法人が被告適格を有することは示されているとしても、自称無限責任社員や元主管者が、この種の訴訟で如何なる地位を有するかについては、必ずしも明らかではなか

った（前者は、法人と自称無限責任社員とが、固有必要的共同訴訟人の関係に立つことを示唆していたと評価されている3))。ただ、両判決に先立ち、最判昭和 36 年 11 月 24 日（民集 15 巻 10 号 2583 頁）は、株式会社における臨時株主総会決議取消しの訴えにおいて、会社のみが被告適格を有し、決議で選任された取締役の共同訴訟人としての参加申出は許されない旨を、判示していた。

他方、下級審裁判例に目を転じた場合に、この種の事件において、法人を被告とするものと、法人以外の者にも被告適格を認めるものが存在した。ただ、後者の裁判例も、基本的な発想としては、法人に他の理事者を付加するというように、法人をいわば「中核的被告適格者」とする点では変わりがない、との指摘4) もみられる。このような中で、本件判決が言い渡されたのである。

しかし、その後、取締役解任の訴え（会社 854 条）における被告適格について、最高裁5) は、この訴えを会社と当該取締役との双方を被告とすべき固有必要的共同訴訟であると判示した。その理由として、この種の訴えが会社と取締役との間の会社法上の法律関係の解消を目的とする形成の訴えであることという、訴えの性質論ないしは形式論と、取締役に対する手続保障という実質論とをあげた。この判例が、いわゆる法人の内部紛争における当事者適格論全般に与える影響は、事案の類型・性質上限定的であると解されるが、手続保障を根拠にあげたことなど、1 つの望ましい方向性を示していると考えられる6)。

★**学説の展開**　かつては、学説も、本判決と同様に、法人の内部紛争（以下、典型例として、株主総会における取締役選任決議取消訴訟を例とする）においては、法人に被告適格を認める立場が通説7) であった。

しかし、谷口教授の問題提起8) により、状況は一変した。この見解は、法人の内部紛争は、外部から見れば会社（法人）という「コップの中の嵐」であり、対外的関係を規律する法技術である法人（会社）には被告適格を認めるべきではないとしたうえで、原告と対立する利害関係を有する者、すなわち、現に自ら正当な代表者等であると主張して争う者（自称代表者等）にのみ、被告適格を認めるべきであるとする。これは、利害が最も鮮明に対立する者を当事者とすれば適切な訴訟追行が期待でき、その両者間で争われる訴訟の判決は内容的正当性が高いゆえに、第三者への判決効の拡張が正当化されるとする。この説によれば、本件で、X が Y_1Y_2 を被告とした感覚は、紛争のあり方を正しく捉えたものと評価されている9)。

この見解の提唱の後、学説はいくつかの方向に展開し、それはさながらビンゴゲームの完成のような様相を呈することになる10)。例えば、決議訴訟を例にとれば、株主全員の意見を調整し集約して行動することが原理的に期待できる存在として、法人（会社）が、やはり被告となるべきであるが、しかしながら、一般株主としての地位を超えて特に重大な利害関係を有する者（当該取締役）は、法人とは独立に被告適格を認められるべきであるとする見解11) や、また、この見解とは逆に、当該取締役を第 1 次的被告とし、法人（会社）を第 2 次的被告とする見解12)、さらには、法人（会社）は、総会決議の効力が帰属する主体であり、判決の名宛人として必要な被告であるとしつつも、これは、原告が提訴に際して被告の選択を迷わないようにするため、すなわち、まず訴訟を適法に成立させるための構成にすぎず、具体的な訴訟活動を誰が行うかの局面では、当該問題に具体的利益を感じる構成員等が、共同訴訟参加や共同訴訟的補助参加をして訴訟活動すべきであり、法人（会社）は、具体的な訴訟活動をすることが許されないとする見解などがある13)。

これに対して、判例・（かつての）通説を支持する見解14) も、有力に主張されており、その考え方に基づく会社法の立法化もなされた（会社 834 条、855 条等を参照）。訴訟物たる権利関係の主体に当事者適格を認めることを前提に、理事などの訴訟参加は肯定するが、その場合でも、当事者適格は認めず、補助参加（42 条）のみを肯定する。

法人の内部紛争における被告適格等をどのように考えるかは難問であるが、ここでも、個別事件の具体的な文脈に即した規律が採用されるべきである15)。

（川嶋四郎）

---

1 審＝京都地判昭 36・5・20／2 審＝大阪高判昭 41・4・8 高民集 19 巻 3 号 226 頁

1) 本判決後、X が改めて A 寺と Y_2 の後任者とを被告として提訴したのに対して、京都地判昭 47・9・27 判時 694 号 84 頁は、A 寺のみが唯一の被告であると判示した。
2) 奈良次郎「最高裁民事破棄判決の実情(1)」判時 548 号 3 頁、6 頁も参照。
3) 谷口安平「団体をめぐる紛争と当事者適格」ジュリ 500 号 322 頁、323 頁等参照。
4) 高橋・上 315 頁注 61。
5) 最判平 10・3・27 民集 52 巻 2 号 661 頁。
6) この判例については、松原弘信・法教 217 号 119 頁、髙田昌宏・平成 10 年度重判 127 頁。
7) 例えば、中田淳一・民商 46 巻 5 号 892 頁等。霜島甲一・会社判例百選新版 115 頁も参照。
8) 谷口安平「判決効の拡張と当事者適格」中田還暦下 51 頁。
9) 谷口安平・宗教判例百選 2 版 102 頁、103 頁を参照。
10) 以下、新たな学説の俯瞰とその詳細については、高橋・上 310 頁以下を参照。
11) 福永有利「法人の内部紛争の当事者適格」新実務① 321 頁（同・当事者論に所収）。
12) 中島弘雅「法人の内部紛争における被告適格について(1)」判タ 524 号 35 頁を参照。
13) 山本克己・民商 95 巻 6 号 924 頁。
14) 例、伊藤 199 頁等。
15) なお、川嶋 115 頁も参照。

41 入会団体の当事者適格

最高裁平成6年5月31日判決　民集48巻4号1065頁、判時1498号75頁、判夕854号62頁　▶29条、40条

論点 ▶ 入会団体は、原告適格を有するか

事実の要約　本件入会団体 X_1 は、ある村落に居住する一定の資格を有する者により構成されているが、その規約により、総会の運営、代表の方法、財産管理等が定められており、構成員の変動にかかわらず存続する団体であり、権利能力のない社団（29条参照）に該当するものである。Aは、その代表者である。X_2 は、X_1 の構成員の1人であり、総会の決議により、本件土地の登記名義人とされた者である。

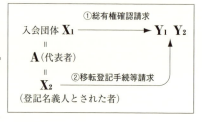

Y_1Y_2 は、本件土地について共有持分を有すると主張して、X_1 の構成員全員による総有を争っている。そこで、X_1 が、原告として、Y_1Y_2 に対して、本件土地が X_1 の構成員全員の総有に属することの確認を求めた（また本件では、X_2 が、本件土地をB〔元村民・元入会権者〕から共同相続したと主張する Y_1Y_2 らに対して、訴外B名義の共有持分〔かつてBを含む当時の戸主24名の名義で共有登記がなされた〕について、X_2 への移転登記手続等の請求をも行っている）。

裁判の流れ　1審：X_1X_2 の請求認容　2審：取消・訴えの却下　最高裁：破棄差戻

判　旨　＜破棄差戻＞「入会権は権利者である一定の村落住民の総有に属するものであるが〔最判昭41・11・25民集20巻9号1921頁〕、村落住民が入会団体を形成し、それが権利能力のない社団に当たる場合には、当該入会団体は、構成員全員の総有に属する不動産につき、これを争う者を被告とする総有権確認請求訴訟を追行する原告適格を有するものと解するのが相当である。けだし、訴訟における当事者適格は、特定の訴訟物について、誰が当事者として訴訟を追行し、また、誰に対して本案判決をするのが紛争の解決のために必要で有意義であるかという観点から決せられるべき事柄であるところ、入会権は、村落住民各自が共有におけるような持分権を有するものではなく、村落において形成されてきた慣習等の規律に服する団体的色彩の濃い共同所有の権利形態であることに鑑み、入会権の帰属する村落住民が権利能力のない社団である入会団体を形成している場合には、当該入会団体が当事者として入会権の帰属に関する訴訟を追行し、本案判決を受けることを認めるのが、このような紛争を複雑化、長期化させることなく解決するために適切であるからである。

そして、権利能力のない社団である入会団体の代表者が構成員全員の総有に属する不動産について総有権確認請求訴訟を原告の代表者として追行するには、当該入会団体の規約等において当該不動産を処分するのに必要とされる総会の議決等の手続による授権を要するものと解するのが相当である。けだし、右の総有権確認請求訴訟についてされた確定判決の効力は構成員全員に対して及ぶものであり、入会団体が敗訴した場合には構成員全員の総有権を失わせる処分をしたのと事実上同じ結果をもたらすことになる上、入会団体の代表者の有する代表権の範囲は、団体ごとに異なり、当然に一切の裁判上又は裁判外の行為に及ぶものとは考えられないからである」

（X_2 の請求については、権利能力のない社団である入会団体において、規約等に定められた手続により、構成員全員の総有に属する不動産につき、ある構成員個人を登記名義人とすることとされた場合には、当該構成員が、入会団体の代表者でなくても、原告適格を有すると判示された）。

判例の法理　入会権（総有権）が侵害された場合に、誰が原告適格を有し、その侵害を排除できるかについては、現代における入会の解体現象、入会の実体関係、入会団体の多様性、さらには、入会構成員の多数性などという入会関係の性質上、困難な問題がある。本判決は、入会権者である村落住民が入会団体を形成し、それが29条所定の法人格のない社団に当たる場合には、右入会団体は、構成員全員の総有に属する不動産について、総有権確認請求訴訟の原告適格を有することを判示した初めての最高裁判決であり、入会権確認等請求訴訟の提起の困難さの克服、ひいては、入会権をめぐる紛争の複雑化および長期化の回避という実践的課題の克服を、直接的に志向するものの1つである。本判決のように、入会団体が原告適格を有するとすると、その代表者には、どのような権限あるいは授権が必要となるか、が問題となる。この点について、本判決は、法人格のない社団である入会団体の代表者が、構成員全員の総有に属する不動産について総有権確認請求訴訟を原告の代表者として追行するには、右入会団体の規約等において、右不動産を処分するのに必要とされる総会の議決等の手続による授権を要する、と判示したのである（さらに、本判決は、法人格のない社団である入会団体において、規約等に定められた手続により、構成員全員の総有に属する不動産について代表者でない構成員を登記名義人とすることとされた場合には、その登記名義人が登記手続請求訴訟の原告適格を有することをも判示した。この点については、学説上、賛否両論があったが、最高裁として初めて肯定説を示したものとして注目に値する。結論的には、もっともでありこの肯定説を支持することができる）。

判例を読む　★**判例の動向**　入会関係訴訟（例えば、総有権確認訴訟等）における原告適格には、上述のように困難な問題がある。例えば、入会団体と訴訟との関係につき、1つの決定的な方向性を示した判例として、本件判旨の引用する昭和41年判決が存在する。この判決は、入会権が、権利者である一定の部落民に総有的に帰属するものであることを理由に、入会権の確認を求める訴えは、権利者全員が共同してのみ提起しうる固有必要的共同訴訟（40条）というべきであるとの判断を示し、原告適格を厳格に解した。その結果、この種の事件における提訴者に相当の困難を強いることとなった（この事件では、入会構成員は330名。提訴時316名、上告審判決時128名）1)。本件の原審判決は、この判例の趣旨に従っていた。

ところが、これでは、提訴が現実には困難となることも少なからず考えられるが、最高裁は、例えば、入会の

構成員各自による単独訴訟（例、使用収益権確認訴訟、妨害排除請求訴訟）も、その使用収益権を根拠に肯定していた[2]。また、本件以前に、本件のように法人格のない社団の原告適格を肯定した下級審裁判例もあるが、その理由づけとしては、山林組合（法人格のない社団）自体を、総有権確認訴訟について構成員全員の信託的受託者と位置づけ、その当事者適格を肯定する例[3]が存在した。また、入会団体の代表者個人が、入会慣習上構成員全員から委託され入会地管理の権限を有する場合には、自己の名で登記請求訴訟を提起する当事者適格を有するとした裁判例[4]も存在した。本判決は、基本的には、入会団体に当事者能力を肯定した[5]うえで、従来の下級審裁判例の考え方に沿って、入会団体の当事者適格を認め、その代表者への授権のあり方について、判示したものである（法人格のない社団と登記請求との関係については、30、32事件を参照）。

❂ **学説の動向**　学説上も、入会関係における総有権確認訴訟や登記手続請求訴訟の場合には、訴訟共同（40条）を必要とするのが、基本的には通説[6]と考えられる。しかし、そこから生じる提訴の困難性を克服するために、これまで、様々な議論が展開されてきた[7]。例えば、一定の条件を備える場合に、入会団体の代表者等について、任意的訴訟担当（38事件の解説を参照）を認めるとする見解、入会団体自体に当事者適格を肯定する見解、原告となることを拒否する入会構成員を被告として提訴することを認める見解、共同提訴の催告を行うことにより訴訟担当者としての地位を取得することを認める見解、共同権利者の中で全員を代表するにふさわしい者が原告となっていればその者の訴訟追行を認める見解、特別な事情があれば一部の者のみの提訴を認める見解、さらには、訴訟告知（53条）や訴訟係属の通知により非当事者に手続関与の機会を与え、通知を受けた者に対して判決効を及ぼすことを認める見解などが、それである[8]。

❂ **評価と展望**　このような状況の中で、本判決が、入会権をめぐる訴訟をより容易に提訴できる方向性を示したことは、注目すべきである。また、入会団体の当事者適格を肯定するに際して、任意的訴訟担当の判例法理[9]を介在させることなく、代表者の訴訟追行資格を基礎に据え、より機能的かつ実践的なアプローチを採用している点も、高く評価できる[10]。しかし、その考察方法が基本的に実体法にのみ依拠したものである点で、必ずしも十分ではなく、理論面での限界も感じられる。なお、本判決を引用しその趣旨を踏まえて、共通ないし共同の利益追求のために訴える者が団体を構成することを通じてクラス・アクション的訴訟に近づくことも工夫に値しようとの提言[11]も見られる。これに対しては、他方で当然のことながら、本判決を梃子に団体訴訟的規律の重要性が指摘されることも十分に考えられるが、ただ、クラス・アクションと団体訴訟との間には、相互に他者に取って代われない特長を有するので、本判決の活用が、法の実現における私人の役割を重視するクラス・アクション制度を全く不要にするものではないことにも、注意しなければならない。また、本判決後、入会団体内の多数決による決定が少数者の権利を毀損する結果（団体への個人の埋没現象）を招くことも予想される[12]ので、権利能力のない社団の手続規制のあり方について、議論の深化が望まれる。

比較的最近、最高裁[13]は、境界確定訴訟（隣接地の一方または双方が数名の共有に属する場合には固有必要的共同訴訟となる）について、形式的形成訴訟としての性質を考慮に入れ、提訴を拒絶する共有者の一人を被告とすることが許されると判示した。上記学説の影響を受けたものであるが、入会関係のように、利害関係人が多数の場合やそもそもその人的な範囲さえ明確でない場合には、この判例理論による固有必要的共同訴訟化にも、限界がある。ただし、この手続手法を入会関係訴訟に及ぼした画期的な最高裁判決[14]も現われた。さらに、ごく最近、権利能力のない社団の構成員全員に総有的に帰属する不動産について、所有権の登記名義人に対し、当該社団の代表者の個人名義に所有権移転登記手続をすることを求める訴訟において、最判平成26年2月27日（民集68巻2号192頁）（➡32事件）では、当該社団に原告適格が認められた[15]。

　　　　　　　　　　　　　　　　　　　　　　　　　　　　　　　　　　　　（川嶋四郎）

1審＝名古屋地判平1・3・24民集48巻4号1075頁／2審＝名古屋高判平3・7・18民集48巻4号1095頁

1) 地上権設定仮登記の抹消登記請求訴訟について、最判昭57・7・1民集36巻6号891頁（➡判例講義民訴1版144事件）も参照。
2) 前掲注1) 最判昭57・7・1。
3) 仙台地判平4・4・22判タ796号174頁。
4) 大阪高判昭52・12・16判タ362号227頁等。
5) 最判昭39・10・15民集18巻8号1671頁の要件を充たすとした。
6) 例えば、注釈民訴②〔徳田和幸〕85頁等。
7) 例、小島武司・私判リマ1995（下）129頁、131頁、川嶋797頁等を参照。
8) なお、一般に、共同訴訟論の現状については、和田吉弘「通常共同訴訟と必要的共同訴訟との境界」争点3版90頁、川嶋四郎「共同訴訟」法教184号16頁等を参照。さらに、川嶋四郎・百選3版208頁、川嶋803頁も参照。
9) 最大判昭45・11・11民集24巻12号1854頁➡38事件。
10) 本判決は、解釈による法定訴訟担当とでもいうべきものを認めているとの評価もある。高橋宏志・法教174号74頁参照。
11) 新堂799頁注1。
12) 川嶋四郎「環境民事訴訟の現状と課題」ジュリ臨時増刊・環境問題の行方95頁（同・差止救済過程に所収）参照。
13) 最判平11・11・9民集53巻8号1421頁。これについては、川嶋四郎「判例演習」法セ546号118頁および同・百選3版208頁を参照。
14) 最判平20・7・17民集62巻7号1994頁。これについては、川嶋四郎「近時の最高裁判例に見る『救済志向』の一事例」民事研修628号2頁以下を参照。
15) これについては、川嶋四郎・私判リマ50号110頁等を参照。

42 意思能力

最高裁昭和29年6月11日判決　民集8巻6号1055頁　▶28条、32条

論点 ▶ 12、3歳程度の精神能力しかない者がした控訴および控訴取下げの効力

事実の要約　製糸業を営むX（原告・被控訴人・上告人）は、旅館業を営むAを多年妾としてきた。昭和19年にAが死亡し、孫のY（被告・控訴人・被上告人）が家督相続した。Xは、M会社（Xと異名同体の形骸法人と認定されている）がAより買い受けたうえ、Aに賃貸中であった旅館営業用動産および電話加入権をM会社より譲り受けたとして、①動産の引渡し、電話加入権の名義変更、その他、②貸金の返還、③自分の出資で建てられたとする建物の移転登記と引渡しを求めて、T弁護士を訴訟代理人として、Yを相手に提訴した。

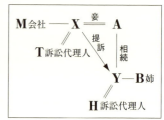

Y側はHを訴訟代理人として争ったが、1審は、Xの請求をほぼ全面的に認容した。そこで、Yは、昭和22年11月17日に控訴したものの、同年12月26日に、同月17日付の控訴取下書を原審に提出した。ところが、この控訴取下書には、次のような経緯があった。すなわち、Yは成人であるが、生来の精神薄弱で、12、3歳の児童程度の精神能力しかなかったこと（実際、昭和23年3月24日に準禁治産宣告を受けている）、そして、その頃、旅館の実質的経営を切り盛りしていた異父姉のB夫婦と喧嘩して家を飛び出し、T弁護士の許に出入りしているうち、控訴を取り下げればよきに計らうとのT弁護士の言に従い、B夫婦やH代理人に相談もなく、Tが用意した控訴取下書に署名・捺印したものであった。こうした事情があったので、H代理人が控訴取下げの効力を争った。

裁判の流れ　1審：X勝訴　2審中間判決：控訴取下げは無効　2審：1審判決変更・Xの請求の一部のみ認容　最高裁：上告棄却

1審は、Xの請求をほぼ認容した。Yがした控訴が上記のような経過をたどったので、まず原裁判所は中間判決で、このようなYの行った控訴取下げは無効であると確認した。そして2審は、1審判決を変更し、Xの勝訴部分を大幅に減らしたので、実質Yの勝訴であった。そこで、今度はXが、控訴の取下げが無効であるなら、控訴や訴訟委任も無効であるはずである等と述べ上告した。

判旨　＜上告棄却＞「Yは本件控訴取下の当時、すでに成年を過ぎ、且未だ準禁治産宣告を受けてもいなかったけれども、生来、医学上いわゆる精神薄弱者に属する軽症痴愚者であって、…その精神能力は12、3才の児童に比せられる程度にすぎず、…Yのなした本件控訴取下は、ひっきょう意思無能力者のなした訴訟行為にあたり、その効力を生じないものと解すべきである。これに反して、控訴の提起自体は、単に一審判決に対する不服の申立たるに過ぎず、かつ敗訴判決による不利益を除去するための、自己に利益な行為である関係上、Yにおいても、その趣旨を容易に理解し得たものと認められるから、本件控訴の提起はこれを有効な行為と解するを妨げない…」。

判例の法理　●**精神薄弱者（12、3歳の児童程度）の控訴取下げの効力**　本判決は一般論を展開しておらず、事例判決に属するものである。すなわち、本件のYのような状態であれば控訴の取下げがもつ重大な結果を理解できず、漠然と相手方に対する紛争の詫び状程度に考えていたとして、意思無能力者のなした訴訟行為に当たり効力を生じないとした。1審判決がYの敗訴判決であったから、控訴の取下げは敗訴判決が確定し、強制執行を受けるという結果をもたらすのに、Yにはそこまで見通せる状況になかったというのである。

●**精神薄弱者の控訴提起**　これに対して、控訴の提起は、敗訴した1審判決に対する不服の申立てで敗訴の不利益を除去する途を開くという点で、いわば自己に有利な行為であるから、Yのような状態の者でも容易に理解できたと認められるので有効であるとした。おそらく、不利益変更禁止の原則に照らせば、控訴は（相手方の附帯控訴がなければ）最悪でも控訴棄却（すなわち、1審と同じ）であり、可能性としては逆転勝訴への途を開くものなので、控訴の取下げに比べ理解しやすい行為であるとしたのであろう。

●**訴訟行為の種類と意思能力**　最高裁は、同一人が短期間でなした控訴とその取下げの効力を区別して解した。民事訴訟法は所定の訴訟行為については格別の扱いをしている（32条・55条参照）。これは、慎重な決断を関係者に促したものと解され、つまりは有効にこれをなし得るのに必要な意思能力に差を認めているものと思われる。そして最高裁は、その線引きとして、行為の利益性・不利益性ということを持ち出したものである。

判例を読む　●**訴訟能力と意思能力**　種々の訴訟行為の連鎖からなる民事訴訟の世界においては、定型的に弁識能力を欠くと思われる者を、民法における行為能力の制度に準じて、訴訟能力の制度で保護を図っている。すなわち、未成年者と成年被後見人を訴訟無能力者とし、単独での訴訟行為を避け、法定代理人によってのみ訴訟行為をなし得るものとし（31条）、またそこまでいかなくとも、弁識能力が不十分とされる被保佐人と被補助人については、訴訟能力を制限し、所定の訴訟行為につき保佐人等の特別授権を要するものとしている（32条）。

しかし、弁識能力を欠いても、その全員につき後見等の開始がなされるわけではないし、申立てがあっても開始の審判までのタイムラグも避けられない。そうすると、定型的な訴訟無能力者ないし制限的訴訟能力者ではないものの、個々の訴訟行為の時点においては弁識能力に問題があったという場合が起こりうる。この場合の訴訟行為をそのまま有効とするわけにはいかないであろう。

訴訟は種々の訴訟行為が積み重ねられるものであり、例えば成年被後見人の法律行為のように後で取消を認め

ては（民9条）、訴訟手続の安定が害されてしまう。そこで、訴訟無能力者とされていなくとも、個々の訴訟行為の時点で意思能力を欠いていた場合、当該訴訟行為は無効と解さなければならないとされている。

✪ **精神上の障害と意思能力** 本件のYは生来的に精神に障害があったものと認定されており、現に問題の控訴とその取下げの直後に準禁治産宣告（旧民11条）がなされている。ところが、精神能力の状態が12、3歳の児童程度という微妙なものであった。すなわち、ある程度の弁識能力は認められる状態であった。そうすると、民事訴訟法自体が訴訟行為のタイプに応じた難易を想定しているのであるから、行為の性質・効果と行為者の精神能力の程度を照らし合わせて、有効無効の判断は個別の行為ごとにするほかないことになろう1)。訴訟手続においては、訴訟行為には該当しないが、証人として証拠調べの対象となるだけであれば幼児でも証言能力を肯定できる場合もあるし、補充送達の受領能力としての「相当のわきまえ」（106条）も、低めの精神能力で足りるとされているように思われる2)。

これに対し、本件で問題となった控訴とその取下げは当事者の訴訟行為として相当の意思能力を要することは想像に難くない。すなわち、これらの訴訟行為は、一連の訴訟手続の中で分岐点となることが予想されるものであり、脈絡を十分に理解して初めて適切な決断が可能なものであるはずだからである。

✪ **控訴とその取下げに必要な意思能力** 本件では、同一人が短期間でなした控訴とその取下げの効力が正反対に判断された。確かに、控訴の取下げのほか、手続の終結をもたらす訴訟行為は特別授権を要する行為として列挙されており（32条・55条）、高い意思能力を想定しているように思える。ただ、控訴の提起が、これらよりどの程度低い意思能力で足りるかは明らかでない。

そこで、最高裁は当該行為の利益性・不利益性という基準を持ち出して、その有効無効を決した。すなわち、控訴の取下げが敗訴判決の確定という行為者に不利益な結果をもたらすのに対して、控訴は敗訴判決の除去をめざすという点で行為者に利益な行為であり、理解のしやすさに差があるというものである。確かに、利益性を基準に訴訟行為の効力を決する発想を民事訴訟法は他でもとっている（必要的共同訴訟に関する40条1項参照）。

しかし、個々の訴訟行為が当事者等に対し、どのように利益または不利益に作用するかは極めて微妙なものであるはずで、そう考えると、控訴は利益になり容易に理解できるので有効、控訴の取下げは不利益になり理解が難しいので無効、という本件判旨は、いささか単純すぎるようにも思える。ただ、本件の控訴の取下げにはX側のT弁護士の不公正と思える誘導もあったようであり、有効とは解し難いとの実質判断が働いたのかもしれない。事実との関係で、本判決の結論は肯定できる。

✪ **訴訟行為と意思能力をめぐるその後の裁判例** 本件以後の裁判例をみると、高齢等の事情で意思能力に疑問がある者の行った訴訟行為の効力を利益・不利益の基準で割り切っているかは疑問である。すなわち、弁護士に対する訴訟委任でも、有効と解された例3)と無効と解された例4)がある。また、訴えの取下げが無効であるとの主張を斥け、理解ができたとした例5)、縁組無効確認の訴え提起が本人の利益になるか一概にいえないとして無効とし訴えを却下した例6)もある。

本判決でいう利益・不利益は一応の目安程度に考え、行為時の精神能力で当該行為が理解可能であったかどうか、結局は個別の判断に委ねるほかないように思われる。

〔佐藤鉄男〕

1審＝福島地判昭22（月日不明）民集8巻6号1072頁／2審中間判決＝仙台高判昭26・3・12民集8巻6号1075頁／2審＝仙台高判昭26・12・7民集8巻6号1079頁

1) 注釈民訴① 423頁〔高見進〕、菊井＝村松・新コンメ① 295頁。
2) 7歳9か月の小学生の補充送達の受領能力が問題となった例として、最判平4・9・10民集46巻6号553頁がある。
3) 福島地判昭39・11・17下民集15巻11号2749頁、東京高判昭55・2・27判時960号51頁、福岡高判平21・5・21判時2063号29頁。
4) 東京地判昭62・6・16判時1267号96頁。
5) 東京地判昭58・3・4判タ519号180頁。
6) 浦和地判平4・5・29判タ813号283頁。

43 訴訟能力——特別代理人

最高裁昭和33年7月25日判決　民集12巻12号1823頁、判時156号8頁、家月10巻7号22頁　▶35条

論　点　▶精神病を理由とする離婚訴訟に特別代理人の規定の適用はあるか

事実の要約　開業歯科医のX（原告・被控訴人・被上告人）は、妻Y（被告・控訴人・上告人）と結婚し子供も3人いたが、Yは結婚2年目から精神異常の徴候を示していた。そして、11年目に入ると症状は悪化し、精神分裂病と診断され、入院したままで治癒の見込みもなかった。Xは事実上の後妻もでき、今後の生活のことを考え、Yを相手方、Z（Yの実兄）を利害関係人として離婚の調停を申し立てたが、Y不出頭につき不調に終わった。そこで、離婚と親権者指定を求めて提起したのが本訴である。Yの出頭が見込めないので、Xの申立てで、民事訴訟法による特別代理人が選任され、また、ZがY側の補助参加人となった。

裁判の流れ　1審：X勝訴　2審：Zの控訴棄却　最高裁：破棄・1審へ差戻

本件は、精神病離婚（民770条1項4号）に具体的方策の条件を付した点でも有名な判決であるが、ここでは民訴法上の論点に絞る。1審は、配偶者が心神喪失の常況にある場合の離婚訴訟では、禁治産宣告の手続を経ることなく、民訴法の特別代理人の選任を申し立て、これによる訴訟の進行を是認し、離婚を認める実体判断を行った。原審も1審の判断を支持し、Zの控訴を棄却。Zは上告し、このような場合には禁治産宣告の手続を先行させるべきであり、特別代理人の規定の誤った適用であるとした。

判　旨　＜破棄差戻＞「『特別代理人』は、その訴訟かぎりの臨時の法定代理人たる性質を有するものであって、もともと代理に親しまない離婚訴訟のごとき訴訟については同条〔現35条〕は、その適用を見ざる規定である。…従って、心神喪失の状況に在って、未だ禁治産の宣告〔当時。現在の成年後見開始〕を受けないものに対し離婚訴訟を提起せんとする夫婦の一方は、先づ他方に対する禁治産の宣告を申請し、その宣告を得て人訴4条〔現14条〕により禁治産者の後見監督人又は後見人を被告として訴を起すべきである」。

判例の法理　●**心神喪失の常況にある者の人事訴訟の当事者**　財産権上の事件であれば、未成年者や事理弁識能力を欠く常況にある者（民7条）は訴訟無能力者とされ、法定代理人によって訴訟を行うべきものとされる（31条）。しかし、最高裁は、離婚のように本人の意思を最大限尊重すべき身分行為に代理は親しまず、法定代理人による離婚訴訟を人事訴訟手続法（当時）は認めるものではないとした。そして、同法4条にいう後見監督人[1]等による訴訟は、法定代理人としてのそれではなく、職務上の当事者として禁治産者[2]のため訴訟を遂行するものであるとして、財産権上の訴えの場合とは異なることを述べている[3]。

●**精神病離婚訴訟と特別代理人**　最高裁は、民訴法の特別代理人というのは当該訴訟限りの臨時の法定代理人の性質を有するものと解した。それ故、代理に親しまない離婚訴訟には特別代理人の規定は適用されないとした。そして、配偶者の精神病を理由とする離婚を求める際は、禁治産宣告の手続を経てから、後見監督人または後見人を被告として訴訟を提起すべきであるとした。原告の損害を避けるという具合に、一方の利益に偏した特別代理人に離婚訴訟の遂行をさせるのは好ましくないとも述べた。

判例を読む　●**特別代理人制度の運用**　従前の禁治産制度においては、精神病により心神喪失の常況にある者がいても常に禁治産宣告がなされていたわけではない。特別代理人の制度は、心神喪失の常況にあるが未だ禁治産宣告を受けていない者についても、少なくとも財産権上の訴訟であれば適用に異論はなかった。問題は、こうした状態の者に対する離婚訴訟でも特別代理人の制度が使えるかであった。本件の1、2審がこれを是認していたことからもわかるように、本判決以前の裁判実務は、特別代理人による訴訟遂行を認めていた[4]。確かに、損害を避けるための緊急措置的な特別代理人の制度を安易に用いるのは問題であろう。かつての禁治産制度に比べて、今日の後見開始の審判は比較的スムーズに進むので、特別代理人の必要性は多くないだろう。

●**精神病離婚訴訟の方策**　本人が心神喪失の常況となっては、本人の意思を尊重する術はない。他人が訴訟遂行するという点では、特別代理人か後見監督人等かで現実面での違いは少なく、違いは理論構成にある。ここで代理と訴訟担当の優劣を論じても実りは少なく、結局、心神喪失の常況にある者の利益が適切に守られるかは選ばれた人次第であろう。利用に抵抗感のあった禁治産制度に比べ、より社会の実情に即した成年後見制度の下では、後見開始の審判を経ることを原則とすべきと解することは間違いではない。しかし、慎重に運用されるのであれば、特別代理人の余地も残してよかろう[5]。

〔佐藤鉄男〕

1審＝前橋地高崎支判昭26・3・23民集12巻12号1832頁／2審＝東京高判昭28・11・28民集12巻12号1844頁

1) 現在は成年後見人。
2) 現在は成年被後見人。
3) 梶村太市＝徳田和幸編『家事事件手続法〔第3版〕』（有斐閣、2016）529頁〔本間靖規〕。
4) 京都地園部支判昭25・10・26下民集1巻10号1733頁、津地判昭27・10・23下民集3巻10号1490頁、広島高松江支判昭32・7・5高民集10巻6号353頁。
5) 婚姻無効確認訴訟において、特別代理人の選任の申立てを認めたケースとして、東京高決昭62・12・8判時1267号37頁。

44 訴訟代理人の代理権の範囲

最高裁昭和38年2月21日判決　民集17巻1号182頁　　　▶55条2項

論点 ▶ 貸金返還請求訴訟において被告が訴訟代理人に和解の権限を与えた場合、和解内容に当該貸金債権の担保のため被告所有の不動産について原告に対し抵当権設定契約をなす権限も含まれるか

事実の要約　X（前訴被告・本訴原告）ほか数名はY（前訴原告・本訴被告）の先代から貸金返還請求訴訟を提起された。そこでXは弁護士Aを訴訟代理人に選任した。この代理権授与のための訴訟委任状には特別授権事項の和解権限も含まれていた。YX間には本訴とは別に簡易裁判所に損害賠償請求訴訟が係属していた。地方裁判所における本訴の口頭弁論および簡易裁判所における証人尋問が同じ日になされたが、別件の簡易裁判所での審理の終了後、裁判所側から和解の勧めがあった。Xは和解については消極的で、特に和解内容を手続外で司法委員の発言などから知

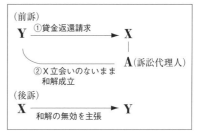

るに至り、Aにも和解には応ずることができないと伝えた。Aは和解についても授権があり、Xのためにも和解が妥当な解決であると判断し、Xが司法委員の発言から知るに至った内容の和解に応ずるように説得したが、XはAの説得には応ずることなく、Aに対しては明確に和解を拒否した。しかし、AはXの意向に反して、Xの立会いのないままに、XのYに対する債務を承認し、支払方法として3回の分割弁済、またこの支払いを担保するためX所有の不動産に抵当権を設定するとの和解をした。

裁判の流れ　1審：請求棄却　2審：控訴棄却　最高裁：上告棄却

Xは上記訴訟上の和解は無効であるとの確認訴訟と和解調書に基づく強制執行は許さない旨の請求異議訴訟を提起した。Xの主張によると、本件和解については、Aに対して和解には応じられない旨明言し、裁判所に対してもその旨伝えた（書面によったかどうかは不詳）ので、Aには和解権限はなく、Aのした和解は無権代理人によるもので無効であるという。さらに、XはAがX所有不動産に抵当権を設定したことは、訴訟物以外の事項を和解の内容とするものであり、この点からも無効であると主張した。さらにXは、その内容は明らかでないが、和解契約について要素の錯誤（Aに和解の権限ありとの前提で和解内容について錯誤があったとの趣旨か）があり、これは訴訟上の和解の無効を来すと主張した。

判旨　＜上告棄却＞①「原審が当事者間に争いのない事実として確定したところによれば、本件においていわゆる前事件…において上告人Xが訴訟代理人弁護士Aに対し民訴81条2項〔現55条2項〕所定の和解の権限を授与し、かつ、右委任状（書面）が前事件の裁判所に提出されているというのである。また原審が適法に認定したところによれば、右前事件は、前事件原告〔Yの先代〕から前事件被告〔X〕に対する金銭債権に関する事件であり、この弁済期日を延期し、かつ分割払いとするかわりに、その担保としてX所有の不動産について、Y先代のために抵当権の設定がなされたものであって、このような抵当権の設定は、訴訟物に関する互譲の一方法としてなされたものであることがうかがえるのである。しからば、右のような事実関係の下においては、前記A弁護士が授権された和解の代理権限のうちに右抵当権設定契約をなす権限も包含されていたものと解するのが相当であって、これと同趣旨に出た原判決の判断は、正当であり、この点に関する原判決の説示はこれを是認することができる。

更に、原判決は、前事件において上告人（控訴人）Xが前記A弁護士に対する和解の授権を撤回したとの事実、またこれを裁判所や相手方に明示の方法で通知したとの事実は認められない旨を認定しており、右認定は、挙示の証拠関係に照らしこれを肯認し得る。それ故、上告人が前事件において右A弁護士に対する和解の代理権授権を撤回し、これを関係人に通知した旨の論旨は、原審の認定に副わない事実関係を前提として原判決を非難し、または原審の適法にした証拠の取捨判断、事実の認定を非難するに帰し、採るを得ない」。

②「本件においていわゆる前事件における和解においてなされたような抵当権設定契約をなす権限が、前記A弁護士に授与された和解の代理権限のうちに包含されるものとした原判決の判断が是認し得るものであることは、前記上告理由第一点に対する説示において述べたとおりである」。

判例の法理　★**特別委任事項における代理権制限の根拠とその方法**　特別委任事項が個別に定められている（55条2項）根拠は、当事者の利益保護にある。審級代理の原則あるいは当事者・代理人間の信頼関係の維持も重視されるべきであるが、これらも当事者の利益を考慮するものである。代理権制限の方法は、特別委任事項について当事者は各事項ごとに委任するか否かを決する。例えば、和解あるいは訴えの取下げについてのみ授権するといった方法が考えられる。

問題になるのは、本件のように、和解について授権はあるものの和解の内容について同意し難いものがあるとき、和解内容について制限することができるか否かである。これまでは、訴訟代理権制限禁止の趣旨は訴訟手続の円滑な進行にあるとの立場から、特別委任事項についても条件を付する、あるいは内容を制限することは認められないとされていた[1]。すなわち、仮に当事者・代理人間で代理権の範囲を制限したにもかかわらず、当事者の意思に反する訴訟行為が代理人によってなされたとしても、損害賠償などの問題が生ずることはあっても、行為そのものの効力に影響はない、とされている。

他方、近時、訴訟代理権制限禁止に異論が出るようになった。実際には、弁護士に対する訴訟委任において弁

護士側が特別委任事項を不動文字で印刷した定型的な委任状を用意しているので、特別委任事項について包括的な授権をすることになる2)。しかし事案によっては、本人の同席のないまま和解を成立させ、後に代理権限の有無をめぐる争いが生ずることもしばしばある。このような争いを回避するため、手続の安定を犠牲にしても、特別委任事項について委任内容を明確にすべきであるとする見解も現れている3)。

✪訴訟代理人の和解の権限とその範囲　訴訟代理人が行う和解において、特別の授権なしに金銭の給付あるいは代物弁済を約し、また債務の担保のために債務者所有不動産に抵当権を設定する例は多い。これは有効か。判決例は、訴訟物以外の事項を含めて和解を行うことができるとしたもの4)、また本件と類似の事例で、債務を担保するために債務者所有不動産に抵当権の設定を認めたもの5) など、本件判旨にそうものが多い。

　学説は、訴訟物以外の権利関係を含めて和解をすることについては特別授権を要するとするもの6)、通常の取引観念に照らしてその法律関係についての争いを解決する和解として、いかなる内容の譲歩が予想されるのかという基準で判断するとするもの7) などがあるが、多数説は訴訟物以外の権利関係をも含めた和解をすることができるとする8)。訴訟代理人が弁護士であること、および和解が裁判官の関与の下になされることから当事者の利益を害することは少ないと考えられているからである。

　しかし、和解による紛争解決事例の増加とともに、当事者の意思に反する内容の和解が訴訟代理人によってなされ、当事者から和解無効の主張がなされる事例も多くなった。そこで、訴訟代理人の和解の権限に内容上の制限を加えることができるとする見解が、再び強く主張されるようになった。和解による解決が終局判決を待つべき手続の最終段階で、訴訟代理人により訴訟物以外の権利関係を含ませてなされるような場合には、それは当事者が当初訴訟委任の段階ではおよそ考えていないことであろう。それ故、この部分について、当事者による授権していないとの主張を引き起こすことになる。このような事情を考慮するならば、訴訟物以外の権利関係を含ませてなされた部分は訴訟代理権には含まれていなかったと解するべきである9)。訴訟物以外の権利関係を和解内容に含ませるためには、裁判所における和解手続に当事者本人が出席しているか、あるいは訴訟物以外の権利関係について、予め当事者本人から明示の授権がなされている訴訟委任状の提出が必要であろう。

　訴訟代理権に和解権限が含まれていても、内容につき制限を認める近時の学説に対しては、なお通説の立場から批判がある。すなわち、書面に明記すれば和解権限につき内容上制限を付することを可能とすると10)、書面に記載された代理権の範囲がどこまでかという派生紛争を呼び起こし好ましくない。派生紛争を未然に防ぐという民訴法55条全体の趣旨からも問題であると、批判される11)。

判例を読む　**✪訴訟代理人による訴訟行為と当事者本人の地位**　本人と訴訟代理人の関係は、信頼関係の上に成り立ったものである。訴訟代理人が専門家である弁護士であっても委任関係である以上、代理人として当事者の意思を尊重しなければならない。和解の意思のない当事者の意向に反し和解をし、和解内容について反対であるにもかかわらず、また、訴訟代理人として当事者を説得することができなかったにもかかわらず、なお、あえて和解について特別授権があることを理由に、和解で訴訟を終了させたのは、何か特別の事情があったのであろうか。訴訟代理人として関係人(共同訴訟における他の当事者・相手方)の意向あるいは裁判所との関係を考慮して和解による解決を選択したのであれば、通常の訴訟ではあまり起こりえない事例と思われる。

〔上北武男〕

1審＝徳島地富岡支判判決年月日不詳／2審＝高松高判昭35・1・26民集17巻1号182頁

1) 雨宮真也「訴訟代理人の権限の範囲」争点新版116頁。なお、近時も訴訟代理人の和解の権限を、当事者と訴訟代理人との信頼関係、弁護士たる訴訟代理人の職責に対する信頼、裁判所と和解内容につき検討を加えていることなどから、当事者が和解に直接加わらなくてもその権利が不当に害されることはないとして、広く認める見解がある（菊井＝村松・新コンメ① 542～543頁）。
2) 東京高判昭51・2・12判時809号52頁。
3) 稲葉一人「訴訟代理人の権限の範囲」争点3版82頁。
4) 大判昭8・5・17法学3巻1号109頁。当事者が係争物に関係のないものの給付を約することは当然認められる（最判昭27・2・8民集6巻2号63頁）。
5) 東京地判昭42・3・14判夕208号181頁。
6) 中村英郎・民商49巻4号140頁、石川明・法研37巻6号99頁。
7) 竹下守夫・法協82巻1号138頁。
8) 問題状況はやや異なるが、この点に関する最近の判例として、最判平12・3・24民集54巻3号1126頁を参照。この判決では同一当事者間に発生した一連の紛争に起因するものであれば、本来の訴訟物（建物の利用に関する契約から生ずる請求）とは異なる債務不履行に基づく損害賠償請求も含めて和解がなされたとした。これに反対するのは、垣内秀介「訴訟上の和解と訴訟代理権の範囲」新堂古稀下417頁。
9) 稲葉・前掲注3) 83頁参照。
10) 代理人の和解権限に制限をつけることを肯定する場合には、少なくとも代理権の制限につき書面による表示を必要とする見解もある（新・コンメ 250頁〔堀野出〕）。
11) 高橋・重点講義上〔第2版補訂版〕221～222頁、188頁参照。

45 訴訟代理人の訴訟上の地位

最高裁昭和25年6月23日判決 民集4巻6号240頁　　▶101条、57条

論　点 ▶ 訴訟代理人のあるときは、訴訟書類はその代理人に送達されるが、その場合にも当事者本人に対して送達することも許されるか

事実の要約　X₁ら（仙台高裁のある宮城県の隣接県に在住）は、A弁護士（鳥取県在住）を訴訟代理人としてYを相手に損害賠償請求訴訟を提起した。1審で敗訴したX₁は、Aを介して控訴したが、控訴状が控訴期間経過後に裁判所に到達したため、控訴は却下された。この却下判決は訴訟代理人Aには送達されず、X₁に直接送達された。

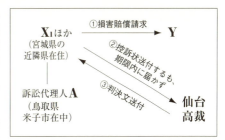

裁判の流れ　1審：訴え却下か請求棄却か不明　2審：控訴却下
　　　　　　　最高裁：上告棄却

X₁らの控訴は控訴期間経過後に控訴裁判所に到達したので、控訴は却下されたが、この控訴審判決は控訴裁判所（仙台高裁）に近いX₁に到達された（終戦直後の郵便事情によるのか、送達受取人の届出がなかったためかは不詳）。X₁らの訴訟代理人Aは、1審裁判所へ提出した委任状には特別授権事項である控訴・上告も記載され、現にAは代理人として控訴しているのに、控訴却下判決がAに送達されないのは、代理人の訴訟行為の権限行使を故意に阻止したものであると主張した。

判　旨　＜上告棄却＞「訴訟代理人のあるときは、訴訟書類は、その代理人に送達するのを通例とするけれども、この場合においても当事者本人に対する送達を防〔妨〕げるものではない。原審において、上告人（控訴人）X₁等に訴訟代理人があるにかかわらず、判決が、訴訟代理人に送達されず、X₁等本人に送達されたことは記録上明らかであるけれども、（原審仙台高等裁判所における訴訟代理人は遠く鳥取県米子市に在り、しかも、同裁判所の所在地において、送達を受くべき場所等の届出をせず、X₁等は近県に住所を有していた為めに、同裁判所は、その判決を訴訟代理人に送達せず、便宜X₁本人等に送達したものと思われる。）それがために右送達の効力を防〔妨〕げるものではなく、又これを以て所論のように代理人の訴訟行為をする権限の行使を阻止した違法あるものとすることはできない」。

判例の法理　❖**訴訟代理人の訴訟上の地位——当事者との関係**　訴訟代理人がある場合、訴訟書類の送達が当事者本人に対して直接なされた場合の効力は認められるか。民事訴訟法上は送達を受けるべき者に送達する旨の規定（101条）があるのみで、訴訟代理人に送達すべきか本人に送達すべきかは定めていない。

学説・実務の多数は、前記判旨と同様、当事者本人は訴訟委任をしたことにより訴訟能力（送達を受領する権能を含む）を失うわけではないので（例えば、訴訟代理人の事実上の陳述についても当事者本人の取消し・更正は認められている。57条参照）、当事者本人に対する送達も妥当な処置ではないが、適法であるという。

これに対して、訴訟代理人がある場合に当事者本人に対する送達は不適法と解する説がある[1]。その理由として、当事者本人の訴訟能力の有無と当事者本人への送達の適否とは直接の関係がない、送達により種々の訴訟法上の効果が生ずるから当事者に対する手続保障を確実にするために訴訟追行に通じている訴訟代理人に送達すべきである、本人死亡の場合でも訴訟代理人が選任されている場合には訴訟手続は中断しない、などがあげられている。

なお、前記判旨では訴訟代理人が遠距離の地にいることが特殊事情としてあげられているが、現在の通信の事情からみれば、これのみで当事者本人への送達を妥当とするのは無理であろう。

❖**弁護士による訴訟代理と手続保障**　わが国においては弁護士強制は採用されていないので、判旨にも述べられているように、訴訟能力を有する当事者本人への訴訟書類の送達を違法とすることはできない。しかし、訴訟代理人として法律の専門家である弁護士を予定しているのは、現代社会の複雑な法律問題を解決するには、専門的、法的知識について高度のものが要求されるからである。これまでも訴訟手続の特殊技術的要素の強い法分野については訴訟手続の円滑な進行のために弁護士による訴訟代理が必要とされてきた。

また、当事者が弁護士に訴訟を委任するときは自ら訴訟追行に当たる意思はないと思われる。訴訟手続は多くの実体法上・訴訟法上の行為の積み重ねの上に進行するので、それぞれの段階での判断が重要になる。当事者の手続保障を考えた場合、専門家による訴訟代理が不可欠である。控訴審判決に対する上告の可能性についても弁護士による法的な検討が必要である。前記判決の結論には疑問が残る。

〔上北武男〕

1審＝福島地判／2審＝仙台高判

1) 伊藤眞「弁護士と当事者」講座民訴③124頁。椎橋邦雄・百選Ⅰ新法対応補正版116頁も同旨か。

46 弁護士による代理（1）—双方代理

最高裁昭和38年10月30日大法廷判決　民集17巻9号1266頁、判時352号6頁、判夕155号169頁　▶弁護25条1号

論　点　▶　一方当事者からの依頼を受け、それを承諾しながら、その後に相手方当事者から訴訟委任を受け、訴訟代理人として訴訟行為を行うことは許されるか

事実の要約　原告Xは、訴訟代理人Aを選任し、被告Yに対して貸金返還請求訴訟を提起した。ただし、AはXの代理人になるまでに、すでにYから本件訴訟について依頼を受け、代理人になることを承諾していた。

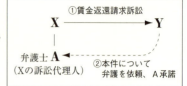

裁判の流れ　1審：Y敗訴　2審：Y敗訴　最高裁：上告棄却

1審、2審ともAの訴訟行為について、Yは特に異議等を述べることはなかった。Yは本案について敗訴。上告理由において、Aは、Yの依頼を受け、承諾しながら相手方の訴訟代理人になることは弁護士法25条に違反すると主張し、1審・2審のAの訴訟行為の効力を争った。

判　旨　＜上告棄却＞「弁護士の遵守すべき職務規定に違背した弁護士をして懲戒に服せしめることは、固より当然であるが、単にこれを懲戒の原因とするに止め、その訴訟行為の効力には何らの影響を及ぼさず、完全に有効なものとすることは、同条立法の目的の一である相手方たる一方の当事者の保護に欠くるものと言わなければならない。従って、同条違反の訴訟行為については、相手方たる当事者は、これに異議を述べ、裁判所に対しその行為の排除を求めることができるものと解するのが相当である。

しかし、他面相手方たる当事者において、これに同意し又はその違背を知り若しくは知り得べかりしにかかわらず、何ら異議を述べない場合には、最早かかる当事者を保護する必要はなく、却って当該訴訟行為を無効とすることは訴訟手続の安定と訴訟経済を著しく害することになるのみならず、当該弁護士を信頼して、これに訴訟行為を委任した他の一方の当事者をして不測の損害を蒙らしめる結果となる。従って、相手方たる当事者が弁護士に前記禁止規定違反のあることを知り又は知り得べかりしにかかわらず何ら異議を述べることなく訴訟手続を進行せしめ、第二審の口頭弁論を終結せしめたときは、当該訴訟行為は完全にその効力を生じ、弁護士法の禁止規定に違反することを理由として、その無効を主張することは許されないものと解するのが相当である」。

判例の法理　❂**弁護士法25条違反の効果—当該弁護士の訴訟関与の排除**　訴訟代理人である弁護士と依頼者の関係は民法643条以下に定める委任契約関係と解され、受任者である弁護士は委任者である依頼者に対して民法644条に基づいて善管注意義務を負う。また弁護士法[1]（以下、弁）1条2項も弁護士の誠実義務を定めている。ところで、一方当事者からある特定の訴訟事件について依頼を受け、それを承諾しながら、その後に相手方当事者からも訴訟委任を受けて訴訟代理人として訴訟行為を行うことは、弁護25条に違反する。この規定は、現在の委任者と受任者との間の善管注意義務違反ではなく、先の依頼者に対する誠実義務違反になるとの理由により職務を行うことを禁じた趣旨と解されている。したがって、この規定は、現在の委任者の利益を保護するのではなく、それ以前に依頼を受け、訴訟代理人になることを承諾した当事者の利益を保護するものとされる。そこで、この者の利益を保護する方法が問題となるが、当該弁護士を弁護56条によって懲戒処分にすること、あるいは後述のように、当該弁護士の訴訟行為を無効とすることなどが考えられうる。この一方で、相手方当事者（Y）の申立て、あるいは職権によりその者の訴訟関与を排除し、将来の違反行為を阻止する必要もある。手続的には、裁判所が当該弁護士の訴訟関与を事実上禁止する方法も考えられるが、違反の事実を明確にするため、裁判所の決定で当該弁護士の訴訟関与を禁止するべきであるとするのが有力説である[2]。この決定に対しては、民訴法25条5項の類推適用により即時抗告が許される。

❂**弁護士法25条違反の訴訟行為の効力**　有効説、絶対無効説[3]、追認説[4]、異議説[5]があり、異議説が通説・判例である。有効説は相手方当事者の利益保護に欠ける。絶対無効説は相手方当事者が無効を主張していない場合にもなお訴訟行為を無効とするものであるから、相手方の利益を害する点で疑問がある。追認説は実体法上の双方代理禁止の法理をそのまま訴訟行為に適用しようとするが、本人の追認により有効とするのでは相手方の利益保護にならない。現在では相手方の利益保護が弁護25条の規定の趣旨と解されることから、この者の異議の有無により訴訟行為の効力を決するとの立場が支持されている[6]。

〔上北武男〕

1審＝奈良地判／2審＝大阪高判昭35・4・8民集17巻9号1283頁

1) 日本弁護士連合会調査室編著『条解弁護士法（第4版）』（弘文堂、2007）182頁は、弁護士法25条の立法趣旨として、当事者の利益保護、弁護士の職務執行の公正の確保、弁護士の品位の保持をあげる（通説）。異論はない。
2) 青山善充「弁護士法25条違反と訴訟法上の効果」ジュリ500号315頁、山木戸克己「弁護士法違反と訴訟法上の効果」法教（第2期）4号56～57頁。
3) 大判昭13・12・16民集17巻2457頁。なお、一般に最判昭32・12・24民集11巻14号2363頁も絶対無効説によっているといわれるが、双方代理に関する事案であるので追認があれば有効になることもある。
4) 大判昭13・12・19民集17巻2482頁。
5) 最判昭30・12・16民集9巻14号2013頁、萩澤達彦「弁護士法違反の訴訟行為の効力」争点新版118頁。なお、この異議の訴訟法的な理由づけについては明らかでないが、一種の責問権と解すべきか。宮田信夫・最判解民昭和38年度271頁、274頁参照。
6) 異議を提出すべき時期については、見解の相違があるが、25条1号違反の事実を知り、または知りうるべきときを基準として遅滞なく異議を提出しなければならない（90条の準用）。

47 訴訟代理人がある場合の訴訟手続の中断等（光華寮事件）

最高裁平成19年3月27日判決　民集61巻2号711頁、判時1967号91頁、判タ1238号187頁

▶ 36条1項、37条、124条、58条1項4号

論　点 ▶ 政府承認の切替えと訴訟手続の中断

事実の要約　本件建物はもと個人の所有であったが、昭和25年に中華民国駐日代表団が留学生の居住の不安解消のため建物および敷地を所有者から買い受けた。ただし、所有権移転登記はなされていなかった。昭和27年4月、日本と中華民国との平和条約が締結され、中華民国在日大使館は、前記所有権者との間で前記売買契約を合意解除の上、あらためて上記建物および敷地を買い受ける旨の契約を結び、若干代金を上乗せのうえ支払い、その後所有権移転登記をおえた。

　本件建物は光華寮と称し、留学生を居住させていたが、寮の管理は寮生が自主的に行っていた。昭和42年9月6日、中華民国が原告となり、所有権に基づき居住者8名に対して、建物の明渡しを求めて訴えを提起した。わが国政府は、本件訴えが提起された当時は、中華民国政府を中国を代表する政府として認めていたが、昭和47年9月29日、本件訴訟の1審係属中に中華人民共和国を中国の唯一の合法政府であることを承認した。他方、中華民国政府との間の平和条約は存続の意義を失い終了したと認めるのが日本政府の見解である旨外務大臣が表明した。本件訴訟は当初中華民国の外交使節から代理権の授与を受けた訴訟代理人によって追行され、第1次1審継続中にわが国政府が中華人民共和国政府を承認した後においても、同訴訟代理人がそのまま訴訟を追行していた。

裁判の流れ　1次1審：（当事者適格を欠くため）訴え却下　1次2審：差戻　2次1審：請求認容
　　　　　　2次2審：控訴棄却　最高裁：破棄自判（原判決破棄、1審判決取消・1審への差戻）

　第1次控訴審は、中華人民共和国の成立によっても国家体制によって台湾等を現実に支配している状況は変らず、この者の原告の地位が消滅したことは認められないとして原告の当事者能力を認めた。その上で、本件建物の所有権につき、政府承認の切替えがあっても原告が建物の所有権を失うことはないとした。差戻後の1審も、控訴審も、この立場を支持する。

判　旨　〈最高裁は訴訟手続の中断等につき判断し、原判決破棄、1審判決取消・1審への差戻〉
（原告の確定）　訴状の原告の表示は「中華民国」であり、原告代表者の表示は「中華民国駐日本国特命全権大使」となっている点につき、次のように判示した。「本件建物の所有権が現在中国国家以外の権利主体に帰属しているか否かは別として、本件において原告として確定されるべき者は、本訴提起当時、その国名を『中華民国』としていたが、本件が第1次第一審に係属していた昭和47年9月29日の時点で、『中華人民共和国』に国名が変更された中国国家というべきである」。
（代表権の消滅）　わが国政府が中国国家の政府として中華民国政府に代えて中華人民共和国政府を承認したのであるから、中華民国政府から派遣されていた中華民国駐日本国特命全権大使の中国国家のわが国における代表権は消滅したとした。そして、「代表権の消滅が公知の事実である場合には、民訴法37条で準用される同法36条1項所定の通知があったものと同視し、代表権の消滅は、直ちにその効力を生ずると解するのが相当である」。
（政府承認の切替えが行われた場合、旧政府から委任を受けた訴訟代理人の訴訟進行は許されず、訴訟手続は中断）　「訴訟代理人が外国国家の外交使節から訴訟代理権の授与を受けて訴訟を提起した後に、我が国政府が、当該外国国家の政府として、上記外交使節を派遣していた従前の政府に代えて新たな政府を承認したことによって、…民訴法37条、124条2項、同条1項3号の規定にかかわらず、上記代表権の消滅の時点で、訴訟手続は中断すると解するのが相当である。なぜなら、上記規定は、訴訟代理人が選任されているときには、当該訴訟代理人が訴訟の実情に通暁しており、一般にそのまま訴訟を追行させたとしても、当事者の利益を害するおそれがないことから、訴訟手続の中断事由が生じたとしても、訴訟代理権は消滅しないものとして（同法58条1項4号参照）、訴訟手続の中断についての例外を定めたものと解されるところ、上記の場合、従前の政府の承認が取り消されたことにより、従前の政府が上記代表権の発生母体としての根拠を失ったために上記代表権が消滅したのであって、単に代表権のみが消滅した場合とは実質を異にする上、新たに承認された政府が従前の政府と利害の異なる関係にあることは明らかであるので、従前の政府から派遣されていた外交使節からの訴訟代理権の授与しか受けていない訴訟代理人がそのまま訴訟を追行することは、新たな政府が承認された後の上記外国国家の利益を害するおそれがあるというべきだからである」。

判例の法理　★**当事者の確定**　すでに指摘されているように、本件訴訟の当事者・原告が誰であるかについては国際法上の国家概念が関係する1)。原審判決でも、本件建物は政府承認の切替えによっても、中華民国すなわち台湾の所有であることに変りなく、被告らの占有に正当な権原がない以上、被告らは本件建物を明け渡さなければならないとした2)。

　最高裁判所は、原告として確定されるべきは訴訟提起当時その国名を「中華民国」としていたが、昭和47年9月29日の日中共同声明に伴って「中華人民共和国」に国名が変更された中国であるとした。最高裁は、中国という国家自体が原告であることには訴訟提起の当時から最高裁判決に至るまで変りはなく、原告の表示が変更になったとみている。他方原審の立場は、「中華民国」を当初の原告としていたが、政府承認の切替えによって、原告を「台湾」とした。これにより「台湾」が国家として承認されるかの問題が生じ、法人格なき社団の地位し

訴訟代理　69

か認められないとの見解も現れた3)。この立場では、本件建物の所有権は法人格の認められない「台湾」に属するのではなく、その構成員全員に総有(共有)的に帰属すると解されるであろう。原審の判断は政府承認の切替えによって本件係争不動産が当然に「中華人民共和国」の所有に帰するとはみていない。

最高裁は当事者の確定基準をなにに求めたか。実質的表示説か意思説か、微妙な問題である。意思説によったとの見解もある4)。しかし、本件では訴状の内容を考慮して、「中華民国」と称する中国あるいは「中華人民共和国」と称する中国を当事者と確定し、係争不動産の所有権が中国に帰属するかを判断すべきであるとしているので、実質的表示説に従った当事者の確定と考える。すなわち最高裁は本件訴訟で何人を原告とすべきかについて、争いの内容にまで踏み込んで判断している。意思説によるとの見解もあるが、疑問である。原告の意思を基準に原告を確定することのむずかしさはおくとしても、原告の意思を解釈すると、自己の所有建物の明渡しを求める「中華民国」としては、政府承認の切替えにもかかわらず、台湾等を現実に支配していることを前提に、日本政府が承認していない従来の「中華民国」＝台湾等が原告に留まるものと思われる。

❂**代表権の消滅** 最高裁は本件訴訟の原告を「中華民国」と称する中国が政府承認の切替えによって「中華人民共和国」と称する中国となり、国名の変更と解している。したがって当事者の変更を前提とした中断・受継の問題ではない。本判決でも明らかにされているように、最高裁は「中華人民共和国」政府を承認することにより「中華民国」の外交使節が国家の代表権限を失ったとして、124条1項3号により訴訟手続は中断するとした。これまでも国または行政庁が当事者である場合、代表する法務大臣またはその代表者が交替したとき、本条により訴訟手続の中断が生ずるとされていた5) 6)。前述のように当事者としての国家の同一性に問題はあるが、それを不問に付するならば、最高裁判決のいう外交使節の代表権限の喪失による訴訟手続の中断を認めることには特別の問題はない。

国の代表者の代表権の消滅については法定代理権の消滅の通知を規定した36条が準用されるので(37条)、代表権の消滅は新たな代表者から通知しなければ効力が生じない。しかしながら最高裁は、代表権の消滅が「公知の事実である場合には、民訴法37条で準用される同法36条1項所定の通知があったものと同視し」うるとした。判旨にも明らかにされているように、相手方に通知しなければ効力を生じないとしている理由として、「訴訟手続の安定性と明確性の確保」と「相手方の保護」があげられている7)。最高裁判決に批判的な見解もある。政府承認の切替えが国家の代表権を有する外交使節の権限の消滅をもたらすことになるということが、個別具体的な取引関係にある者の間でつねに「公知の事実」と取り扱って差支えないのか。第1次第1審判決以降原審判決まで、この問題に言及されることはなかった。この点からも通知があってはじめて代理権・代表権の消滅の効力が認められるべきではないか8)。

❂**訴訟代理人がいる場合の訴訟手続の中断** 訴訟代理人が選任されているとき、訴訟手続の中断事由が生じても、従前より手続に関与している訴訟代理人が引き続き訴訟に関与する9)。しかし、最高裁は従前の政府承認の取消しによって従前の政府(または外交使節)が選任した訴訟代理人は代理権の基礎を失うとする。また、従前の政府と現在承認された政府との間では必ずしも利害が共通するとはいえないとして、従前の訴訟代理人にそのまま訴訟を追行させることは承認された政府に代表される国家の利益を害することになるので、本判決は政府承認の切替えによって原則どおり訴訟手続は中断するとした。

|判例を読む| 本判決は、政府承認の切替えによって訴訟手続がどのような影響を受けるかにつき新しい規範を確立した。当事者の確定についても、従来の議論の枠組みをこえた最高裁独自の見解を示した。また、訴訟代理人がいる場合、法定代理権の消滅によっても中断せずとする明文規定は例外規定であるとしたうえで、その例外規定を適用すれば新政府の利益を害することになるので原則に戻るべきであるとする。本判決は、原告となるべき国家は同一であるのに、何人が訴訟代理人を選ぶかによって不利益な結果をもたらすというが、訴訟代理人は本人のために訴訟追行をするのであって、新政府は旧政府と立場を異にするとの理由だけで訴訟手続の中断を導き出すのは理由として十分とはいえない。

〔上北武男〕

第1次1審＝京都地判昭52・9・16判時890号107頁／第1次2審＝大阪高判昭57・4・14高民集35巻1号70頁、判時1053号115頁／第2次1審＝京都地判昭61・2・4判時1199号131頁／第2次2審＝大阪高判昭62・2・26判時1232号119頁

1) 和田吉弘「外国政府の承認と訴訟手続」法セ633号117頁。ただし、国家について言及はない。本件訴訟との関連で国家を領土と国民と統治機構としての政府の三要素のもとに考えるならば、政府承認の切替えは国家の法主体性の変更になると考えられる。他方、統治機構としての政府を団体における執行機関に準じて考えるならば、政府承認の切替えは、国家そのものの法主体性の変更にはならないものと考える。憶測の域を出ないが、原審判決と最判の立場の違いはこの点にあるのではないか。
2) 吉岡進「光華寮訴訟について」判時1274号3頁。
3) 小林・百選Ⅰ新法対応補正版48頁(本件第1次2審の判例解説)は、原審判決の立場を支持することになるであろう。
4) 村上・平成19年重判138頁は、原告の内心的効果意思を基準とするもので、意思説に近いと評価することも可能としながらも、最高裁は総合的に判断しているので、いずれの説によったか断ずることはできないとする。
5) 菊井＝村松・新コンメ②480頁参照。
6) 府県知事の交替で中断を認めた大判大4・10・16民録21輯1644頁がある。
7) 法定代理人の死亡や訴訟能力の喪失の場合は、36条には反するが、通知がなくても消滅事由発生の時に中断する。これはあくまで例外的取扱いである。
8) 村上・前掲注4) 139頁、菊井＝村松・前掲注5) 481頁なども通知を必要とする。これが原則的取扱いである。
9) 訴訟の実情にくわしく、そのまま訴訟手続に関与させても当事者の利益を害することはないとされている(124条2項)。

48 弁護士による代理（2）──懲戒処分

最高裁昭和42年9月27日大法廷判決　民集21巻7号1955頁、判時494号16頁、判タ211号192頁

▶ 37条、59条、弁護56条・57条

論　点 ▶ 業務停止の懲戒処分に違反してなされた訴訟行為は有効か

事実の要約　原告Xの被告Yらに対する請求は約束手形金請求と根保証に基づく保証債務の履行請求であるが、本件ではYの訴訟代理人である弁護士Rが所属弁護士会によって3カ月の業務停止の懲戒処分を受けていたことが問題とされている。

裁判の流れ　1審：XのYAに対する請求認容、他は棄却　2審：XのYに対する請求棄却　最高裁：上告棄却

```
X      約束手形金請求
↓      根保証に基づく保証債務の履行請求
A B
C Y ── 弁護士R（Y訴訟代理人）
        ただし業務停止の懲戒処分中
```

XのYに対する本案については、控訴審では、約束手形金請求も根保証に基づく保証債務の履行請求も、Yの父AがYに無断で印鑑を使用していたので、いずれもYには責任がないとのYの主張が認められて、棄却された。上告審でXは、原審の事実認定は経験則に反するものであるとして争うとともに、訴訟代理人Rの訴訟行為（弁論および証拠調べなど）は業務停止期間中のもので無効であると主張して、原判決の破棄を求めた。

判　旨　＜上告棄却＞まず、業務停止の懲戒を受けた者は、告知の時から業務に従事することができなくなること、次に、業務停止期間中、訴訟行為をすることが許されないのはもちろん、もし裁判所が懲戒の事実を知ったときは、裁判所は当該弁護士に対し訴訟手続への関与を禁止し、この者を訴訟手続から排除しなければならないとした。しかし、裁判所がその違法な訴訟行為を看過した場合において当該訴訟行為の効力がどのような影響を受けるかは別個の問題であって、当裁判所は当該訴訟行為を直ちに無効ならしめるべきではないとする。

「弁護士に対する業務停止という懲戒処分は、弁護士としての身分または資格そのものまで剥奪するものではなく、したがって、その訴訟行為を、直ちに非弁護士の訴訟行為たらしめるわけではないのみならず、このような場合には、訴訟関係者の利害についてはもちろん、さらに進んで、広く訴訟経済・裁判の安定という公共的な見地からの配慮を欠くことができないからである。もともと、弁護士の懲戒手続は公開されているわけではないし、その結果としての処分についても、広く一般に周知徹底が図られているわけでもないから、当該弁護士の依頼者すら、右の事実を知り得ないことが多く、裁判所もまた、右の事実を看過することがあり得るのである。それにもかかわらず、当該弁護士によってなされた訴訟行為が、業務停止中の弁護士によってなされたという理由によって、のちになって、すべて無効であったとされるならば、当該事件の依頼者に対してはもちろん、時としては、その相手方に対してまで、不測の損害を及ぼすこととなり、ひいては、裁判のやり直しを余儀なくされ、無用の手続の繰返しとなり、裁判の安定を害し、訴訟経済に反する結果とならざるを得ない。要するに、弁護士業務を停止され、弁護士活動をすることを禁止されている者の訴訟行為であっても、その事実が公にされていないような事情のもとにおいては、一般の信頼を保護し、裁判の安定を図り、訴訟経済に資するという公共的見地から当該弁護士のした訴訟行為はこれを有効なものであると解すべきである」[1]。

判例の法理　★**業務停止の懲戒処分に違反してなされた弁護士の訴訟行為の効力**　本最判が業務停止の懲戒処分に違反してなされた訴訟行為を有効としたのは、この懲戒処分は公表されず、一般の人々にも当事者自身にも知られないから、この弁護士の行為を無効にすると当事者に不測の損害を及ぼすという理由による[2]。学説には、最高裁の多数意見を支持する説[3]、少数意見に賛成する説[4]、絶対無効説[5]がある。

最判の多数意見は当事者の保護と裁判の安定を重視するが、少数意見を支持する立場は、懲戒処分に違反する訴訟行為の効力を無権代理と同様に、本人の追認にかからしめ、当事者の利益保護を重視する。

これに対して、絶対無効説は、弁護士会が行う懲戒処分は公益的見地からなされることを重視する。弁護士の社会的使命を考慮すると、懲戒処分を受けた者の訴訟行為を有効とすることには疑問がある。すでに指摘されているように[6]、依頼者は当該弁護士が懲戒処分を受けていることを知れば、訴訟委任はしなかったであろう。また訴訟中に懲戒処分が判明すれば、おそらく当該弁護士を解任するであろう。弁護士の倫理についてはそれほどに重視されるべきである。本最判においても弁護士の社会的地位あるいはその職責が強調されている。絶対無効説を改めて評価する必要があるように思われる。

〔上北武男〕

1審＝神戸地龍野支判昭38・11・7民集21巻7号1955頁／2審＝大阪高判昭40・2・16民集21巻7号1955頁

1) 訴訟代理人が弁護士であるということは、当該訴訟における代理権発生・存続の要件と解する説がある（菊井＝村松・新コンメ①525頁）。本判決は懲戒処分を受けた弁護士に訴訟代理権の不発生・不存続という扱いはしていない。弁護士資格があれば訴訟代理人資格もあるとする立場である。新堂189頁も最判の立場を支持するものである。
2) これに異を唱えるのは、割愛したが最高裁判決の反対意見である。
3) 小山昇・民商60巻1号140頁。
4) 村松俊夫・判評109号23頁。
5) 三ケ月・判例民訴法50頁。
6) 懲戒処分が最高裁から各地裁にまで通知されている（日弁連昭和40年10月以降の取扱い）ことから、本件のように裁判所が懲戒処分を知らず当該弁護士の訴訟関与を許すという事態は今後起こり得ないであろうから、これまでの有効説は速やかに捨てるべきであるという（佐々木吉男・百選Ⅰ新法対応補正版120頁）。

49 訴訟と法人代表者の表見代理

最高裁昭和45年12月15日判決　民集24巻13号2072頁、判時617号85頁、判タ257号132頁

▶37条、28条、34条1項

論点 ▶ 法人の訴訟上の代表者の確定に実体法上の表見法理の適用はあるか

事実の要約　X（原告、被控訴人、上告人）は、Y有限会社（被告、控訴人、被上告人）を相手に金11万円あまりの売買代金等を求めて訴えを提起した。その際、Xは、訴状には登記簿上Y会社の代表者となっていたAを同社の代表者と表示した。訴状副本の送達は、当初Y会社本店宛てにされたが送達不能になったため、A個人の住所宛てにされた。Aは、自分はY会社の代表取締役に就任したこともなく、就任を承諾したこともないと争っていた。

```
           売買代金請求
    X  ─────────────▶  Y会社

                       A 代表（登記）
```

裁判の流れ　1審：X勝訴　2審：原判決取消・訴え却下　最高裁：破棄差戻

1審ではXの請求が認容された。そこで、AはやむなくY会社の代表取締役の名義で控訴した上で、当初の主張を繰り返した。2審は、Aの主張を認め、したがって、本件は代表者ではないAを代表者として提起された不適法なものであるとして、原判決を取り消し、訴えを却下した。今度は、Xが上告し、民法109条、商法262条〔現会社354条〕の規定によってAをしてY会社の代表権限を認めるべきであったとした。最高裁は、この点のXの主張は認めなかったが、Aに代表権限がないのであれば1審はまず補正命令等の措置をすべきであったとして、原判決を破棄し、1審判決を取り消して1審に差し戻した。

判旨　＜破棄差戻＞「民法109条および商法262条〔現会社354条〕の規定は、いずれも取引の相手方を保護し、取引の安全を図るために設けられた規定であるから、取引行為と異なる訴訟手続において会社を代表する権限を有する者を定めるにあたっては適用されないものと解するを相当とする。この理は、同様に取引の相手方保護を図った規定である商法42条1項〔現会社13条〕が、その本文において表見支配人のした取引行為について一定の効果を認めながらも、その但書において表見支配人のした訴訟上の行為について右本文の規定の適用を除外していることから考えても明らかである」。

判例の法理　●**訴訟行為と実体法規定**　訴訟上の効果をねらってなされる関係者の行為、すなわち訴訟行為の規律は訴訟法のみによるのか、それとも実体法の規律にも服するのか争いがある。意思表示の瑕疵に関する規定や表見法理規定の適用が問題とされてきた。訴訟行為と法律行為の性質の違いから、これを否定するのが通説であるが、本判決も、取引の相手方を保護し取引の安全を図ることを目的とする表見法理規定は、取引行為と異なる訴訟行為に適用されるものではない、と通説の立場に従っている。

●**法人の代表者の確定と表見法理**　法人はその代表者を介して訴訟当事者となり、訴訟行為を行うものであり、訴訟法上、代表者と法人の関係は法定代理に準じたものとされる（37条）。登記簿上の代表者と真実の代表者が違うことは世間では少なくない。そうした場合、登記簿の記載に従ってなされた訴えは適法か、表見法理の適用がまさに問題となる。最高裁は、訴訟行為への表見法理規定の適用は一貫して否定しており[1]、売買代金請求という取引行為の延長にある訴訟であった本件でも明確に否定した。

判例を読む　●**訴訟行為の法的規律**　訴訟行為に訴訟法独自の規律があるのは当然である。これに加えて、実体法の規定を適用する余地があるか、学説上の対立をよそに判例は消極説でほぼ一貫している[2]。その理由としてあげられるのが、訴訟行為と取引行為の違いであった。なるほど、表見法理を適用すれば、法人は真実の代表者でない者によって訴訟追行がなされることになり、法人の手続保障に欠けることは間違いない。逆に、表見法理を適用しないとなると、登記を信頼した者を犠牲にして、不実の登記を放置しておいた者を保護する結果となる。しかし、こうした微妙な問題を、訴訟行為に表見法理の適用があるかどうかという大上段の議論だけで決めてしまう姿勢には批判が強い。訴訟行為への表見法理の適用の有無といっても、訴訟手続の流れや事案に即して、きめ細かく考察する必要があろう。

●**表見法理不適用の意義**　そもそも、外観を信頼した者を保護する表見法理の趣旨から考えて、訴訟行為へのこの法理の適用は、法人を被告として外部の者が訴訟を起こすときに限られよう。したがって、決議訴訟等、いわゆる法人の内部紛争にこの法理を適用する余地はないというべきであろう[3]。また、取引の延長で外部の者から起こされた訴訟においても、法人（の真実の代表者）が全く訴訟係属を知らないまま受けた敗訴判決を表見法理で法人に甘受させるのは問題であるという点でも不適用説は正しい[4]。おそらく、表見法理を適用して解決できる場面は少ない。しかし、登記上の代表者が真実の代表者でなかった場合、登記を信頼してもおよそ救われる余地がないとする不適用説は硬直にすぎる。登記を信頼したXより、不実の登記を作出していたY会社の保護に傾きすぎてしまったように思える。

〔佐藤鉄男〕

1審＝東京地判昭43・7・19民集24巻13号2078頁／2審＝東京高判昭44・11・6民集24巻13号2079頁

1) 最判昭41・9・30民集20巻7号1523頁、最判昭43・11・1民集22巻12号2402頁、最判昭57・11・26民集36巻11号2296頁。
2) しかし、刑事上罰すべき他人の行為による訴えの取下げの無効を許したものもある。最判昭46・6・25民集25巻4号640頁（➡69事件）。
3) 最判昭43・11・1は、清算人の選任決議を争う訴訟であった。
4) 最判昭41・9・30は、法人に敗訴判決を甘受させにくい事案であった。

50 訴額の算定

最高裁昭和49年2月5日判決　民集28巻1号27頁、金判518号55頁、裁時635号1頁

▶8条1項・2項、民訴費4条1項・2項

論　点 ▶ 訴額の算定に当たり、将来の営業収益の正確な予測が困難な場合、非財産上の請求に準じて取扱うべきか

事実の要約　本件で問題となっているホテル委託契約は、委託者も受託者も子会社等に営業あるいは権利義務を譲渡したため、かなり複雑である。Y_1 は訴外 A との間でホテル営業委託契約を締結した（昭和33年）。この契約においては Y_1 は A に営業収益を基礎として委託手数料と報奨金を支払う旨約した（契約の終期を昭和57年とする）。その後、Y_1 は子会社 Y_2 に委託者の地位を譲渡し（Y_1 は Y_2 の契約上の義務の保証人となる）、また、A は委託上の権利・義務を X_2 に割譲した（昭和38年）。その後に A は X_3 を合併した。

$Y_1 Y_2$ は、上記の通り契約の終期は昭和57年となっているにもかかわらず、X_1 らとの契約は終了したと主張するので、$X_1 X_2 X_3$ は $X_1 X_2$ が本件委託契約の受託者たる地位にあることの確認訴訟と委託契約の内容の確認および受託業務の妨害禁止を求める訴えを提起した。X_1 らは本訴は財産権上の訴えではあるが、営業収益という不確実なものを基礎として、当初の委託契約期間の残存期間における収益をもとに訴額を算定することは不能であるとして、非財産権上の請求に準じて500円（当時の民事訴訟用印紙法3条1項による）の印紙を貼用した。

①営業受託者であるとの地位確認
②委託契約の内容の確認
③受託業務の妨害禁止

Y_2 ── Y_1
（Y_1 の子会社）

X_1
（A の子会社）
A の受託者の地位の一部割譲

X_2
A の委託契約上の権利・義務の割譲

A

X_3
A と合併

ホテル委託営業契約

裁判の流れ　1審：訴え却下　2審：控訴棄却　最高裁：上告却下

1審裁判所の訴状審査においては印紙貼用は問題にならなかったが、口頭弁論開始後、本件の訴額は本件委託契約の残存期間に X らが受けるであろう委託手数料によって算定すべきであるとして、当該ホテルの過去の営業収益を基礎として算定したところ、訴え提起時10億円と評価算定された。それに基づけば当時の民事訴訟用印紙法2条により印紙額は500万余円となり、X らに印紙の追貼が命ぜられた。しかし X らはこれに従わず訴えは却下された。X らは控訴したが、控訴審も1審と同一の判断をし控訴棄却。X らは、本件の訴訟物は財産権上の請求であるが、その価額を合理的に算定する方法がないから算定不能と解すべきであり、非財産権上の請求に準じ民訴用印紙法3条1項（現民訴費用法4条2項）の規定に従い訴額35万円（現95万円）とみなし500円（民訴用印紙法による）の印紙を貼用すれば足りる、と主張して上告。最高裁は本件訴額を1・2審同様、10億円と算定し、X らに1000万円余りの追貼を命じたが、X らがこれに従わなかったため上告を却下した。

判　旨　<却下>「財産権上の請求であって、その価額の算定が著しく困難なものについては、裁判長又は裁判所は、その価額の算定にとって重要な諸要因を確定し、これを基礎とし、裁量によって右請求の価額を評価算定しうるものと解するのが相当である。そして、訴額が特定企業の将来の営業収益を基礎として算定すべき場合においては、営業収益が、好、不況等の一般的経済界の状況、当該企業の属する特定の業界内の条件、あるいは経営者の交替等の当該企業内の事情によって影響を受け、変動を免れないものであるから、将来の営業収益の正確な予測、したがってまた、これを基礎とする訴額の算定も著しく困難というべきであり、右の場合、起訴時を基準とした特定の企業の営業収益は、起訴時以前の期間であって将来存在しえないような異常な事情の存する期間を除いた過去少なくとも3年間の期間の収益等に準拠して、将来の収益の現在価額を求めたうえ、営業収益に及ぼす前記の諸要因を考慮して定めるべきであり、かくして得られた営業収益を基礎とし、裁判長又は裁判所の裁量によって訴額を算定すべきである」[1]。

判例の法理　●**訴額の算定──「算定不能」と「著しく困難」の区別**　訴額の算定が不能のものと「著しく困難」なものとの概念的区別は事実上難しい。かつての判例には、株主名簿の閲覧ならびに謄写請求訴訟において、訴訟物の性質上、価額の算定を不能としたものがあったが[2]、学説では財産権上の請求に関する限り訴額算定が著しく困難なものがあることは認めるが、算定不能とするものはない（ただし、これまでの議論は簡易裁判所の管轄とされるべき少額の事件について、訴額算定困難との理由で地方裁判所の管轄にすることを避けるためであった[3]）。訴額算定が困難とされた比較的新しい判例として、特定の新聞紙に謝罪広告の掲載を求める請求（掲載に必要な通常の広告費によって算定）がある[4]。不法行為の被害者の逸失利益については、被害者の個別的事情を考慮して具体的に算定しなければならないので、算定は困難であるとする学説が支配的だが、判例では、自動車事故により死亡した年少者逸失利益の算定について著しく困難とはされていない[5]。

●**算定が著しく困難な場合の算定方法**[6]　訴額算定にとって重要な諸要因を確定し、これを基礎として裁量によって評価算定する。訴額を特定企業の将来の営業収益を基礎として算定する場合は、訴え提起以前の一定期間の収益に準拠して将来収益の現在価額を求め、営業収益に及ぼす一般経済界の状況、業界内の条件、企業内の事情などの諸要因を考慮して裁判所の（自由）裁量によって算定すべきである（裁判長も訴状審査の際に訴額算定を行うが、最終的に訴額が確定するわけではない。審理の過程で変更の可能性はある）。

判例を読む　●**訴訟物の価額は原告が請求認容判決によって受ける経済的利益か**　訴額の算定については、そ

の訴訟で原告が得るであろう経済的利益が基準となると一般には理解されている。前記最高裁判決においても、この経済的利益算定の方法が具体的に提示されたが、ただ裁判所の裁量による算定に言及していることから、単なる経済的利益を基礎とするものでないと理解できる。

　訴額算定の基礎として、原告の得るであろう経済的利益を重視する実務の取扱いは、物の引渡しあるいは金銭の支払いなどを目的とする給付訴訟にあっては合理性が認められる。しかしながら、いわゆる環境権に基づく差止請求、湾岸戦争90億ドル支出差止請求（平成3年）などの訴訟においては、経済的利益を基礎にした訴額の算定は難しい。原告と裁判所との間でも財産的な損害として評価できるのか、あるいは差止請求のように財産的に評価の難しいものなのかについて見解も相違し、訴額算定の難しさを示すこととなった。また、所有権確認訴訟においては訴額は「目的たる物の価格」とされ（最高裁民事局通知）、ここでも原告の受ける経済的利益を個別に考慮した上での判断がされているわけではない。

　経済的利益を基礎とする訴額算定の合理性に疑問があることは、すでに指摘されているところである7)。訴額の算定は原告の訴訟費用の負担に直結し、弁護士費用の算定の基礎とされ、ひいては原告の訴訟制度の利用の難易を決することになるので、合理的な算定基準の確立が望まれる。

❖**金銭支払請求訴訟における額の確定**　金銭支払請求訴訟において額の確定は訴訟物特定のため不可欠とされているが、この額の確定は原告の責任においてなされるべきか。通常の金銭支払請求訴訟、例えば不法行為に基づく損害賠償請求において死亡あるいは労働能力の相当の喪失の場合、将来の逸失利益（費用経費を差し引き、さらに現在における金額弁済ではその間の利息分も差し引く）をもとに損害額が算定されることになる。ここでも物的損害については原告の経済的利益が基準にされている。したがって、逸失利益についても、原告の現在の収入、生活レベル、具体的・個別的余命あるいは労働可能期間等を個々に考慮して判断されなければならない。損害額の具体的確定については、このような原則に基づくことが承認されていると思われる。しかし、この方法は実際的ではない。原告が提示する損害額も必ずしも確実な根拠に基づいて算定されたものではなく、また将来の損害額を現在の状況をもとに算出するので不確実な要素を前提とせざるをえないからである。一見、合理的と見られる損害額も必ずしも確定的なものではない。そこで実務では、保険金の支払いあるいは労働災害における補償などで一般的に用いられている損害額の表をもとに、損害賠償の額を算出する方法がとられている。当然のことながら、これはあくまで一資料にすぎないが、一般には合理的な額として受け入れられている。しかし、このように、明確な基準に基づく損害額の確定と思われている事案についても、なお算定困難な事情があることを考慮すると、損害額の算定を原告の責任とすることには疑問がある。

　訴額算定と判決における損害額の認定は、その難しさにおいて類似のものがあるように思う。訴額算定とは直接関係がないが、248条は損害賠償額の算定の難しさを間接的に示していると思う。すなわち、この規定は、損害の発生は認められるが、損害の性質上その額を立証することが極めて困難であるとき、裁判所は損害額について確信を得るに至らなくても、弁論の全趣旨および証拠調べの結果に基づいて相当の損害額の認定をすることができるとした。例えば、不法行為の事例で幼児の死亡による逸失利益の算定は、収入あるいは生計費（必要経費）等を確定しなければならないが、算定の基礎とすべきものがなく、あくまで経験則によって額を推定するしかない。ただ、この規定は原告が額を特定せずに損害請求訴訟を提起できることまで認めたものではなく、あくまで原告において額を特定したうえで損害賠償請求訴訟を提起しなければならない。原告としては、裁判所の認定額を予想したうえで、可能な限り額を大きくして訴求することになる。このような事態を避けるために、1つの可能性として損害額を訴額を特定する段階で裁判所の裁量に委ね、審理の過程で評価が異なるような場合、釈明権を行使して額の増減を図ることもできるのではなかろうか。

〔上北武男〕

1審＝東京地判昭43・11・29／2審＝東京高判昭44・7・7高民集22巻3号418頁

1) 最高裁判所は訴訟物の価額の算定が困難であることは認めたが、上告理由として述べられている算定不能は否定した。
2) 大判昭13・6・6民集17巻13号1207頁。
3) 中野貞一郎・判タ756号6頁。
4) 最判昭33・8・8民集12巻12号1921頁。
5) 最判昭39・6・24民集18巻5号874頁。
6) 従来から、訴訟物の価額の算定が著しく困難な財産権上の請求については、算定不能としてみなし規定が適用されるとの説と財産権上の請求である以上、必ず価額を算定すべきであるとの説が対立していた（菊井＝村松・新コンメ① 163頁参照）。本判決は財産権上の請求である以上、必ず価額算定をしなければならないとの立場をとった。裁判所の裁量による算定になるが、考慮すべき要素は本文に述べたような事項か。
7) 中野貞一郎「訴訟物の価額」判タ756号6頁に次のように述べる。「訴訟物の価額は、それを規定する法の規範的解釈に従う裁判所の裁量によって算定されるべきである（規範的訴額説）」。同旨、梶村太市・百選Ⅰ新法対応補正版60頁。なお、算定の客観的・合理的基準を見出すことが極めて困難な場合には裁量によって訴額を算定するとするのは、佐藤歳二・百選2版28頁。

51 不法行為に関する訴え（5条9号）

最高裁平成16年4月8日決定　民集58巻4号825頁、判時1860号62頁、判タ1151号297頁

▶5条9号、17条、不正競争3条1項

論　点 ▶ 差止請求権不存在を求める訴えは、いずれも5条9号所定の訴えに該当するか

事実の要約　岐阜市に住所地のあるXと大阪市に住所地のあるYとの間で、Xが販売又は輸出している製品1)がYの製品と類似商品ではないかと争われた。XはYから本件製品は類似商品であるとの警告を受けたので、Xは、YがXに対して本件製品の販売又は輸出について不正競争防止法3条1項に基づく差止請求権を有しないことの確認を求める訴えを名古屋地方裁判所に提起した。

Xは本件製品を名古屋港から輸出しているので不法行為地は名古屋であろう、民訴法5条9号により名古屋地方裁判所が管轄裁判所であると主張した。Yは、差止請求権は不法行為の効果として一般的には承認されていない、また不正競争防止法上の商品等表示混同行為において他人の商品等と同一または類似の表示を商品に使用し、その商品を譲渡・引渡・輸出等をした場合、それが不正競争になり、その地が不法行為地になるとすれば、その商品の流通している地はすべて不法行為地になり、5条9号の意義がなくなる、さらに、これら多数の不法行為地のなかから被告に不利な管轄裁判所を選択することも可能であり、被告の応訴を著しく困難にするなどを理由に管轄を争い、大阪地方裁判所への移送の申立をした。

裁判の流れ　1審：移送の申立て却下　2審：本件の差止請求権は物権的請求権に準ずるもので、不法行為に基づく請求権ではないとして、本件訴訟を大阪地裁に移送。Xは最高裁へ許可抗告の申立て　最高裁：破棄差戻

決定要旨　＜原決定破棄、原審に差戻＞「民訴法5条9号の規定の上記意義に照らすと、不正競争防止法3条1項の規定に基づく不正競争による侵害の停止等の差止めを求める訴え及び差止請求権の不存在確認を求める訴えは、いずれも民訴法5条9号所定の訴えに該当するものというべきである。

そうすると、本件訴えは、同号所定の訴えに該当するというべきであるから、これと異なる原審の判断には、裁判に影響を及ぼすことが明らかな法令の違反がある。論旨は、理由があり、原決定は破棄を免れない。そして、民訴法17条による移送の可否等について更に審理を尽くさせるため、本件を原審に差し戻すこととする」。

判例の法理　本件決定では、不正競争防止法3条1項に基づく不正競争による侵害の差止めを求める訴えおよび差止請求権不存在確認を求める訴えは、いずれも民訴法5条9号所定の訴えに該当するとした。これまで下級審で同趣旨の先例が有力であったとはいえ、この種の訴えにつき「不法行為に関する訴え」に該当しないとして、5条9号の管轄を認めない例もあった。本件最高裁決定は、最高裁としてはじめて侵害差止請求訴訟も差止請求権不存在確認訴訟も、いずれも「不法行為に関する訴え」であるとして、不法行為地の特別裁判籍を肯定したものである。

判例を読む　知的財産権の侵害が実際には存在しないのに侵害を警告する行為は、信用毀損行為に該当し、警告行為等に対する差止請求や損害賠償請求等がつねに認められるかが問題になるが2)、不正競争防止法3条1項による不正競争による営業上の利益侵害の差止請求権が不法行為に基づく差止請求権であることから、差止請求権不存在確認訴訟も相手方の差止請求権の存否が審理の対象になることを考えるならば、この訴えも不法行為に関する訴えと解することができ、不法行為に関する訴えの特別裁判籍が認められるべきであろう。

侵害差止請求訴訟と差止請求権不存在確認訴訟の相互の関係をいかに理解すべきか。本件最高裁の決定理由では、不正競争防止法3条1項の不正競争による侵害の停止等の差止めを求める訴えと差止請求権不存在確認を求める訴えは、いずれも不法行為に関する訴えに該当するとされている。これは侵害等の差止請求訴訟は不法行為に関する訴訟であるから、それと表裏の関係にある差止請求権不存在確認訴訟も同じく不法行為に関する訴訟と解したのであろうか3)。不法行為に基づく損害賠償請求訴訟と損害賠償請求権不存在確認訴訟との関係に対比されるべきものであろうか。

不正競争防止法上の差止請求訴訟はどのような役割をはたしているのであろうか。これまでも折にふれ問題になっている商標権、特許権あるいは実用新案権の侵害の告知ないし警告が、仮に警告を受けた行為が権利侵害行為にならない場合でも（不当な警告であっても）、それを理由に不法行為による損害賠償請求をすることはできないとされた例がある。このような不当な警告に対する対抗手段として、警告後に予定されているであろう差止請求訴訟に先手を打って差止請求権不存在確認訴訟を提起することは有効であろう。

〔上北武男〕

1審＝名古屋地決平15・7・24／2審＝名古屋高決平15・9・8

1) 民集では「チャック」とのみ表示されているが、森義之「時の判例」ジュリ1274号191頁によると、工作機械と工具を接続する「ミーリングチャック」という製品。
2) 本件決定要旨では知的財産権の侵害がない場合でも警告行為は違法でないとされている。
3) 不法行為に基く差止請求権不存在確認訴訟において審理の対象になるのは不法行為に基づく差止請求権を基礎づける事実であることを考慮すると本判決の結論も支持することができる。

52 移送（1）——地家裁間の移送

最高裁昭和58年2月3日判決　民集37巻1号45頁、判時1069号73頁、判タ490号62頁
▶民768条・771条、旧人訴15条1項、家審9条1項乙類5号

論点　離婚の訴えに附帯してなされた財産分与の申立ては協議離婚が成立して離婚の訴えが取り下げられたとき、家庭裁判所に移送することができるか

事実の要約　妻X（原告・附帯控訴人・上告人）は夫Y（被告・控訴人・被上告人）に対し離婚の訴えを提起し、かつ慰謝料の併合請求をし、離婚の訴えに附帯して財産分与の申立てを行った。これらが1審において併合審理されていたところ、慰謝料請求および財産分与の申立てにつき家事調停に付する旨の職権による付調停がなされ、同日「XとYは協議の結果円満に協議離婚することとし、本日協議離婚届を作成し、XはYにこれを交付しXはYにおいて届出することを委任した」との条項をもって離婚の訴えについて和解が成立した。ところが家事調停は不調に終わり、そのため1審裁判所は慰謝料請求および財産分与の申立てについて訴訟手続を再開した。

```
X ─────────▶ Y
離婚の訴え
慰藉料請求（併合請求）
財産分与の申立て（附帯申立て）
```

裁判の流れ　1審：Xの請求一部認容　2審：財産分与の申立て却下　最高裁：上告棄却

1審はXの慰藉料請求につき100万円、財産分与の申立てにつき125万円の限度で認容。控訴審は、財産分与の申立てについては人事訴訟手続法15条1項に基づき離婚の訴えに附帯して申し立てたのであって、原審裁判所において協議離婚をなす旨の和解が成立し協議離婚届をなしたことにより、本件財産分与の申立ては、訴訟手続で審理する根拠を失い不適法になったと判示。X上告。上告理由は、離婚の訴えと同時に財産分与の申立てをし、これが適法に係属した以上、和解により協議離婚が成立し、離婚の訴えが終了したとしても、いったん係属した財産分与の申立てを不適法として却下すべきではないというものである。

判旨　＜上告棄却＞「人事訴訟手続法15条1項（現人訴2条・8条）による離婚の訴えにおいてする財産分与の申立ては、本来家事審判法9条1項乙類5号（現家事39条・別表24項）に定める家庭裁判所の権限に属する審判事項につき、手続の経済と当事者の便宜とを考慮して、特に例外的に訴訟事件である離婚の訴えに附帯して同一の訴訟手続内で審理判断を求めることを許したものにすぎないから、附帯請求としての財産分与の申立に対して訴訟手続内で審判をするについては、本来的請求である離婚の訴えが現に係属していることがその前提要件をなし、右訴訟の過程においてなんらかの理由により離婚の訴えそのものの係属が失われたときは、残存する附帯的請求である財産分与の申立てについてはもはや当該訴訟手続内で審理判断することができず、右申立ては不適法として却下を免れないものと解するのが相当である」。

判例の法理　❖**離婚の訴えに附帯してなされた財産分与の申立てと離婚の訴えの終了**　人訴法の改正により家庭裁判所は人事訴訟その他法律の定める事項について訴訟裁判所として管轄権を有する（人訴2条）。そして、人事訴訟が家庭裁判所に係属し、その請求原因事実によって生じた損害賠償請求訴訟が第1審裁判所に係属するとき、第1審裁判所は相当と認めるときは、申立てにより当該損害賠償請求訴訟を人事訴訟の係属する家庭裁判所に移送することができる（人訴8条）。

旧人事訴訟法のもとでは、離婚の訴えに附帯して財産分与の申立てを受訴裁判所になしえたので（人訴15条1項）、離婚の訴えが協議離婚となる旨の和解により終了した場合、財産分与の附帯申立ては、なお適法に受訴裁判所に係属しているか（受訴裁判所はこの申立てについて審理判断できるかが問題になった）。本件最判は、財産分与事件は本来家庭裁判所で扱うのが好ましいが（手続の非公開、家裁調査官の活用など）、離婚の訴えを提起する場合に例外的に附帯して財産分与の申立てをすることが認められているので、離婚の訴えの訴訟係属が消滅すれば、財産分与の申立ては不適法となり却下すべきであるとする（**不適法説**[1]）。

これに対して、いったん適法に附帯申立てとしての財産分与の申立てが係属した以上離婚訴訟の訴訟係属が消滅しても、受訴裁判所の附帯申立てに対する審判権が失われるものではないとする説がある（**適法説**）。この説は、離婚訴訟の提起が附帯申立ての適法要件であっても離婚訴訟の係属が附帯申立ての審理判断の適法要件でないことと、適法に係属した訴訟手続において得られた訴訟資料の利用の便宜および訴訟経済上の利点を根拠としていた。

この適法説には次のような問題があるとされていた。地裁で証拠調べなどを経ている例では、財産分与の申立てについて、引続き地裁で審理するのが訴訟資料の利用の便宜から好ましいのは確かであるが、離婚訴訟の審理が進行せず、別途協議離婚の手続を進めることも考えられるので、一律に地方裁判所で財産分与の申立てについて審理判断するのが訴訟資料の利用の便宜および訴訟経済からみて有利とはいえない。また仮に地裁に訴訟資料が集められていたとしても、家庭裁判所は職権探知によりこの訴訟の利用は可能であるから、地方裁判所でこの申立てについて審理を続行する根拠にはならない[2]。

❖**適法説の下での移送の可否**　本最高裁判決において財産分与の申立てを訴訟手続で審理判断することは不適法としたが、学説では適法説が有力であった。適法説にたちつつも、なお地方裁判所から家庭裁判所への移送を認めるか否かにつき若干の見解の対立はあった。

①いったん適法に係属した財産分与の申立てについては受訴裁判所が審理判断すべきであるが、家庭裁判所での審理が実質的に妥当であるので、家庭裁判所への移送が認められるよう法改正を提案する説[3]。②受訴裁

所は残存する財産分与の申立てについて取り下げて改めて家庭裁判所に審判の申立てをするよう勧告し、これが受け入れられない場合は、適法な財産分与の申立てがあり訴訟係属している以上、受訴裁判所で審理判断すべきであるとする説[4]。③受訴裁判所に適法に係属した財産分与の申立ては離婚訴訟が消滅したとしても、管轄法定の原則から不適法にはならないが、家庭裁判所での審理判断が適当であると認められるときは、裁量移送（17条）をすべきであるとする説[5]。

❂**問題解決の一観点** 適法説、不適法説の対立はあるが、学説では基本的には適法説が支持されていた。適法説の上述の根拠のほかに、次の点も理由になるであろう。離婚の訴えについて、協議離婚による旨の和解が成立した以上、財産分与については家庭裁判所の審理判断を受けるべきであるとするのは明快な解決方法ではあるが、離婚訴訟が終了したが故に、当事者は改めて財産分与の申立てについて家庭裁判所の判断を受けなければならないとすることは、当事者に手続上不必要な負担を課すことになる。離婚について協議離婚を認めている以上、離婚訴訟が提起されても当事者の意思による訴訟の終了はありうることで、それをもって受訴裁判所が財産分与の申立ての審理判断を拒むことは、形式的にすぎはしないだろうか。なお適法説に立って移送を認めるべきかについては、異質の手続間の移送になるので、旧法下では難しかった。

|判例を読む| ❂**財産分与の申立ての除斥期間** 不適法説をとる前記最高裁判決では、改めて家庭裁判所への財産分与の申立てが必要となるが、除斥期間（民768条2項但書）との関係で、もはやこの申立ては認められないこともある。適法説をとり、地方裁判所から家庭裁判所への移送を肯定する見解も本最高裁判決のこの不都合を回避しようとしたからである。ただ最高裁判決の立場を支持しつつ、この除斥期間の問題につき、次のような取扱いの可能性も提示されている。すなわち、地方裁判所からの職権による付調停が不成立になった時点で、原告から家庭裁判所に対して財産分与の審判の申立てがあったものとみなして、上記申立事件が家庭裁判所に係属しているものとして処理する[6] 扱いである。

なお、今後はこの最高裁判決に従って、当事者は離婚成立が先行したら、直ちに家庭裁判所へ調停、審判の申立てをするであろうとの見解のもとに、除斥期間により申立てそのものができなくなる不都合は避けられるとの見解もある[7]。

❂**離婚訴訟を家庭裁判所の管轄とする人事訴訟法の改正** 旧民事訴訟法のもとでは人事訴訟は地方裁判所の管轄であった。財産分与等は本来、家庭裁判所の家事審判事項である。ただ、財産分与等の家事審判事項も離婚訴訟に附帯して申し立てられたときは、地方裁判所で審理・判断されていた。このような法律に従った取扱いから、上記のような問題も生ずるのである。かねてから、離婚訴訟を家庭裁判所の管轄にすべきであるとの立法論が展開されていた[8]。離婚は法律関係である離婚関係の解消を目的とするもので、訴訟事項ではあるが、離婚を認めるか否かは当事者間の事情のみならず、現実には関係者との関係も考慮して総合的に判断されなければならないからである。このような見解は、家庭裁判所における現在の家事審判の手続とは別に、現在の離婚訴訟に準じた手続を整備したうえで、家庭裁判所での審理・判断が提案されていた。このような改正の動きもあって、新しい人事訴訟法では、人事訴訟を家庭裁判所の管轄とすることになった。

❂**地方裁判所に提起された事件が家事審判事件と判断された場合の移送の可否** 最高裁判所は一貫して移送を否定する（最判昭38・11・15民集17巻11号1364頁、最判昭44・2・20民集23巻2号399頁）。訴訟事件と非訟事件では手続構造が異なり、また移送についての規定がないことを理由とする。ただし、学説では、事件が訴訟か非訟か明確でない、訴訟手続内で反訴として家事審判事項について付帯請求として判決を求めることができるかも不明である、移送を認めないことによる当事者の不利益（時効中断、期間遵守の効果の喪失、再度の申立てによる費用の増加）も無視できないなどを理由にこの昭和38年判決に反対する。また移送を認めないと訴訟裁判所でも非訟裁判所でも審理を拒否されるおそれがあるなどから移送を肯定する（例えば、松本＝上野民訴法8版314頁）[9]。

〔上北武男〕

1審＝富山地魚津支判昭55・9・26／2審＝名古屋高金沢支判昭57・3・24

1) 小山昇「離婚慰藉料と財産分与」判タ294号61頁（旧人事訴訟法のもとでの学説）。
2) 高橋宏志・法協11巻10号1667頁をはじめ、多くの判例批評等で指摘されているところである（いずれも旧人事訴訟法のもとでの判例批評）。
3) 加藤令造「離婚訴訟の終了と附帯請求」判タ250号102頁。
4) 岡垣・人事訴訟の研究224頁。
5) 石川明・判評294号202頁以下。
6) 伊藤眞子・ジュリ790号61頁。
7) 佐藤歳二・百選I新法対応補正版68頁。
8) 人事訴訟に関する民訴法学会ミニシンポジウムにおいて取り上げられた問題である（民訴雑誌47号121頁以下）。
9) 手続上の問題ではあるが、最高裁判所の厳格な取扱いを示す例がある。「執行抗告の抗告状が原裁判所以外の裁判所に提出された場合には、これを受理した裁判所は旧30条（現16条）を類推適用して事件を原裁判所に移送すべきではなく、執行抗告を不適法として却下すべきである」（最決昭57・7・11民集36巻6号1229頁）。

53 移送(2)──著しい損害・遅滞の内容

大阪高裁昭和54年2月28日決定　判時923号89頁、判タ389号100頁　　　▶17条

論点 ▶ 原告が経済的な損害のため裁判を受ける権利に影響を受ける場合、著しい損害を避けるという理由で移送申立てを却下することができるか

事実の要約　$X_1 X_2$（当時鹿児島市在住）は鹿児島市立病院で、極小未熟児 X_3 を出生した。X_3 は、保育器で保育中に未熟児網膜症にかかり、県立宮崎病院に転送された。この病院での治療も効果もなく失明した。X_1～X_3 はその後奈良県に転居、現在も奈良県に在住している。X_1 らは X_3 の失明は鹿児島市立病院の保育上の過失と宮崎県立病院の治療上の過失によるものとして、Y_1（鹿児島市）と Y_2（宮崎県）を相手に債務不履行または不法行為を理由に、損害賠償請求訴訟を義務履行地（奈良県）の裁判籍の認められる奈良地方裁判所に提起した。$Y_1 Y_2$ は X_3 の失明について、当時の医学水準に応じた最高の注意義務を尽くしても回避できないもので、病院側には過失がないと主張した。さらに Y_1 からは鹿児島地方裁判所への移送、Y_2 からは宮崎地方裁判所への移送（被告の普通裁判籍・原因たる不法行為のなされた地の地方裁判所）の申立てがなされた。なお、$X_1 Y_1$ らは担当の医師・看護婦、保母、教諭の証人尋問、また鑑定証人尋問をそれぞれ申請し（これらの証人のほとんどが鹿児島市・宮崎県在住）、さらに保育器等（鹿児島市役所）についても現場検証の申請をした。

図：X_1　X_2　X_3（奈良県在住）
↓医療過誤に基づく損害賠償請求を奈良地裁に提起
Y_1（鹿児島市）　Y_2（宮崎県）

裁判の流れ　1審：Y_1 の移送申立て却下・Y_2 の移送申立て認容　2審：Y_2 の移送申立て却下

1審は Y_1 の移送申立てを却下したが、共同被告である Y_2 の移送申立てを認め、事件を宮崎地方裁判所へ移送した。X_1 らは Y_2 の申立てに基づく移送決定に対して即時抗告。抗告審は、証人尋問等証拠調べの便宜よりも、X_1 らの訴訟追行の負担を重視して Y_2 の申立てに基づく移送決定を取り消し、Y_2 の申立てを却下した。

決定要旨　初めに旧31条（現17条）の内容について、概ね次のように判示した。著しい損害または遅滞を避ける必要があるとの要件のうち、まず著しい損害の有無は当事者の訴訟遂行上の具体的な利益を中心に判断される。その際直接的には被告側の不利益を考慮すべきであるが、同時に移送されることによる原告側の不利益にも配慮しなければならない。これに対して、著しい遅滞を避ける必要については公益的見地から判断されるが、移送すべきか否かは、結局、損害および遅滞の両要件を総合的に比較考慮して判断すべきものである。この通説的な理解を前提にして、本件について次のように判示した。

「本訴はいわゆる医療過誤訴訟であり、しかも当事者の主張が根本的に対立していることからすれば、今後相当期間の慎重な審理を必要とし、証拠調の嘱託は考えられない事案であることが窺われるところ、右奈良地方裁判所と宮崎地方裁判所とは遠距離にあるから、抗告人 X_1 らとしては奈良地方裁判所で被抗告人 Y_2 としては宮崎地方裁判所で審理を受けるほうが経済的にも時間的にも多大の利益を有することはいうまでもないが、本件訴訟の中心は極小未熟児であった抗告人 X_3 に対する保育ないし未熟児網膜症治療上の過失の成否であり、今後の審理が右の点を中心として進行することは明らかであり、本件において既に申請されている証人はすべて Y_2 らの過失責任の成否に関連する証人で、直接審理が必要であるところ、同人らは奈良地方裁判所から遠隔の地に居住し、かつ、各申請者ら申出の尋問予定時間によってもいずれも尋問に相当長時間を要することが推測されるから、奈良地方裁判所で審理する方が宮崎地方裁判所で審理する場合よりも費用がかかることもいうまでもない（X_1～X_3 の予定する証人が採用されるとしても鑑定的証人については宮崎地方裁判所で審理する場合近畿所在の証人に限られるものではない）。しかし X_1～X_3 は、訴訟救助を受け経済的に恵まれないから、本件が宮崎地方裁判所へ移送されて審理されることとなれば、弁護士の出張費用等を負担しなければならず、本件の審理が相当期間にわたることが予測されることからすれば、その経済的負担は極めて大きく、X_1 らの訴訟継続を事実上不可能にする危険があるものといわなければならない。これに対し、Y_2 は地方自治体であり、その訴訟遂行能力に欠けるものがあるとは思われない。

次に、『著き遅滞』を避けるため宮崎地方裁判所へ移送する必要があるか否かについて見るに前記の今後の審理を考えれば、従前の弁論の準備が奈良地方裁判所でなされていることを考慮しても、宮崎地方裁判所で審理する方が裁判所にとって便宜である。奈良地方裁判所で今後審理すれば、現場検証あるいは証人を出張して尋問するときは裁判所の負担が大きくなり、証人を呼出して尋問しても証人が遠距離に居住し、かつ、尋問時間が長いことから、その呼出しや審理についての労が多く訴訟の遅滞が生じるおそれがある。そして証人にとっても便宜である。

以上のとおり審理の便宜費用の点では移送を可とするが、なによりも移送すれば X_1～X_3 は経済的な損害のため裁判を受ける権利にも影響を受けることが考えられる以上本訴は繋属中の奈良地方裁判所で審理し、宮崎地方裁判所へ移送しないのが相当である。このことは X_1～X_3 の住所が本件事故以後移転し、義務履行地の管轄裁判所が変ったことを考慮に入れても左右されない」。

判例の法理　●遅滞等を避けるための移送に関する裁判例　本決定は、当事者の訴訟追行上の便宜から、原告が義務履行地の裁判所（原告の住所地の裁判所）に訴えを提起したのに対して、被告が訴訟追行上の負担および事実審理の便宜などから、普通裁判籍所在地の裁判所への移送を申し立てたのであるが、原告の訴訟追行上の負担が過重になるとの理由で移送申立てを却下したものである。裁判例の中にも、当事者双方の申請した証人の多くは被告の事務所所在地の近辺に居住していたが、原告が病気療養中であることを理由に移送を認めなかったものも

ある 1)。他方、不法行為に基づく損害賠償請求訴訟において、経済的に余裕のない原告が、自己の住所地の管轄裁判所に訴えを提起したが、不法行為地が審理に便宜であるとして移送された裁判例もある 2)。被害者救済の観点からは疑問が残る。同じく、審理の便宜から移送を認めた裁判例として、係争物が東京地方裁判所の管轄区域内にあり、検証・鑑定の必要があるケースで、かつ証人も多くは東京地方裁判所の管轄区域内に居住し、しかも訴外人から原告に対する関連請求が東京地方裁判所に提起されているなどの理由から、原告またはその訴訟代理人が遠隔地に居住しているにもかかわらず、静岡地方裁判所から東京地方裁判所へ移送すべきであるとした 3) 例がある。

✪遅滞を避けるなどのための移送の要件 旧法のもとでは、著しい損害および遅滞を避けるために移送が認められていた (旧31条)。現行法では、**著しい損害**に代えて**当事者間の衡平**を図るための必要があると認めるとき移送することができることとなった (17条)。それまでは、著しい遅滞または損害を避けるとの意義については、ほぼ次のように理解されていた。遅滞とは、事実審理に要する時間と手数が他の管轄裁判所での審理に比して著しく多大であり、それが原因となって訴訟遅延を招来する場合である。他方、損害とは、訴訟追行上の便宜を考慮して提起される訴えによって、被告の訴訟追行上の経済的負担が増大することを意味する。管轄は被告の応訴の便宜を考慮して定められているが、請求権の性質、原告の訴訟追行上の便宜、あるいは審理の充実・促進などから特別裁判籍が認められ、実質的には被告の応訴上の負担は過大になる場合もある。このような場合には、被告は移送を申し立てることになるのであるが、この移送申立てを認めると、原告の訴訟追行上の負担が増大することになる。移送をめぐる原告・被告の利害の対立に鑑み、裁判所は移送の可否を判断するに際して、当事者が法人か個人か、または国または地方公共団体か一私人ないし個人事業者かなどを考慮することになるのも、訴訟追行に伴う経済的負担に各当事者が耐えられうるか否かが重要な判断基準となるからである。

旧法のもとでも裁判例の多くは、著しい遅滞と損害の両要件について特別明確に区別せず、両要件を総合的に判断していた。例えば、一方当事者の蒙る不利益を肯定しながらも、それのみを理由には移送せず、さらに著しい遅滞が予想されるとの理由の下に移送の決定がされていた。この趣旨は、現行法のもとでもそのまま維持されている。現行規定の文言は、訴訟の著しい遅滞を避け、または当事者間の衡平を図るため必要があると認めるときは移送できるとなっている。特に当事者間の衡平を図るとの文言により、訴訟追行上の費用の負担、あるいは訴訟追行の便宜など多様な事情を考慮することが可能となる。

✪「訴訟の著しい遅滞」と「当事者間の衡平」との関係 「訴訟の著しい遅滞」を避けることと「当事者間の衡平」を図ることとは、相矛盾せず、調和的に考慮することのできる事例もある。現在、現17条の解釈において、訴訟の著しい遅滞を避けるための移送については、証拠調べのための時間等を考慮し、当事者や証人の住所、検証物の所在地などを考慮にいれて移送の可否を決せられ、当事者の衡平を図るための移送については、原告・被告の訴訟追行の負担の衡平を図ったうえで移送の可否を決するとされている。前者は公益的見地からの移送であり、後者は私的利益にかかわる移送である 4) この両者は条文上も並列的に規定されているので、それぞれの要件該当性を考慮して移送の可否が決せられる。しかし、この2つの要件は、事例によっては相対立する場合がある。本件がまさにその事例である。証拠調べの便宜を考えれば、本件では医師・看護婦、保母・教諭等の証人は鹿児島市もしくは宮崎県在住であるので、鹿児島ないし宮崎地方裁判所での審理が、迅速な手続の観点からは望ましいことになる。他方、原告の訴訟追行の便宜を考えるならば、鹿児島ないし宮崎地方裁判所での訴訟は、経済的にも時間的にも相当の負担となる。移送の決定をするにしても (本件では移送申立てを却下)、相対立する利益の調整は相当困難な問題であろう。問題解決の展望は明快には示せないが、さしあたり当事者の管轄の利益を尊重して、原告・被告間の利益の調整を図り、原告の訴訟追行の負担の軽減を優先的に考慮すべきであろう。その結果、証拠調べ等で時間と費用を要する事情があれば、両当事者の協力のもとに証拠調べ手続を受託裁判官によって行うなどの手法を考えるべきであろう。

〔上北武男〕

1審=奈良地決昭53・2・20
1) 福岡高決昭29・4・20下民集5巻4号512頁。
2) 東京高決昭32・11・25東高民報8巻11号287頁。
3) 東京高決昭39・8・10下民集15巻9号1951頁。
4) 小島武司・民訴法105頁、中野貞一郎他・新民訴講義〔第3版〕87頁、その他の教科書参照。

54　移送（3）——地簡裁間の移送

最高裁平成20年7月18日決定　民集62巻7号2013頁、判時2021号41頁、判タ1280号118頁　▶11条、16条

論点　▶地方裁判所は簡易裁判所に専属的合意管轄があっても移送せず、自庁処理できるか

事実の要約　Xは、貸金業者Yに対し、不当利得返還請求権に基づいて過払金（利息制限法所定の制限利率を超える利息）664万3639円および民法704条所定の利息の支払を求める訴えをXの住所地を管轄する大阪地方裁判所に提起した。Yは、本件金銭消費貸借契約書に「訴訟行為については、大阪簡易裁判所を以て専属的合意管轄裁判所とします。」との記載に基づく本件管轄合意があることを理由に、16条1項に基づき大阪簡裁への移送を申し立てたのに対し、Xは大阪地裁での審理・裁判が相当等と主張した。

裁判の流れ　1審：申立却下　2審：第1審取消・移送決定　最高裁：破棄自判

第1審は、本件管轄合意を専属的管轄合意と認め、本件訴訟に効力が及ぶとする一方で、本件の訴額が簡易裁判所の事物管轄を大幅に超過し、（本案の）判断が相当に困難としてYの移送申立てを却下した。Yが抗告したところ、原審は、簡易裁判所に専属的合意管轄があっても、移送によって訴訟の著しい遅滞を招く事情や当事者間の衡平を害する事情がある限り、地方裁判所による自庁処理が相当としつつも、本件には妥当しないとして、第1審決定を取り消して大阪簡易裁判所への移送を決定した。Xが許可抗告を申し立てたところ、最高裁は次の理由から原決定を破棄し、第1審決定に対する抗告を棄却した。

決定要旨　＜破棄自判＞「民訴法16条2項の規定は、簡易裁判所が少額軽微な民事訴訟について簡易な手続により迅速に紛争を解決することを特色とする裁判所であり（裁判所法33条、民訴法270条参照）、簡易裁判所判事の任命資格が判事のそれよりも緩やかである（裁判所法42条、44条、45条）ことなどを考慮して、地方裁判所において審理及び裁判を受けるという当事者の利益を重視し、地方裁判所に提起された訴訟がその管轄区域内の簡易裁判所の管轄に属するものであっても、地方裁判所が当該事件の事案の内容に照らして地方裁判所における審理及び裁判が相当と判断したときはその判断を尊重する趣旨に基づくもので、自庁処理の相当性の判断は地方裁判所の合理的な裁量にゆだねられているものと解される。そうすると、地方裁判所にその管轄区域内の簡易裁判所の管轄に属する訴訟が提起され、被告から同簡易裁判所への移送の申立てがあった場合においても、当該訴訟を簡易裁判所に移送すべきか否かは、訴訟の著しい遅滞を避けるためや、当事者間の衡平を図るという観点（民訴法17条参照）からのみではなく、同法16条2項の規定の趣旨にかんがみ、広く当該事件の事案の内容に照らして地方裁判所における審理及び裁判が相当であるかどうかという観点から判断されるべきものであり、簡易裁判所への移送の申立てを却下する旨の判断は、自庁処理をする旨の判断と同じく、地方裁判所の合理的な裁量にゆだねられており、裁量の逸脱、濫用と認められる特段の事情がある場合を除き、違法ということはできないというべきである。このことは、簡易裁判所の管轄が専属的管轄の合意によって生じた場合であっても異なるところはない（同法16条2項ただし書）。」

判例の法理　❖**移送の要否**　簡易裁判所（簡裁）は、地方裁判所（地裁）の管轄区域内に所在し、少額かつ軽微な事件を簡易な手続で迅速に処理する目的で設置され、地裁との間では事物管轄により事件が分配される。簡裁は、原則として訴額が140万円を超えない事件を管轄するが、不動産に関する事件等のように訴額が少なくても複雑な事件については、地裁も競合的に管轄権を有する。この前提で、管轄違いの事件を適切な裁判所で審理・裁判するために移送制度が用意されている。地裁・簡裁間の管轄違いは、①訴額が簡易裁判所の事物管轄を超える事件が簡易裁判所に提起された場合、②訴額が簡易裁判所の事物管轄に属する事件が地方裁判所に提起された場合に生じ、①の事件は民訴法18条により簡裁が地裁に対して移送できるのに対し、②の事件は、17条により地裁が簡裁に移送することもできるが、16条2項により地裁が自ら審理・裁判（自庁処理）をすることもできる。本判決は、②の事件では、地裁は、17条の裁量移送の判断要因（著しい遅延の回避・当事者間の衡平）のみならず、16条2項の裁量的自庁処理の前提となる地裁と簡裁の関係という観点から、「当該事件の事案の内容に照らして」、簡裁への移送か、自庁処理かを判断できるとした点に意義がある。本件の専属的管轄合意もこの判断に影響しない。

判例を読む　❖**専属的管轄合意の効力**　本決定は、本件管轄合意の効力に関する判断に言及していない[1]。簡裁の事物管轄（訴額）を超える事件を簡裁の専属管轄とする合意は、任意管轄[2]を変更する趣旨であり、それ自体は有効である。すなわち、専属的管轄合意には専属管轄の効力がなく[3]（16条2項但書の不適用）、簡裁の管轄を付加するのみで地裁の管轄を排除できないため、地裁が、その裁量により、個々の事件の内容に応じた自庁処理を相当と認めることに問題はない。

〔名津井吉裕〕

1審＝大阪地決平20・3・10民集62巻7号2021頁／2審＝大阪高決平20・4・10民集62巻7号2025頁

[1] Xは、合意の不成立・合意の本件請求に対する効力を争ったが、第1審・原審では採用されず、この点は許可抗告の理由とされなかった。田中秀幸・最判解民平成20年度442頁の注2参照。
[2] 特に専属管轄とする定めがない限り、任意管轄である。新堂104頁等。
[3] 専属的管轄合意の効力は大幅に無力化されている。なお、中山幸二・争点43頁は、現行法下では、専属的合意管轄の概念は本来の意味を喪失したとする。

55 裁判官の除斥事由——前審への関与

最高裁昭和39年10月13日判決　民集18巻8号1619頁、判時394号64頁、判タ169号131頁　▶23条1項6号

論　点　▶前審の準備手続（旧249条以下）を行った裁判官は前審関与を理由に除斥されるか

事実の要約　A県職員であったX（原告、控訴人、上告人）は、訴外B知事から免職処分を受けたため同県のY人事委員会（被告、被控訴人、被上告人）にこの不利益処分の審査請求をした。この審査手続が長引いたこともあり、XはY委員会に対し、その間の自己の審査請求に関する手続の議事録の閲覧を請求した。しかし、この閲覧請求が却下されたため、XはYを相手に主位的には却下処分の無効確認、副位的に却下処分の取消を求めたのが本件訴訟である。1、2審ともX敗訴（棄却と却下の違いはある）に終わったが、原判決に関与したC裁判官は、1審の（第2回・3回・4回の）準備手続を行った者であった。そこで、Xが、原判決は除斥されるべき裁判官が関与した違法があるなどとして上告した。

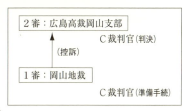

裁判の流れ　1審：請求棄却　2審：原判決取消・訴え却下　最高裁：上告棄却

事件本体とここでの民訴法の論点は関係しないが、1審ではXの無効確認等の請求が棄却されたのに対し、2審では議事録の閲覧請求却下処分はそもそも行政訴訟の対象たる行政処分には当たらないとして、訴えそのものを却下した。また、最高裁も、不利益処分の審査請求をした当事者といえども審査手続の議事録の閲覧請求権が与えられているものではないとの判断を示し、上告を棄却している。民訴の論点に関しては判旨の通り。

判　旨　＜上告棄却＞23条1項6号にいう前審の裁判への関与とは、「裁判という国家意思の形成に関与したこと、より具体的にいえば、その評決および裁判書の作成に関与したことの謂であって、裁判の準備的行為にとどまる準備手続または準備的口頭弁論を行なったというがごときことは、これに含まれないものと解すべきである」。

判例の法理　✪**除斥事由としての前審関与**　裁判の公正さを担保する手段の1つとして、該当する裁判官を当然に職務から外すものとする除斥事由が民訴法に定められている。すなわち、裁判官と当事者ないし事件が特別な関係にある場合には、職務から外すことで裁判の信頼確保に資そうとするものである。民訴法は前審の裁判への関与を除斥事由としているが、その射程を裁判がプロセス（線）であることに照らして詰め、評決および裁判書の作成に関与したこと、言い換えれば、節目となる国家意思の形成（点としての裁判）に関与したことを指すとし、これまでの判例の流れ[1]に従っている。

✪**準備手続関与と除斥事由**　プロセスとなる訴訟手続にはメリハリがつきものである。単に準備書面を交換し次回期日を決めるだけのこともあれば、各自の心証をもとに裁判官が評議する場面もある。判旨は、裁判官をして当然に職務から外す除斥事由としての前審関与を結論としての裁判部分への関与と限定する立場で、準備手続や準備的口頭弁論を行っただけでは、ここでいう除斥事由には含まれないとした[2]。

判例を読む　✪**前審関与を除斥事由とする趣旨**　他の除斥事由が裁判官と当事者との人的な関係を問題としているのに対して、23条1項6号の仲裁判断や前審裁判への関与は性質を異にしているもののように映る。とりわけ、前審関与を端的に審級制度の維持に関わるものであると解すればそうなる。ただ、判旨でいう結論としての裁判に関与したことというのを突き詰めれば、その裁判官は予断をもっている外観がある、つまり公正さが疑われることが除斥の根拠ということになり、他の除斥事由と通じたものであることがわかる。なるほど、評決や裁判書の作成に関与したのであれば心証は確信的であるのに対し、それ以前の段階での心証がなお仮定的なものにすぎないことは、裁判官自身がよく知っている。プロセスとしての裁判への裁判官の関与には濃淡の差があるので、当然に職務から排除すべき前審関与は限定的に解し、個別的な公正の疑いへの対応は、忌避に委ねる趣旨と考えられる。

✪**争点整理手続への関与**　旧法の時代と比較し、現行法は弁論準備の手続を多様化し、かつ実効的なものとした（とりわけ、弁論準備手続）。準備手続があまり利用されなかった旧法の時と比べ、本判決をどう理解するかは実務的に重要な問題となろう。争点整理手続のいかんが、当該訴訟の帰趨を相当程度決するといっても過言ではない。しかし、それはなお最終的な心証をとり結論を導く場ではないので、現行法下の各種の争点および証拠の整理手続に関与した裁判官についても、除斥事由に該当すると解する必要はないであろう。ただ、関与の度合が強いとの認識で、回避することはありえよう[3]。

〔佐藤鉄男〕

1審＝岡山地判昭38・1・30民集18巻8号1626頁／2審＝広島高岡山支判昭38・12・6民集18巻8号1632頁

1) 戦前のものとして、大判昭6・11・10新聞3339号17頁。戦後のものとして、最判昭32・6・7民集11巻6号983頁。
2) 証拠調べまで関与しても評決に加わっていなければ前審関与に当たらないとしたものとして、最判昭28・6・26民集7巻6号783頁。
3) 関連事件の指定代理人が合議の構成員となったケースで忌避を認めた例として、金沢地決平28・3・31判時2299号143頁。

56 裁判官の忌避事由

最高裁昭和30年1月28日判決　民集9巻1号83頁　▶24条

論　点　▶　裁判官が一方当事者の訴訟代理人の女婿であることは忌避事由に当たるか

事実の要約　本来の事件とここでの論点は関係がないが、X（原告、控訴人兼被控訴人、上告人）とY組合（被告、被控訴人兼控訴人、被上告人）との間で赤松立木の売買契約の成否をめぐって争いが生じたことから、XからYに対し売買契約存在確認の訴えが提起されたものである。1審ではXの請求が一部認容されたので、双方が控訴。原審では、Xの全面敗訴となったので、当然、X側が上告。その上告理由の1つが本論点に関わるものである。すなわち、この段階で初めてXは、原審の裁判長AがYの訴訟代理人の一人Bの女婿であることを知ったという。そこで、こうした姻族関係は、裁判の公正を疑わせるべきものであり、Xの忌避権を不当に侵害するとともに、回避すべき義務に違背して原判決をしたものであるとの上告理由が提示され、この点について最高裁の応答があった。

裁判の流れ　1審：一部認容・一部棄却　2審：X敗訴　最高裁：上告棄却

1審では売買契約の成立が認定され、一部を除きXの請求が認められ、事実上X勝訴に近いものであった。ところが、双方の控訴を受けた原審では、XY間で売買の交渉があったことは認めたが契約の成立は認めず、X全面敗訴となった。X側の上告は、X本人とその訴訟代理人とが別々に、しかも極めて詳細に展開するものであったが、最高裁が応接したのは2点だけであり、その1点がX本人が提示した本論点であった。

判　旨　＜上告棄却＞「原審における裁判長たる裁判官が、原審におけるY組合の訴訟代理人の女婿であるからといって、右の事実は民訴35条〔現23条〕所定事項に該当せず、又これがため直ちに民訴37条〔現24条〕にいわゆる裁判官につき裁判の公正を妨ぐべき事情があるものとはいえないから、所論は理由がない」。

判例の法理　★**姻族関係と除斥事由**　裁判の公正さを担保する装置として、除斥・忌避・回避の制度が用意されており、除斥は公正さが疑われるであろう定型的場合を列挙し、これに該当する場合は職務の執行ができないものとされる。23条1項では6号にわたって除斥事由が示されているが、そこでは裁判官と当事者の血族（4親等）・姻族（3親等）関係は問題としていても1)、もとより本件で問われた裁判官と訴訟代理人の姻族関係には触れられていない。しかし、一般の感覚からすれば、これも公正さを疑いたくなる外観であることは間違いない。しかし、最高裁は、原審の裁判長が訴訟代理人の女婿であることは除斥事由に該当しないとし、いわば除斥事由を字義通り、そして限定的に解した。

★**姻族関係と忌避事由**　公正さを疑わせる事由が、除斥事由として掲げた定型的な場合に尽きるものではないことは明らかである。個別的事情に応じ、当事者の申立てを受けて当該裁判官を職務から外す可能性を確保したのが忌避の制度である。「裁判の公正を妨げるべき事情がある」かどうか（24条1項）は個別的な判断に委ねられるものとされており、本件のごとき裁判長が訴訟代理人の女婿であることは、これがため直ちに裁判の公正が妨げられるものではない、というのが最高裁の判断である。

判例を読む　★**上告理由と本判決の論理の関係**　本件事件の具体的成行き、そして上告理由と本判決は全く噛み合っていない。すなわち、そもそも本ケースが除斥事由であるとの主張がX側からなされていたわけではないし、すでに原裁判がなされた後であるから、Xは今さらA裁判長の忌避を言っているのでもない。姻族関係にあったのであれば、A裁判長は回避をすべきであったし、この関係を知らされぬまま原判決がされたのが忌避権の侵害であるというのがXの主張なのである。その意味で本判決は、いわばXの上告に便乗して、裁判官と訴訟代理人の姻族関係が当然に除斥や忌避の事由になるものではないとの一般的見解を提示したものにほかならないということができる。

★**除斥2)・忌避3)・回避制度のあり方**　この3つの制度は相互に補完し合って、裁判の公正らしさを担保し、よって裁判への信頼を確保するものである。しかし、望ましい形での機能を果たしていないのが現実である。とりわけ、当事者による忌避申立ての濫用と裁判所による却下の濫用が、制度を機能不全にしている。一般論としても、本判決の結論に対しては批判が強い。本判決の硬直した除斥・忌避への理解が、その後の裁判所の公正らしさへの幻想を生んでしまったともいえなくもない。悪しき判例の1つと解すべきであろう。

〔佐藤鉄男〕

1審＝福島地会津若松支判（年月日不明）民集9巻1号110頁／2審＝仙台高判昭28・2・28民集9巻1号112頁

1)　衆議院選挙区の一票の格差訴訟の被告の代表者が実兄であるとして、当時の最高裁長官が回避を申し出て、大法廷に関与しなかった例がある。
2)　55事件。
3)　裁判所支部を廃止する最高裁判所規則に関する訴訟事件の上告事件と規則制定に関与した最高裁判事の忌避事由について、最決平3・2・25民集45巻2号117頁。忌避制度について、西野喜一「裁判官忌避制度小論」同『裁判の過程』1頁。

57 差止請求と請求の特定（新幹線訴訟）
名古屋高裁昭和60年4月12日判決　下民集34巻1～4号461頁，判時1150号30頁，判タ558号326頁
▶133条，民執172条

論点 ▶ 差止請求と請求の特定

事実の要約　昭和39年に営業を開始した東海道新幹線による騒音・振動に悩まされていた沿線（名古屋市の名古屋市中川区西宮町から同市熱田区を経て同市南区三新通りに至る約7km）の住民Xら（400名あまり）が，昭和49年3月，Y（国鉄〈当時〉現JR東海）に対して騒音・振動の差止めと過去および将来の慰謝料の支払いを求めて訴えを提起した。請求は，「午前7時から午後9時までは騒音65ホン，振動毎秒0.5ミリ，午前6時から同7時および午後9時から同12時までは騒音55ホン，振動毎秒0.3ミリ以上を侵入させてはならない」というものであった。

```
Xら ────────→ Y
（400人あまり）   （国鉄）
①騒音・振動の侵入禁止と過去および将来の
  慰謝料の支払い（主位的請求）
②列車の減速走行（控訴審の予備的請求）
```

裁判の流れ　1審：請求棄却　2審：控訴棄却
　1審は，差止請求を棄却し，過去の慰謝料に関してはほぼXの請求通り認めたが，将来の慰謝料に関しては，不適法として却下した。XY双方が控訴。Xは，予備的請求として控訴審において，時速110kmを超えて列車を走行させてはならないとの請求を追加した。Yは，騒音・振動をXの要求値まで抑えるためにYにどのような具体的措置をとるべきか，全く示されていないので，請求は特定されているとはいえず，不適法であると主張。

判　旨　＜控訴棄却＞「実体法上は，一般に債権契約に基づいて，（手段方法は問わず）結果の実現のみを目的とする請求権を発生せしめ，これを訴求し得ることは疑いないところであるから，Yのいうようにある結果の到達を目的とする請求が常にその手段たる具体的な作為・不作為によって特定されなければならないものではない。…本件のごときいわゆる抽象的不作為判決は間接強制の方法によることができるから，かかる判決を求める申立も不適法ということはできず，（Xらの申立は不作為義務の内容の特定については欠けるところはない。），被告の主張は採用できない」。

判例の法理　**★差止請求**　現代社会において我々の日々の生活は，騒音，振動，大気汚染など種々の公害，環境破壊の危険に直面している。このような生活妨害をめぐる問題においては，侵害された法的利益を事後的に金銭に換算して損害賠償を請求することだけではなく，継続的な権利侵害が将来も継続すると予測される場合には，侵害行為を事前に差し止める方がより効果的な救済手段といえる。しかし，騒音振動を軽減するために新幹線を減速することは，高速性，大量輸送性，経済性など新幹線が公共交通機関として有する優位性を揺るがすことになり，社会・経済に与える影響は大きく，侵害行為の態様・程度，被侵害利益の性質内容などと並んで，原告以外の社会的な利益（公共性）1) も考慮して，本判決は，当該騒音振動が原告たる周辺住民の社会生活上**受忍**すべき**限度**を超えていないと判断している。

★差止請求と請求の特定　訴えを提起する場合に原告は被告に対して審判の対象を特定しなければならない（133条）。審判の対象が訴状に記載していなければ，相手方の攻撃防御方法の範囲が定まらず，裁判所も審判の範囲が定まらないので，裁判長は補正を命じ，原告が従わなければ訴状を却下する（137条）。不作為請求も給付訴訟の一類型であるから，禁止されるべき被告の行為を特定するのが原則である。公害ないし生活妨害の領域では，被告の作為を具体的に表示するのではなく，「騒音〇〇ホンを超えて侵入させてはならない」という禁止されるべき侵害の結果しか表示されていない場合（抽象的不作為請求）があり，請求が特定されているのかが問題となる。本判決は，間接強制の方法によることができることを理由に請求内容の特定を肯定している。その後の判例は，本件と同じように適法説に立つ判例2) と不適法説に立つ判例3) とに分かれている。騒音・振動を一定の範囲に抑制する結果を達成するための具体的な手段として，列車走行の減速，列車本数の削減，防音壁の設置など複数の手段を継続してとることが考えられる。侵害行為の発生源も相手方の支配領域にあり，具体的な侵害結果の防止方法に関して相手方に判断能力がある場合には，いずれの手段をとるべきか具体的に特定することを被害者に期待できず，むしろ適切な防止方法の指定・選択権を相手方に与えるのが妥当であるから，通説は抽象的不作為請求であっても請求が特定していると考える4)。請求の適法性を執行可能性の問題と連動させる通説に対して，その発生の禁止を求める侵害の結果と侵害行為（侵害の発生源）を特定すべきであるとする説5)，被害者の救済方法の多様性，可変性から「権利侵害についての判決」（確認判決の一種）を一部判決として言い渡し，次に「救済方法についての判決」（給付判決）を残部判決として言い渡し（二段階的裁判手続），請求特定の基準も手続過程に応じて具体化してゆく説6)，抽象的差止権の有無を判断し，差止めのための具体的な方策の立案の第一次的責任は汚染源であるとしても，具体的な方策については当事者間で協議する場を裁判所が設定する説7) がある。

★差止請求の法的根拠　沿線住民が新幹線列車の運行により現に毎日被っている騒音振動の一定限度以上の排除を求めた場合8) に，本判決は，騒音振動による身体の侵襲（音波として人の耳に到達し騒音の感覚が発生）が受忍限度を超えてなされれば，原因を与えている者に対してこれを排除（場合により予防）する請求権が認められると判断した（受忍限度を超えていないとして，差止請求は否定）。本判決は，人格権に基づく差止請求権（物上請求権に準ずる妨害排除請求権）を認めているが，その範囲を限定している点に特徴がある。環境権について判例は，実体法上何らの根拠がなく，権利の主体，客体および内容が不明確であることから，差止請求権の法的根拠とは認めていない。学説上も人格

権説に立ち、環境権を認めることには消極的である 9)。有力説は個人の個別的被害ではなく環境の保全という公益を守るための新たな環境訴訟を位置づける必要があるとする 10)。

★将来の損害賠償請求(135条) 継続的ないし反復的な不法行為に対して、将来の損害賠償請求が認められれば、被害者は損害賠償請求を提訴する煩わしさを免れる。最高裁は、①請求権発生の基礎となる事実関係が存在しその継続が予想されること、②請求権の成否、内容につき債務者に有利な将来の変動事由が予め明確に予測しうること、③右の変動を請求異議事由とし債務者に提訴の負担を課しても格別不当でないこと、を満たした場合には、将来の給付の訴えを認めている 11)。本判決も最高裁の立場を踏襲し、原告らが将来新幹線の騒音振動によって被る被害の有無および程度は変動することを免れず、現時点において将来の事実関係を把握し、具体的金額をもって予めその賠償額を認定することは到底困難であるとして、将来の損害賠償請求を認めなかった。将来の損害賠償請求を認めた場合には、将来生ずる不確定要素の立証、強制執行に関する起訴責任を原告、被告いずれに負担させるのが妥当かが問題となる 12)。最判平成19年5月29日(判時1978号7頁・裁判集民224号391頁)は、従来の判例の立場を維持している(→90事件)13)。

判例を読む **★執行方法** 抽象的差止判決に違反した場合に金銭の支払いなどの一定の不利益を債務者に課すことによって不作為の実現を図る(間接強制)(民執172条1項)だけではなく、間接強制が効を奏しないときは、債権者の申立てによる防音壁の設置などの侵害防止措置(将来のための適当な処分〔平成29年改正前民414条3項〕)を債務者に命じ、その費用を債務者に負担させること(代替執行)(民執171条1項)が認められるかが問題となる。本件第1審判決は、侵害防止措置の実効性および具体的作為義務に関して債務者に起訴責任を転換することになることから消極的に考える。判例を支持する学説 14)のほか、有力説は間接強制が効を奏しない場合で、債務者のなすべき防止措置の内容がすでに明らかな場合には、授権決定手続において必要な代替執行の態様を決定できると考える 15)。

★複数汚染主体がある場合の差止め 単独の汚染源の場合だけではなく、道路の自動車からの騒音と他の道路からの騒音、自動車からの大気汚染物質と重化学工場群から排出される大気汚染物質のように複数の汚染主体が存在する場合も多い(都市型複合汚染)。複数の汚染主体が存在する場合に抽象的不作為請求が認められるかは重大な問題として残っている。従来の下級審判例は、被告の侵害防止手段が一義的に定まらないことのほか、不作為命令が履行されているかを判断するために差止対象汚染物質を正確に測定・認識することが困難であること、被告と被告以外の汚染物質の排出物質を区別することが困難であること、を理由に抽象的不作為請求を認めてこなかった 16)。汚染源の主体相互間に主・従の関係や密接な関係がある場合のほか、個別の汚染源主体について差止めを求められた発生源が特定され、かつそれが主要な汚染源である場合には、債務者の責任範囲内において達成すべき事実状態を求めることは可能であり、抽象的不作為請求を肯定する判例もある 17)。差止めとの関係では、各汚染源が自己の寄与割合に応じてどのように抽象的不作為の基準を具体的に達成しうるかを検討する必要がある 18)。

〔我妻 学〕

1審=名古屋地判昭55・9・11判時976号40頁、判タ428号86頁

1) 最判平7・7・7民集49巻7号811頁。宇賀克也『行政法概説Ⅱ〔6版〕』(2018、有斐閣)484頁、大塚直『環境法〔第3版〕』(有斐閣、2010)16頁、666頁、684頁。
2) 最判平5・2・25判時1456号53頁(酒井一・百選3版80頁)、大阪高判平4・2・20判時1415号3頁、大阪地判平7・7・5判タ889号64頁、神戸地判平12・1・31判タ1031号91頁、名古屋地判平12・11・27判タ1066号104頁、東京地判平14・10・29判時1885号23頁。
3) 大阪地判平3・3・29判時1383号22頁、横浜地川崎支判平6・1・25判時1481号19頁、岡山地判平6・3・23判時1494号3頁、横浜地川崎支判平10・8・5判時1658号3頁など。
4) 竹下守夫「生活妨害の差止と強制執行・再論」判タ428号31頁、井上治典・百選Ⅰ新法対応補正版148頁、松本博之「抽象的不作為命令を求める差止請求の適法性」自正34巻4号33頁、中野貞一郎=下村正明『民事執行法』(青林書院、2016)820頁、大塚直『環境法Basic〔第2版〕』(有斐閣、2016)427頁。
5) 条解761頁(竹下守夫)、伊藤206頁、原強・百選5版71頁。
6) 川嶋四郎『民事救済過程の展望的指針』(弘文堂、2006)263頁、同『差止救済過程の近未来展望』(日本評論社、2006)121頁。
7) 佐藤彰一「差止請求論」法時66巻10号50頁、同「差止論が動いた」同73巻3号15頁、同「民事執行の実効性」判タ1043号5頁。
8) 平岡久「一般鉄道騒音と行政施策」山村恒年先生古稀記念論集『環境法学の生成と未来』(信山社、1999)168頁。
9) 大塚・前掲注1)682頁、越智敏裕『環境訴訟法』(日本評論社、2015)99頁。
10) 学説の詳細に関して、根本尚徳『差止請求権の理論』(有斐閣、2011)。
11) 最大判昭56・12・16民集35巻10号1369頁、(→判例講義民訴1版81事件)、長谷部由起子・百選5版50頁など。
12) 中野・論点134頁、松浦馨「将来の不法行為による損害賠償請求のための給付の訴えの適否」中野古稀上187頁、上村明広「将来の給付の訴えおよび差止請求の訴えにおける訴えの利益」同278頁、竹下守夫「差止請求の強制執行と将来の損害賠償をめぐる諸問題」判時797号33頁、伊藤眞「将来請求」判時1025号23頁、角森正雄「将来の給付の訴えについて」富山大経済論集27巻3号74頁。
13) 最判平成28・12・8判時2325号37頁。
14) 松本・前掲注4)35頁、条解民事執行法746頁(浦野雄幸)、松本博之『民事執行保全法』(弘文堂、2011)337頁。
15) 竹下・前掲注4)35頁、中野=下村・前掲注4)820頁(制限積極説)。
16) 横浜地川崎支判昭63・11・17判タ689号40頁(中井美雄・判評375号75頁)、横浜地川崎支判平6・1・25判時1481号19頁。
17) 大阪地判平7・7・5判時1538号17頁、神戸地判平12・1・31判タ1031号91頁、名古屋地判平12・11・27判タ1066号104頁。
18) 大塚・前掲注4)408頁、越智・前掲注9)220頁。

58 訴えの選択的併合

最高裁平成元年9月19日判決 判時1328号38頁、判タ710号121頁 ▶136条

論 点 ▶ 訴えの選択的併合

事実の要約 亡Aの相続人であるX_1ないしX_5が、もとA所有の土地につき、その現所有名義人で、亡Aの相続人の1人（代襲相続人）である Y に対し当該土地が亡Aの遺産に属することの確認とYの所有権移転登記の抹消登記手続を求めた。Yは亡B（Yの父Cの養父）ないし亡Cから相続によって取得したこと、もとB所有の土地につき、その現所有名義人であるX_4に対し、真正な登記名義の回復を原因とする所有権移転登記手続を求める反訴請求を提起。

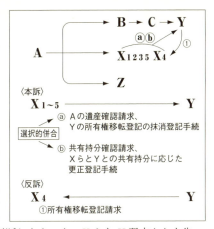

裁判の流れ 1審：請求認容 2審：控訴棄却 最高裁：破棄

1審はXらの請求認容。控訴審でXらは、遺産確認請求と選択的併合関係に立つものとして当該土地について法定相続分に応じた共有持分を有することの確認請求を追加。控訴審は、Yが土地の一部につきAから生前贈与を受けたとの抗弁を認め、残余の土地につき、Aの遺産であることを確認し、Yに対して所有権移転登記の抹消登記手続を命じた。反訴請求にかかる土地につき、これを時効取得したとのX_4の抗弁を採用してYの請求を棄却し、Xらの追加請求については判断しなかった。XらとY双方から上告。

判 旨 ＜破棄＞「右各土地が亡Aの遺産に属することの確認を求める遺産確認の訴えは、共同相続人全員が当事者として関与し、その間で合一にのみ確定することを要するいわゆる固有必要的共同訴訟と解すべきところ〔最判平元・3・28参照〕、亡Aの相続人の一人であるZを当事者としないで提起されたものであるから、右訴えは不適法というべきであるが、これと選択的併合の関係にある右共有持分確認請求が認容されることによって、原判決及び第一審判決中右各土地につきXらの遺産確認請求を認容した部分は、当然に失効する」。

判例の法理 ★**訴えの選択的併合** 訴えの選択的併合とは、請求の併合の1類型として、2つの請求を併合し、請求相互の間では一方の請求が認容されれば、他方の請求については訴えを撤回するという解除条件をつけて原告が併合審判を申し立てるものである。裁判所はその中の請求の1つを認容すれば、残余の請求については審判しなくてもよいが、原告を敗訴させるには全部の請求を棄却しなければならない。もともと選択的併合は、旧訴訟物理論のもとで請求権が競合する場合を論理的に説明するためのものである[1]。新訴訟物理論では選択的併合の理論が請求（訴訟物）の問題を攻撃防御方法の問題に不当に広げており、原告の便宜にすぎず、裁判所に過度に専権を与えていることから認めない[2]。共同相続人間で特定の財産が遺産に帰属するか否かについて争いがある場合に、判例・通説は、当該財産が遺産に帰属することの確認を求める訴えを適法とし[3]、固有必要的共同訴訟とする[4]。本判決では相続人の1人（Z）が関与していないため、遺産確認の訴えを不適法却下し、1審および控訴審判決中の遺産確認請求を認容した部分が当然に失効すると判示し、その代わりに控訴審において選択的に追加された共有持分確認請求について認容（自判）している。本来、原判決を取り消す場合には、他の請求の当否について判断するために、原審に差し戻すのが原則である（312条、325条）。本判決では、遺産確認請求と共有持分請求はA所有の土地を前提として両立しうる請求（選択的併合）[5]にすぎず、原審が確定した事実関係の下で差し戻すことなく、直ちに請求を認容することが可能であるとして、例外的に自判したものと評価されている。

判例を読む ★**選択的併合と上告審の判断** 本判決主文の記載は、遺産確認請求を認容した原判決を破棄することなく、単に共有持分の確認請求を認容するだけにとどめている。判例は控訴審で主たる請求が認容された以上、予備的請求については裁判を要しないとの前提で当然失効を認めており、本判決は、選択的併合の場合にもこの立場を踏襲したものである[6]。学説は原判決の主文および仮執行宣言を失効させるためには、上訴審判決の主文で原判決を取り消す旨の手当をすべきとするのが有力である[7]。

〔我妻 学〕

1審＝那覇地沖縄支判昭56・5・25／2審＝福岡高那覇支判昭58・11・22判タ530号169頁

1) 伊藤212頁注82。
2) 新堂307頁、高橋・上33頁。これに対して、大久保邦彦「新実体法説に関する一考察」神戸学院法学24巻1号51頁参照。
3) 最判昭61・3・13民集40巻2号389頁（➡78事件）。
4) 最判平元・3・28民集43巻3号167頁（➡161事件）。
5) 東京地判平3・9・17判時1429号73頁、浅生重機「請求の選択的または予備的併合と上訴」民訴雑誌28号1頁、高橋爽一郎「請求の予備的併合、選択的併合がなされた場合の控訴審における審理上の問題点について」判タ727号9頁、平田浩「上告審の審判の範囲」新実務③223頁。消極判例として、大阪高判昭49・7・22判時757号76頁、福岡高判平8・10・17判タ942号257頁。高橋・下643頁も参照。
6) 最判昭39・4・7民集18巻4号520頁、伊藤633頁、中野ほか編・新講義559頁〔栗田隆〕。
7) 右田堯雄・私判リマ1号226頁、新堂921頁、高橋・下659頁。

59 訴えの変更

最高裁昭和 39 年 7 月 10 日判決　民集 18 巻 6 号 1093 頁、判時 378 号 18 頁、判タ 165 号 72 頁　▶ 143 条

論　点 ▶ 相手方の陳述した事実に基づいて訴えの変更をすることの可否

事実の要約　訴外 A は X の所有地上に甲家屋を所有し、Y に賃貸していたが、X は甲家屋の所有権を A から譲り受け、賃貸人の地位を承継した。X は、Y に対し、本件家屋 (甲家屋) の明渡と延滞賃料および賃料相当額の支払を求めて訴えを提起した。Y は A から賃借していた甲家屋を A 所有当時既に取り壊し、現在の係争家屋 (乙家屋) を建築し、乙家屋は Y の所有であるので、X 主張の請求は理由がないと主張。そこで、X は 1 審において予備的に Y に対して土地所有権に基づいて乙家屋の収去土地明渡請求を追加。Y は X の予備的請求の追加に対して、X は当初甲家屋の所有権を基礎とし賃料不払による賃貸借契約の解除に基づく家屋の返還明渡を求めていたのに、予備的請求は家屋の敷地たる宅地の所有権に基づいて家屋収去土地明渡を求めるものであって、請求の基礎を変更するもので予備的請求は許されないと異議を述べた。

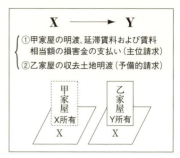

裁判の流れ　1 審：予備的請求認容　2 審：控訴棄却　最高裁：上告棄却

1、2 審とも X の主位請求を棄却し、予備的請求を認容した。Y は上告し、相手方の提出する抗弁事実を是認した上相手方の主張事実に立脚して新たな請求をなす場合は相手方の同意の有無にかかわらず訴えの変更が許容されるべきであるが、この場合相手方の主張事実はいわゆる狭義の防御方法 (抗弁、再抗弁) に限られ、本件のように甲家屋は存在せず、乙家屋が Y の所有に属する旨の主張は、事実の陳述にすぎず、訴えの変更は許されるべきではないと主張した。

判　旨　<上告棄却>「相手方の提出した防御方法を是認したうえその相手方の主張事実に立脚して新たに請求をする場合、すなわち相手方の陳述した事実をとってもって新請求の原因とする場合においては、かりにその新請求が請求の基礎を変更する訴の変更であっても、相手方はこれに対し異議をとなえその訴の変更の許されないことを主張することはできず、相手方が右の訴えの変更に対し現実に同意したかどうかにかかわらず、右の訴の変更は許されると解するのが相当である〔大判昭 9・3・13 民集 13 巻 4 号 287 頁〕。そして、右の場合において、相手方の陳述した事実は、かならずしも、狭義の抗弁、再々抗弁などの防禦方法にかぎられず、相手方において請求の原因を否認して附加陳述するところのいわゆる積極否認の内容となる重要なる間接事実も含まれると解すべきである」。

判例の法理　★**訴えの変更**　訴えの変更とは、訴訟係属後に訴状の記載事項である請求の趣旨またはその原因を原告が変更することである (143 条)。最初の訴訟によって開始された訴訟手続を維持しながら新請求を審理する点に意味がある。訴えの変更が認められるには、①請求の基礎に変更がないこと、②著しく訴訟手続を遅延させないこと[1]、③事実審の口頭弁論終結前であることが必要である[2]。被告としては既にある程度防御の準備をしており、訴えの変更を無制限に認めると、従前の訴訟追行が無益になる危険があり、新請求について自己に不利益な訴訟状態の引受けを余儀なくされるおそれもあるからである。本件では、ⓐ賃貸借契約解除を原因とする甲家屋の明渡請求 (旧請求) とⓑ所有権に基づく乙家屋収去土地明渡請求 (新請求) とは請求の基礎に変更がないといえるかが問題となる。1、2 審は目的物件およびその所有権の帰属が異なることなどから、請求の同一性を認めなかった。これに対して、最高裁は、請求の同一性に関する判断を明確にしていない。多数説は主要な争点の共通 (敷地所有権、家屋および敷地占有)、訴訟資料・証拠資料の利用可能性から、請求の基礎に変更はなく、被告の同意の有無は問題とならないとする[3]。これに対して、建物の同一性、占有開始の時期の相違から請求の同一性に関して消極的な立場もある[4]。

判例を読む　★**相手方の同意**　請求の同一性の要件は、被告の利益を保護することを目的としているので、仮に、請求の基礎に変更があるとした場合にも、被告の同意が認められれば、判例[5]・通説[6] は、訴えの変更を認めている。本件では、被告は原告の請求原因事実を単に否認するのではなく、原告の主張事実と相反する事実 (間接事実) を防御方法として提出し、原告も右事実に基づいて訴えの変更をしているので、請求の基礎の同一性、被告が現実に同意したか否かを問わず、訴えの変更を認めている。ただし、被告の同意があっても、訴訟手続を著しく遅滞させるおそれがある場合には、新たに別訴を提起すべきである[7]。

〔我妻　学〕

---

1 審＝大阪地判昭 35・1・19 民集 18 巻 6 号 1101 頁／2 審＝大阪高判昭 38・7・10 民集 18 巻 6 号 1107 頁

1) 東京地判平 14・2・28 判タ 1146 号 294 頁、大阪地判平 6・8・26 判タ 873 号 131 頁、東京地判平 4・9・25 判時 1440 号 125 頁・判タ 798 号 251 頁。
2) 有力説は、新請求が他の裁判所の専属管轄に属しないことも要件としている (松本＝上野 734 頁、新基本法コンメ① 414 頁〔小田司〕)。
3) 小山昇・民商 52 巻 3 号 88 頁、条解 834 頁〔竹下守夫＝上原敏夫〕。
4) 松本・民事自白法 316 頁注 51。
5) 大判昭 9・3・13 民集 13 巻 287 頁 (不法占拠に基づく賃料相当損害金請求を賃料請求に変更した事例)、東京高判昭 31・12・25 高民集 9 巻 11 号 714 頁 (建物の使用貸借の終了に基づく建物返還請求から不法占有を理由とする建物収去土地明渡請求に変更した事例)。
6) 新堂 758 頁、菊井＝村松・新コンメ③ 204 頁、伊藤 636 頁、中野ほか編・新講義 564 頁〔栗田隆〕、三木ほか 516 頁〔笠井正俊〕、新・コンメ 664 頁〔林昭一〕、新基本法コンメ① 414 頁〔小田司〕。
7) 最判昭 42・10・12 判時 500 号 30 頁。

60 訴えの交換的変更と旧訴の扱い

最高裁昭和32年2月28日判決　民集11巻2号374頁、判時107号7頁、判タ70号58頁　▶143条

論　点　▶　訴えの変更と旧訴の取扱い

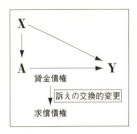

事実の要約　Xは、昭和25年12月21日に差し押さえた訴外AのYに対する貸金債権について、Aに代位して71万円あまりの支払を求めて訴えを提起し、1審はX勝訴。

裁判の流れ　1審：請求認容　2審：控訴棄却　最高裁：破棄自判

Xは控訴審で訴えの変更をなし、新たに滞納処分として昭和28年10月29日に差し押さえた訴外AのYに対する求償債権について、Aに代位して71万円あまりの支払を求め、さらに1審で認容された貸金債権の請求を撤回する旨の陳述をした。Yは訴えの変更に対して異議を述べたが、控訴審は訴えの変更を許し、求償債権に基づく請求を認容し、控訴を棄却。Y上告。

判　旨　＜破棄自判＞「請求の原因を変更するというのは、旧訴の繋属中原告が新たな権利関係を訴訟物とする新訴を追加的に併合提起することを指称するのであり、この場合原告はなお旧訴を維持し、新訴と併存的にその審判を求めることがあり、また旧訴の維持し難きことを自認し新訴のみの審判を求めんとすることがある。しかし、この後者の場合においても訴の変更そのものが許されるべきものであるというだけでは、これによって当然に旧訴の訴訟繋属が消滅するものではない。けだし訴の変更の許否ということは旧訴の繋属中新訴を追加的に提起することが許されるか否かの問題であり、一旦繋属した旧訴の訴訟繋属が消滅するか否かの問題とは係りないところだからである。もし原告がその一方的意思に基づいて旧訴の訴訟繋属を消滅せしめんとするならば、法律の定めるところに従いその取下をなすか、或はその請求の抛棄をしなければならない」。

判例の法理　★**訴えの交換的変更**　訴えの交換的変更とは、従来の請求に代えて新たな請求を定立するものであり、訴えの変更の一類型である（→59事件）。有力説[1]・判例[2]は請求の追加的併合と旧請求の訴えの取下げまたは請求の放棄の結合と構成する。通説[3]は旧請求の訴えの提起による時効完成猶予の存続、新請求審判の際に従来の資料をも利用するために訴えの交換的変更という独自の概念を定立している。旧請求の訴訟係属の消滅に関して、有力説・判例は訴えの変更のほかに被告の同意など訴えの取下げの要件も必要とする(261条2項)。本件では、控訴審で訴えの交換的変更がなされているので、旧請求については再訴禁止効が働き(262条2項)、被告の同意は不要となる。1審で訴えの交換的変更がなされると、再訴禁止効が働かないため、被告の同意が必要となり、均衡を害するおそれがある。訴えの変更は請求の同一性を要件とし(143条2項)、変更の適法性について裁判所が判断していること（同条2項）などから、通説は変更の趣旨が旧請求を白紙撤回し、新請求のみの審判を求めているのであれば、旧請求については被告の同意を要することなく当然に消滅すると考える[4]。旧請求の再訴の必要性は新訴提起により消滅しているとして、訴えの取下げではなく、むしろ放棄をしたものだと評価する説[5]もある。

判例を読む　★**控訴審での訴えの交換的変更と裁判所の判断**　新請求に対する控訴審の判断結果が原告の請求を棄却した1審の主文と一致する場合に、従来は控訴棄却判決をするのが一般的であった(302条)が、最高裁は原判決を破棄し、改めて新請求についての判断を示しており[6]、本判決もこれに従う。

★**訴えの変更と専属管轄**　新請求が他の裁判所の専属管轄に属する場合に、訴えの交換的変更が許容されるか。最判平成5年2月18日（民集47巻2号632頁）は、家庭裁判所が家事審判の債務名義に対する請求異議の訴えを損害賠償請求への訴えの交換的変更を判断する権限を有し、これが許容される場合には変更後の損害賠償請求の訴えを家裁から地裁に移送すべきであるとしている[7]。これに対して、管轄違いによる移送をしても旧請求に関する裁判資料を新請求に利用する余地はないから、新請求を原則として管轄裁判所に移送すべきとする説[8]、あるいは移送を前提として訴えの変更を許容することや裁判権のない新訴について訴え変更の許否を審判することを疑問視する説[9]も有力である。

〔我妻　学〕

1審＝広島地裁尾道支判（年月日不明）民集11巻2号385頁／2審＝広島高判昭28・3・30民集11巻2号387頁

1) 兼子374頁、三ケ月173頁、菊井＝村松・新コンメ③190頁、新注釈民訴5巻185頁〔宮川聡〕、中野ほか編・新講義562頁〔栗田隆〕、三木ほか・514頁〔笠井正俊〕。
2) 最判昭41・1・21民集20巻1号94頁。
3) 新堂754頁、伊藤635頁、松本＝上野727頁、新・コンメ663頁〔林昭一〕。
4) 伊藤600頁、大橋眞弓・百選3版82頁。
5) 河野669頁。
6) 最判昭31・12・20民集10巻12号1373頁、新堂763頁、伊藤736頁。
7) 河野正憲・私判リマ9号133頁、松下淳一・判評479号233頁、畑瑞穂・商110巻3号133頁、中野ほか編・新講義566頁〔栗田隆〕参照。
8) 松本＝上野734頁。
9) 田尾桃二・NBL546号60頁。

61 境界（筆界）確定の訴え（1）

最高裁昭和58年10月18日判決　民集37巻8号1121頁、判時1111号102頁、判タ524号210頁　▶134条

論　点 ▶ 取得時効と境界（筆界）確定訴訟の当事者適格（1）

事実の要約　A地の所有者XはB地の所有者Yを相手取って、境界はイヘ線であるとして境界確定を請求するとともに①②の土地の所有権確認、その土地上の建物収去・土地明渡請求訴訟を提起した。

判例の流れ　1審：X請求棄却　2審：控訴棄却　最高裁：上告棄却

1審は、境界をロハヌ線であると認め、②の土地はB地に属し、①についてはYの時効取得の抗弁を認めてXの所有権確認の請求を棄却した。X、Y控訴。原審においてYは①の土地の分筆・移転登記請求の予備的反訴を提起した。原審判決はYの予備的反訴を認容した。X上告。

判　旨　＜上告棄却＞「たとえ本件訴訟において、取得時効の対象とされたAの土地の一部をYにおいてその所有権を取得したことがXとの間で明らかにされても、右土地部分を更に第三者に譲渡する場合には該土地部分をAの土地から分筆してYに所有名義を変更したうえ、その所有権移転登記手続をする義務があり、右手続のためにも両土地の境界が明確にされていることが必要とされるのである。そうすると、X、Y双方にとって、Aの土地とBの土地の境界のうち、原判決添付図面のロ、ハの各点を結ぶ直線部分のほか、ハ、ヌの各点を結ぶ直線部分についても、境界の確定をする必要があり、XおよびYは、本件境界確定の訴えにつき当事者としての資格があるものというべきである。」

ⓐ 境界確定
ⓑ ①②土地の所有権確認、建物収去土地明渡
①土地の分筆・移転登記請求

判例の法理　●**境界（筆界）確定訴訟と当事者適格**（1）　土地の境界線と所有権の帰属および範囲の確定は分断されており、取得時効の抗弁の当否は、境界確定には無関係であるとされている1)。仮に土地の一部を時効によって取得したとしても、これにより土地の境界線自体が移動するわけではないからである。境界（筆界）確定訴訟に関して、当事者適格を隣接地所有者に限定している。隣接する土地の所有者同士が当該境界の確定につき最も密接強度な利害関係を有すること、公的境界線確定作業も私的紛争の解決機能を有しているからである。筆界を越えて取得時効が完成している場合には、具体的な土地の実質的な所有者同士とは認められず、当事者適格を欠くのではないかが問題となる。本判決では、境界線の一部（ハ、ヌ）が時効取得されたにすぎず、境界線の残部（ロ、ハ）についてはなお隣接地の所有者といえる場合には、境界線全体について当事者適格を肯定している。土地をめぐる所有権の争いを抜本的に解決するには、土地の一部につき時効取得したことが当事者間で確定しても第三者との関係では境界線を確定した上で分筆の登記が必要だからである。境界線の全部が時効取得され、結果的に一方当事者の所有地内の境界を定める場合にも判例は当事者適格を肯定している（➡63事件）。

判例を読む　●**境界（筆界）確定訴訟**　判例・通説は、公簿上の地番と地番の境界線を定める公法上の境界線（筆界）を定めるものと考え、私的所有権を定める土地の境を確定するものではないと考える2)。原告は特定の境界線の存在を主張する必要はなく、土地の境界線の確定を求めればよい3)。仮に原告が特定の境界線を示したとしても裁判所を拘束しないし4)、境界線が証明されない場合にも請求を棄却することは認められず、裁判所の裁量により特定の境界線を示す必要がある。訴訟の形式をとってはいるが、その実質は非訟事件であり、処分権主義（246条）および弁論主義の適用が排除され、控訴審における不利益変更禁止の適用がなく（➡62事件）、境界に関して当事者間で合意していても裁判所を拘束しない5)。このような訴訟を**形式的形成訴訟**と呼び、共有物分割の訴え（民258条）、父を定める訴え（民773条）がある。境界（筆界）確定訴訟は実体法上の根拠がないため、問題が生ずる。通説も所有権の境と公簿上の境界線とを二元的に構成し、公簿上の境界線に関して証明が困難であっても、証明責任不適用とすることによって適切な結果を導いているとして判例を支持する6)。これに対して、境界確定の紛争の実体は所有権の範囲の確定であり、通説のように境界線と所有権を分断するのは適切ではなく、所有権の外延も判決で確定する考え方（所有権境界確定説）も有力である7)。公簿上の筆界確定訴訟と私的な所有権範囲確定訴訟の二類型に構成する説8)、所有権境界を確定するための確認訴訟を第一段階、地番境界の非訟手続を第二段階とする階段的構造説もある9)。少数説においても所有権の範囲を確定する際に過去の合意など立証が困難な事実に関しては248条を類推して裁判所が裁量で境界線を確定することを認める10)。

〔我妻　学〕

1審＝大阪地堺支判昭53・2・27金判701号34頁／2審＝大阪高判昭56・9・29金判701号30頁

1) 最判昭43・2・22民集22巻2号270頁、永井博史・百選5版35頁。
2) 伊藤169頁、高橋・上87頁、注釈民訴⑤16頁〔中野貞一郎〕、中野ほか編・新講義35頁〔徳田和幸〕、菊井＝村松・新コンメ③22頁、新・コンメ529頁〔名津井吉裕〕、新基本法コンメ①374頁〔青木哲〕。
3) 最判昭41・5・20裁判集民83号579頁。
4) 大連判大12・6・2民集2巻345頁。
5) 最判昭31・12・28民集17号9号1220頁、最判昭42・12・26民集21巻10号2627頁。
6) 畑郁夫「境界確定訴訟」新堂編・特講219頁、高橋・上87頁。八田卓也「境界確定訴訟の意義について」新堂古稀下120頁は、所有権境界・筆界についての一回的、画一的処理を貫徹するために抵当権者、差押権者などの利害関係人を広く訴訟に取り込むことを志向する。
7) 新堂217頁、玉城勲「境界確定訴訟について」民訴雑誌34号175頁。
8) 山本和彦「境界確定訴訟」同・基本問題57頁。
9) 坂原正夫「境界確定訴訟について」法学研究（慶應義塾大学）72巻12号40頁。
10) 山本・前掲注8) 63頁、林伸太郎「境界画定訴訟の再生のために」民訴雑誌42号264頁。反対説として、坂原・前掲9) 32頁。

62 境界（筆界）確定の訴え（2）

最高裁昭和38年10月15日判決　民集17巻9号1220頁、判時355号46頁　▶304条

論　点　▶境界（筆界）確定訴訟と不利益変更禁止の原則

事実の要約　甲地の所有者Xは隣接する乙地の所有者Yを相手取って、境界確定の訴えを提起した。Yは真の境界線はXの主張するところよりはるかに甲地にあるにもかかわらず、XがY所有の乙地に有刺鉄線をめぐらして、不法に占有しているとして右有刺鉄線の収去、不法占有地の明渡しなどを求める反訴請求をした。

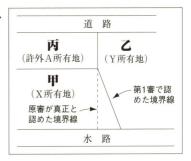

判例の流れ　1審：X請求棄却・Y反訴請求認容　2審：控訴棄却　最高裁：破棄差戻

1審は、Yの反訴請求を全面的に認容し、概ねYの主張通りの線をもって境界線と定めたようである。Xのみ控訴。原審は境界を1審判決以上にYに有利な線をもって真正な境界線と認めたものの、1審判決よりもYに有利な認定であるから、Yが原判決に不服を申し立てていない以上、1審判決の変更をせず、Xの控訴を棄却。Xは境界確定訴訟に不利益変更禁止の原則は適用されないとして上告。

判　旨　＜破棄差戻＞「境界確定訴訟にあっては、裁判所は当事者の主張に覊束されることなく、自らその正当と認めるところに従って境界線を定むべきものであって、すなわち、客観的な境界を知り得た場合にはこれにより、客観的な境界を知り得ない場合には常識に訴え最も妥当な線を見出してこれを境界と定むべく、かくして定められた境界が当事者の主張以上に実際上有利であるか不利であるかは問うべきではないのであり、当事者の主張しない境界線を確定しても民訴186条〔現246条〕の規定に違反するものではない」のである。「第1審判決が一定の線を境界と定めたのに対し、これに不服のある当事者が控訴の申立をした場合においても、控訴裁判所が第1審判決の定めた境界線を正当でないと認めたときは、第1審判決を変更して、自己の正当とする線を境界と定むべきものであり、いわゆる不利益変更禁止の原則の適用はない」。

判例の法理　★**境界（筆界）確定訴訟と不利益変更禁止**　控訴審の審判の範囲は、不服申立ての対象となったものに限定され、さらに原判決の取消および変更は、不服申立ての限度においてのみ認められる（304条1項）。したがって、控訴人だけが不服申立をしている場合には原判決以上の不利益な判決はなされない（不利益変更禁止）（➡206事件）。

判例・通説は、境界確定訴訟を公簿上の地番と地番の境界線を定める公法上の境界線（筆界）を定めるものと考え、私的所有権を定める土地の境を確定するものではないと考える（形式的形成訴訟）（➡61事件）。したがって、判例1)・通説2)は、当事者が主張している境界線には拘束されずに、裁判所は、裁量で境界線を確定することができ（処分権主義の不適用）、控訴審における不利益変更禁止の適用も働かないとする。本判決も大審院判例3)を変更している。有力説は形式的形成訴訟であっても、1審判決で特定の境界線が定められた以上、当事者の信頼を尊重し、裁判官の裁量権行使の範囲を限定すべきと考える4)。境界（筆界）確定訴訟を所有権の範囲の確定とする説は、適用を排除すべき特段の事由は存在しないとして、不利益変更禁止の適用を認める5)。公法上の境界（筆界）が対世効を有することから、第三者保護の観点から不利益変更禁止原則の適用がないとする説もある6)。

判例を読む　★**境界（筆界）確定訴訟と立証**　土地の境界線を実際に立証するのは困難であるから、証明責任を機械的に適用すると原告が不利益を蒙ることになる7)ので、判例・通説は、境界（筆界）確定訴訟に弁論主義、処分権主義の適用がないと考える。所有権境界確定説では、所有権の範囲を確定する際に過去の合意など立証が困難な事実に関しては、248条を類推して裁判所が境界線を確定することを認める8)。

★**筆界特定制度と境界（筆界）確定訴訟**　平成17年の不動産登記法の改正により、筆界特定登記官（不登125条）が不動産登記名義人等の申請に基づき、土地の筆界の現地における位置についての判断を示す制度（筆界特定制度）が導入されている（同法123条）。民事訴訟のように当事者対立構造をとっておらず、筆界調査委員（同法127条）による専門的知見が提供され、申請人および関係人に意見または資料の提出する機会を与えるだけではなく、筆界調査委員が土地の測量や実地調査など職権で収集した資料（同法135条）も利用できる。

（我妻　学）

1審＝横浜地判（年月日不明）民集17巻9号1224頁／2審＝東京高判昭37・5・23民集17巻9号1226頁。

1) 大連判大12・6・2民集2巻345頁、大判大11・3・10民録15巻695頁。
2) 伊藤170頁、河野819頁、中野ほか編・新講義35頁〔徳田和幸〕・657頁〔上野泰男〕、菊井＝村松・新コンメ③22頁、新・コンメ531頁〔名津井吉裕〕・1055頁〔笠井正俊〕、新基本法コンメ①374頁〔青木哲〕。
3) 大判大9・6・7民集26輯858頁。
4) 竹下守夫・法協82巻4号123頁、高橋・上85頁、松本＝上野189頁。
5) 条解1339頁〔竹下守夫〕〔松浦馨〕、新堂213頁、902頁、高橋下635頁、松本＝上野189頁、582頁。
6) 山本和彦「境界確定訴訟」同・基本問題228頁。
7) 福岡高判平18・3・2判タ1232号329頁〔実質は、土地の境界争いである所有権確認訴訟〕。
8) 山本前掲注6) 68頁、林伸太郎「境界確定訴訟の再生のために」民訴雑誌42号264頁。

63 境界（筆界）確定の訴えと当事者適格

最高裁平成7年3月7日判決　民集49巻3号919頁、判時1540号32頁、判夕885号156頁　▶134条

論　点　▶　取得時効と境界（筆界）確定訴訟の当事者適格（2）

事実の要約　甲地の所有者 $X_{1～2}$（共有）は、公簿上隣接する乙地の所有者Yを相手に甲乙両地の境界はイロを結ぶ直線であることの確定を求める訴えを提起。これに対して、境界はハニを結ぶ直線であるとYは主張し、あわせてイロハニの各点で結ばれた土地の取得時効の成立を抗弁として主張。

裁判の流れ　1審：不適法却下　2審：原判決取消　最高裁：上告棄却

1審はYの取得時効を認め、Xらが提起した本訴はYが所有する土地の内部の境界の確定を求めるものにほかならず、訴えを不適法却下。Xら控訴。控訴審は境界の確定に当たって取得時効の主張の当否は無関係であり、また一方の土地のうちの境界に接する部分を他方の土地所有者が時効取得した場合でも両当事者は当事者適格を失うものではない（➡61事件）として、1審判決を取り消し、境界線はイロを結ぶ直線であるとした。Yは、Xらが当事者適格を欠くとして上告。

判　旨　＜上告棄却＞「境界確定を求める訴えは、公簿上特定の地番により表示される甲乙両地が相隣接する場合において、その境界が事実上不明なため争いがあるときに、裁判によって新たにその境界を定めることを求める訴えであって、裁判所が境界を定めるに当たっては、当事者の主張に拘束されず、控訴された場合も民訴法385条〔現304条〕の不利益変更禁止の原則の適用もない〔最判昭38・10・15民集17巻9号1220頁参照〕。右訴えは、もとより土地所有権確認の訴えとその性質を異にするが、その当事者適格を定めるに当たっては、何ぴとをしてその名において訴訟を追行させ、また何ぴとに対し本案の判決をすることが必要かつ有意義であるかの観点から決すべきであるから、相隣接する土地の各所有者が、境界を確定するについて最も密接な利害を有する者として、その当事者となるのである。したがって、右の訴えにおいて、甲地のうち境界の全部に接続する部分を乙地の所有者が時効取得した場合においても、甲乙両地の各所有者は、境界に争いがある隣接土地の所有者同士という関係にあることに変わりはなく、境界確定の訴えの当事者適格を失わない。なお、隣接地の所有者が他方の土地の一部を時効取得した場合も、これを第三者に対抗するためには登記を具備することが必要であるところ、右取得に係る土地の範囲は、両土地の境界が明確にされることによって定まる関係にあるから、登記の前提として時効取得に係る土地部分を分筆するためにも両土地の境界の確定が必要となるのである〔最判昭58・10・18民集37巻8号1121頁参照〕」。

判例の法理　●**境界（筆界）確定訴訟と当事者適格(2)**　隣接地所有者が当該境界の確定につき最も密接強度な利害関係を有すると考えられるから、通説・判例は、隣接地所有者に当事者適格を認めている（➡61事件）。公簿上は相隣接する二筆の土地の中間に第三者所有の土地が介在する場合には、実質的な隣接地所有者とはいえず、判例は当事者適格を否定しており[1]、「相隣地の所有者」とは、単なる公簿上の所有名義人ではなく、隣接する具体的な土地の実質的所有者であることを要する。そこで、筆界を越えて取得時効が完成している場合には、隣接地の所有者同士とは認められず、当事者適格を欠くのではないかが問題となる。判例は、境界線の一部が時効取得された場合に境界線全体について当事者適格を肯定していた（➡61事件）。本判決では、境界線の全部が時効取得され、結果的に一方当事者の所有地内の境界を定める場合にも、境界線全体について当事者適格を肯定した。隣接地の全部を一方当事者が時効取得した場合に、判例は当事者適格を否定している[2]。したがって、当事者の所有地が境界で接する必要はなく、所有地が隣接していれば、当事者適格が認められる[3]。このように土地所有権紛争における境界確定訴訟の紛争解決機能から演繹的に当事者適格を導くことは高く評価されている[4]。

判例を読む　●**共有者と境界（筆界）確定**　土地の共有者が隣接地の境界確定を求める訴えは、共有者全員の共同の利害関係および地番境界を合一に確定する必要があるので、通説・判例は、固有必要的共同訴訟であるとする[5]。共有者の足並みがそろわない場合には当事者適格が否定される危険性がある。近時、判例は隣接地の所有者と共に共同提訴に同調しない共有者を被告としてその余の共有者が訴えを提起することを認めている[6]。入会権について、最判平成20年7月17日（民集62巻7号1994頁）（➡158事件）も参照。

〔我妻　学〕

1審＝東京地判平5・11・22民集49巻3号930頁／2審＝東京高判平6・5・30民集49巻3号939頁

1) 最判昭59・2・16裁判集民141号227頁。
2) 最判平7・7・18裁判集民176号491頁。
3) 最判平11・2・26判時1674号75頁、裁判集民191号591頁（須藤典明・平成11年主判解説246頁）。
4) 加藤新太郎・NBL589号59頁、林伸太郎・法教183号87頁。
5) 最判昭46・12・9民集25巻9号1457頁（林淳・百選Ⅱ新法対応補正版360頁）。
6) 最判平11・11・9民集53巻8号1421頁（河野正憲・判評500号229頁、八田卓也・平成11年度重判126頁、川嶋四郎・法セ546号118頁、畑瑞穂・法教240号114頁、新堂779頁、田邊誠・私判リマ2001（上）114頁、高橋・下337頁。

64 時効の完成猶予および更新（時効の中断）

最高裁昭和44年11月27日判決　民集23巻11号2251頁、判時578号46頁、判タ242号173頁　　▶民147条

論点 ▶ 応訴と被担保債権の消滅時効の完成猶予（時効の中断）

事実の要約　訴外AがXおよび訴外Bを共同の取引相手として、昭和32年4月26日当時54万円あまりの売掛代金債権を有し、A、B、Xとの間において右債権および以後の取引から生ずる売掛代金債権を担保するため、同年5月14日付金円借用手形割引契約に基づく根抵当権設定契約を原因とする債権極度額50万円の根抵当権をX所有の宅地および建物につき設定することを合意して登記した。Aは、昭和36年8月11日にAのXらに対する前記被担保債権を当時AがYに対して負担していた借用金債務の支払に代えてYに譲渡するとともに同年同月21日付内容証明郵便でXに通知した。Xは、債務負担の事実がないことを主張して、本件根抵当権設定登記および同移転登記の各抹消登記手続を求める本訴を昭和37年4月30日に提起した。Yは1審第1回口頭弁論期日（同年6月7日）における答弁書の陳述をもって、請求棄却の判決を求めるとともに、確定債権50万円の取得およびこれに基づく右各登記の有効なことを主張した。

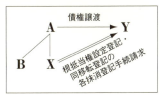

判例の流れ　1審：X請求棄却　2審：X控訴棄却　最高裁：X上告棄却

1審はYの主張を認めてXの請求を棄却。控訴審でXはYの有する売掛代金債権は昭和33年1月1日から2年の短期消滅時効（民173条）により消滅しているとの予備的抗弁を提出。控訴審は、履行期（昭和32年7月10日）から2年の経過によって消滅時効が完成するが、Xの債務の承認行為（昭和36年5月頃および同37年初め）によりもはやその時効を援用することはできず、Xの右債務承認後2年以内に本訴が提起され、Yが右1審第1回口頭弁論期日において、被担保債権の存在を主張していることから時効の完成猶予を認めた。X上告。

判旨　＜上告棄却＞「Xは、債務負担の事実がないことを主張して、本件根抵当権設定登記および同移転登記の各抹消登記手続を求める本訴を提起し、これに対しYは第一審第一回口頭弁論期日における答弁書の陳述をもって、請求棄却の判決を求めるとともに、確定債権50万円の取得およびこれに基づく右各登記の有効なことを主張したのであって、これによってYの本件売掛代金債権についての権利行使がされたものと認められないことはない。このような場合においては、Yの前示答弁書に基づく主張は、裁判上の請求に準ずるものとして、本件売掛代金債権につき消滅時効中断の効力を生ずるものと解するのが相当である」。

判例の法理　★**裁判上の請求と時効の完成猶予（時効の中断）**　時効中断効が生ずると、今まで進行してきた時効期間が消滅し、時効の進行が振り出しに戻る。時効中断事由として民法が総括的に規定しているのは①請求、②差押、仮差押または仮処分、③承認の3類型である（民147条）。中断効が生ずる根拠については、ⓐ権利者による権利の主張、行使により時効の基礎となる事実状態の継続が破られるからであるとする説（権利行使説）[1]とⓑ権利関係の存否不明の状態が破られ、権利消滅の法定証拠たる時効の基礎が失われるからであるとする説（権利確定説）[2]とが対立している。さらに、多元的に考える説も有力である[3]。平成29年民法改正では、権利の確定が更新事由（民147条2項）とされていることから、権利確定説は時効完成猶予の根拠とはならない。本件は、被告が応訴し、被担保債権の存在の主張が認められた場合にも応訴の時点で裁判上の請求に準ずるものとして攻撃防御方法たる権利関係についても時効の完成猶予を認めている。同様の立場として、所有権移転登記請求訴訟で、被告による所有権の主張を裁判所が認めた場合に裁判上の請求に準じた時効中断効を肯定した判例[4]がある。

判例を読む　★**訴訟物と裁判上の請求**　訴訟物の異なる請求に関してどこまで時効の中断が認められるかに関して、学説は訴訟物が同一である必要はなく、当事者の権利行使の意思が訴訟上明確にされていれば、攻撃防御方法たる権利関係についても時効中断効を認める説[5]、あるいは主要な争点となった権利関係についても時効中断効を認める説[6]が有力である。一部請求が明示されているときには、その一部についてのみ裁判上の請求が認められ、最判平成25年6月6日（民集67巻5号1208頁）は、一部についてのみ裁判上の請求として、時効の中断（時効完成猶予）の効力が生じ（最判昭34・2・20民集13巻2号209頁）、残部につき権利行使の意思が継続的に表示されているとはいえない特段の事情のない限り、当該訴えの提起は、残部について、裁判上の催告として消滅時効の中断の効力を生じるとしている。学説は、明示の有無にかかわらず、権利関係全部について、時効完成猶予効を認めるのが多数説である[7]。

〔我妻　学〕

1審＝福井地判昭38・12・3民集23巻11号2255頁／2審＝名古屋高金沢支判昭44・2・28民集23巻11号2258頁

1) 我妻栄『民法講義第1〔新訂版〕』（岩波書店、1965）・新訂民法総則458頁、条解854頁〔竹下守夫＝上原敏夫〕、伊藤237頁。
2) 川島武宜『民法総則』（有斐閣、1965）473頁、兼子・体系178頁、新堂231頁。
3) 四宮和夫＝能見善久『民法総則〔第9版〕』（弘文堂、2018）459頁、佐久間毅『民法の基礎〔第4版〕』（有斐閣、2018）417頁。
4) 最大判昭43・11・13民集22巻12号2510頁、早田尚貴・百選3版90頁、吉井直昭・百選Ⅰ新法対応補正版160頁。
5) 伊藤237頁。
6) 新堂231頁、石田穣『民法と民事訴訟法の交錯』（東京大学出版会、1979）187頁。
7) 伊藤238頁、中野ほか編・新講義199頁〔徳田和幸〕。小林秀之・山本浩美・受験新報2018年3月号2頁も参照。

65 二重起訴と相殺の抗弁

最高裁昭和63年3月15日判決　民集42巻3号170頁、判時1297号39頁、判タ684号176号　▶142条

論　点　▶　二重起訴と相殺の抗弁の規律

事実の要約　Y_1～Y_3（Yら）は、生コン運送を目的とするX会社の従業員であるが、昭和50年8月25日付でXから解雇された。そこで、YらはXを相手方として右解雇の意思表示の無効を主張して、賃金仮払および地位保全を求める仮処分命令を申請した。裁判所はYらがXの従業員たる地位を有することを仮に定め、かつXはYらに対して解雇の日の翌日から本案判決確定まで賃金相当の金員を仮に支払うべき旨の判決を言い渡した。Yらは、右判決に基づく強制執行により本件仮払金を受領した。右判決に対して双方が控訴したが、控訴審は1審判決中のYらの仮払にかかる部分を取り消して同部分の申請を却下し、地位保全にかかる部分を維持する旨の判決を言い渡し、右判決は確定した（本件仮処分判決）。

別訴先行型・抗弁後行型（訴え先行型）

前訴：$Y_{1～3}$ ─────▶ X
　　　解雇無効確認および賃金の支払
　　　　　　相殺の抗弁
後訴：$Y_{1～3}$ ◀───── X
　　　　　　不当利得返還

裁判の流れ　1審：X請求認容　2審：控訴棄却　最高裁：上告棄却

その後、YらはXに対し、解雇の無効確認および賃金の支払を求める本案訴訟を提起し、本件仮払金返戻請求訴訟の事実審口頭弁論終結時になおその1審に係属中であった。XはYらに対して、Yらが先の賃金仮払にかかる仮処分命令に基づき受領した仮払金について、本件仮処分2審判決により、賃金支払申請を認容した部分が取消・却下され、この判決が確定したので、不当利得返還請求の本件訴訟を提起した。Yらは、仮払金の受領を不当利得とするXの主張を争うとともに、予備的に前記本案訴訟において訴求中の賃金債権を自働債権として仮払金返還請求権を受働債権として対当額で相殺する旨の抗弁を主張。1審、2審ともYらの相殺の抗弁を認めず、Xの請求認容。Yら上告。

判　旨　＜上告棄却＞「本件受働債権の給付請求権は、仮払仮処分の取消という訴訟法上の事実に基づいて発生し、本来、民訴法198条2項〔現260条2項〕の原状回復請求権に類するものであり、右のように別訴で現に訴求中の本件自働債権をもってするYらの相殺の抗弁の提出を許容すべきものとすれば、右債権の存否につき審理が重複して訴訟上の不経済が生じ、本件受働債権の右性質をも没却することは避け難いばかりでなく、確定判決により本件自働債権の存否が判断されると、相殺をもって対抗した額の不存在につき同法199条2項〔現114条2項〕による既判力を生じ、ひいては本件本案訴訟における別の裁判所の判断と抵触して法的安定性を害する可能性もにわかに否定することはできず、重複起訴の禁止を定めた同法231条〔現142条〕の法意に反することとなるし、他方、本件自働債権の性質及び右本案訴訟の経緯等に照らし、この債権の行使のため本案訴訟の追行に併せて本件訴訟での抗弁の提出をも許容しなければYらにとって酷に失するともいえないことなどに鑑みると、Yらにおいて右相殺の抗弁を提出することは許されないものと解するのが相当である」。

判例の法理　●二重起訴と相殺の抗弁　二重起訴が禁止されるのは、訴訟物たる権利関係が同一である場合に、別の訴訟手続によって本案判決を求めることを許さない趣旨である（142条）。同一事件について二重の応訴を強いられる被告の負担および重複する審理や相矛盾する審判を回避するためである1)。さらに近時の有力説は事件の主要な争点が共通である場合にも矛盾・重複審理を防止するため、後訴原告に別訴ではなく前訴手続内で訴訟を提起することによって審判の統一を保障する2)。相殺の抗弁が提出されれば、自働債権（被告の反対債権）の存否が原告の訴求債権（受働債権）と並んで裁判所による審理の対象となり、判決理由中で判断された場合には相殺の抗弁に関して既判力が生じる（114条2項）。そこで、相殺の抗弁と自働債権についての別訴が併行する場合には二重起訴の禁止と同様な取扱いをすべきかが問題となる。

①別訴先行型・抗弁後行型（訴え先行型）

すでに別訴で訴求している賃金債権を自働債権とする相殺の抗弁が提出された場合に、本件判決は二重起訴の禁止に該当し、不適法であると判断した。相殺を許容すると本案訴訟で審理中の債権の存否の判断が仮払金返還請求訴訟で重複して行われ、相殺の判断についても既判力が生ずるため、本案訴訟の意義を失わせてしまうからである。有力説は、訴求債権および抗弁の基礎として主張された自働債権は同一の債権であり、訴訟物に準じるものとして裁判所の審判対象となるから、相殺の抗弁を却下した本判決の判断を支持している3)。従来の通説は相殺があくまで訴求債権を訴訟物とする訴訟の防御方法にすぎず、判決において斟酌されるか不確定であること、本訴で相殺の抗弁を提出するには、二重起訴禁止原則を回避するために、別訴を取り下げる必要があるが、取下げには相手方の同意が必要である（261条2項）ため併合審理が原告（後訴被告）に必ずしも保障されていないこと、仮に訴えを取り下げたとしても、本訴で相殺の抗弁が審理されなければ、別訴提起により享受していた時効完成猶予中断の利益（民149条）を喪失すること4)、被告（後訴原告）が前訴において反訴を提起せずに、あえて別訴を提起していることから原告が有する債務名義の取得と相殺の担保的機能への期待を保護する観点5)から二重起訴禁止に該当しないとする。

②抗弁先行型

相殺の抗弁が先行し、当該自働債権を別訴において訴求する場合にも二重起訴の禁止に該当するか否かが問題となる。従来の通説は相殺の抗弁はあくまで訴求債権を訴訟物とする訴訟上の防御方法にすぎないこと、相殺

の抗弁が一般に予備的抗弁として提出され、必ずしも常に判断されるわけではないことから別訴を適法とする[6]。折衷説として①の場合には自働債権の存否が訴訟物として確実に判断されるので相殺の抗弁は不適法であるのに対して、②の場合は自働債権の存否が判断されるか否かは未必的であるため、別訴は適法であるとする説もある[7]。下級審の判例の多くも②の場合は適法説をとる[8]が、反対の立場の判例もあり[9]、最高裁による判例の統一が待ち望まれる。有力説は①の場合と同様に審理の重複と既判力の抵触がありうることから、別訴を不適法とする[10]。②の場合は本訴において自働債権に基づいて予備的に反訴を提起できる（148条）ことあるいは前訴で相殺の抗弁を撤回し、後訴に集中すればよいから別訴提起を許さないとする説もある[11]。予備的反訴の提起、相殺の抗弁の撤回に関しては、いずれも相手方の同意を必要としないので、①の場合とは異なり、前訴被告が別訴を提起し、早く債務名義を取得する必要はない。通説も具体的な事案に応じて両訴訟の弁論の併合（152条）、濫用的な相殺の却下（157条）などによる調整を認めている[12]。反訴の審理が先送りされ、別訴による場合よりも権利救済が遅れる恐れがあること、相殺の担保的機能である相手方の資産状態に応じた早期の債権回収を重視し、従来の通説を再評価する説もある[13]。事例①、②は、訴えと訴訟上の相殺が同一の訴訟手続内で審理の対象となっているか（本訴と反訴について、最判平18・4・14民集60巻4号1497頁（→67事件））、あるいは訴訟上の相殺か、訴訟外の相殺か[14]、執行段階の調整まで視野に入れるかによって議論は拡がる。

❂**予備的相殺の抗弁**　当事者は裁判において陳述した具体的な権利関係あるいは事実の存否についてどのように取捨選択して判示するかは原則として裁判所の自由である。相殺の抗弁は既判力が例外的に生ずる（114条2項）から、相殺によらなければ請求認容とならないことを確認したうえで、最後に審理判断すべきものとされており[15]、判決において常に審理される保障はない（後詰の防御方法）[16]。

❂**仮払返還請求訴訟と相殺の抗弁**　本判決は仮処分取消を理由とする仮払金返還請求訴訟が提起された事例であり、仮処分の本案訴訟の対象たる賃金債権による相殺の抗弁を認めると不当仮処分からの迅速な救済を求める原告の利益を害する危険があるため、事案としての特殊性から、①の場合における判断の射程を限定的に解する余地があった[17]。しかし、その後の最判平成3年12月17日（民集45巻9号1435頁）においても事案の特殊性には言及せず、かつ事件が原審において弁論がいったん併合され、後に分離された場合であっても二重起訴禁止原則の立場から相殺を許さなかった（→66①事件）[18]。

|判例を読む|　❂**一部請求と相殺の抗弁**　原告が金銭債権の一部を請求し（→192事件）、判決において相殺の抗弁を容認する場合に、最判平成6年11月22日（民集48巻7号1355頁）は相殺により消滅した額を訴求されてない部分を含めた訴求債権全額から控除すべき（外側説）としている（→204事件）[19]。最判平成10年6月30日（民集52巻4号1225頁）は相殺の簡易迅速な担保的機能を重視して別訴において一部請求をしている債権の残額を自働債権として相殺することを認めている（→66②事件）[20]。

❂**相殺の抗弁の並存**　原告が例えば、売買代金、消費貸借という相互に関係のない2つの債権で2つの給付訴訟を提起した場合に、被告が同一の反対債権を使って、2つの訴訟で相殺を予備的に主張できるかが問題となる。原告が同一の訴訟に売買代金、消費貸借の2つの債権を併合した場合（136条）には、両債権に対して相殺の抗弁を予備的に主張することは、二重起訴の禁止に触れない[21]。

〔我妻　学〕

1審=広島地福山支判昭56・9・17民集42巻3号183頁／2審=広島高判昭58・9・7民集42巻3号193頁

1) 兼子174頁、条解820頁〔竹下守夫＝上原敏夫〕。
2) 新堂216頁。
3) 伊藤234頁、梅本277頁、菊井＝村松・新コンメ③185頁、河野正憲・当事者行為116頁。
4) 中野貞一郎「相殺の抗弁」同・訴訟関係121頁、条解823頁〔竹下守夫＝上原敏夫〕、松本＝上野354頁。
5) 高橋・上126頁、三木浩一『民事訴訟における手続運営の理論』（有斐閣、2013）330頁、三木ほか535頁〔笠井正俊〕。
6) 中野・論点②163頁、条解823頁〔竹下守夫＝上原敏夫〕、松本＝上野355頁。
7) 流矢大士「二重起訴と相殺の抗弁」伊東古稀465頁。
8) 東京地判昭32・7・25下民集8巻7号1337頁、東京地判昭33・4・2下民集9巻4号562頁等。
9) 東京高判平8・4・8判タ937号262頁。
10) 新堂217頁、伊藤235頁、梅本277頁、菊井＝村松・新コンメ③186頁、河野・前掲注3) 113頁。
11) 注釈民訴⑤230頁〔佐野裕志〕、中野貞一郎＝酒井一・民商107巻2号256頁〔酒井〕、三木ほか535頁〔笠井正俊〕。高橋・上144頁は、相殺の抗弁を維持するか、相殺の抗弁を撤回して、別訴を提起するかを前訴被告に選択させるべきであるとされる。
12) 中野・論点②167頁。
13) 三木・前掲注5) 330頁。
14) 山本克己・平成3年度重判123頁。
15) 高橋・上464頁、新堂464頁、700頁。
16) 中野・論点②139頁。
17) 篠原勝美・最判解民昭和63年101頁。
18) 河野信夫・最判解民平成3年511頁、中野＝酒井・前掲注11) 241頁〔酒井〕、吉村徳重・私判リマ1993（上）124頁、山本克己・平成3年度重判121頁、加藤哲夫・法セ37巻7号138頁、三木浩一・法学研究（慶應義塾大学）66巻3号131頁、髙田昌宏・法教142号98頁、内海博俊・百選5版82頁①。
19) 中野貞一郎・民商113巻6号117頁、水上敏・曹時49巻3号200頁、山本克己・法教176号36頁、梅本吉彦・ジュリ1068号121号、木川統一郎＝北川友子「金銭債権の一部請求と相殺の抗弁」判タ890号26頁。
20) 上野泰男・平成10年度重判122頁、髙橋宏志・私判リマ1999（下）127頁、坂田宏・民商121巻1号62頁、越山和広・法教219号128頁、村山正敏・平成10年主判解説214頁、内海博俊・百選5版82頁②。
21) 高橋・上145頁、中野＝酒井・前掲注11) 257頁〔酒井〕、中野・論点②167頁。

66 別訴債権を本訴での相殺の抗弁に提出することの許否

①最高裁平成3年12月17日判決　民集45巻9号1435頁、裁判集民163号655頁、裁時1065号1頁、金法1332号40頁、金判906号3頁
②最高裁平成10年6月30日判決　民集52巻4号1225頁、判時1644号109頁、判タ979号97頁、金法1526号44頁、金判1053号10頁

論　点　①係属中の別訴において訴訟物となっている債権を自働債権として、本訴で相殺の抗弁を主張することは、142条の重複訴訟禁止の趣旨に照らして許されないか。②係属中の別訴において一部請求している債権の残額を、本訴で自働債権として相殺の抗弁を主張することは許されるか

事実の要約　① X（原告・被控訴人・被上告人）は、Y（被告・控訴人・上告人）との間で売買契約を継続的に結んでいたが、Xが納入した分に対するYの未払い残代金258万1251円の支払い（β債権）を求めて訴えを提起した（本訴）。第1審は、このうち207万4476円につきXの請求を認容する判決を言い渡した。Y控訴。控訴審で、Yは、Xに対する別訴の第1審で認容され控訴審係属中の1284万円余の売買契約に基づく代金支払請求権（α債権）を自働債権として、X請求のβ債権と相殺するとの主張をした。本訴と別訴は控訴審でいったん併合された後分離されたが、上記相殺の抗弁は、併合審理中に主張されたものであった。そこで係属中の別訴で訴訟物（本訴債権）となっているα債権につき、本訴において自働債権として相殺の抗弁を提出すること（別訴先行・抗弁後行型）が許されるかが問題となった。

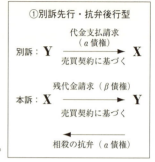

② X（原告・控訴人・被上告人）がY（被告・被控訴人・上告人）に対し、立替払いした相続税等の不当利得返還請求をしたところ、Yが、不当利得返還義務の存在を争うとともに、別件訴訟において明示的に一部請求をしている違法仮処分を理由とする損害賠償債権のうちの残部債権をもって相殺の抗弁を主張した。本件の争点の一つとして、他で一部請求している債権の残部債権をもって当該訴訟で相殺の抗弁の提出が許されるか（一部別訴先行・残部抗弁後行型）が問題となった。

裁判の流れ　①1審：一部認容　2審：控訴棄却（相殺の抗弁は不適法）
2審（原審）は、重複訴訟を禁止した231条（現142条）を類推して相殺の抗弁を理由のないものとしてYの控訴を棄却した。Y上告。
②1審：請求棄却（相殺の抗弁は適法）　2審：破棄自判（相殺の抗弁は不適法）
2審（原審）は、別件訴訟において訴求中の債権の残部を自働債権とする相殺は、①最高裁判決の趣旨に照らして許されないとした。Y上告。

判　旨　① ＜上告棄却（相殺の抗弁は不適法）＞「係属中の別訴において訴訟物となっている債権を自働債権として他の訴訟において相殺の抗弁を主張することは許されないと解するのが相当である〔最判昭63・3・15民集42巻3号170頁参照〕。すなわち、民訴法231条〔現142条〕が重複起訴を禁止する理由は、審理の重複による無駄を避けるためと複数の判決において互いに矛盾した既判力ある判断がされるのを防止するためであるが、相殺の抗弁が提出された自働債権の存在又は不存在の判断が相殺をもって対抗した額について既判力を有するとされていること（同法199条2項〔現114条2項〕）、相殺の抗弁の場合にも自働債権の存否について矛盾する判決が生じ法的安定性を害しないようにする必要があるけれども理論上も実際上もこれを防止することが困難であること、等の点を考えると、同法231条の趣旨は、同一債権について重複して訴えが係属した場合のみならず、既に係属中の別訴において訴訟物となっている債権を他の訴訟において自働債権として相殺の抗弁を提出する場合にも同様に妥当するものであり、このことは右抗弁が控訴審の段階で初めて主張され、両事件が併合審理された場合についても同様である。」

② ＜破棄差戻（残部債権での相殺の抗弁は適法）＞「既に係属中の別訴において訴訟物となっている債権を自働債権として他の訴訟において相殺の抗弁を主張することが許されないことは、原審の判示するとおりである〔最判平3・12・17参照〕。」「しかしながら、他面、一個の債権の一部であっても、そのことを明示して訴えが提起された場合には、訴訟物となるのは右債権のうち当該一部のみに限られ、その確定判決の既判力も右一部のみについて生じ、残部の債権に及ばないことは、当裁判所の判例とするところである〔最判昭37・8・10民集16巻8号1720頁参照〕。この理は相殺の抗弁についても同様に当てはまるところであって、一個の債権の一部をもってする相殺の主張も、それ自体は当然に許容されるところである。」「もっとも、一個の債権が訴訟上分割して行使された場合には、実質的な争点が共通であるため、ある程度審理の重複が生ずることは避け難く、応訴を強いられる被告や裁判所に少なからぬ負担をかける上、債権の一部と残部とで異なる判決がされ、事実上の判断の抵触が生ずる可能性もないではない。」「しかし、こと相殺の抗弁に関しては、訴えの提起と異なり、相手方の提訴を契機として防御の手段として提出されるものであり、相手方の訴求する債権と簡易迅速かつ確実な決済を図るという機能を有するものであるから、一個の債権の残部をもって他の債権との相殺を主張することは、債権の発生事由、一部請求がされるに至った経緯、その後の審理経過等にかんがみ、債権の分割行使による相殺の主張が訴訟上の権利の濫用に当たるなど特段の事情の存する場合を除いて、正当な防御権の行使として許容されるものと解すべきである。」「したがって、一個の債権の一部についてのみ判決を求める旨を明示して訴えが提起された場合において、当該債権の残部を自働債権として他の訴訟において相殺の抗弁を主張することは、債権の分割行使をすることが訴訟上の

権利の濫用に当たるなど特段の事情の存しない限り、許されるものと解するのが相当である。」「本件について右特段の事情が存するか否かを見ると、…相殺の主張の自働債権である弁護士報酬相当額の損害賠償請求権は、別件訴訟において訴求している債権とはいずれも違法仮処分に基づく損害賠償請求権という一個の債権の一部を構成するものではあるが、単に数量的な一部ではなく、実質的な発生事由を異にする別種の損害というべきものである。そして、他に、本件において、右弁護士報酬相当額の損害賠償請求権を自働債権とする相殺の主張が訴訟上の権利の濫用に当たるなど特段の事情も存しないから、右相殺の抗弁を主張することは許されるものと解するのが相当である。」

判例の法理 すでに自ら訴え（別訴）を提起した債権につき、今回の相手方からの訴え（本訴）で相殺の抗弁として同債権を提出すること（いわゆる「別訴先行・抗弁後行型」）またはすでに別訴で相殺の抗弁として提出した債権につき本訴提起すること（いわゆる「抗弁先行・別訴後行型」）については、そもそも相殺の抗弁に提出する自働債権は訴訟物ではないものの自働債権存否の判断に既判力が生じるため（114条2項）、重複する訴えの提起と同視しうるとして、重複訴訟禁止原則（142条）に抵触して許されないのではないかという議論がある。ここで扱う①②判決は、両者とも、ある債権につき別訴が先行しているにも拘わらず同債権を本訴で抗弁として提出した場合（別訴先行・抗弁後行型）にあたる。

①の判決は、原審で本訴と別訴が併合審理されている事案であったが、重複訴訟の禁止の趣旨は、上記でいう、ⓐ審理重複による無駄の回避（効率論）とⓑ既判力の矛盾抵触の防止（抵触論）にあるとしたうえで、ⓒ既判力の矛盾抵触防止の点に重点を置いて、相殺の抗弁を不適法としたものと解される。

②の判決は、①の判決を前提としながらも、同一債権のうち明示して一部を別訴で本訴債権として請求し、残部を本訴での相殺のための自働債権として主張している場合には、相手方の応訴の煩（迷惑論）や裁判所の負担（効率論）および事実上の判断の抵触の問題は残るとしながらも、明示的一部請求（における残部請求）が先例1）により認められていること、また別の訴えの提起と異なり相殺の抗弁としての提出に関しては相手方の提訴を契機とした防御手段であること、および相殺は簡易迅速な決済機能を有することを重視して、債権の分割行使が訴訟上の権利の濫用に当たるなど特段の事情が存しない限り、重複訴訟の禁止に触れず、許されるとしたものである。

判例を読む 判例・通説によれば、重複訴訟禁止原則の根拠として、3つの理論が挙げられる。すなわち、①重複した訴訟追行を強いられる相手方の応訴の煩（迷惑論）、②重複した審理を実施することの訴訟経済上の非効率（効率論）、③同一事件について矛盾抵触する判決のおそれ（抵触論）である。

しかし近時、これら3つの根拠のうち①の迷惑論と③の抵触論は必ずしもあてはまらず、実際に重複訴訟禁止原則の根拠として意味をなすのは、せいぜい②の効率論のみだとする有力説もある2）。効率論の考えによれば、訴訟経済上の非効率を避けるべく弁論の併合などがなされれば、①判決および②判決とも重複訴訟の禁止にあたらないことになるが、迷惑論や抵触論の視点を加味すれば、①判決は重複訴訟の禁止の問題となりうる。他方で、②判決については、一部請求を認めて一部と残部は別訴訟物とするのであれば、そもそも既判力の抵触問題は生じない。

本件判例は、①判決についてはすべての理論を加味し、②判決については、一部請求であることを重視し、残部は別訴訟物であるので重複訴訟の問題にそもそもあたらず、①判決と②判決とは問題状況を異にすると解したようである。これに対し、学説の多くは、一部と残部といっても同一債権である以上、迷惑論および抵触論の問題は残るとして、なお重複訴訟の問題としている。

〔田村陽子〕

---

①事件　1審＝東京地判昭58・2・25／2審＝東京高判昭62・6・29
②事件　1審＝東京地判平5・1・28／2審＝東京高判平5・12・22判タ842号170頁

1) 最判昭37・8・10民集16巻8号1720頁（→192事件）。
2) 三木浩一『民事訴訟における手続運営の理論』（有斐閣、2013）288頁以下参照。

67 反訴請求債権を自働債権とし本訴請求債権を受働債権とする相殺の抗弁の許否

最高裁平成18年4月14日判決　民集60巻4号1497頁、判時1931号40頁、判タ1209号83頁

▶114条2項、142条、146条

論　点　▶相殺の抗弁と反訴

事実の要約　XはAとの間で、マンション新築工事請負契約を締結したが、完成した建物に瑕疵があるなどと主張して瑕疵修補に代わる損害賠償または不当利得返還（5304万円あまり）の支払を求める訴えをAに対し提起した（本訴請求）。Aは、1審係属中にXに対し本件請負契約に基づく請負残代金（2418万円）の支払を求める反訴を提起し、反訴状は、平成6年1月25日、Xに送達された（反訴請求）。

Aは、平成13年に死亡し、Aの相続人であるY₁Y₂がAの訴訟上の地位を承継した（Y₁・Y₂の法定相続分：それぞれ2分の1）。Y₁Y₂は、1審の口頭弁論期日（第30回）（平成14年3月8日）において、Y₁Y₂のXに対する報酬残債権（反訴請求債権）を自働債権とし、XのY₁Y₂に対する損害賠償債権（本訴請求債権）を受働債権として対当額で相殺する旨の抗弁を提出した。

裁判の流れ　1審：Xの一部認容・Yの反訴棄却　2審：Xの一部認容・Yの反訴棄却　最高裁：破棄自判

1審は、相殺後の本訴請求債権につき、Y₁Y₂は本件相殺の意思表示をした日の翌日（平成14年3月9日）から遅滞の責めを負うとした。これに対して原審はY₁Y₂が反訴状送達の日の翌日（平成6年1月26日）から遅滞の責めを負うとした。Y₁Y₂が履行遅滞に陥るのは反訴請求の翌日からではなく、本件相殺の意思表示をした日の翌日であると主張して上告受理申立て（相殺自体の適法性に関しては当事者間では問題となっていない）。

```
①X→(A)Y₁Y₂（本訴）      平成5・12・3
  瑕疵修補に代わる損害賠償            遅滞の時期
②X←(A)Y₁Y₂  反訴       平成6・1・25   ②⇒平成6・1・26（原審）
  請負残代金  ↓
③X⇐Y₁Y₂    予備的反訴  平成14・3・8   ③⇒平成14・3・9（最高裁）（1審）
  相殺の抗弁
```

判　旨　＜破棄自判＞「係属中の別訴において訴訟物となっている債権を自働債権として他の訴訟において相殺の抗弁を主張することは、重複起訴を禁じた民訴法142条の趣旨に反し、許されない〔最判平3・12・17民集45巻9号1435頁〕。

しかし、本訴及び反訴が係属中に、反訴請求債権を自働債権とし、本訴請求債権を受働債権として相殺の抗弁を主張することは禁じられないと解するのが相当である。この場合においては、反訴原告において異なる意思表示をしない限り、反訴は、反訴請求債権につき本訴において相殺の自働債権として既判力ある判断が示された場合にはその部分については反訴請求としない趣旨の予備的反訴に変更されることになるものと解するのが相当であって、このように解すれば、重複起訴の問題は生じないことになるからである。そして、上記の訴えの変更は、本訴、反訴を通じた審判の対象に変更を生ずるものではなく、反訴被告の利益を損なうものでもないから、書面によることを要せず、反訴被告の同意も要しないというべきである。本件については、前記事実関係及び訴訟の経過に照らしても、Y₁Y₂が本件相殺を抗弁として主張したことについて、上記と異なる意思表示をしたことはうかがわれないので、本件反訴は、上記のような内容の予備的反訴に変更されたものと解するのが相当である」。

判例の法理　★**相殺と重複訴訟**　相殺の抗弁とその自働債権の存否についての別訴が併存する場合、重複訴訟の禁止に該当するのではないか、が問題となる（→65事件）。係属中の別訴において訴訟物となっている債権を自働債権として他の訴訟において相殺の抗弁を主張する場合（別訴先行型）に関して、最判平成3年12月17日（民集45巻9号1435頁）は、審理の重複による無駄を避け、複数の判決において互いに矛盾した既判力ある判断がされるのを防止するため、先行訴訟で請求した債権を相殺の抗弁の用に供することは下級審で併合審理されていても重複訴訟の禁止に当たるとしている（→66①事件）[1]。本判決は、別訴先行型のうち、係属中の反訴請求債権を自働債権として本訴請求債権を受働債権とする相殺の抗弁が許容されると判断し、相殺と重複訴訟の禁止に関する前掲最判平3・12・17の射程距離を初めて明らかにしている点で実務上重要な意義を有する。

★**反訴と重複訴訟**　反訴とは、係属する訴訟（本訴）の手続内で、被告から原告を相手方として提起する訴え（訴訟中の訴えによる請求の追加的併合）である。反訴が提起された場合には、本訴と併合して1つの訴訟手続内で共通に審理されるのが原則であるので、本訴において相殺の抗弁が斟酌される限り、二重審理の危険は生じない[2]。ただし、2つの訴訟は必要的な併合関係に立つものではなく、審理の錯雑と訴訟の遅延を避けるため弁論の分離（152条1項）や一部判決（243条2項・3項）ができるとされている[3]。反訴による審判の申立てに条件を付することは原則として許されない。しかし、本訴の却下または棄却を解除条件として反訴請求について審判を求める旨の予備的反訴は、条件成就の有無が訴訟手続内で明らかになり訴訟手続を不安定にしないことから許容される[4]。

本判決では、無条件の反訴を、反訴請求につき本訴において相殺の自働債権として既判力ある判断が示された場合には当該部分を反訴請求としないとする内容の予備的反訴に変更することも許容している。本訴被告としては、本訴で相殺の抗弁が認められたときは、右自働債権は、いわゆる対当額の範囲につき、存在し、かつ相殺によって債務不存在に帰していることが既判力を以て確定されうる状態になるから、本訴、反訴の合一確定の性質

上、反訴は右の部分につき請求すべき理由を失うため、既判力が矛盾抵触する危険を生じさせないからである[5]。予備的反訴に変更されれば、本訴請求と分離することは認められず、合一確定が反訴よりも担保される[6]。請求の基礎に変更がない以上、相手方の同意も書面で行う必要はない（142条2項）。

相殺の抗弁を行使した部分と反訴請求の判断の重複を避けるためには相殺の抗弁の判断を優先する最高裁の立場を支持する説[7]もある。しかし、有力説は相殺の抗弁と単純反訴が併存していると解しても併合審理を強制すべき事案であり[8]、前掲最判平3・12・17との整合性を維持しようとするあまり、かえって予備的反訴の擬制といった技巧的解釈に走ったと批判し、むしろ前掲最判平3・12・17の判断自体を変更すべきであるとしている[9]。

本判決の法理を適用すると本訴請求を自働債権とし、反訴請求債権を受働債権として相殺の抗弁を主張することは重複訴訟の禁止に該当することになる[10]。本訴に条件を付すことは許されないから、同一の訴訟物が本訴と反訴で重複して審判対象となっており、本訴と反訴の弁論が分離されて別々に審理判断され、その結果既判力が抵触する可能性は否定できないからである[11]。しかし、反訴請求中の債権による相殺の抗弁は許容されるのに対して、本訴被告の資力に不安がある場合であっても本訴請求中の債権による相殺の抗弁の主張が認められないのは、均衡を失するといわざるをえない[12]。これに対し、最判平成27年12月24日（民集69巻8号2295頁）は、本訴において訴訟物となっている債権の全部または一部が時効により消滅したと判断されることを条件として、反訴において、当該債権のうち時効により消滅した部分を自働債権として相殺の抗弁を原告が主張することを許容している。

判例を読む　★**請負人が損害賠償債務に関して履行遅滞の責任を負う時期**　請負契約において仕事の目的物に瑕疵が存在している場合に、注文者は請負人に対して、瑕疵修補請求あるいは瑕疵修補に代わる損害賠償を選択的に請求することができる[13]。瑕疵修補に代わる損害賠償債権と請負人の請負代金債権とは、同時履行の関係に立つ（平成29年改正前民634条2項・533条）。したがって、注文者の有する瑕疵修補に代わる損害賠償債権と請負人の有する報酬債権について、履行の提供があるまで、互いに自己の債務の履行を拒絶することができ、また履行拒絶によって不履行による責任（損害賠償および解除）を負うことはない（民法533条）。

改正前民法634条2項は、削除されているが、新規定のもとにおいても民法533条の括弧書きにより本判決は維持される[14]。請負人が損害賠償債務に関して履行遅滞の責任を負う時期を、最高裁は請負人による反訴の提起をもって相殺の意思表示と同視した原審判断を破棄し、請負人の報酬残債権を自働債権として損害賠償債権と相殺する旨の意思表示をした時点を基準とすることを明らかにしている点でも注意を要する。

本件では、瑕疵修補請求に代わる損害賠償債権の額が請負人の報酬債権の額を上回っているので、請負人を早期に履行遅滞に陥らせることができるから、むしろ注文者から相殺の意思表示をする方が有利である。しかし、瑕疵修補請求に代わる損害賠償債権の金額に争いがあり、金額が確定していない以上、注文者から相殺の意思表示を期待することは困難である。本件のように損害賠償債権が報酬残債権を上回るとの認定がなされた場合には、注文者は同時履行の抗弁に固執せず、むしろ相殺により、報酬債務全額を免れたうえで、さらに相殺後の瑕疵修補に代わる損害賠償債権について、請負人を履行遅滞に陥らせることを望むのが注文者の意思に合致している[15]。最高裁は、注文者、請負人いずれの側からの相殺の意思表示であっても、自働債権と受働債権の金額の大小にかかわらず、相殺は有効としている。

★**訴訟審理と相殺の抗弁**　本件で、相殺の抗弁をYが主張しているのは、1審の30回目の弁論であり、Aの死亡による当事者の変更、損害の認定に時間を要したとしても訴訟審理および攻撃防御方法の提出について、当事者と裁判所との間で十分な意思疎通があったのか疑問がもたれる。

〔我妻　学〕

1審＝大阪地判平14・7・29金判1251号43頁／2審＝大阪高判平15・12・24金判1251号39頁

1) 河野信夫・最判解民平成3年度511頁、松本博之・百選3版92頁、山本克己・平成3年度重判121頁、中野貞一郎＝酒井一・民商107巻2号241頁、吉村徳重・私判リマ1993(上)124頁、三木浩一・法学研究（慶應義塾大学）66巻3号131頁、髙田昌宏・法教142号98頁、加藤哲夫・法セ451号138頁。
2) 徳田和幸・判評584号15頁、山本弘・争点（伊藤＝山本編）96頁。
3) 新基本法コメント① 425頁〔小田司〕、菊井＝村松・新コンメ③ 220頁。
4) 新基本法コメント① 420頁〔小田司〕、菊井＝村松・新コンメ③ 218頁、条解847頁〔竹下守夫＝上原敏夫〕。
5) 増森珠美・最判解民平成18年上532頁、山本弘・争点（伊藤＝山本編）96頁、菊井＝村松・新コンメ③ 220頁。これに対して、松本＝上野357頁は、被告が予備的反訴の申立てをしていないときに予備的反訴の申立てへの変更を指定することは処分権主義に反するとされる。酒井一・民商138巻3号340頁は、重複訴訟の問題は回避できないとされる。
6) 基本法コンメ民訴② 42頁〔林屋礼二〕、注釈民訴⑤ 230頁〔佐野裕志〕。東京高判昭42・3・1高民集20巻2号113頁は、二重判断の問題は生じないとしている。
7) 河野正憲「反訴請求債権を自働債権とする相殺の抗弁」判タ1311号10頁。
8) 山本・前掲注5) 96頁、三木浩一・平成18年度重判128頁、徳田・前掲注2) 15頁。
9) 山本・前掲注5) 97頁、三木・前掲注8) 128頁、徳田・前掲注2) 15頁、二羽和彦・私判リマ2007（上）112頁。
10) 増森・前掲注5) 534頁。大阪地判平18・7・7判タ1248号314頁。別訴と反訴の相違があるにせよ、前記・最判平3・12・17と同一の結論になる。
11) 増森・前掲注5) 534頁。
12) 和田吉弘・法セ637号117頁、我妻学・私判リマ2008（下）118頁（前掲注10) 大阪地判平18・7・7評釈）、松本＝上野357頁。梅本277頁は、判例とは異なり、適法説を採る。
13) 最判昭52・2・28金判520号19頁、最判昭54・3・20判時927号683頁、『新版注釈民法(16)』（有斐閣、1989）148頁〔内山尚三〕。
14) 平野裕之『債権各論I』（日本評論社、2018）352頁、森田修・民法判例百選II 8版143頁。
15) 阿保賢祐「東京高判平成16年6月3日金判1195号22頁判批」銀法638号37頁。

68 占有の訴えと本権の訴え

最高裁昭和 40 年 3 月 4 日判決　民集 19 巻 2 号 197 頁、判時 406 号 50 頁、判タ 175 号 104 頁　▶146 条、民 202 条 2 項

論　点　▶占有の訴えと本権に基づく反訴の提起

事実の要約　昭和 32 年 4 月 11 日、訴外 A は本件係争地を訴外 B に譲渡し、同年 4 月 18 日に B はこれを Y に譲渡した。三者の合意により、移転登記は中間省略によることとされたが、書類の不備により直ちに登記することができなかったため、Y は残代金の支払を一時留保した。B は Y に対して売買契約の解消を申し出るとともに、4 月 21 日頃、AB 間の売買契約を合意解除し、A は本件土地を X に売却した。ところが、Y は契約解消に応じず、同年 7 月 9 日に移転登記を完了した。他方、同年 11 月 21 日、X は A から本件土地の引渡しを受け、翌 22 日に建物の移築を行った。これに対して、Y は人を使って移築工事を阻止しようとし、工事後も X に対して建物撤去を迫った。そこで、X は Y を相手方として立入禁止等の仮処分を申請し、同月 27 日に仮処分が執行された。さらに、X は占有妨害の停止を求める訴訟を提起したが、Y は所有権に基づく建物収去土地明渡を求める反訴で応じた。

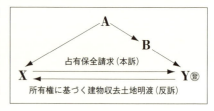

裁判の流れ　1 審：本訴請求棄却、反訴請求認容　控訴審：本訴反訴ともに認容　最高裁：上告棄却
　1 審は、X の占有は現に妨害されていないとして本訴請求を棄却し、他方、本件では登記を有する Y の権利が優先するとして反訴請求を認容した。控訴審は、X の本訴請求を認容すると同時に、Y の反訴請求をも認容した。占有の訴えに対する本権に基づく反訴が不適法であるとして X が上告。

判　旨　＜上告棄却＞「民法 202 条 2 項は、占有の訴において本権に関する理由に基づいて裁判することを禁ずるものであり、従って、占有の訴に対し防禦方法として本権の主張をなすことは許さないけれども、これに対し本権に基づく反訴を提起することは、右法条の禁ずるところではない。そして、本権反訴請求を本訴たる占有の訴における請求と対比すれば、牽連性がないとはいえない」。

判例の法理　✤**占有の訴えと本権に基づく反訴**　占有の訴えとは、占有の侵害を排除する実体法上の請求権の 1 つであり、占有保護請求権とも呼ばれる。占有権が原告 X に、本権（所有権）が被告 Y に分属する場合に、同一訴訟内で本権の抗弁を提出することは認められない（民 202 条 2 項）が、反訴を提起すること（146 条）が認められるかが問題となる。反訴とは、係属する訴訟手続内で、Y（反訴原告）から X（反訴被告）を相手として提起する訴えである。

　本判決は、占有保全の訴えに対して所有権に基づく建物収去土地明渡反訴を適法と認めた初めての最高裁判所の判例であり、多数説も支持している[1]。併合訴訟が禁止されていないこと、本訴請求と反訴請求の関連性も認められるからである。少数説は、本権について争いがあり、占有の妨害のおそれなど従前の占有状態を暫定的に保全する必要がある場合に仮処分だけを認める[2]。反訴適法説を採りつつ、占有請求の本訴についてまず弁論・証拠調べを行い、裁判をなすに熟した場合には本権反訴の結論を待たずに一部判決（243 条 2 項、3 項）をし、仮執行宣言（259 条）を付すこと（占有先審理原則）によって占有者の利益保護を図る説もある[3]。なお、原告勝訴判決が確定すれば、被告が反訴を提起しなければ、もはや別訴で本権を主張できるかに関しては判例は何も触れていないが、別訴禁止が明文で規定されていない以上、肯定すべきである[4]。

判例を読む　✤**占有回収の訴えと本権に基づく反訴**　本件では、占有保全の訴え（民 199 条）と土地明渡請求が問題となっており、両方が認容された場合にも、本権者の自力救済を防止しつつ法的手続に従って土地を明け渡すことになる。これに対して、占有回収の訴え（民 200 条）、占有保持の訴え（民 198 条）に対して本件に基づく反訴がなされ、本訴、反訴いずれも認容された場合に、どのような判決を認められるかについては争いがある。本訴はそのまま請求認容し、反訴に関しては、将来の給付の訴え（135 条）のみを認める下級審判例がある[5]。自力救済禁止の理念を尊重し、いったんは占有者に占有を戻す点に意味がある。これに対して、両請求を認容し、本権勝訴判決が確定すると、占有に基づく請求権は消滅し、結果として占有回収を認めない考え方も有力である[6]。このような問題が生ずるのは、占有保護請求権の存在意義を発揮する制度的手当が保障されていないことに起因している[7]。横浜地判平成 20 年 6 月 27 日（判時 2026 号 82 頁・判タ 1289 号 190 頁）は、占有回収の訴えが提起された後、別訴提起された所有権（本権）に基づく土地明渡請求とを併合審理し、占有回収の訴えを認容し、占有者の残工事代金債権に基づく留置権（占有権原）を認めて、明渡請求（本権の訴え）を棄却している（占有者は、留置権を主張しているが、引換給付判決を求めていない）。

〔我妻　学〕

1 審＝青森地判昭 34・9・23 民集 19 巻 2 号 200 頁／2 審＝仙台高判昭 38・3・11 民集 19 巻 2 号 207 頁

1) 三ケ月章「占有訴訟の現代的意義」三ケ月・研究③ 59 頁、青山善充「占有の訴えと本権の訴えとの関係」内田貴＝大村敦志編『民法の争点』116 頁（有斐閣、2007）、伊藤 644 頁、菊井＝村松・新コンメ③ 241 頁、笠井正俊・民法百選 I 8 版 143 頁。条解 849 頁（竹下守夫＝上原敏夫）は、反訴の審理により本訴の審理が明らかに遅延する恐れがある場合には、反訴を許容すべきではないとする。
2) 藤原弘道「占有訴権の訴訟上の機能と仮処分」時効と占有 251 頁、長谷部・民事手続原則の限界 187 頁、236 頁。
3) 勅使川原和彦『民事訴訟法理論と「時間」的価値』（成文堂、2009）212 頁、出口雅久・百選 3 版 85 頁。
4) 青山・前掲注 1) 117 頁。
5) 東京地判昭 45・4・16 下民集 21 巻 3 号 596 頁、三ケ月・前掲注 1) 61 頁注 4)、高橋・上 52 頁。
6) 『新版注釈民法(7)』（有斐閣、2007）277 頁（広中俊雄＝中村哲也）、青山・前掲注 1) 論文 117 頁。
7) 内田貴『民法 I〔第 4 版〕』（東京大学出版会、2008）422 頁。

69 刑事上罰すべき他人の行為による訴えの取下げ

最高裁昭和46年6月25日判決　民集25巻4号640頁、判時637号40頁、判タ265号138頁　▶262条、338条

論点 ▶ 刑事上罰すべき他人の行為による訴えの取下げ

事実の要約　X（当時未成年）からY（父）に対する認知請求の訴えが提起され、1審は、Xの請求を認容した。Yの控訴による控訴審係属中に、Xの法定代理人A（Xの母）の名義で訴えの取下書がYから提出されたが、提出の翌日、右取下げはAの真意に基づかずYの脅迫に基づくものであるから取り消す旨のAの上申書が提出され、さらにAは要素の錯誤により取下げが無効であると主張。

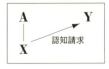

裁判の流れ　1審：請求認容　2審：控訴棄却　最高裁：上告棄却

控訴審は、終局判決中において、本件訴えの取下げはYの刑事上罰すべき強要行為によってなされたものであり、このような場合には、旧民訴法420条1項5号（現338条1項5号）の精神に則り、当然無効であると判示した。Yが上告。

判旨　＜上告棄却＞「訴の取下は訴訟行為であるから、一般に行為者の意思の瑕疵がただちにその効力を左右するものではないが、詐欺脅迫等明らかに刑事上罰すべき他人の行為により訴の取下がなされるにいたったときは、民訴法420条1項5号〔現338条1項5号〕の法意に照らし、その取下は無効と解すべきであり、また、右無効の主張については、いったん確定した判決に対する不服の申立である再審の訴を提起する場合とは異なり、同条2項〔現338条2項〕の適用はなく、必ずしも右刑事上罰すべき他人の行為につき、有罪判決の確定ないしこれに準ずべき要件の具備、または告訴の提起等を必要としないものと解するのが相当である」。

判例の法理　★**訴訟行為と私法行為**　訴えの取下げは、訴訟終了の効果を発生させる訴訟行為である（262条）。詐欺、脅迫など行為者の意思表示に瑕疵があることを理由として訴訟行為の効果を否定することができるかが問題となる。手続安定の要請からその無効・取消の主張は原則として許されないが、詐欺・脅迫等の刑事上罰すべき他人の行為により訴えの取下げがなされたときは、判例・通説は、再審事由の法意（338条1項5号）に照らし、その効力を否定できるとする（**再審事由の訴訟内顧慮**）[1]。有力説は、他人の詐欺行為あるいは強要行為に基づいて訴えの取下げがなされた場合に、再審事由たる可罰行為を充足するか否かを本来認定しなければならないのに、判例がもっぱら当事者の意思表示に瑕疵が存在するか否かを判断しているのは訴訟行為の撤回の許容範囲が再審による場合よりも広がり過ぎ、類推の範囲を逸脱すると批判する[2]。訴えの取下げのように訴訟係属を遡及的に消滅させる訴訟行為の場合には、手続の安定よりも当事者の利益保護を重視すべきこと、常に刑事上罰すべき他人の行為が介在するとはいえないこと、裁判外で取下書が作成されるなど訴え取下行為は裁判外で行われていることなどから再審事由を考慮するのではなく、詐欺、脅迫などに基づく意思表示の瑕疵に関する私法規定の類推適用を認め、無効とする[3]。これに対して、訴えの訴訟終了効から手続安定の要請を軽視するのは適切ではない[4]が、本件では相手方の加害行為によって訴えの取下げを強いられた原告の被る不利益を救済する要請の方が相手方の利益保護の要請よりも強いので、妥当な帰結であると指摘する説もある[5]。なお、管轄の合意や証拠契約のように、当事者や裁判所の訴訟法律関係が形成されるものについては、訴訟手続の安定の要請が強いから、判例・通説の立場を支持する説もある[6]。

★**無効の主張**　本判決は、無効の主張をする場合に、再審の訴えの提起（338条2項）とは異なり、有罪判決の確定あるいは告訴の提起等は不要であるとした。自白の無効を主張する場合に有罪判決等の存在を必要としない判例の立場[7]を訴えの取下げの場合にも拡充するものである。判例[8]は有罪判決の確定等再審事由の存在する蓋然性が顕著な場合に再審の訴えを限定することによって濫訴の弊を防止する立場であるので、本件のように判決確定前に事実審で個々の訴訟行為の効果を判断する場合には濫訴の防止という要件は考慮する必要はない。

判例を読む　★**認知請求**　終局判決後の取下げには、再訴禁止の効果が生じ（262条2項）、原告は実体権の放棄に等しい不利益を受けるおそれがある。本件は、子の認知請求であるから、公益上請求の当否を確定する必要があり、再訴禁止効が適用されないとするのが多数説である[9]。このような場合にも取下げの効果を否定した本件判決の法理は再訴が禁止されている通常訴訟の場合にも妥当する。これに対して訴えの取下げを認めながら、再訴禁止効のみを否定するのは背理であるとして再訴禁止効を認める考え方もある[10]。

〔我妻　学〕

1審＝高松地判昭43・3・15民集25巻4号645頁／2審＝高松高判昭45・10・20判時614号61頁、判タ255号168頁

1) 兼子・体系294頁。
2) 河野正憲「訴訟行為と意思の瑕疵」民訴雑誌20号101頁、松本＝上野137頁。
3) 新堂350頁、河野322頁、松本＝上野556頁、中野ほか編・新講義423頁〔河野正憲〕、三木ほか478頁〔笠井正俊〕、石渡哲・百選5版193頁、新基本法コンメ②175頁〔川嶋四郎〕。
4) 注釈民訴⑤339頁〔梅本吉彦〕、松本博之「当事者の訴訟行為と意思の瑕疵」講座民訴④288頁、新・コンメ1229頁〔越山和広〕。
5) 村上正子・百選3版198頁。
6) 伊藤342頁。
7) 最判昭33・3・7民集12巻3号469頁、最判昭36・10・5民集15巻9号2271頁、最判昭45・10・9民集24巻11号1492頁。
8) 最判昭45・10・9民集24巻11号1492頁。
9) 兼子298頁、新堂356頁、松本＝上野551頁。
10) 大判昭14・5・20民集18巻547頁、伊藤478頁。新堂356頁は、継続的な身分関係においては、同一の訴えであるかを慎重に判断すべきとされる。

70 裁判外の訴え取下げの合意の効力

最高裁昭和44年10月17日判決　民集23巻10号1825頁、判時575号36頁、判タ241号71頁　▶261条

論点 ▶ 裁判外の訴え取下げの合意の効力

事実の要約　訴外亡Ａの内縁の妻Ｘは、Ｙ（Ａの実子）に対し、Ａから贈与されその後自ら解体移築したＸの所有に帰属する家屋をＹが権原なく占有し所有権保存登記をしたとして、家屋の所有権確認と保存登記の抹消登記手続を請求した。1審はＸの請求を認容。控訴審でＹは、ＸとＹ代理人らとの間で、ＹがＸに示談金22万円を提供し、Ｘは本訴を取り下げる旨の和解が成立し、Ｙはこの金員を支払ったのであり、Ｘは本訴を取り下げるべきであると主張。

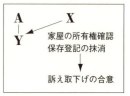

家屋の所有権確認
保存登記の抹消

訴え取下げの合意

裁判の流れ　1審：請求認容　2審：原判決取消・Ｘの訴え却下　最高裁：上告棄却

控訴審はＹの主張を容れ、「これ以上本訴を追行する必要ないし利益がなくなった」として、「訴をこれ以上実施する利益、必要のない、客観的要件を欠く場合の一種であるとして、Ｘの訴を却下するのが相当である」として、原判決を取り消し、訴えを却下した。Ｘは上告。

判旨　＜上告棄却＞「原判示のような訴の取下に関する合意が成立した場合においては、右訴のＸは権利保護の利益を喪失したものとみうるから、右訴を却下すべきものであり、これと結論を同じくする原審の判断は相当である」。

判例の法理　★**訴えの取下げの合意**　訴訟の係属中に裁判外において当事者間で訴え取下げの合意がなされることがある。このような合意は、当事者が訴訟上の法律効果の発生を目的としていることから、訴訟行為であり、任意訴訟の禁止原則との関係で適法性が問題となる。かつては任意訴訟の禁止の原則に違反するとして不適法説が唱えられたが、管轄の合意（11条）などのように明文で定められていなくても、訴え取下契約を認めても手続の安定を害するとはいえず、相手方当事者の意思決定の自由を不当に拘束しないことから適法説が通説である。

★**訴えの取下げの合意の性質および効果**　訴訟の係属中に、裁判外において当事者間で訴え取下げの合意がされた場合、多数説は訴訟手続上は直接の効力を有しないが、実体法上の行為としては有効であるとし、この合意によって原告は訴え取下げの行為を行う実体法上の義務を負い、被告は訴え取下契約の存在を抗弁事実として裁判所に提出し、契約の存在を裁判所が認定すれば、権利保護の利益を欠くことを理由として、訴えを不適法却下する（**私法契約説**）[1]。本判決も多数説の立場に立つことを明確にしている。これに対して、訴え取下げの合意によって訴訟法上の義務を生じ、原告が義務を履行しないときは、訴え取下契約の存在を裁判所に告知すれば、契約時から遡及的に訴訟係属を消滅させる効果が直接生じ、裁判所は訴訟終了宣言をすべきであるとする説（**訴訟契約説**）も有力である[2]。なお、訴訟上の合意について私法上の契約と訴訟上の契約が併存する立場に立っても訴訟契約説と同様の結論をとる[3]。私法契約説と訴訟契約説の対立は、当該合意における当事者の意思表示の解釈問題というよりは、実体法秩序の枠内で当事者間の合意の理論構成をめぐる対立であり、性質を決定したからといって、その要件・効果が自動的に定まるというものではない点に注意すべきである[4]。

判例を読む　★**訴訟取下契約の成立要件**　訴訟取下契約は裁判外の私法上の和解契約の一内容としてなされるものであるから、民法上の行為能力で足り、訴訟能力を必要としないとするのが通説である[5]。これに対して、裁判外の行為であっても、その効力が手続全体に影響を与えるものであることから、手続の安定の観点から訴訟能力を要するとする説も有力である[6]。訴え取下げの合意は、和解による紛争解決を前提とする以上は、基本たる和解契約の無効・取消・解除は当該合意の効力を消滅させる原因となる。したがって、訴え取下げの合意が主張され、裁判所がその当否を審理する際に基本たる和解契約の効力が争われれば、その効力に関しても当該訴訟で審理すべきである。契約の合意解除も可能であり、この契約に反して原告が訴えを取下げず、被告も異議をとどめないで応訴した場合には、黙示の合意解除となると解せられる。紛争の派生を予防する観点から、管轄の合意の場合と同じように、書面によることを要する。

〔我妻　学〕

1審＝和歌山地新宮支判昭37・10・10民集23巻10号1829頁／2審＝大阪高判昭44・4・24民集23巻10号1831頁

1) 兼子・体系293頁、三木ほか・481頁〔笠井正俊〕。
2) 条解1441頁〔竹下守夫＝上原敏夫〕、河野319頁、青山善充「訴訟法における契約」岩波基本法学4巻『契約』（岩波書店、1983）259頁、松本＝上野552頁、新基本法コンメ②169頁〔川嶋四郎〕。
3) 伊藤341頁、473頁。
4) 新堂347頁、新・コンメ1223頁〔越山和広〕。
5) 条解1442頁〔竹下守夫＝上原敏夫〕。
6) 新堂153頁、350頁。

71 訴えの取下げと再訴の禁止

最高裁昭和52年7月19日判決　民集31巻4号693頁、判時865号49頁、判タ353号207頁　▶262条2項

論点 ▶ 訴えの取下げと再訴の禁止

事実の要約　XはY₁を相手に、Y₁所有の⑽建物の収去および土地明渡請求訴訟を提起し、1審で勝訴。ところが、⑽建物は、その賃借人らY₂〜Y₅の増改築によって現状が著しく変更され実在しなくなったとのY₁の主張を考慮して、控訴審において本件土地⑾についての賃借権不存在確認請求へ訴えの変更をなし、勝訴の確定判決を得た。その後、Y₁は、⑺⑻⑼の建物は自己の所有に帰属すると主張したため、再度Xは、Y₁に対して、それぞれ⑴⑵⑶建物の収去および土地の明渡しを求めて、Y₂、Y₃・Y₄、Y₅に対して、それぞれ⑴⑵⑶建物の退去および土地の明渡しを求めて、訴えを提起している。Y₁は、前訴におけるXによる訴えの交換的変更の結果、変更前の旧請求は終局判決後に取り下げられたことになっており、Xの本件後訴における⑴⑵⑶建物の収去・土地明渡請求は、民訴法237条2項（現262条2項）にいう「同一の訴え」に該当し、却下すべきであると主張。

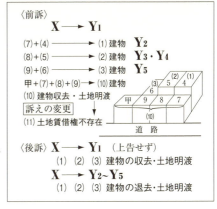

裁判の流れ　1審：請求認容　2審：控訴棄却　最高裁：上告棄却

1審は、再訴禁止の規定は適用されないとしてX勝訴。Y₁〜Y₅が控訴。2審もX勝訴。Y₂〜Y₅のみが上告（Y₁は上告せず）。

判旨　＜上告棄却＞「民訴法237条2項〔現262条2項〕は、終局判決を得た後に訴を取下げることにより裁判を徒労に帰せしめたに対する制裁的趣旨の規定であり、同一紛争をむし返して訴訟制度をもてあそぶような不当な事態の生起を防止する目的に出たものにほかならず、旧訴の取下者に対し、取下後に新たな訴の利益又は必要性が生じているにもかかわらず、一律絶対的に司法的救済の道を閉ざすことをまで意図しているものではないと解すべきである。したがって、同条項にいう「同一ノ訴」とは、単に当事者及び訴訟物を同じくするだけではなく、訴の利益又は必要性の点についても事情を一にする訴を意味し、たとえ新訴が旧訴とその訴訟物を同じくする場合であっても、再訴の提起を正当ならしめる新たな利益又は必要性が存するときは、同条項の規定はその適用がない」。

「Xが建物の附合関係等につき誤認して前記のように訴の変更をしたのには無理からぬところがあったものというべく、しかも、別件訴訟の確定後に至って、Y₁が従前の主張を変えて⑺建物ないし⑼建物は自己の所有であると主張するに至った以上、Xとしては、Y₁を相手方として、⑴建物ないし⑶建物を収去してその敷地を明渡すべきことを求めるため本訴を提起し維持する新たな必要があるものというべきである」。

判例の法理　★**訴えの取下げと再訴禁止**　訴えは、被告が応訴の準備をした後にはその同意を必要とするが、判決が確定するまで自由に取り下げることができる（261条）。ただし、本案について終局判決が下された後に訴えを取り下げた者は、同一の訴えを提起することができない（再訴禁止）(262条2項）。本件判決は、再訴禁止規定の趣旨を本案判決を得たにもかかわらず、訴えを取り下げることによってその効力を失わせ、裁判を徒労に帰せしめた原告に対する制裁規定（取下濫用制裁説）と解するとともに同一紛争を蒸し返して訴訟制度を弄ぶような濫用的な訴えの取下げを防止する規定（再訴濫用妨止説）と解している1)。通説は、取下濫用制裁説をとる2)が、学説上は訴えを取り下げることによって訴訟による解決を回避したことを重視し、被告をゆえなく訴訟に巻き込むことを防止する目的があるとして再訴濫用妨止説を支持する説も有力である3)。前訴における法的救済に対する両当事者の期待を保護する点にあるとする説もある4)。

判例を読む　★**再訴が禁止される場合**　訴えの取下げは裁判外の示談契約とともに行われるのが通常であるが、本件では、訴えの交換的変更にともなって前訴えの取下げが行われている（→60事件）。前訴においてXは勝訴したにもかかわらず、Y₁が付合により建物を取得したことを主張しているのに対して、Xが⑴ないし⑶建物の収去・土地明渡請求に訴えを変更するか、少なくとも裁判所がXに釈明する（149条）ことが望ましかった。本件では建物の付合関係の責任をXに負わせることは酷であること、被告が従前の主張を変更して建物の所有を主張していること、Y₁ではなく、Y₂〜Y₅が控訴・上告をしていることから同一の訴えを提起する合理的必要性を認めている。訴えを取り下げることによって訴訟による解決を回避した当事者の自己責任、再訴の事情および相手方当事者との公平も考慮すべきである5)。

〔我妻　学〕

1審＝大阪地判昭50・2・19金判534号11頁／2審＝大阪高判昭51・8・18金判534号10頁

1) 最判昭55・1・18判時961号74頁（上田徹一郎・民商83巻4号623頁、上村明広・判評261号180頁）。
2) 兼子・体系297頁、伊藤477頁、松本＝上野550頁、三木ほか480頁〔笠井正俊〕、菊井＝村松・新コンメ④273頁。
3) 井上正三・立命館法学55号365頁、坂口裕英・百選続版100頁（最判昭38・10・1民集17巻9号1128頁）、条解1452頁〔竹下守夫＝上原敏夫〕。
4) 中野ほか編・新講義425頁〔河野正憲〕、新基本法コンメ②175頁〔川嶋四郎〕。
5) 井上189頁、高橋下297頁、新・コンメ1243頁〔越山和広〕、新基本法コンメ②175頁〔川嶋四郎〕。

72 和解契約の解除と訴訟の終了

最高裁昭和43年2月15日判決　民集22巻2号184頁、判時513号36頁、判タ219号81頁　▶267条

論点 ▶和解契約の解除とその効力

事実の要約　Xは、所有する土地75坪のうち30坪をYに賃貸し、Yは同土地上に家屋を所有していたところ、右土地は特別都市計画法に基づき、換地予定地の指定がなされた。Yは、右換地予定地発表直後に、Xに無断で前記所有家屋を換地予定地に移築し、換地予定地の大部分を占有するに至った。そこで、Xは移転を求めてYと交渉を重ねたが、Yが応じないので、家屋収去土地明渡しの訴えを提起。

前訴：X → Y　家屋収去土地明渡
↓
裁判上の和解、解除
↓
後訴：X → Y　家屋収去土地明渡

裁判の流れ　1審：請求認容　2審：控訴棄却　最高裁：上告棄却

Xは、1審係属中に、Yと概略以下のような訴訟上の和解をなした。「(1) XはYに対して当該土地を30万円で売渡すこと、(2) Yは右代金30万円を10万円ずつ3回に分けて支払うこと、(3) Xは右代金30万円の完済と同時に、Yに対して右土地についての所有権移転登記手続をなすこと」。ところが、Yは第1回目の支払いをなさなかったので、Xは内容証明郵便をもって履行の催告を経た上で、前記訴訟上の和解契約を解除し、改めて家屋収去土地明渡の訴えを提起。Yは私法上の和解契約が解除されるなら訴訟終了の合意もその効力を生ぜず、XのYに対する先の家屋収去土地明渡請求事件はなお係属しているので、本件訴訟は旧訴と二重起訴となると主張。1審、控訴審いずれもYの主張を認めず、X勝訴。Y上告。

判旨　＜上告棄却＞「訴訟が訴訟上の和解によって終了した場合においては、その後その和解の内容たる私法上の契約が債務不履行のため解除されるに至ったとしても、そのことによっては、単にその契約に基づく私法上の権利関係が消滅するのみであって、和解によって一旦終了した訴訟が復活するものではないと解するのが相当である。従って右と異なる見解に立って、本件の訴提起が二重起訴に該当するとの所論は採用し得ない」。

判例の法理　★**訴訟上の和解の解除と訴訟の終了効**　本判決は、訴訟上の和解が有効に成立したあとに、実体関係についての和解契約が債務不履行等により解除された場合にもいったん終了した訴訟が復活するものではないと判断した。従来の判例は、和解契約の解除の場合とその無効・取消の場合とを区別しないで、旧訴訟が当然に復活すると考えていた[1]のを判例変更している。多数説も和解契約解除の原因が和解成立後に生じた権利変動であることから、訴訟終了効に何らの影響を及ぼさないこと、実質的にみても債務不履行の事実は和解の無効・取消の場合のように和解自体に付着している瑕疵というよりは新たな実体上の紛争といえ、旧訴を復活させるよりも別訴で審理し、三審制を保障した方が適当であること、契約不履行によって和解の訴訟終了効が左右されることによる事件処理の不安定などから判例の立場を支持する（新訴提起説）[2]。これに対して、旧訴訟の訴訟資料を維持・利用すること、申立手続が簡単であること、債務不履行の有無の判断に関して和解裁判所に判断させるべきとして、和解に無効・取消原因がある場合と同様に期日指定の申立てによる説（期日指定申立説）も有力である[3]。最判平成27年11月30日（民集69巻7号2154頁）は、訴訟上の和解が成立したことによって訴訟が終了したことを宣言する第1審判決に対し被告のみが控訴した場合に、控訴審が第1審判決を取り消したうえ、原告の請求の一部を認容する本案判決をすることは、不利益変更禁止の原則に違反する、と判示している[4]。

判例を読む　★**訴訟上の和解の瑕疵を争う方法**　訴訟上の和解は、①貸金債権の減額、弁済期の猶予、分割弁済とする場合のように、従前の権利関係を前提としている場合（通常型）と、②本判決の事案のように土地明渡請求を土地売却に変更する場合のように、従前の権利関係を全く変更し、新たに権利関係を創作する場合（更改型）とに分けられる。①ではもとの権利関係に復帰させ、貸金全額の即時返還を求めることができるように期日指定申立方式が、②では新たな土地売却請求という新訴提起方式が妥当であるとする説がある[5]。この説に対しては、現実の和解がいずれの類型に属するか簡単には判断することができないとの批判がされている。当事者保護の観点から旧訴続行か別訴提起かの選択を当事者（和解の効力を争う者）の意思に委ねる説[6]が有力であるが、解除をめぐる争いは新事由であり、新訴提起を原則とする[7]。当事者の選択によって旧訴の訴訟状態、審級の利益などの相手方の利益が害される場合には、裁判所は釈明による移送をもって対応すべきである。当事者の目的および機能から、期日指定の申立てと請求異議の訴えを原則とする説も主張されている[8]。なお、本判例は、原告が別訴を提起したことを二重起訴に触れないと判断しているにすぎない[9]。

〔我妻　学〕

1審＝鹿児島地判昭36・9・27金判102号16頁／2審＝福岡高宮崎支判昭41・3・7金判102号16頁

1) 大判昭8・2・18法学（東北大学）2巻10号1243頁、京都地判昭31・10・19下民集7巻10号2938頁。
2) 兼子・体系309頁、伊藤503頁、高橋・上794頁。
3) 条解1484頁〔竹下守夫＝上原敏夫〕、松本＝上野570頁。
4) 伊藤502頁、中野ほか編・新講義444頁〔河野正憲〕、坂田宏「訴訟終了判決について」徳田古稀295頁、小林秀之＝山本浩美「最判平成27年11月30日判批」受験新報2018年4月号2頁。
5) 中野ほか編・新講義445頁〔河野正憲〕、中山幸二・百選5版199頁。
6) 新堂375頁、上田437頁、河野351頁、新注釈民訴④1310頁〔中西正〕、新・コンメ969頁〔越山和広〕、新基本法コンメ②195頁〔川嶋四郎〕。
7) 高橋・上794頁。田頭章一・百選Ⅱ新法対応補正版354頁。
8) 三木浩一「訴訟上の和解における瑕疵の主張」高橋宏志古稀記念論文集767頁（有斐閣、2018）。
9) 吉村徳重「訴訟上の和解」新版民訴演習②71頁、池田浩一「和解調書の無効に対する救済手続」吉川追悼上303頁。

73 訴訟上の和解と錯誤（無効）

最高裁昭和33年6月14日判決　民集12巻9号1492頁　▶267条

論点 ▶ 訴訟上の和解と錯誤無効

事実の要約　XはYに対し、XがYに売却した水飴などの代金63万円弱の支払を求めて本訴を提起したが、1審口頭弁論において(1) YはXに本件債務が存在することを認め、内金40万円の支払に代えて、Xが仮差押えしていたY所有の苺ジャム（特選金菊印）150箱を同日限り譲渡すること、(2) XはYにこの物件引渡と引換に5万円を支払うこと、(3) 右苺ジャムの引渡を完了した時はXが残代金23万円弱の支払を免除すること、という裁判上の和解が成立した。しかし翌日Xが引取に行ったところ、右差押品はリンゴジャムに変わっていて市場価値なきものであったから、Xは右和解は錯誤により無効に帰したと主張して1審裁判所に期日指定の申立てをし、事後の訴訟が続行された。

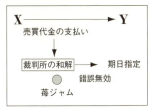

裁判の流れ　1審：請求認容　2審：控訴棄却　最高裁：上告棄却

1審はX勝訴。Yは和解の存在は認めるが、当時の金菊印苺ジャムには種々の品質のものがあったこと、また前述仮差押物件にはそのレッテルが貼ってあったのであるから、右和解には錯誤はないと主張して控訴。原審はXの意思表示にはその重要な部分に錯誤があるとして1審を支持。X上告。

判旨　＜上告棄却＞「本件和解は、本件請求金額62万9777円50銭の支払義務があるか否かが争の目的であって、当事者であるX、Yが原判示のごとく互に譲歩をして右争を止めるために仮差押にかかる本件ジャムを市場で一般に通用している特選金菊印苺ジャムであることを前提とし、これを一箱当り3000円（一罐平均62円50銭相当）と見込んでYからXに代物弁済として引渡すことを約したものであるところ、本件ジャムは、原判示のごとき粗悪品であったから、本件和解に関与したXの訴訟代理人の意思表示にはその重要な部分に錯誤があったというのであるから、原判決には所論のごとき法令の解釈に誤りがあるとは認められない。…原判決は、本件代物弁済の目的物である金菊印苺ジャムに所論のごとき瑕疵があったが故に契約の要素に錯誤を来しているとの趣旨を判示しているのであり、このような場合には、民法瑕疵担保の規定は排除される」。

判決の法理　★**和解と錯誤との関係**　和解が成立し、調書に記載されると確定判決と同一の効力が生ずる（267条）。和解の効力が否定されるのは、確定判決の既判力の場合に準じて再審事由が認められた場合に限られる[1]のか、当事者の意思に瑕疵があった場合に無効・取消を主張できるかが問題となる。実務上和解の無効原因事由として主張されるのは、主に代理権の欠缺と要素の錯誤であるとされている。代理権の欠缺は、再審事由にも該当する（338条1項3号）ので、いずれの見解をとっても結論に差異はなく、もっぱら要素の錯誤に関して問題となる。本判決は、和解の結果給付することになった商品に瑕疵があった場合に、当事者の意思の重要な部分に錯誤があったとして無効を認め、実質的確定力を否定した（制限的既判力説）[2]。多数説は、和解における裁判所の関与は多種多様であるので、当事者の自主的紛争解決に重点を置き、当事者の意思に瑕疵がある場合には無効・取消を認める[3]（既判力否定説）。

★**和解の確定効（民696条）と錯誤**　和解条項の権利関係に関しては、和解の安定確保のため、錯誤無効を主張できない。本判決では、和解の基礎とした前提事実が客観的事実と符合しない場合であった。判例は、目的物に瑕疵があり、要素の錯誤（平成29年改正前民95条）があると認められる場合には瑕疵担保責任の適用を排除している（錯誤優先説）。ただし、瑕疵担保の主張に対して、錯誤でなければならないと言っているわけではない。通説は、買主の信頼保護、早期の法的安定性から瑕疵担保責任（改正民570条、改正前民566条3項）のみを適用する（瑕疵担保優先説）[4]。平成29年民法改正後の民法95条は、錯誤の効果が取消に改正されたので、債務不履行責任によるか、あるいは取消権の行使によるか、当事者の選択によるものとされる[5]。

判例を読む　★**瑕疵を主張する方法**　瑕疵を主張する方法として、判例・有力説[6]は本件と同じように期日指定申立てをして従来の訴訟を続行する方法、別訴で和解無効確認の訴えを提起する方法[7]のいずれも認めている。多数説[8]は一種の再審であるとして、期日指定申立方法による。

★**訴訟上の和解と手続保障**　学説上は、訴訟上の和解についても一定の手続的規制が必要であり、枠組的な手続保障（対審、公開など）と当事者の意思表示の真正担保する内容面での手続保障（法律面および事実面での情報提供[9]）の必要性が唱えられており、今後の議論が期待される。

〔我妻　学〕

1審＝大阪地判（年月日不明）民集12巻9号1498頁／2審＝大阪高判昭32・9・16民集12巻9号1500頁

1) 兼子・体系309頁。
2) 伊藤501頁、三木ほか492頁〔笠井正俊〕、東京地判平15・1・21判時1828号59頁。
3) 条解1480頁〔竹下守夫＝上原敏夫〕、新堂372頁、高橋・上782頁、新注釈民訴④1303頁〔中西正〕、新・コンメ967頁〔越山和広〕。
4) 我妻栄『民法講義V2 債権各論中巻1』（岩波書店、1973）303頁、柚木馨＝高木多喜男『新版注釈民法14巻』（有斐閣、1993）336頁。
5) 潮見佳男『基本講義債権各論1巻〔第3版〕』（新世社、2017）299頁、113頁、曽野裕夫・民法百選Ⅱ債権8版155頁。
6) 新堂375頁。
7) 大判大14・4・24民集4巻195頁。
8) 条解1482頁〔竹下守夫＝上原敏夫〕、高橋・上785頁、菊井＝村松・新コンメ⑤306頁。
9) 山本和彦「決定内容における合意の問題」民訴雑誌43号129頁。

74 仲裁契約の成立

最高裁昭和57年2月23日判決　民集36巻2号183頁、判時1036号72頁、判タ466号78頁　▶仲裁2条

論　点　▶仲裁契約の成立

事実の要約　XとYの間に、Xの12坪の居宅に共済金額150万円の建物更生共済契約（旧契約）が締結された。その後、この旧契約を解約して、XとY間で、X所有建物の増改築後の現況に即して満期共済金500万円、火災共済金1,000万円の建物更生共済契約（新契約）が締結された。Xは新契約を解約し、これら2つの契約の解約に伴う解約返戻金および損害賠償金の支払請求の訴えを提起した。これに対してYは、両契約にはともに約款により仲裁契約が定められており、この契約に起因する本件紛争は、当該仲裁契約に定める手続で解決すべきであるから、本訴は不適法であると主張した。

裁判の流れ　1審：訴え却下　2審：控訴棄却　最高裁：上告棄却

1審はXの訴えを却下。2審も、Xが紛争処理の方法について仲裁契約を定めている約款の趣旨を了知していたことを認め、約款に定める仲裁条項による旨の合意があったとしてXの控訴を棄却。X上告。

判　旨　＜上告棄却＞「本件新旧契約が締結されるに際し、Yの担当者は、Xに対し、契約の要点を説明したうえ、建物更生共済契約証書及び建物更生共済約款を交付し、Xは、これを異議なく受領した…同約款には、建物更生共済契約につき紛争が生じた場合に当事者間の協議がととのわないときは双方から書面をもって選定した各一名ずつの者らの決定するところに任せ、それらの者の間で意見が一致しないときは神奈川県共済農業協同組合連合会が設置する裁定委員会の裁定に任せる旨の条項がある…原審は、右事実関係のもとにおいて、XとYとの間に締結された本件新旧契約において右建物更生共済約款の条項のとおり仲裁契約が成立したものとし、かつ、XのYに対する本件新旧契約の解約に伴う返戻金等の支払請求に関する本件紛争が右仲裁契約に定める紛争にあたるものとして、XのYに対する本件訴えを不適法であると判断したものであって、原審の右判断は、正当として是認することができ、その過程に所論の違法はない」。

判例の法理　◎**仲裁合意の存在**　建物更生共済約款にある本件仲裁条項により仲裁合意が成立したというためには、仲裁条項通りとするXとYの意思表示の合致が必要となる。本件において、Yの担当者が、Xに対し、契約の要点を説明したとの事実は、必ずしも仲裁条項を説明したことを意味しない。Xが契約証書および約款を異議なく受領したとの事実も、Xが仲裁条項を承認したことを意味するものではない。したがって、本件事案では、明示的にこの意思表示の合致があったとの事実は確定されていない。それにもかかわらず、本判決は、意思表示の合致があると推認した原審の判断を肯定している。

判例を読む　◎**仲裁合意の意義**　仲裁合意[1]は、民事上の紛争の解決を仲裁人にゆだね、かつ、その判断に服する旨の合意である（仲裁2条1項）。特定の紛争について仲裁の合意がある旨の主張立証がされると、当該紛争に関する訴えは、訴えの利益を欠き不適法である（同法14条1項）。この仲裁契約成立の主張は、**妨訴抗弁**であって、被告が仲裁契約の存在することを抗弁として主張して初めて取り上げられるものであり、当事者の主張がなければ裁判所はこれを考慮できない。本体である契約（実体契約）が無効・取消または解除されても、そのことから当然に仲裁契約の効力に影響があるものではない（同法13条6項）。このことは、当然の理であり（そうでなければ仲裁契約の意味がなくなる）、**仲裁契約の分離独立性**と呼ばれている。

◎**仲裁合意の成立**　仲裁合意が有効に成立するためには、両当事者に仲裁契約締結の意思の合致がなければならない。仲裁合意の成立が争われるのは、仲裁の合意が本契約の書面の中に一条項として挿入される場合が多く、契約締結の際に当事者がその条項にまで十分に注意していないことに基因する場合が多い。本件事案でも、Xは約款が契約内容を構成するということは了承していたが、その約款に仲裁条項が含まれているとの認識がXにあったか否かは明らかではない。本件の事実関係から仲裁合意の成立を認定するには、Xは農協の全国共通約款による共済契約から生ずる紛争の処理は裁判所によらずに仲裁によるという認識を有していたことを、共済契約の普及の度合いから推認することが必要であろう[2]。

なお、更生共済契約も、それが一種の損害保険契約であるということをXが知ることによって、保険契約において公知であることがそのまま更生共済契約においても公知となったであろうと推測することは十分に可能であるとの見解がある[3]。この見解を前提にすると、約款中に仲裁条項があることを知っているとみたうえで、契約を締結したことから、仲裁合意の成立を推認してよいことになる。

〔萩澤達彦〕

1審＝横浜地小田原支判昭55・7・31民集36巻2号191頁／2審＝東京高判昭56・4・27民集36巻2号211頁

1) 旧法下では「独裁契約」という概念が法律上使用されていた（公催仲裁法787条参照）。仲裁法では、「仲裁合意」という文言が使われることになった。
2) 小山昇・民商87巻3号86頁。
3) 清永利亮・最判解民事昭和57年度143頁。

75 遺言無効確認の利益

最高裁昭和47年2月15日判決　民集26巻1号30頁、判時656号21頁、家月24巻8号37頁　▶134条

論　点 ▶ 過去の法律行為の確認の利益

事実の要約　Aは、昭和35年9月30日に自筆証書遺言をなした後、昭和37年2月2日に死亡した。その遺言書は昭和37年4月2日に大分家裁の検認を得た。相続人のうちのX_1とX_2が、Y_1～Y_5を相手に、大分家裁に遺産分割調停の申立をしたが不調となり、審判事件として、同裁判所に係属中である。X_1とX_2は、Y_1～Y_5を被告として、遺言無効確認の訴えを提起した。X_1X_2は、本件遺言は全財産を共同相続人の1人にのみ与えようとするものであって、家制度、家督相続制を廃止した憲法24条に違背し、かつ不動産、農機具の贈与を受ける相続人の1人が不明で権利関係が不明確であるから、無効であると主張した。これに対し、Y_1～Y_5は、本訴は確認の利益を欠くと主張し争った。

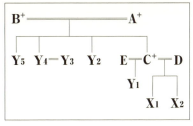

裁判の流れ　1審：訴え却下　2審：控訴棄却　最高裁：破棄差戻

1審は、遺言は過去の法律行為であるから、その有効無効の確認を求める訴えは確認の利益を欠くとして、訴えを却下した。2審は、「遺言は、一種の法律行為であって、その有効、無効に関しては、もとより法律的判断を包含していないわけではないが、しかし、法律関係そのものではなくて、法律効果発生の要件たる前提事実に過ぎず、これをもって現在かつ特定の法律関係とは認めがたい」と判示して、X_1X_2の控訴を棄却した。X_1X_2は、遺言は総て過去の事実もしくは法律関係とみるべきではなく、現在の法律状態に重大な影響を与えている場合には、現在の法律関係と解すべきである、また、遺言の効力を確定する判決によって、紛争が一挙に解決する利益があると主張して上告した。最高裁は原判決を破棄し1審判決を取り消し、事件を1審に差し戻した。

判　旨　＜破棄差戻＞「遺言無効確認の訴は、遺言が無効であることを確認するとの請求の趣旨のもとに提起されるから、形式上過去の法律行為の確認を求めることとなるが、請求の趣旨がかかる形式をとっていても、遺言が有効であるとすれば、それから生ずべき現在の特定の法律関係が存在しないことの確認を求めるものと解される場合で、原告がかかる確認を求めるにつき法律上の利益を有するときは、適法として許容されうるものと解するのが相当である。けだし、右の如き場合には、請求の趣旨を、あえて遺言から生ずべき現在の個別的法律関係に還元して表現するまでもなく、いかなる権利関係につき審理判断するかについて明確さを欠くことはなく、また、判決において、端的に、当事者間の紛争の直接的な対象である基本的法律行為たる遺言の無効の当否を判示することによって、確認訴訟のもつ紛争解決機能が果たされることが明らかだからである」。

判例の法理　●**確認対象選択の適否**　確認の訴えの対象は、原則として現在[1]の権利または法律関係でなければならない[2]。これは、民事訴訟の対象である私的法律関係は、時間的経過とともに常に変動する可能性を秘めており、過去の法律関係を確定しても、現在の法律上の地位の不安を直接的に除去することにはならないのが通常であるので、現在の権利関係の存否を問うのが紛争の解決にとって直接的かつ効果的だからである。また、単なる事実の確認は、紛争解決の前提事項を対象とするものにすぎず、既判力をもって確定しても何ら法的な解決をもたらさないから、原則として[3]許されない。

●**現在の法律関係**　本判決判示の前半は「現在の法律関係」の原則にこだわる。すなわち、遺言無効の確認は、形式上は過去の法律行為の確認を求めるものでも、遺言が有効であれば、そこから生ずべき現在の特定の法律関係の不存在の確認を求めるものと解される場合には、あえて請求の趣旨を現在の個別的法律関係に還元して表現しなくても審理判断や対象に明確さが欠けることがないから許されるとする。

●**確認訴訟の紛争解決機能**　他方、本判例判示の後半では、端的に当事者間の紛争の直接的な対象である基本的法律行為たる遺言の無効の当否を判示することによって、確認訴訟のもつ**紛争解決機能**を高めることができるとも述べている。この判決文は2つの矛盾した考え方に立脚しているようである[4]。現在の学説は判決文の後者の考えを評価している。

判例を読む　●**過去の法律関係と紛争の抜本的解決**　学説の主流は[5]、現在の権利関係の個別的な確定が必ずしも紛争の抜本的解決をもたらさず、それらの権利関係の基礎にある過去の基本的な法律関係を確定するほうが、現存する紛争の直接的・抜本的な解決となる場合には、例外的に過去の法律関係であっても確認の利益が認められると解する[6]。

〔萩澤達彦〕

1審＝大分地判昭42・6・28民集26巻1号36頁／2審＝福岡高判昭43・2・28民集26巻1号45頁

1) 現在とは口頭弁論終結時を意味する。なお、賃料増減額確定訴訟は請求時点の賃料額の確認をすれば足りる（最判平26・9・25民集68巻7号66頁）。
2) 停止条件つき権利であってもよい（最判平11・1・21民集53巻1号1頁➡85事件）。
3) 例外として、証書真否確認の訴え（134条）がある。
4) 髙橋・上368頁。
5) 伊藤183頁、新堂275頁など。
6) 例えば、株主総会決議不存在・無効の訴え（会社830条）は、過去の法的事実の確認でありながら、紛争の抜本的解決の必要性と会社をめぐる法律関係の明確性・画一性に資するため明文で例外を許容するものである。

76 消極的確認の利益

最高裁昭和39年11月26日判決　民集18巻9号1992頁、判時398号26頁、判タ172号99頁　▶134条

論　点　▶　消極的確認の利益

事実の要約　A会社は、「三羽鶴」の文字を縦書きにした構成で、タオルを指定商品として商標を登録していたが、営業を廃止した。Yはこの商標を譲り受けたとして、移転登録をしてこの商標を使用してタオルの製造販売をしている。他方、Bも同内容の商標登録をし、Xがこの登録商標を譲り受けて移転登録をしてこの商標を使用してタオルの製造販売をしている。

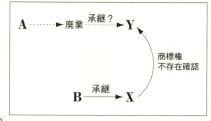

YからXに対して、Xの商標登録が旧商標法2条1項9号・8号に該当すると主張して、Xの登録無効の審判を特許庁に請求したところ、特許庁はXの商標登録無効の審判をした。この審判に対するXの抗告も容れられなかったので、Xはこの審判取消しの訴えを東京高裁に提起するとともに、この訴訟の係属中に、Yに対して、本件商標不存在確認請求とその抹消登録を求める訴えを提起した。

裁判の流れ　1審：請求認容　2審：控訴棄却　最高裁：上告棄却

Yは、Xの請求はYが商標権の権利者でないことの確認を求めるもので、相容れない権利の帰属の確認を求めるものであるので、Xは自己の商標権の確認を求めるべきであり、商標権の不存在確認を求めるのは確認の利益を有しないなどと反論した。

1審も2審も、Yの商標権とXの商標権とは別個の権利であって、本件は相容れない権利の帰属について争われているものではないとの理由で、Xの請求につき確認の利益を認めたうえで、Aが営業を廃止した結果、商標権は消滅した（登録商標の営業廃止による消滅。旧商標13条）とのXの主張を認めてX勝訴。Yは上告。

最高裁は、Yの上告を棄却した。なお、松田二郎裁判官の少数意見がある。

判　旨　＜上告棄却＞「Y名義の登録91537号商標権（本件商標権）とX名義の登録387382号商標権とは、いずれも『三羽鶴』なる文字を縦書した構成で第36類タオルを指定商品とするものであるが、商標権が登録により発生することは旧商標法7条の規定するところであるから、右の2つの商標権はそれぞれ別個独立の権利であると解すべきである。したがって、Xは、自己の商標権の存在確認を求めうることはもとよりであるが、それと同一内容を有する本件商標権がAの営業廃止によって消滅しているにかかわらず、Yがこれを使用している本件においては、本件商標権が権利として存在しないことの確認を求め、さらに本件商標の登録抹消を求めるについて正当の利益を有すると解すべきである」。

●**松田二郎裁判官の少数意見**　「相手方のため登録された商標の不存在につき、これを主張する利益ある者は、たとえ自己は商標権を有していないにせよ、確認の利益の存する限り、相手方の商標権不存在確認の訴を提起し得るわけであるが、本件におけるごとく、同一の指定商品につき権利者を異にする2個の同一の登録商標が存在し、終局的にはその一方が否定されざるを得ない関係に立ち、しかも現に別訴においてそのいずれか一方が否定されんとする場合には、単に相手方の商標権不存在の消極的確認を求めるのでは足らず、自己の商標権の存在の積極的確認を求めることを要するものと解するのを相当とする。けだし、相手方の商標権の不存在は、必ずしもこれと同一の自己の商標権の存在を肯定することとならず、自己の商標権の肯定によって、始めて相手方の商標権を完全に否定し去ることができるからである」。

判例の法理　●**消極的確認の利益**　確認の利益は、原告の法的地位に危険・不安が存在し、これを除去するために確認判決を得ることが最も有効かつ適切である場合に認められる。このことから、相互に相容れない権利の帰属が争われるような場合には、その消極的確認を求めるだけでは足らず、より直截に積極的確認を求めなければならないとされている。例えば、土地の所有権が原告・被告のどちらにあるかが争われている場合に、原告が自分が所有者であるという積極的確認を求めると、勝訴判決により原告が所有者であることが既判力により確定される。他方、被告が所有者でないことの消極的確認を求めると、勝訴判決によって所有権者が誰であるかは判決主文の既判力により確定されることはない。このように、相互に相容れない権利の帰属が争われるような場合には、その積極的確認のほうが紛争を後日に残さず、より有効で抜本的な解決になる。

しかし、これは一般的な原則であり、相手方の権利の消極的確認が一律に不適法とされるものではなく、ケースによっては、消極的確認請求で足りる場合がある。例えば、自己の所有権の確認を訴えうるときでも、原告が目的物の占有も登記も取得していて、さしあたり物上請求の必要がないようなときには、相手方の所有権の消極的確認を認めることで紛争の解決には十分である¹⁾。

また、消極的確認請求の方がより適切である場合もある。例えば、登記簿上1番抵当権を有する甲が、被担保債権が消滅したのにもかかわらず、抵当権の実行を開始したのを抑止するためには、登記簿上の2番抵当権者乙は、自己が1番抵当権を有することの確認では目的を達しえないから、甲の抵当権の不存在の確認を求めることを認めるべきであると解されている（これを認めなかった大判昭8・11・7民集12巻2691頁は、学説により批判されている）。乙にとっては、甲が抵当権者でないことを確認する訴訟の勝訴確定判決によって抵当権実行を停止する（民執183条1号）ことが最善の手段だからである²⁾。

本件では、Xの請求の目指すところは、Yの商標登録の抹消請求であり、その根拠としてYに商標権がないことの確認が求められている。Yの商標の抹消登録を請求するためには、Yの商標権の不存在を確認すれば十分であって、Xの商標権の積極的確認を求める必要はない。また、Xは登録した商標権を使用しているのであるから、これと同一内容のYの商標権の不存在を確定しその登録を抹消すれば、自己の法的地位の不安は除去される3)。したがって、本判決が、消極的確認の訴えのほうがより適切であるとして、その訴えの利益を認めたのは妥当である4)。

判例を読む ✱**給付の訴えが可能な場合に確認の利益は認められるか**　本件では、最終的には商標登録抹消の訴えによって解決されることになる。その前提にすぎない商標権不存在確認の利益が認められるかが問題となる。請求権につき給付の訴えが可能であるのに、その請求権自体の確認の利益は原則として認められない。請求権確認の訴えが認容されても任意に履行がなされない場合には、給付の訴えの勝訴確定判決によって債務名義を取得して執行をしなければ最終目的を達成することはできないから、この場合、確認訴訟は紛争解決の実効性を十分に備えているとはいえない。処分権主義のもとでは原告にこのような紛争を実効的に解決しない確認訴訟を提起する自由が認められそうではあるが、そのような自由を認める実益は認め難い。ただし、請求権確認の訴えでも例外的に確認の利益が認められる場合がある。例えば、すでに勝訴の給付判決を得ているが、時効の更新をするために請求権の確認をする必要がある場合には確認の利益が認められる。

これに対して、請求権の基礎をなす基本権については確認の利益が認められる。すなわち、基本となる実体関係を前提としてそこから派生する給付請求権について給付訴訟が可能な場合でも、基本関係の確認を求める利益は認められる5)。例えば、明渡請求における給付判決は、明渡請求権を確定しても、その基本となる所有権は確定しない。この点を、確認判決で確定しておけば所有権から派生する明渡請求や登記請求などいずれの給付訴訟においても拘束力をもち、抜本的な解決に役立つからである。

本件商標権不存在確認請求も、抹消登録請求の先決問題として中間確認の訴えに当たるものを当初から持ち出したものとして認められるべきである。商標権不存在の確認判決があれば、抹消登録請求だけでなく、損害賠償請求などについても拘束力をもち、紛争の抜本的解決に役立つからである6)。

〔萩澤達彦〕

1審＝大阪地判昭35・5・27民集18巻9号2000頁／2審＝大阪高判昭38・2・1民集18巻9号2018頁

1) 新堂276～277頁。
2) 高橋・上372～373頁、注釈民訴⑤67頁〔福永有利〕。
3) 吉村徳重・百選続版82頁。
4) このような考え方をとると、少数意見のように、商標権を所有権と同様に排他的な権利であることを前提としても、消極的確認の利益が肯定されると思われる。吉村・百選続版82頁。
5) 確認訴訟の対象とされているのは請求権ではないからである。
6) 吉村・百選続版82頁。

77 檀信徒総会決議不存在確認の訴え

最高裁平成17年11月8日判決　判時1915号19頁、判タ1197号117頁　　▶134条

論　点 ▶ 団体決議の存否の確認の利益

事実の要約　Yは、礼拝施設であるB寺を維持・運用する宗教法人である（昭和37年7月25日設立登記）。

Yには、宗教法人B寺規則（以下「本件規則」という）が定められていた。本件規則には、「この法人には、3人の責任役員を置き、そのうち1人を代表役員とする」（本件規則5条）、「代表役員は徳識兼備の教師であるものとし、檀信徒中より檀信徒総会で選定し、責任役員の議決をもって定める」（同7条1項）との定めがあった。

```
Y宗教法人（B寺を維持・運用）

C（初代代表役員・責任役員）→死亡
D（Cの子：責任役員）
E（Cの妻：責任役員）
F（Cの後妻：C死亡後の運営の中心）
　→入院
X（登記上の代表役員）
G（檀信徒：会計担当）
　→Aに代表役員になることを要請
```

```
平成10年8月10日本件檀信徒総会
→Xを責任役員および代表役員から解任
　（本件檀信徒総会解任決議）
→Aを責任役員および代表役員に選定
　（本件檀信徒総会選任決議）

平成10年8月10日本件責任役員会
→Aを代表役員とすることを議決
　（本件責任役員会選任決議）

　　X ─→ Y
①a本件檀信徒総会解任決議の不存在確認
　b本件檀信徒総会選任決議の不存在確認
②本件責任役員会選任決議の不存在確認
③XがYの代表役員であることの確認
```

成立当時のYの責任役員はC、その子であるDおよび妻であるEであり、代表役員はCであった。Xは、昭和50年代後半ころからB寺に出入りするようになり、昭和61年12月24日、同月1日付でXがYの代表役員に就任した旨の登記がされた。しかし、Xが檀信徒総会において代表役員に選定された事実はない。Cは平成元年に死亡した。代表役員を欠いた状態となったYは、Cの後妻であるFを中心に、檀信徒により運営されていた。Fの病気入院（平成7年ごろ）後は、XはYの代表役員と称するようになった。

平成8年12月以降、GがYの会計を担当するようになった。Gは、平成10年4月ころ、Aに対しB寺の代表役員になってほしいと依頼した。

平成10年8月10日、本件檀信徒総会が開かれた。本件檀信徒総会においては、Xを責任役員および代表役員から解任し（以下「本件檀信徒総会解任決議」という）、AをYの責任役員および代表役員に選定した（以下「本件檀信徒総会選任決議」という）。その後、Gが責任役員として出席した責任役員会（以下「本件責任役員会」という）が開催され、Aを代表役員とすることが議決された（以下「本件責任役員会選任決議」という）。そして、同日付でXがYの代表役員から解任された旨の登記と、AがYの代表役員に就任した旨の登記がされた。

Xは訴えを提起し、Yに対し、①a本件檀信徒総会における「本件檀信徒総会解任決議」の不存在確認（以下「①a請求」という）並びに①b「本件責任役員会選任決議」の不存在確認（以下「①b請求」という）、②本件責任役員会選任決議の不存在確認（以下「②請求」という）、③XがYの代表役員であることの確認（以下「③請求」という）を請求した。

裁判の流れ　1審：不明　2審：一部棄却、一部認容　最高裁：破棄差戻

原審は、③請求については、Xが檀信徒総会においてYの代表役員に選任されたと認めることはできないとして、棄却したが、①a、①bおよび②請求については、「本件檀信徒総会各決議及び本件責任役員会選任決議の効力に疑義が存する以上、…仮にXがYの代表役員たる地位に一度も就任したことがないとしても、そのことから直ちに、上記各決議の効力を争う訴えについて、確認の利益を欠くということはできない」と判示して確認の利益を認めたうえで、招集手続に重大な瑕疵があるなどの理由から①a、①bおよび②請求を認容した。Yは①a請求、①b請求、②請求につき上告した。最高裁は、①a請求および②請求については、確認の利益を認めず 1)、破棄自判（訴え却下）し、①b請求につき確認の利益を認めたうえで、請求を認容した原審判決を、判決に影響を及ぼすことが明らかな法令の違反があるとして、破棄し差し戻した。

判　旨　＜破棄差戻＞①b請求に係る訴えについて

「法人の意思決定機関である会議体の決議の効力に関する疑義が前提となって、決議から派生した法律関係につき現に紛争が存するときは、決議の存否を判決をもって確定することが、当事者の法律上の地位ないし利益が害される危険を除去するために必要かつ適切である場合があり得る〔最判昭47・11・9民集26巻9号1513頁および最判平16・12・24判時1890号46頁参照〕」。

「…Xは、Yの檀信徒であり、責任役員及び代表役員を選定する権限を有する檀信徒総会の構成員であるから、責任役員や代表役員の行為によってその地位ないし利益が害される危険があり、責任役員及び代表役員が適正に選定されることについて法律上の利益を有するものと認められる。XとYとの間には、現在、AがYの責任役員及び代表役員であることについて争いがあるが、その争いは、本件檀信徒総会選任決議に対する疑義から派生しているものであるから、同決議の存否を確定することがXの檀信徒としての地位ないし利益が害される危険を除去するために必要かつ適切であるというべきである。したがって、①の請求のうち、本件檀信徒総会選任決議の不存在確認請求〔①b請求〕に係る訴えについては、確認の利益を認めることができる」。

判例の法理　本判決の事案は、XとAの宗教法人Yにおける代表役員の地位についての争いである。Xは、Aの代表役員の地位の先決問題となる本件檀信徒総会選任決議の効力を問題とした。本判決は、Aの法的地位についての紛争は、「本件檀信徒総会選任決議に対する疑義から派生しているもの」であるから、決議の存否を判決をもって確定することが、当事者の法律上の地位ないし利益が害される危険を除去するために必要かつ適切

として、本件檀信徒総会選任決議不存在確認請求に確認の利益を認めた。

判例を読む　❖**本件檀信徒総会選任決議不存在確認請求の訴えの性質**　本件檀信徒総会選任決議不存在確認請求のような、団体の決議の存否または効力の確認を求める訴えは、過去の法律行為の存否または効力の確認を求める訴えである。

❖**過去の法律関係の確認の利益について**　確認の利益は、ⅰ）方法選択の適否、ⅱ）対象選択の適否、ⅲ）即時確定の利益の3つの要件が充足される場合に認められる。これらの要件を欠く場合には確認の利益は否定されて、訴えは却下される。

　これらのうちのⅱ）対象選択の適否の問題として、過去の法律関係の確認は原則として許されず、現在2）の法律関係の確認を求めるべきであると解されている。現在の法律関係の前提にすぎない過去の法律関係の存否を確認するよりも、変動した後の現在の法律関係を確認することにしないと、実効的な紛争解決ができなくなるからである。しかし、過去の法律関係についてでも、「現在の権利または法律関係の個別的な確定が必ずしも紛争の抜本的解決をもたらさず、かえって、それらの権利または法律関係の基礎にある過去の基本的な法律関係を確定することが、現に存する紛争の直接かつ抜本的な解決のため最も適切かつ必要と認められる場合」（最大判昭45・7・15民集24巻7号861頁3）の大隅裁判官の補足意見）には、確認の利益が認められると解されている。過去の基本的な法律関係が、現在における多数の権利関係の前提となっている場合には、過去の基本的な法律関係の確認の訴えの利益を認めれば、その判決の既判力により、現在の各個の権利関係に関する判決がお互いに矛盾することを防止することができるからである。

❖**団体の決議の存否の確認の利益について**　過去になされた団体の決議の存否について、株式会社の株主総会に関して、決議不存在確認の訴え（会社830条1項）が、認められている。そのような規定のない場合でも、判例は、学校法人の理事会または評議員会の決議の無効について「法人の意思決定機関である会議体の決議は、法人の対内および対外関係における諸般の法律関係の基礎をなすものであるから、その決議の効力に関する疑義が前提となって、右決議から派生した各種の法律関係につき現在紛争が存在するときに、決議自体の効力を既判力をもって確定することが、紛争の解決のために最も有効適切な手段である場合がありうる」として確認の利益を認めた（最判昭47・11・9民集26巻9号1513頁）。また、医療法人の社員総会決議不存在確認の訴えについても「医療法人の社員総会の決議が存在しないことの確認を求める訴えは、決議の存否を確定することが、当該決議から派生した現在の法律上の紛争を解決し、当事者の法律上の地位ないし利益が害される危険を除去するために必要、適切であるときは、許容される」として確認の利益を認めた（最判平16・12・24判時1890号46頁）。本判決は、これらの先例を引き継ぎ、宗教法人の檀信徒総会についても、決議不存在の訴えの利益を認めた。

❖**現在の法律関係の確認として訴えた場合との比較**　本判決の事案では、XはAがYの責任役員および代表役員たる地位にないことの確認を求めることもできる。この確認により、Xの檀信徒たる地位に生じている危険または不安を除去することができるからである。しかし、この訴訟でXの請求が認容されたとしても、Aが代表役員たる地位を有していないことが既判力によって確定するにすぎない。本件檀信徒総会の決議の存否およびその効力の有無は、この判決においては前提問題として審理されるから、本件檀信徒総会の決議の存否の判断については、判決の既判力は生じない。したがって、この決議から派生する種々の争いが訴訟に持ち込まれた場合に、その訴訟の審理で決議の存否を再び争うことを前訴判決の既判力により排斥されることはない。これに対し、本件檀信徒総会の決議の不存在を確認訴訟の対象とできれば、その請求を認容する判決には、決議の不存在自体を既判力によって確定し、決議の存否に関わる争いを終局的に解決することができるという利点がある4）。そこに、過去の法律関係の確認の訴えである、本件檀信徒総会の決議不存在の訴えに、確認の利益を認める必要が認められる。

〔萩澤達彦〕

1審＝奈良地判平15・6・24／2審＝大阪高判平16・7・30

1）①a請求については、「…Xが責任役員でも代表役員でもなかったことは明らかであり、Xを責任役員及び代表役員から解任する旨の決議によってXの法律上の地位ないし利益が害される危険があるとは認められない」と判示し、②請求については、「責任役員として事務を執行することができた…Dが責任役員としてその事務を執行することは期待できない状態にあり、したがって、本件規則7条1項に定める…『責任役員の議決』の要件を満たすことができない状態にある場合には、檀信徒総会が責任役員や代表役員を選定すれば、それが最終的な選任になると解するのが相当である。
そうすると、…本件責任役員会選任決議は意味のないものであり、これによってXの法律上の地位ないし利益が害される危険があるとは認められない」と判示している。
2）現在とは口頭弁論終結時を意味する。
3）➡79事件。
4）松本博之・私判リマ34号105頁。

78 遺産確認の利益

最高裁昭和61年3月13日判決　民集40巻2号389頁、判時1194号76頁、判タ602号51頁　▶134条

論　点　▶遺産確認の訴えの利益

事実の要約　Y₂は、Mが所有していた11件の不動産について、Mの生前よりMとつきあいのあったQの食い物になる危険を感じその保全に腐心していた。Mの死亡後にそれらの物件の大部分はCに、さらにY₂に移転登記がなされた。この移転登記は財産保全を目的とした仮装のものであると主張して、X₁～X₉が、本件物件がMの遺産に属することの確認の訴えをY₁Y₂に対して提起した。これに対して、Y₁Y₂は次のような本案前の主張をした。本件で確認の対象とされている各物件は、所有名義が移転しており、各登記を抹消してM名義に回復するなどして登記名義を変更しないことには、本件紛争は一向に解決しないものである。したがって、単に遺産の確認を求める本件確認の訴えは確認の利益を欠くものであり不適法である、と。

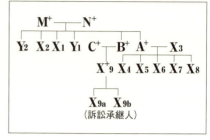

裁判の流れ　1審：請求認容　2審：控訴棄却　最高裁：上告棄却

1審は、以下のような理由を述べて遺産の確認のみを求めても訴えの利益を欠く不適当な訴えとはいえないと判示した上で、11件中9件の不動産がMの遺産であることを認めた。すなわち、①所有名義人に対する登記抹消等の登記上の請求に対する勝訴判決のみでは、その請求権の前提となる各物件が遺産であることにつき既判力は生じないから、登記上の請求をなすほかに、別個に上記各物件が遺産であることの確認を認めるべきである。②遺産の確認を求めることは、遺産分割をなすためにも必要不可欠であり、したがって、これを認めることには登記上の請求とは別個独立の意義がある。この判決に対してY₁らは控訴したが、2審は控訴を棄却した。Y₁らはさらに上告した。

判　旨　＜上告棄却＞「本件のように、共同相続人間において、共同相続人の範囲及び各法定相続分の割合については実質的な争いがなく、ある財産が被相続人の遺産に属するか否かについて争いのある場合、当該財産が被相続人の遺産に属することの確定を求めて当該財産につき自己の法定相続分に応じた共有持分を有することの確認を求める訴えを提起することは、もとより許されるものであり、通常はこれによって原告の目的は達しうるところであるが、右訴えにおける原告勝訴の確定判決は、原告が当該財産につき右共有持分を有することを既判力をもって確定するにとどまり、その取得原因が被相続人からの相続であることまで確定するものでないことはいうまでもなく、右確定判決に従って当該財産を遺産分割の対象とされた遺産分割の審判が確定しても、審判における遺産帰属性の判断は既判力を有しない結果〔最大決昭41・3・2民集20巻3号360頁参照〕、のちの民事訴訟における裁判により当該財産の遺産帰属性が否定され、ひいては右審判も効力を失うこととなる余地があり、それでは、遺産分割の前提問題として遺産に属するか否かの争いに決着をつけようとした原告の意図に必ずしもそぐわないこととなる一方、争いのある財産の遺産帰属性さえ確定されれば、遺産分割の手続が進められ、当該財産についても改めてその帰属が決められることになるのであるから、当該財産について各共同相続人が有する共有持分の割合を確定することは、さほど意味があるものとは考えられないところである。これに対し、遺産確認の訴えは、右のような共有持分の割合は問題にせず、端的に、当該財産が現に被相続人の遺産に属すること、換言すれば、当該財産が現に共同相続人による遺産分割前の共有関係にあることの確認を求める訴えであって、その原告勝訴の確定判決は、当該財産が遺産分割の対象たる財産であることを既判力をもって確定し、したがって、これに続く遺産分割審判の手続において及びその審判の確定後に当該財産の遺産帰属性を争うことを許さず、もって、原告の前記意思によりかなった紛争の解決を図ることができるところであるから、かかる訴えは適法というべきである。もとより、共同相続人が分割前の遺産を共同所有する法律関係は、基本的には民法249条以下に規定する共有と性質を異にするものではないが〔最判昭30・5・31民集9巻6号793頁参照〕、共同所有の関係を解消するためにとるべき裁判手続は、前者では遺産分割審判であり、後者では共有物分割訴訟であって〔最判昭50・11・7民集29巻10号1525頁参照〕、それによる所有権取得の効力も相違するというように制度上の差異があることは否定しえず、その差異から生じる必要性のために遺産確認の訴えを認めることは、分割前の遺産の共有が民法249条以下に規定する共有と基本的に共同所有の性質を同じくすることと矛盾するものではない」。

判例の法理　●**遺産確認の訴えの意義**　遺産分割の際に相続人やその法定相続分の割合については争いがないが、ある財産が被相続人の遺産に属するのか、それともある相続人の固有財産であるかがはっきりしないことがある。本判決の事案のような場合の他、父親が死亡したのちに、その父親と同居していた母親の居住している住宅が、父親の遺産なのか、それとも生前に父親から贈与を受けていたと主張する母親固有の財産なのかについて、母親と長男（実質的当事者は母親と不仲な長男の妻）との間で争われる（→161事件）など、そのパターンは種々である。争われている財産が遺産に属するか否かは、遺産分割の前提となる事実であり、その点があきらかにならないために家庭裁判所における遺産分割手続（家事別表2の12）が進展せず、遺産分割が長期化するという事態がしばしば生じることとなっていた。このような場合に、当該財産が被相続人の遺した遺産に属することの確認を求める訴えが提起されるようになり、その適否について議論があった。本判決は、その訴えが適法であることを認めた

ものである。

★遺産確認の訴えの適法性　係属中の家事審判事件の前提問題は、その審判手続においてこれを争う機会があるにしても、審判により既判力のある判断が下されるわけではないから、そのことのみで訴えの利益は否定されない。むしろ、遺産確認の訴えは、過去の法律関係を求めるものではないかが問題となる。たとえ、現在の法律関係の確認を求めるものであるとしても、相続財産の共有が民法249条以下に規定する共有と性質が同じであるというのが判例理論（最判昭30・5・31民集9巻6号793頁参照）であることとの関係で問題となる。この判例理論を前提とすれば、本件では、共有物分割を求めるべきことになる。そうなると、遺産確認の訴えは、確認の利益を欠くことになってしまうのではないかという疑問が生じる。

　本判決は、遺産確認の訴えを、当該財産が現に共同相続人による遺産分割前の共有関係（民898条）にあることの確認を求めるという、現在の法律関係を確認する訴えと捉えた。本判決が、「共同相続人間において、共同相続人の範囲及び各法定相続分の割合については実質的な争いがなく、ある財産が被相続人の遺産に属するか否かについて争いのある場合」に、共有持分確認の訴えのほかに、遺産確認の訴えを認める根拠としてあげたのは次の5点である。①共有持分権確認の訴えでは、係争物件の遺産帰属性が既判力によって確定されないこと。②①を前提とすると遺産分割審判手続で遺産帰属性が引き続き争われる可能性があり1)、ひいては後の訴訟の結果いかんでは審判の効力が否定される可能性がありうること。③遺産帰属性を端的に確定することによって②の問題を回避することができること。④遺産の共同所有と民法249条以下に規定する共有とは基本的に性質を異にするものではないが、共有関係の解消手続とこれによる所有権取得の効力につき差異があること2)。⑤両者の制度上の差異に応じた前提問題について確認の訴えを認めることは、共有制度の趣旨と矛盾するものではないこと。

> **判例を読む**　**★遺産分割審判と遺産確認の訴え**　最大決昭和41年3月2日（民集20巻3号360頁）は、遺産分割審判が判決手続ではなく決定手続によりなされているのは、裁判を受ける権利を害したことにならず合憲であるとした。その理由としてあげられた内容が本判例との関係では重要である。すなわち、遺産分割の前提問題である相続権や相続財産等の存否を確定することは訴訟事項ではあるが、遺産分割審判手続においてこの権利関係の存否を審理判断しても、その判断には既判力が生じないから、「これを争う当事者は、別に民事訴訟を提起して右前提たる権利関係の確定を求めることをなんら妨げられるものではなく、そして、その結果、判決によって右前提たる権利関係の存否が否定されれば、分割の審判もその限度において効力を失うに至るものと解される」というものである。

　この理由づけは、現に存する遺産分割制度を合憲とするためとはいえかなり苦しいものである。決定手続である遺産分割審判では実体権の存否という訴訟事項について判決することは許されない。決定手続では対審手続である口頭弁論で審理することが保障されておらず、相手方の主張・立証に反論する機会が保障されていない。したがって、この手続で相続権や相続財産等の存否を確定することは、憲法に保障されている（対審手続である口頭弁論で審理される）裁判を受ける権利が害されることになる。しかし、遺産分割審判では、遺産分割の前提問題として相続権などの権利関係を判断せざるをえない。ところが、遺産分割審判でそのような権利関係の存否について判断をしたとしても、この判断は判決手続で判断したわけではないから既判力を有せず、権利関係の存否を最終的に判断したものではない。言い換えれば、遺産分割の判断をするために必要な限りで、その前提となる権利関係について一応の判断をすることは許されるというのである。したがって、この最大決昭和41年3月2日は、民事訴訟の判決主文により遺産の範囲を確定することの適法性（権利保護の資格）を予定していたことになる。本判決の結論はこの最高裁決定の当然の帰結となる。遺産確認の訴えという訴訟形式は、最高裁判例によって生み出されたものなのである。

　しかし、このような理由づけがなされたことにより、遺産分割審判は、審判後に提起される遺産確認の訴えにより、その前提となる権利関係が覆される可能性に常にさらされることになってしまった（家裁実務では、遺産の範囲に争いがあるときには、遺産分割手続を停止して遺産確認訴訟の決着を待つことによって、この可能性を排除しているようである）。

★遺産確認の訴えの対象　確認の訴えの対象は、特定人間の法律関係という形である必要はない。そこで、過去の権利の確認訴訟説は、遺産確認の対象は、被相続人が死亡時点において財産を所有していたという過去の一時点での権利の確認であるとする。現在の法律関係確認訴訟説は、遺産確認の対象は、財産が相続によって被相続人から相続人に承継され、共同相続人による遺産分割前の共有状態になるという、現在の法律関係の確認であるとする3)。過去の事実確認説は、確認の対象は個別財産が遺産に属している（いた）ことの確認であるとする。なお、遺産確認の訴えの対象が現在の法律関係の確認ではないとする学説でも、確認の対象を現在の法律関係に限定するという前提をとらずに、遺産確認の訴えの適法性を肯定している。したがって、どの説でも訴えの適法性については結論に違いはない。

★共有関係確認と遺産確認との関係　遺産確認の訴えの対象が「当該財産が現に共同相続人による共有関係にあること」であれば、「当該財産が現に被相続人の遺産に属すること」の判断は、この審判の対象外の判断であって、この判断には既判力は生じないから、このような訴えは、共有持分権確認の訴えと同様の働きしかしないことになる。それでは遺産確認の訴えの存在意義はなくなってしまう。そこで、遺産確認の訴えの対象を「当該財産が現に共同相続人による遺産分割前の共有関係にあること」とし、「遺産分割前」の中に「当該財産が相続によっ

て被相続人から相続人に承継され、そうした形で現に被相続人の遺産に属すること」の裁判所の判断も含まれていると解することができるならば、その遺産帰属性の点にも既判力を生じさせることが可能となる。このように考えて、本判決はこのような表現をとったものと思われる。

しかし、「遺産分割前の共有関係の確認」という構成によって、「当該財産の遺産帰属性」の点についてまで既判力を及ぼしうるのかについては、通常の「審判の対象」についての考え方からみるときには少し無理があると思われる 4)。「当該財産に対する共同相続人の権利・法律関係」と、「当該財産の遺産帰属性」とは、別個の「審判の対象」を構成するのではないだろうか。

✪**遺産確認の訴えの特殊性**　本判決によれば、遺産確認の訴えでは、被相続人の遺産としての当該財産に対する共同相続人の共有権の主張と、その投影としての、共同相続人である原告・被告間で共有関係が存在することの主張が不可分の形で確認の対象となっている。

共有権の主張は、通常、共有者と第三者との間で（共有権の対外的主張という形で）なされるが、遺産確認の訴えにあっては、共同相続人全員の遺産に対する共有権の主張が共同相続人の間で（共有権の対内的主張という形で）なされる。その結果として、当事者間での共有関係の存在の主張が表面に現れることになっている。この二重構造が、通常の確認の訴えに対する遺産確認の訴えの特殊性となっている。そのため、この訴えは共同相続人全員が当事者とならなければならない固有必要的共同訴訟であるとされている（最判平元・3・28民集43巻3号167頁➡ **161 事件**）。

〔萩澤達彦〕

1審＝京都地判昭55・5・9民集40巻2号397頁／2審＝大阪高判昭56・10・20民集40巻2号411頁

1) 相続開始前の財産関係が曖昧で相続人の所有権取得原因が相続、生前贈与、死因贈与のいずれであるかが不明確な場合に、このようなことが起こりうる。

2) 遺産分割審判の場合は、後述の通り、特定の財産が遺産に属することを前提に、これを共同相続人の1人に取得させる遺産分割の審判が確定しても、遺産帰属性の判断は既判力を有しない。
　これに対し、共有物分割訴訟においては分割の判決が確定すれば、共有物分割請求権の存在について既判力が生じる。
　なお、遺産は遺産分割によってのみ分割しうるとされている（最判昭62・9・4判時1251号101頁）。水野武・最判解民昭和61年度151頁以下。

3) 相続の開始後、現実に遺産分割が行われるまでには相当の年月（10年以上のこともある）が経過することもある。そのため、相続開始時と遺産分割時とでは遺産の範囲は必ずしも一致しない。
　遺産を共同相続人間で分割するための前提として、遺産の範囲を既判力で確定することがこの訴訟の目的であるならば、この訴えを現在の法律関係の確認として捉える方が合理的であるというのが、この見解である。

4) 遺産確認の訴えの請求認容判決の主文としては、「対象財産○○は、□年□月□日に死亡した被相続人△の遺産に属する（した）ことを確認する」が用いられている。この主文を前提とすると、共有者の範囲は主文で確認されないから、本判決のいう訴えの法的性質と主文の形式との間で齟齬が生じていることになる。山本克己「遺産確認の訴えに関する若干の問題」判夕620号23頁。

79 子の死亡後の親子関係確認の利益

最高裁昭和45年7月15日大法廷判決　民集24巻7号861頁、判時597号64頁、判タ251号160頁

▶134条、人訴2条・12条3項

論　点 ▶ 子の死亡後の親子関係確認の利益

事実の要約　Xは、検察官Yを被告として、故Aが自分の息子であることの確認を求めた。その理由として、故Aは戸籍上は故Mと故Nとの間に出生したものと記載されているが、本当はX（母親）とB（父親）との間に出生したものであり、戦死して国家のために犠牲となったAの身分関係を明らかにしてその冥福を祈るために、人訴法2条3項により本件訴えを提起したことが主張されている。

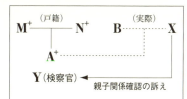

裁判の流れ　1審：訴え却下　2審：控訴棄却　最高裁：破棄差戻

1審は、次のように述べてこの訴えを却下した。①Aはすでに死亡しているから、XA間の親子関係は過去の法律関係に属するものであり、その確認を求める本訴は確認の利益のない不適法なものである。②このような場合に、人訴法2条3項〔現人訴12条3項〕を類推して検察官を相手として訴えを提起することは許されない。2審もXの控訴を棄却した。Xは、恩給法に基づくAの遺族扶助料を受けるためには、人訴法により母子関係を確認した上で戸籍を訂正するしか方法がないのにもかかわらず、これを認めない原判決には法令違反があるなどと主張して上告した。最高裁大法廷は、裁判官10名の多数意見をもって、原判決を破棄し1審判決を取り消して、事件を1審に差し戻した。なお、入江俊郎、松田二郎、岩田誠、松本正雄、村上朝一の5裁判官の反対意見がある。

判　旨　＜破棄差戻＞「およそ、父母と子との間の親子関係存否確認の訴は、右三者がいずれも生存している場合はもとより、父母のいずれか一方が死亡した場合においても、その生存者と子との間において親子関係存否確定の利益がある以上、人事訴訟手続法、ことに第二章親子関係に関する手続規定を類推適用して右訴を認めるべきことは、当裁判所の判例とするところである〔最判昭25・12・28民集4巻13号701頁参照〕。

ところで、親子関係は、父母の両者または子のいずれか一方が死亡した後でも、生存する一方にとって、身分関係の基本となる法律関係であり、それによって生じた法律効果につき現在法律上の紛争が存在し、その解決のために右の法律関係につき確認を求める必要がある場合があることはいうまでもなく、戸籍の記載が真実と異なる場合には戸籍法116条により確定判決に基づき右記載を訂正して真実の身分関係を明らかにする利益が認められるのである。人事訴訟手続法で、婚姻もしくは養子縁組の無効または子の認知の訴につき、当事者の一方が死亡した後でも、生存する一方に対し、死亡した当事者との間の右各身分関係に関する訴を提起し、これを追行することを認め、この場合における訴の相手方は検察官とすべきことを定めている〔人事訴訟手続法2条3項、24条、26条、27条、32条等〔現人訴12条3項〕〕のは、右の趣旨を前提としたものと解すべきである。したがって、父母の両者または子のいずれか一方が死亡した後でも、右人事訴訟手続法の各規定を類推し、生存する一方において死亡した一方との間の親子関係の存否確認の訴を提起し、これを追行することができ、この場合における相手方は検察官とすべきものと解するのが相当である。この点について、当裁判所がさきに示した見解〔最判昭34・5・12民集13巻5号576頁〕は変更されるべきものである」。

❂**大隅健一郎裁判官の補足意見**　「過去の法律関係であっても、それによって生じた法律効果につき現在法律上の紛争が存在し、その解決のために右の法律関係につき確認を求めることが必要かつ適切と認められる場合には、確認の訴の対象となるものといわなければならない。すなわち、現在の権利または法律関係の個別的な確定が必ずしも紛争の抜本的解決をもたらさず、かえって、それらの権利または法律関係の基礎にある過去の基本的な法律関係を確定することが、現に存する紛争の直接かつ抜本的な解決のため最も適切かつ必要と認められる場合のあることは否定しがたいところであって、このような場合には、過去の法律関係の存否の確認を求める訴であっても、確認の利益があるものと認めて、これを許容すべきものと解するのが相当である」。

判例の法理　❂**過去の親子関係確認の利益**　多数意見は、親子関係は身分関係の基本となる法律関係であることから、父母の両者または子のいずれか一方が死亡した後でも、生存する一方にとって親子関係によって生じた法律効果についての紛争は現在の法律上の紛争であるとする。そして、その現在の法律上の紛争を解決するために一方が死亡した後の親子関係について確認の利益を認めた。

❂**過去の法律関係確認の利益を認める基準**　大隅補足意見は、一般論として、現在の権利または法律関係の個別的な確定が必ずしも紛争の抜本的解決をもたらさない場合があることを認め、過去の法律関係の存否の確認の利益を認めた。その意見のうちの「現在の権利または法律関係の個別的な確定が必ずしも紛争の抜本的解決をもたらさず、かえって、それらの権利または法律関係の基礎にある過去の基本的な法律関係を確定することが、現に存する紛争の直接かつ抜本的な解決のため最も適切かつ必要と認められる場合」があるという部分は、学説によりよく引用される有名な一節である。

判例を読む　❂**本判決の意義**　親子関係存否確認の訴えは、旧人事訴訟手続法にこれを認める明文の規定はなかった（なお、現行人事訴訟法では2条2号により規定上の根拠が設けられた）。それにもかかわらず、大審院以来親子関係は法律関係であるとされて、この訴えは認められてきた（大判明33・4・17民録6輯4巻84頁）[1]。しかし、親または子の

一方または双方が死亡した後には、親子関係の存否の確認を求める訴えは親子の一方が死亡している以上、「過去の法律関係」の確認を求める不適法な訴えになるとされていた（本判決で変更された最判昭34・5・12に至るまでの判例）。また、この場合への検察官の当事者適格を認める旧人訴法2条3項の類推も否定的に解されていた。本判決はこのような先例を否定して、一方の側の死亡後の親子関係存否確認訴訟は、当該訴えが現在の法的な紛争の解決手段として適切である場合には確認の利益があるとしたものである。検察官の当事者適格を認めた判旨については、現行人訴法12条3項により明文化された。

本判決の多数意見は、大隅補足意見と比べると過去の法律関係について確認の利益を認めることについては積極的ではないようである。しかし、従来の判例を変更して過去の法律関係の確認を認めることに一歩踏み出した判例として評価されている。

✪**人事訴訟か民事訴訟か** Xは、事実審では、戦死したAの霊を弔うために真の身分関係を明らかにしたいと述べたが、上告理由中では、Aの遺族として恩給法上の扶養料給付を受けるためには、訴訟で親子関係を確認し、その上で戸籍を訂正する必要があると主張している。原告の主張の趣旨は必ずしも明らかではないが、財産法上の請求の前提として母子関係存在の確認を求めたものと思われる。この点を捉えて、松田反対意見は、財産上の法律関係に関する紛争は、親子関係の存在を前提とする場合でも、民事訴訟事件として個別に処理すれば足りると主張している。人事訴訟事件による親子関係存否確認の訴えの利益が認められないとしても、国を相手とする扶養料請求の訴えを提起することは可能であるから、原告の権利保護に欠けることはないというのである。

しかし、民事訴訟において、生存当事者と第三者との間ごとに前提問題である親子関係の存否を判断することは、判断が各訴訟ごとに区々別々になる危険性を伴う。人事訴訟手続となる親子関係存否確認の訴えの利益を認めるほうが望ましい。それにより、基本となる法律関係にさかのぼって抜本的に解決をすることができる。また、人事訴訟手続の判決の効力は第三者にも画一的に及ぼされるから、親子関係存否確認の訴えを認めることにより身分関係の安定をはかることができる。

✪**戸籍訂正との関係** 戸籍法116条は、確定判決によって戸籍を訂正する場合の手続を定めている。ところが、同法113条は、戸籍の記載が法律上許されないことを発見した場合には、利害関係人は、家庭裁判所の許可を得て、戸籍の訂正を申請することができる旨を定めている。村上反対意見は、親子関係に関する戸籍の記載が真実と異なるときは、法律上許されない戸籍の記載であるとして、同法113条により戸籍の訂正ができるのであり、戸籍訂正のために同法116条の要求する確定判決が必要であることを前提として確認の利益を認める多数意見は失当であると批判している。この批判の当否について判断するには、戸籍訂正の手続はいかにあるべきかという難しい問題について態度決定が必要である[2]。

ところで、この村上反対意見はあくまでも松田反対意見に付加されたものであり、多数意見に対する本質的反論とはなっていない。したがって、村上反対意見に対する当否は、本判決の結論については決定的な意味をもたないように思われる。確かに、多数説の判示には、一見すると戸籍訂正の必要ということが、確認の利益を認めるべき直接の理由のように書かれている[3]。しかし、これを戸籍訂正の必要がなくなれば、親子関係確認の利益を認める余地がなくなる趣旨には読むべきではないように思われる。全体として読めば、多数意見は戸籍訂正の必要のほかに、諸般の法律上の紛争の解決のためには、なお親子関係の確認の利益・必要があることを認める趣旨であろう。

〔萩澤達彦〕

1審＝山口地下関支判昭42・7・19／2審＝広島高判昭42・11・9

1) 親子関係存否確認の訴えは人事訴訟手続によるものとされていた（大判昭9・1・23民集13巻47頁）。
2) この村上少数意見に賛同する学説は、戸籍の簡便な訂正ができる利点があるから、わざわざ検察官を被告としなければならない116条による手続よりも、戸籍訂正は113条によるべきとする。これに対して、多数意見に賛同する学説は、親子関係のような基本的身分関係は判決で確定することが本来の姿であり、113条の便法のあることが確認の利益を失わせるものではないと反論している。
3) この点を強調するのが山本克己・百選I新法対応補正版133頁である。

80 離縁無効確認の利益

最高裁昭和62年7月17日判決　民集41巻5号1381頁、判時1250号41頁、判タ647号104頁　▶134条、戸116条

論　点 ▶ 離縁無効確認の利益

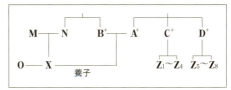

事実の要約　昭和27年にXをAB夫婦の養子とする養子縁組の届出がされた（第1回縁組）。昭和32年にはその養子縁組の協議離縁の届出がされた（第1回離縁）。昭和33年に再びXをAB夫婦の養子とする養子縁組の届出がされた（第2回縁組）。これについても、昭和41年に協議離縁の届出がされた（第2回離縁）。A死亡後に（Bはそれ以前に死亡）、XはY（検察官）に対して第2回離縁が無効であることの確認を求める訴えを提起した。Xは、戸籍上はXと亡A・亡B夫婦が第2回離縁をしたことになっているが、Xは第2回離縁の届出をしていないので第2回離縁は無効であると主張した。この訴えに対し、Z_1～Z_8[1]がY側に補助参加して、第2回離縁の前提となる第2回縁組はX不知の間にされたもので無効であり、第2回離縁の無効を論ずる必要はないと主張して争った[2]。

裁判の流れ　1審：訴え却下　2審：取消・差戻　最高裁：上告棄却

1審は、第2回離縁の前提となる第2回縁組が無効であると認定し、その結果たとえ第2回離縁が無効であっても養親子関係は有効に存続できないから、Xには第2回離縁の無効を確認する利益がないとして、本訴えを却下した。原審は、第1回離縁及び第2回縁組がいずれも無効であると認定し、第2回離縁が無効であれば、Xと亡A・亡B夫婦との間の第1回縁組に基づく養親子関係が有効に存続することになるから、Xは第2回離縁の無効確認を求める利益があるとして、1審判決を取り消し本訴えを1審に差し戻した。Zら（補助参加人）が上告したが、最高裁は上告を棄却した。

判　旨　＜上告棄却＞「思うに、戸籍上離縁の記載がされている養子縁組の当事者の一方は、もし右戸籍の記載が真実と異なる場合には、離縁無効を確認する確定判決を得て戸籍法116条により右戸籍の記載を訂正する利益があるというべきであり、当該離縁無効確認の訴えにおいて、相手方（本件におけるような補助参加人を含む）から縁組が無効であるとの主張がされ、仮にこの主張が認められる場合であっても、離縁無効確認の訴えの利益は失われるものではないと解するのが相当である。

これを本件についてみるのに、Xと亡A・亡B夫婦との間の第2回離縁の届出がされ、その旨の戸籍の記載がされているというのであるから、右戸籍の記載が真実と異なる場合には、Xは、離縁無効を確認する確定判決を得て右戸籍を訂正する利益を有するものであり、仮に第2回縁組が無効であるとのZらの主張が認められる場合であっても、離縁無効確認の訴えの利益は失われないものというべきである」。

判例の法理　★**離縁無効確認の訴えの確認の利益**　本判決は、養子縁組の当事者の一方は、戸籍の記載が真実と異なる場合には、離縁の無効を確認する確定判決を得て戸籍法116条により戸籍を訂正する法的利益があり、その利益はたとえ離縁の前提となる縁組が無効であったとしても失われることはないとした[3]。

判例を読む　★**離縁無効確認の訴え**　離縁無効確認の訴えは人事訴訟手続で審理される。被告となるべき者（養親または養子）が死亡した場合に検察官が被告となる。以上のことについて判例・学説上異論はない[4]。本判決もこのことを前提としている（現人訴2条3号、12条3項により明文化された）。また、離縁無効確認の訴えは確認の訴えであると解するのが判例・通説である。これらを前提とすると、過去の法律行為である離縁の無効確認を求めることに確認の利益があるかどうかが問題となってくる。

✪**離縁無効確認の訴えの確認の利益**　本判決は、真実に合致しない戸籍を訂正する利益を確認の利益の根拠としている。これは、戸籍実務が、身分行為の無効が戸籍の記載のみによって明らかな場合には、戸籍訂正許可の審判によって訂正ができるが（戸114条）、そうでない場合には、当事者の異議の有無にかかわらず、無効を確定する判決または審判を得て、戸籍の訂正をしなければならない（同116条）としていることを考慮したものであろう。しかし、本判決に対しては、戸籍の訂正という観点からのみ訴えの利益の判断を行ったことに対する批判もある。訴えの利益を認めるか否かは、戸籍訂正も含めた当該身分関係をめぐる諸般の紛争を解決するのに有効かどうかという観点から判断されるべきであるというのである[5]。しかし、離縁無効の訴えの実際的機能は戸籍訂正にあるといわれており、戸籍訂正の必要がある本件を訴えの利益をわざわざ総合的に判断する必要がない定型的類型として扱う本判決には合理性があると思われる。

〔萩澤達彦〕

1審＝大阪地判昭57・11・18民集41巻5号1395頁／2審＝大阪高判昭58・9・29民集41巻5号1399頁

1) 判例集からは明らかではないが調査官の解説によると、Z_1～Z_8は、Aの甥と姪であるという。死亡した養父母A・Bには実子がなく、本件の真の争いは、養子のXと養父Aの甥・姪であるZ_1～Z_8との間における亡Aの遺産をめぐる相続争いであると推察される。中田昭孝・最判解民昭和62年度145頁注2。
2) Z_1～Z_8からは第2回縁組の無効確認の訴えは提起されていない。
3) 1審は、第2回縁組が無効であることから訴えの利益を否定し、原審は第1回縁組が有効に存続していることから訴えの利益を認めている。それに対して、本判決は縁組が有効であるかどうかを判断基準にせず戸籍訂正の必要性から訴えの利益を認めている。
4) この点につき、親子関係存否確認の訴えにおいては学説の争いがある（→79事件）のと対照的である。
5) 林屋礼二・判時1273号205頁、中島弘雅・民商98巻4号512頁、渡辺惺之・昭和62年度重判129頁。

81 法律上の争訟

最高裁平成7年7月18日判決 民集49巻7号2717頁、判時1542号64頁、判タ888号130頁　▶裁3条

論　点　▶寺院の檀徒の地位を確認することは法律上の争訟に該当するか

事実の要約　Y（寺院）の檀徒であったXは、Yより寺院の維持経営を妨害したとして檀徒の地位から除名された。Xはこの除名処分を不服として、自己がY寺の檀徒の地位にあることの確認を求めてYに対して訴えを提起した。

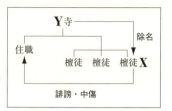

裁判の流れ　1審：請求棄却　2審：取消・訴え却下　最高裁：破棄差戻

1審は、まず、Xの檀徒としての地位は法律上の地位であることを認め、次に、Yの経営維持を妨害したというX除名の理由の当否についての判断を、Yの宗教活動の内容について立ち入らずにできるから、裁判所は審判することができると判示した。そのうえで、Yの住職を誹謗・中傷したXの言動はYの維持経営を妨害するものであるから、Xに対する本件除名は正当であるとして1審はXの請求を棄却した。

原審は、檀徒は単なる宗教団体内の地位にすぎないので、本件除名処分の効力についての紛争は、具体的な権利または法律関係に関する紛争ということはできないとして、本件訴えを却下した。Xが上告。最高裁は原判決を破棄し、事件を原審に差し戻した。

判　旨　＜上告棄却＞「宗教法人法は、…信者と宗教法人との間の権利義務ないし法律関係について直接に明らかにする規定を置いていないから、檀徒等の信者の地位が具体的な権利義務ないし法律関係を含む法律上の地位ということができるかどうかは、当該宗教法人が同法12条1項に基づく規則等において檀徒等の信者をどのようなものとして位置付けているかを検討して決すべきこととなる。

記録によると、所論の檀徒の地位に関しては、宗教法人法12条1項に基づくYの規則（宗教法人『満徳寺』規則）等において次のような規定が置かれていることが明らかである。

(1) Yの規則16条は、Yの檀信徒につき、Yの包括宗教法人である『高野山真言宗の教義を信奉し、この寺院の維持経営に協力する者を檀信徒という。』と定める。

(2) 高野山真言宗の宗規中のYに関係する条項が同規則34条によりYにも適用されるところ、右宗規の141条1項は『寺院及び教会は、檀信徒名簿を備え付けなければならない。』と定め、また、その142条は檀信徒の除名について『檀信徒であって、左に掲げる各号の一に該当するときは、住職は管長の承認を得て檀信徒名簿から除名することができる。1　教義信条に反し、異議を唱うる者、2　宗団若しくは寺院、又は教会の維持経営を妨害する者』と定めており、これらの条項はYにおいて適用されている。

(3) Yにおいては、宗教法人法18条に基づく代表役員及び責任役員の外に、代表役員を補佐し、Yの維持経営に協力することを基本的職務とする総代6人を法人組織上の機関として設置している（同規則17条1項、4項）ところ、檀信徒の地位にあることが総代に選任されるための要件とされ（同条2項）、総代であることが代表役員以外の責任役員に選任されるための要件とされている（同規則7条3項）。

(4) Yにおいては、代表役員には宗教的活動の主宰者の地位にある住職の職にある者をもって充てることとされている（同規則7条1項）ところ、住職の選任に際しては総代の意見を聴かなければならず（同条2項）、また、Yの基本財産等の設定・変更や不動産、宝物の処分等（同規則20条、22条1項）、予算の編成等（同規則25条、28条、31条）、規則の変更及び合併（同規則33条）に際しても総代の意見を聴かなければならないものとされており、さらに、総代は決算の報告を受けるものとされている（同規則30条）。

以上によれば、Yにおいては、檀信徒名簿が備え付けられていて、檀徒であることがYの代表役員を補佐する機関である総代に選任されるための要件とされており、予算編成、不動産の処分等のYの維持経営に係る諸般の事項の決定につき、総代による意見の表明を通じて檀徒の意見が反映される体制となっており、檀徒によるYの維持経営の妨害行為が除名処分事由とされているのであるから、Yにおける檀徒の地位は、具体的な権利義務ないし法律関係を含む法律上の地位ということができる」。

判例の法理　★**宗教法人法の枠組み**　宗教法人法からは、信者と宗教法人との間の権利義務ないし法律関係については明らかにならない。したがって、檀徒等の信者の地位が法律上の地位であるかどうかは、当該宗教法人が同法12条1項に基づく規則等において檀徒等の信者をどのようなものとして位置づけているかによって決せられる。

★**寺院規則上の地位**　Yの規則、その包括宗教法人の宗規などの内容からは、Yにおける檀徒の地位は具体的な権利義務ないし法律関係を含む法律上の地位である。

判例を読む　★**法律上の争訟**　裁判所が審判の対象としうるのは、「法律上の争訟」に限られる（裁3条1項）。宗教団体の活動には、裁判所が干渉すべきでない宗教（信仰）活動と経済的・市民的色彩を有する活動（世俗的活動）とがあるため、宗教団体にかかわる各種の紛争につき、「法律上の争訟」に当たるか否かがしばしば問題となってきた。宗教団体における懲戒処分をめぐる紛争は、そのような紛争の1つの典型である。

判例1)・通説によれば、「法律上の争訟」とは、①当事者間の具体的な権利義務ないし法律関係に関する紛争であって2)、かつ、②法令の適用によって終局的な解決が可能なもの3)をいう。本判決で問題とされているのは①である4)。すなわち、Yにおける檀徒の地位とは、単なる宗教上の地位にすぎないのか、具体的な権利義

務ないし法律関係を含む法律上の地位でもあるのかということが問題となっている。

●**宗教法人法と檀徒などの信者の地位** 宗教法人法は、信教の自由と政教分離を確保し宗教団体の自由な活動を保障するため、規律を宗教団体の自律に委ね、宗教団体に対する法的規制を必要最小限にとどめている（同法1条）。檀徒などの信者の地位についても、同法は法律上の地位ないし権利関係については規制していない5)。したがって、檀徒などの信者の地位の問題を判断するためには、各宗教団体の自治規範を検討しなければならないことになる。

●**檀徒の法律上の地位** 本判決が宗教法人における檀徒の市民的・経済的な地位ないし権利義務（権限と負担）を示すものとして抽出した(1)ないし(4)の事実は、檀徒がYの法人組織上一定の役割を果たしていることを示すものであり、本人に具体的利益が生じるような地位とはいえないものである。

本判決は、代表役員や責任役員のように宗教法人法上、それぞれ代表機関・決議機関として設置が義務づけられてはいない信者の地位についても法人組織上の役割を考慮して確認の訴えの適法性を認めた。これは、檀徒の地位は、宗教生活上の地位が存在していることが前提となっており、法律上の地位はこれに付属しているという檀徒の地位の特殊性を考慮すると異論のあるところだと思われる。

すなわち、檀徒の地位は、本来的には信者としての宗教上の地位が主であり、葬祭・供養等のような法律上の地位として保護されない宗教生活上の利益以外には具体的利益を見出すことが難しい。この点に着目して、檀徒の地位には宗教生活上の利益以外には具体的利益を見出すことはできないことから6)、訴えを却下すべきであるとする見解もある7)。

しかし、本判決は、法人組織上の役割を手がかりに、檀徒の地位に法的地位性を認めた。これは、たとえ従属的な地位とはいえ法律上の地位として判断することが可能なことがある以上、現実の紛争を未解決なまま放置するよりも、たとえ紛争の一部についての判断でしかないとしても、裁判所は可能な限り踏み込んで現実の紛争を解決するガイドラインを示すべきであるとの考慮によるものであろう。

●**訴訟物と既判力** 檀徒の地位が法律上の地位にあたるとされて、その地位の確認を求める請求が認容されたとしても、訴訟物は宗教法人との関係における法律上の地位であるから、既判力をもって確定されるのは法律上の地位についてのみであり、宗教上の地位である檀徒の地位が確定されることはない。もっとも、既判力が及ぶか否かは、宗教生活上の檀徒の地位についてはあまり意味がない8)。

●**確認の利益または原告適格との関係** 寺院の檀徒の地位を確認することは法律上の争訟に該当するとしても、そのことから確認の利益または原告適格が当然に認められるわけではない9)。しかし、本件のような宗教法人における自己の地位の確認を求める場合には、この両者は理論上は峻別できるにせよ、実際上はその判断についてはオーバーラップすることが多いであろう（本件でも確認の利益または原告適格については差戻審で認められることになると思われる）。

ところが、信者が宗教法人の機関である代表役員の地位の存否の確認を求める場合のように、他人の地位の存否の確認を求める場合には、信者の地位が法律上の地位であるということだけでは確認の利益または原告適格を認めるのには不十分である。この場合には、原告の自己の地位と他人の地位との間に一定以上の法律上の利害関係が存在することが必要となる。たとえば、宗教法人の責任役員の地位の存否の確認等を求める訴えの原告適格は、その任免に関与する立場にある信者の一部にのみ認められ、その任免に関与する立場にない一般信者には認められない10)。

〔萩澤達彦〕

1審＝徳島地阿南支判平3・10・4民集49巻7号2726頁／2審＝高松高判平4・4・30民集49巻7号2730頁

1) 最判昭56・4・7民集35巻3号443頁〔板まんだら事件〕、最判昭55・1・11民集34巻1号1頁〔種徳寺事件〕、最判昭55・4・10判時973号85頁〔本門寺事件〕参照。
2) 訴訟物とされている請求が具体的な権利義務ないし法律関係に関する主張であること。
3) 本件では、その判断の過程において宗教上の教義・信仰の内容に立ち入る必要がないこと。
4) Xの事実行為がYの維持経営を妨害したという本件除名処分の理由の当否の判断をするには宗教上の教義・信仰の内容に立ち入る必要がないのは明らかであるから、②については問題はない。
5) 宗教法人法が「信者その他の利害関係人」に抽象的な「法律上の地位」を与えている（檀徒がYの「構成分子」である）ことを根拠に訴えを適法とするという見解もあるが、本判決はその立場をとらなかった。
6) 1審判決の「Xらが本訴を提起した目的の大部分は、宗教生活関係上檀徒として取り扱われることであることが窺われるが」との認定を重視したものであろう。
7) 八田卓也・法教114巻7号136頁。
8) 宗教生活上の地位は、裁判所の審判権の及ばない宗教事項である。XがYの檀徒であるとの法律上の地位が確認されたとしても、葬祭・供養等の宗教生活上の利益の供与をXがYに求めて拒否された場合でも、法的強制力によりこれを実現することはできない。
　したがって、既判力が及ぶか否かとは関係なく、後訴で宗教生活上の利益を求めても認められない。
9) 「法律上の争訟」該当性の問題は、権利保護の資格（請求適格）の有無の問題である。
　　権利保護の資格の有無とは、当該訴訟における具体的事情と関わりなく、請求の内容が本案判決の対象となりうるかどうかによって決せられる。
　　権利保護の利益（狭義の訴えの利益）の有無とは、権利保護の資格が認められたうえで、なお当該事件における具体的事実関係に照らして、原告の請求について本案判決をすることが紛争解決に適するかどうかによって決せられる。
10) 最判平7・2・21民集49巻2号231頁参照。

82 債務不存在確認の訴えの攻撃的性格
東京高裁平成4年7月29日判決　判時1433号56頁、判タ809号215頁　　▶134条

論　点　▶債務不存在確認の訴えの利益

事実の要約　X₂は自己の運転する自動車で走行中に、歩行者横断禁止場所を横断していたYに自動車を接触させ負傷させた。X₂は民法709条により、X₁は自賠法3条により、それぞれYに対し損害賠償責任を負うことを前提として、X₁X₂はYに対して、過失相殺および弁済により損害賠償債務は消滅したとして、本件事故による損害賠償債務が存在しないことの確認を求めた。

```
┌──────────┐
│ X₁       │ ──── 債務不存在確認
│ (運行供用者)│
│          │ ────▶ Y
│ X₂       │      (被害者)
│ (運転者) │
└──────────┘
```

裁判の流れ　1審：訴え却下　2審：取消・差戻

1審は、以下のような判示をして、本件請求は確認の利益を欠くものとして、訴え却下の判決をした。すなわち、損害賠償債務の不存在確認訴訟においては、損害額の算定について裁判所の裁量がかなり認められており、当事者の主張する損害額も異なるのが通常であるから、当事者の主張する損害額に争いがあるというだけでは確認の利益を肯定することはできない。それに加えて、その争いを解消すべく当事者が誠実に協議したがなお示談が成立しなかったとか、加害者が誠意をもって協議しようとしても、被害者側の理由でそれができない状況にあるといった事情がなければ、確認の利益ありとすることはできない。しかし、本件ではそのような事情の主張立証がなかった。

この判決を不服として、Xから控訴がなされた。本判決は、確認の利益を肯定して原判決を取り消し、原審に差し戻した。

判　旨　＜X勝訴＞「X₁X₂の主張によれば、X₁X₂はYとの間で円満解決を目指して交渉をしてきたが、YはX₁X₂に対し本件事故によるYの損害賠償請求債権が多額にある等と主張して全く応じようとしないというのである。

事実がこのとおりであるとすれば、X₁X₂とYとの間には、本件交通事故による損害賠償債務の存否をめぐって争いがあることになり、本件債務不存在確認の訴えにつき原則として確認の利益を肯定すべきである。…

交通事故による損害の賠償責任につき、被害者と加害者（運行供用者を含む。以下同じ）との間で、責任の有無、損害額、被害者の過失の有無、程度等をめぐる争いがあって、訴訟以外の場面での解決の見込みがない場合には、…法律上の地位の不安定があるものとして、その不安定を除去するため、加害者の側から損害賠償債務不存在の確認を求めて訴えを提起することが許されてしかるべきであり、これを不可とする理由はない。…

ところで、損害額の認定につき裁判所に裁量的な判断の余地があることは、この種の訴訟が被害者の側から積極的に提起された場合と加害者の側から消極的確認訴訟として提起された場合とで異なるところはなく、また、対立する当事者の間で損害額についての主張が異なるのは、必ずしも損害額の認定につき裁判所の裁量の余地があることと直接結び付くものではない。原審は、損害額についての裁判所の裁量、ひいては当事者間の主張の相違があること等を理由として、損害賠償債務不存在確認訴訟の確認の利益につき損害額に争いがあるだけでは足りず、損害額についての主張の違いを解消すべく当事者が誠意をもって協議を尽くしたがなお示談が成立しない事情、あるいは、加害者の誠意をもって協議に応ずることのできない被害者側の事情等を主張立証しない限り、確認の利益を肯定することはできないとするのであるが、このような立場は根拠のあるものとは考えられず、これを支持することができない」。

判例の法理　●**即時確定の現実的必要**　確認訴訟の対象となる紛争は、原被告間の紛争が確認判決によって即時に解決しなければならないほど切迫した成熟したものでなければならない（即時確定の現実的必要）。これは2つの観点から考察される[1]。その第1点は被告が原告の地位に与える不安の態様であり、第2点が不安の的となる原告の法的地位の現実性である。本件で問題となるのは第1の観点である。すなわち、原告の地位に対する不安は、被告が原告の法的地位を否認したり、原告の地位と相容れない地位を主張したりして[2]、原告の権利者としての地位に危険・不安など何らかの不利益を及ぼすおそれが現に存在しなければならない。そして、本判決で問題となっている消極的確認の訴えについては、被告が原告に対して債権の存在を主張するだけで「不安定・危険」が認められるものと解されてきた[3] 交通事故における損害賠償のケースにおいても、被害者が加害者に対し損害賠償請求権があると真剣に主張し加害者がこれを争う限り、加害者の被害者に対する損害賠償債務不存在確認の訴えについてはこの「不安定・危険」が認められるものと解されてきた。

本判決は、双方の主張が異なり、訴訟外で解決できないという事実があれば、損害賠償債務の不存在について、比較的広く「不安定・危険」を認めている。これは従来の判例・通説に従ったものと思われる。これに対して、原判決は、両当事者の主張する損害額が異なることに加えて、誠意ある協議という努力によってもなお解決に至らない事情がある場合にのみ確認の利益が認められるとして、確認の利益を狭く解する立場をとる。原判決の根拠が薄弱であるのは本判決の指摘の通りであり、原判決に賛成することはできないと思われる。問題は、原判決が確認の利益を狭く解し、消極的確認の訴えによる救済の途を狭めたのは何のためだったかということである。

判例を読む　●**債務不存在確認の訴えの攻撃的性格**　債務不存在確認訴訟では、債務者が原告、債権者が被告となる。この場合の証明責任は、通常の損害賠償請求訴訟と比べると逆となり、被告である債権者が債権発生事

実の証明責任を負うことになる[4]。したがって、原告の債務不存在確認訴訟の提起時期によっては、被告である債権者は、証拠が整わず十分な立証の準備ができないうちに訴訟に直面する(債権発生事実の主張立証をする)ことを強いられる事態が生じ得る。債務不存在確認訴訟には提訴強制機能があるとか、先制攻撃的(先制防御的)性格があるとかいわれるのはこのためである。

✪交通事故損害賠償事件の特質　債務不存在確認の訴えが提起されることの多い類型の中の1つとして、本件のような交通事故損害賠償事件がある。契約紛争とは異なり、交通事故に基づく損害賠償をめぐる紛争においては、保険会社を含めた加害者(債務者)側は訴え提起を比較的容易になしうる。これに対して、被害者(債権者)側は損害額の把握やその立証手段の準備が必ずしもすぐにできるわけではない。そこで、軽微な事故を機に高額の賠償金を得ようと、執拗かつ脅迫的に法外な請求を繰り返す被害者や被害者とグルになっている医療機関を牽制する手段として、債務不存在確認の訴えが提起されることになる。

さらに、この訴えの有効性が広く認識されるに伴って、保険会社やその代理人である弁護士が、被害者の被害状況や治療内容について十分に調査することもなく、一定期間経過しても交渉がまとまらないと、被害者を牽制し賠償額を抑える目的で安易にこの訴えを提起するという現象が生じるに至っている[5]。おそらく、原判決も原告の本件訴えの提起は濫用的なものであると考え、これをチェックする目的で確認の利益を否定して訴えを却下したものと思われる[6]。

このような不都合を避けるために、損害賠償債務不存在確認の訴えが先制攻撃的に濫用されているとみられる場合には、確認の利益を厳格に要求することにより、このような訴えを確認の利益を欠くものとして却下すべきであるとの主張もなされている。その場合には、被告が債権を主張することによって原告の法的地位にどのような不安・危険が生じているかを原告から積極的に示させることになる[7]。

しかし、交通事故損害賠償事件の特質にあわせた処理を考えるにしても、確認の利益による調整には、訴え却下という一刀両断的な結果が伴うのは問題であると思われる。加害者から提起された損害賠償債務不存在確認訴訟の訴えの利益を否定して訴えを却下するよりも、被告に十分な主張立証をするための期間を保障するために、口頭弁論を延期するなどの措置がとられるべきであろう[8]。

〔萩澤達彦〕

1審=東京地判平4・3・27判時1418号109頁、判タ809号219頁

1) 新堂277頁。
2) 原告の主張する権利が第三者に属すると被告が主張して争う場合も含まれる(最判昭35・3・11民集14巻3号418頁)。
3) 消極的確認の訴えが認められている趣旨は、債務の額を早期に確定することにより、債務の弁済のために留保しておくべき資力の範囲がいつまでも明確とならず、自己の財産の自由な管理処分が妨げられるという事態を取り除くところにある。
4) 証明責任の分配は債権者・債務者としての地位を基準とするからこうなる。ただし、訴訟物は(給付訴訟である)債権者からの損害賠償請求と同じであり、審理の範囲・内容・判決効も異なるところがない。
5) 藤原弘道・私判リマ1993(下)133頁、134頁。
6) しかし、本判決で認定されている事実からすると、本件は濫用的な訴訟ではなかったと思われる。藤原・前掲注5) 135頁。
7) ただし、原判決判示ほどの具体的事情までは要求されないであろう。松下淳一・平成4年度重判144頁参照。また、「権利主張」に該当する具体的事実を主張することを要するとする考えもある。藤原・前掲注5) 135頁。
8) 被害者の症状が固定していないことから損害額が定まらず、被害者が給付の訴えを控えているような場合でも、症状が固定していないとの被害者の言い分が果たしてその通りであるか、加害者の側で正確に把握することができないため、加害者の側に訴訟の場で損害を確定することについて確認の利益を否定することは妥当ではないと思われる。

83 具体的相続分確認の訴え

最高裁平成12年2月24日判決　民集54巻2号523頁、判時1703号137頁、判タ1025号125頁　▶134条

論　点　▶　具体的相続分確認の訴えの利益

事実の要約　被相続人Aは、平成4年11月10日に死亡した。亡Aの長男Xと亡Aの長女Yは、亡Aの相続人であり、その法定相続分割合は、各2分の1であった。Yは、Xを相手方として、岡山家庭裁判所に亡Aの遺産について分割の申立てを行った。岡山家庭裁判所は、Yが亡Aから贈与された建物の相続開始時の評価額400万円を特別受益とし、Xがみずから借地権者であった亡Aから土地の購入を勧められ亡Aから贈与された金員900万円と自己資金300万円とを併せて購入した土地の持分2分の1相続開始時の評価額に1200分の900を乗じた1億6179万円を特別受益として、Yの具体的相続分は3億7519万5000円、Xの具体的相続分は2億1740万5000円と算定し、それに基づき遺産分割の審判を行った。

Xは、遺産分割審判を不服として抗告し、Yの特別受益につき建物の敷地利用権も特別受益にあたる、みずからの特別受益につき土地購入資金の一部として900万円の贈与を受けたにすぎず、特別受益の対象は贈与を受けた金員であって土地ではないなどと主張したが、抗告は棄却された。Xは、さらに最高裁に抗告を申し立てたが、不適法却下された。そこで、Xは、Yに対し、みずからの主張する具体的相続分についての確認を求めて訴えを提起した。

裁判の流れ　1審：訴え却下。X控訴　2審：控訴棄却。X上告受理申立て　最高裁：上告棄却

1審は、大阪地判平成2年5月28日（判タ731号218頁）を引用したうえ、総遺産に対する具体的相続分の価額と同相続分率が一定限度を超えないことの確認を求める訴えは、訴えの利益を欠き許されないとして訴えを却下した。

控訴審は、「遺産分割の前提としての具体的相続分は、遺産分割の前提事項として一般に認められている相続人や遺産の範囲等とは性質を異にし、遺産分割手続における計算上の分配基準にすぎず、民事訴訟の対象としての適格性を有するものではない」として控訴を棄却した。

判　旨　＜上告棄却＞「民法903条1項は、共同相続人中に、被相続人から、遺贈を受け、又は婚姻、養子縁組のため若しくは生計の資本としての贈与を受けた者があるときは、被相続人が相続開始の時において有した財産の価額にその贈与の価額を加えたものを相続財産とみなし、法定相続分又は指定相続分の中からその遺贈又は贈与の価額を控除し、その残額をもって右共同相続人の相続分（以下「具体的相続分」という。）とする旨を規定している。具体的相続分は、このように遺産分割手続における分配の前提となるべき計算上の価額又はその価額の遺産の総額に対する割合を意味するものであって、それ自体を実体法上の権利関係であるということはできず、遺産分割審判事件における遺産の分割や遺留分減殺請求に関する訴訟事件における遺留分の確定等のための前提問題として審理判断される事項であり、右のような事件を離れて、これのみを別個独立に判決によって確認することが紛争の直接かつ抜本的解決のため適切かつ必要であるということはできない。」として、共同相続人間において具体的相続分についてその価額または割合の確認を求める訴えは、確認の利益を欠くとの判断を下した。

判例の法理　★**具体的相続分の紛争解決手続**　遺産分割審判事件において、実際に遺産分割を行う際の分割基準とされるのは、法定相続分ないし指定相続分を特別受益の持戻しあるいは寄与分によって修正した結果算出される具体的相続分である。この分割基準ともいうべき具体的相続分をめぐっては、具体的相続分率そのものを争う形で紛争が顕在化するほか、特定の相続人が被相続人から遺贈や贈与された特定の財産が民法903条1項に定める特別受益財産に該当するのかという形をとって争われることがある[1]。

これらの争いを解決すべき具体的な手続として、最決昭和41年3月2日（民集20巻3号360頁）が遺産分割審判事件において、相続権、相続財産等遺産の分割に関する処分の審判の前提となる権利関係の存否につき、審判手続の中で審理・判断することができるものの、実体法上の権利関係の存否を終局的に確定するには、訴訟事項として対審公開の判決手続によらなければならないとの判断を下していることとの関係で、具体的相続分の法的性質をいかに解するかにより審判手続によるべきなのか、訴訟手続による審理判断が保障されねばならないのかが決せられることになる。

具体的相続分の法的性質をめぐっては、従来から、具体的相続分を実体的権利関係と捉える相続分説と具体的相続分を遺産分割審判の判断過程において設定される一種の分割基準とみる遺産分割分説との間で激しい見解の対立があった。すなわち、相続分説は、具体的相続分が、法定相続分および指定相続分を修正するものとして、観念的には相続開始時に実体的権利関係たる遺産承継割合としての、相続分として存在するという。相続分説は、その根拠として、民法903条・904条が規定する特別受益の持戻しないし具体的相続分の決定は、家事事件手続法上、審判事項とされていないこと、民法上も要件事実が発生していても、審判でその旨が宣言されていなければ実体法上の法律状態にならない旨を規定していないことなどを挙げる[2]。具体的相続分を実体的権利関係と捉える相続分説の立場に立つと、具体的相続分の確定は、終局的には訴訟手続によるべきとの考えに親和的になる[3]。これに対し、遺産分割分説は、特別受益があると、持戻しによるみなし財産を基礎とする具体的相続分（率）の算定の必要が生じるものの、みなし相続財産なるものは計算のための操作として現出する数値にすぎず、遺産分割審判の判断過程において設定される一種の分割基準とみるべきものであり、それ自体が権利の対象となるというものではないという[4]。具体的相続分を遺産分割審判の判断過程において設定される一種の分割基準

とみる遺産分割分説の立場に立つと、具体的相続分の確定は、審判手続によるべきとの考えに親和的になる。

✪特別受益財産の確定と確認の訴えの利益　最高裁は、すでに特定の財産が特別受益財産であることの確認を求める訴えについては、確認の利益を欠くものとして不適法であるとの判断を下していた[5]。最高裁は、民法903条1項は、被相続人が相続開始の時において有した財産の価額に特別受益財産の価額を加えたものを具体的な相続分を算定する上で相続財産とみなすこととしたものであり、特別受益財産の遺贈または贈与を受けた共同相続人に特別受益財産を相続財産に持ち戻すべき義務が生ずるものでもなく、また、特別受益財産が相続財産に含まれることになるものでもなく、ある財産が特別受益財産に当たることの確認を求める訴えは、現在の権利または法律関係の確認を求めるものとはいえないとの判断を示した。また、最高裁は、ある財産が特別受益財産に当たるかどうかの確定は、具体的な相続分または遺留分を算定する過程において必要とされる事項にすぎず、しかも、ある財産が特別受益財産に当たることが確定しても、その価額、被相続人が相続開始の時において有した財産の全範囲及びその価額等が定まらなければ、具体的な相続分または遺留分が定まることはないから、特別受益財産に当たることを確認することが、相続分または遺留分をめぐる紛争を直接かつ抜本的に解決することにもならないとした。さらに、最高裁は、ある財産が特別受益財産に当たるかどうかは、遺産分割申立事件、遺留分減殺請求に関する訴訟など具体的な相続分または遺留分の確定を必要とする審判事件または訴訟事件における前提問題として審理判断されるのであり、それらの事件を離れて、特別受益財産に当たるかどうかのみを別個独立に判決によって確認する必要もないとしたのである。

判旨を読む　本判決は、上記特別受益財産の確定の訴えの利益同様、従来から見解の対立がみられていた具体的相続分についてその価額または割合の確認を求める訴えの利益につき、最高裁としてはじめての判断を示したものである。

本判決は、具体的相続分は遺産分割手続における分配の前提となるべき計算上の価額またはその価額の遺産の総額に対する割合を意味するものであって、それ自体を実体法上の権利関係であるということはできないとした。本判決は、具体的相続分の法的性質につき、実体法上の権利関係ではないとの判断を示し、長年にわたる論争に決着をつけたといえる[6]。そして、具体的相続分の権利性を否定したことにより、具体的相続分の確定は、最決昭和41年3月2日が示した定式のもとにおいて、判決手続による紛争解決の機会が保障されなければならないものでないことが明らかにされたといえる[7]。

また、本判決は、遺産分割審判事件における遺産の分割や遺留分減殺請求に関する訴訟事件における遺留分の確定等のための前提問題として審理判断される事項であり、それらの事件を離れて、これのみを別個独立に判決によって確認することが紛争の直接かつ抜本的解決のため適切かつ必要であるということはできないとした。これは、具体的相続分が、実体法上の権利性を否定されるとしても、遺産分割の基準性を持つことから即時確定の利益の有無について判断したものと思われるが[8]、本判決は、具体的相続分は遺産の分割や遺留分の確定等の前提問題として審理判断される事項にとどまり、別個独立に判決によって確認する有用性や必要性は認められないとの判断を示したものである[9]。本判決が、具体的相続分の確定は、家事審判事項であるとの判断を示さなかったのは、遺留分減殺請求に関する訴訟事件における遺留分の確定等のための前提問題として審理判断される事項であることとの整合性を欠くことのないように慎重に判示したものと思われる[10]。

〔原　強〕

1審＝岡山地判平10・3・30／2審＝広島高岡山支判平10・10・27

1) 具体的相続分をめぐる紛争の態様として、寄与分の有無ないしその金額の形を取ることもあるが、寄与分については、当事者の協議が整わない場合には、家庭裁判所の審判によって定められるものとされており（民法904条の2第2項）、審判手続によるべきなのか、訴訟手続によるべきなのかという問題は生じない。
2) さしあたり、山崎賢一「具体的相続分は『相続分』か『遺産分割分』か」ジュリ697号131頁参照。
3) ただし、相続分説の立場に立ちながら、確認の訴えの適法性を否定する見解もある。梶村太市「特別受益の持戻しと確認訴訟の適否」家月44巻7号1頁以下参照。
4) 田中恒朗「具体的相続分は『相続分』か『遺産分割分』か」東海法学7号14頁、同「遺産分割の前提問題」判タ321号31頁、高木多喜男『口述相続法』（成文堂、1988）179頁など参照。
5) 最判平7・3・7民集49巻3号893頁。
6) 生野考司・最判解民平成12年度81頁。なお、具体的相続分の法的性質については、前掲最判平7・3・7によって明らかにされることなく、残された問題となっていた（水上敏・最判解民平成7年度318頁）。
7) 高見進・参考文献121頁、安達栄司・参考文献74頁参照。なお、佐上善和・平成12年度重判112頁は、本判決により、具体的相続分の確定については訴訟手続によることが保障されないことが明らかになったことを受け、家庭裁判所における慎重な審理の要請を満たすことが求められるという。また、石田秀博・参考文献123頁も参照。
8) 生野考司・最判解民平成12年度103頁。
9) 下村眞美・百選5版57頁は、本件が遺産分割審判確定後に提起されていることから、紛争の蒸し返しとの感は免れないという。
10) 雨宮則夫ほか「遺産分割に関する最近の争点(1)」自由と正義1999年2月号79頁参照。

84 遺言者生存中に提起された遺言無効確認の訴え

最高裁平成 11 年 6 月 11 日判決　判時 1685 号 36 頁、判タ 1009 号 95 頁、金判 1075 号 20 頁　　▶134 条

論　点　▶　存命中である遺言者がアルツハイマー型老人性痴呆に罹患している場合における遺言無効確認の訴えの利益

事実の要約　Y_1 は、平成元年 12 月 18 日、みずから保有する奈良市所在の土地建物の持分 100 分の 55 を甥の Y_2 に遺贈する旨の公正証書遺言（以下「本件遺言」という）を作成した。ところが、Y_1 は、平成 5 年 3 月 15 日、アルツハイマー型老人性痴呆である旨の鑑定結果に基づき、奈良家庭裁判所において、心神喪失の常況にあるとして、禁治産宣告が下された。X は、Y_1 の養子であり、Y_1 の唯一の推定相続人であるところ、本件遺言につき、Y_1 が意思能力を欠いた状態で、かつ、公正証書遺言の方式に違反（Y_1 は遺言の趣旨を公証人に口授せず、公証人は筆記した内容を Y_1 に読み聞かせておらず、かつ、Y_1 が筆記の正確なことを承認していない）して作成されたと主張して、Y_1 および Y_2 を相手取り、本件遺言が無効であることを確認する旨の判決を求めて訴えを提起した。

裁判の流れ　1 審：訴え却下。X 控訴　2 審：1 審判決取消、差戻。Y ら上告　最高裁：破棄自判

1 審は、X が保護を求めている利益ないし地位は、遺言者 Y_1 が死亡したとき、本件遺言による遺贈に基づく法律関係がないという X の利益ないし地位であるところ、遺贈は死因行為であり、遺言者の死亡によりはじめてその効果が発生するものであって、その生前においては何ら法律関係を発生させることはなく、受遺者において何らの権利も取得しないし、遺言は、遺言者において何時でもこれを取り消すことができるだけでなく、遺言発効当時、受遺者が必ずしも生存しているとはいえないから、X の上記利益ないし地位は将来のものであり、かかる将来不定の利益ないし地位を現在保護する必要はなく、X の有する権利または法律的地位に危険または不安が生じ、これを除去するため Y らに対し確認判決を得ることが必要かつ適切な場合であるとはいえないとして、訴えを不適法却下した。

控訴審は、Y_1 がすでに相当の高齢である上、長期間にわたりアルツハイマー型老人性痴呆で入院治療を受けているが、現在の精神能力は合理的な判断能力を欠如しており、心神喪失の常況にあるとして禁治産宣告を受け、病状は回復の見込みがない状況にあり、生存中に本件遺言を取り消し、変更する可能性がないことが明白な場合には、将来必ず生じる遺言者の死亡を待つまでもなく、その生存中であっても、例外的に遺言の無効確認を求めることができるとするのが、紛争の予防のために必要かつ適切であり、本件遺言無効確認の訴えは適法というべきであるとの判断を下した。

判　旨　＜破棄自判〔控訴棄却〕＞「遺言は遺言者の死亡により初めてその効力が生ずるものであり（民法 985 条 1 項）、遺言者はいつでも既にした遺言を取り消すことができ（同法 1022 条）、遺言者の死亡以前に受遺者が死亡したときには遺贈の効力は生じない（同法 994 条 1 項）のであるから、遺言者の生存中は遺贈を定めた遺言によって何らの法律関係も発生しないのであって、受遺者とされた者は、何らかの権利を取得するものではなく、単に将来遺言が効力を生じたときは遺贈の目的物である権利を取得することができる事実上の期待を有する地位にあるにすぎない〔最判昭 31・10・4 民集 10 巻 10 号 1229 頁参照〕。したがって、このような受遺者とされる者の地位は、確認の訴えの対象となる権利又は法律関係には該当しないというべきである。遺言者が心神喪失の常況にあって、回復する見込みがなく、遺言者による当該遺言の取消し又は変更の可能性が事実上ない状態にあるとしても、受遺者とされた者の地位の右のような性質が変わるものではない。」

判例の法理　●**確認の訴えの利益論の変遷と展開**　確認の訴えは、伝統的には、原則として、現在の権利または法律関係を確認対象とする場合に限り、訴えの利益が認められるものと考えられてきた。これは、権利や法律関係は常に変動しうるものであり、過去あるいは将来の権利または法律関係を確認したところで、現在の紛争解決にとっての実効性に疑いがあり、また事実やそのコロラリーとしての法律行為は、法適用の前提にすぎず、それらの存否につき判断を下すことは法令を適用することによって解決しうべき法律上の争訟について裁判を行うという司法本来の使命と相容れないからであると説明されてきた。

しかし、最高裁は、国籍離脱および戸籍訂正のために確定判決が必要であるとして提起された生まれながらの日本国籍を引き続き保有する旨の事実を確認する訴えの利益を認め [1]、恩給受給のために提起された過去の法律関係である死後の親子関係確認の訴えの利益を認め [2]、現在の権利または法律関係を確認対象とする場合に限り訴えの利益が認められるとの定式の瓦解への胎動がみられていた。そして、ついに、最高裁は、学校法人の理事会および評議員会決議無効確認の訴えの事案において、「ある基本的な法律関係から生じた法律効果につき現在法律上の紛争が存在し、現在の権利または法律関係の個別的な確定が必ずしも紛争の抜本的解決をもたらさず、かえって、これらの権利または法律関係の基本となる法律関係を確定することが、紛争の直接かつ抜本的な解決のため最も適切かつ必要と認められる場合においては、右の基本的な法律関係の存否の確認を求める訴も、それが現在の法律関係であるか過去のそれであるかを問わず、確認の利益があるものと認めて、これを許容すべきものと解するのが相当である。」と判示するに至った [3]。

●**遺言無効確認の訴えの利益**　遺言無効確認の訴えは、一般に、過去の法律行為の効力につき確認を求めるものと解されるが [4] 紛争の直接かつ抜本的な解決のため最も適切かつ必要と認められる場合においては、訴えの利益が肯定される。もちろん、遺言書は、遺産すべての処分に関して作成される場合もあれば、遺産に属する特定の財産の処分に関して作成される場合もあり、遺言が遺産に属する単一の財産の処分に関してのみ行われたよう

な場合には、基本的な法律関係である遺言の有効無効につき確認することが、「紛争の直接かつ抜本的な解決のため最も適切かつ必要と認められる」とは言い難い。むしろ、そのような場合には、遺言が無効であることを前提として、当該財産が遺産に属する旨の確認の訴えを提起するなどすべきであって、遺言無効確認の訴えの利益は認められないものと解される。なお、最高裁は、昭和47年11月9日（民集26巻9号1513頁）判決より前に、遺言無効確認の訴えは、請求の趣旨が過去の法律行為の確認を求める形式をとっていても、遺言が無効であるとすれば、それから生ずべき現在の特定の法律関係が存在しないことの確認を求めるものと解されるとして訴えの利益を認めていたが[5]、遺言書が遺産に属する単一の財産の処分に関してのみ作成された場合には、そのような読み替えをしてまで訴えの利益を肯定する必要性はないように思われる。

判旨を読む　本判決は、最高裁が、遺言者がアルツハイマー型老人性痴呆に罹患し、心神喪失の状況にあって、回復する見込みがなく、遺言者による当該遺言の取消または変更の可能性が事実上ない状態にあっても、「受遺者とされた者は、何らかの権利を取得するものではなく、単に将来遺言が効力を生じたときは遺贈の目的物である権利を取得することができる事実上の期待を有する地位にあるにすぎない」ことには変わりなく、即時確定の利益は認められず、遺言無効確認の訴えは不適法であるとの立場をはじめて明らかにしたものである[6]。

本判決と異なり、遺言者がアルツハイマー型老人性痴呆に罹患し、遺言者による遺言の取消または変更の可能性がないことが明白な場合には即時確定の利益を認める立場[7]に立つ場合、どの程度の状況にあれば遺言者による当該遺言の取消または変更の可能性が事実上ない状態にあるといえるのかの判断基準を如何に設定すべきなのかという難しい問題に直面する[8]。しかも、本判決がいうようにあくまで遺言が遺言者の死亡によりはじめてその効力を生ずることを考えると、遺言者の生存中は、遺言者の精神的状況がいかようであっても、推定相続人や受遺者は事実上の期待権を有するにすぎず、遺言者がアルツハイマー型老人性痴呆に罹患し当該遺言の取消または変更の可能性がないことが明白になったからといって、推定相続人や受遺者の有する事実上の期待権が、突然、確認の訴えの利益との関係では法的な権利を有する場合と同様のものになり、即時確定の利益を発生させるものでもないことはいうまでもない[9]。

なお、遺言者が亡くなるまで遺言無効確認の訴えを提起できないとすると、年月の経過とともに、遺言に関与した人々の死亡や記憶の喪失あるいは遺言者の遺言能力の判定に役立つ資料の廃棄などが生じることを避けることができず、結局証拠の散逸と消失を待つ結果となり適正な判決はついに得ることができないとの主張[10]には一定程度の共感は覚える。しかし、相続に関する実体法的規律はもちろんのこと、法的な議論に馴染むかはひとまず措くとして、遺言者がアルツハイマー型老人性痴呆に罹患していることを理由に、本来遺言者が亡くなった場合にはじめて認められるはずの即時確定の利益が認められるに至るとして、遺言無効確認の訴えの利益を認めることは、アルツハイマー型老人性痴呆罹患者の尊厳を蹂躙することになるように思えてならない[11]。

〔原　強〕

1審＝大阪地判平6・10・28／2審＝大阪高判平7・3・17

1) 最判昭32・7・20民集11巻7号1314頁。
2) 最大判昭45・7・15民集24巻7号861頁（→79事件）。
3) 最判昭47・11・9民集26巻9号1513頁。前掲最大判昭45・7・15の大隅健一郎裁判官の補足意見参照。
4) 最判昭31・10・4民集10巻10号1229頁（Xが、昭和26年11月21日作成の公正証書により、遺言者X、受遺者をY、遺言執行者を訴外Aとして係争建物をYに遺贈する旨の当該遺言をしたが、昭和27年9月24日作成の公正証書により、遺言者X、遺言執行者を訴外Bとして係争建物をYに遺贈する旨の遺贈を取り消す遺言をしたとして、当初遺言の無効確認を求めた事案）。
5) 最判昭47・2・15民集26巻1号30頁（→75事件）（亡Aの共同相続人Xらが、亡Aが昭和35年9月30日自筆証書によってなした遺言は、その全財産を共同相続人の一人にのみ与えようとするものであり、家族制度、家督相続制を廃止した憲法24条に違背し、かつ、その一人が誰であるかは明らかでなく、権利関係が不明確であるから無効であるとして、遺言無効確認を求めた事案。なお、同判決は、「当事者間の紛争の直接的な対象である基本的法律行為たる遺言の無効の当否を判示することによって、確認訴訟のもつ紛争解決機能が果される」とも述べており、機能論的アプローチによる確認対象適格の拡がりを予感させるものであった）。
6) 本判決は、確認対象適格を欠くとして確認の利益を否定したものの、実質的には即時確定の利益をも考慮して原告の実体法的地位を評価し、それを確認対象の判断に反映させたものであることにつき、山田文・平成11年度重判122頁。
7) 学説上には、最高裁の立場に反対し、訴えの利益を認めるべきであるとする見解も有力に主張されている。川嶋四郎・判タ1013号65頁以下は、XY₂間において本件遺言をめぐる問題処理にとって万策尽きた手続的閉塞状態では、現に存する遺言をめぐる紛争処理のフォーラムを開き、遺言に関する法情報を取得せしめ、自主的な関係形成や紛争処理行動を促し、親族間の骨肉相喰む争いを未然に防止することができるよう、確認の利益を認めるべきであったという。中野貞一郎「遺言者生存中の遺言無効確認の訴え」奈良法学会雑誌7巻3＝4号51頁以下、松村和徳「遺言無効確認の訴えに関する諸問題」中村（英）古稀179頁以下、徳田和幸・百選3版69頁も参照。
8) 西野喜一・判タ1036号201頁は、本判決は、同種訴訟において、生存中の遺言者の意思能力の有無程度、遺言者の回復可能性の有無程度、遺言の変更・取消の可能性如何という段階的判断に踏み込むことなく、遺言者の生存の有無をみれば足り、実務の効率性と法的安定性に寄与するものと評価するという。
9) 今津綾子・百選5版59頁は、被相続人に属する財産は、あくまで被相続人の自由な処分に委ねられており、症状が改善すれば遺言を撤回する（民法973条1項）ことが可能であるばかりか、後見人による財産処分（民法859条1項）の可能性もあり、即時確定の利益は認め難いという。
10) 中野・論点②73頁参照。
11) 高橋・上388頁注（45）は、最高裁が確認の利益を認めない理由として、実体法上または倫理上の否定的評価があると考えるべきであろうかとの考えを示している。

85 条件付法律関係の確認——敷金返還請求権の確認

最高裁平成11年1月21日判決　民集53巻1号1頁、判時1667号71頁、判タ995号73頁　　▶134条

論点　▶賃貸借契約継続中における敷金返還請求権確認の訴えの利益

事実の要約　建物賃貸借契約の賃借人であるXは、前賃貸人である訴外Aに対し、本件賃貸借契約より生じる債務を担保するために保証金名目で（裁判所によって敷金と性格づけられた）400万円を交付したが、その際、訴外Aは、本件賃貸借契約の終了時にその2割を償却した残金320万円を返還することを約束した。その後、訴外Aから本件建物の所有権を取得し、本件賃貸借契約上の賃貸人たる地位を承継したYは、X外2名に対して賃料増額の調停を申し立て、調停手続においてXによる本件保証金差入れの事実を否定し、また、保証金差入れの事実が認められたとしてもYに返還義務はないと主張した。そこで、Xは本件賃貸借契約の終了に先立ち、本件保証金の残金である320万円の返還請求権を有することの確認を求める訴えを提起した。

なお、Xは、1審において訴えを却下されたため、控訴したうえ、本件で求めている請求は、Yが保証金返還義務そのもの（その金額ではなく）を否定して争うので、XY間で、Xと訴外Aとの間で締結した建物賃貸借契約に基づく保証金400万円について、賃貸借契約が終了したときは、YはXに対し、XがYに対して負担する賃貸借契約上の債務額（約定に基づく2割の償却を含む）を控除した残額を返還すべき義務があるとの基本的な権利義務関係の確認を求めるものであるとの釈明を行った。

裁判の流れ　1審：訴え却下。X控訴　2審：1審判決取消、差戻。Y上告　最高裁：上告棄却

1審は、「Xが確認を求めている保証金返還請求権なるものは未だその具体的な内容が確定していない抽象的な権利にすぎず、このような権利の存在を確認してみたところで保証金の返還を巡る紛争の終局的解決とならないことは明らかである。したがって、右請求権の確認を求める本件請求に係る訴えは、法的紛争としては未成熟なものを確認訴訟の対象とするものであり、即時確定の利益を欠く不適法な訴え」であるとして却下した。

控訴審は、「賃貸借契約の目的物について譲渡等所有権の移転があったときは、原則として賃貸人の地位は新たな所有者が承継すると解すべきものであるが、その際に賃貸人である旧所有者と賃借人との間の契約に基づき発生した債権債務の基本的な法律関係の存否自体に争いがあるのに、これに基づく現在の給付の具体的な金額が確定していないという理由だけで基本的な法律関係そのものの確認の訴えが許されないとすると、賃借人としては、賃貸借が終了するまで不安定な法律関係の下に置かれることとなり、これでは将来実際に紛争が発生し、具体的な給付請求権の存否が争われたときには証拠が散逸し、訴訟における立証に支障が生ずることも考えられることからいっても、極めて不合理である。」と判示して、訴えを却下した1審判決を取り消し1審に差し戻すこととするとの判断を示した。

判旨　<上告棄却>「建物賃貸借における敷金返還請求権は、賃貸借終了後、建物明渡しがされた時において、それまでに生じた敷金の被担保債権一切を控除しなお残額があることを条件として、その残額につき発生するものであって〔最判昭48・2・2民集37巻1号80頁〕、賃貸借契約終了前においても、このような条件付きの権利として存在するものということができるところ、本件の確認の対象は、このような条件付きの権利であると解されるから、現在の権利又は法律関係であるということができ、確認の対象としての適格に欠けるところはないというべきである。また、本件では、Yは、Xの主張する敷金交付の事実を争って、敷金の返還義務を負わないと主張しているのであるから、X・Y間で右のような条件付きの権利の存否を確定すれば、Xの法律上の地位に現に生じている不安ないし危険は除去されるといえるのであって、本件訴えには即時確定の利益があるということができる。」

判例の法理　✪**条件付きの権利や将来の権利関係の確認と訴えの利益**　確認の訴えは、当初、現在の権利または法律関係を確認対象とするものに限り、訴えの利益が認められると考えられていた。しかし、過去の法律関係や法律行為の確認が、現在の権利または法律関係につき紛争の直接かつ抜本的な解決に資する場合のあることが認識されるなどし、確認の訴えの利益が認められるかの判断にあたっては、確認対象ではなく、むしろ即時確定の利益の有無が重要なものとされることになった 1)。

このように確認対象については、現在の権利または法律関係に限定されるものでないことには争いがないものの、将来の権利関係の確認の訴えについては、確認の利益を認めた下級審裁判例 2) も出現してはいるものの、なお慎重な態度が取られている。今日のように法的にも複雑化した社会においては、みずからの将来の態度決定を行うにあたって、将来発生が予想されうる紛争につき、あらかじめ裁判所の公権的判断を得ておきたいと考える事案が生じやすく、条件付きの権利や将来の権利関係についても確認の訴えの利益を緩やかに認めるべきであるとの見解 3) も学説上有力に主張されている。しかし、一般論としては、過去の法律関係の確認と異なり、条件付きの権利や将来の権利関係の確認にあたっては、予測困難な将来の不確定要素があるため、紛争解決にとっての有効性に疑問があり、わざわざ確認の訴えの利益を認めて被告に応訴を強いるばかりでなく、裁判所に審理判断を強いることが正当化される、言い換えれば即時確定の利益が認められる事案であるかを慎重に見極める必要があることは否定できない。

✪**敷金返還請求権と確認の利益**　建物賃貸借にあたり、賃貸借契約から生じる損害賠償債務を担保するために敷金（あるいは保証金）として、一定金員が賃借人から賃貸人に交付されることが少なくない。敷金として交付された金員は、賃貸借終了後、建物明渡しがされた時において、それまでに生じた敷金の被担保債権一切を控除しなお

残額がある限り、賃借人は賃貸人に対しその範囲で金員の返還を求めることができるものと解されている。敷金の返還額が具体的に確定するのは、賃貸借終了後、建物明渡しがされた時点であり、敷金返還請求権は、その意味では将来具体化される権利である。しかし、建物賃貸借における敷金返還請求権そのものは、賃貸借終了後、建物明渡しがされた時において、それまでに生じた敷金の被担保債権一切を控除しなお残額があることを条件として、その残額につき発生するものであるが、賃貸借契約終了前においても、条件付きの権利、すなわち現在の権利として存在するものである。

判旨を読む 本判決は、建物賃貸借における敷金返還請求権は、賃貸借契約終了前においても、条件付きの権利として存在するものであり、現在の権利または法律関係であるということができ、確認の対象としての適格に欠けるところがないばかりか、Yが、Xの主張する敷金交付の事実を争って、敷金の返還義務を負わないと主張していることから、XY間で条件付きの権利の存否を確定すれば、Xの法律上の地位に現に生じている不安ないし危険は除去されることから、即時確定の利益があるとの判断を下したものである。本判決は、最高裁が、条件付き権利を対象とした確認訴訟の訴えの利益についてはじめて判断を示したものとしても重要な意義を有するものである[4]。

本判決は、あくまでも建物賃貸借における敷金返還請求権は、停止条件付権利として、期限付き権利同様、現在の権利または法律関係と考えられ、確認対象の適格に欠けるところはないと解している[5]。もちろん、現在の権利または法律関係であっても、即時確定の利益がなければ訴えの利益は否定されることになるのであり、本判決は、賃貸借契約継続中であり具体的な金額が確定していない敷金返還請求権の確認の訴えにつき即時確定の利益があると判断したところに意義があるものと思われる[6]。すなわち、敷金返還請求権は、停止条件付権利であり現在の権利または法律関係であるとしても、賃貸借契約継続中には具体的な金額が確定せず、敷金返還請求権の存在を抽象的に確認してみたところで敷金の返還を巡る紛争の終局的解決が図れるものと必ずしも言えないにもかかわらず、即時確定の利益があると判断したところに意義があるものと思われる。

そもそも、訴えの利益は、有効かつ適切な紛争解決をもたらす請求を選別する概念であるが、確認訴訟の場合についていえば、有効かつ適切な紛争解決という場合の解決を終局的解決と解さなければならない理由はなく、具体的な事案ごとに、原告が裁判所の判断を得る必要性のみならず、被告の応訴の負担や裁判所の審理判断の負担その他の事情を総合考慮して原告の法律上の地位に現に生じている不安ないし危険が除去されるべき必要性があるか判断されるべきものである。

Yが、Xにおいて本件建物の前所有者Aとの賃貸借契約に付随して賃貸借契約に基づく債務を担保する目的で400万円を差し入れた事実自体等を争って保証金の返還義務を否定しているという本件事情のもとにおいては、控訴審判決が指摘しているように、具体的な金額が確定していないという理由だけで基本的な法律関係そのものの確認の訴えが許されないとすると、賃借人としては、賃貸借が終了するまで不安定な法律関係のもとに置かれ続けることはもちろん、将来証拠が散逸し立証に支障が生じるおそれがあることも否定できない。賃貸人が敷金差入れの事実を否定し、また、敷金差入れの事実が認められたとしても返還義務はないと主張している状況のもとにおいては、確認訴訟の紛争予防機能に鑑みても、その権利の性質上、必ずしも終局的解決が図れない状況にあっても、賃借人としては、賃貸人が争っている基本的な法律関係である敷金返還義務の存否自体を確定しておく必要があり[7]、賃貸人にとっても既判力をもって敷金返還義務の存否を確定しておくことは賃借人との現存の紛争を除去し、将来の行動指針を得ることになり有益であり[8]、賃貸人の応訴負担を考慮しても訴えの利益を認めるべき必要性があるものと考えられる。

〔原　強〕

1審＝東京地判平6・9・9／2審＝東京高判平7・3・29

1) 最判昭47・11・9民集26巻9号1513頁。徳田和幸「条件付き権利と確認の利益」同志社法学62巻6号17頁以下は、条件付き権利の確認の利益の判断の重心は、対象適格の問題よりも、即時確定の利益におかれるべきであるという。
2) 大阪地堺支判平7・7・12労働判例682号64頁、東京地判平19・3・26判時1965号3頁、東京地判平19・5・25労働判例949号55頁など。
3) 野村秀敏『予防的権利保護の研究』（千倉書房、1995）364頁以下、川嶋四郎・判タ1009号39頁以下、山本和彦・百選3版71頁など参照。
4) 大坪丘・最判解民平成7年度11頁。
5) 佐藤鉄男・百選5版61頁。なお、本判決は、将来の権利関係の確認を容認したものと位置づけることも可能であるというものとして、中野・論点②76頁、野村秀敏・百選5版63頁。川嶋・前掲も参照。
6) 滝澤・判タ1036号251頁。
7) 坂田宏・私判リマ2000（上）131頁は、賃貸人が敷金の差入れ自体を争っており、将来の紛争が予測できることから、「現実」の争いと考えることができるとして、本判決の結論を支持する。
8) 中野・論点②79頁参照。また、畑瑞穂「時の判例」法教229号119頁も参照。

86 債務不存在確認の訴えを本訴とする訴訟において当該債務の履行を求める反訴が提起された場合

最高裁平成16年3月25日判決　民集58巻3号753頁、判時1856号150頁、判タ1149号294頁　▶134条

論　点　▶ 給付請求の反訴提起と債務不存在確認の本訴の確認の利益

事実の要約　X₁はAが設立した会社であり、Aは設立時からX₁の代表取締役であった。X₁の経営状態は平成6年頃には相当悪化していた。X₂は、Aの妻であり、後記の転落事件によりAが死亡した後、X₁の代表取締役となった。Y₁～Y₇は、生命保険会社である。X₁は、平成6年に、Y₁～Y₄との間で、Aを被保険者、X₁を保険金受取人として、各生命保険契約を締結した（「平成6年契約」）。また、平成7年には、X₁は、Y₁Y₅～Y₇との間で、Aを被保険者、X₁を保険金受取人として、各生命保険契約を締結し、AはY₂Y₄との間で、Aを被保険者、X₂を保険金受取人として、各生命保険契約を締結した（「平成7年契約」）。Aは、平成7年契約締結の約3か月後に、工事現場で転落死した。

```
【第1事件】平成6年保険契約に基づく死亡保険金・災害死亡保険金の支払請求
  X₁   ──────────────────▶   Y₁~₄
【第2事件】平成7年保険契約による死亡保険金支払債務の不存在確認請求
  X₁~₂  ◀──────────────────   Y₁~₂ Y₅~₇
【第3事件】平成7年保険契約による死亡保険金請求
  X₁   ──────────────────▶   Y₁   Y₄~₇
           平成7年保険契約による死亡保険金請求
  X₂   ──────────────────▶   Y₂ Y₄ Y₆
```

本件訴訟は、①X₁から平成6年契約に基づきY₁～Y₄に対する主契約死亡保険金請求および災害割増特約災害死亡保険金請求（第1事件）、②Y₁Y₂Y₅～Y₇のX₁X₂に対する平成7年契約に基づく主契約死亡保険金支払債務の不存在確認請求（第2事件）、③第2事件の反訴請求である、X₁X₂のY₁Y₂Y₄Y₅～Y₇に対する平成7年契約に基づく死亡保険金請求（第3事件）から成る。

Y₁Y₄Y₅～Y₇は、平成7年契約については、Aは自殺により死亡したものであり、1年内自殺免責特約により保険金支払義務を免責される旨主張し、平成6年契約については解除特約に定められている「契約を継続することが期待できない」重大事由にあたり解除をした等の抗弁を主張して争った。

裁判の流れ　1審：第1事件請求一部認容・第2事件請求認容・第3事件請求棄却　2審：第1事件請求棄却、第2・第3事件控訴棄却　最高裁：第1事件破棄差戻、第2事件破棄自判、第3事件上告棄却

1審は、第1事件の主契約に基づく死亡保険金の請求については、Aが平成7年にさらに多額の生命保険契約等を締結してX₁X₂に保険金を取得させるために事故死を装って自殺したとしても、その事情は平成6年契約成立後の事情にすぎず、平成6年契約の上記解除特約に定める重大な事由があるものと認めることはできないとして、請求を認容した。特約に基づく災害死亡保険金の請求については、Aの自殺による請求は、不慮の事故による傷害を直接の原因として死亡した場合に給付される特約に基づく災害死亡保険金の請求として認められないとして、1審は請求を棄却した。また、1審は、平成7年契約に基づく死亡保険金について、本件事故は被保険者であるAが平成7年契約に基づく給付責任開始日から1年内に自殺した場合（死亡保険金の免責事由）に当たるとして、第2事件の請求を認容し、第3事件の請求を棄却した。X₁X₂Y₁Y₂Y₃Y₄が控訴した。

原審は、第1事件について、Aは保険金を受取人であるX₁に取得させるために自殺したと認め、Y₁～Y₄は、保険契約締結ないし責任開始の日から1年経過後に被保険者が自殺した場合においても、保険者は商法680条1項1号の原則に基づき、保険金支払義務を免れるとして、平成6年契約の主契約死亡保険金請求部分についても、請求を棄却すべきものとした（Y₁～Y₄の敗訴部分につき原判決取消、請求棄却）。第2事件と第3事件についてはX₁X₂が敗訴した1審判決を支持した（控訴棄却）。

原審判決に対して、X₁X₂から上告および上告受理の申立てがあった。このうち、原審の第1事件判断部分に関する論旨について上告の申立てが受理された1)。この上告受理申立ての理由は、主契約等に基づく死亡保険金部分に限ったものである2)。

本判決は、第1事件の請求のうち平成6年契約の主契約死亡保険金請求を棄却した部分について「平成6年契約に基づく主契約の死亡保険金の請求については、1年内自殺免責特約の存在により、商法680条1項1号の規定の適用が排除されるものと解すべきである」と判示して原判決を破棄し原審に差し戻し、第2事件の債務不存在確認請求については、職権判断により確認の利益がないとして原判決を破棄し、同部分につき第1審判決を取り消した上で訴えを却下し3)、第3事件の上告を棄却した。

判　旨　＜［第2事件につき］破棄自判＞「職権により判断するに、第2事件の平成7年契約関係Y₁Y₂Y₄Y₅Y₇ 4)の上記保険金支払債務の不存在確認請求に係る訴えについては、第3事件のX₁X₂の平成7年契約に基づく保険金等の支払を求める反訴が提起されている以上、もはや確認の利益を認めることはできないから、平成7年契約関係Y₁Y₂Y₄Y₅Y₇の上記訴えは、不適法として却下を免れないというべきである」。

判例の法理　債務不存在確認の訴えは、当該債務の履行を求める給付請求の反訴が提起された場合に、確認の利益を失う。

判旨を読む　●**債務不存在確認の訴えの即時確定の利益**　債務不存在確認の訴えにおける確認の利益の要件のうち「即時確定の利益」については、債権者から係争債権について履行を求める給付の訴えがなされない状況では、債務者の法的地位に対する危険・不安が存在し、かつその危険・不安に現実性があると認めるべきではないとの疑問が生じうる5)。しかし、一般的には、債務不存在確認の訴えについては、債権者が債務者に対して債権の存在を主張していることにより、債務者（原告）の法的地位に危険・不安が存在しかつ現実化していると考

えられている。本判決の事案では、別契約とはいえ同種の死亡保険金請求の履行を求める訴えが原告からなされていたので、本件債務不存在確認の訴えには即時確定の利益は問題なく認められる。

❂**係争債権についての給付訴訟と二重起訴の禁止**　債務不存在確認訴訟が係属中に係争中の債務の履行を求める給付訴訟が別訴で提起された場合には、その別訴は二重起訴の禁止に触れて却下されることになる6)。しかし、このような給付訴訟が反訴の形式で、同一訴訟手続内で提起された場合には、審理の重複や判決効の抵触のおそれはなく、二重起訴の禁止に触れないと解されている。したがって、本件保険債務の履行を求める給付請求の反訴の提起も、二重起訴の禁止には触れない。

❂**債務不存在確認の訴えの紛争解決機能の限界**　本事案では、同一債権につき、債務不存在確認訴訟と履行を求める給付請求の反訴とが、同一手続内で併存していることになる。しかし、両訴訟の紛争解決機能には差がある。債務不存在確認の訴えで原告が全面勝訴したときには、それによって係争債権は存在しないものとされ、紛争は最終的に解決する。ところが、被告が勝訴したときには、紛争は最終的に解決しない。不存在確認訴訟の原告敗訴判決は執行力がないので、これにより強制執行はできないからである。したがって、もし原告が、判決によって存在が認められた債権について任意に履行しないときには、被告は債務名義を取得するために改めて給付訴訟を提起する必要が出てくる。このように債務不存在確認訴訟の紛争解決機能は限定的である7)。

これに対して、給付請求の反訴については、債務不存在確認訴訟が先行して提起された場合になされたものであっても、紛争を終局的に解決することができる。反訴請求認容の場合には、その勝訴判決を執行力を有し強制執行をすることができる。また、反訴請求棄却の場合でも、係争債権の不存在が既判力により確定する。

❂**即時確定の利益は存続するか**　そこで、債務不存在確認の訴え提起の時点では存していた即時確定の利益（ひいては確認の利益）が、より紛争解決機能の高い、給付請求の反訴請求が提起されたことにより消失するかが問題となる。

先例として、最判平成13年3月27日（判例集未登載）8)は、加入電話契約者からNTTに対する当該電話料金債務の一部の不存在確認を求める訴えを提起したのに対して、NTTから加入電話契約者に対する電話料金の支払を求める反訴がなされている事案において、加入電話契約者が提起した債務の不存在確認の訴えは、確認の利益を欠いて不適法として却下を免れない旨判示していた。学説も、本判決と同様に、給付の訴えの反訴について判断がされる以上、債務不存在確認の本訴については確認の利益がないとして訴えを却下すべきであるとする見解が多数である9)。「これは、給付訴訟の外延が確認訴訟よりも広く、給付訴訟においては、単に権利義務の存否を確定するのみならず、当該権利が存在する場合には、その給付を命じる部分が債務名義となることから導かれる当然の理である」10)。もっとも、（管轄以外の）訴訟要件については口頭弁論終結時を基準として判断されるから、反訴提起の時点では確認の利益が消失せず、判決の基準時まで反訴が維持され、裁判所により「反訴について判断がされる」ことが確実になって11)初めて確認の利益は消失する。

なお、実務上は、債務不存在確認の本訴原告は、被告の反訴の提起によりその目的の大半を達したものとして、本訴を取り下げることが多いようである12)。もっとも、本最高裁判決の後も、給付請求の反訴提起により、債務不存在の本訴請求が確認の利益を失って却下された裁判例が東京地判平成16年8月31日（判時1876号136頁）など現在まで8件公表されていることから明らかなように、すべての場合に本訴原告が訴えを取り下げるわけではない。

〔萩澤達彦〕

1審＝東京地判平11・3・26高民集54巻1号20頁、判時1788号144頁／2審＝東京高判平13・1・31高民集54巻1号1頁、判時1788号136頁

1) X_1、X_2の平成7年契約に基づく保険金請求に関する上告受理申立てについては、その理由が上告受理の決定において排除された。
2) Xらの上記各保険金請求のうち、災害割増特約および傷害特約の各災害死亡保険金に関する部分に対してX_1、X_2から上告がされていないため（上告理由によればX_1X_2の費用不足が理由）、上告審における審理判断の対象とはなっていない。
3) なお、本件では、判決理由中でX_1X_2の主張する事由が上告理由に当たらない旨が判示されているにもかかわらず、上告事件については決定で棄却されて（317条2項）いない。これは、確認の利益の点について職権判断する必要があるため、上告事件についても判決による処理をしたものであるといわれている。太田晃詳・最判解民平成16年度235頁（注7）。
4) 原判決後Y_4はY_6を吸収合併した。
5) 82事件原判決参照。
6) この通説の結論に反対して、債務不存在の確認の前訴の方が、確認の利益を失い、却下されるべきであるとする見解もある（松本＝上野233頁など）。
7) 西理「債務不存在確認訴訟について（上）」判時1404号10頁参照。
8) 八尾渉「最高裁民事破棄判例の実情②平成13年度」判時1784号16頁17頁において詳細に紹介されている。
9) 山下満「債務不存在確認訴訟の実情と問題点」現代民事裁判の課題⑧交通損害・労働災害526頁、高野真人「債務不存在確認訴訟」現代裁判法大系⑥交通事故（新日本法規出版、1998）40頁、西理「債務不存在確認訴訟について（下）」判時1405号6頁、出口雅久・私判リマ31号113頁、菊井＝村松・全訂③82頁など。
10) 神戸地尼崎支判平17・9・22労働判例906号25頁。梅本373頁は、これを当該債権債務関係の紛争処理を反訴の給付訴訟に集約させることが適切であると説明する。
11) 大阪高判平8・1・30判タ919号215頁、福岡高判平10・7・21判時1695号94頁、神戸地判平16・9・21判時1891号115頁。
12) 山下・前掲注9）526頁、高野・前掲注9）40頁。

87 特別受益財産と確認の利益

最高裁平成7年3月7日判決　民集49巻3号893頁、判時1562号50頁、判タ905号124頁　▶134条

論　点　▶　特別受益財産と確認の利益

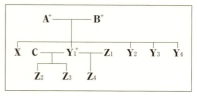

事実の要約　XおよびY₁～Y₄はいずれもAの相続人である。Aが死亡した後にその妻Bも死亡した。そこで、Y₁らは東京家庭裁判所に対し、Xを相手方として遺産分割を求める審判を申し立てた。家庭裁判所における手続において、XはY₁～Y₃がそれぞれAから甲ないし丙不動産を生計の資本として贈与されているから、その価額を持ち戻すべきである旨主張したところ、Y₁～Y₃はその贈与の事実を否定した。そこで、XがY₁ら 1) に対して、甲不動産がY₁に、乙不動産がY₂に、丙不動産がY₃に贈与された民法903条所定の見なし財産であることの確認を求めて訴えを提起した。

裁判の流れ　1審：訴え却下　2審：控訴棄却　最高裁：上告棄却

1審・原審ともに、みなし相続財産に該当するか否かの判断は、家裁での遺産分割のための前提概念にすぎず、訴訟事項ではなく審判事項であるとして本件訴えを却下した。Xより上告。

判　旨　＜上告棄却＞「ある財産が特別受益財産に当たることの確認を求める訴えは、現在の権利又は法律関係の確認を求めるものということはできない。

過去の法律関係であっても、それを確定することが現在の法律上の紛争の直接かつ抜本的な解決のために最も適切かつ必要と認められる場合には、その存否の確認を求める訴えは確認の利益があるものとして許容される〔最判昭47・11・9民集26巻9号1513頁参照〕が、ある財産が特別受益財産に当たるかどうかの確定は、具体的な相続分又は遺留分を算定する過程において必要とされる事項にすぎず、しかも、ある財産が特別受益財産に当たることが確定しても、その価額、被相続人が相続開始の時において有した財産の全範囲及びその価額等が定まらなければ、具体的な相続分又は遺留分が定まることはないから、右の点を確認することが、相続分又は遺留分をめぐる紛争を直接かつ抜本的に解決することにはならない。また、ある財産が特別受益財産に当たるかどうかは、遺産分割申立事件、遺留分減殺請求に関する訴訟など具体的な相続分又は遺留分の確定を必要とする審判事件又は訴訟事件における前提問題として審理判断されるのであり、右のような事件を離れて、その点のみを別個独立に判決によって確認する必要もない」。

判例の法理　●**過去の法律関係確認の利益**　本件では、ある財産が特別受益財産にあたるか否かについて争われた場合に、遺産分割審判において前提問題として判断される 2) のとは別に、そのこと自体について確認訴訟が許されるかどうかが問題となった 3)。本判決は、①現在の法律関係ではなく、②過去の法律関係として確認の利益が認められる場合でもないと判示してこの問題を否定した。特別受益財産の確定を訴訟事項とすべきか審判事項とすべきかという学説の対立の構図にそった判断をせずに、もっぱら確認の利益の観点から、特別受益財産確認の訴えを不適法としたところに本判決の特徴がある。

判旨を読む　●**特別受益をめぐる争い**　共同相続人の中で民法903条に定める特別受益を有する者があれば、法定相続分や指定相続分が修正される。したがって、特別受益の存否と額は、遺産分割や遺留分減殺請求の前提問題となる。そこで、遺産分割や遺留分減殺請求がなされる場合に、特別受益とみなされるか否か、またその額について争いが生じることがある。

●**具体的相続分の性質**　各相続人が実際に遺産を承継しうる割合は、講学上「具体的相続分」と称され、遺産分割の基準となる 4)。特別受益財産の確定を訴訟事項とすべきか審判事項とすべきかについての学説の対立は、民法903条1項によって定まるこの具体的相続分の法的性質に関する見解の対立を基礎としている。相続分説は、相続分を実体的権利関係 5) とみて、これは民事訴訟法において判断されるべき訴訟事項であると解する。遺産分割説は、相続分は遺産分割の基準にすぎず 6)、被相続人の生前の資産、収入、家庭状況に照らして総合的に合目的裁量による審判によって判断される事項であり、訴訟において審理判断することはできないとする。

ところで、遺産分割の審判の前提として、特別受益の有無および価額は家裁の審判中で審理判断することが認められている（最大判昭41・3・2民集20巻3号360頁参照）。また、遺留分減殺請求訴訟では、特別受益の有無および価額は必要に応じて訴訟手続中で審理判断をすることも認められている。したがって、特別受益財産の確定を訴訟事項と審判事項のどちらに区分するかという理論的問題にはあまり意味がない。むしろ重要なのは、特別受益財産の確定を遺産分割と切り離して別個に審理の対象とすることが必要かつ妥当か否かという価値判断である 7)。

●**特別受益財産確認の訴えの確認の利益**　ある相続人の贈与を受けた財産が特別受益財産に当たるとされても、他の相続人との関係でその相続人がその財産を相続財産に持ち戻す作為義務などを負うものでもなく、特別受益財産が相続財産に含まれることになるわけではない。したがって、特別受益財産の確定を現在の法律関係ではないとした本判決の判断は妥当であると思われる。

問題は、現在の紛争を直接かつ抜本的に解決するのに必要な過去の事実として確認の利益が認められるか否かということである。

これを否定する見解は次のような理由をあげる（本判決もほぼ同旨）。特別受益財産確認の訴えによって解決される紛争は、当該特定財産の特別受益性の有無に限定され、他の共同相続人の特別受益財産の有無については確定

されない。直ちに具体的相続分を算定することはできないから、遺産の総合的分割という視点から見る限り、この確定によりごく一部の紛争が解決されるにすぎない。したがって、遺産分割審判の審判の前提として特別受益財産について確認することは、現在の紛争を直接かつ抜本的に解決するのに必要であるとはいえない。

　これに対して、確認の利益を肯定する見解は、特別受益財産を既判力のある判決で確定しておかないと、調停や審判によってされた遺産分割が特別受益財産性をめぐる争いの蒸し返しによって覆されることもありうると批判する[8]。

　確かに、独立の確認訴訟を認め既判力により確定することが紛争解決に役立つ場合があることは否定できない。しかし、前提問題についての独立の確認訴訟をあまりに広く許すことは、当事者および裁判所のエネルギーを分散させ、紛争解決手続を複雑にし、遺産分割を家事審判事項としている趣旨に反する結果になる。やはり、確認訴訟は、遺産確認のような特定の財産の所有権の帰属という実体法上もっとも基本的な法律問題や、遺言の効力のような遺産分割の方向自体を左右するような法律問題、つまり、当事者および裁判所にとって既判力を伴う確定の必要性が特に高い問題に限って許すのが妥当であると思われる。とりわけ、特別受益財産についての争いについては、独立の確認の訴えを認める実益は乏しい[9]。この争いは、遺産分割に至る途中での争いであり、遺産分割全体にとってはごく部分的な問題にすぎないからである。ある財産が特別受益財産であるということが確定しても、その帰属に変動が生ずることもない。また、当該財産の価額・遺産の範囲および遺産全体の価額の確定を伴ってはじめて具体的な相続分の算定が可能となるにすぎない。

❖遺産分割審判確定後の特別受益財産確認の訴え　最判平成12年2月24日（民集54巻2号523頁）（→83事件）は、遺産分割審判確定後に特別受益財産確認の訴えが提起された事案で、具体的相続分の権利性を否定し、その争いは遺産分割の前提としてそれと別個独立に訴訟において価額または割合の確認をする利益はないとしている。たとえ、遺産分割審判確定前であれば、具体的相続分の確定のための訴えの提起を適法とする立場でも、遺産分割確定後には遺産分割の基礎を固めるという目的が消滅しているという理由から、その訴えの利益を否定した平成12年判決を支持しうるのではないかと思われる[10]。

〔萩澤達彦〕

1審＝東京地判平1・10・6民集49巻3号909頁、判時1344号149頁、判タ710号229頁、金判847号30頁／2審＝東京高判平2・10・30民集49巻3号915頁、判時1368号70頁

1) 本訴訟が2審係属中にY_1が死亡し、Z_1～Z_4が訴訟を承継している。
2) 同一の事項が審判事件においても訴訟事件においても審理の対象となりうるということは、遺産分割審判手続を合憲とした最大決昭41・3・2民集20巻3号360頁が認めている。
3) やはり遺産分割の前提問題である相続人および遺産の範囲については、それらの確認訴訟が認められている（→78事件参照）。
4) 共同相続人中に受贈者や民法904条の2所定の寄与分を有する者がいないときは各相続人の具体的相続分は法定相続分または指定相続分に従って定まる。受贈者や寄与分を有する者がいるときには、法定相続分または指定相続分に民法903条から904条の2までの規定に従った計算をへて（遺留分についても民法1044条により民法903条・904条が準用されている）具体的相続分が確定する。
5) 特別受益の有無は、相続開始時において客観的に定まっているものであり、具体的相続分は相続開始時に客観的に定まっているとする。
6) 具体的相続分は、民法899条にいう相続分と異なり、遺産分割に権利として実在するものではないとする。
7) 上原敏夫・NBL598号70頁、水上敏・最判解民平成7年度311頁。
8) 確認の利益を紛争解決のための法的情報提供・争点解消機能より説明する学説からも、確認の利益を肯定すべきであると主張されている。しかし、家庭裁判所の審判手続と別個に訴訟手続を認めなければ争点を解消しえないというわけではないと思われる。水上・前掲注7）317頁。
9) 上原・前掲注7）70頁、71頁。
10) 高見進・私判リマ1996（下）121頁、佐上善和・平成7年度重判112頁。この判決については、下村眞美・百選5版56頁の評釈とそこで引用されている参考文献参照。

88 給付の訴え—登記請求訴訟

最高裁昭和41年3月18日判決　民集20巻3号464頁、判時445号31頁、判タ190号121頁　　▶135条

論　点 ▶ 執行可能性と給付の利益

事実の要約　Xは（他に家屋を所有していたのでその資格がなかったため）Y_1の名義を借りて住宅金融公庫から本件家屋建築資金の融資を受けた。そのため、当該家屋所有権登記はY_1名義となっていた。その後、Y_1はY_2らと共謀して登記名義を順次$Y_1 \to Y_2 \to Y_3$と移転させた。Xは、当該家屋の実質上の所有者は自分であり、前記各登記名義移転は無効であると主張して、$Y_1Y_2Y_3$を共同被告としてそれぞれの登記抹消請求の訴えを提起した。

裁判の流れ　1審：請求認容　2審：Y_1Y_2の控訴棄却　最高裁：上告棄却

1審はX勝訴。原審は、Y_1Y_2に対する登記抹消請求を認めたが、Xは虚偽表示の善意の第三者であるY_3に対抗できないとして、1審判決のY_3部分を取り消して抹消登記請求を棄却した。Y_1Y_2は、原判決がY_3の本件建物所有権を認めている以上、Y_1Y_2への抹消登記請求は無意味であり、抹消を求める実質上の利益を欠くと主張して上告した1)。

判　旨　＜上告棄却＞「不動産登記の抹消登記手続を求める請求は、被告の抹消登記申請という意思表示を求める請求であって、その勝訴の判決が確定すれば、それによって、被告が右意思表示をしたものとみなされ（民訴法736条〔現民執174条〕）、その判決の執行が完了するものである。したがって、抹消登記の実行をもって、右判決の執行と考える必要はないから、右抹消登記の実行が可能であるかどうかによって、右抹消登記手続を求める請求についての訴の利益の有無が左右されるものではない。これを本件についてみるに、Xに対し、Y_1が本件建物について経由された自己名義の所有権保存登記の抹消登記手続を、Y_2が本件建物について経由された右Y_1からの所有権移転請求権保全仮登記および所有権移転登記の抹消登記手続を、それぞれする義務がある以上、XのY_1Y_2に対する右各登記の抹消登記手続を求める請求は、認容されるべきであり、たとえ、本件建物について右Y_2からY_3への所有権移転登記が経由されており、Xの右Y_3に対する右所有権移転登記の抹消登記手続請求が認容されず、したがって、Y_1Y_2の経由した前記各登記の抹消登記の実行も不可能であっても（不動産登記法146条1項参照〔現不動産登記法68条に対応〕）、それがため、XのY_1Y_2に対する前記各登記の抹消登記手続請求が、訴の利益を欠き、不適法となるわけではない」。

判例の法理　✪**不動産登記抹消請求権**　判例は、本件のように順次登記が経由された場合の登記抹消請求訴訟について、登記名義人全員を共同被告とする必要はなく登記の中間取得者のみを被告とする登記抹消請求も認められ2)、この訴訟は類似必要的共同訴訟にも該当しないとする3)。このような判例の態度は、登記抹消請求権が各被告に対して個別に生ずる実体法上の権利4)であることを前提としている。このような前提のもとでは、個別の被告に対する抹消登記を認める判決があっても、現実には登記を抹消できないという事態が生じうる。本判決は、そのような事態が生じた事案で、抹消登記の実行可能性を考慮せずに、判決の執行可能性があることのみで登記抹消請求訴訟の訴えの利益を肯定した。

判旨を読む　✪**現在の給付の訴えの利益**　現在の給付の訴えは、履行期の到来している給付請求権の存在を主張するものであるから、解決すべき紛争が現実に存在していることが前提となっている。したがって、現在の給付の訴えであるということだけで訴えの利益が認められるのが原則である。それ以上特別の利益があることは要求されない5)。被告が争っていない場合でも、原告は強制執行による権利の実現に備えて給付判決を得る必要があるからである。また、給付の訴えは強制執行をめざすものとはいえ、強制執行が法律上または事実上不可能なこと自体が給付の利益を否定する理由にはならないというのが判例6)・多数説である。例えば、ZがXの給料債権を仮差押えしても、Xは第三債務者Yに対し当該給料債権を請求する給付訴訟を提起して無条件の勝訴判決を得ることができる（最判昭48・3・13民集27巻2号344頁）。Xが敗訴を免れないとすると、仮差押えが取り消されたときには、再度訴えを提起せざるをえず不経済であるし、Xが時効を完成猶予したり執行力を得ておくことはZにとっても利益になるからである。請求権の存在が認められた給付判決を得ておくだけでも意味がある7)。

✪**不動産登記抹消請求の執行**　不動産登記抹消請求の訴えは、被告の抹消登記申請という意思表示を求める給付の訴えである。債務者が何らかの意思表示をする義務を履行せず強制執行をする必要が生じた場合、意思表示に基づく法律効果が得られれば債権者の目的を達成することができる。そこで、民事執行法174条1項は、遠回りな間接強制の方法を用いることに代えて、意思表示をする義務を宣言する判決8)の確定によって、意思表示がなされたものと擬制して法律効果の発生を認め、現実の執行手続は省略するものとしているのである。したがって、本件登記抹消請求訴訟の場合、Xの請求を認容した判決が確定することにより、Y_1Y_2の抹消登記申請という意思表示が擬制され、現実の抹消登記の可否とは関わりなく、執行は即座に完了することになる（原則として執行不能はあり得ない）。

✪**抹消登記の実行可能性**　勝訴判決確定後、Xは登記原因を証する書面として確定判決を提出して（判決による登記）現実の抹消登記申請（Xの単独申請）をすることになる（不登63条）。ところが、XがY_1Y_2の登記を抹消するには、

不動産登記法 68 条（および同 63 条の趣旨から）により利害関係人である Y_3 の承諾書か、これに対抗できる裁判の謄本が必要である。原審において X の Y_3 に対する抹消登記手続請求は棄却されているから、X は、狭義の意思表示の執行は可能であるが、Y_1Y_2 の登記を現実に抹消することはできない。

✪執行不能の場合と給付の利益　本判決は、判決の執行可能性がある現在の給付の訴えである以上、当然に訴えの利益が肯定されるものとした。しかし、抹消登記を命ずる判決は、その確定によって執行を完了するものとはいえ、現実の抹消登記手続の前提としてなされるものである。現実の抹消登記手続の可能性が全くなければ、そもそも抹消登記請求を認めても意味がない 9)。本判旨のこのような理由づけは形式論にすぎず、訴えの利益を認めるという結論を導き出すには不十分である。したがって、本件は執行が不能な場合として、請求権の存在が認められた給付判決を得ておくだけでも紛争解決に意味があるかという観点から検討されるべきである。この点につき、以下の①②の場合に抹消登記の実現可能性が発生することを根拠に、本件に訴えの利益を認める見解 10) が賛同を得ている 11)。① Y_3 に対する抹消登記請求について X が上告し、上告審で X 勝訴の確定判決を得た場合。② X 敗訴の判決確定後に、裁判上または裁判外の和解あるいは調停などにより、X が Y_3 より承諾書を得た場合。

この見解は、本判決の形式論的な理由付けに実質的根拠を与えるものである。この見解も、登記抹消請求権が各被告に対して個別に生じる実体法上の権利であることを前提としているから、X が Y_3 に対して抹消登記請求権がないという事実は、X の有する Y_1Y_2 に対する抹消登記請求権になんの影響を与えない。だからこそ、X は Y_1Y_2 に対する抹消登記請求権の訴えで勝訴できる。しかし、そのことは抹消登記請求の訴えの目的は、抹消登記そのものではなく、それに至る 1 つの準備作業を完成することにすぎないことを意味する。このことは常識に反するようであるが、判例の登記抹消請求権に対する態度を根本的に変更しない限り、このような奇妙な結論とならざるをえない 12)。

〔萩澤達彦〕

---

1 審＝盛岡地花巻支判昭 34・5・15 民集 20 巻 3 号 457 頁／2 審＝仙台高判昭 37・11・22 民集 20 巻 3 号 460 頁

1) X も Y_3 に対する請求が棄却されたことについて上告した。これは別件として上告棄却の判決が下されている。最判昭 41・3・16 民集 20 巻 3 号 451 頁。
2) 最判昭 36・6・6 民集 15 巻 6 号 1523 頁。
3) 最判昭 29・9・17 民集 8 巻 9 号 1635 頁、最判昭 31・9・28 民集 10 巻 9 号 1213 頁、最判昭 33・1・30 民集 12 巻 1 号 103 頁、最判昭 36・6・6 民集 15 巻 6 号 1523 頁。
4) X の $Y_1Y_2Y_3$ に対する抹消登記請求は、Y_3 に対しては $Y_2 \to Y_3$ の移転登記の抹消登記申請という意思表示を求めるものであり、Y_2 に対しては $Y_1 \to Y_2$ の移転登記の抹消申請という意思表示を、Y_1 に対しては Y_1 名義の登記の抹消登記申請という意思表示を求めるものである。
5) 訴えの提起前に原告が履行を催告したかとか、被告が履行を拒絶したかとかは問題とならない。
6) 大判昭 7・9・29 新聞 3476 号 16 頁、大判大 8・11・26 民録 25 輯 2124 頁など。
7) 新堂 266 頁。
8) この判決は、直接法律効果を発生させる形成判決ではなく、その効力は、給付判決の執行力に基づく執行方法について、法が特別の取扱いをしたものである。
9) 学説のいう「執行可能」の意味は、判旨のいうような狭義の執行可能性ではなく、実質的実行可能性をも意味する広義の執行可能性であろう。
10) 豊水道祐・最判解民昭和 41 年度 114 頁。
11) 新堂・266 頁、梅本・334 頁、高橋・上 352 頁など。
12) 谷口安平・民商 55 巻 4 号 122 頁以下。

89 将来の給付の訴えを提起することのできる請求権としての適格(横田基地訴訟事件)

最高裁平成19年5月29日判決 判時1978号7頁、判タ1248号117頁、裁判集民224号391頁 ▶135条

論　点 ▶ 将来給付の訴えの利益

事実の要約　Y(国)は、日米安保条約に基づき、米軍の使用する施設および区域として横田飛行場をアメリカ合衆国に提供している。横田飛行場の周辺に居住するXら(5917人)は、横田飛行場において離着陸する米軍の航空機の発する騒音等により精神的、または身体的被害等を被っていると主張して、Yに対し、夜間の航空機の飛行差止めおよび損害賠償等を請求した(いわゆる第5次~7次横田基地訴訟)。以下では本解説に直接かかわる将来の損害賠償を求める訴えについてのみ言及する。

飛行機の飛行差止めおよび損害賠償等を請求
Xら ─────────────→ Y(国)
(空港周辺住民)

裁判の流れ　1審:訴え却下　2審:一部認容、一部訴え却下　最高裁:破棄自判

将来の損害賠償を求める訴えについて、1審は、「口頭弁論終結時において、将来の損害賠償請求権の成否及び内容を一義的に決定することはできない」と判示して、不適法として却下した。原審は、「口頭弁論終結後も、本判決の言渡日である平成17年11月30日までの8か月ないし1年間といった短期間については、口頭弁論終結時点に周辺住民が受けていた航空機騒音の程度に取立てて変化が生じないことが推認され、受忍限度や損害額(慰謝料、弁護士費用)の評価を変更すべき事情も生じないから、終結後の損害の賠償を求めて再び訴えを提起しなければならないことによる原告らの負担にかんがみて、口頭弁論終結時について認められる損害賠償請求権と同内容の損害賠償請求権を認めるべきである。…本判決言渡日である平成17年11月30日までは、口頭弁論終結時と同様の内容の損害賠償請求権を認めるのが相当であるが、その後の損害の賠償を求める部分は、権利保護の要件を欠き、違法であるから却下すべきである」として将来の損害賠償請求について一部認容すべきものとした。これに対し、Yが、原判決中将来の損害賠償請求を認容した部分を、判例違反、法令の解釈適用の誤りがあるとして上告受理申立てをした。上告審は、原判決中将来の損害賠償請求を認容した部分を破棄し、この部分について訴えを却下した1審判決を支持してXらの控訴を棄却した[1]。

判　旨　<原判決破棄、控訴棄却>「(1) 継続的不法行為に基づき将来発生すべき損害賠償請求権については、たとえ同一態様の行為が将来も継続されることが予測される場合であっても、損害賠償請求権の成否及びその額をあらかじめ一義的に明確に認定することができず、具体的に請求権が成立したとされる時点において初めてこれを認定することができ、かつ、その場合における権利の成立要件の具備については債権者においてこれを立証すべく、事情の変動を専ら債務者の立証すべき新たな権利成立阻却事由の発生としてとらえてその負担を債務者に課するのは不当であると考えられるようなものは、将来の給付の訴えを提起することのできる請求権としての適格を有しないものと解するのが相当である。そして、飛行場等において離着陸する航空機の発する騒音等により周辺住民らが精神的又は身体的被害等を被っていることを理由とする損害賠償請求権のうち事実審の口頭弁論終結の日の翌日以降の分については、将来それが具体的に成立したとされる時点の事実関係に基づきその成立の有無及び内容を判断すべく、かつ、その成立要件の具備については請求者においてその立証の責任を負うべき性質のものであって、このような請求権が将来の給付の訴えを提起することのできる請求権としての適格を有しないものであることは、当裁判所の判例とするところである〔最判昭56・12・16民集35巻10号1369頁、最判平5・2・25民集47巻2号643頁、最判平5・2・25集民167号下359頁〕。
(2) したがって、横田飛行場において離着陸する米軍の航空機の発する騒音等により精神的又は身体的被害等を被っていることを理由とするXらのYに対する損害賠償請求権のうち事実審の口頭弁論終結の日の翌日以降の分については、その性質上、将来の給付の訴えを提起することのできる請求権としての適格を有しないものであるから、これを認容する余地はないものというべきである」。

❖**那須弘平裁判官の反対意見**　「原判決が、将来の損害賠償請求一般の中から判決言渡日までという比較的短い期間で、予測可能性及び確実性が高い部分(しかも、判決言渡しの時点では現実となっている部分)を切り取って類型化し将来の損害賠償請求の適格を認めたことについては相当な理由があり、かつ、…昭和56年大法廷判決の趣旨に照らしてもこれに抵触するとまではいえないと考える」。

❖**田原睦夫裁判官の反対意見**　「多数意見は、…昭和56年大法廷判決の見解を踏襲し、横田飛行場において離着陸する米軍の航空機の発する騒音等により、精神的又は身体的被害等を被っていることを理由とするXらのYに対する損害賠償請求権のうち、事実審の口頭弁論終結の日の翌日以降の分については、その性質上、将来の給付の訴えを提起することのできる請求権としての適格を有しないものである、として、原判決のうち、原審口頭弁論終結日の翌日以降、原判決言渡日までの損害賠償請求を認めた部分を破棄し、却下すべきものとするが、それには賛成できない。…原判決の上記判示部分は、昭和56年大法廷判決の判旨に抵触するものであるが、昭和56年大法廷判決から既に25年を経た今日、その間に提起された同種事件の状況や学説の状況を踏まえれば、同判決が定立した継続的不法行為による将来の損害賠償請求権の行使が許容される場合の要件について、その見直しがなされるべきである。

…被害の状況からすれば、横田飛行場における騒音等の被害は、事実審口頭弁論終結時の被害状況のまま、更に相当期間(数年単位で)継続する蓋然性が極めて高いことは容易に認定できるのである。…

原判決がXらの騒音被害の内容、損害額として認めた1か月当たりの金額は、前記のとおり訴え提起後判決

言渡日まで原則として同一であり、その減額事由は、前記のとおり被害地域内での移転または被害地域からの転出並びに住宅防音工事の施工である。それらの減額事由は、客観的に明白な事実であって、かかる事実について加害責任を負う Y に、その立証の負担を課すことは一般に不当とはいえない。それに加えて、本件騒音被害は、その発生以来 30 年近く継続しており、その間、その違法を宣明する幾多の判決が確定している…ことをも考慮すると、本件では、口頭弁論終結後の将来請求を認容したうえで、Y に請求異議事由を主張させることこそが Y、X ら間の衡平に合致するといえる。

　…本件のごとき訴訟において事実審口頭弁論終結後の将来請求が認められない場合には、その被害者は、その後の被害につき損害賠償を求めるために、新たに損害賠償請求訴訟を提起せざるを得ず、その被害者らは、訴訟を提起し、主張、立証を行うことによる膨大な経済的、精神的負担を負うと共に、それらに多大な時間を要することとなり、また、かかる訴訟が提起されることに伴う社会的コストも無視できないものとなる。

　横田飛行場に関しても、前記のとおり昭和 51 年 4 月 28 日に第 1 次訴訟（原告 41 人）、同 52 年 11 月 17 日に第 2 次訴訟（原告 107 人）が提起され、両訴訟は併合されたうえ、東京高等裁判所同 62 年 7 月 15 日判決（口頭弁論終結日は同年 1 月 28 日）により原告らの損害賠償請求が認められて、それは確定し、また、同 57 年 7 月 21 日に提起された第 3 次訴訟（原告 599 人）につき、被告の損害賠償責任を認めた東京高等裁判所平成 6 年 3 月 30 日判決（口頭弁論終結日は同年 1 月 12 日）も上告されることなく確定しているところ、本件訴訟では、第 1 審判決時の原告 5917 人中 114 人は上記第 3 次訴訟の原告であった者が、同訴訟の口頭弁論終結後の損害賠償を求めて、再度、訴えを提起しているのである（その外に第 1 次、第 2 次訴訟の原告であったものも含まれると推認される。）。…

　私は、本件では、上記の事情からすれば、事実審口頭弁論終結日の翌日以降の損害賠償請求も認めて然るべきであると考えるが、如何なる範囲でそれを認めるかは、口頭弁論終結時における X らの被っている被害が将来も継続することが高度の蓋然性をもって認められる期間、X らが口頭弁論終結後の被害にかかる損害賠償請求を求めるために新たに訴えを提起することに伴う負担の内容、将来請求を認容した場合に Y が請求異議事由として主張し得る事項とその立証に要する負担の程度、及びその負担をさせることに伴う Y、X 間の衡平性を考慮したうえで判断すべきであり、その認容判決をなすに当たっては、X らの請求の範囲で、将来請求を認容する期間、及び認容する金額のいずれも控え目になすべきであって、その具体的な認定は、当該事案における事実関係に応じて判断すべき事柄であると考える（昭和 56 年大法廷判決における団藤重光裁判官の反対意見参照）」。

判例の法理　本判決が引用している**最大判昭和 56 年 12 月 16 日**（民集 35 巻 10 号 1369 頁）（大阪国際空港事件）[2] は、本判決と類似の空港の騒音被害の事案で、「民訴法 226 条[現行 135 条]はあらかじめ請求する必要があることを条件として将来の給付の訴えを許容しているが、同条は、およそ将来に生ずる可能性のある給付請求権のすべてについて前記の要件のもとに将来の給付の訴えを認めたものではなく、主として、いわゆる期限付請求権や条件付請求権のように、既に権利発生の基礎をなす事実上及び法律上の関係が存在し、ただ、これに基づく具体的な給付義務の成立が将来における一定の時期の到来や債権者において立証を必要としないか又は容易に立証しうる別の一定の事実の発生にかかっているにすぎず、将来具体的な給付義務が成立したときに改めて訴訟により右請求権成立のすべての要件の存在を立証することを必要としないと考えられるようなものについて、例外として将来の給付の訴えによる請求を可能ならしめたにすぎないものと解される。このような規定の趣旨に照らすと、継続的不法行為に基づき将来発生すべき損害賠償請求権についても、例えば不動産の不法占有者に対して明渡義務の履行完了までの賃料相当額の損害金の支払を訴求する場合のように、右請求権の基礎となるべき事実関係及び法律関係が既に存在し、その継続が予測されるとともに、右請求権の成否及びその内容につき債務者に有利な影響を生ずるような将来における事情の変動としては、債務者による占有の廃止、新たな占有権原の取得等のあらかじめ明確に予測しうる事由に限られ、しかもこれについては請求異議の訴えによりその発生を証明してのみ執行を阻止しうるという負担を債務者に課しても格別不当とはいえない点において前記の期限付債権等と同視しうるような場合には、これにつき将来の給付の訴えを許しても格別支障があるとはいえない。しかし、たとえ同一態様の行為が将来も継続されることが予測される場合であっても、それが現在と同様に不法行為を構成するか否か及び賠償すべき損害の範囲いかん等が流動性をもつ今後の複雑な事実関係の展開とそれらに対する法的評価に左右されるなど、損害賠償請求権の成否及びその額をあらかじめ一義的に明確に認定することができず、具体的に請求権が成立したとされる時点においてはじめてこれを認定することができるとともに、その場合における権利の成立要件の具備については当然に債権者においてこれを立証すべく、事情の変動を専ら債務者の立証すべき新たな権利成立阻却事由の発生としてとらえてその負担を債務者に課するのは不当であると考えられるようなものについては、前記の不動産の継続的不法占有の場合とはとうてい同一に論ずることはできず、かかる将来の損害賠償請求権については、冒頭に説示したとおり、本来例外的にのみ認められる将来の給付の訴えにおける請求権としての適格を有するものとすることはできないと解するのが相当である。」と判示して、原告の将来の損害賠償請求は請求適格を欠く[3] として訴えを却下した。

　この多数意見に対して、**団藤重光裁判官の反対意見**は、「わたくしは、請求権発生の基礎となるべき事実関係が継続的な態様においてすでに存在し、しかも将来にわたって確実に継続することが認定されるようなばあいには、具体的事案に応じて、…本条の規定による訴求がみとめられるべきものと考える。

…原判決は、過去の損害賠償に関する被害の認定にあたっても、Xら各自のいわば最小限度のそれを認定しているものと解されるのであって、そのような最小限度の被害の発生は、特別の事態がおこらないかぎり、将来、当分のあいだ確実に継続するであろうことは、むしろ常識的に是認されうるところである。…原判決が将来の給付を命じるについて明確かつ適当な終期を付しなかったことは原判決の重大な瑕疵といわなければならず、わたくしもこの点で原判決は将来給付の請求に関するかぎり破棄差戻を免れないものと考えるが、もし前記のような最小限度の被害の発生が確実に継続するものとみとめられる期間を控え目にみてその終期を定めるならば、その期間内に特別の事態が生じたばあいに相手方に請求異議の訴によって救済を求めさせることにしても—その特別の事態の発生によって賠償額に影響を及ぼすことを立証しなければならないが—これに不当に不利益を課することにはならないというべきであろう。また、かような終期を付することによって、既判力の範囲についても、疑点を解消することができるものと考える」と述べている。

その後、大阪国際空港事件判決の示した基準に従い将来の損害賠償請求を却下する下級審の裁判例が相次ぎ[4]、最高裁も最判平成5年2月25日（民集47巻2号643頁）〔厚木基地騒音公害第一次訴訟〕および最判平成5年2月25日（判時1456号53頁、判夕816号137頁）〔横田基地第1次第2次訴訟〕で、米軍の使用する飛行場に離着陸する航空機の騒音等を理由とする損害賠償請求につき、将来の給付の訴えを提起することのできる請求権としての適格を有しないとした原審の判断を正当として是認した。本判決は、これらの先例を踏襲したものである。

判旨を読む　❂**将来の給付の訴えの利益**　将来の給付の訴えは口頭弁論終結時までに履行を求めうる状態にならない給付請求権を主張するものであるから、あらかじめこの請求をして給付判決を得ておく必要のある場合にのみ許される（135条）。そのための要件としては、「請求の基礎たる関係」が成立しており、その内容が明確な場合であることが必要であるとするのが通説である。これが認められるのは次の2つの類型である。①履行期に即時に給付がなされないと、債務の本旨に適った給付にならない定期行為の場合（民542条1項4号）や、履行遅滞による損害が重大な場合（たとえば扶養料の請求）。これらの場合には、義務者が現在履行を確約していても、あらかじめ請求をする必要がある。②履行期が到来しあるいは条件が成就しても、そのときに任意の履行が期待できないと判断されるような事情がある場合。要するに、異論なくこの訴えが認められるのは、債権発生のために必要とされる要件事実のうち基本的な部分がすでに発生しており、これに将来一定の事実が付け加われば一定内容の債権が生ずることが一義的に定まっている場合である。

❂**継続的不法行為についての損害賠償請求の可否**　本件では不法行為が継続的になされており、将来の債権発生を予測させるような一定の事実関係は現存しているが、その事実は将来において債権の発生することを（高い蓋然性で予測させるものではあるが）必然とするものではない。このように、債権発生の基盤となる事実の全部または主要部分が将来発生する事実ではあるが、その発生に相当程度の蓋然性があるという場合に将来給付請求を認めるべきかが問題となる。

上掲大阪国際空港事件判決多数意見は、将来の給付請求が認められるためには請求適格が必要であり、①事実関係の存在とその継続が予測されること、②請求権の成否、内容につき債務者に有利な将来の変動事由があらかじめ明確に予測しうること、③この変動を請求異議事由とし債務者に提訴の負担を課しても不当でないことという3つの要件を示した。本判決もこの基準にしたがって訴えを却下している。

この種の請求として実務上頻繁に登場し、上記3つの要件を満たすものとして、その適法性が一般的に承認されているものに、不動産の不法占有者に対する明渡義務の履行完了までの賃料相当額の損害金の請求がある。この請求においては、現在なされている不法占有の事実関係がそのまま継続されることに必然性はないにせよ高い蓋然性が認められることから（また、たとえその変動が生じたとしてもそれを具体的に把握することが容易である[5]）から）、原告（債権者）に、将来再び訴えを提起させて現在と同じ事実関係をもう一度証明させずに、債務名義を（現在の事実関係を基にして）前もって付与するという便宜をはかることが認められている。この帰結を支えているのは、不法占有者に対する救済を求めている原告に、被告（債務者）の明渡し後に、再び前訴基準時後に発生した賃料相当額の損害金請求を現在給付の訴えで提起することを負担させることは妥当ではないとの考慮である。

本件で問題となっている将来の損害賠償請求も、現に不法行為が存し、これが継続することが予測されるという点では不法占有の事件と似たような事案である。しかし、本判決多数意見は、上掲大阪空港判決多数意見に従って、損害賠償請求権の成否およびその額をあらかじめ一義的に明確に認定することができないものとして、将来給付の訴えの請求適格を否定した。

これに対して、田原裁判官の反対意見は、上掲大阪空港判決での団藤裁判官の少数意見や学説の多数説[6]に従い、（社会的弱者である）Xらに将来再び前訴基準時以降の損害賠償訴訟を提起する負担を課すよりも、Yに（限られた）減額事由の証明を負担させることが、「口頭弁論終結後の将来請求を認容したうえで、Yに請求異議事由を主張させることこそがY、X間の衡平に合致するといえる」と主張している。

そもそも、不法占有の事案においても、将来の変動要因の全てがあらかじめ明確に予測しうるとはいえず、前掲大阪空港判決多数意見のいうように不法占有の事案と本件損害賠償請求とを区別するのは妥当ではない。明渡完了までの賃料相当額の支払であっても不確定要素がある場合には、請求適格が否定されることもありうるはずであるし[7]、本件損害賠償請求でも、賠償期間を一定期間に限定すれば不確定要素を考慮する余地がほとんど

無くなるはずであり、田原裁判官の反対意見は説得力があり、これに賛同したい。

★損害賠償の範囲と終期　本件将来請求を認める立場では、その額と終期は、上掲大阪空港判決団藤反対意見に従うということになる。すなわち、額については、将来にわたり確実に継続するであろう最小限度の損害額[8]に限られる。また、終期は不確定要素を考慮する余地がほとんど無いように「控え目にみて」定められる。例えば、騒音レベルが一定程度下がった時点や両者の「交渉妥結時まで」よりも前の時点が終期となると思われる。

ところで、原判決を支持する那須裁判官の反対意見では、判決の基準時から判決言渡日までという非常に短い期間に限り、将来の損害賠償請求の適格を認めるべきとする。そして、これは上掲大阪空港判決多数意見の趣旨に抵触することはないと主張されている。たしかに、このような短期間に限り「損害賠償請求権の成否及びその額をあらかじめ一義的に明確に認定する」ことができるのは、現在給付請求を認める以上は当然のことであろう。したがって、この限度で本件将来請求につき将来給付の請求適格を認めることは、上掲大阪空港判決多数意見の趣旨に抵触することはないはずのものと思われる。ただし、そもそもこのような短期間の限度で将来給付を認めたとしても、田原裁判官の反対意見で指摘されているように、原告は再訴を余儀なくされることには変わりがなく、このことが被害者救済にどの程度貢献するかは疑問である[9]。

〔萩澤達彦〕

1審＝東京地八王子支判平成14・5・30判時1790号47頁、判タ1164号196頁／2審＝東京高判平17・11・30判時1938号61頁、判タ1270号324頁

1) この判決には、上田豊三裁判官・堀籠幸男裁判官の補足意見、藤田宙靖裁判官の補足意見と、那須弘平裁判官、田原睦夫裁判官の反対意見がある。
2) 判例講義民訴1版140頁、同2版189頁、長谷部由起子・百選5版50頁参照。
3) 「請求権としての適格」を欠くとは、この請求権が定型的に本案判決による処理になじまないものであることを意味している。なお、この請求権にも事案によっては本案判決による処理を認める余地が残されているので、ここでは「将来給付の訴えの利益を欠く」とほぼ同義と解する見解もある。高橋・上357頁。
4) 大阪国際空港事件判決の後に将来の損害賠償を認めた裁判例としては、大阪地判昭62・3・26判時1246号116頁が、プラスチック成型加工業による騒音・振動に対し、午後9時から翌日午前6時までの操業の差止めを認め、口頭弁論終結の日の翌日から、操業の差止めに至るまでの期間の損害賠償請求を認容している。また、鹿児島地判平19・4・25判時1972号126頁も、日照阻害および騒音被害による損害は、口頭弁論終結日の翌日から判決言渡予定日に至るまでの間は発生することは間違いないものとして将来の賠償請求をその限度で認めている。
5) 生じうる変動事由として最も考えられるのは、被告が現実に明渡しをすることである。この事実の証明を明渡しをした被告に（請求異議の訴え提起による執行の阻止という形で）負担させることは過大な負担とはいえないであろう。
6) 学説については、野村秀敏・民商137巻4＝5号、山本和彦・判時1999号168頁参照。
7) 最判昭63・3・31判時1277号122頁はそのような事案で請求適格を否定している。
8) 実際の損害額がこれより少ないときには、Yは117条類推適用により判決の変更を求める訴えが提起できると解すべきであろう。逆に実際の損害額が、多いときには、Xらは別訴により追加請求できる（その理由付けについては、判例講義民訴1版178事件（最判昭61年7月17日民集40巻5号941頁）参照。この場合にも、117条［判決変更の訴え］の類推適用も考えられる。117条類推適用を前提に継続的不法行為について将来給付の訴えの利益を認めることを検討すべきとの指摘もある）。
9) 山本・前掲注6）168頁、安西明子・私判リマ37号115頁。

90 併合された将来給付の訴え——保険金請求

最高裁昭和57年9月28日判決　民集36巻8号1652頁、判時1055号3頁、判タ478号171頁　▶135条

論　点 ▶ 保険金請求代位訴訟と将来の給付の利益

事実の要約　Aは原動機付自転車運転中にY_1の被用者が営業のために運転する大型トラックと接触して死亡した。Xら（Aの父母）は運行供用者Y_1に対して各自1798万円の損害賠償を求めるとともに、Y_1との間で当該加害車につきY_1を被保険者として保険契約を締結していたY_2に対して主位的に同額の保険金の支払いを求め、予備的にY_1の有する保険金請求権を代位して保険金の支払いを求めた。

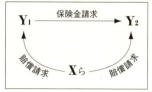

裁判の流れ　1審：Y_1への請求一部認容、Y_2への請求棄却　2審：Y_1への請求一部認容、Y_2に対する代位請求認容　最高裁：上告棄却

1審はXらのY_1に対する請求を一部認容したが、Y_2に対する請求は直接請求も代位請求も認めず棄却した。2審はY_1に対する請求を一部認容したうえ、Y_2に対する直接請求は認めなかったが、Y_2に対する代位請求は、Y_1に対する請求と併合審理されている本件において、「$Y_1 Y_2$がXらに対する損害賠償義務、保険金支払義務を争っていること、Xらの速やかな救済が必要とされること」から、将来の給付請求として認められるとした[1]。Y_2のみが上告した。

判　旨　<上告棄却>「本件普通保険約款第4章17条には、被保険者の保険者に対する保険金請求権は、損害賠償責任の額について被保険者（加害者）と損害賠償請求権者（被害者）との間で判決が確定したとき又は裁判上の和解、調停もしくは書面による合意が成立したときに発生し、これを行使することができると規定されていることは、所論のとおりであるが、右規定及び本件保険契約の性質に鑑みれば、右保険約款に基づく被保険者の保険金請求権は、保険事故の発生と同時に被保険者と損害賠償請求権者との間の損害賠償額の確定を停止条件とする債権として発生し、被保険者が負担する損害賠償額が確定したときに右条件が成就して右保険金請求権の内容が確定し、同時にこれを行使することができることになるものと解するのが相当である。そして、本件におけるごとく、損害賠償請求権者が、同一訴訟手続で、被保険者に対する損害賠償請求と保険会社に対する被保険者の保険金請求権の代位行使による請求（以下「保険金請求」という。）とを併せて訴求し、同一の裁判所において併合審判されている場合には、被保険者が負担する損害賠償額が確定するというまさにそのことによって右停止条件が成就することになるのであるから、裁判所は、損害賠償請求権者の被保険者に対する損害賠償請求を認容するとともに、認容する右損害賠償額に基づき損害賠償請求権者の保険会社に対する保険金請求は、予めその請求をする必要のある場合として、これを認容することができるものと解するのが相当である」。

判例の法理　★**損害賠償請求と保険金請求**　昭和51年約款4章17条1項を文言通り素直に読めば、被保険者と損害賠償請求権者との間で損害賠償責任額が確定するまでは、代位の対象となるべき保険金請求権は（条件つきのものとしてすら）未だ発生していないのであるから、損害賠償責任額が確定する前になされる保険金請求権の代位行使は（単独でも損害賠償請求と併合されても）許されないということになる。しかし、この解釈では、なぜ保険金請求権の発生が賠償額確定時かということを合理的に説明することは難しい[2]。そこで、本判決は、本件保険約款を制限的・合理的に解釈し、保険金請求権は、保険事故の発生と同時に停止条件付権利として発生し、損害額が確定したときに条件が成就して、これを行使することができると解した。そのうえで本判決は、同一訴訟手続内で加害者に対する損害賠償請求と保険会社に対する保険金請求が併合審判されている場合には、その訴訟手続内で損害賠償額が確定して条件が成就することを理由として、本件代位に基づく損害賠償請求を将来請求として認容した。

判例を読む　★**代位訴訟と将来の給付の利益**　保険金請求権は、被害者・加害者間で賠償額が確定して初めて具体化する。これが135条の要件を満たすか問題となる[3]。保険実務では、被害者と被保険者との間で損害賠償責任額が確定すると、保険会社は遅滞なく保険金を直接被害者に支払っているということから、135条の要件を充足しないとも考え得る。しかし、被害者は速やかな賠償を得る必要に迫られているうえ、保険金請求の代位訴訟と損害賠償請求とが併合されている場合には、保険金請求権についている損害賠償額の確定という停止条件が成就することは確実である[4]。そこで、本判決や多数説は、保険金請求の代位訴訟は損害賠償請求を併合する場合にのみ許される（単独の代位訴訟は認められない）と解する。

〔萩澤達彦〕

1審＝東京地判昭53・11・30下民集29巻9～12号342頁／2審＝東京高判昭54・11・28高民集12巻6号1477頁

1) 弁論の全趣旨からXらのY_2に対する請求は将来の給付請求も含まれるとする。
2) 損害保険契約の目的を考慮すれば、保険事故（交通事故ないしそれによる保険賠償債務の負担）の発生と同時に何らかの形で保険金請求権が発生すると解さざるをえない。塩崎勤・最判解民昭和57年度772頁。
3) 将来の給付請求についての訴えの利益については89事件の解説に譲る。
4) 上原敏夫・判時1079号192頁。

91 形成の訴えの利益の有無（ブリヂストン事件）

最高裁平成4年10月29日判決　民集46巻7号2580頁、判時1441号137頁、判タ802号109頁▶民訴第2編第1章

論　点　▶　株主総会決議取消しの訴えの利益と事情変更

事実の要約　Yの第68回定時株主総会において退任取締役および退任監査役に退職慰労金を贈呈する旨の決議がされた（以下、これを「第1の決議」という）。X₁X₂が説明義務（会社314条参照）違反があったなどと主張して第1の決議の取消を求める本件訴えを提起し、1審は右決議を取り消す旨の判決を言い渡した後、Yの第69回定時株主総会において同一の議案（ただし、前株主総会におけるのと異なり、贈呈すべき退職慰労金の総額が明示された）が可決された（以下、これを「第2の決議」という）。第2の決議は、第1の決議の取消が万一確定した場合、遡って効力を生ずるものとされていた。第2の決議はこれに対する取消訴訟等の提起もなく確定した。

① Y株主総会役員退職慰労金贈呈決議
② X₁ X₂株主総会決議取消の訴え提起
③ 1審判決（決議を取り消す）
④ Y株主総会で同一内容の決議
⑤ 原審判決

裁判の流れ　1審：請求認容　2審：取消・訴え却下　最高裁：上告棄却

Yは原審において、第1の決議は第2の決議の成立により訴えの利益を欠くに至ったとして訴えの却下を求めた。原審は、第2の決議が有効に存在している現在においては、第1の決議の取消しを求める本件訴えの利益は消滅するに至ったと判示して、1審判決を取り消し、X₁X₂の訴えを却下した。X₁は上告したが、上告は棄却された。

判　旨　＜上告棄却＞「本件においては、仮に第1の決議に取消事由があるとしてこれを取り消したとしても、その判決の確定により、第2の決議が第1の決議に代わってその効力を生ずることになるのであるから、第1の決議の取消しを求める実益はなく、記録を検討しても、他に本件訴えにつき訴えの利益を肯定すべき特別の事情があるものとは認められない。論旨はまた、取締役等に対する過料の制裁を求める上で第1の決議の取消しを求める必要があることを理由に本件訴えにつき訴えの利益があるとも主張するが、右の制裁を求める上で第1の決議の取消しは法律上必要でなく、単なる立証上の便宜を図る必要性をもって訴えの利益があるものとすることはできない」。

判例を読む　**✿形成の訴えの利益**　形成の訴えは、形成要件の存在を主張する訴えであれば、原則として訴えの利益が認められる。ただし、すでに形成判決と同一の効果が生じている場合は訴えの利益が否定されるし、訴訟中の事情によって訴えの利益が失われることもある¹⁾。

✿株主総会決議取消の訴えの利益　株主総会決議取消の訴えは形成の訴えであるから、原則として訴えの利益は存在する。しかし、その訴訟の係属中の事情の変化によって取消判決をする実益が消滅する場合には²⁾、訴えの利益は欠けることになる。ただし、原告の本来の目的を達成することが事情の変化により不可能となっても、取消判決を得ることが、原告にほかの何らかの付随的利益をもたらす場合には、実益ありとして訴えの利益を肯定することができる。

✿第1の決議と第2の決議との関係　本件では第1の決議取消しの訴えの係属中にその決議と同一の内容の第2の決議がなされている³⁾。この事情の変化により第1の決議取消しの訴えの利益が失われるかが問題となる。多数説は、第2の決議は将来に向かってしか効力を有しないから、第2決議がされたからといって、第1の決議を争う訴えの利益は失われないと解している。逆にいえば、第2の決議に遡及効が認められる場合には、仮に第1決議を取り消したところで、それと同一内容の第2決議が第1決議に代わって直ちに効力を生ずることになるから、第1決議を取り消す実益はなくその訴えの利益も失われることになる。本件第2の決議は、第1の決議の取消を条件とする予備的・条件付き決議であり遡及効⁴⁾を有するものであるから、本件はこの場合に該当するものとして本判決・通説は訴えの利益が失われるものとする⁵⁾。すなわち、いずれの決議により退職慰労金が支給されたことになるのかという点を確定することに実益がない（第1の決議によっても第2の決議によっても支給時期は同一である）。また、第2の決議がされても、取締役等に説明義務違反があったという事実に変わりはなく、過料の制裁を求めたり、瑕疵ある第1決議の成立を導いたため再度総会決議を行ったことに対する取締役の責任を追及する際の立証上の便宜をもって取消判決をする実益として認めることはできない。

〔萩澤達彦〕

1審＝東京地判昭63・1・28民集46巻7号2592頁、判時1263号3頁／2審＝東京高判昭63・12・14民集46巻7号2615頁、判時1297号126頁

1) 会社役員を選任した株主総会決議の取消訴訟中に、その役員の任期が満了した場合（最判昭45・4・2民集24巻4号223頁（➡92事件））や、5月1日の皇居外苑使用の不許可処分取消の訴えが控訴審係属中に5月1日が過ぎてしまった場合（最大判昭28・12・23民集7巻13号1561頁）など。
2) 株主総会決議取消の訴えの利益については、取消の実益の有無の観点から判断するのが判例・通説である。なお、決議取消訴訟の訴えの利益は、株主が会社経営の適法性確保について有する利益と解する有力説がある。
3) 総会決議取消訴訟の係属中、第1の決議と同内容の第2の決議がなされるのは、決議が取消判決により取り消され遡って無効となることにより、第1の総会決議に従ってなされた会社が業務執行の効力が覆滅するのを防ぐためである。大内俊身・最判解民平成4年度447頁。
4) 退職慰労金支給決議の再決議には、それにより法律関係に変動が生じることもなく、特に不利益を被る者もいないことから、遡及効が認められている。
5) 訴えの利益についての有力説からは、第1決議の取消の利益を認めるのが素直であるが、全ての論者がそのような結論というわけではない。高橋・上399頁注58参照。

92 株主総会決議取消の訴え
最高裁昭和45年4月2日判決　民集24巻4号223頁、判時592号86頁、判タ248号126頁　　▶民訴第2編第1章

論　点　▶株主総会役員選任決議の取消の訴えの利益

事実の要約　Yの株主であるXは、Yの株主総会が取締役会の決議なく招集されたなどと主張して、同株主総会における役員選任決議の取消を求めて訴えを提起した。

①Y 株主総会役員選任決議
②X 役員選任決議取消の訴えを提起
③Y 役員任期満了・再任

裁判の流れ　1審：請求認容　2審：取消・訴え却下　最高裁：上告棄却
1審はXの請求を認容した。原審においてYは、同役員選任決議によって選任された取締役は任期満了により終任している（その後の株主総会で再任）として、Xには訴えの利益がないと主張した。原審判決はXの訴えを却下した。X上告。

判　旨　＜上告棄却＞「形式の訴は、法律の規定する要件を充たすかぎり、訴の利益の存するのが通常であるけれども、その後の事情の変化により、その利益を欠くに至る場合がある〔最判昭37・1・19民集16巻1号76頁参照〕。しかして、株主総会決議取消の訴は形成の訴であるが、役員選任の総会決議取消の訴が係属中、その決議に基づいて選任された取締役ら役員がすべて任期満了により退任し、その後の株主総会の決議によって取締役ら役員が新たに選任され、その結果、取消を求める選任決議に基づく取締役ら役員がもはや現存しなくなったときは、右の場合に該当するものとして、特別の事情のないかぎり、決議取消の訴は実益なきに帰し、訴の利益を欠くに至るものと解するを相当とする」。

「…所論は、取消し得べき決議に基づいて選任された取締役の在任中の行為について会社の受けた損害を回復するためには、今なお当該決議取消の利益があるものと主張し、そのいうところは、本件取消の訴は、会社の利益のためにすると主張するものと解されるところがある。しかし、株主総会決議取消の訴は、単にその訴を提起した者の個人的利益のためのみのものでなく、会社企業自体の利益のためにするものであるが、Xは、右のごとき主張をするにかかわらず本件取消の訴が会社のためにすることについて何等の立証をしない以上、本件について特別事情を認めるに由なく、結局本件の訴は、訴の利益を欠くに至ったものと認める外はない」。

判例の法理　●**特別事情の立証**　本判決は、裁判長であった松田二郎博士の持論が述べられているところもあり、どのように読むかが難しい。本判決は、株主総会決議取消しの訴えは会社企業自体の利益のためにするものであるとした[1]うえで、Xが本件取消の訴えが会社のためにすることについて何らの立証をしていない以上、本件訴えは訴えの利益を欠くに至ったと判示している。本判決は、特別事情の存否の立証を原告に負わせているようであるが、元来訴えの利益は訴訟要件として職権で調査すべきものであるから、本判決が特別事情の立証責任を原告に負わせたと解するのは適当でないと思われる。おそらく、Xの主張からは本件訴えの実益を見出し難いという趣旨を述べているのであると思われる[2]。

判例を読む　●**株主総会決議取消の訴えの利益**　株主総会決議取消の訴えは形成の訴えであるから、原則として訴えの利益は存在する[3]。しかし、その訴訟の係属中の事情の変化によって訴えの目的である法律関係を変動させることが無意味となり、取消判決をする実益が消滅する場合には、訴えの利益は欠けることになる[4]。

●**株主総会決議取消判決の遡及効**　本判決は、その理論的前提として取消判決の遡及効を是認する通説の立場をとるものと考えられる[5]。この立場を前提にすると、取消を求める選任決議に基づく役員が終任することが直ちに、訴えの利益を喪失させることにはならない[6]。遡及効を認める立場では、取り消しうべき決議に基づいて選任された役員の在任中の行為によって会社の被った損害を回復するために、取締役選任決議取消の訴えを維持して取消判決を得て、その遡及的形成力を利用することに実益が認められる余地がある。そこで、瑕疵ある決議により取締役に選任された者の非取締役としての責任追及のために、その前提として選任決議を取り消す利益があるという見解[7]も生じる。しかし、この場合には、取締役としての責任の追及も可能であり、むしろそのほうが容易であるので、責任追及を根拠に、直ちに決議取消の実益があるとはいえない[8]。また、その役員のした個々の社団法的・取引法的行為の無効は表見法理その他により制限されるし、その役員が得た報酬も、その役員が仕事をしていた以上、会社に不当利得として当然に返還すべきものではない[9]。結局、取消判決の遡及効を是認する立場でも、終任した役員の選任決議を取り消すことは実益がなく、取消の訴えの利益は認められない。

〔萩澤達彦〕

1審＝福岡地甘木支判昭43・1・26民集24巻4号228頁／2審＝福岡高判昭44・7・15民集24巻4号236頁

1) これは松田二郎博士の持論であり、学説の多数説は、株主総会決議取消の訴えは株主の利益のために認められたものであるとする。
2) 鴻常夫・会社判例百選新版112頁。
3) 形成の訴えの利益についての説明は91事件解説に譲る。
4) 91事件解説の注で説明したように、株主総会決議取消の訴えは、会社運営の適法性を確保するためのものであるという有力説もある。この説では、会社運営が不適法である限り、取消の利益は認められる。各学説については、高橋・上350～351頁参照。
5) 後藤静思・最判解民昭和45年度728頁。
6) これに対して、役員選任決議取消判決に遡及効を否定するという少数説の立場であれば、取消を求める選任決議に基づく役員が終任した以上、役員選任決議の効力を将来に向かって否定しても何らの実益がなく、そのような決議取消の訴えは当然に訴えの利益を欠くことになる。
7) 石川明・民商63巻6号899頁。
8) 菅原菊志・昭和45年度重判82頁。
9) 高橋・上391～392頁など。

93 公示送達の不知と追完

最高裁昭和42年2月24日判決　民集21巻1号209頁、判時478号58頁、判タ205号89頁　▶97条、110条、111条

論　点　▶判決の公示送達の不知を理由とする上訴の追完が許された事例

事実の要約　XはY（未成年者。法定代理人A）に対して、ある土地の売買契約に基づく所有権移転登記手続請求訴訟を提起するに当たり、Yが住民登録上の住所（大阪市城東区）に居住していることを知りながら、Yの住所をその本籍地（大阪市都島区）で表示して訴状を提出した。その訴状が不送達となると、今度は契約書上の住所（布施市）宛てに送達を試みさせ、これも不送達となったので、受送達者の住所が不明であるとして公示送達の申立てをして、その許可を得た。これ以後、Yに対する書類の送達は公示送達によってなされ、Y不出頭のままX勝訴の判決がなされて、判決正本の送達も公示送達により、Xはこの勝訴判決によって係争土地の移転登記を了した。その約3年後、Y側はたまたま同土地の所有権移転登記がなされていることを知り、調査の結果その登記が公示送達によったものであることを知って、控訴の追完を申し立てた。

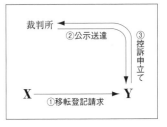

裁判の流れ　1審：Xの請求認容　2審：Xの請求棄却　最高裁：上告棄却

控訴審は、本件は民訴法159条（現97条）によって控訴の追完が許される場合に当たるから本件控訴は適法であるとしたうえ、本案についてXのいう売買契約の効力を否定して、1審判決を取り消し、Xの請求を棄却した。Xは、原判決は159条の解釈を誤ったものであるとして上告したが、上告審は上告を棄却した。

判　旨　＜上告棄却＞「〔本件のような場合〕Yの法定代理人Aが判示日時に判示の事情の下に漸く本件判決の公示送達の事実を知り、直ちに前記のように控訴提起に及んだ本件においては、Yがその責に帰することができない事由により不変期間を遵守することができなかった場合として本件控訴提起を適法と解すべきである」。

判例の法理　★**公示送達と控訴の追完**　公示送達によって審理、判決がなされたが、被告が訴の提起も判決言渡しのあったことも知らず、後にこれを知って直ちに控訴の申立てをした場合に、一定の要件を満たしていれば、当事者の責に帰すべからざる事由によって控訴期間を遵守できなかった（旧159条、現97条参照）ものとされることは通説・判例であり[1]、本件はそのための一事例を判示したものである。同様の先例として、大判大正3年4月21日（民録20輯305頁）、大判昭和16年7月18日（民集20巻988頁）、最判昭和36年5月26日（民集15巻5号1425頁）がある。

判例を読む　★**控訴追完の要件**　問題はどのような要件を満たせば追完を認めてよいかということである。公示送達制度は、受送達者が書類の内容を了知することを実質的に期待しておらず、送達の効果を擬制する制度であるから、受送達者の不利益は本来予定されていることであり、公示送達がなされたことを知らなかったということだけでは追完を認めることはできないとされている。

考慮すべき要素は、公示送達申立人と受送達者の双方の具体的な事情であるが、先例は、申立人側の悪意（本件）や、相手方の住所を十分に調査せずに公示送達を申し立てたという過失[2]の有無のほかに、受送達者側にも公示送達に至ったこと自体に批判されるべき事情がなかったかどうかを斟酌する[3]のが一般的傾向である。

★**その他の救済方法**　このような場合、学説のうちの多数説[4]は旧420条1項3号によって再審の訴えによることもできるとするが、判例は否定的である[5]。公示送達の瑕疵によって判決が確定したという事情が旧420条1項3号に当たるとするのは文言上無理であるし、上訴申立ての追完という途があるので、再審に関する規定の文理を離れて解釈してまで再審を認めなければならない実質的必要性は乏しい、という理由によるものである。その意味では、上訴の追完が簡易再審の機能を営んでいるとも評価できる。

★**現行法下での意義**　現行法では公示送達は書記官の権限とされた（110条1項）が、公示送達や訴訟行為の追完の構造は旧法と同様であって、本件判決の意義は現行法下でも失われない。特に、判決の公示送達の不知を理由とする上訴の追完が、実質上簡易な再審になっており、公示送達判決の判決効からの解放に役立っていることは注目されるべきだろう。上訴の追完が、非常に面倒な再審手続によらないで当事者の救済に役立っていることは注目すべきである。

〔小林秀之〕

1審＝大阪地判昭32・3・22民集21巻1号214頁／2審＝大阪高判昭41・4・20民集21巻1号216頁

1) 斎藤ほか編・注解民訴③136頁以下〔林屋礼二＝宮本聖司＝小室直人〕、斎藤ほか編・注解民訴③496頁以下〔三谷忠之〕。
2) 東京高判昭41・11・30東民報17巻11号259頁。
3) 追完認容例として、最判昭36・3・26民集15巻3号1425頁、大阪高判昭41・3・30下民集17巻3＝4号203頁、排斥例として、最判昭54・7・31判時944号53頁、東京高判昭54・1・31判時924号62頁。
4) 斎藤ほか編・注解民訴④259頁〔斎藤秀夫＝吉野孝義〕、兼子・条解459頁〔竹下守夫〕等。反対、竹下守夫＝伊藤眞編・注釈民訴③612頁以下〔下田文男〕。
5) 大判昭10・12・26民集14巻2129頁、最判昭57・5・27判時1052号66頁。

94 郵便に付する送達

①最高裁平成 10 年 9 月 10 日判決　判時 1661 号 81 頁（(1)事件）、判タ 990 号 138 頁（(1)事件）、金判 1065 号 32 頁（(1)事件）
②最高裁平成 10 年 9 月 10 日判決　判時 1661 号 81 頁（(2)事件）、判タ 990 号 138 頁（(2)事件）、金判 1065 号 32 頁（(2)事件）

▶民訴 103 条 2 項・107 条 1 項、旧民訴 172 条

論　点 ▶ 裁判所書記官の付郵便送達の要件の審査につき、国家賠償請求が棄却された事例等

事実の要約　Xが、Y₁（信販会社）から提起された前訴において、違法な訴状等の付郵便送達により手続関与の機会が与えられないままX敗訴判決が確定したとして、Y₁に対しては、前訴での受訴裁判所からの照会に対しXの就業場所不明との誤った回答をしたことにつき不法行為があったとして（民 709 条）、またY₂（国）に対しては、付郵便送達の要件の認定・実施に関し裁判所書記官等に過失があったとして（国賠 1 条 1 項）、損害賠償を求めた。

裁判の流れ　1 審：Xの請求棄却　2 審：XのY₂に対する控訴を棄却、Y₁に対する請求を一部認容　最高裁：XのY₂に対する請求（①事件）を上告棄却、XのY₁に対する請求（②事件）を一部破棄自判、一部破棄差戻、一部上告棄却

第 1 審は、Y₁およびY₂に対するXの請求をいずれも全部棄却。原審はXのY₂に対する控訴を棄却したが、Y₁に対する請求については、第一審判決を変更して一部認容した。この原審判決に対して、X（平成 5 年(オ)第 1211 号事件）とY₁（同第 1212 号事件）がそれぞれ上告したところ、最高裁は、XのY₂に対する請求（①事件）とXのY₁に対する請求（②事件）とに分けて判決した。

判　旨　❶**①事件について**　「受送達者の就業場所の認定に必要な資料の収集については、担当裁判所書記官の裁量にゆだねられているのであって、担当裁判所書記官としては、相当と認められる方法により収集した認定資料に基づいて、就業場所の存否につき判断すれば足りる。担当裁判所書記官が、受送達者の就業場所が不明であると判断して付郵便送達を実施した場合には、受送達者の就業場所の存在が事後に判明したときであっても、その認定資料の収集につき裁量権の範囲を逸脱し、あるいはこれに基づく判断が合理性を欠くなどの事情がない限り、右付郵便送達は適法であると解するのが相当である。」

本件の事案では、「受訴裁判所の担当各裁判所書記官は、Xの住所における送達ができなかったため、当時の札幌簡易裁判所における送達事務の一般的取扱いにのっとって、当該事件の原告であるY₁に対してXの住所への居住の有無及びその就業場所等につき照会をした上、その回答に基づき、いずれもXの就業場所が不明であると判断して、本来の送達場所であるXの住所あてに訴状等の付郵便送達を実施したものであり、Y₁からの回答書の記載内容等にも格別疑念を抱かせるものは認められないから、認定資料の収集につき裁量権の範囲を逸脱し、あるいはこれに基づく判断が合理性を欠くものとはいえず、右付郵便送達は適法というべきである。」

❷**②事件について**　確定判決の成立過程における相手方の不法行為を理由として、確定判決の既判力ある判断と実質的に矛盾する損害賠償請求をすることは、原則として許されず、当事者の一方の行為が「著しく正義に反し、確定判決の既判力による法的安定の要請を考慮してもなお容認し得ないような特別の事情がある場合に限って、許されるものと解するのが相当である」（最判昭 44・7・8 民集 23 巻 8 号 1407 頁を引用する）。

本件で、Xが前訴判決に基づく債務の弁済としてY₁に対して支払った 28 万円につき、不法行為に基づく賠償を求めることは、確定した前訴判決の既判力ある判断と実質的に矛盾する損害賠償請求であるところ、本件の事実関係によれば、「前訴において、Y₁の担当者が、受訴裁判所からの照会に対して回答するに際し、前訴提起前に把握していたXの勤務先会社を通じてXに対する連絡先や連絡方法等について更に調査確認をすべきであったのに、これを怠り、安易にXの就業場所を不明と回答したというのであって、原判決の判示するところからみれば、原審は、Y₁が受訴裁判所からの照会に対して必要な調査を尽くすことなく安易に誤って回答した点において、Y₁に重大な過失があるとするにとどまり、それがXの権利を害する意図の下にされたものとは認められないとする趣旨であることが明らかである。そうすると、本件においては、前示特別の事情があるということはできない。」

これに対して、第 1 審での訴訟手続に関与する機会を奪われたことにより被った精神的苦痛に対する損害賠償として、慰謝料の支払いを求めるXの請求については、「確定した前訴判決の既判力ある判断と実質的に矛盾する損害賠償請求には当たら」ないなどとして、この請求に関する部分は破棄・差戻とした。

判例の法理　①事件において、最高裁は、付郵便送達調査における裁判所書記官の裁量権を広く認め、就業場所不明の認定のための資料の収集につき裁量権の範囲を逸脱し、あるいはこれに基づく判断が合理性を欠くなどの事情がない限り右付郵便送達は適法とする一般論を述べ、本件の事例でも裁量権の範囲の逸脱はないと判断した。

他方、②事件では、上掲最判昭和 44 年を引用しつつ、確定判決の成立過程における相手方の不法行為を理由として、既判力と実質的に矛盾する損害賠償をすることは、相手方の行為が著しく正義に反するような特別の事情がある場合に限るとする立場から、Y₁が裁判所からの照会に対して重過失によりXの就業場所を不明と回答しただけでは、特別の事情はないと判示した。ただし、慰謝料の請求については、既判力に実質的に矛盾しないとして、さらに審理させるために事件を原審に差し戻した。

判例を読む　❷**付郵便送達**　付郵便送達とは、受送達者の住居所等が判明しているにもかかわらず、右住居所等における交付送達（補充送達・差置送達を含む）が不奏功であり、かつ、就業場所における交付送達ができない場合

などに認められる送達方法である（107条参照）。この場合、就業場所における送達ができない場合（同条1項・106条2項）とは、受送達者の就業場所自体は明らかでそこでの送達ができなかった場合だけでなく、就業場所が判明しない場合も含むとされている1)。

✪**①事件判決について**　①事件では、就業場所が判明しないという要件について、送達事務取扱者である担当書記官がどの程度調査を尽くす必要があるかが争われ、上記のように、最高裁は書記官の裁量権を広く認めて、本件付郵便送達の適法性を認めた。これに対しては、送達事務は本質的には行政事務であることなどを理由に、一般的な過失論の枠組みの中で書記官の注意義務の範囲を探求していくのが筋であるという見解がある2)。下級審の裁判例には、付郵便送達の前提として就業場所が判明しないことを認定するためには、送達申請者においてその旨の積極的な資料を提供することを要するとして、それを欠く送達を違法としたものもある3)。

✪**②事件判決について**　②判決は、XのY_1に対する損害賠償を、前訴判決の既判力に実質的に矛盾するとして基本的には否定しつつ、最高裁判例が例外として認める特別の事情も存在しないとした。その一方で、訴訟手続に関与する機会を奪われたことによる慰謝料請求については、その請求可能性を認めて事件を原審に差し戻したが、これに対しては、藤井裁判官の反対意見（「判決の結論にかかわりなく訴訟手続への関与を妨げられたとの一事をもって、当然に不法行為として慰謝料請求権が発生するということはできない」などとして、原判決が慰謝料請求を棄却したのは正当であるという）があるほか、前訴判決の既判力との関係では、Xは、慰謝料請求権の根拠としてその支払義務の不存在を主張立証できるのかなどの問題も残るであろう。

✪**被告の救済方法**　本件の2つの判決を総合的にみると、付郵便送達無効の可能性および既判力に実質的に矛盾する損害賠償の余地は制限的に解しつつ、慰謝料請求の余地は認めることにより、不当な送達がなされたと主張する被告の救済への配慮を示したようにもみえる。しかし上述のように、慰謝料請求が現実的かつ最適な救済方法であるかは疑問も残る。本件の事例では、Xは、昭和62年に再審を申し立てたが、上訴の追完が可能であったとして（338条1項但書参照）その申立ては却下された。もっともその後、判例は、当事者が再審事由を現実に了知できなかったときには、同条但書の適用はないとして再審の補充性を緩和したり（最判平4・9・10民集46巻6号553頁）、送達（補充送達の事例）が有効な場合でも再審の可能性を認めており（最判平19・3・20民集61巻2号586頁）、これらの判例により、手続関与の機会を奪われた当事者の本来的救済方法としての再審が利用しやすくなったといえるであろう4)。

〔田頭章一〕

1審＝東京地判平3・5・22判時1400号84頁／2審＝東京高判平5・3・3判時1456号101頁

1) 条解487頁。
2) 山本和彦・私判リマ2000（上）126頁。
3) 東京地決昭63・9・21判時1392号110頁。信販関係事件における運用基準として、相手方に積極的な認定資料（たとえば、調査報告書）を求めるものとされていることにつき、最高裁判所事務総局民事局監修『信販関係事件に関する執務資料』（法曹会、1984）36頁参照。なお、送達場所不明等の認定には、慎重さを要し、その認定根拠は記録上明確にすべきものと指摘したうえで、付郵便送達を違法と判断した例として、東京高判平4・2・10判タ787号262頁がある。
4) 山本研・百選5版87頁参照。

95 秘密保持命令

最高裁平成21年1月27日決定　民集63巻1号271頁、判時2035号127頁、判タ1292号154頁

▶特許100条1項・105条の4第1項、民保23条2項

論　点 ▶ 特許権仮処分命令手続においても秘密保持命令の申立てをすることができるか（肯定）

事実の要約　Aは、Xによる液晶テレビの輸入・販売等がAの特許権を侵害すると主張して、その差止め等を求める仮処分命令の申立てをした（「本件仮処分事件」）。本件申立ては、この基本事件において、Xが、特許法105条の4第1項に基づいて、Aの代理人であるY₁ら5名を相手方として、Xが提出した準備書面とそれに添付された物件目録に記載された営業秘密につき、秘密保持命令を求めたものである。

裁判の流れ　1審：Aの申立て却下　2審：抗告棄却　最高裁：破棄差戻

原々決定は、本件申立てを却下（ただし、「特段の事情」ある場合には、例外の余地を認める）。原審知財高裁は、「特許権又は専用実施権の侵害に係る訴訟」（特許法105条の4第1項柱書本文）には、特許権の侵害差止めを求める仮処分事件は含まれないとして、「特段の事情」の有無にかかわらず、秘密保持命令の申立てをすることはできないとして、抗告棄却。Xが抗告許可の申立て（許可）。

決定要旨　＜原決定破棄。原々決定を取り消して、事件を原々審に差戻＞

「特許権又は専用実施権の侵害に係る訴訟において、提出を予定している準備書面や証拠の内容に営業秘密が含まれる場合には、当該営業秘密を保有する当事者が、相手方当事者によりこれを訴訟の追行の目的以外の目的で使用され、又は第三者に開示されることによって、これに基づく事業活動に支障を生ずるおそれがあることを危惧して、当該営業秘密を訴訟に顕出することを差し控え、十分な主張立証を尽くすことができないという事態が生じ得る。特許法が、秘密保持命令の制度（同法105条の4ないし105条の6、200条の2、201条）を設け、刑罰による制裁を伴う秘密保持命令により、当該営業秘密を当該訴訟の追行の目的以外の目的で使用すること及び同命令を受けた者以外の者に開示することを禁ずることができるとしている趣旨は、上記のような事態を回避するためであると解される。」

「特許権又は専用実施権の侵害差止めを求める仮処分事件は、仮処分命令の必要性の有無という本案訴訟とは異なる争点が存するが、その他の点では本案訴訟と争点を共通にするものであるから、当該営業秘密を保有する当事者について、上記のような事態が生じ得ることは本案訴訟の場合と異なるところはなく、秘密保持命令の制度がこれを容認していると解することはできない。そして、上記仮処分事件において秘密保持命令の申立てをすることができると解しても、迅速な処理が求められるなどの仮処分事件の性質に反するということもできない。

特許法においては、『訴訟』という文言が、本案訴訟のみならず、民事保全事件を含むものとして用いられる場合もあり（同法54条2項、168条2項）、上記のような秘密保持命令の制度の趣旨に照らせば、特許権又は専用実施権の侵害差止めを求める仮処分事件は、特許法105条の4第1項柱書き本文に規定する『特許権又は専用実施権の侵害に係る訴訟』に該当し、上記仮処分事件においても、秘密保持命令の申立てをすることが許されると解するのが相当である。」

判例の法理　❖**仮処分事件は、「訴訟」（特許105条の4第1項柱書本文）に含まれるか**　本件原決定が、仮処分事件においては秘密保持命令の申立てはできないと判断したのに対して、本決定は、①判旨に述べられた秘密保持命令制度の趣旨は、特許権の侵害差止めを求める仮処分事件でも同様に妥当すること、②秘密保持命令の申立てを認めても、迅速な処理の要請などの仮処分事件の性質に反することにはならないこと、③特許法において、「訴訟」という文言が、民事保全事件を含むものとして用いられる場合もあること（同法54条2項等）を指摘して、秘密保持命令の申立てを認めた。

判例を読む　❖**秘密保持命令の趣旨と仮処分手続**　特許侵害訴訟等において、当事者は営業秘密を含む主張や立証をしたいが、それが相手方により訴訟外で使用される可能性を考慮すると、そのような主張立証を控えざるをえないことがありうる。しかし、そのような状況を放置することは、充実した審理を妨げ、当事者の裁判を受ける権利を侵害することにもつながりかねない。そこで、訴訟に提出された営業秘密を訴訟追行外の目的で利用することなどを禁ずることによって、上記のような問題点を解決しようとするのが、秘密保持命令の制度である[1]。従来は、特許法105条の4は「訴訟」においてこの命令を認めていること、また仮処分命令手続は迅速性・証拠の即時性（民保13条2項・7条、民訴188条参照）などが要求される点で判決手続とは異なる性格の手続であること、秘密保持命令が必要な事件は本案訴訟で進行させればよく、仮処分手続で無理にそれを適用する必要はないことなどから、仮処分手続において秘密保持命令を発することができないとする見解もあった[2]。しかし、最高裁は、上記のような理由をもって、仮処分手続でも、秘密保持命令の申立ておよびその発令ができるものと判断したのである。

❖**本決定の実質論について**　本決定の実質的根拠は、営業秘密を保有する当事者が、営業秘密の第三者への開示等をおそれて十分な主張立証ができなくなるという事態は、仮処分事件手続でも生じうるという点にある。本件の特許権侵害の差止めを求める仮処分事件は、仮の地位を定める仮処分事件の一種であり、法律上、原則として口頭弁論または債務者が立ち会うことができる審尋期日を経た慎重な手続であることが求められている（民保23条4項参照）。また、実際の事件処理においても、特許権侵害の仮処分事件の手続は、本案と同様の手続で、慎重に審理されているといわれている[3]。そうであるとすれば、秘密保持命令の制度趣旨は、特許権侵害差止めの

仮処分手続でも妥当するというべきであり、本決定の実質論は正当なものと考えることができよう。

✪**刑事罰の不当な拡張にならないか**　原決定は、秘密保持命令制度は、その違反に対して、懲役刑を含む刑罰（5年以下の懲役もしくは500万円以下の罰金またはその併科〔特許200条の2等〕、法人等に対する両罰規定〔特許201条等〕）をもって臨んでいるから、民事保全手続にも特許法105条の4の適用を肯定することは、処罰範囲の拡大を招来し、「刑罰法規の謙抑性及び明確性の趣旨に鑑みれば」適切ではないと述べる。本決定は、この点に直接ふれていないが、仮処分事件にも同条の（類推ではなく）適用を認める以上、刑罰規定の適用を前提とするものと考えられており[4]、処罰範囲明確性の点は特に問題ないという判断であろう。

✪**立法論**　上記のように、秘密保持命令の制度趣旨は仮処分事件においても妥当するという本決定の実質論とその結論自体は妥当であるとしても、「訴訟」という表現は、その内容につき解釈が分かれる余地があり、刑罰を伴う規定の文言としては、望ましくないことは否定できない（本決定が、「訴訟」という文言が民事保全事件を含む例として挙げる特許法54条2項等は「訴訟」手続の中止に関する規定であり、刑罰規定と関連しない点に留意すべきであろう）[5]。本決定の判断を踏まえた立法的対応の必要性が指摘されるゆえんである[6]。

〔田頭章一〕

1審＝東京地決平20・4・14金判1315号62頁／2審＝知財高決平20・7・7判時2015号127頁

1) 秘密保持命令制度は、不正競争による営業上の利益の侵害に係る訴訟（不正競争防止10条）、著作権侵害訴訟（著作権114条の6）、実用新案権侵害訴訟（実用新案30条）、商標権侵害訴訟（商標39条）等においても認められる。その制度趣旨および運用状況等については、たとえば、近藤昌昭＝齊藤友嘉『知的財産関係二法／労働審判法』（商事法務、2004）39頁、髙部眞規子「営業秘密保護をめぐる民事上の救済手続の評価と課題」ジュリ1469号46頁参照。
2) 服部誠「特許権侵害と仮処分」牧野利秋ほか編『知的財産法の理論と実務〔特許法Ⅱ〕』（新日本法規出版、2007）132頁以下等参照。
3) たとえば、清水節ほか「東京地裁知財部と日弁連知的財産制度委員会との意見交換会（平成19年度）」判タ1271号10～11頁参照。
4) 山田真紀・最判解民平成21年度（上）100頁、102頁参照。
5) 本決定が、特許法54条2項等が「訴訟」という文言は民事保全手続を含むものと解する点に反対する説として、安達栄司・金判1326号19頁参照。
6) 本決定で問題となった特許法の規定とは直接関係しないが、秘密保持命令制度を知的財産関係法にとどまらず、民事訴訟法へもとり入れようとする提案として、三木浩一＝山本和彦編『民事訴訟法の改正課題』（有斐閣、2012）139頁以下がある。

96 口頭弁論の再開

最高裁昭和56年9月24日判決　民集35巻6号1088頁、判時1019号68頁、判タ453号66頁　　▶153条

論　点　▶弁論の再開をしないことが違法となる場合

事実の要約　X_1はYを相手どって、ある不動産の所有権移転登記の抹消等を求める訴えを提起したところ、Yは、当該登記は法律上保護される取引に基づくものであったとする各種の抗弁を提出して争った。1審ではX_1が勝訴し、Yが控訴した。その控訴審の口頭弁論終結前にX_1は死亡したが、訴訟代理人がいたために手続は中断せず、また訴訟承継の手続もなく、X_1を当事者としたままで審理が進行して、控訴審は弁論を終結し、判決言渡期日を指定した。

判決言渡期日の約1月半前、Yは、X_1が死亡したことを知ったとして、X_1の死亡を証明する戸籍謄本、および、X_1の養子であるX_2（Xの代理人として問題の取引に関与していた）はX_1の権利義務一切を承継したので責任を負うべきものである旨の準備書面を添えて弁論の再開を申し立てたが、控訴審は弁論を再開せず、Yの抗弁を排斥してX側勝訴とする判決を言い渡した。

裁判の流れ　1審：X_1の請求認容　2審：控訴棄却　最高裁：破棄差戻

Yは上告して、本件でX_2がX_1の権利義務一切を承継した場合には、訴訟関係の内容や権利関係が著しく異なってくるので、控訴審は弁論を再開すべきであったと主張した。上告審はこれを容れ、原判決を破棄して、事件を原審に差し戻した。

判　旨　＜破棄差戻＞「〔一旦終結した弁論を再開するかどうかということに関する〕裁判所の右裁量権も絶対無制限のものではなく、弁論を再開して当事者に更に攻撃防禦の方法を提出する機会を与えることが明らかに民事訴訟における手続的正義の要求するところであると認められるような特段の事由がある場合には、裁判所は弁論を再開すべきものであ」る。

本件の場合のように、YがX側の相続の事実を知らなかったため、これに基づく攻撃防禦方法を提出せず、これを提出すれば勝訴する可能性があると認めるべき事実関係が存するという事情のもとで、右攻撃防御方法についてさらに審理判断を求める必要があることを理由としてYから弁論再開申請があったにもかかわらず、控訴審裁判所が弁論を再開しないでY敗訴の判決をすることは違法である。

判例の法理　❖**弁論再開を要する場合**　いったん終結した弁論の再開は裁判所の裁量にかかり、当事者は権利としてその再開を求めることはできず、弁論再開の申請に対して裁判所は許否の決定をする必要もないということは大審院以来の確定した判例となっている[1]。

しかし、弁論の再開をしないことが違法となることもあり、本件は「判旨」の通り、その一般的要件を示した上で、弁論の再開をしなかったことを違法とした最初の事例である。

判例を読む　❖**弁論再開の意義**　弁論の再開とは、弁論を終結する旨の宣言を取り消し、弁論を続行する旨の裁判所の決定であって（153条）、これによって審理は、当事者が攻撃防御方法を提出できる段階に戻る。弁論の再開は常に職権で行われ、当事者に再開を求める法律上の権利がないことは学説でも通説である[2]。

❖**弁論を再開すべき場合**　本判決が掲げた要件は、「弁論を再開して当事者に更に攻撃防禦の方法を提出する機会を与えることが明らかに民事訴訟における手続的正義の要求するところであると認められるような特段の事情がある場合」というものである。その具体化はこれからの課題であるが、本件は、従前の立証の不足を補う新たな攻撃防御方法が他方当事者側に発生し、当該当事者がその事実を知らずに主張、立証の機会を失ったことに故意や過失がなく、弁論を再開しなければ既判力による不利益を受ける、などかなり特殊な事情があった事件であって、本判決が弁論再開に関する従来の実務に何らかの変更を加えようとしたものではないとされている（参考文献・遠藤解説）ことに注意を要するであろう[3]。

❖**現行法下での意義**　本件は旧法下での事例であるが、弁論の再開に関する規制は現行法でも全く同じであるので、本件判決は現行法でも同様の重要性をもつ。実務的には弁論の再開はあまり認められない傾向があるだけに、弁論の再開の要件を示した本判決の実務的意義は大きい。

〔小林秀之〕

1審＝千葉地木更津支判昭53・3・27民集35巻6号1100頁／2審＝東京高判昭54・12・25民集35巻6号1106頁

1) 大判明35・4・14民録8輯4巻44頁、大判大13・7・12民集3巻11号455頁、最判昭23・4・17民集2巻4号104頁、最判昭23・11・25民集2巻12号422頁、最判昭35・12・7民集14巻13号2964頁等。
2) 斎藤ほか編・注解民訴③441頁以下〔遠藤功＝遠藤賢治＝小室直人〕、注釈民訴③211頁〔加藤新太郎〕。
3) 当事者に弁論再開申立権はないため、裁判所には応答義務はない。小林編・法学講義165頁〔西野喜一〕。

97 先行行為に矛盾する主張——訴訟上の信義則

最高裁昭和 51 年 3 月 23 日判決　判時 816 号 48 頁、金法 796 号 76 頁　　▶2 条

論　点　▶先行行為に矛盾する主張・訴訟上の信義則

事実の要約　X は、Y に対し、本件売買契約の無効を主張するとともに、仮定的に、訴訟上当該売買契約を取り消す旨の意思を表示し、当該売買契約に基づいて Y に交付した手付金、内金等の返還を求める本訴を提起し、さらに、その口頭弁論期日において、当該売買契約を解除する旨の意思を表示した。これに対し、Y は、X の当該無効、取消、解除の主張を争い、本件売買契約に基づき代金残額等の支払を求める反訴を提起した。X は、本件売買契約が有効に存在するか否かについての審理の継続中に、本訴における従前の無効、取消し、解除の主張を撤回して反訴請求原因事実を認め、Y の請求にかかる代金残額および約定の遅延損害金全額を適法に弁済提供した。そのうえで X は、本件売買契約の履行として、目的物の引渡しおよび所有権移転登記手続を求める再反訴を提起し、同時に本訴請求を放棄した。ところが、その後、Y は、反訴請求を放棄し、X がさきに本訴においてした本件売買契約の取消、解除を、再反訴請求を拒むための抗弁事実として主張した。

```
売買契約の無効や解除・取消を前提とした本訴請求
　　　　　　　　───────────────▶
　　　　同契約の有効を前提とした反訴請求
　　　　◀───────────────
X　　X は無効等の主張を撤回し、適法に弁済提供　　Y
　　　　　　同契約の有効を前提した再反訴請求
　　　　　　　───────────────▶
　　　　◀───────────────
　Y は、X による解除・取消の事実を抗弁として主張できるか
```

裁判の流れ　1 審：請求認容　2 審：控訴棄却　最高裁：上告棄却

原審は、Y の抗弁を排除した上で、X の再反訴請求を認容した。Y が上告したが、上告棄却。

判　旨　＜上告棄却＞「X が、Y の主張に沿って、本件売買契約の無効、取消、解除の主張を撤回し、右売買契約上の自己の義務を完全に履行したうえ、再反訴請求に及んだところ、その後に Y は、一転して、さきに自ら否認し、そのため X が撤回した取消、解除の主張を本件売買契約の効力を争うための防禦方法として提出したものであって、Y の右のような態度は、訴訟上の信義則に著しく反し許されない」。

判例の法理　契約の無効を前提として X の本訴請求がなされたのに対して、その有効を前提として Y が反訴請求をなし、これに対して X が本訴請求を放棄して、契約の有効を前提とする再反訴をなしたところ、Y が反訴請求を放棄し、契約の無効を再反訴に対する抗弁として主張することは信義則に反するものとした[1]。

判例を読む　民事訴訟の追行における信義誠実の原則（信義則）とは、当事者は、当該具体的事情のもとにおいて一般に期待される信頼を裏切ることのないように、誠意をもって訴訟を追行しなければならないとする原則である（2 条）。信義則の発現形態は、訴訟状態の不当形成の排除、訴訟上の禁反言（矛盾挙動の禁止）、訴訟上の権能の失効および訴訟上の権能の濫用の禁止という四種類に分類するのが通例である。本件は、訴訟上の禁反言が問題とされる事案である。

❂**訴訟上の禁反言**　一方の当事者が、訴訟上または訴訟外で一定の行為（先行行為）をし、相手方がこれを信頼して自己の法律的地位を築いた後に、先行行為と矛盾する行為（矛盾行為）をした場合、もし、この矛盾行為を容認すると相手方の利益を害する結果となるときは、後行の矛盾行為の効力は、信義則によって否定される。

例えば、最高裁は、結論的には信義則に反せず有効であるとしたが、先にある事実に基づき訴えを提起し、その事実の存在を極力主張立証した者が、その後相手方から右事実の存在を前提とする別訴を提起されるや、一転して右事実の存在を否認するがごときは、訴訟上の信義則に著しく反する、とした[2]。

❂**本件と訴訟上の禁反言**　訴訟行為のうち、主張は、弁論主義のもとでは原則として自由に撤回が認められ、撤回された主張事実は訴訟資料とならないのが原則である[3]。また、訴訟進行の点で当事者の裁判所に対する主張の提出が遅くなっても、「時機に後れて提出された攻撃防御方法の却下」（157 条 1 項）の要件を充足しない場合には、その主張は訴訟資料として認められうる。したがって、本件のように、Y が、当初、契約が有効であることを主張し、後にその主張を撤回して契約の有効性を争っても、民訴法の建前からは原則として問題は生じない。

しかし、本件では、X が、契約が有効であるとする Y の主張に沿って、本件売買契約の無効、取消、解除の主張を撤回し、右売買契約上の自己の義務を完全に履行した上、再反訴請求に及んだところ、その後に Y が先行行為に矛盾する後行行為をした、すなわち、有効と主張していた契約の有効性を否定したという特殊性があり、この矛盾行為を容認すると相手方の利益を害する結果となるとみられる。したがって、本件は、訴訟上の禁反言に該当する事案であり、後行の矛盾行為の効力は、信義則によって否定されるべきである。主張が信義則に反するならば、不適法と判断されてその主張内容の検討に入ることなく斥けられる[4]。

〔山本浩美〕

---

1 審＝大阪地判昭 48・12・22／2 審＝大阪高判昭 50・3・31

1) 伊藤 344 頁注 184。
2) 最判昭 48・7・20 民集 27 巻 7 号 890 頁。
3) 伊藤 337 頁。
4) 本判決は当を得ないと批判するのは、吉田直弘・百選 5 版 92 頁。

98 相殺に対する反対相殺

最高裁平成10年4月30日判決　民集52巻3号930頁、判時1637号3頁、判タ977号48頁、金法1521号61頁、金判1049号41頁

▶142条、114条2項

論点　▶訴訟上の相殺の抗弁に対し訴訟上の相殺を再抗弁として主張することは許されるか

事実の要約　Xら3名（原告・控訴人・被上告人たる貸主Aにつき被上告人の地位の承継人）は、Y（被告・被控訴人・上告人）に対し、3つの継続的な金銭消費貸借契約に基づき金員を3口に分けて貸し付けたが、その態様は、貸付けの際に利息が天引きされ、弁済期に貸金を一括返済し、それに近接して次の金員を借り受けるということを繰り返したものである。Yは、最後の貸金である金銭消費貸借金債権（以下、「貸金債権」という）①の返済を怠り、その担保として手形①を振り出し、次いで貸金債権①を目的とする準消費貸借を締結したが、その債権が準消費貸借金債権①である。また、本件では利息制限法の制限を超過する利息が天引きされており、その超過額の合計額が不当利得返還請求債権（以下、「不当利得債権」という）①である。貸金債権②および貸金債権③についても同様の取引がされた（図1）。

図1：3つの取引の内容

図2：本件訴訟における相殺および反対相殺等の状況

本件訴訟（図2）では、XがYに対し、準消費貸借金債権①および準消費貸借金債権②を請求した。Yは、準消費貸借金債権①を受働債権として不当利得債権①と対当額で相殺する訴訟上の相殺の抗弁と、準消費貸借金債権②を受働債権として不当利得債権②と対当額で相殺する訴訟上の相殺の抗弁を主張した。これに対しXは、不当利得債権①②の債権のうち発生時期の早いものから順に受働債権として、手形金債権③と対当額で相殺する旨の訴訟上の相殺を再抗弁として主張したところ、さらにYは、手形金債権③を受働債権として、不当利得債権③と対当額で相殺する旨の訴訟上の相殺を再々抗弁として主張した。

裁判の流れ　1審：請求棄却　2審：請求一部認容　最高裁：控訴棄却（請求棄却）

1審判決は、まず、請求債権額から抗弁の自働債権額を控除して、請求債権の全額が消滅したとして、Xの請求を棄却した（1審判決が、なぜ抗弁の自働債権額を控除し、他方で再抗弁の自働債権額を考慮しなかったのか、その理由は必ずしも明確ではない）。

これに対し、控訴審判決は、まず再抗弁の自働債権額を抗弁の自働債権額から控除し、その残額を自働債権として請求債権から控除すべきであると判断して、Xの請求を一部認容した。控訴審判決が再抗弁の自働債権額を先に控除すべきであるとした理由は、本件においてXによる相殺の再抗弁の意思表示がYによる相殺の抗弁の意思表示よりも先にされていたことによる。また、控訴審判決は、Xによる相殺の再抗弁により再々抗弁の受働債権である手形債権③が先に消滅しているとして、再々抗弁の自働債権額を再抗弁の自働債権額から控除していないとした。

Yが上告したが、その理由は、相殺の再抗弁が不適法であること、控訴審判決が相殺の順序を誤っていることなどを論旨とするものである。

判　旨　〈原判決破棄自判（請求棄却）〉「1　被告による訴訟上の相殺の抗弁に対し原告が訴訟上の相殺を再抗弁として主張することは、不適法として許されないものと解するのが相当である。けだし、(一)訴訟外において相殺の意思表示がされた場合には、相殺の要件を満たしている限り、これにより確定的に相殺の効果が発生するから、これを再抗弁として主張することは妨げないが、訴訟上の相殺の意思表示は、相殺の意思表示がされたことにより確定的にその効果を生ずるものではなく、当該訴訟において裁判所により相殺の判断がされることを条件として実体法上の相殺の効果が生ずるものであるから、相殺の抗弁に対して更に相殺の再抗弁を主張することが許されるものとすると、仮定の上に仮定が積み重ねられて当事者間の法律関係を不安定にし、いたずらに審理の錯雑を招くことになって相当でなく、(二)原告が訴訟物である債権以外の債権を被告に対して有するのであれば、訴えの追加的変更により右債権を当該訴訟において請求するか、又は別訴を提起することにより右債権を行使することが可能であり、仮に、右債権について消滅時効が完成しているような場合であっても、訴訟外において右債権を自働債権として相殺の意思表示をした上で、これを訴訟において主張することができるから、右債権による訴訟上の相殺の再抗弁を許さないこととしても格別不都合はなく、(三)また、民訴法114条2項（旧民訴法199条2項）の規定は判決の理由中の判断に既判力を生じさせる唯一の例外を定めたものであることにかんがみると、同条項の適用範囲を無制限に拡大することは相当でないと解されるからである。

2　これを本件についてみると、手形金債権③を自働債権として不当利得債権①②と相殺する再抗弁の主張は不適法であるから、不当利得債権①②全額を自働債権として相殺の効果が生じ、これにより準消費貸借金債権①②の全額が消滅すると解すべきであって、本件請求は理由がないというべきである。」

判例の法理　本判決は、相殺の再抗弁が不適法である理由として、第1に、訴訟上の相殺の主張が仮定的性質

を有するため、法律関係の不安定および審理の錯雑を招くこと、第2に、訴訟物以外の債権は、訴えの追加的変更または別訴もしくは訴外での相殺の確定的意思により行使すべきであること、第3に、相殺の既判力を定める民訴法114条2項の規定は、判決理由中の判断に既判力を生じさせる例外的な規定であり限定的に解すべきであることを理由とした。

判例を読む　被告側の訴訟上の相殺の抗弁に対し原告側が新たな債権でもって訴訟上の相殺を再抗弁として主張するということ（「反対相殺の再抗弁」ともいわれる）は、下級審において必ずしもまれではなかったようであるが、この再抗弁の許否という問題に関しては、この判決以前に公刊された下級審裁判例にも、この点を明示的に論じたものはなかった。

　本判決は、被告の訴訟上の相殺の抗弁に対し、原告が新たな債権でもって訴訟上の相殺を再抗弁として主張することにつき初めて最高裁が判断し、実務的観点からこれを不適法として許されないものとしたものである。相殺の抗弁や反対相殺の再抗弁が提出されると、実質的な審判対象は2倍もしくは3倍になり、しかも仮定的抗弁でかつ既判力も及ぶことになるので審理でもそれらを顧慮しなければならなくなり、審理が複雑化する[1]から許されないという、本判決のこれらの理由は、実務的観点からの理由づけとしては妥当であろう。

　この問題につき、理論的観点からは、どう解されるべきか。

　この点、訴訟上の相殺が持つ法的性質論に着目して解する学説もある。すなわち、判例・通説が訴訟上の相殺の抗弁は裁判所によって判断されることを停止条件としていると解するのに対し、この説は、訴訟上の相殺の抗弁は裁判所で判断されなかったことを解除条件としているとの考えに基づき、そうだとすると相殺の抗弁の提出時に直ちに相殺の実体法上の効果が生じてしまうので、そもそも反対相殺は存在しない債権を受働債権とすることになり不適法となると解する[2]。控訴審判決も、訴訟上の相殺は意思表示の早いものから順に効力を生ずると解しているので、同様の考えを採ったようである。

　しかしながら、相殺の抗弁は、（当事者の意思表示ではなく）裁判所がこの抗弁につき判断して初めて効力を生じるものであるところ、相殺の抗弁を解除条件であるとして、本判決を理論的観点からも妥当とするこの見解は、訴訟上の相殺の仮定的性質に反した説明をしている。理論的観点からは、本判決の理由づけには難しいものがある。

　また、同様の理由づけで反対相殺の再抗弁を否定しようとした控訴審判決では、結果として原告の請求を一部認容しているが、各計算書のそれぞれの取引において、残債権である準消費貸借金債権等よりも過払額である不当利得債権の方が多額であったのであるから、本件において被告より少額の債権しか有しない原告が一部勝訴する結果となる判断を下したことは、結論の妥当性の点でも疑問があったと批判されている[3]。

　なお、学説には、審理の錯綜を招かない場合には本判決の射程は及ばない（反対相殺の再抗弁は許される）とする見解[4]もあるが、本判決は、広く一般的に訴訟上の反対相殺の再抗弁を許さない立場を採用したものである。本判決は、最高裁が、反対相殺の再抗弁の是非について、訴訟手続を煩雑にするという実務的観点を重視して（2条の精神に基づく訴訟政策的判断とも評される）新たな判断を示したものであり、実務に与えた影響は大きいといわれている。

〔田村陽子〕

1審＝宮崎地判平4・6・3／2審＝福岡高判平5・2・24

1) これに対し、ドイツ民訴145条3項・302条参照。ドイツでは、裁判所は、相殺に関する判断について弁論を分離でき、また訴求債権に関する弁論のみが裁判をするのに熟するときは、訴求債権に関する裁判を言い渡すことができる。相殺に関する裁判は留保され、別途係属することとなっており、その後の費用についても取扱いがきちんと定められているが、日本法にはこのような法の手当てはない。
2) 松本博之『訴訟における相殺』（商事法務、2008）305頁以下。なお、ドイツでも、反対相殺の再抗弁は禁止されているようである。
3) 長沢幸男・ジュリ1140号119頁。
4) 中野・論点② 200頁。

99 時機に後れた攻撃防御方法

最高裁昭和46年4月23日判決　判時631号55頁　▶156条・157条1項

論　点 ▶ 建物買取請求権の行使が時機に後れた攻撃防御方法とされるのはどのような場合か

事実の要約　Yは、1審において口頭弁論期日に出頭せず、本件建物収去、土地明渡等を含む一部敗訴の判決を受けて控訴した。Yは、原審第2回口頭弁論期日に、抗弁として、Yが前借地人から地上の建物を買い受けるとともに、Xの承諾を得て本件土地の賃借権の譲渡を受けた旨主張したが、Xら先代においてこれを争っていた。その後、証拠調等のため期日を重ねた。Yは、原審第11回口頭弁論期日にいたってようやく建物買取請求権行使の主張をした。原審は、Yが原審第11回口頭弁論期日に提出した建物買取請求権に関する主張を、原審第12回口頭弁論期日に旧法139条1項（現157条1項）により却下して弁論を終結し、原判決を言い渡した。

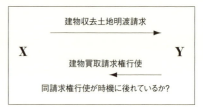

裁判の流れ　1審：請求一部認容　2審：Yの控訴棄却　最高裁：Yの上告棄却

2審（原審）は、Yが2審において主張した建物買取請求権を旧法139条1項により却下し、Y敗訴の判決を下した。これに対して、Yは上告したが、上告は棄却された。

判　旨　＜上告棄却＞本件判旨は、Yが原審第11回口頭弁論期日に提出した建物買取請求権に関する主張を、旧法139条1項に基づいて原審が却下して弁論を終結したことを認めたうえで、次のように判示している。

Yの「建物買取請求権の行使に関する主張は、Xらが借地法10条所定の時価として裁判所の相当と認める額の代金を支払うまで、Yらにおいて本件建物の引渡を拒むために、同時履行等の抗弁権を行使する前提としてなされたものであることを窺うことができるが、所論指摘の各証拠によっては到底右時価を認定するに足りるものとは認められず、かくては右時価に関する証拠調になお相当の期間を必要とすることは見やすいところであり、一方、原審は、本件において、前述のように右主張を却下した期日に弁論を終結しており、さらに審理を続行する必要はないとしたのであるから、ひっきょう、Yの前記主張は、訴訟の完結を遅延せしめるものであるといわなければならない。

それゆえ、原審が右主張を〔旧〕民訴法139条1項により却下したのは相当である」。

判例の法理　Yから提出された建物買取請求権について審理をすると、なお相当の期間を必要とする場合には、その当事者の主張は訴訟の完結を遅延せしめるものとして、旧法139条1項により却下しうる。

判例を読む　旧137条の随時提出主義の下では、当事者は、必要があれば随時に攻撃防御方法の提出やその修正、追加を行うことができ、証拠についても随時に提出ができた。しかし、攻撃防御方法の提出が円滑な審理の進行を妨げ、相手方当事者に不当な負担を生じさせる場合には、その提出が制限されることがあった（旧139条1項）。これが時機に後れた攻撃防御方法の却下であり、本件はこれに関する判例である。しかし随時提出主義の趣旨が誤解され、当事者がその準備の程度や訴訟戦術上の考慮から事実や証拠の提出順序を決定し、その結果として審理が遅延するという現象が目立ったために、現行法では、随時提出主義の本来の趣旨を明確にするために、適時提出主義が採用された[1]。攻撃防御方法は訴訟の進行状況に応じ適切な時期に提出しなければならないとする原則を、適時提出主義（156条）という[2]。適時提出主義の目的は、争点の整理・圧縮を前提とした、効率的かつ弾力的な審理の実現を図るところにある。したがって、攻撃防御方法の提出が円滑な審理の進行を妨げ、相手方当事者に不当な負担を生じさせる場合には、その提出が制限されることがある[3]。157条1項も、前述した旧139条1項と同一内容の規定であるから、旧139条1項に関する判例や解釈論は現行法のもとでも通用する。

✪時機に後れた攻撃防御方法の却下　「時機に後れて提出した」とは、口頭弁論の経過との関係で、当該攻撃防御方法が提出された時点より以前に口頭弁論に提出すべき機会があったことをいう[4]。控訴審での提出が時機に後れたものか否かは、第1審以来の手続の経過を通じて判定すべきである（判例）。

✪建物買取請求権　本件では、却下の対象となった攻撃防御方法が、建物買取請求権であるという特殊性がある。建物買取請求権の行使は、借地権の存続については敗訴を前提とした攻撃防御方法であるため、その性質上、提出が遅れがちとなるからである[5]。しかし、本件では、この特殊性が考慮されていない。

✪建物買取請求権の行使　却下されても実体法上の建物買取請求権は失われない[6]。Yは、建物明渡請求を認容する前訴判決が確定しても、請求異議の訴えを提起し前訴判決を建物代価の支払と引換えに建物明渡を命ずる判決に変更すべきことを求めうる[7]。

〔山本浩美〕

1審＝京都地判昭42・4・6／2審＝大阪高判昭44・12・23

1) 伊藤277頁以下。
2) 新堂523頁参照。なお旧137条では、随時提出主義が採られていた。
3) 伊藤278頁。
4) 上田270頁。
5) 小林・民訴法がわかる138頁以下。
6) 伊藤302頁注112。
7) 東京高判平2・10・30金法1283号35頁。

100 当事者からの主張の要否（1）—所有権喪失事由

最高裁昭和55年2月7日判決　民集34巻2号123頁、判時960号40頁、判タ412号82頁　　▶弁論主義

論　点　▶所有権喪失事由（抗弁事実）と主張責任テーゼ

事実の要約　Xらは、本件土地は、B（XらおよびCの父）が前主Aから買い受けたのち、これを相続したものであると主張し（A→B→Xら）、登記名義人Yに対して所有権移転登記手続請求の訴えを提起した。これに対して、Yは、本件土地はBが資金を提供したが金銭の贈与であって、Aから買い受けたのはC（Yの夫）であり、これをYが相続したと主張した（A→C→Y）。

裁判の流れ　1審：請求棄却　2審：控訴棄却　最高裁：破棄差戻

1審はYの主張を認めてXの請求を棄却。2審は、BがAから本件土地を買い受けたことは認めたが、これに加えて、BはCに死因贈与し、これをYが相続したものと認定し（A→B→C→Y）、結論的にはXの請求には理由がないとして控訴棄却。このため、Xは弁論主義違反を理由に上告。

判　旨　＜破棄差戻＞「相続による特定財産の取得を主張する者は、(1)被相続人の右財産所有が争われているときは同人が生前その財産の所有権を取得した事実及び(2)自己が被相続人の死亡により同人の遺産を相続した事実の2つを主張立証すれば足り、(1)の事実が肯認される以上、その後被相続人の死亡時まで同人につき右財産の所有権喪失の原因となるような事実はなかったこと、及び被相続人の特段の処分行為により右財産が相続財産の範囲から逸出した事実もなかったことまで主張立証する責任はなく、これら後者の事実は、いずれも右相続人による財産の承継取得を争う者において抗弁としてこれを主張立証すべきものである。これを本件についてみると、Xらにおいて、BがAから本件土地を買い受けてその所有権を取得し、Bの死亡によりXらがBの相続人としてこれを共同相続したと主張したのに対し、Yは、前記のとおり、右Xらの所有権取得を争う理由としては、単に右土地を買い受けたのはBではなくCであると主張するにとどまっているのであるから（このような主張は、Bの所有権取得の主張事実に対する積極否認にすぎない。）、原審が証拠調の結果Aから本件土地を買い受けてその所有権を取得したのはBであってCではないと認定する以上、XらがBの相続人としてその遺産を共同相続したことに争いのない本件においては、Xらの請求は当然認容されてしかるべき筋合である。しかるに、原審は、前記のとおり、Yが原審の口頭弁論において抗弁として主張しないCがBから本件土地の死因贈与を受けたとの事実を認定し、したがって、Xらは右土地の所有権を相続によって取得することができないとしてその請求を排斥しているのであって、右は明らかに弁論主義に違反するものといわなければならない」1）。

判例の法理　★**弁論主義の意義**　弁論主義とは、裁判の基礎となる資料（事実および証拠）を当事者の提出したものに限る手続原則をいい、裁判所が自ら資料の収集に当たる職権探知主義と対置される。弁論主義は、民事訴訟の基本原則の1つであるが、人事訴訟などの公益性の高い特殊な訴訟手続においては、真実発見の要請が強いことから、例外的に職権探知主義が採用されている（人訴19条、20条、34条など）。

弁論主義の根拠については、これを処分権主義の場合と同様、私的自治の原則に求める見解（本質説）が通説であるが、当事者の利己心を利用した合理的な真実発見手段であるとする見解（手段説）や、さらには両説の根拠に加え、予想外の事実の認定による不意打ちの防止や裁判所の公平・中立に対する信頼確保の要素をも加味して、多元的に理解する見解（多元説）がある。

★**3つのテーゼ**　弁論主義の内容は、通常、次の3つの命題（テーゼ）に分けて説明される。第1に、裁判の基礎となる事実は、原則として当事者が口頭弁論において主張したものに限られる（主張責任テーゼ）。第2に、当事者間に争いのない事実（自白された事実）については、裁判所はこれに反する認定はできず、そのまま裁判の基礎としなければならない（自白テーゼ、179条）。第3に、事実の存否について、裁判所が認定を行う場合には、当事者の提出した証拠によらなければならない。したがって、裁判所が職権で証拠調べを行うことは原則として禁じられる（職権証拠調べ禁止テーゼ）。弁論主義の第1テーゼの背景には、私的な財を審理判断の対象とする民事訴訟においては、事案の解明も私人のイニシアティヴによって行うのが適切であるとの発想が背景にあると考えられる（自己責任の側面）。これは真実発見の合理性・効率性とも無関係ではない。私人のイニシアティヴによる情報収集は、個別事件に注目すれば職権探知に劣るかもしれないが、社会全体としてみれば、納税者への真実解明コストの転嫁を防ぐことができる点で、より効率的であると思われるからである。当事者の主張がないのに事実を認定した場合には、原則として弁論主義の第1テーゼに違反することになるが、このテーゼがいかなる事実について適用されるかについては争いがある。

判例を読む　★**判旨の論理**　Xらの請求が認められるためには、①Bが生前所有していた事実、および、②XらがBを相続した事実が認められることが必要である。ところで、論理的には、Bは相続開始（死亡）時点において本件土地の所有者でなければならないが、所有権について権利自白がなされない場合（争いがある場合）には、さらに、所有権の取得経緯に攻防が移行する。この場合、Xらは、Bが本件土地の所有権を取得した原因事実（A→B売買）さえ主張立証すればよく、その後、Bが所有権を喪失した事実（所有権喪失事由）は、Yが抗弁として主張立証すべきことになる。すなわち、ちょうど債権関係をめぐる紛争において、債権の発生原因事実（契約など）が主

張立証されれば、その後の弁済などの消滅原因事実は、相手方において主張立証されなければならないのと同様、所有権に関する攻防においても、いったん取得原因事実が主張立証されれば、その後の喪失事由が主張立証されない限りは、所有が継続するものとして取り扱われるのである。

そこで、本件においても、Ｘ側の請求原因事実としては、①Ｂによる生前の所有権取得（「Ａもと所有」プラス「Ａ→Ｂ売買」）、および前記②（Ｂ→Ｘら相続）の事実さえ主張立証すればよく、「Ｂ→Ｃ死因贈与」（所有権喪失事由）は、Ｙ側が抗弁として主張立証すべきことになる。ところが、原審は、Ｙによる主張がないにもかかわらず、「Ｂ→Ｃ死因贈与」の事実（抗弁事実）を認定した。本判決はこのような認定は弁論主義に反するとしたのである（所有権喪失事由は抗弁事実であり、その訴訟上の重要性から主張を要する事実とすべきである）2)。

❂**機能的弁論主義の見地からの検討**　弁論主義の本来的な根拠としては本質説が妥当する。しかし、これだけでは、弁論主義違反の際の具体的判断基準としては不十分である。認定の食い違いの許容性判断という機能的・実践的な側面においては、むしろ、不意打ち防止の要素が重要となる。そして、不意打ち防止のためには、手続内における攻防対象の透明性確保が不可欠となる。本来的弁論主義（制度根拠論）とは区別して、これを**機能的弁論主義**（運用基準論）と呼ぶことができる。このような見地からすると、本件において、「Ｂ→Ｃ死因贈与」に対応する生の事実につき、実質的な攻撃防御の機会が与えられていたか否かが評価の分かれ目ということになろう。

❂**本件のその後の経緯**　本件の差戻審では、Ｙは判旨の指摘に従い死因贈与を主張した。つまり、弁論主義違反として破棄差し戻すことの実質的な意義は、釈明権の行使であると言ってよいだろう。ところが、差戻審は死因贈与ではなく生前贈与と認定してＹを勝訴させたため、再びＸ側は主張のない事実を認定した弁論主義違反の判決として上告したが、さすがに上告棄却とされた。親族間での外形的事実を伴わない贈与の認定と（法的）評価はかなり微妙であることを示すとともに3)、弁論主義違反として破棄差し戻すことの実質的な意義は釈明権の行使になっていることを示唆する後日談である。

❂**弁論主義違反と法的観点指摘義務**　本件では、「Ｂ→Ｃ死因贈与」という抗弁事実に対応する生の事実が主張されている必要がある。Ｙは、資金をＢが提供しＣに金銭を贈与したと主張したのに対して、原審の認定は土地の死因贈与であって生の事実としては似ているともいえる。むしろ、裁判所が死因贈与という法的構成による可能性を心証としてもっていることを当事者に指摘し、当事者の攻撃防御の焦点をそこに合わさせるべきであったろう4)。このように、当事者の気がついていない法的観点を裁判所が当事者に指摘し、当事者に対論させる義務を**法的観点指摘義務**というが、近時ドイツやフランスで立法的に認められたこともあって、わが国でも有力に主張されている。

死因贈与は抗弁事実だから当事者の主張を要し、主張なくして認定すれば弁論主義違反という単純な論理を超えて、現在は「死因贈与」という法的構成を当事者に指摘しそれを構成する事実を主張させて、当事者の攻撃防御の焦点をそこに合わせなければ違法というように法と事実主張を融合させて考えるようになりつつある。

〔小林秀之〕

1審＝名古屋地豊橋支判昭 48・10・30 民集 34 巻 2 号 130 頁／2審＝名古屋高判昭 52・7・19 民集 34 巻 2 号 134 頁／差戻控訴審＝名古屋高判昭 56・2・3／差戻上告審＝最判昭 57・4・27 判タ 471 号 105 頁

1) 判旨は、所有権取得の来歴等については当事者の主張を要しないとした最判昭 25・11・10 民集 4 巻 11 号 551 頁を判例変更している。高橋・上 437 頁。
2) 山田文・百選 5 版 100 頁。
3) それを生前贈与と評価するか、死因贈与とするかは法的評価の問題である。
4) 小林・メソッド 228 頁、上杉晴一郎・判評 259 号 28 頁、福永有利・民商 85 巻 3 号 129 頁

101 当事者からの主張の要否（2）——代理人による契約締結

最高裁昭和33年7月8日判決　民集12巻11号1740頁　　　　　　　　　　　　　　　　　　　　▶弁論主義

論点 ▶ 当事者本人が契約を締結したとの主張に対し、代理人による行為と認定することは弁論主義（主張責任テーゼ）に反するか

事実の要約　XはYに対し、斡旋料支払を求める訴えを提起した。Xは斡旋料支払の特約はXY間で直接なされた旨主張した。

裁判の流れ　1審：Xの請求認容　2審：控訴棄却　最高裁：上告棄却

1審はX勝訴。原審（2審）は、特約がXとZ（Yの代理人）との間でなされたと認定し、Xの請求には理由があるとした（控訴棄却）。Yが上告。なお、Zの証人尋問も原審では行われており、Zが代理人として認定される可能性はY側も十分予測できた事案だった。

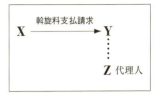

判旨　＜上告棄却＞「斡旋料支払の特約が当事者本人によってなされたか、代理人によってなされたかは、その法律効果に変りはないのであるから、原判決がXとYの代理人Zとの間に本件契約がなされた旨判示したからといって弁論主義に反するところはなく、原判決には所論のような理由不備の違法もない」。

判例の法理　✪**代理人を通じた法律行為**　代理の法律構成に関し、かつては、代理人行為説と本人行為説との対立がみられたが、今日では一般に、行為者は代理人自身であり、本人は法律効果の帰属主体にすぎないと解されている。このように、代理制度は、私的自治における行為者責任原則を修正したものということになる。これを正当化するのは、有権代理においては、本人の代理人に対する代理権授与の意思であり、表見代理においては本人における一定の帰責事由の存在である。近代法が代理制度を認めたことにより、遠隔取引が飛躍的に拡大することになった（私的自治の拡張）。代理においては、①代理人による法律行為（契約締結など）、②代理権授与、および③顕名の事実（本人のためにすることを示すこと）が要件となる。このうち、③の顕名要件はかつてはかなり緩和され、金融取引の分野においても、直接本人の名で行為がなされることも多かった。しかし、近時は代理行為を厳密に認定する傾向にある。

✪**判旨の分析・評価**　本判決は、本人が単独で行為したと主張したのに対し、代理人を通じて行為したと認定された場合につき、「当事者本人によってなされたか、代理人によってなされたかは、その法律効果に変りはない」ことを根拠に、弁論主義には反しないとした。その後も、同旨の最高裁判例（最判昭39・11・13判時396号40頁）が出されているし、また、本件とは逆に、代理人による行為と主張されたのに対し、本人による行為と認定することも弁論主義には反しないとされている（最判昭42・6・16判時489号50頁）。このように、判旨の法理は判例上定着するに至っている。このような判例の動向は、代理人の法律行為の効果も本人に帰属するという見地からみて基本的には是認されるであろうが、代理に関する前記3要件が主要事実であることからすれば、理論的には首尾一貫しない点が残るし、不意打ち防止の観点からも問題を生じよう[1]（機能的弁論主義につき➡100事件）。少なくとも裁判所が、釈明権の行使によって、当事者による事前の主張を促すことが望ましいであろう[2]。

判例を読む　✪**主要事実と間接事実の区別と不意打ち防止**　主要事実について弁論主義の適用があり、当事者の主張を要するとする機能的な理由は、不意打ちを防止し、かつ当事者に攻撃防御の機会を保障することにある。このような弁論主義（主張責任テーゼ）の機能的側面からすれば、本件のようにZの証人尋問も行われ、Zが代理人として認定される可能性があることをY側も十分予測できた場合には、あえて弁論主義違反とする必要もないことになる。特に、法律行為の方式が代理によるか本人によるかが主要争点になっていない本件のような事案においては特にそうであろう。本判例の読み方としては、事案との関係が重要といえる。

何が当該訴訟で重要な事実であって、当事者の主張を要し、争点として攻撃防御の焦点とすべきかは、各々の事案によって異なる面があり、また現行法は重要な間接事実を早期の段階から主張することを要求している（規53条・80条）。その意味では、訴訟運営のあり方と当事者の主張を要する事実とは一定の相関関係が存在しよう。

〔小林秀之〕

1審＝鹿児島地判年月日不詳民集12巻11号1743頁／2審＝福岡高宮崎支判昭31・6・28民集12巻11号1745頁

1) 高橋・上427頁は、本件の具体的事案では不意打ちがなかったとする。
2) 本判決の結論を支持するのは、高橋・上427頁注1)、小林・メソッド220頁、中野貞一郎・民商40巻2号149頁、堀清史・百選5版102頁。

102 当事者からの主張の要否（3）——公序良俗

最高裁昭和36年4月27日判決　民集15巻4号901頁

▶弁論主義

論　点　▶　公序則の適用に際して、当事者への不意打ちをいかに防止すべきか

事実の要約　Aは甲不動産をXに譲渡したが（①売買）、Xは登記未了のまま放置していた。この事情を熟知するYは、Xへの嫌がらせに、Aの相続人Bと連絡の上、甲不動産を安価で譲り受け、先に所有権移転登記をなした（②売買）。XはYに対し、所有権移転登記手続を求める訴えを提起し、②売買の代金が極めて低廉であること、BYが売買に絡み横領罪で刑事訴追されたことなどを主張した。

裁判の流れ　1審：Xの請求認容　2審：控訴棄却　最高裁：上告棄却
　2審は、公序則（民90条）を適用して②売買を無効とし、Xを勝訴させた。これに対して、Yが弁論主義違反を理由に上告した。最高裁は、原審の判断を是認した。

判　旨　＜上告棄却＞「裁判所は当事者が特に民法90条による無効の主張をしなくとも同条違反に該当する事実の陳述さえあれば、その有効無効の判断をなしうるものと解するを相当とする」。

判例の法理　**✿公序則と主要事実**　民法90条における要件は、公序良俗違反という、規範的・評価的色彩を帯びた概念を用いている（規範的要件）。このような規範的要件に関しては、これを基礎づける具体的事実を、間接事実にすぎないとみるべきか、主要事実と考えるべきかにつき争われてきた。もしこれを間接事実とみた場合には、通説によれば弁論主義の第1テーゼ（主張責任テーゼ）は適用されないことになる（間接事実説）。
　しかし、ある事実について第1テーゼを適用するのは、当事者の具体的な攻防目標を明らかにしておく必要があるためであるとの理解からすると、単に公序良俗違反だとの主張では、具体的攻防目標として不十分ではないかとの疑問を免れない。そこで、規範的要件については、これを基礎づける具体的事実を主要事実とみる見解が現れた（主要事実説）。また、通常の主要事実とは異なり、構成要件から直接には導出できない多様性を有する点を重視し、これを準主要事実ととらえる見解もある（準主要事実説）。これらの見解によれば、公序良俗違反のような規範的要件に当たる具体的事実については、当事者の主張を要することになる1)。

✿公序則と弁論主義の適用　主要事実説の中でも、公益性の高い公序則について、弁論主義が適用されないという主張責任の例外を認めるかにつき争いがある。本件は具体的事実が主張されていた事例であったため、いずれの見解によっても、結論としては公序則の適用が是認されることになるが、もし本件において具体的事実の主張が欠けていた場合には差が生ずることになる。弁論主義が適用されないとの見解によれば、基礎事実が証拠には現れているものの、当事者の主張がない場合にも、当事者に弁論権を保障したうえで公序則を適用し得るとされる。公序則の有する安全装置的機能からみて、職権適用を認めることは容認されるという見解もある2)。

判例を読む　**✿新しい分析視角**　本判決は、これまで、公序則に弁論主義が適用されるかどうか、という見地から取り扱われてきた。しかし、具体的な生の事実の主張は前提とした上で、当事者に告げないままで公序則を適用することの可否に関する判示とみるほうが、より適切であろう。一般に、「法＝裁判官原則」（「裁判官は法を知る」）の下で、少なくともかつては攻撃防御レベルでは、理論上、当事者による規範援用は不要とされている。しかし、裁判官が適用規範に関して沈黙を貫くことは、ときに当事者に対する不意打ちとなる。このような不意打ちを防止するためには、適用すべき規範について当事者に情報を提供することが必要となろう（法的観点指摘義務）。本件においても、具体的事実を公序則の適用に供する旨の教示が必要であったというべきであろう。

✿法的観点指摘義務——前提問題レベルと本案レベル　本件は、攻撃防御レベルでの規範援用の要否が問題となっている。これに対し、訴訟物レベルにおける規範援用の要否は、訴訟物理論として激しく争われてきた。新訴訟物理論を採用すると、当事者が援用したのとは異なる規範に基づいて請求を認容することが可能となるため、当事者にとっての不意打ちを防止することが切実な要請となる。ドイツ法上は、このような場合に対処するため、法的観点指摘義務を明文で導入した。しかし、旧訴訟物理論においても、本人訴訟への対処や、信義則による判決効拡大現象との関係で、当事者への適用規範教示が重要な意味をもつ。法的観点指摘義務はこのように弁論主義のみならず、訴訟物理論に対しても新しい分析視角を提供するものであり、裁判官による規範選択の際に生じ得る不意打ちのおそれを防止するうえで有用であろう。

〔小林秀之〕

1審＝松山地西条支判年月日不詳民集15巻4号913頁／2審＝高松高判昭33・3・22民集15巻4号919頁

1) 近時の通説。高橋・上457頁、小林・メソッド217頁、同・民訴法316頁。
2) 伊藤268頁。

103 当事者からの主張の要否（4）——間接事実（否認理由に相当する事実）

最高裁昭和46年6月29日判決　判時636号50頁、判タ264号198頁、金判271号5頁　　　　　　　　　　　　　▶弁論主義

論　点　▶間接事実（否認理由に相当する事実）に主張責任テーゼが適用されるか

事実の要約　Xは、YがA宛てに振り出した約束手形の裏書を受け、現に所持しており、これに基づきYに対し約束手形金請求の訴えを提起した。これに対して、Yは、Aによる原因債務の弁済を主張した。

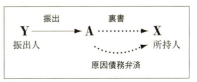

裁判の流れ　1審：Xの請求認容　2審：控訴棄却　最高裁：上告棄却

裁判所は、Aの金銭支払は、別口債務の一部弁済としてなされたという事実をXの主張なしに認定した。そこで、Yが弁論主義違反を理由に上告した。

判　旨　＜上告棄却＞「原告の請求をその主張した請求原因事実に基づかず、主張しない事実関係に基づいて認容し、または、被告の抗弁をその主張にかかる事実以外の事実に基づいて採用し原告の請求を排斥することは、所論弁論主義に違反するもので、許されないところであるが、被告が原告の主張する請求原因事実を否認し、または原告が被告の抗弁事実を否認している場合に、事実審裁判所が右請求原因または抗弁として主張された事実を証拠上肯認することができない事情として、右事実と両立せず、かつ、相手方に主張立証責任のない事実を認定し、もって右請求原因たる主張または抗弁の立証なしとして排斥することは、その認定にかかる事実が当事者によって主張されていない場合でも弁論主義に違反するものではない。けだし、右の場合に主張者たる当事者が不利益を受けるのはもっぱら自己の主張にかかる請求原因事実または抗弁事実の立証ができなかったためであって、別個の事実が認定されたことの直接の結果ではないからである。本件についてこれをみるに、Yにおいて、訴外AのXに対する弁済を主張するについては、訴外Aにおいて債務の履行に適合する給付をしたことのほか、右給付が本件手形金債権によって担保された原判示の原因債権に対応する債務の履行としてなされたものであることの2つの点を立証する責務を負うものであるところ、原判決は…要するに、AがXに支払った原判示の金員は、Aにおいて別にXに対して負担していた50万円の借入金債務の内入れ弁済として支払ったものであることを認定することにより、Yの抗弁は、後者の点についての立証を欠くものとしてこれを排斥したものと認められる。してみれば、原判決にはなんら弁論主義違背のかどはないものというべきである」

判例の法理　★**間接事実と主張責任テーゼ**　本件は、大判大正5年12月23日（民録22輯2480頁）とは反対に、間接事実とみられる事実に主張責任テーゼを適用しなかった例であり[1]、通説に合致する立場を示している。

★**主要事実と間接事実の区別**　通説的には、主要事実とは、法規の構成要件に該当する具体的事実をいい、間接事実とは、主要事実を推認させる事実をいうとされる（なお、**102事件**の解説を参照）。否認理由に相当する積極否認事実は、主張証明責任を負う当事者が主張しなければならない事実ではないので、間接事実に当たる。

判例を読む　★**弁論主義との関係**　本件のような約束手形金請求訴訟においては、Xは、まず、振出による手形債務の成立を主張・立証しなければならない（**請求原因事実**）。これに対して、Yは、Aによる原因債務の弁済を主張した（**抗弁事実**）。ところで、弁済という準法律行為が成り立つためには、債務の本旨に適合する給付の事実（本件では金銭の支払）と、それが当該債務に対する充当目的でなされたことが必要である。抗弁事実の主張証明責任はYにあるので、理論上、抗弁を排斥するには、Yが抗弁事実の事実の認定にとってプラスに働く証拠を提出しないことだけを根拠とすれば足りる。しかし、本件では、裁判所はさらに、別口債務の弁済としてなされたという事実を用いて、抗弁排斥の説得性を増やそうと努めたが、この事実はXが主張しないものであった。この別口債務充当の事実は、もし、X自身が主張していたとすれば、積極的否認（理由付否認）における否認理由に当たるはずのものであった（間接事実の一種）。本判決は、かかる事実は自由心証による証拠評価に関する事情であって、主張証明責任の対象とならないものと把握している[2]。

日常の論証レトリックからすると、「確かに金銭は受け取ったが、それは別口債務の弁済として受け取ったものである」との反論は、再抗弁的な位置づけを与えられるであろう。しかし、法的な主張責任は、訴訟外の説得論理と必ずしも一致しない。かかる乖離を埋めていくことが審理の活性化には不可欠であり、そのために、現行法下の準備書面においては、否認理由の記載が義務づけられている（規79条3項）。現行法下では、かかる否認理由に当たる事実について積極否認した相手方が主張責任を負うとも考えられる。

いずれにしても、積極否認事実についてもそれが訴訟の勝敗を左右する場合は、当事者の攻撃防御の焦点をそこに合わせて主張立証を行わせることにより不意打ちにならないようにする必要があろう。

〔小林秀之〕

1審＝富山地判昭44・5・28／2審＝名古屋高金沢支判昭46・1・18

1) ➡ **109事件**（原強解説）参照。
2) 抗弁事実の積極否認なので、主要事実ではなく不意打ちをもたらさないとするのは、高橋・上438頁。これに対して、新堂484頁は、本件のような間接事実であっても訴訟の勝敗を決する事実については、当事者に弁論に上程させ攻撃防御を尽くさせるべきとする。

104 被告が主張した原告に有利な事実——当事者の主張の要否

最高裁平成9年7月17日判決　判時1614号72頁、判タ950号113頁、金判1031号19頁

▶弁論主義、149条

論　点　▶　被告が主張した原告に有利な事実は判決の基礎になるか——弁論主義

事実の要約　Xは、Y₁ら（Y₁ないしY₄はXの異母妹で、Y₅ないしY₁₁は本件土地の共有者）に対して、Xが本件建物の所有権および本件土地の賃借権を有しているとの確認請求と、Y₁に対しては本件建物の真正な登記名義の回復を理由とする所有権移転登記手続等を請求した。Xは、その請求原因として、Xが昭和21年頃に訴外Aから本件土地を賃借し、その地上に本件建物を建築したと主張した。これに対してY₁らはXの請求原因を否認し、本件土地を賃借して本件建物を建築したのはXではなくXの亡父B（Y₁ら5名の父でもある）であると主張した。

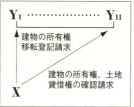
建物の所有権移転登記請求
建物の所有権、土地賃借権の確認請求

裁判の流れ　1審：請求認容　2審：取消・請求棄却　最高裁：一部棄却、一部破棄差戻

1審はX勝訴。2審は、Xの請求原因事実を認めるに足る証拠はなく、逆にY₁らの主張が認められるとして1審判決を取り消し、Xの請求を全て棄却。Xは、2審判決の認定通りの事実関係であるとしても、Bは昭和29年に死亡しているので、XはBの遺産につき9分の1の法定相続分を有し、2審がXの請求を全部棄却したのは審理不尽の違法があるとして上告。最高裁は、2審がXの請求を全て棄却した措置は是認できないとして、この部分を破棄し2審に差し戻した。

判　旨　<一部棄却、一部破棄差戻>「Xが、本件建物の所有権及び本件土地の賃借権の各9分の1の持分を取得したことを前提として、予備的に右持分の確認等を請求するのであれば、Bが本件土地を賃借し、本件建物を建築したとの事実がその請求原因の一部となり、この事実についてはXが主張立証責任を負担する。本件においては、Xがこの事実を主張せず、かえってYらがこの事実を主張し、Xはこれを争ったのであるが、原審としては、Yらのこの主張に基づいて右事実を確定した以上は、Xがこれを自己の利益に援用しなかったとしても、適切に釈明権を行使するなどした上でこの事実をしんしゃくし、Xの請求の一部を認容すべきであるかどうかについて審理判断すべきものと解するのが相当である」。

判例の法理　●**主張共通の原則**　弁論主義のもとでは、裁判所は当事者が主張した事実（主要事実）のみを判決の基礎とすることができる[1]が、本件のように、一方当事者が自己に不利益な事実を自ら陳述し、相手方がこれを自己のために援用しない場合でも、斟酌できるだろうか。この問題は、「主張共通の原則」と呼ばれ、「相手方の援用しない自己に不利益な事実の陳述」であっても判決の基礎となるとするのが、通説・判例[2]の立場である。弁論主義が訴訟資料の収集についての裁判所と当事者との間の権限・責任分担の問題であって、当事者間の分配の問題ではないことに鑑みると、通説・判例の立場は妥当であり、本判決も同様の立場に立つ。

●**釈明義務**　主張共通の原則のもと、相手方の援用しない自己に不利益な陳述であっても、裁判所は当然これを斟酌できるとすると、援用しない当事者にとって不意打ちとなる場合もありえよう。その陳述が、重要な争点となる場合にはなおさらである。このような場合、裁判所は判決を下す前に、援用をしない当事者の意向を確認するためにも釈明権（149条）を行使すべきと考えられる。本判決でも、この点は意識されている。

判例を読む　●**証拠調べの要否**　相手方の援用しない自己に不利益な陳述であっても裁判所はこれを判決の基礎として斟酌すべきとして、裁判所は証拠調べによって当該陳述にかかる事実の真否を認定しなければならないのだろうか。この点について、本判決は何もいっていない。学説上は、証拠調べを要するとするのが通説的見解[3]であるが、近時では不要説[4]も有力に唱えられている（等価陳述の理論）。

●**法的観点指摘義務**　Y₁らの主張は、見方を変えればBからの「相続」という法的構成（法的観点）を基礎づける事実でもあり、前述の釈明義務の問題は法的観点指摘義務の問題ともいえる。学説は、理論構成の差こそあれ、このような義務を一般的に認めようとするのが多数説である。

●**釈明義務と既判力**　本件では、Xは本件訴訟の既判力によって、自己の共有持分の確認等を求める後訴を提起できなくなってしまうという特殊な事情があったわけで[5]、Xの権利を実現させるという意味でも、裁判所（2審）は釈明権を行使すべきだったといえる。このように、既判力による失権が釈明義務の範囲に影響を及ぼすこともあることを示唆しているという点でも、本判決は興味深い。

　上告審では釈明義務違反によって救済されるが、看過されて判決が確定した場合、既判力の縮小による救済にもつながってくる。

〔小林秀之〕

1審＝東京地判平5・12・15金判1031号28頁／2審＝東京高判平7・4・13金判1031号26頁

1) 弁論主義の第1テーゼ。
2) 最判昭41・9・8民集20巻7号1314頁。
3) 吉村徳重・百選続版120頁。
4) 演習民訴① 103頁〔鈴木正裕〕。
5) 最判平9・3・14判時1600号89頁、判タ937号104頁（→108事件）。本判決は、同最判とセットになっており、裁判所の釈明義務により既判力による失権効を緩和する面がある。

105 職権による過失相殺
最高裁昭和43年12月24日判決　民集22巻13号3454頁、判時547号37頁、判タ230号170頁　▶弁論主義、民418条

論　点 ▶ 過失相殺規範の適用における過失の主張の要否—主張責任

事実の要約　Xは、Yから和解調書に基づく強制執行を受けたが、これに対して請求異議の訴え（民執35条）を提起した。Xの主張するところによれば、遅延損害金が増大したのは、Yが和解成立後、住所変更を通知せず、支払請求もしなかったことに一因があるという。しかし、Xはこの主張について証拠を提出しなかった。

裁判の流れ　1審：請求棄却　2審：控訴棄却　最高裁：上告棄却
Xは、Yの過失も原因であると主張して上告。

判　旨　＜上告棄却＞「民法418条による過失相殺は、債務者の主張がなくても、裁判所が職権ですることができるが、債権者に過失があった事実は、債務者において立証責任を負うものと解すべきである。しかるに、本件にあっては、債務者であるXの債務不履行に関し債権者であるYに過失があった事実については、Xにおいてなんらの立証をもしていないことは、本件記録に徴し明らかである。されば、原審が本件について民法418条を適用しなかったのは当然であって、原判決には…違法はない。」

判例の法理　★**判例理論の流れ**　過失相殺の主張責任に関しては、過失相殺それ自体の主張の要否、および過失相殺を基礎づける過失に該当する事実の主張の要否が問題となる。この点、戦前の大判昭和3年8月1日（民集7巻648頁）は、被害者の過失は通常の民法上の抗弁ではなく、裁判所が職権でこれを斟酌することができ、当事者の主張を要しないが、過失についての証明責任は当事者にある旨を判示した。そして、戦後に入り、最判昭和41年6月21日（民集20巻5号1078頁）が不法行為について大審院の立場を支持することを明らかにしていた。本件は、債務不履行についても同様の立場をとることを明らかにしたものである[1]。判例理論は、過失相殺それ自体およびそれを基礎づける過失の双方について主張責任の適用はないが、後者について証明責任の適用はあるとの立場をとるものと理解されている。しかし、民事訴訟における審理の大原則である弁論主義の例外をいかなる理由で認め得るかは明示されておらず、不意打ち防止の観点から判例理論を批判する見解もある[2]。

★**解決の方向**　過失相殺規範（民418条・722条）は、債務不履行・不法行為責任に関して救済を与える際に、「全か無か」という解決では不当な結果をもたらすため、それを柔軟に調整することを目的としており、事案に対する最適規範が存在しない場合に、債務不履行・不法行為規範を一部修正する作用を果たす（この意味で通常の抗弁とは異なる）。このような過失相殺規範の機能からすると、当事者による過失相殺規範の援用自体は不要というべきであり、また、例えば、証人尋問中にこれを基礎づける証言が現れていれば、当事者が自覚的に主張する必要はないと解される（主張不要説）。しかし、過失相殺規範の適用につき、当事者に対する不意打ちを防止するため、裁判所は証言等に現れた事実を過失相殺の基礎に用いるべき旨を当事者に告知する義務を負うと解される。このように、法的観点（適用規範）指摘義務による弊害の除去を条件として判例理論に賛成すべきであろう。

判例を読む　★**過失相殺の非訟的性格**　過失相殺は、実務では妥当な損害額を算定するためのテクニックとして使われているため、公平の理念の現れであるとか非訟的であると説かれる。判例理論の背景には、このような過失相殺の非訟的性格があることは十分認識すべきである。

他方、過失相殺の可能性がないと信じていた被害者の側からすると、全然予想していなかった過失相殺により大幅な損害額の減額がなされてしまうと、これは全くの不意打ちになる。過失相殺について非訟的性格が存在し、最終的に何割の過失相殺を認めるかは裁判所の裁量に委ねられるとしても、過失相殺という法的観点の存在を当事者に指摘し、当事者と対論することはなお裁判所の義務である[3]。

★**過失相殺と権利抗弁**　本判決に対しては、過失相殺は権利抗弁でないとしても、過失相殺の内容をなす具体的事実については当事者の陳述を要するとする見解も有力である[4]。その意味では、過失相殺の非訟的性格は重要であるとしても、法的観点指摘による不意打ちの弊害防止という中間的な立場が穏当なところであろう。

〔小林秀之〕

1審＝東京地判昭42・11・16民集22巻13号3456頁／2審＝東京高判昭43・3・6民集22巻13号3457頁

1) 小林・民事裁判の審理101頁。
2) 高橋・上459頁は、不意打ち防止の観点から眺める限り、証拠資料の中に出てきた事実によっていきなり職権で裁判所が過失相殺するのは妥当でないとする。
3) 高橋・上459頁。
4) 右田堯雄・百選2版164頁、戸根佳夫・百選Ⅰ新法対応補正版198頁。

106 権利抗弁

最高裁昭和27年11月27日判決　民集6巻10号1062頁　　　　　　　　　　　　　　　▶弁論主義、149条

論点 ▶ 留置権の基礎たる事実関係の主張があるにすぎない場合に、裁判所はいかに判断すべきか

事実の要約　XはYに対し、土地所有権に基づく建物収去土地明渡請求訴訟を提起した。これに対して、Yは、自己の占有はXの承諾に基づく賃借権譲渡に基づくものであると主張した。

裁判の流れ　1審：請求認容　2審：請求の一部認容　最高裁：上告棄却

　1審はXの承諾があったことを認めず、請求を認容した。2審において、Yは予備的に建物買取請求権を行使する旨の意思表示を行ったが、買取代金の支払まで引渡を拒む旨の主張（留置権の抗弁）は提出しなかった。そのため、2審は、建物退去（家屋明渡）の限度で請求を認容した。これに対してYが上告。

判旨　＜上告棄却＞「権利は権利者の意思によって行使され、その権利行使によって権利者はその権利の内容たる利益を享受するのである。それ故留置権のような権利抗弁にあっては、弁済免除等の事実抗弁が苟くもその抗弁を構成する事実関係の主張せられた以上、それが抗弁により利益を受ける者により主張せられたると、その相手方により主張せられたるとを問わず、常に裁判所においてこれを斟酌しなければならないのと異なり、たとい抗弁権取得の事実関係が訴訟上主張せられたとしても権利者においてその権利を行使する意思を表明しない限り裁判所においてこれを斟酌することはできない」。

判例の法理　★**建物買取請求をめぐる攻防**　甲土地の所有者（X）が、甲土地上に乙建物を所有する者（Y）に対し、所有権に基づく物権的返還請求権に基づき、建物を収去して土地を明け渡すよう求めるケース（ここでの請求の本体は土地明渡であり、建物収去は土地明渡の方法を特定するにすぎない）を考えた場合、まず請求原因事実として、Xが甲土地を所有していること、およびYが甲土地を占有していること（Yが甲土地上に乙建物を所有していること）が主張される。これに対してYは、正当占有権原としての賃借権を有している旨を主張するであろう（賃借権の抗弁）。これに対してXは、当該賃貸借契約は、期間満了・債務不履行解除などの理由によって終了した旨を主張するであろう（再抗弁）。Yとしてはこのような賃貸借の終了を否認することになり、ここが中心的な争点となるであろう。

　しかし、Yの防御が功を奏さず、このような賃貸借の終了が認められてしまった場合に、Yは仕方なく、第2次的に建物買取請求権を行使して、建物への投下資本を回収しようとするであろう。Yによる建物買取請求権が行使されると、法定の売買関係が成立し、これによって建物の所有権は原告であるXに移転する。したがって、もはや建物の「収去」をYに求めることができなくなる。そこで、建物「収去」土地明渡請求は、建物「退去」土地明渡の限度で認容される（質的一部認容①）。さらに、留置権または同時履行の抗弁によって、YはXが買取代金を支払うまで、土地明渡を拒むことができる（権利行使阻止事由）。よって、これらが行使・主張されると、引換給付判決がなされる（質的一部認容②）。結局、二重の質的一部認容として、建物買取代金の支払と引換えに建物退去土地明渡を命ずる判決がなされることになる（なお、本件ではXは建物退去〔家屋明渡〕請求をすでに予備的に申し立てていた）。

　★**権利抗弁**[1]　建物買取請求権の抗弁や留置権の抗弁は、いずれも権利抗弁の一種であり、実体法上の権利行使という一面も存している。そのため、これを行使するか否かについて当事者の自主性を重んずべきではないかとの問題がある。本判決は、権利抗弁については当事者が基礎事実を主張するだけでは足りず、行使の意思を表明することが必要であるとしたものである。これは、建物買取請求権それ自体に関しては妥当な結果をもたらす。建物買取請求権については、訴訟の経過によって行使を必ずしも期待できない場合があるし、既判力によって遮断されないと解されているからである（→99・188事件）。

　しかし、本件のように、建物買取請求権を行使した後には、留置権もこれとセットで行使させてやらないと、行使の機会はなくなってしまう。そこで、建物買取請求権に加えて留置権も行使する意思があるかどうかにつき、本件ではむしろ裁判所に釈明をなす義務があったと解される[2]。

判例を読む　なお、本件は、権利抗弁については、その行使につき当事者の意思表示が必要であるとし、その意思表示がなければ裁判所は斟酌できないし、釈明義務もないとした。しかし、裁判所が権利抗弁の行使を促すような積極的釈明をした場合に、それが違法となるのかについてまでは、明らかにしていない。事案の適切な解決に必要な範囲で（本件も含まれよう）、積極的釈明は認められるべきである[3]。

〔小林秀之〕

1審＝札幌地判昭26・12・21民集6巻10号1067頁／2審＝札幌高判昭27・8・7民集6巻10号1069頁

1) 坂田宏「権利抗弁概念の再評価」民訴雑誌41号202頁。
2) 高橋・上446頁は、釈明義務を認めない本判決を今日の目から見れば行きすぎとする。
3) その後の判例の流れからしても、現在であれば積極的釈明を肯定すべきである。

107 裁判所の釈明権

最高裁昭和45年6月11日判決　民集24巻6号516頁、判時597号92頁、判タ251号181頁　▶149条

論　点　▶　請求原因の変更についての釈明権行使の適否（積極的釈明の範囲）

事実の要約　Xは、従来、連合会に農産物包装用木箱類を納入していたY₁から、Y₁の都合で納入できなくなったので、Y₁に代わって納入してほしい旨の依頼を受けた結果、連合会との間に、昭和41年4月1日以降Xにおいて右木箱類を売り渡す旨の契約を締結し、同日から同年6月17日までの間に、連合会の注文を受けて、合計82万4810円相当の木箱類を納入した。なお右取引については、連合会の取引機構上、表面的にはY₁と連合会との取引名義にした。そして、Y₁およびその代表取締役であるY₂は、Xに対し、XがY₁名義で連合会に商品を納入する限り、その販売の代金の支払につき連帯して保証する旨を約した。よってXは、Y₂らに対し前記売掛代金の残額金42万810円につきその支払を求めた。

```
1審の当初における請求原因
          売買代金債権・主たる債権
   X ─────────────────→ 連合会
          連帯保証債権
    ─────────────────→ Y₁
          連帯保証債権
    ─────────────────→ Y₂

原判決の請求原因
          下請けの代金請求
   X ─────────────────→ Y₁
          連帯保証債権
    ─────────────────→ Y₂
```

裁判の流れ　1審：Xの請求認容　2審：Yの控訴棄却　最高裁：Yの上告棄却

これに対し、原判決に摘示された請求原因は、「Y₁は、従来、連合会に対して農産物包装用木箱類を納入してきたが、Y₁の都合で納入ができなくなったとして、Xに対し、代金はY₁においてXに支払い、Y₁の代表者たるY₂が右代金債務について個人保証をするから、昭和41年4月1日以降Y₁の名義を用いてXから連合会に木箱類を納入してもらいたい旨依頼したので、Xは、これを承諾し、前同様の期間内に合計82万4810円相当の木箱類を連合会に納入したが、右代金のうち42万810円についてはいまだその支払を受けていないので、Y₂らに対しその支払を求める」というのであって、右請求原因の記載は、原審第2回口頭弁論調書にXの陳述として、「本件取引において、木箱の納入は、Y₁名義でなし、Xに対する代金の支払義務は、Y₁において負担する約定であり、Y₂は右債務について連帯保証をした。よって、右約定に基づいて代金の支払を請求する」旨記載されたXの主張に基づいてなされたものである。

そして、原判決は、Y₁およびY₂は、Y₁においてXを下請けとして使用することにより、連合会に対する木箱類の納入を継続するため、Xとの間に右請求原因記載の内容の契約を締結し、Xは、連合会から注文を受けたY₁の指図により、木箱類を連合会に納入したものと認定して、Xの請求を認容した。

これに対して、Y₁らは、原審第2回口頭弁論期日におけるXの前記陳述内容は、原裁判所がXに対し釈明を求めた結果なされたもので、このような釈明権の行使は違法である等と主張した。

判　旨　＜上告棄却＞「釈明の制度は、弁論主義の形式的な適用による不合理を修正し、訴訟関係を明らかにし、できるだけ事案の真相をきわめることによって、当事者間における紛争の真の解決をはかることを目的として設けられたものであるから、原告の申立に対応する請求原因として主張された事実関係とこれに基づく法律構成が、それ自体正当ではあるが、証拠資料によって認定される事実関係との間に喰い違いがあって、その請求を認容することができないと判断される場合においても、その訴訟の経過やすでに明らかになった訴訟資料、証拠資料からみて、別個の法律構成に基づく事実関係が主張されるならば、原告の請求を認容することができ、当事者間における紛争の根本的な解決が期待できるにかかわらず、原告においてそのような主張をせず、かつ、そのような主張をしないことが明らかに原告の誤解または不注意と認められるようなときは、その釈明の内容が別個の請求原因にわたる結果となる場合でも、事実審裁判所としては、その権能として、原告に対しその主張の趣旨とするところを釈明することが許されるものと解すべきであり、場合によっては、発問の形式によって具体的な法律構成を示唆してその真意を確めることが適当である場合も存するのである」。

判例の法理　本件は、原告の本来の請求を認容できない場合であっても、訴訟の経緯や訴訟資料などからみて、別個の法律構成に基づく事実関係が主張されるのであれば請求を認容することができ、紛争の根本的な解決が期待できるにもかかわらず、原告が明らかな誤解または不注意のためにその主張をしないときには、訴えの変更を示唆する釈明を行うことが許されるとした[1]。

判例を読む　XがY₁およびY₂に対して1審で請求したのは、連合会が負担している売買代金債務を主債務とする連帯保証債務の履行請求権である[2]。しかし、原裁判所の釈明によりXが原審で請求したのは、Y₁に対しては下請けの代金請求権、Y₂に対してはそれを主債務とする連帯保証債務の履行請求権である。すなわち、XのY₁およびY₂に対する請求権は、釈明により変更がなされた（旧訴訟物理論に立った場合）[3]。紛争の抜本的解決という視点からも、請求原因の変更による訴えの変更について積極的に釈明権を行使すべきである[4]。〔山本浩美〕

1審＝千葉地八日市場支判昭44・3・5民集24巻6号522頁／2審＝東京高判昭44・10・15民集24巻6号524頁

1) 伊藤322頁注156。訴えの変更を促す釈明の許容性について、現在では肯定説が学説の多数であり、本判決の結論を学説が概ね支持していることについて、大濱しのぶ・百選5版112頁以下。
2) 本件においては、訴訟の経過に従い、売買代金の支払いとその連帯保証債務の履行の主張→請負契約の報酬についての連帯保証→請負契約の報酬とその連帯保証へとその法的構成は異なっていることについて、紺谷浩司・百選I新法対応補正版202頁以下。
3) 本件の場合、釈明権行使の前後を通じて事実関係の異同はなく、その理論構成についてのみ、主張を代えて訴えの変更になったのであるから、新訴訟物理論によれば訴えの変更の必要はないことについて、村松俊夫・ジュリ482号112頁以下。
4) 伊藤322頁。

108 法的観点指摘義務と既判力の縮小

最高裁平成9年3月14日判決　判時1600号89頁、判タ937号104頁　▶149条

論点 ▶ 前訴において援用の期待可能性がなかった法的観点にも既判力が及ぶか

事実の要約　亡Aの相続人は、妻X、子Y、Zの3名である（Aは昭和37年に死亡。当時、配偶者の相続分は3分の1）。本件土地は、AがBから賃借していた土地であったが、Aの生前にBからYに対して売買を原因とする所有権移転登記がされている。Aの死後、本件土地についてXとYが互いに所有権を主張して争いとなり、Xは、Yに対して本件土地の所有権確認および所有権移転登記手続を求める訴訟（前訴）を提起し、本件土地の所有権取得原因として、①Bからの買受け、②取得時効を主張した。

土地所有権の取得原因
- （前訴）売買による取得：前訴で主張した　X───Y
- （前訴）時効による取得：前訴で主張した　X───Y
- （後訴）相続による共有持分取得：後訴で主張できるか？　X───Y

Yは、右主張を争い、本件土地は、AがBから買い受け、その後、Yに贈与したものであると主張した。前訴の控訴審判決（前訴判決）は、①本件土地はAがBから買い受けたものと認められる、②Aが本件土地をYに贈与した事実は認められないと判示し、Xの請求を全部棄却した。右判決に対してXのみが上告したが、上告棄却の判決により、前訴判決が確定した。

前訴判決確定後、Aの遺産分割調停において、Yが本件土地の所有権を主張したため、XおよびZは、Yに対して本件訴訟を提起し、本件土地はAがBから買い受けて所有権を取得したものであり、Aの遺産であると主張して、①本件土地がAの遺産であることの確認、②相続により取得した本件土地の共有持分（各3分の1）に基づく所有権一部移転登記手続を求めた。Yは、本件土地はAから贈与を受けたものであると主張するとともに、Xは前訴判決の既判力により本件土地の共有持分の取得を主張しえないから、遺産確認の訴えの原告適格を欠き、右訴えは不適法であると主張し、そして、本件土地の共有持分（3分の1）をXが有しないことの確認を求めた（反訴請求）。

裁判の流れ　1審：Xの所有権一部移転登記手続請求を認容　2審：Xの請求棄却　最高裁：Xの上告棄却

原判決は、XとZの遺産確認請求およびZの移転登記請求を認容し、Xの移転登記請求を棄却し、Yの反訴請求を認容した。Xの請求が棄却されたので、Xが上告をした。

判旨　＜上告棄却＞「Xは、前訴において、本件土地につき売買及び取得時効による所有権の取得のみを主張し、事実審口頭弁論終結時以前に生じていたAの死亡による相続の事実を主張しないまま、Xの所有権確認請求を棄却する旨の前訴判決が確定した」。したがって、「Xが本訴において相続による共有持分の取得を主張することは、前訴判決の既判力に抵触する」。「前訴においてAの共同相続人であるX、Yの双方が本件土地の所有権の取得を主張して争っていたこと、前訴判決が、双方の所有権取得の主張をいずれも排斥し、本件土地がAの所有である旨判断したこと、前訴判決の確定後にYが本件土地の所有権を主張したため本訴の提起に至ったことなどの事情があるとしても、Xの右主張は許されない」。

判例の法理　★**相続による共有持分の取得という法的観点**　Aの相続人であるXおよびYは、前訴で本件土地所有権の帰属を争い、Xは、本件土地につき売買および取得時効による所有権の取得のみを主張していたが、前訴の控訴審判決（前訴判決）が、①本件土地はAがBから買い受けたものと認められる、②Aが本件土地をYに贈与した事実は認められないと事実認定したのであれば、本件土地の所有権は、死亡当時、Aに帰属していた。したがって、A死亡により、Xは本件土地の所有権についてAからの相続による共有持分の取得を主張できた事案である[1]。この相続による共有持分の取得という法的観点を、前訴の控訴審は、Xに対して指摘できたし、また指摘するべきであったとも考えられる。前訴確定判決に既判力を認めると、本件土地はAの遺産であるが、Aの共同相続人であるXは、Yに対して本件土地の共有持分を主張できないことになってしまう[2]。

判例を読む　★**法的観点指摘義務**　当事者に対する法的観点指摘義務が裁判所にあるかについて議論されている[3]。法規の事実への当てはめ、すなわち法的観点は、事実そのものの主張と不可分の関係にある。当事者がある法的観点を前提として、それに当てはまる事実主張をなしているときに、裁判所が同一の事実に基づいて別の法的観点を採用することは、当該当事者および相手方の攻撃防御方法に影響が生じる。したがって弁論権を尊重する趣旨に照らして、裁判所は、釈明権を行使して、法的観点の内容を当事者に対して指摘しなければならない（法的観点指摘義務）[4]。なお裁判所がこのような指摘義務を怠ったような場合には、その部分について既判力は及ばない（既判力の縮小）との主張がなされており[5]、この説によれば、本件では相続による共有持分の取得について既判力が生じないとする余地がある。

〔山本浩美〕

1審＝東京地判平3・9・27金判1020号31頁／2審＝東京高判平4・12・17判時1453号132頁

1) 所有権確認請求の中には共有持分権確認の請求も含まれている。
2) 高橋・上737頁。
3) 小林・民訴法がわかる116頁以下。また、法的観点指摘義務が問題とされる最高裁判決としては、最判昭41・4・12民集20巻4号548頁、最判平22・10・14判タ1337号105頁。
4) 伊藤314頁以下。
5) 伊藤ほか・論争74頁〔山本和彦〕、山本弘彦・判タ968号78頁。また、条解550頁〔竹下守夫〕。これらの説に批判的なのは、高橋上・739頁注168。また、法的観点指摘義務に関する最判平成22・10・14判タ1337号105頁については、小林秀之＝山本浩美「法的観点指摘義務」受験新報801号8頁。

109 法的観点指摘義務と他の請求権の釈明

最高裁判所平成22年10月14日判決　判時2098号55頁、判タ1337号105頁、裁判集民235号1頁　▶149条

論　点　▶裁判所の法的観点指摘義務

事実の要約　Xは、Yが設置するA大学の助教授として雇用され、後に教授となった。Xは、Yには、教育職員の定年を満65歳とし、教育職員は定年に達した日の属する学年末に退職する旨を定めた定年規程があったが、現実には70歳を超えて勤務する教育職員も相当数存在していたばかりか、このような実態を踏まえ、Yの理事の1人は、昭和61年5月、Xに対し、定年規程はあるが、定年は実質はなきに等しく、80歳くらいまで勤務することは可能であるとの趣旨の話をしたこともあり、80歳くらいまでA大学に勤務することが可能であると認識していた。

　ところが、Xは、平成18年9月、A大学の学長から、定年規程により満65歳で定年退職となる旨伝えられ、同19年3月31日、Yから、定年により職を解く旨の辞令を受けた。そこで、Xは、Yとの間でXの定年を80歳とする旨の合意（以下「本件合意」という）があったと主張して、Yに対し、雇用契約上の地位を有することの確認並びに未払賃金および将来の賃金等の支払を求める訴えを提起した。

裁判の流れ　1審：請求棄却。X控訴　2審：Xの請求一部認容。Y上告受理申立て　最高裁：破棄差戻

　1審は、XとYとの間でXの定年を80歳とする旨の合意があったとは認められないとし、Xの請求をいずれも棄却した。

　控訴審は、本件合意があったとは認められないとして地位確認請求を棄却したが、賃金請求については、Xが満65歳の定年退職を告知された平成18年9月中（同月中のいつであるか不明であるので末日とするのが相当である）から1年後である同19年9月末日までの賃金請求を認容した。控訴審は、賃金請求の一部を認容するにあたり、Yは、それまで事実上70歳定年制の運用をし、Xを含む教育職員は、長年、その運用を前提として人生設計を立て、生活してきたのであるから、Yがその運用を改め、本来の定年規程に沿った運用をするのであれば、相当の期間を置いてその旨を教育職員に周知させる必要があり、Yには、少なくとも、定年退職の1年前までに、Xに対し、定年規程を厳格に適用し、かつ、再雇用をしない旨を告知すべき信義則上の義務があったことを理由として挙げた。

判　旨　＜破棄差戻＞「Xは、…〔事実の要約〕の事実を、本件合意の存在を推認させる間接事実としては主張していたが、当事者双方とも、Yが定年規程による定年退職の効果を主張することが信義則に反するか否かという点については主張していない。

　かえって、記録によれば、本件訴訟の経過として、①　本件は、第1審の第2回口頭弁論期日において弁論準備手続に付され、弁論準備手続期日において本件の争点は本件合意の存否である旨が確認され、第3回口頭弁論期日において、弁論準備手続の結果が陳述されるとともに、X本人及び2名の証人の尋問が行われ、第4回口頭弁論期日において口頭弁論が終結されたこと、②　第1審判決は、本件合意があったとは認められないとしてXの請求を棄却するものであったところ、これに対し、Xから控訴が提起されたこと、③　原審の第1回口頭弁論期日において、控訴状、Xの準備書面（控訴理由が記載されたもの）及びYの答弁書が陳述されて口頭弁論が終結されたところ、控訴理由もそれに対する答弁も、専ら本件合意の存否に関するものであったこと、以上の事実が認められる。

　…〔ｚ〕のような訴訟の経過の下において、…信義則違反の点についての判断をするのであれば、原審としては、適切に釈明権を行使して、Xに信義則違反の点について主張するか否かを明らかにするよう促すとともに、Yに十分な反論及び反証の機会を与えた上で判断をすべきものである。とりわけ、原審の採った法律構成は、①　Yには、Xに対し、定年退職の1年前までに、定年規程を厳格に適用し、かつ、再雇用をしない旨を告知すべき信義則上の義務があったとした上、さらに、②　具体的な告知の時から1年を経過するまでは、賃金支払義務との関係では、信義則上、定年退職の効果を主張することができないとする法律効果を導き出すというもので、従前の訴訟の経過等からは予測が困難であり、このような法律構成を採るのであれば、なおさら、その法律構成の適否を含め、Yに十分な反論及び反証の機会を与えた上で判断をすべきものといわなければならない。」として、原審が釈明権の行使を怠った違法があるといわざるを得ず、原審の判断には、判決に影響を及ぼすことが明らかな法令の違反があるとの判断を下した。

判例の法理　民事訴訟手続においては弁論主義が採用され、訴訟資料たる事実の収集については当事者の権能かつ責任とされている。これによって、当事者は、みずからはもちろん、相手方も主張していない事実に基づいて裁判所が判決を下すことがないことを前提に訴訟追行をすることが可能となる。言い換えれば、弁論主義のもとでは、当事者は、相手方の主張との見合いのもとみずからの主張の内容や程度を決めることができるのである。一般に、弁論主義には、不意打ち防止機能があるといわれる所以である。

　もちろん、弁論主義は、事実に関するものであり、法令の解釈適用については、裁判所の専権事項とされている。しかし、法令の解釈適用が裁判所の専権事項であることは、裁判所が、当事者によって主張されていた法律構成とは異なる法律構成を採用して判断しようとする場合でも、裁判所が採用しようと考えている法律構成を当事者に指摘する必要がないとの短絡的な結論を正当化するものではない。裁判所は、みずからが採用しようと考えている法律構成を当事者に明らかにし、法律構成そのものの適否はもちろん、当該法律構成を前提とした補充

的な主張立証や反論反証の機会を当事者に与えることは弁論権の保障という観点から必要であることはいうまでもない。

　民事訴訟においては、当事者が事実主張を行う場合、純粋に事実を事実として主張するというよりは、特定の法規の適用を見定め特定の法的構成を念頭において、当該法的構成に沿うように事実を主張するものであり、同じ事実が法的構成によって、時には間接事実となり、時には主要事実となるといったように、事実主張の軽重に違いが生じることがあることは避けられない。裁判所が採用しようと考えている法律構成につき、当事者に指摘しないままに判決を下すことになると、当事者は主張立証の機会を奪われ不意打ちを受けることになりかねないのである。

　このように法的観点・法的構成についても十分に主張立証を尽くす機会を当事者に保障すべきであるとの考えが強調され、「裁判所が、両当事者の主張及び証拠調べの結果を検討し、訴訟経過を通じて浮かび上がった事実を認定していく作業の中で、事実に対する当事者の法的評価に不備があったり、当事者の主張を合理的に解釈すれば当事者の意図とは異なる法的構成が可能であると判明した場合には」、裁判所がみずから考える法的評価を両当事者に指摘すべきであるとの考えが浸透してきており 1)、実際にも、裁判所の法的観点指摘義務を認めたものと考えられる裁判例 2) も存在する。

判例を読む　本判決は、裁判所が、当事者にとって従前の訴訟の経過等からは予測が困難であった信義則違反という法律構成を採るにあたっては、当該法律構成の適否を含め、被告に十分な反論および反証の機会を与えなければならず、そのような措置をとることなく判断を下したことに、釈明権の行使を怠った違法があるとしたものであり、最高裁が、いわゆる法的観点指摘義務なるものを前提として、釈明義務違反 3) を認めたものと評価することができる 4)。

　信義則は、公序良俗、権利濫用とともに狭義の一般条項として、公益的性格を有するがゆえに弁論主義の適用を受けないとの考えがあることはひとまず措くとして、不特定概念を用いて法律要件を規定した一般条項については、「信義誠実」「過失」「正当事由」などの規範的評価が主要事実であるのか、規範的評価を基礎づける具体的な事実が主要事実なのかについて争いがあった。現在の通説的見解は、攻撃防御対象や審判対象の明確性の観点から、規範的評価を基礎づける具体的な事実をもって主要事実とするとの立場に立っている 5)。規範的評価を基礎づける具体的な事実をもって主要事実とするとの立場に立つ限り、弁論主義との関係では、信義則違反の基礎となる客観的主観的な事実関係が口頭弁論に顕れていれば、あえて原告が明確に信義則違反である旨の主張をしなくとも、裁判所としては、信義則違反を認定することは許される。それゆえ、裁判所としては、Xが、定年を80歳とする旨の合意があったことを明らかにするために間接事実として主張した事実から、信義則違反を認定することは、法令の解釈適用権限のもとでは許されるように思われる。

　しかしながら、裁判所は、当事者が、争点は定年を80歳とする旨の合意の有無にあると考えており、従前の訴訟の経過等からは、Yが賃金支払義務との関係では信義則上具体的な告知の時から1年を経過するまでは定年退職の効果を主張することはできないとの法律構成を裁判所が採用することにつき予測が困難であるという状況のもとでは、信義則違反という法律構成の是非も含め、当事者に主張立証を尽くさせるべくみずからが思い描いている法的観点を指摘しなければならないものと解される。そういう意味では、法的観点指摘義務は、裁判所の専権事項とされる法令の解釈適用権限に一定の制約を課すものと捉えることができる 6)。

〔原　強〕

1審＝名古屋地岡崎支判平20・2・28／2審＝名古屋高判平20・6・26

1) 阿多麻子「法的観点指摘義務—裁判官の行為準則として」判タ1004号26頁。なお、同頁以下は、従来から、わが国の裁判所は、法的観点指摘義務を意識し、事実に関する釈明と同様、法的評価についても新たな観点から主張の補充を促す取扱いを日常的に行ってきたという。比較法を踏まえた法的観点指摘義務についての考察については、徳田和幸『フランス民事訴訟法の基礎理論』（信山社、1994）、山本・審理構造論など参照。
2) 名古屋高判昭52・3・28下民集28巻1〜4号318頁。萩原金美・百選Ⅰ新法対応補正版207頁、杉山悦子・民商144巻4＝5号555頁参照。
3) 法的観点指摘義務については、釈明義務の一態様と捉える見解（小林秀之・民事裁判の審理31頁、林道晴「抜本的な紛争解決と釈明」伊藤古稀523頁）と釈明義務とは別個独立の義務と捉える立場（高橋・上455頁）がある。
4) 髙田昌宏・平成22年度重判162頁、上田竹志・判例セレクト2011Ⅱ32頁。
5) この点については、さしあたり、青山善充「主要事実・間接事実の区別と主張責任」講座民訴④367頁以下参照。
6) 阿多・前掲注1）26頁。なお、川嶋四郎・法セ687号160頁は、「最高裁が、対論保障の価値を再確認し、控訴審での形式的な迅速裁判に一定の歯止めをかけた点でも妥当なものである」と評している。

110 模索的証明

東京高裁昭和47年5月22日決定　高民集25巻3号209頁、判時668号19頁、判タ277号132頁　▶180条

論　点　▶証明すべき事実を特定しないで文書提出命令を申し立てることの許否

事実の要約　本件基本事件は、原告住民Xらが被告Yの保有する原子炉（臨界実験装置）の除去または運転差止めを求めるものである。そこにおいてXらは、Yが所持する原子炉設置許可申請書等の文書提出命令を申し立てた。そして旧313条4号（現221条4号）の要求する証すべき事実としては、「本案訴訟で除去または運転の禁止を求めている原子炉（臨界実験装置）には構造上本質的な危険性が内在し、平常時運転においても常時放射能が照射される危険があり、また、操作上、技術上の過誤に伴う事故の発生を免れないのに事故時の安全装置に欠陥があるので、事故時の爆発的な核分裂の連鎖反応に伴う発熱、放射能の照射等の危険が大きく、Xらはその危険にさらされている」という記載がなされていた。

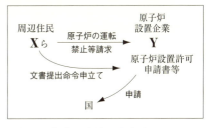

裁判の流れ　1審：Xらの申立認容　2審：原決定取消・Xらの申立却下

原審は、旧312条3号後段の法律関係文書に当たるとして文書提出を命じた。これにYが抗告し、本件文書は提出義務がないこと、また技術上の秘密に関する事項が含まれているため旧281条（現197条）1項3号の類推適用により提出を拒み得ると主張した。

決定要旨　＜原決定取消・Xらの申立却下＞Xらが証すべき事実として記載した事項について、「右に掲げられた事項は証拠価値に関する判断を越えた本件の本案訴訟で正に判断されるべき主命題であって、『証すべき事実』とはなりえない。右主命題は、前記原子炉（臨界実験装置）の構造、運転、安全装置等に関する具体的な事実が確定され、それが前提となって判断されるものであって、証拠をもって証すべき対象は、右具体的な事実であり、しかも、その事実の指摘すなわち主張があり、その主張を対立当事者において争う場合に限られるのである。そして、右事実に関する主張がすなわち民事訴訟法第316条〔現224条〕にいう『文書に関する相手方の主張』に当るのであって、もし相手方らが『証すべき事実』として掲げる前記事項が右法条にいう『相手方の主張』となるとすれば、同法条の適用によって前記のとおり証拠上の判断を超えた訴訟の主題に関する判断が法的に認定されるという不合理を招くのである」。

このように判示したうえで、証拠の申出一般について要証事実を示すことが必ずしも厳守されていない現状にあるが、対立当事者が手続の厳格な運用に固執し、弁論の全趣旨からも要証事実が分明でなく、提出命令不遵守に対する制裁規定がある場合には、本来の建前に従う厳格性が必要となるとした。

さらに、本件文書は法律関係文書にも当たらないこと、事案解明に極めて重要な本件文書を利用できないXに対して本件装置の危険性の具体的主張を求めることは難きを強いるものではあるが、本件文書が訴訟資料とされないことによる有利不利はXのみならずYにも及び、証明責任ないし証明の必要に伴ってYが本件文書を提出しない不利益と企業秘密の保持との選択を迫られることもありうるので、重要な資料の入手が困難な場合でも訴訟手続の法則を安易に変更すべきでないとして、文書提出命令申立てを却下した。

判例の法理　❂**模索的証明の原則禁止**　民事訴訟における証拠申出に際しては、当該証拠により証明すべき事実を特定しなければならない（180条）。これは事実関係を探索する目的での証拠調べの利用を禁止する趣旨であり、模索的証明の禁止と呼ばれる[1]。

旧法下の実務では、通常の証拠申出における要証事実の特定は必ずしも厳守されず、抽象的な記載で許されていた[2]。しかし文書提出命令の申立てでは、相手方が提出すべき文書を特定する必要があり、また裁判所も提出義務の存否の判断のため、あるいは不提出等に対する制裁（224条）の必要上、証拠申出一般に必要な要証事実の特定に加えて、文書の表示・趣旨などの事項を明らかにしなければならない（221条）と規定され、またそのように解されていた[3]。

❂**証明主題の抽象的表示を適法とする例**　これに対していくつかの裁判例では、文書提出命令申立てについても、証明主題たる要証事実の抽象的な表示で足りるとする判断が示されている。例えば、コンピュータ用磁気テープの提出命令に関して、証すべき事実を「被告第一火力から排出された汚染物質によって岬町及びその周辺の大気環境が汚染された事実」という程度の抽象的記載で足りるとした事例[4]、航空機事故の原因として抽象的に整備不完全の事実を主張して文書提出命令を申し立て、認められた事例[5] などである。

なお、文書提出命令申立てに当たっては要証事実の特定のほかに提出すべき文書の特定も必要とされており、この特定が困難な場合の所持者の情報開示義務が規定された（222条）。この文書特定について近時、省令で備付けが義務づけられている「監査調書」につき、「特定の会計監査に関する監査調書との記載をもって提出を求める文書の表示及び趣旨の記載に欠けるところはなく、個々の文書の表示及び趣旨が明示されていないとしても、文書提出命令の申立ての対象文書の特定として不足ところはない」とした最高裁決定例[6] がある。

判例を読む　❂**模索的証明をめぐる議論状況**　証拠調べを通じて事実を探索することそれ自体は、それほど珍しいことではない。当事者が互いの情報を開示するディスカバリーないしディスクロージャーの手続を欠いているわが国の民事訴訟では、通常の訴訟でも証人や鑑定人の口から新たな事実が判明することがしばしばある。医

療過誤や公害・環境問題に関わる訴訟のように、一方当事者に情報が構造的に偏在している類型の事件では、証拠調べを通じて事案を解明する必要が高い場合が多く、これを一概に否定することは司法的救済を事実上閉ざすことにもつながりかねない。そこで、構造的情報偏在が認められるような事件類型を中心に、文書提出義務および証拠保全の情報開示目的による活用が試みられ、裁判実務でも限定的ではあるが、利益文書・法律関係文書（220条3号）の拡張解釈や証拠保全の証拠開示的運用が認められてきた。しかしながら、このことから直ちに模索的証明を許容することにつながったわけではない。

❂**現行民事訴訟法による改革**　平成8年制定の現行法は、証拠調べを通じた情報取得という意味での模索的証明に対してアンビバレンツな傾向を有している。すなわち一方では、いわゆる情報の構造的偏在事例において当事者間の不公平を是正する必要があるとの認識に基づき、いくつかの新しい規定がおかれた。その1つに文書が特定できない場合の救済として「文書の所持者がその申立てに係る文書を識別できる事項を明らかにすれば足りる」とし、さらに所持者が文書の特定に必要な事実の開示義務を負うものとした（222条）。このことは、少なくとも文書の特定に関する責任を緩和し、所持者の側に部分的に転換したものと位置づけることができよう[7]。さらに文書提出命令に従わなかった場合の制裁として、旧法からあった文書に関する相手方の主張の真実擬制に加え、「相手方が、当該文書の記載に関して具体的な主張をすること及び当該文書により証明すべき事実を他の証拠により証明することが著しく困難であるときは、裁判所は、その事実に関する相手方の主張を真実と認めることができる」と規定した（224条3項）。

このほか、当事者照会を新設して（163条）当事者相互間に情報提供義務があることを明らかにし、また事実および文書成立に関する単純否認の禁止（規79条、145条）を規定して、当事者が証明責任を負わない事項についても陳述義務を負うことを明らかにした。さらに平成15年改正により、提訴前の当事者照会（132条の2、132条の3）および訴え提起前の証拠収集処分（132条の4以下）が追加された。これらは当事者が訴訟手続を通じて事実や証拠を探索する途をさらに拡大するものといえる。

他方、現行法は争点整理手続を経て集中証拠調べを実施し、計画審理によるスピードアップを明確に志向している。計画審理のもとでは、はっきりした見通しがないまま、とりあえず証拠調べ、特に証人尋問を行って情報を取得し、主張内容を改めて構成し直すというやり方は通用しなくなるはずである。

現行法が、集中審理によるスピードアップと証拠収集手段の拡充による構造的証拠偏在是正とのいずれをも改革の柱としていたことは、異論のないところである。集中審理が医療過誤訴訟や公害裁判などの原告側に、従来のやり方での事実探索を不可能にするとすれば、そこで失われる事案解明への利益を他の手続機会で補うことが必要である。すなわち、主として争点整理段階や提訴前でなされる当事者照会や文書提出命令などの手続において、模索的な証人尋問が不必要になる程度の情報開示が可能となるように運用され、これらの規定の解釈論としても、そのような方向での解釈が志向されるべきである。これが現行法の目的から導き出される基本的な価値観に適うものと考えられる。

〔町村泰貴〕

1審＝浦和地決昭47・1・27判時655号11頁

1)　模索的証明の意義については佐上善和「民事訴訟における模索的証明について」民商78巻臨増(3)202頁参照。
2)　飯原一乗「証拠申出と証拠決定」実務①237頁。
3)　文書の表示が文書を特定するに十分でないとして提出命令申立てが却下された事例として、大阪高決昭63・7・20判タ681号198頁。もっとも文書不提出に対する制裁は、通説的見解によれば「文書の記載に関する相手方の主張」（221条1項）にしか及ばず、証明主題たる要証事実を真実と認めるものではないとされていたのであるから、旧法のもとでこうした見解を前提にすれば、不提出等に対する制裁を理由に要証事実の特定を必要と説くのは論理的に誤りであったといえよう。
4)　大阪高判昭53・3・6高民集31巻1号38頁（→153事件）。
5)　東京高判昭54・10・18東高民報31巻10号249頁（→126事件）。なお、この事件では所持者が提出を拒み、その制裁としての真実擬制が要証事実についてなされると判断された。
6)　最決平13・2・22判時1742号89頁。
7)　もっとも、222条による手続によっても所持者が文書情報を開示しない場合の効果については、結局文書提出命令申立てが却下されるとする説（法務省編・一問一答263頁）と提出命令を出せるとする説（三木浩一「文書提出命令4—文書特定手続」新民訴大系③205頁）とが対立し、問題を残している。町村泰貴「文書提出命令の評価と展望」実務民訴講座④283頁。

111 情報の収集——弁護士法23条の2の照会

最高裁昭和56年4月14日判決　民集35巻3号620頁、判時1001号3頁、判タ442号55頁 ▶弁23条の2、国賠1条

論点 ▶ 弁護士会照会とプライバシーとの調和

事実の要約　Xは、訴外A社から解雇されたため、その従業員たる地位の確認を求めて仮処分を申請していた。A社の弁護士BはXの前科・犯罪経歴について、京都弁護士会を通じて京都市伏見区に照会し、回付された中京区の区長がXの前科前歴を報告した。Bを通じてその前科記録を知ったA社は、公開の場で暴露するとともに経歴詐称による予備的解雇を通告した。そこでXはY（京都市）に対して、プライバシー侵害を理由とする国家賠償および謝罪広告の掲載を求めて本訴を提起した。

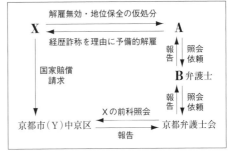

裁判の流れ　1審：請求棄却　2審：Xの請求一部認容　最高裁：上告棄却

1審は請求棄却。2審は弁護士会照会が裁判所による真実発見と公正な判断に寄与する重要な機能を有し、また公務所または公私の団体を相手方に限定して、弁護士会を照会の主体とするなど慎重な手続をおいていることから、照会相手方は原則として報告義務があるとしつつ、前科等のプライバシーに関わる事項は報告を拒否すべき正当事由に当たり、拒否しなかったのは違法であるとして損害賠償請求を認容した。Y上告。最高裁は原判決を支持して上告を棄却した。伊藤正己裁判官の補足意見と環昌一裁判官の反対意見が付されている。

判旨　＜上告棄却＞「前科及び犯罪経歴（以下「前科等」という。）は人の名誉、信用に直接にかかわる事項であり、前科等のある者もこれをみだりに公開されないという法律上の保護に値する利益を有するのであって、市区町村長が、本来選挙資格の調査のために作成保管する犯罪人名簿に記載されている前科等をみだりに漏えいしてはならないことはいうまでもないところである。前科等の有無が訴訟等の重要な争点となっていて、市区町村長に照会して回答を得るのでなければ他に立証方法がないような場合には、裁判所から前科等の照会を受けた市区町村長は、これに応じて前科等につき回答をすることができるのであり、同様な場合に弁護士法23条の2に基づく照会に応じて報告することも許されないわけのものではないが、その取扱いには格別の慎重さが要求されるものといわなければならない。本件において、原審の適法に確定したところによれば、京都弁護士会が訴外B弁護士の申出により京都市伏見区役所に照会し、同市中京区長に回付されたXの前科等の照会文書には、照会を必要とする事由としては、右照会文書に添付されていたB弁護士の照会申出書に『中央労働委員会、京都地方裁判所に提出するため』とあったにすぎないというのであり、このような場合に、市区町村長が漫然と弁護士会の照会に応じ、犯罪の種類、軽重を問わず、前科等のすべてを報告することは、公権力の違法な行使にあたると解するのが相当である。」

判例の法理　★**報告義務および報告拒絶事由**　弁護士法23条の2に規定された弁護士会照会は、報告拒絶に対する制裁が規定されていないが、照会の相手方には報告義務があるとする見解が一般的である[1]。原審判決は報告義務を前提にしつつ、本件のような前科の照会に対しては報告を拒否すべき場合に当たるとした。最高裁は、報告義務の有無には触れていない。そして照会事項の前科等が重要な争点であって代替の立証方法もないような場合には報告できるが、そのような理由が書かれていない本件では報告をしたことを違法と評価したものである。

判例を読む　★**プライバシー保護と報告義務との調整困難**　こうした判示に従えば、プライバシーとして特に秘匿すべきセンシティブな情報を照会する場合は、受任した事件との関係で照会事項の争点可能性や不代替性を具体的に記載して、相手方に開示を求めることとなる[2]が、これにはいくつかの問題点が指摘できる。第1にそれらの具体的事情を弁護士会のみならず照会相手方に開示することは、守秘義務との牴触が生じうる。第2に照会相手方が争点としての重要性などとプライバシー保護とのバランスを評価すべき立場に置かれるのも疑問である。損害賠償の危険がある以上、疑わしい場合は常に報告拒絶といった消極的な対応に陥るおそれもある。このことはプライバシーなどの保護という観点からは望ましいことだが、訴訟における情報流通にとっては阻害要因であり、当事者側の情報収集能力の充実を損ないかねない。

これらの問題点を克服し、弁護士会照会が実効性のある情報収集制度となるためには、情報開示の可否について調整する機関を設け、報告者が調整機関の判断に従う限り免責されるなどの制度的枠組みが必要である[3]。

〔町村泰貴〕

1審＝京都地判昭50・9・25判時819号69頁／2審＝大阪高判昭51・12・21判時839号55頁

1) 日本弁護士連合会調査室編著『条解弁護士法〔第4版〕』（弘文堂、2007）165頁、岐阜地判昭46・12・20判時664号75頁、東京地判平21・7・27判タ1323号207頁。
2) 東京弁護士会調査室編『弁護士会照会制度〔第4版〕』（商事法務、2013）8頁以下参照。
3) なお、弁護士会が照会先の報告拒絶に対して損害賠償請求できないことを明らかにした最判平28・10・18民集70巻7号1725頁参照。

112 診療録の証拠保全の要件

広島地裁昭和61年11月21日決定　判時1224号76頁、判夕633号221頁　▶234条

論点 ▶ 証拠保全の事由としての「改ざんのおそれ」は具体的な主張疎明を要するか

事実の要約　Xは畑仕事や家事手伝いをしていたが、精神不安定となってA病院の診察を受けた。すると院長のY₁医師は直ちに入院を指示し、付き添いの母親Bを帰宅させた。その後2週間後に面会を許されたときには、全く歩行ができず言葉もわからない状態であり、Bら家族がY₁医師および副院長のY₂医師に治療方法や病状の説明を求めたのに対して、Y₁らは何ら詳しい説明をしようとせず、逆に叱りつけたり、さらにはXの身体障害者等級が3級になったことにかこつけて、「身体障害者手帳が3級になったんだからいいじゃないか」などと発言した。そしてA病院の看護婦らから再三「早くつれて帰ってよい病院へ入れてあげてください」との忠告を受け、退院を申し入れたが、Y₁らは退院許可を出さなかった。結局約半年後の年末に外泊の許可が出て自宅に帰った機会に退院をすすめた。

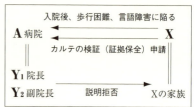

退院後、別の病院の検査によれば小脳萎縮が見られ、歩行障害・発語障害の症状が残っている。そこでY₁らに対して、カルテ等の診療記録の検証および提示命令を証拠保全として求めた。

裁判の流れ　1審：申立却下　2審：原決定取消・Xの抗告認容（申立認容）

Xの証拠保全申立てに対して東広島簡裁（昭61・7・30決定判時1224号80頁）は改ざんのおそれありと認めるに足る客観的事実の主張・疎明がないとして申立てを却下し、抗告も却下された。そこでXは疎明資料を追加して再度申立てに及び、東広島簡裁は再度却下した。これに対してXが抗告したのが本件決定である。

決定要旨　＜Xの申立認容＞「〔証拠保全の〕事由の疎明は当該事案に即して具体的に主張され、かつ疎明されることを要すると解するのが相当であり、右の理は診療録等の改ざんのおそれを証拠保全の事由とする場合でも同様である。

これを敷衍するに、人は、自己に不利な記載を含む重要証拠を自ら有する場合に、これを任意にそのまま提出することを欲しないのが通常であるからといった抽象的な改ざんのおそれでは足りず、当該医師に改ざんの前歴があるとか、当該医師が、患者側から診療上の問題点について説明を求められたにもかかわらず相当な理由なくこれを拒絶したとか、或いは前後矛盾ないし虚偽の説明をしたとか、その他ことさらに不誠実又は責任回避的な態度に終始したことなど、具体的な改ざんのおそれを一応推認させるに足る事実を疎明することを要するものというべきである」。

その上で前記の事実を指摘し、「右各事実によれば、Y₁らは、Xの家族から診療上の問題点について説明を求められたのに相当の理由なくこれを拒絶し、不誠実かつ責任回避的な態度に終始しており、右によれば、Y₁らがXに関する診療録等を改ざんするおそれがあると一応推認することができる…」。

判例の法理　●**情報開示目的での証拠保全**　234条以下に規定されている証拠保全制度は、将来の証拠調期日まで待ったのでは取調べが困難となる証拠方法について、予め証拠調べをしてその保全をすることを本来の機能としている。もっとも証人尋問や鑑定などを考えれば思い至るように、証拠調べを実施することには未知の情報の判明が必然的に伴う。そこで特に構造的に証拠や情報が偏在しているような事件では、この派生的な情報開示機能を目的とした証拠保全が申し立てられ、その可否が問題となった。

判例実務は、医療事故紛争における診療録等の証拠保全を中心に、証拠開示機能を事実上認めてきた。判例集に登載されたものでは、改ざんのおそれのあることを理由とする診療録等の証拠保全を認めた例として、本決定のほか東京地決昭和47年3月17日（下民集23巻1〜4号130頁）、大阪高決昭和56年10月14日（判時1046号53頁）、東京高決昭和56年12月24日（判タ464号99頁）および最判平成3年12月5日（訟月38巻6号1029頁）1) の事案に現れた証拠保全決定も同様である。

他方、カルテの証拠保全を認めなかった例としては、診療の後8年2カ月経過していたために、診療録の存在の立証がないとされた東京地決昭和51年6月30日（判タ346号271頁）、証拠保全の事由の疎明がないことを理由として却下した仙台高決昭和63年11月18日（判時1296号75頁）がある。

●**実務の状況**　判例集に現れていない実務の状況も、いくつかの研究により明らかにされている2)。それらによれば、診療録を対象とする検証実施が証拠保全事件の多くを占めており、その場合に証拠保全の事由としてあげられる改ざんのおそれの疎明は、ほとんどが申立書の記載や申立本人の陳述書によるものであって、具体的な疎明がなされることなく申立てが認容されるとのことである。

●**本決定の意義**　このような状況のもとで本決定は「改ざんのおそれ」を証拠保全の事由とする場合に、医師の説明拒否や虚偽説明、不誠実または責任回避的態度に終始したなどの、改ざんのおそれを推認させるに足る具体的事実を疎明しなければならないとし、当該事案では医師側の言動等から疎明ありと判断した点で注目された。もっとも、その後も実務は「抽象的な改ざんのおそれ」のみによって申立てを認める運用に変化はなかったとされている3)。

判例を読む　●**証拠保全事由としての「改ざんのおそれ」**　伝統的な証拠保全事由としては、学説の中には、改ざんのおそれを保全の事由とすることも認めないものもある4) が、ほとんどは客観的な滅失可能性に限ること

なく、改ざんのおそれがあることも保全事由となりうることを認めている。問題はこれに具体的な疎明を要求するかどうかであり、様々なニュアンスの見解が主張されていた。

❂**「改ざんのおそれ」の疎明の程度**　具体的疎明を要求する説としては、伊藤瑩子判事[5]が最も厳格に、「当該医師の資質や改ざん等の前歴、当該病院の保管態勢等具体的事実に基づき、客観的に改ざん等のおそれありと認めるに足りる主張・疎明が必要であろう」と説く。また大竹たかし判事も「入院以後、事故後の交渉を含めて、この医師ならカルテ等の改ざんもしかねないという不信感を抱かせるに足りる医師側の具体的言動」が疎明の中心となるとされ、責任回避的態度に終始したり、虚偽の事実を告げるなどの具体的事実がその典型例であるとする[6]。これらの見解はいずれも証拠保全が証拠開示目的で利用されることに否定的である。

これに対して小林秀之教授は、証拠開示目的での証拠保全の利用を正面から認め、そのための解釈論的テクニックとして、証拠保全の事由である「改ざんのおそれ」は抽象的な主張で足りると解する[7]。小島武司教授も証拠保全の開示機能には根拠のない訴えの予防や和解の促進、争点単純化などのメリットがあると積極的に評価し、証拠方法の歪曲のおそれという要件も具体的危惧が必要であるとしながら、その疎明は歪曲の前歴や工作の動きに限らず、「相手方が証拠への排他的アクセスを有していて、その利害関係などからして歪曲の誘惑が大きい場合」に保全の必要ありとしてよいとする[8]。なお、高見進教授も改ざんのおそれの具体的疎明を要求しない開示目的での運用を是認するが、その理由は相手方・裁判所に対する不利益ないし負担が大きくないことを理由とするようである[9]。林圭介判事も実質的には改ざんのおそれの要件を不要とするような実務運用を是認するが、その理由はむしろ一般的に改ざん可能性があり、具体的疎明を要求すればかえって改ざんを誘発することにつながるという点にある[10]。

また新堂幸司教授は、カルテの実体的な閲覧請求権を簡易迅速に実現する方法として証拠保全の転用を主張し、証拠保全の事由については改ざんのおそれの具体的疎明を要求すべきでないとしている[11]。この実体的な開示請求権を基礎とする考え方には井上治典教授が基本的に賛意を示しつつ、常にカルテを見せて説明する義務があるとはいえず、「患者の苦情や要求（権利主張）がそれなりにもっともだと思われるところがあり、かつ、紛争経過及び訴訟手続の経過からみても医師側がカルテでもって説明すべき段階にあることを疎明する必要がある」とする[12]。

以上のように、学説、実務ともに医療記録に関しての証拠保全の開示的運用を肯定する見解が有力であるが、その理由づけは様々であり、特にカルテ改ざんの可能性が高いかどうかの事実認識の違いや開示を要求する根拠の考え方の違いなどから、証拠保全の事由の主張・疎明の程度や提示命令のための審理・送達方法などをめぐる解釈論が分かれていた。

❂**現行民訴法下における解釈の方向**　現行民訴法は平成15年改正により訴訟前の証拠収集処分を導入したが、証拠保全については改正を施さなかった。したがって新設の132条の4以降の規定によりカバーされる部分は、証拠保全の必要はなくなったが、それ以外では、旧法下の解釈に基本的に変更はないといってよい。

むしろ、現行法は訴訟資料の相手方または第三者からの取得機会を拡充することを改正の柱の1つとしており、提訴前の証拠収集処分の導入も同様に当事者が十分な主張立証をつくすために必要な手続的権利を充実させるものである。このような傾向の中で証拠保全の開示的運用も、この手続法上の情報開示を求める権利の1つの発現形態と位置づけ、積極的に評価すべきである。もちろん、無制限に証拠保全による相手方手持ち証拠の開示を求められるわけではなく、要件の考え方が問題となる。提訴前に証拠調べを求めるうえでの法的利益の概念を軸に考えていく必要がある[13]。その一方で、本来の保全機能のためにも、証拠保全の実効性確保にも問題が残されている[14]。

〔町村泰貴〕

1審＝東広島簡決昭61・7・30判時1224号80頁（第1次申立て）、東広島簡決昭61・11・1判時1224号78頁（第2次申立て）

1) 原審＝広島高判平3・1・31判タ753号222頁。
2) 東京地裁について、大竹たかし「提訴前の証拠保全実施上の諸問題」判タ361号74頁、太田剛彦「医療過誤訴訟における証拠保全」現代民事裁判の課題⑨654頁、札幌地裁について、高見進「証拠保全の機能」講座民訴⑤321頁、大阪地裁について、林圭介「証拠保全に関する研究」民訴雑誌37号39頁。
3) 林・前掲注2) 26頁、太田・前掲注2) 654頁。
4) 三宅正雄『特許訴訟物語Ⅱ』（富山房、1973）271頁。
5) 伊藤瑩子・百選2版219頁。
6) 大竹・前掲注2) 77頁。
7) 小林・民事裁判の審理240頁参照。
8) 小島・基礎法理73頁、特に86頁以下。
9) 高見・前掲注2) 334頁。
10) 林・前掲注2) 38頁以下。なお、畔柳達雄「医療事故訴訟の準備活動における問題点(1)」新実務⑤195頁以下参照。
11) 新堂幸司「訴訟提起前におけるカルテ等の閲覧・謄写について」判タ382号10頁。
12) 井上・これからの民訴161頁。
13) 町村泰貴「証拠保全の機能」争点3版228頁。なお、最近の文献として、佐藤鉄男「証拠保全の意義と機能」実務民訴講座④289頁。
14) 道田信一郎「権利侵害と証拠保全」法学論叢（京都大学）116巻1～6号26頁。

113 行政庁の所持する文書と提出命令

最高裁平成12年3月10日決定　判時1711号55頁、判タ1031号165頁、裁時1263号10頁　▶220条

論点 ▶ 行政庁の所持する文書と文書提出義務の基準

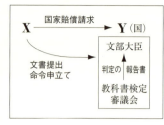

事実の要約　本件基本事件は、高校社会科の教科書に対する文部省教科書調査官による検定意見に対して、検定制度の違憲および運用方法・手続並びに当該検定意見の内容の違憲違法を理由として、検定を受けた執筆者XがY（国）に国家賠償を求めた訴訟の控訴審である。教科書検定手続は、申請のあった教科書について文部大臣が教科用図書検定調査審議会に諮問し、この検定審議会が調査員および調査官の報告に基づいて合否の議決をし、あるいは合否を留保して修正を求める検定意見を文部大臣に答申する。検定意見は教科書調査官が申請者に通知するが、本件検定意見は平成4年10月に口頭で通知された。そこで、その内容趣旨等が本件訴訟の争点となり、Xは検定意見の趣旨内容に関する自己の主張を立証するため、220条3号後段の法律関係文書として検定審議会の判定内容を記載した書面（本件文書五）および検定審議会がその旨を記載して文部大臣に提出した報告書（本件文書六）その他の文書の提出命令を申し立てた。

裁判の流れ　1審：Xの申立認容　最高裁：原決定破棄・申立却下

1審は、本件文書五、六が教科用図書の検定の結論を出すに先立って検定審議会が審議した結果を記載した文書およびその審議結果を文部大臣に答申（報告）した内容を記載した文書であって、特に秘密にしなければならないものではなく、公開によって不都合が生ずるとも考えられず、その内容を検証する必要があるときは、一般に公開すべきものであること、公表目的で作成されたものではないが、本件検定意見を作成する過程において、検定審議会によって職務上作成された公文書であり、後日、内容を検証することなどのために参照されてしかるべきものであることから、専ら文部省が内部で使用するための文書であるということはできず、法律関係文書に該当するとした。これに対してYが抗告したのが本件である。本決定は原決定を破棄し、文書提出命令を却下した。

決定要旨　＜破棄自判・申立却下＞「民訴法220条3号後段の文書には、文書の所持者が専ら自己使用のために作成した内部文書（以下「内部文書」という。）は含まれないと解するのが相当である」。…本件文書はいずれも、「検定審議会が、文部大臣の判断を補佐するため、本件申請図書を調査審議し、議決内容を建議するという所掌事務の遂行過程において、本件申請図書の判定内容の記録として（本件文書五）、また、議決した内容を文部大臣に報告する手段として（本件文書六）、文部省内部において使用されるために作成された文書であることが明らかである。これらの文書は、その作成について法令上何ら定めるところはなく、これらを作成するか否か、何をどの程度記載するかは、検定審議会に一任されており、また、申請者等の外部の者に交付するなど記載内容を公表することを予定しているとみるべき特段の根拠も存しない。

以上のような文書の記載内容、性質、作成目的等に照らせば、本件文書五、六は、文部大臣が行う本件申請図書の検定申請の合否判定の意思を形成する過程において、諮問機関である検定審議会が、所掌事務の一環として、専ら文部省内部において使用されることを目的として作成した内部文書というべきである」。

判例の法理　⊙**行政庁の内部資料と文書提出命令**　行政庁を所持者とする文書提出命令申立ては、原発訴訟、航空機事故訴訟、違法な刑事手続を理由とする国家賠償訴訟、それに租税訴訟などで多くみられる。多くの場合、行政庁の内部資料が220条3号の法律関係文書に該当するかどうかをめぐって争われ、内部文書概念との関係で決定例は分かれている。

平作川水害訴訟1)や平野川水害訴訟2)などでは、法律関係文書とは法律関係それ自体を記載した文書のほか、これに準じる文書で重要なものを含むが、所持者の自己使用のため作成した内部的文書は含まれないと判示され、検察官の不起訴裁定書3)や出入国管理の審議資料として作成された文書4)等についても、行政庁内部でもっぱら自己使用の必要上作成されたものにすぎないから法律関係文書に該当しないとされてきた。

現行民訴法下でも、ひき逃げ犯として起訴され、1・2審有罪とされたが最高裁で破棄自判により無罪となった者の国家賠償請求訴訟において、捜査記録の一部の提出命令申立てについて「文書の所持者が専ら自己使用のために作成したようないわゆる『内部文書』は、右の法律関係文書には当たらない」として提出義務を認めなかった東京高決平成11年8月2日（判例集未登載）およびこれを追認した最決平成13年7月13日（判例集未登載）がある。

⊙**文書提出義務が認められた事例**　これに対して、いくつかの類型では内部文書でも文書提出命令が認められている。原子力発電所の危険性立証のために内部資料の提出を求め、認められた決定例5)、公害健康被害の補償等に関する法律に基づく水俣病の認定に関して作成された検診録等の文書が、認定申請者の法的地位を明確にすることを目的として作成されたことが認められ、もっぱら本件文書所持者である熊本県知事の利益のために作成された内部文書とは言い難いとして提出義務を認めた決定例6)、警察官の勤務実績表が法律関係文書に当たり、内部文書とはいえないとされた例7) などがある。

⊙**本決定の意義**　ところで現行法は当初、4号の一般的提出義務の対象から行政庁の文書を除外していた8)。そこで本決定は、3号後段の法律関係文書との関係で、専ら自己使用のために作成した内部文書がこれに該当しないとの一般論を述べたうえで、本件文書が内部使用の目的で作成され、法令上の根拠もなく、外部に公表を予定

していないという理由から内部文書に当たるから、法律関係文書としての提出義務は認められないと結論づけた。

これに対して220条4号ハの自己専用文書概念をめぐっては、単に内部での使用を予定しているのみならず、「開示されると個人のプライバシーが侵害されたり個人ないし団体の自由な意思形成が阻害されたりするなど、開示によって所持者の側に看過し難い不利益が生ずるおそれがあると認められる場合」という要件を課していた。そしてこの具体的不利益が認められない場合には、内部使用目的で外部に公表を予定しておらず、しかも法令に基づかない文書であっても、提出拒絶を認めなかった[9]。

この4号ハをめぐる解釈と比較するならば、本決定は3号後段の法律関係文書との関係で問題とする内部文書概念を、4号ハの概念と別異に解釈し、開示により特に不利益が生じない場合でも内部文書に当たると解するもののようである。

|判例を読む| ★**行政庁の文書に関する平成13年改正**　220条4号について保留となっていた行政庁の文書の提出義務については、平成13年にようやく改正法が国会で可決成立した。その内容は、以下の通りである。

まず、220条4号ハ（改正前）の自己専用文書について、「(国又は地方公共団体が所持する文書にあっては、公務員が組織的に用いるものを除く)」と規定した。

次に、公務員の職務上の秘密に関する文書については、「その提出により公共の利益を害し、又は公務の遂行に著しい支障を生ずるおそれがあるもの」を4号の除外事由ロとして加え、従来のロ、ハをそれぞれハ、ニとした。

さらに、刑事訴訟関係書類・少年保護事件記録も、押収文書を含め、4号ホの除外事由とした。

そして公務員の職務上の秘密に関する文書につき4号文書として提出命令申立てがあった場合、裁判所は、監督官庁にロの除外事由該当性についての意見を聴取し、監督官庁が以下のいずれかの理由に基づいてロに該当する旨の意見を述べたときは、「その意見について相当の理由があると認めるに足りない場合」に限って提出命令を出すことができるとした（223条新3項、4項）。

「一　国の安全が害されるおそれ、他国若しくは国際機関との信頼関係が損なわれるおそれ又は他国若しくは国際機関との交渉上不利益を被るおそれ
二　犯罪の予防、鎮圧又は捜査、公訴の維持、刑の執行その他の公共の安全と秩序の維持に支障を及ぼすおそれ」

なお、第三者の技術または職業の秘密を保護するために提出を拒む場合は、当該第三者の意見を監督官庁が聴取するとも規定されている（223条新5項）。

この改正のもとでは、本決定のような検定審議会が文部大臣の判断を補佐する職務のために作成した記録や報告のための文書は、改正後のニに規定された「公務員が組織的に用いるもの」であって、当然に自己専用文書の概念からはずれることとなる。これに対して改正後のロに規定された「公共の利益を害し、又は公務の遂行に著しい支障を生ずるおそれ」があるかどうかは議論の余地がある。このいわゆる公務秘密文書に関しては、120事件、および124事件を参照されたい。

（町村泰貴）

1審＝東京高決平11・6・9判タ1016号236頁

1) 東京高決昭54・3・19下民集32巻9～12号1391頁。
2) 大阪高決昭59・11・12判タ539号389頁。
3) 東京高決昭58・12・13判タ523号163頁。
4) 東京高決昭56・4・3下民集32巻9～12号1584頁。
5) 仙台地決平5・3・12判時1452号3頁。
6) 大阪地決平4・3・9判時1425号106頁。
7) 大阪高決平6・7・4判タ880号295頁。
8) その経緯については120事件参照。なお、町村泰貴「文書提出命令の評価と展望」実務民訴講座④271頁以下も参照。
9) 銀行の貸出稟議書に関する最決平11・11・12民集53巻8号1787頁（→117事件）および最決平12・3・10民集54巻3号1073頁（→119事件）参照。

114 文書提出命令（1）——訴訟に関する書類（刑訴法47条）は法律関係文書か

最高裁平成16年5月25日決定　民集58巻5号1135頁、判時1868号56頁、判タ1159号143頁

▶ 220条3号、刑訴47条

論点　刑訴法47条所定の「訴訟に関する書類」に該当する文書につき民訴法220条3号所定のいわゆる法律関係文書に該当するとして提出を命ずることの可否

事実の要約　X保険会社は、Yを被告として、保険金詐欺の不法行為により支払済み保険金と同額の損害を被ったとして、その賠償を求める訴えを提起した。この訴訟においてYは、保険金詐欺事件で共犯とされたAの供述調書のうち、Yを被告人とする刑事事件公判に提出されなかったもの（本件各文書）の文書提出命令を、220条2号または3号後段に基づいて申し立てた。なおYの刑事裁判は、YがAとの共謀の事実を否認したものの、有罪判決が確定している。

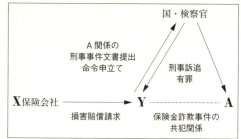

裁判の流れ　1審：申立却下　2審：申立認容　最高裁：破棄自判・申立却下

1審は本件各文書が法律関係文書に該当するが、刑訴法47条により提出義務を負わないと判示した。これに対して2審は、(1)本件各文書が捜査機関と相手方との間の刑事訴訟事件に関する法律関係に関連ある事実が記載されており、この法律関係を明らかにする目的で作成された法律関係文書に該当すること、(2)刑訴法47条の「訴訟に関する書類」を公にするか否かは保管者の裁量に委ねられ、裁量の範囲を逸脱し、またはこれを濫用するものと認められる場合に限って提出義務を負うこと、(3)本件ではYとAの刑事裁判が確定しており、捜査の密行性や刑事裁判への不当な圧力の防止を考慮する必要がなく、共犯者とされるYに本件各文書が開示されてもAの名誉やプライバシーを侵害するおそれがあるともいえないことから、提出を命ずべきものとした。これに対して提出命令を受けた国が抗告許可を申し立てて、最高裁に係属した。

決定要旨　＜破棄自判・申立却下＞1.刑訴法47条の「『訴訟に関する書類』には、本件各文書のように、捜査段階で作成された供述調書で公判に提出されなかったものも含まれる」。

「同条ただし書の規定による『訴訟に関する書類』を公にすることを相当と認めることができるか否かの判断は、当該『訴訟に関する書類』を公にする目的、必要性の有無、程度、公にすることによる被告人、被疑者及び関係者の名誉、プライバシーの侵害等の上記の弊害発生のおそれの有無等諸般の事情を総合的に考慮してされるべきものであり、当該『訴訟に関する書類』を保管する者の合理的な裁量にゆだねられている」。

「民事訴訟の当事者が、民訴法220条3号後段の規定に基づき、刑訴法47条所定の『訴訟に関する書類』に該当する文書の提出を求める場合においても、当該文書の保管者の上記裁量的判断は尊重されるべきであるが、当該文書が法律関係文書に該当する場合であって、その保管者が提出を拒否したことが、民事訴訟における当該文書を取り調べる必要性の有無、程度、当該文書が開示されることによる上記の弊害発生のおそれの有無等の諸般の事情に照らし、その裁量権の範囲を逸脱し、又は濫用するものであると認められるときは、裁判所は、当該文書の提出を命ずることができるものと解するのが相当である」。

2.本件では、Yの主張を立証するためにAの証人尋問や刑事法廷に提出された文書の取調べによることが可能であり、本件各文書がY主張事実の立証に必要不可欠ではない。また本件各文書の提出によりAや第三者の名誉、プライバシーが侵害されるおそれがないとはいえない。

「Y及びAらの有罪判決が既に確定していることを考慮に入れても、本件各文書を開示することが相当でないとして本件各文書の提出を拒否したYの判断が、その裁量権の範囲を逸脱し、又はこれを濫用したものであるということはできない。

以上によれば、本件各文書が法律関係文書に該当するか否かについて判断するまでもなく、民訴法220条3号後段の規定に基づく本件申立ては、その理由がないことは明らかである」。

判例の法理　●**刑事訴訟関係文書の法的取扱い**　刑事事件または少年事件において、捜査機関が収集し、または作成した文書は、公判廷に提出されるまでは原則として非公開とされている（刑訴法47条）。公訴提起に至らなかった場合はもちろん、刑事公判が開かれ、そこで提出されないまま公判が終了した場合も、提出されなかった文書には同法47条の適用がある。そこで、捜査機関にある証拠、特に各種調書や手続書類などの文書類を、関連する民事訴訟の証拠として利用したいと考えた場合、捜査機関側が積極的に提出することはできても、被疑者・被告人は公判を通じて入手したものを除いて提出できないし、被害者その他の第三者も原則として同様である。この構造的証拠偏在の状況を打開するため、民訴法上の文書提出命令により文書保管者に提出を強制することが考えられるが、220条4号の一般義務としては、同号ホに「刑事事件に係る訴訟に関する書類若しくは少年の保護事件の記録又はこれらの事件において押収されている文書」という除外事由がおかれている。したがって、既に旧法時代から1号から3号までのいずれかの事由に該当することを理由とする文書提出命令申立てが試みられ、認容例もあるが、この状況は現行法のもとでも変わらない。被疑者・被告人が挙証者として、所持者である国に提出を求める場合は、両者間で刑事訴訟に関する法律関係があり、その証拠書類や手続書類を法律関係文書

とする構成が取りやすい。しかし法律関係文書に該当する場合でも、刑訴法47条との関係は依然として問題となる。法律関係文書に当たるとしても、刑訴法47条但書にはどのような場合に該当するか、そしてそれを判断するのは誰かという点が問題となってきた。

❂**刑事訴訟関係文書提出命令の裁判例**　旧法のもとでも、下級審で法律関係文書として公判未提出の捜査資料の提出命令を認めた事例1)があったが、現行法のもとでの最高裁は、明確な判断を示さないでいた2)。本決定は、現行法のもとで初めて、一般論として刑訴法47条の適用のある文書について民事裁判所が文書提出命令を発する余地があること、そしてその判断基準と判断主体について判示したものである。

本決定では本件各文書が法律関係文書に該当するかどうかについて判断を示していないが、この点は捜索差押許可状および同請求書の提出命令が申し立てられた事案において、いずれも被疑者・被告人と国との間の法律関係文書に該当するとの判断が示され3)、その後の裁判例4)にも受け継がれている。

本決定の示した判断枠組み（要旨の1.）は判例として定着し、また捜査資料などの刑事訴訟に関する文書が被疑者・被告人と国との間の法律関係文書に該当することも、文書の種類にもよるが、原則として定着したものと評価できる。

判例を読む　❂**刑事訴訟関係文書が民事訴訟で問題となる事件の2類型**　刑事訴訟資料が民事裁判で利用される類型は、大きく分けて2つある。1つは被疑者・被告人が国に対して刑事訴追の不当を理由とする国家賠償を請求する類型であり、刑事捜査資料は捜査や訴追の違法性を立証するために提出を求められる。もう1つは犯罪被害者が被疑者被告人に損害賠償を請求する類型で、不法行為の成立・不成立いずれの方向にも刑事訴訟関係文書が用いられうる5)。本件は、後者の類型で、不法行為の不成立を立証するため元被告人が刑事捜査資料の提出を求めた事例である。ただし、この2つの類型は必ずしも截然と分かれるものではなく、本件も元被告人が保険金詐欺による有罪判決に対して再審請求を申し立てる予定であると述べているので、その意味では両類型の複合型ということもできる。

❂**刑訴法47条の解釈論**　本決定は、刑訴法47条但書の「公益上の必要その他の事由によって相当と認められる場合」といえるかどうかについて、まず保管者の裁量的判断が尊重されるべきこと、その判断が裁量権の範囲の逸脱または濫用と裁判所において評価する場合には提出を命じることができるが、その際は民事訴訟における当該文書の必要性や開示による弊害など諸般の事情が考慮されるとの定式を明らかにした。もっとも、保管者は当該文書の訴訟上の必要性を判断できる立場にないので、保管者の立場としては適正に裁量権を行使したと認識していても、裁判所が別の判断をすることは当然予定されている。また、裁量権の範囲の逸脱または濫用かどうか判断するに当たって、裁判所はインカメラ手続により当該文書の内容を確認することができないという問題がある。223条6項にあるように、インカメラ手続は220条4号の除外事由の有無を審理する場合に用意されたもので、220条3項に基づく提出命令の審理には予定されていないからである。しかしながら、特に本決定で示されたような裁量権の範囲の逸脱または濫用かどうかを判断するには、文書の記載を確認する必要があるので、類推適用を認めるべきだと考える。

❂**文書所持者は誰か**　本決定は提出命令を認めた原決定を破棄したので、文書所持者が誰であるかについて判断を示していないが、本件では原々決定以来、保管者である地検検事正を所持者として文書の提出命令の可否を判断している。

通常の考え方で言えば、国が文書所持者となるはずで、その趣旨の裁判例6)もあるが、本件同様に保管検察官を所持者とした例7)もある。学説も、この点では分かれている8)。刑訴法47条但書の裁量的判断をするのは保管検察官だとしても、文書提出命令の名宛人たる所持者は、権利義務の主体たる国とするのが理論的に正当である。

〔町村泰貴〕

1審＝静岡地決平15・6・3民集58巻5号1167頁／2審＝東京高決平15・8・15判時1843号74頁

1) 東京高決平9・7・9判タ1008号267頁。
2) 最決平12・12・21訟月47巻12号3627頁は却下した原決定を是認するにとどまり、また最決平13・7・13判例集未登載（南山法学27巻1号37頁以下）は「容疑の有無・程度を示すものではないので法律関係文書にはあたらない」と判断した。なお、この決定には2名の裁判官が反対意見をつけている。
3) 最決平17・7・22民集59巻6号1837頁、判タ1191号230頁、判時1908号131頁（→115事件）。この事件では、捜索差押許可状については保管者の裁量権逸脱を認め、同請求書については逸脱を認めなかった。
4) 最決平19・12・12民集61巻9号3400頁、判時1955号82頁、判タ1261号155頁（→116事件）。
5) なお、公判記録となったものについては、犯罪被害者等の保護を図るための刑事手続に付随する措置に関する法律3条に、第1回公判から終結にいたるまでの間、被害者等が訴訟記録の閲覧または謄写を認める規定を置いている。しかし刑訴法47条が定める文書は、この法律の射程外である。
6) 前掲注2) 最決平12・12・21、前掲注4) 最決平19・12・12など。
7) 前掲注2) 最決平13・7・13。
8) 加藤正男・本件判解・最判解民平成16年度（上）359頁は権利義務の主体たる国を所持者とするが、注釈民訴⑦93頁〔野村〕は反対。

115 文書提出命令（2）——捜索差押許可状および捜索差押令状請求書は法律関係文書か

最高裁平成17年7月22日決定　民集59巻6号1837頁、判時1908号131頁、判タ1191号230頁

▶ 220条3号、刑訴47条

論点 ▶ 捜索差押許可状および捜索差押令状請求書が民訴法220条3号所定のいわゆる法律関係文書に当たるとして提出を命ずることの可否

事実の要約 千葉県議会議員宅放火事件など7件の容疑で捜索差押えを受けたXらは、Y（東京都）を被告として、捜索差押え等が違法であることを理由とする国家賠償請求訴訟を提起し、その1審においてYの所持する捜索差押令状請求書（以下「本件各請求書」という）および各捜索差押許可状（以下「本件各許可状」という）について文書提出命令を申し立てた。なお、上記事件など7件の被疑事件に関する刑事手続は、本件捜索時にも被疑者不詳として行われ、本決定当時も捜査が継続中である。

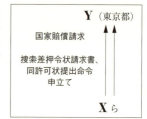

裁判の流れ　1審：申立一部認容　2審：申立認容　最高裁：一部破棄自判、一部抗告棄却

1審は本件各許可状の提出と、本件各請求書のうち千葉県議会議員宅放火事件を被疑事件とするものについてのみ提出を命じた。これに対して2審は以下4点から本件各請求書および許可状の提出を命じた。(1)「警視庁所属の警察官による本件各許可状の請求及び本件各捜索差押えの執行が違憲違法である」という記載でも「証明すべき事実」は不十分とはいえない、(2)本件各許可状および本件各請求書はいずれも法律関係文書に該当し、刑訴法47条の「訴訟に関する書類」であって公判の開廷前にある。これを公開するか否かは所持者の裁量に委ねられ、裁量の範囲を逸脱または濫用するものと認められる場合に限って提出義務を負う、(3)本件各許可状は法律に基づきXらに示されたもので、記載事項は被疑者の氏名や罪名などその公開により捜査の密行性や訴訟関係人のプライバシー等が侵害されるおそれのある事項ではなく、捜索差押えの違法性が民事裁判で争われている場合、捜索差押え手続が適法に行われたか直接確認するため本件各許可状を証拠として提出する必要性、相当性が認められるので、提出を拒絶する判断には裁量権の範囲の逸脱ないし濫用がある、(4)本件各請求書については、「犯罪事実の要旨」の記載が開示されることにより訴訟関係人の名誉やプライバシー等が新たに侵害されるおそれはなく、捜査は継続中だが本件捜索差押えから約2年から4年以上が経過し、新たな名誉・プライバシー侵害のおそれや現時点での捜査の支障になるおそれについてYが具体的な主張立証をしていないことから、上記記載の開示によって捜査に支障が生じるとはいえず、夜間執行事由等の記載も捜査手法の機微に触れる事項ではなく、捜査に支障は生じないと推認されるので、本件各請求書の提出拒絶の判断にも裁量権の範囲の逸脱ないし濫用がある。

これにYが抗告許可を申し立てて、最高裁に係属した。

決定要旨　＜一部破棄自判、一部抗告棄却＞原審判断のうち(1)から(3)は是認できるが、(4)は是認できない。

(1)　本件各捜索差押えの違法性についてXらは、Xらが被疑事件と関係しない、捜索場所に証拠物等が存在する蓋然性もない、押収物は被疑事件と関連性がない、差押えを行った警察官はこれらの事実を知りながらXらの選挙活動妨害の意図で捜索差押えを行ったものと主張しており、これらの主張の立証のため申し立てたことにかんがみれば、証明すべき事実の記載に欠けるところはない。

(2)　「本件各許可状は、これによってXらが有する『住居、書類及び所持品について、侵入、捜索及び押収を受けることのない権利』（憲法35条1項）を制約して、Y所属の警察官にXらの住居等を捜索し、その所有物を差し押さえる権限を付与し、Xらにこれを受忍させるというYとXらとの間の法律関係を生じさせる文書であり、また、本件各請求書は、本件各許可状の発付を求めるために法律上作成を要することとされている文書である（刑訴法218条3項、刑訴規則155条1項）から、いずれも法律関係文書に該当するものというべきである」。

(3)　本件各請求書および許可状は刑訴法47条の「訴訟に関する書類」で公判開廷前のものに当たるところ、同条但書の解釈、文書保管者の裁量的判断が尊重されること、その裁量権の範囲逸脱または濫用があるときは、裁判所が提出を命じることについて、最決平16・5・25民集58巻5号1135頁（→114事件）を引用する。

(4)ア　本件各請求書および許可状の取り調べの必要性は認められる。

イ　本件各許可状には関係人の名誉・プライバシー侵害のおそれがなく、すでに呈示もされ、秘匿すべき性質のものでもないので、提出拒否の判断には裁量権の範囲の逸脱または濫用がある。

ウ　捜索差押令状請求書は、呈示が予定されず、犯罪事実の要旨や夜間執行事由等の記載には一般に捜査秘密事項や関係者のプライバシーに属する事項が含まれていることが少なくない。本件の被疑事件は千葉県議会議員などの自宅を標的とする爆破等の組織的犯行で捜査が困難を極め、長期に及ぶという特質があるので、本件各請求書には捜査秘密や被害者などのプライバシーに属する事項が記載されている蓋然性が高く、その開示によって、捜索差押えから2～4年経過していてもなお捜査や公判に悪影響が生じたり関係者のプライバシーが侵害されたりする具体的なおそれがある。取調べの必要性を考慮しても開示による弊害が大きい。したがって、本件各請求書の提出を拒絶した判断には、裁量権の範囲を逸脱または濫用したものとはいえない。

判例の法理　★**刑事訴訟関係文書の法律関係文書性**　刑事事件または少年事件において捜査機関が収集し、または作成した文書等（刑事訴訟関係文書という）の提出を、民事事件の裁判所が命じることができるかどうかについて、

220条4号の一般的提出義務は同号ホに一律の除外規定が置かれている。そこで旧法下と同様に同条3号後段の法律関係文書に該当するかどうかが問題となる。この点に関する判例の状況については**104事件**の解説を参照されたい。本決定は、捜査過程で作成された捜索差押令状請求書および同許可状が被疑者と所持者である国との間で法律関係文書となると認めた点（判旨(1)）で、重要である。従来の裁判例も、この点は前提とした上で次の刑訴法47条の解釈に立ち入っていたと評価することもできる 1) が、最高裁レベルで先例的価値を有するのは本決定が初めてということになる。

❋**刑訴法47条但書の解釈**　刑事訴訟関係文書が法律関係文書として提出命令の対象となるとしても、刑訴法47条は公判に提出されていない刑事訴訟関係文書を原則として非公開とし、同条但書において「公益上の必要その他の事由があって、相当と認められる場合は、この限りでない」と定める。そこで但書に該当するかどうか、そしてその判断権が誰にあるかが問題となる。本決定は、文書保管者の裁量的判断に委ねられるが、文書保管者の裁量権の範囲逸脱または濫用がある場合は裁判所が提出を命じることができるとし、本件各許可状については裁量権の範囲逸脱または濫用を認めて提出命令を是認した（判旨(4)イ）。この判断枠組みは既に平成16年の最高裁決定 2) で示されており、本決定はこれを具体的に適用して裁量権の範囲逸脱または濫用を認めた点で注目に値する。

　本件各請求書について本決定は、具体的な弊害のおそれを指摘して裁量権の範囲を逸脱していないことを明確にした。本件事案の被疑事件は、Xらが被疑者として強制捜査を受けたものではなく、被疑者は本決定当時も特定に至らず、捜査が継続中である。従来の裁判例はほとんどが刑事公判終結後の民事訴訟における提出が争われたものであり、本決定は捜査継続中の時点で捜索差押令状請求書の開示を求めることの可否が判断されたという点も注目される。

　|判例を読む|　❋**法律関係文書の意義と刑事訴訟関係文書**　本決定のように、刑事訴訟関係文書が法律関係文書に該当すると解することには、批判的な見解が少なくない。その論拠は、「法律関係について作成された」との文言をかつての通説のように限定的に解釈し、法律関係形成の資料になったにすぎないものはこれに該当しないこと 3)、「被疑事件に関する法律関係」というのでは意味不明であって、刑事訴訟上相手方に開示されるとは限らない文書が法律関係文書になりかねないこと 4)、220条4号の一般義務が制定された以上は1号から3号までについて従前なされてきた拡張解釈を改めるべきこと 5) などが挙げられる。本決定は、捜索差押えについて権限と受忍義務をとらえて法律関係と解し、この法律関係を生じさせる許可状およびその過程で法律上作成義務がある請求書を法律関係文書とした。したがって、刑事手続上の関係が220条3号後段の法律関係に当たることは明確になったが、その形成資料となったにすぎない文書のすべてが法律関係文書と解されるかどうかは明らかでない。

　また、法律関係文書の拡張解釈は4号の創設により改められるべきとの見解については、本決定を含む裁判例がそのような傾向を示しているとはいえない。かえって、現行民訴法の制定が証拠収集手段の拡充を大きな柱として行われ、文書提出義務の範囲が従前より縮小するというのは立法趣旨に反することや、立法担当者も4号創設が3号までの従前の解釈に影響を及ぼすものではないと考えていたことなどから、刑事訴訟関係について作成された文書も、その法律関係の全部または一部が記載され、あるいはその資料となったものも含め、法律関係文書に該当すると解すべきである。そのうえで、不都合については刑訴法47条の解釈により回避すれば足りる。

　なお、平成16年5月31日、法務省は全国の検察庁に対し、不起訴事件記録中の供述調書や目撃者の人定事項の開示を一定の場合に認めるとの通知 6) を発した。これは犯罪被害者の求めに応じる場面を想定しているが、開示の可否に関する一定の評価項目を表しており、注目に値する。

〔町村泰貴〕

1審=東京地決平16・4・27民集59巻6号1871頁／2審=東京高決平16・12・22民集59巻6号1878頁

1) 例えば、最決平13・7・13判例集未登載（町村泰貴「捜査関係書類の文書提出命令と実質的対等確保」南山法学27巻1号37頁以下）では、「仮に、警察官が作成した捜査関係書類が、原則として、被疑者と国との間の公訴提起をするに足りる容疑があるかどうかという法律関係について作成された文書に当たるとする見解によっても」と述べて当該事件の文書がこれに当たらないとの判断をしている。
2) 最決平16・5・25民集58巻5号1135頁➡本書114事件。
3) 酒井邦彦「刑事判例研究」警察学論集52巻3号200頁以下、特に206頁以下参照。
4) 甲斐行夫=萩原勝治「刑事関係書類に対する文書提出命令に関する平成16年5月25日最高裁決定及び文書送付嘱託等に関する平成16年法務省通知について」研修672号13頁以下、特に22頁参照。横田希代子「いわゆる不起訴国賠事件において、不起訴事件記録中の逮捕状請求書その他の捜査書類について、包括的な文書提出命令が発せられた事案」研修642号31頁も同旨。今村隆「刑事判例研究」警察学論集51巻1号215頁は、捜査や逮捕などで自由を制約される関係を「法律関係」とすることは行きすぎであるとする。
5) 例えば、石渡哲・判批・判時1915号196頁以下、特に198頁、甲斐=萩原・前掲注4) 論文。4号創設により特に3号文書の拡張解釈を改めるべきとの主張は多数説でもある。竹下守夫ほか編『研究会新民事訴訟法』（有斐閣、ジュリ増刊、1999）282頁〔竹下、青山発言〕、上野泰男「文書提出義務の範囲」講座新民訴法② 50頁以下、高橋・下164頁など。しかしこれは立法時の説明とは離れるし、証拠収集手段の拡充を目的とした現行法の立法趣旨に反することとなる。
6) この通知の内容および経緯については、甲斐=萩原・前掲注4) 論文22頁以下参照。

116 文書提出命令（3）——被疑者の勾留請求の資料とされた告訴状は法律関係文書か

最高裁平成19年12月12日決定　民集61巻9号3400頁、判時1995号82頁、判タ1261号155頁

▶ 220条3号、刑訴47条

論点　被疑者勾留請求の資料とされた告訴状および被害者の供述調書について民訴法220条3号所定のいわゆる法律関係文書に該当するとして提出を命ずることの可否

事実の要約　訴外Aは、X_2に強姦されたとの告訴状（本件告訴状）を警察に提出し、供述調書（本件調書）が作成された。X_2はこれに基づいて通常逮捕され、検察官に送致され、検察官は勾留請求をした。この勾留請求に対して勾留状が発せられたが、X_2側の準抗告により取り消され、X_2は釈放された。その後本件被疑事件は不起訴処分となった。

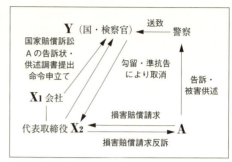

Aは本件被疑事件を不法行為として損害賠償を求める訴え（別件第1訴訟）をX_2に対して提起したが、X_2はこれに反訴（別件第2訴訟）を提起して、虚偽告訴を不法行為とする損害賠償を求めた。Aは自ら提起した訴訟の取下書を提出したが、X_2の同意は得られなかったため、請求放棄書面を提出し、その陳述が擬制された。

本件基本訴訟は、X_2およびX_2が代表取締役を務めるX_1会社が原告となり、Y（国）を被告として、違法な勾留請求により被った損害の国家賠償を求める訴えであり、勾留請求時にX_2が罪を犯したことを疑うに足りる相当な理由の有無が争点となった。この点についてYは、本件告訴状および本件調書（併せて本件各文書）の存在と、Aの破損したストッキングの存在から罪を犯したことを疑うに足りる相当な理由があったと主張し、担当検事の作成した陳述書（本件陳述書）を書証として提出した。本件陳述書は、本件各文書を含む本件被疑事件の記録を閲覧したうえで作成されたものであり、司法警察員に対するAの供述内容として、本件被疑事実の態様が極めて詳細かつ具体的に記載されている。X_1およびX_2は、Yの所持する本件各文書の提出命令を申し立てた。なお、本件各文書のほかにも提出命令の申立てがなされた文書があり、これについては却下されているが、本稿では省略する。

裁判の流れ　1審：申立認容　2審：申立認容　最高裁：一部抗告棄却、一部破棄自判

原々決定、原決定は、ともに本件各文書が法律関係文書に該当するとして、提出を命ずべきものとした。これに対して提出命令を受けた国が抗告許可を申し立てて、最高裁に係属した。

決定要旨　＜一部抗告棄却、一部破棄自判＞1．本件勾留状および勾留請求書は法律関係文書に該当し、また「本件各文書は、本件勾留請求に当たって、刑訴規則148条1項3号所定の資料として、検察官が裁判官に提供したものであるから、本件各文書もまたYとX_2との間の法律関係文書に該当するものというべきである」。

「しかし、X_1に対する関係においては、本件勾留状は、X_1の権利等を制約したり、X_1にこれを受忍させるというものではないから、YとX_1との間の法律関係を生じさせる文書であるとはいえず、本件勾留請求に当たって裁判官に提供された本件各文書もYとX_1との間の法律関係文書に該当するとはいえない」。

2．刑訴法47条の解釈については、文書保管者の裁量的判断が尊重されるべきだが、当該文書が法律関係文書に該当し、その提出拒否が裁量権の範囲を逸脱し、または濫用するものであると認められるときには、裁判所が提出を命じられるとの一般論のもとで、以下のような事実を挙げた。(ア)本件勾留は準抗告により取り消されたので、X_2には罪を犯したことを疑うに足りる相当な理由がなかった可能性があり、その判断の最も基本的な資料となった本件各文書は取調べの必要がある。(イ)性犯罪の告訴状や供述調書は被害者の名誉、プライバシー侵害のおそれが一般的にあるが、本件ではAが別件第1訴訟を提起し、その審理に必要な被疑事実に関するプライバシーが訴訟関係人や傍聴人に明らかになることを容認していた。また、Yが提出した本件陳述書にはAの供述内容として本件被疑事実の態様が極めて詳細かつ具体的に記載されている。こうした事実関係のもとでは、本件各文書が開示されてもAの名誉、プライバシーが侵害されるおそれは認められない。(ウ)捜査段階で作成された被害者告訴状や供述調書が公判の開廷前に民事訴訟において開示される場合、捜査や公判に不当な影響を及ぼす等の弊害が発生するおそれがあることも、一般的には否定し難いところである。しかし、本件被疑事件は不起訴処分で終了し、また本件陳述書には、Aの供述内容として、本件被疑事実の態様が極めて詳細かつ具体的に記載されているものであって、その内容は、ほぼ本件調書の記載に従ったもののようにうかがわれるので、本件各文書が開示されても本件被疑事件はもちろん、同種の事件の捜査や公判に及ぼす不当な影響等の弊害が発生するおそれがあるとは認められない。

3．以上により、X_1との関係では原決定を取り消して申立てを却下し、X_2との関係では提出を命じた原決定を正当として抗告を棄却する。

判例の法理　●**刑事訴訟関係文書の法律関係文書性**　刑事事件または少年事件において捜査機関が収集し、または作成した文書等（刑事訴訟関係文書という）の提出を、民事事件の裁判所が命じることができるかどうかについて、220条4号の一般的提出義務は同号ホに一律の除外規定がおかれている。そこで旧法下と同様に同条3号後段の法律関係文書に該当するかどうかが問題となっていた。この点については最決平成17年7月22日（→115事件）

が捜索差押許可状および捜索差押令状請求書を法律関係文書と認め、そのうち許可状について提出命令を認めている。本決定は、この平成17年決定に続くものであり、告訴状や被害者の供述調書について、勾留請求に際して法令に基づく資料として作成提出したものであることを理由に、法律関係文書に該当するとしている点が注目に値する。

◎刑訴法47条但書の解釈論　刑訴法47条は公判に提出されていない刑事訴訟関係文書を原則として非公開とし、同条但書において「公益上の必要その他の事由があつて、相当と認められる場合は、この限りでない」と定める。この但書に該当するかどうかの判断基準および判断権者についての本決定の判示は、既に平成16年の最高裁決定（→114事件）で示されており、平成17年決定でも同様であった。本決定も含め、判例として定着したと評価できる。

本決定の特徴は、特にセンシティブな情報としてプライバシー保護が要請されると見られる性暴力被害を申告した告訴状および供述調書について、決定要旨2(イ)で指摘されている事情のもとでは、被害者に対する名誉、プライバシー侵害のおそれが生じないと判断している点にある。

|判例を読む|　**◎民事訴訟とプライバシー保護**　刑事訴訟資料の提出義務が争われる事件に限らず、民事訴訟の場で当事者または第三者のプライバシー侵害という結果が生じるおそれがある場合に、いかにしてその保護を図るかは問題である。一方では公開主義（憲法82条）のもとで、真実に適った裁判が要請され、プライバシーに属する情報でも法廷で公開されることは否定できない。しかしセンシティブな情報や名誉・信用の毀損につながる情報は、法廷に持ち出すこと自体が違法と評価されることもあり得る1)。この相対立する要請の中で法は、プライバシー保護等のために訴訟記録の非公開の可能性を定め（法92条）、また特別法では人事訴訟および知財関係訴訟における本人尋問等の非公開措置等の秘密保護規定が置かれている2)。

◎本件における具体的利益衡量　本決定は、Aが別件第1訴訟を自ら提起したことから、その審理に必要な限度でプライバシーの開示を容認していたとし、本件陳述書において内容が概ね明らかになっていることも合わせて、プライバシー侵害のおそれはないという。しかし供述調書の取調べが必要となるのは、本件陳述書で明らかになっていない事項が供述調書に記載されていると考えられるからである。その部分はなおプライバシーとして保護される余地がある。またA自らが別件第1訴訟を提起しているという点も、別件第1訴訟はAが自らの責任で主張立証の範囲をコントロールすることのできる場であり、その訴えを提起したからといって、他の訴訟で、まだ明らかとなっていない供述内容の開示を容認したものと評価することはできない。

他方で、Aによってなされた告訴に基づき一旦は身柄を拘束されるという重大な不利益を受けたX_2の事案解明の利益も尊重に値する。

結局、本件のような事案では、文書提出命令により法廷に提出された文書の公開範囲を最小限にとどめることにより、事案解明の利益とプライバシー保護の利益とを両立させる途を探るしかない。92条の定める記録の非公開のほか、文書内容について$X_1 X_2$およびその関係者が訴訟外で公開することのないように、秘密保持契約を締結するなどの方法が考えられる3)。もちろん秘密保持契約を結ぶまでもなく、プライバシーとして保護に値する情報を公開すれば、不法行為責任を負う。これらの民事責任では十分な抑止効果が得られないとすれば、立法論として秘密保持命令の導入も考慮されるべきである4)。

〔町村泰貴〕

1審＝東京地決平18・3・24民集61巻9号3444頁／2審＝東京高決平19・3・30民集61巻9号3454頁

1) 東京高判平11・9・22判タ1037号195頁。なお、町村泰貴「民事裁判手続過程でのプライバシー」田島泰彦＝山野目章夫＝右崎正博編著『表現の自由とプライバシー―憲法・民法・訴訟実務の総合的研究』（日本評論社、2006）145頁以下、同「民事訴訟とプライバシー保護」福永古稀『企業紛争と民事手続法理論』（商事法務、2005）484頁以下参照。
2) 人事訴訟法22条、特許法105条の7など。なお、特許法には秘密保持命令の制度もある。同法105条の4。
3) 秘密保持契約は知財関係訴訟において、営業秘密に関わる事項が開示される場合などに用いられている。髙部眞規子「知的財産権訴訟　今後の課題（下）」NBL860号45頁など参照。
4) なお、知財関係訴訟における秘密保持命令は利用が低調であるとされる。髙部・前掲注3)論文、末吉亙「秘密保持命令について」L&T27号19頁参照。しかし、本件のような事例では比較的発令しやすいものと考えられる。

117 文書提出命令（4）——銀行の貸出稟議書

最高裁平成11年11月12日決定　民集53巻8号1787頁、判時1695号49頁、判タ1017号102頁

▶ 220条3号、4号ニ

論　点 ▶ 銀行の貸出稟議書はいわゆる自己専用文書として、220条3号（法律関係文書）または4号の提出義務を免れるか

事実の要約　本件の基本事件は、証券投資を目的にY銀行から6億円余の貸付を受けた顧客Aが、その後大きな損失を被り、銀行側に対して顧客の資金運用計画に対する安全配慮義務に違反して損害を与えたと主張して賠償を求めたものである。1審係属中にAが死亡したため相続人Xが受継した。そして1審請求棄却後、控訴審係属中にXが自らの主張を基礎づける文書として、Yの所持する貸出稟議書および本部認可書（以下、稟議書等という）の提出命令を申し立てた。

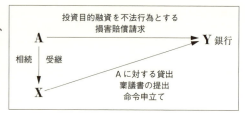

裁判の流れ　1審：Xの申立認容　最高裁：破棄自判、Xの申立却下

基本事件の1審係属中、すでにXは本件同様の文書の提出命令を申し立てていた。1審受訴裁判所は旧312条3号に基づいて提出を命じたが、Yの抗告が容れられて取り消された[1]。控訴審に至ってXが改めて同一の文書の提出を、今度は現行民訴法220条3号または4号に基づいて申し立てたものである[2]。1審決定は4号該当性についてまず検討するとし、同号ハの「専ら文書の所持者の利用に供するための文書」の解釈としては、裁判所が広く証拠調べを行い適正な認定を実現するために文書提出義務を一般化したという趣旨に照らし、「専ら内部の者の利用に供する目的で作成され、およそ外部の者に開示することを予定していない文書を指すものと解するのが相当である」と判示した。

その上で本件の稟議書等については、「およそ組織体において、外部との一定の法律関係に係る意思決定に複数の人が関与している場合には、その法律関係を形成する過程において、その担当者がどのように判断し、かつ、関与したかを明らかにする文書は、いわば当該組織内の公式文書」であり、稟議書等もその意味での必須の公式文書であること、加えて法令上の作成義務はないものの、銀行の貸出業務の適正を担保するため実務上必ず作成され、「貸出に関する重要な諸情報を網羅的に記載し、その意思決定の合理性を明らかにし、かつ、これを担保するために作成された基本的な公式文書」であるとした。そしてこのような文書は貸出相手方との紛争において貸出の正当性・合理性を基礎づける最重要の基礎資料であって銀行自ら証拠として提出する場合があること、銀行法25条に基づく検査の対象となること、したがって第三者に開示されることを予定しない日記帳や備忘録とは性質が異なること、融資申込書に代替する機能もあることを指摘し、「専ら内部の者の利用に供する目的で作成され、およそ外部の者に開示することを予定していない文書であるということはできない」と結論づけている。

さらに、当該文書に企業秘密その他の秘密やプライバシーに関わる事項が含まれ、裁判所がその文書を証拠として使用することにより得られる利益との衡量により、それらの事項の秘密を保護するのが相当と認められる場合」には提出義務が否定されうるが、本件ではそのような事情は窺われないとした。

これに対してYが抗告許可を申し立て、最高裁に係属した。

決定要旨　＜破棄自判、Xの申立却下＞「一　ある文書が、その作成目的、記載内容、これを現在の所持者が所持するに至るまでの経緯、その他の事情から判断して、専ら内部の者の利用に供する目的で作成され、外部の者に開示することが予定されていない文書であって、開示されると個人のプライバシーが侵害されたり個人ないし団体の自由な意思形成が阻害されたりするなど、開示によって所持者の側に看過し難い不利益が生ずるおそれがあると認められる場合には、特段の事情がない限り、当該文書は民訴法220条4号ハ所定の『専ら文書の所持者の利用に供するための文書』に当たると解するのが相当である。

二　これを本件についてみるに、記録によれば、銀行の貸出稟議書とは、支店長等の決裁限度を超える規模、内容の融資案件について、本部の決裁を求めるために作成されるものであって、通常は、融資の相手方、融資金額、資金使途、担保・保証、返済方法といった融資の内容に加え、銀行にとっての収益の見込み、融資の相手方の信用状況、融資の相手方に対する評価、融資についての担当者の意見などが記載され、それを受けて審査を行った本部の担当者、次長、部長など所定の決裁権者が当該貸出しを認めるか否かについて表明した意見が記載される文書であること、本件文書は、貸出稟議書及びこれと一体を成す本部認可書であって、いずれもYがAに対する融資を決定する意思を形成する過程で、右のような点を確認、検討、審査するために作成されたものであることが明らかである。

三　右に述べた文書作成の目的や記載内容等からすると、銀行の貸出稟議書は、銀行内部において、融資案件についての意思形成を円滑、適切に行うために作成される文書であって、法令によってその作成が義務付けられたものでもなく、融資の是非の審査に当たって作成されるという文書の性質上、忌たんのない評価や意見も記載されることが予定されているものである。したがって、貸出稟議書は、専ら銀行内部の利用に供する目的で作成され、外部に開示することが予定されていない文書であって、開示されると銀行内部における自由な意見の表明に支障を来し銀行の自由な意思形成が阻害されるおそれがあるものとして、特段の事情がない限り、『専ら文書の

所持者の利用に供するための文書」に当たると解すべきである」。
　以上のように判示して、本件稟議書等には特段の事情がうかがわれず、「専ら文書の所持者の利用に供するための文書」に当たるので、220条4号に基づく提出義務も3号後段に基づく提出義務も認められないとした。

判例の法理　❖**旧法下での解釈**　平成8年改正で文書提出義務が一般義務とされる以前は、旧312条3号の利益文書・法律関係文書の解釈をめぐって争われ、特に法律関係文書の解釈に関連して、いわゆる内部文書が問題となった。関連する裁判例は多数に及ぶが、銀行等の稟議書に限ると、本件1審で申し立てられた裁判例のほか、東京高決昭和61年5月8日（判時1199号75頁）、東京地決平成9年6月20日（金法1506号69頁）、東京高決平成9年8月22日（金判1044号20頁）3）など、いずれも内部文書であることを理由に法律関係文書該当性を否定していた。

❖**現行法下での解釈**　現行法は220条4号で一般的に文書提出義務を認め、そのハに「専ら文書の所持者の利用に供するための文書」を除外する規定をおいたので、改めてハの自己専用文書に該当するか否かが争いとなった。立法担当者の解説では稟議書を自己専用文書に当たるものとしてあげていた4）。しかし裁判例は自己専用文書該当性を積極に解するもの5）と消極に解して提出義務を認めるもの6）とが拮抗していた。
　こうした中で本決定は、結論として銀行の貸出稟議書を自己専用文書に当たるとし、判例の統一を図ったもので、その先例価値は極めて大きい。その内容を図式的にまとめるならば、外部に公開を予定しない文書であり、かつ開示させるとプライバシー侵害や自由な意思形成の阻害など看過し難い不利益がありうる場合には、ほかに特段の事情のない限り、自己専用文書に当たるとするものである。このように実質的な不利益が生じるおそれを要求する点では、220条4号ロの提出拒絶事由の解釈とも共通する（→ 121事件）。そして本決定以後、銀行の貸出稟議書について自己専用文書に当たるとして提出命令申立てを却下した最高裁決定7）が積み重ねられている。
　特段の事情の解釈をめぐっては、倒産した信用組合の作成した稟議書について、その所持者たる原告や清算中の作成者の自由な意思形成を阻害するおそれがないことをもって特段の事情があるとした決定がある8）。他方、信用金庫の代表訴訟原告が訴外信用金庫に稟議書の提出を求めた事例において、最決平成12年12月14日（民集54巻9号2709頁）は、特段の事情の意義について「文書提出の申立人がその対象である貸出稟議書の利用関係において所持者である信用金庫と同一視することができる立場に立つ場合をいうものと解される」と判示し、代表訴訟原告は文書の利用関係において信用金庫と同一視されるものではないが故に、特段の事情ありとはいえないとした。これには町田顕裁判官が、信用金庫の性格が会員の人的結合体であり、代表訴訟は共同組織体内部の監視、監督機能の発動であること、貸出の適否を検証するための基本資料としての稟議書は会員代表訴訟において使用されることが当然予定されているものというべきであることから、自己専用文書に当たらない特段の事情があるとの反対意見を付している9）。
　このように特段の事情の解釈は、判例が未だ安定していない状況にある。

判例を読む　❖**貸出稟議書をめぐる学説**　本決定までの学説は、稟議書の自己専用文書該当性を無条件で認める説10）、法令上の作成義務がない文書で外部への開示を予定していないものとして、原則該当するとする説11）、自己専用文書の概念を限定的に捉え、稟議書はこれに当たらないとする説12）、いかなる場合であっても外部に出されないことを客観的に認定でき、かつ、それが規範的にも正当化できる場合を除き、該当しないとする説13）、利益衡量説14）などがあった。
　本決定以後も、自己専用文書の基本的な理解は分かれるが、少なくとも貸出稟議書については本決定の判断枠組みを承認し、特段の事情として留保された部分についての解釈論を問題とするものが多い。

❖**文書提出義務の一般化の背景**　新民事訴訟法は、その改革の柱の1つとして証拠収集手段の拡充を掲げていた15）。文書提出義務の一般義務化は、当事者照会（163条）などと並んでその主要部分である。その背景には、構造的情報偏在というべき状況に対する問題意識があり、実質的な武器対等の回復がここでの立法趣旨であった。
　このことに照らして自己専用文書の概念を解釈するならば、少なくとも、単に内部的な利用を前提として外部に公開を予定していないといった意味での内部文書すべてが、これに該当するわけではないことは当然であろう16）。事案解明に資する資料が証明責任を負わない当事者の内部資料として存在するのに、証明責任を負う側がこれにアクセスできないでいる状況を是正することこそが、今回の改正の眼目であったのだから、単なる内部文書を除外すれば、そうした改正の趣旨が全く活かされないこととなるからである。ただし開示強制によって不当と評価されるほどの不利益が所持者の側に生じるのであれば、そのような場合にアプリオリに挙証者の利益を優先すべきだとはいえない。

❖**不開示を正当化する不利益**　そこで、どのような場合に開示の拒絶を正当化するような不利益といえるかであるが、本決定が判示する所持者のプライバシーが侵害される場合や団体の自由な意思形成に支障を来す場合は、一応これに当たると解してよい。もっともプライバシーの概念自体も、またその侵害と認められるかどうかも、一概には決し得ない微妙な解釈論点であり、その判断は結局のところ、開示を求める利益との衡量によらざるをえない。団体の自由な意思形成過程を阻害するかどうかについても、稟議書であれば一律にこれに該当するといえるほど単純な基準ではなく、大阪地裁の平成12年決定（前掲注8）のようにインカメラ手続を経て実質的に判断する必要がある。その意味では、文書提出義務を免れる類型としての法的安定性は得られず、結局、自由な意思形成過程に対して何がしかの萎縮効果をもたらさざるをえないこととなる。

しかし、もともと貸出稟議書等の内部文書は本件原決定が指摘するように行政庁による検査の対象ともなり、企業コンプライアンスの保持という観点からは、後日外部に開示される可能性があることに、むしろ積極的な意義を認めることもできよう。いわゆるワークプロダクト17）のように定型的に非開示特権が認められるべき類型の文書とは異なるのである。

〔町村泰貴〕

1審＝東京高決平10・11・24金判1058号3頁

1) 判例集には未登載だが、曽田多賀「新民事訴訟法における文書提出義務（新220条）の解釈に関する一考察」司研論集創立50周年記念特集号2巻60頁に1審決定（東京地決平5・6・2）、抗告審決定（東京高決平6・7・20）とも掲載されている。
2) 条文表示は平成13年改正前のものである。220条および223条の同年改正は113事件「判例を読む」参照。
3) 平成9年東京地決の抗告審。
4) 法務省編・一問一答251頁では、裁判所から提出を命じられると自由な活動を妨げるおそれが生じる例として、日記、備忘録などと並んで「専ら団体内部における事務処理上の便宜のために作成されるいわゆる稟議書」をあげている。
5) 東京高決平11・4・16判時1688号140頁、東京地決平11・4・19金判1066号12頁、東京地決平11・6・21金法1554号86頁、福岡高決平11・6・23金法1557号75頁、東京地決平11・7・14金判1072号3頁、東京地決平成11・8・16金法1557号75頁など。
6) 東京高決平10・10・5金法1530号39頁、大阪高決平11・2・26金判1065号3頁、札幌地決平11・6・10金判1071号3頁、東京地決平11・7・5金判1071号3頁など。
7) 最決平11・11・26金判1081号54頁、最決平11・12・17金判1083号9頁。
8) 大阪地決平12・3・28金判1091号21頁、判時1726号137頁。これは倒産した信用組合の作成した稟議書について、いわゆるインカメラ手続を経たうえで、所持者たる原告や清算中の作成者の自由な意思形成を阻害するおそれがないとして、特段の事情が認められると判示したものである。最高裁もこの判断を支持した。最決平13・12・7民集55巻7号1411頁（➡118事件）。
9) この決定に対する評釈として、三木浩一・平成12年度重判118頁参照。
10) 中野・解説53頁、法務省編・一問一答251頁。
11) 新堂幸司「貸出稟議書は文書提出命令の対象となるか」金法1538号13頁。
12) 松本＝上野519頁以下。
13) 山本和彦「稟議書に対する文書提出命令（上・下）」NBL661号6頁、663号30頁参照。
14) 伊藤眞「文書提出義務と自己使用文書の意義」法協114巻12号1455頁、伊藤443頁。
15) 法務省編・一問一答6頁、中野・前掲注10) 8頁など参照。
16) 竹下守夫「新民事訴訟法と証拠収集制度」法教196号18頁。
17) ワークプロダクトについてはさしあたり、原強「文書提出命令―学者から見た文書提出義務」新民訴大系③110頁、特に134頁以下参照。

118 文書提出命令（5）——信用組合の貸出稟議書（木津信稟議書提出命令事件）

最高裁平成13年12月7日決定　民集55巻7号1411頁、判時1771号86頁、判タ1080号91頁　▶220条4号ニ

論　点　▶ 信用組合の貸出稟議書が自己専用文書に当たらない特段の事情

事実の要約　木津信用組合（A）は、バブル経済崩壊後に経営が破綻し、整理回収銀行（X）に営業譲渡した。Xは、Aから融資を受けていたYらに対して貸付金等の支払を求めるとともに、Yらの所有する不動産の登記名義人に対し、債権者代位権に基づく移転登記手続を求める訴えを提起した。これに対してYらは、土地売却により貸付金債務を弁済しようとしたところ、Aが根抵当権設定登記の抹消に応じないなどの妨害工作をして、AのYらに

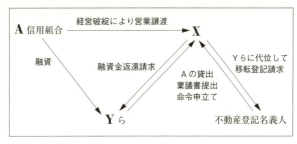

対する債権を不当に増大させるなどの不法行為を行ったので、これらによる損害賠償請求権とXの貸付債権等とを対当額で相殺すると抗弁した。

本件は、Yらが上記不法行為に関する事実の証明のため、Xの所持する貸出稟議書等の文書提出命令を申し立てたものである。

裁判の流れ　1審：申立却下　2審：申立認容　最高裁：抗告棄却

1審は貸出稟議書が自己専用文書に当たるとした。これに対して原審は、その開示によって所持者Xに看過し難い不利益が生ずるおそれがあるとは認められないとして、提出を命ずるべきものとした。Xが抗告許可を申し立てて、最高裁に係属した。

決定要旨　＜抗告棄却＞　1.「信用組合の貸出稟議書は、専ら信用組合内部の利用に供する目的で作成され、外部に開示することが予定されていない文書であって、開示されると信用組合内部における自由な意見の表明に支障を来し信用組合の自由な意思形成が阻害されたりするなど看過し難い不利益を生ずるおそれがあるものとして、特段の事情がない限り、民事訴訟法220条4号ハ所定の『専ら文書の所持者の利用に供するための文書』に当たる」。

2. 本件文書に特段の事情があるかどうかを検討するに、以下の事実が認められる。(1)所持者Xは破たんした金融機関の財産管理処分を行うことを主たる業務とし、(2)XはAの破綻により営業の全部を譲り受け、本件文書を所持するに至ったこと、(3)破綻したAは清算中であり、将来貸付業務等を行うことはないこと、(4)XはAの債権回収に当たっているのであって、本件文書の提出を命じられても、その自由な意見表明に支障を来し、自由な意思形成が阻害されるおそれがあるものとは考えられない。

「上記の事実関係等の下では、本件文書につき、上記の特段の事情があることを肯定すべきである」。

3.「このような結論を採ることによって、現に営業活動をしている金融機関において、作成時には専ら内部の利用に供する目的で作成された貸出稟議書が、いったん経営が破たんしてXによる回収が行われることになったときには、開示される可能性があることを危惧して、その文書による自由な意見の表明を控えたり、自由な意思形成が阻害されたりするおそれがないか、という点が問題となり得る。しかし、このような危惧に基づく影響は、上記の結論を左右するに足りる程のものとは考えられない」。〔アラビア数字は引用者が付した。〕

判例の法理　●**金融機関の所持する貸出稟議書と自己専用文書性**　平成11年の最高裁決定[1]が本決定要旨1に示したような法理を示し、リーディングケースとなった。以後、貸出稟議書は自己専用文書とする決定例が積み重なっていた[2]。

●**特段の事情の有無**　平成11年決定で「特段の事情がない限り」との留保が示され、貸出稟議書についてどのような場合であれば特段の事情があるといえるかが問題となってきた。信用金庫の理事を被告とする代表訴訟において原告が信用金庫に対して提出を求めた事例[3]でも、町田顯裁判官が「特段の事情あり」とする反対意見を書いていたが、多数意見はこれを認めなかった。本決定は、特段の事情があるとして貸出稟議書の提出命令を認めた初めての決定例である。

判例を読む　●**将来の開示可能性による萎縮効果**　本決定が特段の事情ありとしたのは、清算中のAも所持者のXも貸付行為は行わないというにある。これに対して、決定要旨3にあるように、貸出稟議書の開示可能性を認めることで一般の金融機関に将来の開示を危惧する萎縮効果がありうるが、その点は本件文書の提出の可否に影響するものではないという。もっとも、提出を命じられる所持者にとっても、自由な意思形成が阻害されるおそれがあるのは、将来の開示可能性に対する危惧である。将来の危惧では足りないとすると、提出を命じられることによって自由な意思形成が阻害される場合というのは、ほとんどないのではなかろうか。

〔町村泰貴〕

1審=大阪地決平12・3・28金判1091号22頁／2審=大阪高決平13・2・15金判1141号32頁

1) 最決平11・11・12民集53巻8号1787頁 ▶ 117事件。
2) 最決平11・11・26金判1081号54頁など。
3) 最決平12・12・14民集54巻9号2709頁。

119　文書提出命令（6）——文書提出義務と技術または職業の秘密および証拠の必要性と不服申立て

最高裁平成12年3月10日決定　民集54巻3号1073頁、判時1708号115頁、判タ1027号103頁

▶197条、220条、223条4項

論　点 ▶ 文書提出命令申立てが証拠調べの必要性なしとして却下された場合の即時抗告の可否、技術または職業の秘密に関する文書と認めたことの相当性

事実の要約　本件の基本事件は、電話機器類を購入したX_1X_2が、その機器に瑕疵があると主張し、Y（NTT）に対して不法行為に基づく損害賠償を請求する訴訟の控訴審である。X_1らは、Yと訴外A（機器メーカー）との契約書（①文書）および本件機器の回路図並びに信号流れ図（②文書）の提出命令を1審に申し立てた。

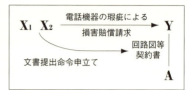

裁判の流れ　1審：申立却下　最高裁：①文書＝抗告却下・②文書＝原決定破棄差戻

1審は、①文書について証拠調べの必要性がないとして提出命令申立てを却下し、また②文書についても民訴法220条4号ロおよびハ所定の文書[1]に当たると解して却下した。

これに対してX_1らが許可抗告を申し立て、1審の抗告許可決定を経て最高裁に係属した。

決定要旨　＜①文書につき抗告却下・②文書につき破棄差戻＞①文書について、「証拠調べの必要性を欠くことを理由として文書提出命令の申立てを却下する決定に対しては、右必要性があることを理由として独立に不服の申立てをすることはできないと解するのが相当である」。

②文書の220条4号ロ該当性について、「民訴法197条1項3号所定の『技術又は職業の秘密』とは、その事項が公開されると、当該技術の有する社会的価値が下落しこれによる活動が困難になるもの又は当該職業に深刻な影響を与え以後その遂行が困難になるものをいうと解するのが相当である。

本件において、Yは、本件文書が公表されると本件機器のメーカーが著しい不利益を受けると主張するが、本件文書に本件機器のメーカーが有する技術上の情報が記載されているとしても、Yは、情報の種類、性質及び開示することによる不利益の具体的内容を主張しておらず、原決定も、これらを具体的に認定していない。したがって、本件文書に右技術上の情報が記載されていることから直ちにこれが『技術又は職業の秘密』を記載した文書に当たるということはできない」。

また220条4号ハの自己専用文書に該当するとした点も、原審が単に外部の者に見せることを予定していなかったことだけで自己専用文書に当たると即断し、開示が所持者に看過し難い不利益を生じさせるおそれがあるかどうか具体的に判断していないとして、解釈適用の誤りがあるとした。

判例の法理　●文書提出命令と証言拒絶事由　旧法下では、文書提出義務に関して、証言拒絶事由と同様の事由が存する場合に提出拒絶できるとの規定がなかった。しかし裁判例では、証言拒絶事由の類推適用を認めるものがあった。例えば、仙台高決平成5年5月12日（判時1460号38頁）は原子炉の技術的な資料に関して企業秘密の保護のために提出義務を免れる余地を認めていた[2]。また税務訴訟に関連して税務官庁の守秘義務が認められた事例が多数存在する[3]。

現行法は文書提出義務を一般義務とするに際して、この点を立法的に解決し、220条4号イおよびロにおいて、証言拒絶事由と同様の事項が記載されている文書に関する提出拒絶権を明示的に認めた。本決定はこれを前提として、技術および職業の秘密の意義が単に技術上の情報が記載されていて非公開だというだけでは足りず、開示がもたらす不利益の具体的内容を認定しなければならないとしたものである。この点に関する判例は大阪高決昭48・7・12下民集24巻5〜8号455頁➡判例講義民訴1版139事件を参照してほしい。

また本決定は内部文書として提出を拒絶できるかどうかについても判断しているが、その前提となる判例準則は銀行の貸出稟議書に関する最決平成11年11月12日（民集53巻8号1787頁）（➡117事件）で定立された。本決定は、具体的な不利益が認められない場合に、外部に公表を予定しない内部使用の文書であることだけでは4号ハの除外事由に該当しないことを明らかにした点で重要である。

●証拠調べの必要性判断と不服申立て　本決定の前半の論点は、証拠調べの必要性がないことを理由とする文書提出命令申立ての却下決定に対して即時抗告（223条4項）が許されるかというものである。旧法下の下級審裁判例はこの問題を消極に解してきた[4]。逆のケース、すなわち文書提出を命じた決定に対して、証拠調べの必要性がないことを理由として抗告することも、同様の理由で許されないとした決定例がある[5]。本決定の判示内容をそのような趣旨も含むものとして理解したうえで、文書提出を命じられた所持者ではない相手方当事者に抗告の利益がないとした最高裁決定[6]がある。

文書提出命令に関する裁判と不服申立てについては、このほか、文書提出命令申立ての却下決定の後、即時抗告がなされる前に口頭弁論が終結されたという事案において、「もはや申立てに係る文書につき当該審級において証拠調べをする余地がないから、上記却下決定に対し口頭弁論終結後にされた即時抗告は不適法である」と判示した最高裁決定[7]がある。これは、文書提出命令に関する裁判の当否が本案と一体となって控訴審で審理される（283条）ため、当事者がその中で争う余地があることを理由としている。

判例を読む　●秘密性の判断と比較考量　本決定は、197条1項3号所定の「秘密」に該当するか否かについて、

単に技術上の情報が記載され、それが秘密情報として扱われているだけでは足りず、その開示が実質的な不利益をもたらすものであることの認定を必要としている。こうした実質判断は、秘密概念が相対的であることを意味している。従来の裁判例は、さらに進んで裁判における真実発見の利益や当事者の証明上の利益などとの利益衡量により、秘密に当たる事項であっても証言や文書提出を拒める場合を制限してきた[8]。これに対しては、証言拒絶権の本質と調和せず、予測可能性を損なう利益衡量はすべきでないとする有力説[9]が対立している。しかし、秘密性の有無自体が相対的であるうえ、公開の法廷で尋問される証人の場合と訴訟記録になるにすぎず、場合によっては不開示（92条）の対象となりうる文書とでは秘密侵害の効果も異なる。訴訟において保護されるべき秘密の範囲は、このように当該事実の性質以外の要素によって可変的なものであり、これを訴訟前に予測することはもともと無理がある。また挙証者の証明上の利益は本来証明責任を負わない当事者の事実陳述＝証拠提出義務の問題として解決されるべきものであるとの指摘[10]もなされているが、そうした可能性は利益衡量の一要素とも位置づけられよう。

✪**220条1号から3号までと提出拒絶事由**　ところで明文の提出拒絶事由は220条4号にかかるものであって、220条1号から3号までには提出拒絶事由の定めがない。そこで1号から3号までの文書に関しては、旧法下と同様の問題がなお残されているということもできよう[11]。4号については、さらにインカメラ手続（223条3項）により提出拒絶事由の有無を審理することとなっている。そこで4号所定の提出拒絶事由が1号から3号までに類推適用されるとすれば、その審理にインカメラ手続を用いることができるのかどうかも問題となる。

この点について学説は、提出拒絶の可否、4号除外事由の類推か、証言拒絶権の類推か、などをめぐって様々である[12]。

思うに、証言拒絶権およびこれを準用する4号除外事由イロについては、1号から3号までの文書であっても適用の余地を認めるべきであろう。1号ないし3号の事由があれば常に秘密保護の利益が顧慮されないとすることは妥当でないからである。その場合、本決定の判示するように文書提出命令を求める利益と秘密保護との利益衡量がなされ、場合によっては開示を求める利益が優先されることもありえよう[13]。その審理のためには、インカメラ手続の利用が望ましく、したがって223条3項の類推適用も肯定されるべきである[14]。　〔町村泰貴〕

1審＝大阪高決平11・3・26民集54巻3号1085頁

1) 条文表示は平成13年改正前のものである。220条および223条の同年改正は113事件「判例を読む」参照。
2) ただし結論は提出義務を肯定した。
3) 名古屋地決昭51・1・30判時822号44頁、大阪高決昭61・9・10判タ652号251頁、名古屋地決昭63・12・12判タ693号226頁など。
4) 東京高決昭55・1・21下民集32巻9〜12号1518頁、札幌高決昭52・5・30下民集28巻5〜8号599頁など多数。
5) 仙台高決平5・5・12判時1460号38頁。
6) 最決平12・12・14民集54巻9号2743頁。
7) 最決平13・4・2判例集未登載。
8) 裁判例については町村・法教241号158頁のほか、判例講義民訴1版140事件参照。
9) 伊藤402頁以下、松本・私判リマ2000（上）124頁。なお、松本教授は本決定も含め、近時の最高裁が利益衡量に消極的であるとしている。
10) 松本・私判リマ2000（上）125頁。
11) 立案担当者はまさにこのように考えていたようである。法務省編・一問一答254頁は、「守秘義務と第1号から第3号までによる文書提出義務との抵触が生じる場合や、秘密保護の要請が高い場合等において、証言拒絶事由の類推適用をすべきかどうかという問題は、第1号から第3号までの各該当性を判断するに当たっての解釈問題」だと説明している。
12) 竹下守夫「新民事訴訟法と証拠収集制度」法教196号18頁、佐藤彰一「証拠収集」法時68巻11号18頁などは提出拒絶事由の適用を否定する。これに対して上野泰男「文書提出義務の範囲」講座民訴②51頁以下は類推適用を肯定する。原強「文書提出命令―学者から見た文書提出義務」新民訴大系③133頁以下も基本的には類推適用を認めるが、実際に除外事由が認められるのは限られた場合になると指摘している。
13) 自己専用文書について実質的不利益を要求する最決平11・11・12民集53巻8号1787頁（→117事件）も同様の立場であろう。
14) 技術的には4号の除外事由の類推適用を認めることで、223条3項の文言とも矛盾しないこととなる。もっとも立案担当者の解説は反対である。法務省編・一問一答266頁。

120 文書提出命令(7)——220条4号ロにいう「公務員の職務上の秘密」

最高裁平成17年10月14日決定　民集59巻8号2265頁，判時1914号84頁，判夕1195号111頁　▶220条4号ロ

論　点　▶　220条4号ロにいう「公務員の職務上の秘密」と公務員が職務上知ることができた私人の秘密・災害調査復命書は公務秘密文書に該当するか

事実の要約　本件の基本事件（最高裁決定文では本案事件としている）は，Xらが，労災で死亡したXらの子供の勤務先であるY社に対し，安全配慮義務違反等に基づいて損害賠償を求める事件である。Xの調査嘱託申立てに基づき金沢労基署長は，災害調査の概要，事業場から改善報告を受けている事項，本件労災事故につき「災害調査復命書」を作成しており，その記載内容（要旨）は災害調査の概要として記載したとおりである旨の回答をした。

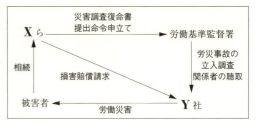

災害調査復命書とは，労働基準監督官等の調査担当者が，労働安全衛生法の規定に基づく事業場への立入調査を踏まえて原因究明と再発防止策に関する所見をまとめ，労働基準監督署長に提出するもので，労基署の行政指導や行政処分等の判断資料となり，都道府県労働局や厚労省による再発防止のための通達や法令改正等の基礎資料となるものである。本件文書も，本件調査担当者である監督官が事業場に立ち入り，供述聴取，書類提出，計測等を行い，代表取締役や労働者からの説明と資料提出を受けて労基署長に対する復命書として作成した。これには，聴取内容に基づいて作成した部分と，聴取内容や資料等をもとに本件調査担当者が推測，評価等を加えた結果を記載した部分がある。聴取内容がそのまま記載・引用された部分はなく，他の調査結果を総合し，聴取内容を取捨選択して分析評価と一体化させたものが記載されている。また，本件文書には，他に，再発防止策，行政指導の措置内容についての本件調査担当者の意見，署長判決及び意見，その他の参考事項が記載されている。そして労働者らはいずれも本件文書の提出に同意しない旨の意思を示している。

Xらは，本件労災事故の事実関係を具体的に明らかにするために，調査嘱託回答書の原資料である本件文書の提出命令を申し立てた。

裁判の流れ　1審：申立認容　2審：申立却下　最高裁：破棄差戻

1審は220条3号前段の利益文書に該当するとして，本件申立てを認容したが，2審は，220条4号ロに該当する場合は同条3号に基づく提出命令申立ても理由がないことになるとした1)うえで，本件文書は「公務員の職務上の秘密」に当たり提出を拒むことができると判示して，1審決定を取り消して申立てを却下した。これに対してXらが抗告許可を申し立てて，最高裁に係属した。

決定要旨　＜破棄差戻＞(1)「民訴法220条4号ロにいう『公務員の職務上の秘密』とは，公務員が職務上知り得た非公知の事項であって，実質的にもそれを秘密として保護するに値すると認められるものをいう」。これには，「公務員の所掌事務に属する秘密だけでなく，公務員が職務を遂行する上で知ることができた私人の秘密であって，それが本案事件において公にされることにより，私人との信頼関係が損なわれ，公務の公正かつ円滑な運営に支障を来すこととなるものも含まれる」。

前記事実関係に照らし，「本件文書は，①本件調査担当者が職務上知ることができた本件事業場の安全管理体制，本件労災事故の発生状況，発生原因等のYにとっての私的な情報（以下『①の情報』という。）と，②再発防止策，行政上の措置についての本件調査担当者の意見，署長判決及び意見等の行政内部の意思形成過程に関する情報（以下『②の情報』という。）が記載されているものであり，かつ，厚生労働省内において組織的に利用される内部文書であって，公表を予定していないものと認められる。そして，本件文書のうち，②の情報に係る部分は，公務員の所掌事務に属する秘密が記載されたものであると認められ，また，①の情報に係る部分は，公務員が職務を遂行する上で知ることができた私人の秘密が記載されたものであるが，これが本案事件において提出されることにより，調査に協力した関係者との信頼関係が損なわれ，公務の公正かつ円滑な運営に支障を来すこととなるということができる」。したがって①，②の情報に係る部分とも「公務員の職務上の秘密に関する文書」に当たる。

(2)「『その提出により公共の利益を害し，又は公務の遂行に著しい支障を生ずるおそれがある』とは，単に文書の性格から…抽象的なおそれがあることが認められるだけでは足りず，その文書の記載内容からみてそのおそれの存在することが具体的に認められることが必要であると解すべきである」。

「本件文書のうち，②の情報に係る部分は，上記のとおり，行政内部の意思形成過程に関する情報が記載されたものであり，その記載内容に照らして，これが本案事件において提出されると，行政の自由な意思決定が阻害され，公務の遂行に著しい支障を生ずるおそれが具体的に存在することが明らかである。しかしながら，①の情報に係る部分は，上記のとおり，これが本案事件において提出されると，関係者との信頼関係が損なわれ，公務の公正かつ円滑な運営に支障を来すこととなるということができるものではあるが，(ア)本件文書には，Yの代表取締役や労働者らから聴取した内容がそのまま記載されたり，引用されたりしているわけではなく，本件調査担当者において，他の調査結果を総合し，その判断により上記聴取内容を取捨選択して，その分析評価と一体化させたものが記載されていること，(イ)調査担当者には，事業場に立ち入り，関係者に質問し，帳簿，書類その他の物件を検査するなどの権限があり（労働安全衛生法91条，94条），労働基準監督署長等には，事業者，労働者等に対し，

必要な事項を報告させ、又は出頭を命ずる権限があり（同法100条）、これらに応じない者は罰金に処せられることとされていること（同法120条4号、5号）などにかんがみると、①の情報に係る部分が本案事件において提出されても、関係者の信頼を著しく損なうことになるということはできないし、以後調査担当者が労働災害に関する調査を行うに当たって関係者の協力を得ることが著しく困難となるということもできない。また、上記部分の提出によって災害調査復命書の記載内容に実質的な影響が生ずるとは考えられない。したがって、①の情報に係る部分が本案事件において提出されることによって公務の遂行に著しい支障が生ずるおそれが具体的に存在するということはできない」。

よって、本件文書のうち②の情報に係る部分は民訴法220条4号ロに該当しないとはいえないが、①の情報に係る部分はこれに該当しないので、提出義務が認められなければならず、①の部分の特定等についてさらに審理を尽くさせるため差し戻す。

判例の法理 ✪**公務秘密文書に関する立法** 現行民訴法制定時には、公務秘密文書に関する規定の扱いが国会で争われ、その部分を棚上げして立法がなされ、平成13年改正により以下のような規定がおかれた。まず公務員の所持する文書について提出命令を申し立てた場合、その文書が「公務員の職務上の秘密に関する文書でその提出により公共の利益を害し、又は公務の遂行に著しい支障を生ずるおそれがあるもの」（以下、公務遂行支障性という）であるときは、提出義務がないものとされる（220条4号ロ）。手続的には、提出を求められた文書が「公務員の職務上の秘密に関する文書」であると認められる場合に、これが同号ロに該当するかどうかの意見を当該監督官庁に求め、当該監督官庁は同号ロに該当するとの意見には理由を示さなければならない（223条3項）。そしてその理由が国の安全や他国との信頼関係を損なうなどの場合、または公共の安全と秩序維持に支障を及ぼす場合のいずれかであるときは、裁判所はその意見に相当の理由があると認めるに足りない場合に限って提出を命ずることができる（同条4項）。

本件は、原々決定が220条3号に基づく文書提出命令として扱ったため、223条の定める意見照会がなされたかどうか判然としない。

✪**実質秘であることを要する** 本決定は、まず公務員の職務上の秘密の意義につき、「実質的にもそれを秘密として保護するに値すると認められるもの」、すなわち、いわゆる実質秘であることを要すると判断している。この点は、国家公務員法100条1項に関する刑事判例[2]と同旨だが、220条4号ロの意義について実質秘であることを要すると明言したのは本決定が最初である[3]。

判例を読む ✪**公務秘密性と公務遂行支障性との関係** 本決定のいう②の情報に係る部分は、公務員の所掌事務に属する秘密として直ちに保護に値するとされ、他方①の情報に係る部分は関係者との信頼関係を損ね、公務運営に支障を来すことから、保護に値する秘密だと認めている。②の部分は外形的な判断で実質秘であることを認めているので、これと公務遂行支障性との違いは明確だが、実質秘であることを要するとの解釈との整合性には疑問が残る。また①の部分は、(1)で実質秘に当たるとしつつ(2)で公務遂行支障性を認めないとしており、両者の一貫性を認めるのは困難である。

✪**公務遂行支障性の解釈** 本決定は②の情報に係る部分について、行政内部の意思形成過程に関する情報が記載されているというのみで、特に具体的なおそれを示すことなく公務の遂行に著しい支障を生じることを認めている。公務員は、報告書等が公開される可能性があっても誠実に職務を行う義務があり、また個人的な利害を有するものでもないので、公開されれば意思形成に支障を来すとはいえない。これに対して私人の場合は、その秘密に属する事項を公務員に開示するべき法的義務があるとしても、後に公開されるおそれがあれば、調査に非協力的となり、必要な調査に支障を来すこととなりやすい。このように考えると、むしろ①の情報に係る部分は公開を免れるべき実質的な理由が認められるのに対し、②の情報に係る部分は原則として開示されても支障は生じないものと解すべきだと考えられる。

〔町村泰貴〕

1審＝金沢支決平16・3・10民集59巻8号2281頁／2審＝名古屋高金沢支決平17・3・24民集59巻8号2289頁

1) この部分は、抗告理由とされていなかったこともあってか、最高裁の決定文から落とされているが、1審決定、2審決定では、むしろ利益文書に該当する場合に公務秘密性が提出義務を妨げるかどうかが主要な争点となっていた。なお、2審決定は最決平16・2・16判時1862号154頁を引用している。
2) 最決昭52・12・19刑集31巻7号1053頁、最決昭53・5・31刑集32巻3号457頁。
3) 前掲注1) に引用した最決平16・2・16では、法廷意見が必ずしも明確でなく、滝井繁男裁判官の補足意見において、実質秘であることを要する旨が補足されている。

121 文書提出命令（8）──市議会議員の調査研究報告書は自己専用文書か

最高裁平成17年11月10日決定　民集59巻9号2503頁、判時1931号22頁　▶220条4号ニ

論　点　市議が所属会派に交付された政務調査費により行った調査研究の内容と経費内訳等を記載した会派宛の調査研究報告書および添付書類は自己専用文書として提出義務を負わないか

事実の要約　Xは、Y（仙台市長）に対し、地方自治法242条の2第1項4号に基づく政務調査費相当額の不当利得返還請求をすることを求める訴えを提起した。そして市議会会派であるZを所持者として、Zに所属する議員が政務調査費を用いてした調査研究の内容および経費の内訳を記載した調査研究報告書とその添付書類（「本件各文書」）の文書提出命令を民訴法220条4号に基づいて申し立てている。

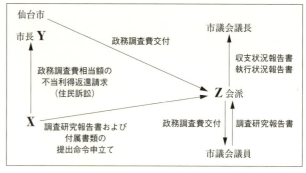

裁判の流れ　1審：申立却下　2審：抗告棄却　最高裁：抗告棄却

1審、2審は本件各文書は、専ら当該会派および議長の利用に供する目的で作成され、それ以外の者に開示することが予定されていない文書であり、220条4号ニ所定の「専ら文書の所持者の利用に供するための文書」に当たるとして、本件申立を却下すべきものとした。これに対してXが抗告許可を申し立てて、最高裁に係属した。

決定要旨　＜抗告棄却＞　220条4号ニの自己専用文書の意義については、最決平成11年11月12日（→117事件）の一般論を引用し、本件について以下のように判示した。

「(1)地方自治法100条は、政務調査費の交付につき、普通地方公共団体は、条例の定めるところにより、その議会の議員の調査研究に資するため必要な経費の一部として、その議会における会派又は議員に対し、政務調査費を交付することができ、この場合において、当該政務調査費の交付の対象、額及び交付の方法は、条例で定めなければならないと規定した上（13項）、『政務調査費の交付を受けた会派又は議員は、条例の定めるところにより、当該政務調査費に係る収入及び支出の報告書を議長に提出するものとする』こと（14項）を規定している。これらの規定による政務調査費の制度は、地方分権の推進を図るための関係法律の整備等に関する法律の施行により、地方公共団体の自己決定権や自己責任が拡大し、その議会の担う役割がますます重要なものとなってきていることにかんがみ、議会の審議能力を強化し、議員の調査研究活動の基盤の充実を図るため、議会における会派又は議員に対する調査研究の費用等の助成を制度化し、併せてその使途の透明性を確保しようとしたものである。

(2)ア　本件要綱の定めによれば、調査研究報告書は、政務調査費によって費用を支弁して行った調査研究に関して、議員がその所属する会派に対する報告のため、調査研究の内容及び経費の内訳を記載して作成し、当該会派に提出するものである。そして、本件条例及びその委任を受けた本件要綱の定めは、調査研究報告書をもって、調査研究を行った議員から所属会派の代表者に提出すべきものとするにとどめ、これを議長に提出させたり、市長に送付したりすることは予定していない。この趣旨は、議会において独立性を有する団体として自主的に活動すべき会派の性質及び役割を前提として、調査研究報告書の各会派内部における活用と政務調査費の適正な使用についての各会派の自律とを促すとともに、調査研究報告書には会派及び議員の活動の根幹にかかわる調査研究の内容が記載されるものであることに照らし、議員の調査研究に対する執行機関等からの干渉を防止するというところにあるものと解される。

イ　このような本件条例及び本件要綱の定め並びにそれらの趣旨からすると、調査研究報告書は、専ら、その提出を受けた各会派の内部にとどめて利用すべき文書とされているものというべきである。他方、政務調査費の交付を受けた会派が議長に提出すべきものとされている収支状況報告書及び執行状況報告書については、使途の適正及び透明性の確保のために議長の検査等が予定されている。この点において、両者は、その性質、作成目的等を異にするものである。なお、前記のとおり、本件要綱上、議長は収支状況報告書の内容を検査するに当たり必要がある場合は会派の代表者に対して証拠書類等の資料の提示を求めることができるとされている。この証拠書類等の資料に調査研究報告書が当たる場合があり得るとしても、それは、例外的に、議長の求めに従い、議長に対してのみ提示されるにすぎないから、先に説示した調査研究報告書の性質、作成目的等を左右するものではない。

ウ　また、調査研究報告書が開示された場合には、所持者である会派及びそれに所属する議員の調査研究が執行機関、他の会派等の干渉等によって阻害されるおそれがあるものというべきである。加えて、調査研究に協力するなどした第三者の氏名、意見等が調査研究報告書に記載されている場合には、これが開示されると、調査研究への協力が得られにくくなって以後の調査研究に支障が生ずるばかりか、その第三者のプライバシーが侵害されるなどのおそれもあるものというべきである。

(3)本件各文書は、本件要綱に基づいて作成され、各会派に提出された調査研究報告書及びその添付書類であるというのであるから、専ら、所持者であるZら各自の内部の者の利用に供する目的で作成され、外部の者に開示

することが予定されていない文書であると認められる。
　また、本件各文書が開示された場合には、所持者であるZら及びそれに所属する議員の調査研究が執行機関、他の会派等の干渉等によって阻害されるおそれがあるものというべきである。加えて、前記のとおり、本件各文書には調査研究に協力するなどした第三者の氏名、意見等が記載されている蓋然性があるというのであるから、これが開示されると、調査研究への協力が得られにくくなって以後の調査研究に支障が生ずるばかりか、その第三者のプライバシーが侵害されるなどのおそれもあるものというべきである。そうすると、本件各文書の開示によってZら各自の側に看過し難い不利益が生ずるおそれがあると認められる」。
　なお、横尾和子裁判官は、本件文書が法令により作成を義務づけられたものであること、議長が調査研究費支出の検査権限に基づいて本件文書の提供を求められることを根拠に、自己専用文書ではないとの反対意見を付けている。

判例の法理　❀**自己専用文書の解釈と本件文書の特徴**　本決定は、自己専用文書の意義につきリーディングケースである平成11年11月12日最高裁決定（→117事件）を引用し、これを調査研究報告書およびその添付書類に当てはめている。一般論としての平成11年決定の定式は、累次の最高裁決定を経て定着しており、本件もこの点では目新しいものではない。
　本決定で提出を求められている文書は、地方議会議員が市から支給された政務調査費を用いて行った調査研究の報告書等であり、政治活動の自由に関わる性格を有する一方、公費の支出の裏付けとなる文書でもある。こうした文書の提出義務が問題となったケースは、本件が初めてである。
　❀**政務調査費と情報公開**　政務調査費の使途をめぐっては、数多くの訴訟が提起されており、文書提出義務の存否とは別に、その使途の適正確保が問われている。その中で、政務調査費の支出内容・目的等が記載された文書の情報公開を求めて非公開とされた件について、最高裁は「事務または事業の適正な遂行に支障を及ぼすおそれがある」として非公開を適法としている[1]。

判例を読む　❀**内部文書性の有無**　本件文書は、議員が所属会派に交付された政務調査費を用いて調査研究を行った場合に、当該会派の代表者に対して調査研究の内容と経費内訳を報告するために作成し提出するものである。会派の代表者は政務調査費に関する収支状況報告書を議長に提出し、議長はその写しを市長に送付するが、本件文書は会派の代表者限りで保管される。この点で会派内でのみ使用することを目的とした文書ということができる。その趣旨は、調査研究の自由を確保することであり、政治活動の自由の保障と位置づけられる。ただし、本件要綱に基づき議長が必要に応じて検査のために提出を求めることができるので、この点を根拠に内部使用性がないとするのが横尾反対意見であるのに対し、多数意見は議長の検査は例外にすぎず、文書の性質目的を左右するものではないとしている。
　学説では、本件要綱が議会の透明性を確保するための規範であり、公益性や公費による文書であることを根拠に開示義務を正当化する見解[2]がある。
　政治的自由と公費支出の透明性確保はいずれも民主主義の基盤であり、困難な問題だが、内部文書性という点では、少なくとも作成目的が外部への提供を予定するものとは言い難い。政治的自由の確保は、具体的な文書ごとに不利益要件の有無により図られるべきである。
　❀**不利益要件**　自己専用文書と認められるためには、内部文書性とともに、その開示により看過し難い不利益が生じるおそれのあることが必要である。本決定は(2)ウにおいて抽象的なおそれを述べるにとどめ、また本件文書へのあてはめ部分である(3)でも専ら抽象的なおそれを指摘するにとどめている。こうした判断方法は、看過し難い不利益について具体的なおそれの存在を必要とする最高裁自身の裁判例[3]と比較しても、不利益要件充足を認めるに十分な指摘とは言い難い。
　少なくとも、自己専用文書として裁判上開示すれば看過し難い不利益が生じることを、当該文書の記載事項に照らして評価すべきであり、そのためにはインカメラ手続の利用や、本決定が指摘するような第三者のプライバシーに関わる部分は一部提出にとどめるなどの手法を用いるべきである。　　〔町村泰貴〕

1審＝仙台地決平16・9・17民集59巻9号2519頁／2審＝仙台高決平16・11・24民集59巻9号2551頁

1) 最判平21・12・17判夕1316号114頁。
2) 川嶋四郎・金判1311号172頁。
3) 形式的な秘密性では足りないことを最初に明らかにしたものとして、最決平12・3・10民集54巻3号1073頁（→119事件）。

122 文書提出命令（9）——銀行本部からの社内通達文書と自己専用文書

最高裁平成18年2月17日決定　民集60巻2号496頁、判時1930号96頁　▶220条4号ニ

論点 ▶ 銀行本部から営業店長あてに出された社内通達文書で一般的な業務遂行上の指針等が記載されたものは、220条4号ニの自己専用文書に該当するか

事実の要約　X銀行がYらに対して貸金返還・連帯保証債務支払を求める訴えにおいて、Yらは本件取引が融資一体型変額保険に係る融資債権を旧債務とする準消費貸借であって錯誤により無効であるなどと主張し、融資一体型変額保険の勧誘を保険会社と一体となってXが行ったことの証明のため、Xの本部担当部署から各営業店長等にあてて発出された社内通達文書で、変額一時払終身保険に対する融資案件を推進するとの一般的な業務遂行上の指針を示し、あるいは客観的な業務結果報告を記載した内容のもの（本件各文書）の提出命令を申し立てた。

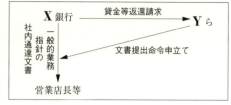

裁判の流れ　1審：申立認容　2審：抗告棄却　最高裁：抗告棄却

1審および2審はともに本件各文書の提出義務を認めたので、Xが抗告許可を申し立てて、最高裁に係属した。

決定要旨　＜抗告棄却＞　220条4号ニ所定の自己専用文書の意義について、最決平成11年11月12日（→117事件）の判示した一般論を引用し、本件については以下のように判示した。

本件各文書は上記の内容の社内通達文書であり、「その作成目的は、上記の業務遂行上の指針等をXの各営業店長等に周知伝達することにあることが明らかである。

このような文書の作成目的や記載内容等からすると、本件各文書は、基本的にはXの内部の者の利用に供する目的で作成されたものということができる。しかしながら、本件各文書は、Xの業務の執行に関する意思決定の内容等をその各営業店長等に周知伝達するために作成され、法人内部で組織的に用いられる社内通達文書であって、Xの内部の意思が形成される過程で作成される文書ではなく、その開示により直ちにXの自由な意思形成が阻害される性質のものではない。さらに、本件各文書は、個人のプライバシーに関する情報やXの営業秘密に関する事項が記載されているものでもない。そうすると、本件各文書が開示されることにより個人のプライバシーが侵害されたりXの自由な意思形成が阻害されたりするなど、開示によってXに看過し難い不利益が生ずるおそれがあるということはできない」。

判例の法理　●**自己専用文書の意義**　220条4号ニの「専ら文書の所持者の利用に供するための文書」の意義については、リーディングケースである前掲最決平11・11・12（→117事件）の判示した一般論を引用しており、本件ではその要件のうち「開示によって所持者に看過しがたい不利益が生じるおそれ」が欠けているとした。このように平成11年最決の定式を引用して、その要件の具体的適用として提出義務の有無を判断するスタイルは、自己専用文書該当性が問題となった近時の裁判例に共通するスタイルであり、すっかり定着したといえる。

●**内部文書と自己専用文書の違い**　旧法のもとでは、利益文書・法律関係文書[1]に該当するかどうかの判断において、自己使用文書または内部文書であるから法律関係文書に該当しないとの論理が採用されていた。これは旧々法における「共通文書」概念から、所持者内部でのみ使用する文書は挙証者と所持者の共通の文書ではないという解釈論により導かれてきたものである。現行法の「専ら文書の所持者の利用に供するための文書」も、この旧法以来の概念を引き継ぐものではあるが、平成11年のリーディングケース以来、単に内部の使用にとどめ外部に公開を予定していないというだけでは「専ら文書の所持者の利用に供するため」とはいえないと解されてきた。本決定も、明らかにXの内部で使用する目的の社内通達文書であっても、これを外部に公開することが看過し難い不利益を所持者にもたらさないときは、「自己専用文書」には当たらないとの判断を示した。

判例を読む　●**多様な社内連絡文書の提出義務**　本決定は平成11年最決の判断枠組みに従った事例決定にすぎないが、その意義は小さくはない。会社は、その組織的な活動を行ううえで、多種多様な文書を作成し、連絡する。近時はその社内連絡が電子ネットワークを通じて行われていることは周知のことであろう。仮に判例の定式に従い、意思形成過程で作成される文書か意思決定の内容を伝達する文書かによって分けるとすれば、電子メールやグループウェア等による電子情報も含む多種多様な社内の連絡文書がそのいずれと解されるかによって、提出義務の有無が決まることとなる。企業ごとに、組織の大きさや組織内部の意思決定プロセスの考え方によっても、その判断は異なることになるかもしれない。内部的な利用に供する文書等でも、後日の開示の可能性をふまえて、文書管理のあり方を整備していくことが必要となる。

〔町村泰貴〕

1審＝横浜地決平17・7・6金判1237号35頁／2審＝東京高決平17・9・30金判1237号33頁

1）旧312条3号。現220条3号に相当する。

123 文書提出命令 (10)――銀行が作成し保存している自己査定資料と自己専用文書

最高裁平成19年11月30日決定　民集61巻8号3186頁、判時1991号72頁　　▶220条4号ニ

論点 ▶ 銀行が作成し保存している自己査定資料は、220条4号ニ所定の「専ら文書の所持者の利用に供するための文書」に当たるか

事実の要約　Xらは、A社のメインバンクであったYに対し、A社の経営破綻の可能性が大きく、支援の意思がなかったのに、全面的にA社を支援するとの説明をしてXらにA社との取引を継続させ、A社破綻による損害を被らせたとして、不法行為に基づく損害賠償請求訴訟を提起した。そしてXらは、YがA社の経営状況把握とA社の債務者区分決定のため作成し保管していた自己査定資料一式(本件文書)の提出命令を申し立てた。これに対してYは、220条4号ハまたはニに当たると主張した。

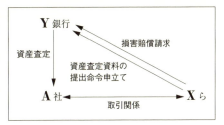

裁判の流れ　1審：申立認容　2審：申立却下　最高裁：破棄差戻

1審は提出命令を発したが、原審は、自己専用文書に当たるとして申立てを却下した。これに対してXらが抗告許可を申し立てて、最高裁に係属した。なお、本決定後、差戻審で提出命令が発せられ、再度の許可抗告は棄却された 1)。

決定要旨　<破棄差戻>　平成11年最高裁決定(➡117事件)を引用し、以下のように判示する。

「Yは、法令により資産査定が義務付けられているところ、本件文書は、Yが、融資先であるA社について、前記検査マニュアルに沿って、A社に対して有する債権の資産査定を行う前提となる債務者区分を行うために作成し、事後的検証に備える目的もあって保存した資料であり、このことからすると、本件文書は、前記資産査定のために必要な資料であり、監督官庁による資産査定に関する前記検査において、資産査定の正確性を裏付ける資料として必要とされているものであるから、Y自身による利用にとどまらず、Y以外の者による利用が予定されているものということができる。そうすると、本件文書は、専ら内部の者の利用に供する目的で作成され、外部の者に開示することが予定されていない文書であるということはできず、民訴法220条4号ニ所定の『専ら文書の所持者の利用に供するための文書』に当たらないというべきである」。同号ハに該当するかどうかを審理させるため、差し戻した。

判例の法理　●**金融機関の文書と自己専用文書性**　金融機関の保有する文書は、一方では融資に伴うトラブルに関連して融資先顧客から提出を求められ、あるいは顧客と第三者との紛争に関連して第三者から提出を求められるなど、文書提出命令の対象となることが多い。その一方で、社内の文書については自己専用文書であるとして、また顧客の秘密に関わる文書については職業の秘密が記載されているとして、提出義務の存否が争われるケースが多い。自己専用文書性については、平成11年最高裁決定がそのリーディングケースとなった。

●**内部利用、外部非公開の文書**　稟議書をめぐる裁判例では、自己専用文書であるとして提出を拒むポイントが開示に伴う看過し難い不利益の有無にあり、意思形成過程で作成された文書は、それが公開されると自由な意思形成が阻害されるという点が、提出を拒む理由となっていた。これに対して本件で問題となったポイントは、それ以前に、そもそも本件文書が内部利用の目的で作成され、外部に開示を予定していない文書かどうかにある。この点について判断した先例としては、保険管理人の設置した調査委員会報告書に関する最決平成16年11月26日(➡150事件)が、法令上の根拠を有する命令に基づく調査の結果を記載した文書」であることから内部利用目的を否定し、また最決平成19年8月23日(判時1985号63頁)は、介護サービス事業者が作成した介護給付費等請求のためのリストについて、審支払機関へ伝送した情報の請求者側写しにすぎないものだから第三者への開示が予定されているとして、内部利用目的を否定している。これに対して最決平成17年11月10日(➡121事件)は、地方議会議員の調査研究報告書について、議員が会派に提出するものではあるが、議長や市長に対しては提出しないものとしていることから、内部利用目的を肯定した。本決定は、法令に基づく資産査定の資料であること 2)、事後的検証に備える目的があることから、内部利用目的を否定した点が注目される 3)。

判例を読む　●**自己専用文書の範囲限定**　内部使用目的があることは自己専用文書性の本来的要件と考えられるので、この目的が認められない場合にそもそも自己専用とはいえないとする判断は正当である。看過し難い不利益要件は、内部使用目的が認められてもなお提出義務を認める再抗弁的な位置付けと考えられる。　〔町村泰貴〕

1審=東京地決平18・8・18金判1282号65頁／2審=東京高決平19・1・10金判1282号63頁／差戻後抗告審=東京高決平20・4・2金判1295号58頁／差戻後許可抗告審=最決平20・11・25民集62巻10号2507頁(➡125事件)

1) 再度の許可抗告審では、顧客から提供された非公開の財務情報が記載された文書でも職業の秘密が記載された文書とは認められないとし、また事実審でインカメラ手続による審理が行われた結果は、特段の事情がない限り、許可抗告で争えないと判示している(➡125事件)。
2) 東京高決平18・3・29金判1241号2頁は、金融機関の自己査定ワークシートについて、通達により作成が義務づけられていたことを根拠に、内部利用目的を否定する。
3) 法令による作成義務と事後的検証に用いる目的を根拠とする立論は、平成17年最高裁決定(➡121事件)における横尾裁判官の反対意見、同決定に対する評釈である川嶋四郎・金判1311号172頁以下参照。

124 文書提出命令（11）——223条4項1号の「他国との信頼関係が損なわれるおそれ」

最高裁平成17年7月22日決定　民集59巻6号1888頁、判時1907号33頁、判タ1188号229頁　▶223条4項1号

論点 ▶ 223条4項1号の「他国との信頼関係が損なわれるおそれ」の有無

事実の要約　パキスタン国籍のXは、難民認定に関するY（法務大臣）の裁決および東京入国管理局主任審査官による退去強制令書の発付処分の各取消しを請求し、政治的迫害の証拠としてパキスタン官憲による逮捕状等の写し等を提出した。これに対してYらは、外務省が法務省にあてて作成した調査文書（本件各調査文書）を提出した。これにはパキスタン政府に照会して逮捕状等が偽造であるとの回答を得たことが記載されている。基本事件の控訴審においてXは、逮捕状等の原本の存在と真正な成立を証明するために、Yおよび訴外Z（外務大臣）に対して、文書提出命令の申立てをした。YおよびZは223条3項に基づく意見聴取手続において、他国との信頼関係が損なわれることを理由として、220条4号ロに当たる旨の意見を述べ、文書所持者としても、同様の理由により提出を拒絶した。

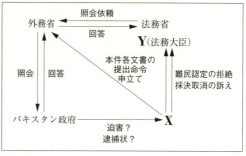

裁判の流れ　1審：申立認容　最高裁：破棄差戻

1審は、Yに対し、法務省が外務省に照会依頼をした文書の控え（本件依頼文書）の提出を命じ、Zに対し、外務省がパキスタン公機関に交付した照会文書の控え（本件照会文書）およびパキスタン公機関による回答文書（本件回答文書、以上まとめて本件各文書という）の提出を命じた。その理由は、(1)本件各文書の中核的情報が本件各調査文書により既にほぼ公にされており、実質秘として保護に値しない、(2)本件文章の内容が開示されてもわが国とパキスタンとの信頼を害して外交上重大な支障を来したり出入国管理事務の適正な遂行に支障を及ぼすおそれはない、(3)したがって監督官庁の意見には相当な理由がなく、220条4号ロの文書に当たらないというものである。

これに対して提出命令を受けた国が抗告許可を申し立てて、最高裁に係属した。

なお、本決定後の差戻審では、インカメラ手続を実施したうえで、本件依頼文書について実質秘が含まれているとはいえないとして提出命令申立てを認容し、本件照会文書および本件回答文書は最高裁の判断に従って提出命令を却下した。この決定に対する抗告は許可されず、確定している。

決定要旨　＜破棄差戻＞(1)「Yらの主張によれば、本件依頼文書には、本件逮捕状等の写しの真偽の照会を依頼する旨の記載のほか、調査方法、調査条件、調査対象国の内政上の諸問題、調査の際に特に留意すべき事項、調査に係る背景事情等に関する重要な情報が記載されており、その中にはパキスタン政府に知らせていない事項も含まれているというのである。そうであるとすれば、本件依頼文書には、本件各調査文書によって公にされていない事項が記載されており、その内容によっては、本件依頼文書の提出によりパキスタンとの間に外交上の問題が生ずることなどから他国との信頼関係が損なわれ、今後の難民に関する調査活動等の遂行に著しい支障を生ずるおそれがあるものと認める余地がある」。

(2)「また、Yらの主張によれば、本件照会文書及び本件回答文書は、外交実務上『口上書』と称される外交文書の形式によるものであるところ、口上書は、国家間又は国家と国際機関との間の書面による公式な連絡様式であり、信書の性質を有することから、外交実務上、通常はその原本自体が公開されることを前提とせずに作成され、交付されるものであり、このことを踏まえて、口上書は公開しないことが外交上の慣例とされているというのである。加えて、Yらの主張によれば、本件照会文書及び本件回答文書には、発出者ないし受領者により秘密の取扱いをすべきことを表記した上で、相手国に対する伝達事項等が記載されているというのである。そうであるとすれば、本件照会文書及び本件回答文書には、本件各調査文書によって公にされていない事項について、公開されないことを前提としてされた記載があり、その内容によっては、本件照会文書及び本件回答文書の提出により他国との信頼関係が損なわれ、我が国の情報収集活動等の遂行に著しい支障を生ずるおそれがあるものと認める余地がある」。

(3)「したがって、上記(1)でYらが主張する記載の存否および内容、また上記(2)については口上書の形式によるものだとすればYらが主張する慣例の有無について審理し、提出により我が国と他国との信頼関係に与える影響等について検討しなければ、監督官庁の意見に相当な理由があると認めるに足りない場合かどうかを判断できないので、これらの点について審理判断させるため破棄差戻とする」。

なお、本決定には滝井繁男裁判官および今井功裁判官の補足意見と福田博裁判官の意見がある。

判例の法理　★**公務秘密文書に対する文書提出命令手続**　220条4号ロ所定のいわゆる公務秘密文書については、「公務員の職務上の秘密に関する文書でその提出により公共の利益を害し、又は公務の遂行に著しい支障を生ずるおそれがあるもの」と規定され、いわゆる実質秘であることを要件としている。そして公務秘密文書の提出命令が4号に基づいて申し立てられたときは、裁判所は当該監督官庁の意見を聴かなければならず、当該監督官庁が4号ロに該当するとの意見を述べるときはその理由を示さなければならない。その理由が「国の安全が害されるおそれ、他国若しくは国際機関との信頼関係が損なわれるおそれ又は他国若しくは国際機関との交渉上不利益を被るおそれ」または「犯罪の予防、鎮圧又は捜査、公訴の維持、刑の執行その他の公共の安全と秩序の維

持に支障を及ぼすおそれ」にある場合は、裁判所がその意見に相当の理由があると認めるに足りないときに限り、文書提出命令を発することができる（以上223条3項以下）。本決定は、この規定に従って当該監督官庁たる法務大臣および外務大臣に意見聴取した結果、223条4項1号の「他国との信頼関係が損なわれるおそれ」があるとの意見が出された。これに原審裁判所が「相当の理由があると認めるに足りない」と判断して提出を命じたところ、最高裁は決定要旨(1)および(2)に示した理由により、相当の理由があると認めるに足りないとの判断をするには審理が十分でないとして差し戻したものである。223条4項の各号に関する解釈を示したものとしては、2号について下級審の判断例 1) があるのみで、特に1号の外交関係に関する解釈を示したものは本決定およびその原決定・差戻審決定があるだけである。

✪ **口上書について**　本件は、外交文書の中でも法務省から外務省に照会を依頼した文書と、他国に対する照会とその回答文書にかかわる。後者は「口上書」という形式であって外交慣例上公開することが予定されない性質があると主張された事例であり、同形式の文書には射程が及ぶものと考えられる。もっとも、いずれの場合も最高裁は「その内容によっては」他国との信頼関係が損なわれるおそれがあるとしているので、「口上書」形式によるものは一律に提出拒絶が許されるとの判断を示したものではない。したがって、その内容につき必要があればインカメラ手続を実施して、実質的に他国との信頼関係が損なわれるおそれ等があるかどうかを判断すべきということになる。

判例を読む　✪ **公務秘密文書に関する立法経緯**　公務秘密文書の取扱いについては現行民訴法制定時に最大の焦点となり、平成13年の民訴法改正までは棚上げされていた。その焦点はどのような場合に公務秘密としての提出拒絶を認めるかということもさることながら、誰が秘密性を判断するかという手続面にも争いがあった 2)。最終的に現行規定のように監督官庁の意見聴取を踏まえて裁判所が判断権限を有すること、ただし外交関係または犯罪予防等に関して高度の公益が害されるおそれがあるとの意見が述べられた場合には、裁判所はその意見に相当の理由があるかどうかという、いわば間接的な評価をするにとどめることとされた。

✪ **実質的な「おそれ」**　ここでいう「おそれ」とは、抽象的なもので足りるという趣旨で用いられているわけではなく、あくまで具体的かつ実質的な「おそれ」がなければならない 3)。そして本決定補足意見で滝井裁判官が指摘しているように、監督官庁の意見において裁判所が相当性判断を可能にする程度に具体的に述べられていなければならない。この点は、本件により明確となったものであり、実務上の指針となろう。

　この具体的かつ実質的な「おそれ」の必要を要求することと、本件照会文書および本件回答文書について問題となった「口上書」という形式により原本を非公開とする外交慣例が認められる場合の判断をどう考えるかは、問題が残されている。本決定の福田裁判官による意見では、「口上書」を公開するには相手国による個別的・明示的な同意が必要というのが国際慣例であり、仮にインカメラ手続によって文書の記載内容が具体的かつ実質的な「おそれ」があるとはいえないと判断されたとしても、文書提出を命じるにはなお相手国による個別的、明示的な同意が必要であるとされている。そして、本件差戻審決定は、既に提出された本件各調査文書の記載から本件照会文書および回答文書の主要な内容はほぼ公にされていると認めつつ、また「口上書」を公開しないことが外交上の慣例となっていることについて必ずしも明らかとはいい難いとしながらも、「公表しないことを明記の上、そのことを前提として作成された」ことのみをもって実質的な秘密性が失われているとはいえないと判断している。この判断は、抽象的なレベルにとどまっていると評価せざるをえない。

　なお、平成26年に施行された「特定秘密の保護に関する法律」（平成25年法律108号）により、特定秘密に指定された情報を含む物件についても民事裁判で提出を求めることがありうる。特定秘密の要件（同法3条1項）が満たされる限り、提出義務を免れるものと解されるが、その判断を裁判官ができるかどうかは問題が残されている。

〔町村泰貴〕

1審＝東京高決平17・3・16民集59巻6号1912頁／差戻審＝東京高決平18・3・30判タ1254号312頁

1) 名古屋地決平20・11・17判時2054号108頁。
2) 経緯につき平山正剛「文書提出命令③」新民訴大系③ 156頁以下。
3) 深山卓也ほか「民事訴訟法の一部を改正する法律の概要（上）」ジュリ1209号105頁参照。

125 文書提出命令（12）—職業の秘密

最高裁平成20年11月25日決定　民集62巻10号2507頁、判時2027号14頁、判タ1285号74頁、金法1857号44頁、金判1310号64頁

▶ 220条4号ハ、197条1項3号、223条6項、337条

論　点 ▶ ①金融機関が顧客から提供された非公開の財務情報が記載された文書につき、文書提出命令が申し立てられた場合において、上記文書が220条4号ハの文書に該当するか
②金融機関が行った顧客の財務状況等についての分析、評価等に関する情報が記載された文書につき、文書提出命令が申し立てられた場合において、金融機関は220条4ハに基づきその提出を拒絶することができるか
③事実審たる抗告審が文書提出命令の申立てに係る文書を223条6項に基づきその所持者に提示させこれを閲読したうえでした文書の記載内容の認定を、法律審である許可抗告審において争えるか

事実の要約　Xらは、A株式会社と取引関係があり同社に対し売掛金債権を有していたが、Aは、平成16年12月22日、民事再生手続開始決定を受けた。そこでXは、平成16年3月以降、同社のメインバンクYは、Aが経営破綻する可能性が大きいことを認識し、同社を全面的に支援する意思は有していなかったにも拘わらず全面的に支援すると説明してXを欺罔した、あるいは、Aの経営状態についてできる限り正確な情報をXに提供すべき注意義務を負っていたのにこれを怠ったことにより、XはAとの取引を継続したものであったところ、この取引の途中でAが民事再生手続開始決定を受けて売掛金が回収不能になり損害を被ったと主張して、Yに対し、不法行為に基づく損害賠償請求訴訟を提起した（以下「本案訴訟」という）。

本件は、Xが、本案訴訟においてYの上記欺罔行為および注意義務違反行為を立証するために必要があるとして、Yが所持する「平成16年3月、同年7月および同年11月の各時点において、Aの経営状況の把握、同社に対する貸付金の管理および同社の債務者区分の決定等を行う目的で作成し、保管していた自己査定資料一式」（以下「本件文書」という）について文書提出命令を申し立てた事案である。

Yは、本件文書は、開示義務の除外事由たる民訴法220条4号ハ（以下「職業秘密文書」という）またはニ所定の文書（以下「自己専利用文書」という）に該当し、提出義務はないとして争った。

裁判の流れ　原々審：申立認容　第1次抗告審：申立却下　第1次許可抗告審：原審破棄差戻　第2次抗告審：申立認容　第2次許可抗告審：抗告棄却

本件文書につき、原々審はいずれの除外事由にも該当しないとしたが、第1次抗告審は、本件文書は220条4号ニ所定の自己専利用文書に該当するとした。これに対し、第1次許可抗告審（以下「平成19年最決」という。→123事件）は、本件文書は自己専利用文書に該当しないとする一方、本件文書が同号ハ所定の職業秘密文書に該当するかどうか等につき、さらに審理をさせるため本件を原審に差し戻した（自己専利用文書性については、第1次許可抗告審で決着。本事件では職業秘密文書性が問題）。

差戻後の第2次抗告審は、223条6項（インカメラ手続）に基づきYに本件文書を提示させたうえでこれを閲読し、本件文書に記載されている情報を、①公表することを前提として作成される貸借対照表および損益計算書等の会計帳簿に含まれる財務情報、②Yが守秘義務を負うことを前提にAから提供された非公開のA社の財務情報、③Yが外部機関から得たAの信用に関する情報および④Aの財務情報等を基礎としてY自身が行った財務状況、事業状況についての分析、評価の過程およびその結果並びにそれを踏まえた今後の業績見通し、融資方針等に関する情報の4つに大別したうえで、本件文書に記載された査定方法におけるYの工夫の独自性、価値は限定的なものであって、特別な保護を与えるべきノウハウとはいえないとし、本件文書のうち、前記③の情報の全部並びに前記②および④の情報のうちAの取引先等の第三者に関する記載部分は220条4号ハ所定の文書に該当するが、その余はこれに該当せず、他に同号所定の事由を認めることもできないとして、上記部分を除く本件文書の提出を命じた。

これに対し、Yは、本件文書のうち、Aの取引先等の第三者に関するものを除く前記②および④の情報（以下、それぞれ「本件非公開財務情報」、「本件分析評価情報」という）が記載された部分（以下、それぞれ「本件非公開財務情報部分」、「本件分析評価情報部分」という）も、220条4号ハ所定の文書に該当するから提出義務はないと主張して最高裁に抗告の許可を申し立てて許可された。

決定要旨　＜抗告棄却＞1　②の本件非公開財務情報部分について

次の(1)、(2)の事情のもとでは、上記文書は、当該金融機関の職業の秘密が記載された文書とはいえず、民訴法220条4号ハ所定の文書に該当しない。

(1)　当該金融機関は、上記情報につき職業の秘密として保護に値する独自の利益を有しない。

(2)　Aは、上記民事訴訟の受訴裁判所から上記情報の開示を求められたときは、次のア、イなどの理由により、220条4号ハ、ニ等に基づきこれを拒絶することができない。

ア　当該顧客は、民事再生手続開始決定を受けており、それ以前の信用状態に関する上記情報が開示されても、その受ける不利益は軽微なものと考えられる。

イ　上記文書は、少なくとも金融機関に提出することを想定して作成されたものであり、専ら内部の者の利用に供する目的で作成され、外部の者に開示することが予定されていないものとはいえない。

2　本件分析評価情報部分について

次の(1)、(2)などの判示の事情のもとでは、上記情報は、当該金融機関の職業の秘密には当たるが、保護に値す

る秘密には当たらないというべきであり、上記文書は、220条4号ハ所定の文書に該当しない。
　(1)　Aは、民事再生手続開始決定を受けており、それ以前の財務状況等に関する上記情報が開示されても、その受ける不利益は小さく、Yの業務に対する影響も軽微なものと考えられる。
　(2)　上記文書は、上記民事訴訟の争点を立証する書証として証拠価値が高く、これに代わる中立的・客観的な証拠の存在はうかがわれない。
3　事実審である抗告審が223条6項に基づき文書提出命令の申立てに係る文書をその所持者に提示させ、これを閲読したうえでした文書の記載内容の認定は、それが一件記録に照らして明らかに不合理であるといえるような特段の事情がない限り、法律審である許可抗告審において争うことができない。

判例の法理　第1次許可抗告審の前掲平成19年最決は、本件文書につき、自己専利用文書該当性の有無を判断し、本件文書は、法令により義務づけられた資産査定の前提として債務者区分を行うために作成し保存している資料であり、監督官庁による資産査定に関する検査において資産査定の正確性を裏付ける資料として必要とされているから、Y以外による利用が予定されているということができ、自己専利用文書に当たらないとした (→123事件)。そして、本件文書の4号ハの職業秘密文書該当性については、該当する場合の一部提出命令の可否につき原審 (第2次抗告審) に差し戻した。

　原審ではインカメラ手続により審査されたが、なお争われたため、本件平成20年最決は、①本件非公開財務情報部分について、金融機関は、顧客が開示義務を負う顧客情報を開示しても守秘義務違反にならず、金融機関に独自の理由がある場合を除いて職業の秘密には該当しない1)、また②本件分析評価部分の職業の秘密性については、金融機関の被る具体的不利益の程度、本案訴訟の重要性、証拠価値、他の代替的証拠の不存在などを比較衡量し、評価の対象会社が倒産手続開始後であるため当該会社の経営評価を開示することによる金融機関の不利益性が低いこと、また金融機関による当時の対象会社の経営状況の認識に関する正確な証拠で他に代わる証拠もなく重要であることから、保護に値する秘密ではない2)、と判断した。さらに、③金融機関が顧客の財務状況について自ら行った分析・評価の職業の秘密該当性については、原審が、インカメラ手続を用い、本件文書に記載された査定方法などは、金融庁のマニュアルに沿ったものでありノウハウとはいえず、金融機関にこれを秘匿する独自の利益はないと判断した。

　これを受けて、本件平成20年最決は、原審のインカメラ手続による事実認定につき、この手続は、事実認定のための審理の一環として行われるもので、原審の事実認定が記録に照らして明らかに不合理であるような特段の事情がない限り、法律審である許可抗告審において争うことはできないとの新判断を下した。

判例を読む　本件文書は、まず平成19年最決で、自己専利用文書性 (4号ニ) が否定された (→123事件)。本件20年最決では、職業秘密文書性 (4号ハ) が争われ、判示は①顧客が開示義務を負う「本件非公開財務情報部分」につき金融機関は守秘義務を負わないとし、また②金融機関独自の「本件分析評価部分」については、所持者等の不利益と文書の証拠価値等を比較衡量して保護に値する職業の秘密性 (4号ハ) を否定し、判例の近時の傾向に沿う方向で、提出義務を広く認めたものである。②の比較衡量による判断手法については、結論の具体的妥当性確保の点では妥当であるが、予見可能性を欠くため、文書所持者の事前の提出義務の有無の判断を困難にし、当事者が具体的事案で争う余地を残す (即時抗告を誘発する)3) といった問題点が指摘されている。

〔田村陽子〕

原々審＝東京地決平18・8・18判タ1238号270頁／第1次抗告審＝東京高決平19・1・10／第1次許可抗告審＝最二小決平19・11・30民集61巻8号3186頁 (→123事件)／第2次抗告審 (原審)＝東京高決平20・4・2金法1834号102頁

1) 本決定は、金融機関が、顧客との取引内容に関する情報や顧客との取引に関して得た顧客の信用にかかわる情報などの顧客情報について、商慣習上または契約上の守秘義務を負うことを明示したうえで、上記守秘義務は個々の顧客との関係において認められるものにすぎないものであるということを前提にし、また、金融機関が民事訴訟の当事者として開示を求められた顧客情報について、当該顧客が上記民事訴訟の受訴裁判所から同情報の開示を求められればこれを開示すべき義務を負う場合には、当該顧客は同情報につき金融機関の守秘義務により保護されるべき正当な利益を有さないことを理由に、金融機関は訴訟手続において同情報を開示しても守秘義務に違反しないと判断したものである。顧客自身が訴訟当事者として開示義務を負う情報について、金融機関が訴訟外の第三者として開示を求められた場合に、開示しても守秘義務に違反しないとしたもの (最判平19・12・11民集61巻9号3364頁、判タ1260号126頁) と同旨の判断である。

2) 本決定は、本件の顧客の財務状況、業務状況等の分析評価情報部分については、対象文書に職業の秘密に当たる情報が記載されていると判断した上で、そうであっても、所持者が220条4号ハ・197条1項3号につき提出を拒絶できるのは、対象文書に記載された職業の秘密が保護に値する秘密に当たる場合に限られるとし、これに当たるか否かは、判旨に挙げられた諸事情を比較衡量して決すべきものとした (最決平18・10・3民集60巻8号2647頁、判タ1228号114頁を引用している)。そのうえで、保護に値する秘密か否か (要保護性) につき、対象会社顧客Aがすでに民事再生手続を開始していたことから、すでに倒産手続の開始により財務状況、業務状況は一般に明らかになっていたと考えたようであり、過去の財務状況、業務状況に関する分析評価の開示による不利益は小さく、かつ、顧客Aの情報開示によるYの営業への影響も通常は軽微なものと判示している。また、本件訴訟において本件文書の証拠としての重要性・必要性を認めて、比較総合考慮により、保護に値する職業の秘密には当たらないとした。

　しかし、不利益性の判断に対しては、本件のような民事再生手続の場合は、破産手続と異なり対象会社は事業を継続しながら再建するものであり、同情報が開示されることによる不利益が小さいとは言い難く、また結果としてYの営業に深刻な影響を与える可能性を否定できないとの批判もある (北島 (村田) 典子・百選5版145頁、長谷川俊明・銀法698号7頁、杉山悦子・平成10年度重判148頁など)。

3) 山本克己「具体的妥当性と予見可能性の狭間で」金法1858号13頁。なお、山本克己教授は、本決定の3つ目の判断についても、文書の記載が「特別な保護を与えるべきノウハウ」に該当するかどうかの判断は、当てはめの問題であり法律判断であるとし、したがって、この判断を事実問題であると捉えているかのような本決定の判示は妥当ではないとされ、むしろ、インカメラ手続における事実認定を前提とする法律判断は最高裁のなしうるところではない、という理由でYの主張を退けるべきであったと批判されている。

126 文書提出命令の不遵守

東京高裁昭和54年10月18日判決　下民集33巻5～8号1031頁、判時942号17頁、判タ397号52頁、東高民報31巻10号249頁

▶224条

論　点　▶文書提出命令に従わなかった場合の効果

事実の要約　航空自衛隊のジェット戦闘機が墜落し、搭乗していたAが死亡した。Aの遺族Xらは、事故の13年後にY（国）に対して国家賠償を求め、戦闘機の欠陥と整備点検不良を主張した。

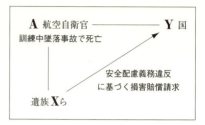

裁判の流れ　1審：請求棄却　2審：取消・Xらの請求認容

1審では、Yの消滅時効の抗弁が認められ、請求が棄却された。そこでXらが控訴した。控訴審においてXらは、整備点検についての過失を立証するため、本件事故について航空事故調査委員会が作成し、防衛庁航空幕僚監部が保管する「航空事故調査報告書」の提出命令を申し立て、裁判所は利益文書・法律関係文書に該当するとして提出を命じたが、Yは口頭弁論終結に至るまで提出しなかった。

判　旨　＜取消・Xらの請求認容＞消滅時効の抗弁については加害者を知ったときから提訴の時まで3年を越えていたとはいえないとして斥け、公務員の職務上の過失については、提出命令を受けたYが調査報告書を提出しないので、「当裁判所は、民事訴訟法第316条〔現224条1項〕により、右調査報告書をもってXらが立証しようとする事実、すなわち本件事故が本件事故機の整備不完全のため惹起された事実を真実と認めることとする」と判示した。

判例の法理　★**224条1項による真実擬制の対象**　文書提出命令を受けた当事者がこれに従わなかった場合、224条2項は「当該文書の記載に関する相手方の主張を真実と認めることができる」と規定している。これによれば、真実と認めることができるのは「文書の記載」に関する主張であって、その文書を証拠原因として認定されるべき要証事実ではない。旧法は、後述の現224条3項に相当する規定がなかったため、通説・判例とも文言通りに真実擬制の対象を文書の記載であると解していた[1]。本判決は、「右調査報告書をもってXらが立証しようとする事実」を真実と認めることを明らかにした点で、注目に値する。

★**現行法による改革**　現224条3項は、文書提出を拒絶した当事者の相手方が「当該文書の記載に関して具体的な主張をすること、および当該文書により証明すべき事実を他の証拠により証明することが著しく困難であるときは、裁判所は、その事実に関する相手方の主張を真実と認めることができる」と規定した。この条項は情報が一方当事者に構造的に偏っている場合の不公平を是正する趣旨であり、本判決が示した考え方が取り入れられたものである。

判例を読む　★**現行法下での残された問題**　本判決の問題は、現行法下で立法的に解決された。しかも224条3項が規定する文書記載の具体的な主張の困難や要証事実の立証困難という要件は、いわゆる構造的情報偏在のケースで情報から隔絶された当事者の主張立証の困難を意味し、その困難を是正することが必要であることを正面から認めている点で、大きな意義を有する。このことは文書提出義務の一般義務化（220条4号）や文書特定責任の緩和と所持者の文書情報開示義務（222条）、あるいは当事者照会の新設（163条）、単純否認の原則禁止（規79条3項および145条）なども含め、当事者の事実および証拠の提出面の規律を大きく変えて、当事者が自ら提出したいと欲する範囲を超えた情報提供義務を一部認めるに至ったものと評価できる[2]。

もっとも、その行為規律の具体的な内容は必ずしも明らかではない。224条3項の適用に関しても、要件である主張困難がどのような場合に認められるかは全くブランクであり、個々の事例ごとに判断を積み重ねていくほかはない。また効果としての要証事実に関する主張も、どの程度まで具体的な主張がなされる必要があるのかが問題となる。本件のような不法行為を例にとると、被告の過失というレベルか、整備不完全というレベルか、あるいは具体的な整備方法の欠陥を主張してはじめて真実擬制の対象たりうるのかという問題である。224条の定める真実擬制が認められるためには整備方法の具体的主張が必要だとすれば、結局のところ情報から隔絶されている当事者にとって不可能を強いることとなる。224条3項の立法趣旨から考えれば、要証事実の主張もある程度の抽象性が許されるべきだが、過失があったというのみの陳述では事実の主張といえず、どの程度まで具体的な事実主張が必要か、問題が残されている[3]。

さらに224条3項の真実擬制と裁判所の自由心証との関係も問題である。特に反対の証拠が存在する場合に、224条3項の適用は証明責任の転換を意味するのか、それとも要証事実の存否不明となれば真実擬制が崩れるのか、また「できる」との規定は裁量を認めたものかどうかなども、残された問題である。

〔町村泰貴〕

1審＝東京地判昭52・5・16交通事故民事裁判例集10巻3号737頁

1) 例えば、一時使用の趣旨の記載のない貸借証書の提出命令に従わなかった場合に、通常の賃貸借であることまで擬制されるものではないとした。最判昭31・9・28判タ63号47頁参照。航空機事故報告書について同旨のものとして東京地判昭54・7・9訟月25巻11号2766頁。
2) この点について、当事者照会に関するものだが町村泰貴「民事手続における情報流通のあり方」民訴雑誌45号241頁参照。
3) これはいわゆる模索的証明の許容性の問題であり、110事件の解説も参照のこと。

127　擬制自白

最高裁昭和43年3月28日判決　民集22巻3号707頁、判時515号57頁、判タ221号127頁　▶159条

論　点 ▶ 錯誤無効や詐欺取消しの主張について擬制自白が成立するかどうか

事実の要約　X（原告・被控訴人・被上告人）は、自己所有の松立木を360万円でY（被告・控訴人・上告人）に売り渡した。Xは、Yが内金170万円を支払ったのみで残代金190万円を支払わないとして、その支払を求めて訴えを提起した。これに対してYは、本件売買に際し、Xは立木が6000石以上あることを保証したが、実際は6000石に満たず、伐採できたのは2000石弱にすぎなかったことから、むしろ過払いであったとして、Xに対して過払い分の返還を求める反訴を提起した。XはYの反訴の請求原因事実を全て否認した。

裁判の流れ　1審：X請求認容（Y反訴請求棄却）　2審：X請求一部認容（Y反訴請求棄却）　最高裁：上告棄却

1審は、Xが石数を6000石以上と保証したとはいえないとしてXの本訴請求を認容し、Yの反訴を棄却した。Y控訴。2審でYは、6000石以上というXの言葉を信じ、売買契約を締結したのだから、Yの買受けの意思表示は錯誤により無効であるか、または、詐欺による意思表示として取り消す旨を主張した（以下、新主張とする）。一方Xは、2審で13回の弁論期日指定を受けながら終始欠席し、答弁書その他の準備書面も提出しなかった（Yの新主張は2審の第5回弁論期日に上程され、その旨を記載した準備書面の副本が事前にXに送達されていた）。2審は、Yの新主張についてXの擬制自白の成立を認めず、Yの反訴請求を民法563条1項に基づく代金減額請求と解して、19万余円の減額を認め、Xの本訴請求を170万余円の限度で認容した。Yは、Yの新主張についてXの擬制自白が成立するとして上告した。

判　旨　＜上告棄却＞「原審においてYが、本件松立木の買受けの意思表示に要素の錯誤があるか、またはこれが詐欺による意思表示であって取り消された旨を主張したことは、所論のとおりである。しかし、Yの意思表示に所論の錯誤があれば、Xの本訴請求にかかる売渡代金債権はほんらい発生せず、またこれが詐欺による意思表示であれば、取消権の行使が本訴提起後であるにせよ、右権利の発生につき原始的な瑕疵が存することとなる筋合であるが、これに対し、Xの本訴請求は右売買契約が有効に成立したことを前提とするものであるから、Xが本訴を提起維持している等弁論の全趣旨に徴すれば、Yの原審における右の新たな主張をXにおいて争っているものと認め、民訴法140条3項〔現159条3項〕の適用を否定した原審の判断は相当である」。

判例の法理　✦**擬制自白の意義・効果**　擬制自白は、相手方の主張事実に対する当事者の行為のうち、「沈黙（欠席1）も含む）」についての規律である2)。当事者が、口頭弁論期日または弁論準備期日において、相手方の主張事実を争うことを明らかにしない場合には、その主張事実は自白したものとみなされる。ただし「弁論の全趣旨」3)により、その事実を争ったと認められる場合には、擬制自白の成立は否定される。

擬制自白が成立すると証明不要効が生じ、擬制自白の対象が主要事実である場合には、さらに、審判排除効が生じる。これは、当事者が消極的に争わない場合であっても、裁判所は介入しないという私的自治の現れといえる。したがって、擬制自白は、自白と同様に、弁論主義の適用がある事項についてのみ認められる。

擬制自白の効果は、事実審の口頭弁論終結時に確定的に生じるため、当事者は、時機に後れない限り（157条）、事実審の口頭弁論終結時まで、擬制自白が成立した事実を争うことができる。自白とは異なり、擬制自白には不可撤回効は生じないと解されている（最判昭35・2・12民集14巻2号223頁➡判例講義民訴1版116事件）。

✦**擬制自白の成否の判断**　具体的事案ごとに、当事者の訴訟行為全体を総合的に評価して、擬制自白の成否が判断される4)。この点について、学説には、擬制自白の成否の判断基準として、被告の抗弁を認めることが請求自体を無意味とするか否かをあげるものがある5)。裁判例には、被告が相殺の抗弁を提出したにもかかわらず、原告が弁論期日に欠席している場合に、相殺について擬制自白の成立を認めたものもある6)。裁判所の求釈明にもかかわらず沈黙を続ける場合には、擬制自白と黙示の自白との区別は流動的である。

判例を読む　本件は当事者欠席の事案であるため、擬制自白の成否の判断材料が少なく、釈明の機会もなかった。2審の口頭弁論期日に欠席し続けたXの態度や、1審で錯誤無効などの主張を行わなかったYの行動選択を含めて、当事者の訴訟行為全体が総合的に評価されることになる。そして本判決は、1審でXが石数の保証を争ったことをYの反訴請求を棄却するという趣旨と解し、そうであるならば、当然Xは2審でのYの新主張も争うものと判断して、擬制自白の成立を否定したといえる。なお、本件は、擬制自白の対象が錯誤無効等という法律問題であるため、「擬制権利自白」の問題も含んでいる7)。

〔伊東俊明〕

1審＝京都地判昭38・12・20／2審＝大阪高判昭42・8・22

1) 欠席についての159条3項は、昭和23年の民訴法改正で追加された規定である。
2) 沿革的・比較法的にみると、当事者が沈黙する場合に、相手方の主張事実を争ったものとみなす規律や、争ったとみなすかどうかを裁判所の裁量判断に委ねる規律などがある。
3) 159条の「弁論の全趣旨」は、口頭弁論の一体性（口頭弁論が長時間または数期日にわたって行われても、全ての部分につき優劣の区別がなく一体をなしていること）を意味し、民訴247条の証拠原因としての「口頭弁論の全趣旨」とは異なる。
4) 注釈民訴③299頁（坂原正夫）参照。
5) 法律実務講座④45頁参照。請求自体を無意味とする場合（例えば、弁済の抗弁）には擬制自白の成立を否定し、無意味としない場合（例えば、相殺の抗弁）には擬制自白の成立を認める。
6) 最判昭32・12・17民集11巻13号2195頁。その他、最判昭44・11・11判時579号62頁参照。
7) 擬制権利自白については、藤原弘道「動産所有権の証明」民訴雑誌34号17頁参照。

128 間接事実の自白

最高裁昭和41年9月22日判決　民集20巻7号1392頁、判時464号29頁、判タ198号129頁　▶179条

論　点　▶間接事実について自白が成立するかどうか

事実の要約　Aは、Y（被告・被控訴人・被上告人）に対して30万円の貸金債権を有していた。Aの子であるX（原告・控訴人・上告人）は、相続によりAの権利義務を承継取得したとして、Yに対して、上記債権の支払を求めて訴えを提起した。これに対して、Yは、「Aは、Bから建物を買戻特約付きで買い受けた。Aは、本件貸金債権をBに譲渡することによって、代金の一部にあてた。その後、Yは、自己のBに対する債権と本件貸金債権とを相殺することによって、本件債務を決済した」と主張した。

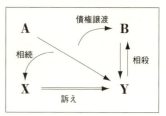

裁判の流れ　1審：請求棄却　2審：控訴棄却　最高裁：破棄差戻

1審で、Xは、Y主張の債権譲渡を否認したが、AがBから建物を買い受けたことは認めた。1審は、証拠調べの結果、債権譲渡があったと認定し、Xの請求を棄却した。2審で、Xは、1審において建物の買受けを認めたこと（自白）を撤回し、「AはBから40万円の借金を頼まれ、内金20万円を貸し付けた際に、本件建物を売渡担保とし、買戻特約付きの売買名義での所有権移転登記を受けたにすぎない」と主張した。2審は、「自白が真実に反し、且つ錯誤に基くものであると認めるに足りる証拠はないから、右自白の取消を認めることはできない」とした上で、債権譲渡を認定し、Xの控訴を棄却した。Xは、Y主張の建物買受けの事実は間接事実にすぎず、これについての自白は自由に撤回し得るというべきであるとして上告した。

判　旨　〈原判決破棄・原審に差戻〉「Yの前記抗弁における主要事実は『債権の譲渡』であって、前記自白にかかる『本件建物の売買』は、右主要事実認定の資料となりうべき、いわゆる間接事実にすぎない。かかる間接事実についての自白は、裁判所を拘束しないのはもちろん、自白した当事者を拘束するものでもないと解するのが相当である」。

判例の法理　主要事実（法規の要件事実に対応する具体的事実）についての自白の場合には、自白された事実の法規への当てはめが残るだけである。それに対して、間接事実（経験則などにより主要事実の存否を推認するのに役立つ事実）の自白の場合には、間接事実から主要事実への推認という事実認定が残っているため、裁判所の自由心証との抵触が生じる。そのため、間接事実についての自白に関しては、裁判所に対する拘束力の有無が問題となる。

学説では見解が分かれている。消極説1）は、自白の成立を認めると、自白された間接事実について疑いがあったとしても、裁判所はそれを基礎として主要事実の推認をしなければならず、自由心証主義（247条）に反するという。それに対して、積極説2）は、自白された間接事実を前提に、他の間接事実や証拠から主要事実を推認することを裁判所に求めるのは無理な注文ではないと説く。もっとも、積極説も他の間接事実が自白された間接事実から主要事実への推認を妨げる場合や他の要証事実についての証拠調べの結果や弁論の全趣旨により、自白された間接事実とは異なる認定がなされる場合には、自白の審判排除効を否定する。主要事実とは異なり間接事実の自白の場合には、間接事実から主要事実への推認という過程が残っているため、裁判官に対して自己の心証に反する事実認定を命じることになるからである3）。したがって、この限りにおいて、積極説に立ったとしても、自由心証主義が弁論主義に優先することになる。

本判決は、間接事実についての自白に関して、裁判所と当事者に対する拘束力を否定した4）（179条の不要証効までも否定する趣旨でないことには留意を要する）。

判例を読む　当事者の「争わない」という意思を重視するのであれば、積極説を支持できるように思われる。もっとも、積極説も間接事実から主要事実への推認についての決定権能を当事者に認める趣旨でないことには注意しなければならない5）。なお、自白された間接事実とは異なる事実認定に基づいて主要事実の推認をする場合には、不意打ちを防ぐために、裁判所はその旨の心証を示して、当事者に当該間接事実についての攻撃防御を尽くさせるべきであろう。また、本件において、「債権の譲渡」という主要事実を主張する場合には、債権譲渡の原因行為も具体的に主張しなければならないとすると、「建物の売買」は独立した重要な争点となるため、それを間接事実として捉えてよいかが問題となり、近時は、主要事実とする理解が有力である。

さらに、本件では、AB間の契約を、売買として捉えるのか、それとも、売渡担保として捉えるのかが問題となっており、「権利自白」（→130事件）の問題として処理すべき事案であったともいえる。本件で、XがAB間の契約の法的な意味を十分に認識していなかった場合には、自白が有効に成立していないということもできるであろう。

〔伊東俊明〕

1審＝盛岡地判昭39・1・13／2審＝仙台高判昭40・2・24

1）兼子・体系248頁。
2）新堂585頁以下、高橋・上494頁等。
3）高橋・上496頁注25参照。
4）本判決以前に、最判昭31・5・25民集10巻5号577頁が、間接事実の自白は裁判所を拘束しないと判示していた。本判決は、当事者も間接事実の自白に拘束されないことを明らかにした初めての最高裁判例である。
5）間接事実の自白の効力については、高田裕成「間接事実の自白」松本古稀345頁を参照。

129 補助事実の自白——文書の真正

最高裁昭和52年4月15日判決　民集31巻3号371頁、判時857号75頁、判タ352号180頁　▶179条

論　点 ▶ 書証の成立の真正について自白が成立するかどうか

事実の要約　事実関係が複雑であるため、論点の理解に必要な限度で簡略化する。X（原告・控訴人・上告人）は、本件土地をAから買い受けたとして、本件土地を占有するY（被告・被控訴人・被上告人）に対して、建物収去土地明渡を求めて訴えを提起した。Xは、「Aは、Yの代理人であるBとの間で、貸金債権の担保のために、Y所有の本件土地について、Yの債務不履行を条件とする代物弁済契約を締結した。Yが債務を履行しなかったため、Aは本件土地の所有権を取得した。その後、XはAから本件土地を買い受けた」と主張した。これに対して、Yは、Xの主張する代物弁済契約を締結する代理権をBに授与していないと主張した。Xは、YのBへの代理権授与を証明するための書証として、Y作成名義の委任状を提出した。Yは、当該委任状について、その作成を認めた（成立の真正性を自白した）。そして、これらは、Yが他の目的のためにBではない者に交付した、Yの署名押印のみがある白紙委任状であり、Bが勝手に空白欄を補充記載し、これらを利用したと主張した。

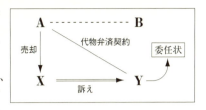

裁判の流れ　1審：請求棄却　2審：控訴棄却　最高裁：上告棄却

1審および2審は、YのBへの代理権授与は認められないとして、いずれも、Xの請求を認めなかった。2審は、「主要事実に対する自白と異なり、書証の成立の真正性に対する自白のごときは、当事者が自由にこれを撤回できると解するのを相当とするから、Yの自白の撤回も許容されなければならない」とした。これに対して、Xは、2審が書証の成立の真正について自白の成立を認めて、その撤回を許したことは違法であるとして上告した。

判　旨　＜上告棄却＞「論旨は、所論の各書証の成立の真正についてのYの自白が裁判所を拘束するとの前提に立って、右自白の撤回を許した原審の措置を非難するが、書証の成立の真正についての自白は裁判所を拘束するものではないと解するのが相当であるから、論旨は、右前提を欠き、判決に影響を及ぼさない点につき原判決を批難するに帰し、失当である」。

吉田豊裁判官の意見は、次の通りである。「記録により明らかな本件訴訟の経過に照らすと、Yが所論の各証書（委任状）の成立を認めると陳述したのは、これら委任状の受任者名、委任事項、日付がY以外の者によって記入される以前の、右各欄が空白のままの委任状用紙に、Yが署名押印したことだけを認めた趣旨であり、YがXの主張するような事項に関する代理権をBに授与するにつき作成した文書として、その成立の真正を自白した趣旨ではないことが明らかであって、原判決のいうようにYがいったん右自白をしたのちこれを撤回した場合にあたるとはいえない」。

判例の法理　❂**書証の意義等**　書証とは、文書に記載されている作成者の意思・認識を閲読して収得した内容を証拠資料とする証拠調べである。書証の対象となる文書は、真正に成立したものでなければならない。文書の成立の真正とは、文章が（挙証者＝証拠申出人が主張するところの）特定人の意思に基づいて作成されたことをいう。文書の成立の真正が証明されると、当該文書について「形式的証拠力」が認められ、証拠として採用される。そのうえで、当該文書が要証事実の認定にとってどれだけ役に立つのか、という「実質的証拠力」（「証拠価値」や「証明力」と表現される場合もある）が評価されることになる。文書は、形式的証拠力が肯定されなければ、証拠として利用することができないことを意味する。

❂**文書の種類**　文書は、公務員がその権限に基づいて作成した「公文書」とそれ以外の「私文書」とに区別され、後者は、さらに、「処分文書（処分証書）」と「報告文書（報告証書）」とに区別される。処分文書とは、法律行為が記載された文書であり、具体的には、契約書・遺言書・解約通知書・手形などであり、報告文書とは、作成者の見聞、意見等が記載された文書であり、具体的には、登記簿・診断書・手紙・日記などである。本件における委任状は、処分文書である。

❂**問題の所在**　文書の成立の真正についての自白に、主要事実についての自白と同様の効力（審判排除効）を認めると、裁判所は、形式的証拠力が認められない（当該文書は、挙証者の主張する作成名義人とは異なる者によって作成された）との心証を得た文書に関する実質的証拠力の評価を強いられることになり、自由心証主義に抵触するおそれが生じる。そこで、文書の成立の真正についての自白は、間接事実についての自白と同様に、裁判所に対する拘束力（審判排除効）を肯定すべきであるかが問題となる。

❂**裁判例・学説の状況**　大審院[1]および戦後の下級審[2]においては、文書の成立の真正についての自白に関して、当事者（自白者）に対する効力（撤回制限効）を肯定する裁判例が多数あったが、裁判所に対する拘束力について判断を示した裁判例は見当たらない。本件は、文書の成立の真正についての自白が裁判所に対する拘束力を有しないことを示した初めての最高裁判例である。撤回制限効の根拠を、審判排除効に対する（自白者の）相手方当事者の信頼保護に求める理解に立つと、撤回制限効を肯定する大審院判例等は、文書の成立の真正についての自白に審判排除効が生じることを前提とするものと捉えることができる。このような理解に立つと、本判決は従来の判例法理を変更するものとして位置づけることもできそうである[3]。

学説は、大別すると、裁判所および自白者に対する自白の効力を認める肯定説[4]と、実質的証拠力が裁判所

の自由心証に委ねられている以上、その前提となる形式的証拠力（文書の成立の真正）の判断も自由心証に委ねられるべきであるとする否定説 5) とに分けることができる。その他、裁判所に対する効力は否定するが、当事者に対する効力は肯定する見解（撤回制限効の根拠をどのように捉えるかが、この見解の当否を判断する際の要点となる）6)、処分文書の場合に限って自白の拘束力を肯定する見解 7) などがある。

判例を読む　✪「**文書の成立の真正**」**という補助事実の特徴**　文書の成立の真正は、証拠の証拠力に関する事実という意味では、補助事実に分類することができるが、（客観的）証明責任が設定されている点（挙証者が証明責任を負う。228条1項）、および、相手方の認否をとる点（裁判所は、成立の真正性を積極的に争うか否かを確認し、争うのであれば、その理由を述べさせるという訴訟指揮がなされている 8)。規145条。なお、故意又は過失によって文書の成立の真正を争った場合には、一定の制裁が課される。230条）では、主要事実に準じた規律が適用されている。また、文書の成立の真正は、証書真否確認の訴え（134条）においては、訴訟物として位置づけられることになる。

　以上のことを顧慮すると、主要事実ないし訴訟物の場合と同様に、文書の成立の真正についても、当事者は処分権能を有しているということができる（証書真否確認の訴えにおける請求の認諾・放棄は、自白に相当する）。このように解すると、文書の成立の真正について、裁判所に対する拘束力を否定する見解は、当事者の処分権能を一切否定する点で、説得的でないといえそうである。

　✪**自由心証との関係**　もっとも、否定説が妥当でなく、当事者の処分権能を尊重すべきであるとしても、文書の成立の真正に関しては、主要事実ないし訴訟物の場合とは異なり、自由心証に基づく実質的証拠力の判断というプロセスが残っている。とりわけ、報告証書の場合には、実質的証拠力の評価が重要となる。そこで、成立の真正性が証明されると自動的に実質的証拠力も判定されうる処分文書の成立の真正に限って、裁判所に対する自白の拘束力を肯定する理解が説得的であるように思われる。処分文書の場合には、当該文書によってなされた法律行為を基礎づける主要事実の自白に直結するといえるからである。もっとも、文書について形式的証拠力と実質的証拠力を峻別し、前者について証明責任を設定する現行法の規律は、書証に関しては自由心証主義の制約を内包する考え方に基づくものであると捉えると、報告文書の成立の真正についての自白の場合にも、裁判所に対する拘束力を認めるべきであるという理解 9) も説得性を持つといえよう。

　✪**本件について**　本件で、Yは、あくまでも、白紙補充前の委任状の成立の真正を争わない意思であったと考えられる（Yは署名・押印がなされたことを認めていたにすぎない）。そうだとすると、吉田裁判官の意見の通り、白紙補充後の委任状の成立の真正については、自白は成立していなかったといえるため、法廷意見のように、文書の成立の真正についての自白の裁判所に対する拘束力を否定する旨の一般的命題を定立する必要はなかったということができそうである。いずれにしても、代理権授与の事実を争いつつ、委任状の成立の真正を争わないというように、一見すると矛盾した態度決定を当事者がしている場合には、裁判所は、その者の争わない意思の内容を確認したうえで、自白の成否を判断しなければならないといえよう。

　なお、Yが署名・押印の事実を認めることによって、228条4項による「推定」10) が作動することになる（→154事件）。そのため、Yは白紙委任状が濫用されたことを反証しなければならなくなるが（本件では、Yはこの反証に成功しているといえよう）、これは、文書の成立の真正についての自白の効力とは別論である 11)。　　　　〔伊東俊明〕

1審＝東京地判昭48・8・7/2審＝東京高判昭51・7・20

1) 大判大正1・12・14民録18輯1035頁、大判大正13・3・3民集3巻105頁等。
2) 広島高判昭和39・12・18下民集7巻12号3699頁、仙台高判昭和39・5・27訟月10巻7号940頁等。
3) 本判決に従う裁判例として、最判昭和55・4・22判時968号53頁がある。
4) 法律実務講座④262頁、倉田卓次「書証実務の反省」民訴雑誌32号27頁等。
5) 竹下守夫「裁判上の自白」民商44巻3号447頁、伊藤358頁等。
6) 仙田富士夫「補助事実の自白」司法研修所論集23号99頁等。
7) 髙橋・下132頁、三木浩一ほか237頁〔三木〕等。
8) 文書の成立の認否の重要性については、伊藤眞＝加藤新太郎編〔判例から学ぶ〕民事事実認定54頁以下〔上原敏夫〕参照。
9) 松本・民事自白法107頁。
10) 228条4項の「推定」が、法律上の（事実）推定であるか、法定証拠法則（経験則が法定されたもの）であるかは争いがある。「推定」によって、文書の成立の真正についての（客観的）証明責任が転換されると解すべきであるか否か、議論の要点となる。
11) 表見代理（民109条）の成立要件の証明責任に関する問題については、上原・前掲注8) 55頁参照。

130 権利自白

最高裁昭和30年7月5日判決　民集9巻9号985頁、判タ51号36頁　　▶179条、民587条

論点 ▶ 消費貸借の借主が、貸主主張の金額につき「消費貸借の成立を認める」旨の陳述を行った場合、この陳述は、自白としての効力をもつか

事実の要約　Yは、Xに対し、昭和23年9月23日、公正証書記載の金13万円を利息年1割、返済期は同年10月23日、返済期後の遅延損害金は日歩10銭の割合で貸したが、期日が過ぎても返済がないので、翌24年10月にXに対し強制執行に及んだ。これに対し、Xは、すでに当該債務は完済しているとして請求異議の訴えを提起した。

```
        請求異議の訴え
   X ─────────→ Y
 （借主）            （貸主）

1審：13万円の消費貸借の成立を認める陳述
2審：1万9500円天引きにより、11万500円の
     消費貸借の成立を主張
```

裁判の流れ　1審：一部認容　2審：控訴棄却　最高裁：原判決破棄差戻

　1審は、Yの請求する上記の債権が存在するとの判断のもとに、「残代金11万円及びこれに対する昭和24年8月7日以降の遅延損害金」を超える部分の強制執行は許されない旨の判決をした（X一部勝訴）。Xは控訴した。Xは、1審では公正証書記載の13万円の消費貸借の成立を認める陳述をしていたが、2審では、YがXに貸付をする際に、その1割5分に相当する1万9500円を天引きし、残金11万500円を交付したのみであるから、天引き部分の貸借は利息制限法4条により無効であり、残元金は前記11万500円からYの認めるXよりの内入弁済の2万円を差し引いた9万500円にすぎない、と主張した。

　2審は、Xの代理人が1審で金13万円の消費貸借の成立を認めているのに、天引き部分の貸借は無効であると新たに主張したことは、13万円の消費貸借を一部否認するもので、自白の取消に当たるとし、しかも、Xの自白が錯誤に基づくものではないので自白の取消は許されないと判断して、控訴を棄却。Xは、1審提出の準備書面記載の通り、終始一貫して天引き金に関する主張をしているのに、これを自白の取消と解するのは、はなはだ不当などと主張して上告。最高裁はXの上告をいれ、原判決を破棄し事件を原審に差し戻した。

判旨　＜破棄差戻＞「X主張の事実は、本件消費貸借の額面は金13万円になっているが、Xはその成立に際し金1万9500円を天引きされ、金11万500円を受け取ったにすぎないというのであって、Xの第一審における金13万円につき消費貸借の成立したことを認める旨の陳述も、第二審における金11万500円につき消費貸借が成立した趣旨の陳述も、ともに本件消費貸借が成立するに至った事実上の経過に基いてXが法律上の意見を陳述したものと認めるのが相当であって、これを直ちに自白と目するには当らない。けだし消費貸借に際し、利息の天引が行われたような場合に、幾何の額につき消費貸借の成立を認めるかは、具体的な法律要件たる事実に基いてなされる法律効果の判断の問題であるから、天引が主張され、消費貸借の法律要件たる事実が明らかにされている以上、法律上の効果のみが当事者の一致した陳述によって左右されるいわれはないからである。従って法律上の意見の陳述が変更された場合、直ちに自白の取消に関する法理を適用することは許されないといわなければならない」。

判例の法理　★**法律上の陳述と自白の成否**　法律上の陳述は、①法規の存否・内容・解釈に関する陳述、②特定の事実が特定の法規の法律要件に該当するか否かの評価の表明、そして③法的効果の存否、に分けられる1)。このうち、①の陳述につき両当事者の陳述や意見が一致しても、裁判所はそれに拘束されない。法規の解釈・適用は本来、裁判所の職責だからである2)。これに対して、②の特定の法規の構成要件事実の存否についての陳述（→132事件）や、③の法的効果（訴訟物たる権利関係の前提をなす権利関係または法律効果）の存否の陳述の場合に、法的効果の存否に関する相手方の主張を認める陳述に自白としての効力が認められるかについては見解が分かれる。②と③の陳述の限界は必ずしも明確ではないが、このうち、③の陳述で、訴訟物たる権利関係の前提をなす権利または法律関係を認める陳述を一般に権利自白という3)。

　本件では、係争の消費貸借がどれだけの額について成立するかという法的効果についてのXの陳述に自白の効力が認められるかが問題となっており、最高裁は、Xの陳述を、係争の消費貸借が成立するに至った事実上の経過に基づく法律上の意見の陳述と捉え、Xはその陳述を撤回でき、裁判所もそれに拘束されないと判示した。

判例を読む　★**権利自白の効力**　裁判上の自白（事実自白）の場合、裁判所は、自白事実を判決の基礎としなければならず（審判排除効）、自白者も一定の要件を満たさない限り、自白を撤回できない。これに対して、事実そのものではなく法的効果について自己に不利な相手方の陳述を認める「権利自白」の効力について、学説は、多岐に分かれる4)。主な見解としては、以下のようなものがある。

　第1説は、権利自白自体に自白としての効力を全く認めない見解5)である。第2説は、権利自白の効力を基本的に否定するが、権利自白があると、相手方は一応その権利主張を理由づける必要がなくなるとする見解である6)。第2説によると、権利自白があっても、確定的に裁判所の判断が排除されるわけではないので、基礎となる事実が弁論に現れて認定される限り、裁判所は権利自白に反する法律判断を妨げられない。両説は、いずれも終局的に権利自白が裁判所の審判権を排除することを否定する。これらの見解の主な根拠は、法適用（法律判断）が裁判所の職責で、当事者の態度に左右されないことと、私人の法的判断に誤認が生じやすいことから、権利自白に裁判所に対する拘束力を認めると、自白当事者に不当な不利益を及ぼすおそれがあることにある。

　しかし、権利自白の効力を否定する見解に対しては、①先決的法律関係を対象にして中間確認の訴えが可能で、

自白　195

それについて請求の放棄・認諾が可能であるから、先決的法律関係が一訴訟資料にとどまる場合にも自白の対象となりうる、②事実自白が法的三段論法の小前提たる事実について成立すると同様に、小前提たる位置にある先決的法律関係は自白の対象となりうる、③当事者が意識的にその法律関係を前提にして裁判を受けようという態度をとっている以上、裁判所はこれに干渉すべきでないこと等を根拠にして、権利自白の効力を肯定しようとする見解が対立する7)。ただ、権利自白の効力を認める論者は、自白の効力が認められる場合を何らかの形で限定しようとしている。例えば、法的効果のみが直接主張され、相手方がその法的効果の存在を認めるなら自白となるとする見解8)、法的三段論法の小前提となる法律関係に自白が認められるが、自白者が自白内容を正当に理解していたかが問題になるから、そこで用いられる法律概念は日常用いられていて通常人が理解できる程度のものであることが必要であるとする見解9)、権利自白が問題となる場合を、当事者が事実に触れることなく法的評価だけを陳述した場合に限定し、さらに、訴訟代理人たる弁護士が陳述した場合と、少数の一般的常識となっている法的評価（例、売買）について当事者本人が認めた場合に限って自白の効力を認める見解10) などがある。

✪**判例の立場**　権利自白に対する判例の態度は、複雑である11)。裁判例を一瞥すると、一般論として権利自白には裁判所は拘束されないとする判決がある一方で、権利自白とされるもののうち、端的に法律効果のみが主張されているにすぎない場合には、権利自白の効力を認めつつ、法的効果の主張とあわせてその基礎となる具体的事実が陳述されている場合には、裁判所はその権利自白には拘束されないとする判決例が混在している12)。

こうした裁判例の中で、本最高裁判決は、法律効果の主張とあわせてその基礎となる具体的事実が陳述されて、裁判所の見解によればその推論過程に矛盾があると考えられる場合に関するものである。本判決は、特定の金額について消費貸借が成立したとの法的効果に関するXの陳述があっても、その「消費貸借が成立するに至った事実上の経過に基いてXが法律上の意見を陳述したものと認めるのが相当であって、これを直ちに自白と目するのは当らない」とするが、「直ちに自白と目するのは当らない」とする理由については、「幾何の額につき消費貸借の成立を認めるかは、具体的な法律要件たる事実に基いてなされる法律効果の判断の問題であるから」と説くにとどまる。そのため、この判決をどう読むかは明確ではない13)。例えば、本判決を、権利自白があっても確定的に裁判所の判断が排除されるわけではないので、基礎となる事実が弁論に現れて認定される限り、裁判所は権利自白に反する法律判断をすることは可能であるとする上記第2説に従ったと解するもの14)、法的効果を導き出す過程である法規の存在および法律要件の存在が訴訟資料として現れている場合には、法的効果についての両当事者の陳述が一致しても自白とならないことを示すと解するもの15)、権利自白者が自白した法律関係と矛盾する事実主張（天引きの事実）をしている場合には、その法律関係を紛争解決の基礎にするとの当事者の意思が明確でなく、自白の効力は認められないと解するもの16)、さらには、純粋な法規や契約の解釈については当事者の合意があっても拘束力を生じない旨判示したとするもの17) など、様々である。

これらの評価のいずれが本判決の評価として正当であるかはともかく、本判決での次の取扱いは広く支持されていると思われる。すなわち、法的効果の主張とあわせてその基礎となる具体的事実が陳述されていて、裁判所の見解によればその推論過程に矛盾がある場合には、事実主張はともかく、法的効果の陳述については、当事者間の一致があっても、裁判所はこれに拘束されない18)。権利自白の成否に関する各見解によって取扱いの違いが生じるのは、事実が出ておらず法律効果のみの陳述一致があるときである。

〔髙田昌宏〕

1審＝長野地判昭26・10・26／2審＝東京高判昭28・1・16

1) 竹下守夫「裁判上の自白」民商44巻3号448頁、福永有利「裁判上の自白（3・完）」民商92巻2号211頁、高橋・上506頁。この3種の分類につき、必ずしも限界が明確でないと指摘するものとして、小林・新証拠法233頁注13。
2) 高橋・上506頁。また、竹下・前掲注1) 456頁参照。
3) 注釈民訴⑥ 119頁。伊藤356頁は、狭義の権利自白と呼ぶ。
4) 学説状況の詳細は、田邊誠「法的判断に関する当事者の権限」判タ581号55頁以下参照。
5) 菊井・下290頁。原則として自白の効力を否定するものとして、伊藤356頁。
6) 兼子・体系246頁。
7) 権利自白の成立を広く認める見解としては、私的自治の原則から導かれる当事者の法律関係形成の自由から、公序良俗などの法秩序に反する事態が認められない限り、権利自白に裁判所に対する拘束力を認める見解（田邊・前掲注4) 78頁）、先決的権利関係の内容を十分に理解したうえでの権利自白に拘束力を認める見解（松本＝上野・332頁）などがある。また、注釈民訴⑥ 123頁参照。
8) 竹下・前掲注1) 456頁。
9) 三ケ月430頁。
10) 柏木邦良「自白」演習民訴上386頁。
11) 高橋・上508頁。
12) 注釈民訴⑥ 121頁参照。
13) 本判決については、福永・前掲注1) 235頁に詳細な分析がある。
14) 三淵乾太郎・最判解民昭和30年度89頁、斎藤秀夫・民商33巻6号861頁。
15) 竹下・前掲注1) 456頁。
16) 新堂幸司・百選2版179頁、新堂590頁。また、高橋・上508頁参照。
17) 小林・前掲注1) 228頁。
18) 注釈民訴⑥ 121頁参照。

131 自白の撤回の要件
大審院大正4年9月29日判決　民録21輯1520頁、新聞1052号26頁

論　点 ▶ 自白の撤回の要件

事実の要約　事実関係は詳らかではないが、X（原告・控訴人・上告人）は、Y（被告・被控訴人・被上告人）を相手に、米穀取引所における定期米売買の仲介にかかる証拠金の返還および利益金の支払を求める訴えを提起した。Yは、XとYとの間で売買取引の委託があったことを自白した後に、当該委託はXと訴外仲買人A（Yから仲買営業の権利を賃貸した者）との間で締結された、という自白が成立した事実とは異なる内容の主張するにいたったようである。

裁判の流れ　1審：不明　2審：請求棄却　大審院：上告棄却
1審の判決内容は不明であるが、原審は、Yの自白の取消し（撤回）を認めたうえで、賃貸関係を知って賃貸人Aに売買取引を委託したXに対して、Yは責任を負わないとして、Xの請求を棄却した。Xは、自白の取消し（撤回）を認めた原審の判断は違法であると主張して、上告した。

判　旨　＜上告棄却＞「…裁判上の自白は訴訟に於て当事者の一方が相手方の主張に係る事実にして自己に不利益なるものを真実なりとする陳述を謂ふものにして単に相手方の主張事実を争はざるに止まらず進んで其主張事実の存在を肯定し若くは具体的事実の陳述に依り其主張事実の真実なることを是認する行為あることを必要とす…仮令一たび自白を為したるときと雖も其自白に係る事実が真実に適せず且つ自白が錯誤に出でたることを証明するに於ては自白者に之が取消を為すを得せしめざるべからざるは事理の当然なるのみならず民事訴訟法には自白の取消を許さざるの規定存せざるを以て之が取消を許すものと解するを正当とす」「自白を為したる当事者の一方が仮令明に取消の意思を表示せざる場合に於ても口頭弁論に於て自白に係る事実が真実にあらざること並に自白が錯誤に出でたることを主張して之が証明を為すに於ては其証明に付特に証拠方法の提出を為さざる場合に於ても弁論の全趣旨に基き其立証ありたるものと認むることを得べきときは裁判所は黙示の取消ありたるものとして自白の効果を排除することを妨げず」「錯誤は認識と対象との齟齬にして錯誤の有無は事実問題に属し理論の問題にあらず…」

判例の法理　判例・通説によると、当事者の主張する事実（主要事実）について裁判上の自白が成立すると、179条が規定する「証明することを要しない」という効力（不要証効）に加えて、裁判所に対しては、自白事実を裁判の基礎としなければならないという、弁論主義に基づく審判排除効と、自白者（自白事実が不利益となる当事者。不利益性の判断については、証明責任説と敗訴可能性説とが対立する）に対しては、一定の要件を充さない限り、自白の撤回が許容されないという撤回制限効（不可撤回効）が発生することなる。撤回制限効の解除要件に関して、①相手方の同意がある場合[1]、②自白が刑事上罰すべき行為によりされた場合[2]、③自白事実が真実に適合せず、自白が錯誤によりなされたものであることが証明された場合[3]には、自白の撤回が許容される、というのが判例法理である。本件は、③のリーディングケースである。③に関して、学説では、判例を支持する見解[4]、反真実証明を重視する見解[5]、錯誤要件を重視する見解[6]などが主張されている。議論が錯綜しているのは、自白の法的性質の理解（事実陳述の一致に加えて、「争わない」という当事者の意思的要素を重視するかが議論の要点である）の違いにもかかわるが、相手方の事実陳述と一致する内容の陳述である自白に限って、その撤回を制約することの根拠が不分明であることに起因する[7]。撤回制限効の根拠の一つとされる「相手方の信頼」の内容（相手方は何を信頼しているのか、また、その信頼を損なうと、具体的にどのような不利益を被るのか等）を明らかにしたうえで、時機に後れた攻撃防御方法の却下（157条）という規制との関係や争点整理手続における自白の取扱いをめぐる議論[8]に留意した検討がなされる必要がある。

判例を読む　本判決は、自白を相手方の主張する事実が真実であることを認める旨の陳述と捉えたうえで、錯誤の内容を自白の対象たる事実の真実性に関するものとして理解する。自白の撤回要件として錯誤を設ける理解に立つのであれば、錯誤の内容をどのように把握するかがポイントとなる。錯誤の内容を、自白の対象となる事実の真実性に関するものと捉えると、その証明（疎明）の対象は、反真実証明と実質的に重なることになるため、錯誤要件を設定することの意義について疑義が生じることになろう。

〔伊東俊明〕

1審＝名古屋地判年月日不明判例集不登載／2審＝名古屋控判大3・11・28判例集不登載

1) 最判昭34・11・19民集13巻12号1500頁。
2) 大判昭15・9・21民集19巻1644頁、最判昭33・3・7民集12巻3号469頁。
3) 最判昭23・7・11民集4巻7号316頁は、本件の判断を前提として、反真実の証明から錯誤の存在を認定している（大判大9・4・24民録26輯687頁も参照）。また、錯誤があったことについての過失の有無は問われない（最判昭41・12・6判時468号40頁）。
4) 山本弘ほか188頁〔山本〕等。
5) 松本＝上野336頁〔松本〕等。
6) 高橋・上501頁等。
7) 撤回制限効の根拠をめぐる議論に関しては、高橋・上478頁注（3の2）参照。
8) 山本弘ほか186頁〔山本〕参照。

132 過失の自認の効力

東京地裁昭和49年3月1日判決　下民集25巻1〜4号129頁、判時737号15頁、判タ312号224頁

▶179条、民709条

論　点　不法行為に基づく損害賠償訴訟において、被告が、原告の主張する具体的な過失の事由を否認しつつ、自らの過失自体が存在したことを認める場合、この過失の自認は、自白の効力を有するか

事実の要約　全日空機が、教官機とともに飛行訓練中であった自衛隊機と接触し、墜落した。この事故で死亡した乗客の家族Xらは、国（Y）に対して総額8450万円余の損害賠償を求める訴えを提起した。Xらは、教官機が訓練機に対して四囲の状況にも十分に注意して操縦するよう指示する義務や、民間旅客機の飛行の頻繁な航空路に進入しないようにする注意義務を果たさず、また、訓練機は四囲の状況を十分に注視して操縦すべき注意義務を怠った、などと自衛隊機の過失を具体的に主張した。

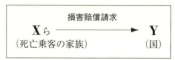

これに対し、Yは原告主張の具体的行為の一部を認め、他は争うとの陳述をし、原告主張の過失を否認したものの、「もっとも、Yは本件事故の発生につき自衛隊機に過失があったことを認める。すなわち、本件事故は、全日空機および自衛隊2機の双方において、有視界気象状態における安全確認上の注意義務（見張り義務）に欠けるところがあり、双方の過失が競合して発生したものである」と陳述した。

裁判所は、次のように判示して、Xらの請求のうち、4823万円余の賠償を命ずる判決を言い渡した。

判　旨　「…Yの前記陳述とその基本にある弁論態度は、Xら主張の事実関係をその具体的内容の細部にまで亘って真実であるとするかどうか、又Xら主張の特定の結果回避行為が本件の場合に妥当するかどうかはともかく、自衛隊機2機が有視界気象状態における安全確認（見張り）措置をとらなかったことおよびこれが注意義務に違反するものであることを認めるというにあり、これは、およそ人は他人の生命の安全を侵害しないように振舞うべきであるのに、これを怠ったという過失の抽象的観念にほど近い内容であって、いわばかなりに抽象的な次元において、Xらの過失の主張と符合する陳述をしたことに帰着する」。「しかし、当裁判所は、〔証拠略〕により、Yが本件事故の状況につき、詳細且つ周到に事前調査を行って事実を認識し、その事実につき正しく法的評価をなし得る能力を有し、もとより陳述の内容を正当に理解しており、自衛隊機2機の有過失という結論のみを裁判の基礎となすべき意味において前記陳述をなしたものと認められる本件においては、前記陳述は事実の自白に該当し、裁判上の自白の拘束力を有するものと判断する」。

判例の法理　本件は、不法行為に基づく損害賠償訴訟において、原告が、被告の過失の内容をなす具体的事実を主張したのに対し、被告がそれを否認しつつ、結局「本件事故の発生につき自衛隊機に過失があったことを認める」と陳述した事案であり、裁判所は、Yが事故の状況を調査認識し、その事実につき正しく法的評価しうる能力を有することや、陳述内容を正当に理解していることなどを斟酌のうえ、Yの陳述が**事実自白**に該当し、自白の拘束力を有する、と判断した。

判例を読む　過失それ自体は、かつての通説によれば、**主要事実**であり、過失を具体的に根拠づける事実は**間接事実**と位置づけられた[1]。したがって、この見解では、抽象的過失の存在につき当事者の陳述が一致しているときは、過失につき事実自白が成立することになる。しかし、過失を具体的に根拠づける事実を間接事実と解すると、これは当事者の主張がなくても判決の基礎にできるから、当事者に不意打ちを与える危険があり、また、過失それ自体を主要事実と解すると、攻撃防御の目標・審理活動の指針としての主要事実の機能が十分に果たされない。そのため、近時は、過失を具体的に基礎づける事実こそが主要事実であると解する見解が有力である[2]。この説によれば、過失の判断の基礎となる具体的事実に関する両当事者の陳述の一致があるときが事実の自白に当たり、過失という抽象的事実に関する両当事者の一致は、直ちには事実の自白と解されない。過失の概念は、正当の事由（借地借家28条）などと同様、不特定概念として法律判断を含むものであるから、当事者が抽象的な過失を自認する場合は、事実自白よりもむしろ**権利自白**（➡130事件）の成立の問題として扱うべきであるとの考え方[3]が主張されることになる。これに対し、不特定概念の存否を認める陳述を、法規の構成要件を充足するか否かの陳述と解して、法的効果の存否を認める陳述である権利自白と区別する立場がある[4]。しかし、いずれにせよ、抽象的過失の自認は、権利自白の成立の問題、またはそれに準ずる問題として取り扱われうる[5]。

本判決は、被告が原告主張の具体的な過失の事由を争いつつ、抽象的次元で過失を認める陳述をした事案で、被告の陳述を事実自白と捉える。この捉え方は、過失を主要事実ではなく規範的概念と解する今日有力な立場から批判されうる[6]。しかし、この捉え方の当否と並んで、あるいはそれにもまして、本判決のように自白者の事実認識・正しい法的評価の能力の有無などの要件を満たすときに自白の拘束力を認めてよいか、どのような要件を満たせば自白の効力を認めうるかの検討が重要であろう[7]。

（髙田昌宏）

---

1) 兼子・体系199頁。
2) 伊藤313頁、高橋・上424頁、松本＝上野49頁、青山善充「主要事実・間接事実の区別と主張責任」講座民訴④397頁など。
3) 柏木邦良「自白」演習民訴上386頁、坂原正夫「裁判上の自白法理の適用範囲」講座⑤182頁、松本博之・百選Ⅰ新法対応補正版217頁、新堂590頁ほか。
4) 福永有利「裁判上の自白（3・完）」民商92巻2号212頁、注釈民訴⑥119頁。
5) 注釈民訴⑥120頁。これに対し、権利自白の成立を否定するものとして、伊藤355〜356頁。
6) 松本博之・百選Ⅰ新法対応補正版217頁。
7) 福永・前掲注4) 217頁参照。なお、自白とは別の「等価値陳述」の観点から過失の存在を前提に裁判できるとするものとして、松本＝上野・347頁。

133 証明責任の分配（1）——虚偽表示における第三者の善意（不動産売買無効等確認事件）

最高裁昭和35年2月2日判決　民集14巻1号36頁　▶民94条2項

論点 ▶ 第三者が民法94条2項の保護を受けるためには、自己が善意であったことを主張し証明しなければならないか

事実の要約　訴外A所有名義の本件不動産につき、Aから当時同棲していたY₁（被告・被控訴人・被上告人）に対して売却および所有権移転登記がなされ、またY₂名義の抵当権の設定およびその登記がなされた。その後、Aが死亡し、Aの妻で相続人であるXが、Y₁に対し所有権移転登記の抹消登記手続を、Y₂に対し抵当権設定登記の抹消登記手続をそれぞれ請求した。その請求原因の一つとして、所有権移転登記の登記原因であるAとY₁との間の不動産契約は通謀虚偽表示（民94条1項）による無効なものであり、またY₂に対する抵当権設定登記も無効である旨を主張した。

裁判の流れ　原審は、上記AY₁間の売買契約は通謀虚偽表示であり、上記所有権移転登記は無効であることを認定したうえで、Y₂には、AとY₁との売買契約が通謀虚偽表示であることは「知らなかったのであり、これを知っていたと認むべき証拠は存しない」から、「当該無効は民法94条2項にいう善意の第三者であるY₂に対抗することはできない」とした。そして、抵当権設定登記は完全な効力を有し、またAY₁間の所有権移転登記の抹消についても、Y₂は不動産登記法146条（現68条）にいう利害関係を有する第三者に該当するため、Y₂の承諾のない限り所有権移転登記の抹消は許されないとして、Xの請求を棄却。Xはこれに対し、Y₂が民法94条2項の虚偽表示につき善意の第三者であることを主張立証すべきであったところ、その主張立証がなかったにもかかわらず原審が同条項を適用したとして上告。

判旨　＜原判決破棄差戻＞　本件不動産は、「もと訴外Aの所有であったところ、売買を原因として被上告人Y₁に所有権移転登記がなされ、さらに、被上告人Y₂のため抵当権設定登記がなされたこと、A、Y₁間の売買は、両名が通謀してした虚偽の意思表示であることは、いずれも原審の確定したところである。したがって、被上告人Y₂が民法94条2項の保護をうけるためには、同人において、自己が善意であったことを主張、立証しなければならないのである〔大判昭17・9・8参照〕。しかるに、Y₂は、原審において、前記売買が虚偽表示によることを否認しているだけで、善意の主張をしていないにかかわらず、原審は、Y₂は右所有権移転行為が通謀虚偽表示であることを知らなかったのであり、これを知っていたと認むべき証拠はない旨判示し、Xの請求を排斥したものであって、原判決は、主張責任のある当事者によって主張されていない事実につき判断をした違法があるといわなければならない。のみならず、論旨摘録の証拠によれば、Y₂が善意であったものとは、いまだにわかに断定しえないものがあるのであって、原判決はまた、重要な証拠に対する判断を遺脱した結果理由不備の違法をおかしたものというべきである。されば、論旨は結局理由があり、原判決は破棄を免れない。」

判例の法理　民法94条2項の善意の第三者保護の規定につき、第三者に自己が善意であることの証明責任があるのか、それとも虚偽表示で無効であると主張する者が第三者の悪意につき証明責任があるのか、争いがあった[1]。本件判例は、第三者が民法94条2項の保護を受けるためには、契約が通謀虚偽表示であったことにつき善意であったことを自ら主張立証しなければならない（第三者説）としたものである。本件では、第三者の善意・悪意について、いずれの当事者からも主張がなかったので、弁論主義違反として処理されており、証明責任の所在については傍論で言及されている。

判例を読む　本来、裁判所は、弁論主義第1テーゼのもと、当事者が口頭弁論で主張しない事実を認定してはならない。翻って当事者は、争う事実については主張しない限り裁判所に取り上げてもらえず、当該事実から導かれる自己に有利な法律効果の発生を受けることができない（主張責任）。この主張責任の所在は、一般に証明責任の所在によって定まる。証明責任の分配基準の考え方には争いがあり、法律要件分類説、利益衡量説、修正法律要件分類説の対立がある（学説の分類につき、→134事件）。本件判例は、民法94条2項の主張責任および証明責任の所在につき、第三者説を採ったものであり、これは法律要件分類説に素直な考え方と思われる。すなわち、法律要件分類説によると、民法94条1項は、虚偽表示により権利発生を障害する障害規定（反対規定）であり、無効を主張する者に証明責任が、同2項は1項との相対的な関係において権利障害規定（再反対規定）であるので、第三者に証明責任が存することになるからである[2]。これに対し学説では、虚偽外観作出者の帰責性との利益衡量（自ら有効そうな外観を作出した者より、その外観を信じた第三者を保護すべきとの価値判断）より、無効主張者が第三者の悪意を主張立証すべきとする説（無効主張者説）が多数説である[3]。

（田村陽子）

1審＝山口地下関支判、年月日不明民集14巻1号42頁／2審＝広島高判昭31・12・12民集14巻1号43頁

1) 大審院判例の時代には、虚偽表示の無効を主張する者に第三者の悪意の証明責任があるとした時期があったようである（大判大11・5・23新聞2011号21頁）が、後に第三者が自己の善意の主張責任を負うとしている（大判昭17・9・8新聞4799号10頁、評論31巻441頁）。本件判例は、後者の大審院判例を踏襲して、第三者が善意の主張立証責任を負うとしたものといえる（小林・新証拠法190頁、大村雅彦・百選5版135頁）。

2) 村上淳一・法協78巻2号230頁。本件でいうと、Xは、AY₁間で仮装譲渡された不動産の移転登記抹消登記手続請求および抵当権設定登記抹消登記手続請求をするのであれば、Xの主張立証すべき請求原因事実としては、①Aの元所有と②AからY₁への所有権移転登記、③Y₁からY₂への抵当権設定登記、④A相続の発生で足り、反対に、Y側が抗弁事実として、AY₁間の不動産売買（Aの所有権喪失事由）を主張立証し、Xの再抗弁事実がAY₁間の通謀虚偽表示になり、そして再再抗弁事実として第三者Y₂が善意であったことになろう。

3) 民法94条2項の立法者意思も、同条項の体裁とは逆に、虚偽表示の当事者の側に第三者の悪意の証明責任を負わせるというところにあったようである（小林・新証拠法190頁以下参照）。

134 証明責任の分配（2）——準消費貸借契約

最高裁昭和43年2月16日判決　民集22巻2号217頁、判時512号40頁　　▶民588条

論点 ▶ 準消費貸借において目的とされた旧債務の存否について、準消費貸借契約の効力を主張する者と効力を争う者のいずれが証明責任を負うのか

事実の要約　Aは、昭和38年6月9日、Y（被告・控訴人・上告人）との間で、過去数回にわたって貸した金が合計98万円に達しているとして、これを1口の貸金にまとめたうえで分割弁済とする準消費貸借契約を締結し、新証書を作成した。その後、X（原告・被控訴人・被上告人）が、Aから債権を譲り受け、Yとの間で分割弁済の新約定をなし新証書を作成したが、Yから一部の弁済しか受けなかったので、Xは、Yに残金の支払を求めて訴えを提起した。Yは、上記契約の時点での貸金残債務は金7万円にすぎなかったと主張して争った。これに対し、Xは、単に旧債権については不知と答えただけで、その内容を明らかにしなかった。

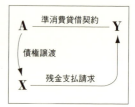

裁判の流れ　1審：請求認容　2審：控訴棄却　最高裁：上告棄却

1審は、Xの請求を認容。2審は、Yが昭和38年6月9日現在98万円の借受金債務のあることを認めてAとの間で準消費貸借を締結した以上、たとえ準消費貸借の目的とされた98万円の債権の詳細が不明であるとしても、その不存在が証明されない以上、準消費貸借契約の効力に消長を来さないとして、控訴棄却。これに対し、Yは、旧債務の存在の証明責任は債権者が負うものであり、これを債務者が負うとした2審判決は違法として上告した。

判旨　＜上告棄却＞「準消費貸借契約は目的とされた旧債務が存在しない以上その効力を有しないものではあるが、右旧債務の存否については、準消費貸借契約の効力を主張する者が旧債務の存在について立証責任を負うものではなく、旧債務の不存在を事由に準消費貸借契約の効力を争う者においてその事実の立証責任を負うものと解するを相当とするところ、原審は証拠により訴外AとY間に従前の数口の貸金の残元金合計98万円の返還債務を目的とする準消費貸借契約が締結された事実を認定しているのであるから、このような場合には右98万円の旧貸金債務が存在しないことを事由として準消費貸借契約の効力を争うYがその事実を立証すべきものであり、これと同旨の原審の判断は正当であり、論旨は理由がない」。

判例の法理　★**証明責任とその分配**　証明責任（立証責任）とは、審理を尽くしても、ある事実が真偽不明の場合に、その事実を要件とする自己に有利な法律効果の発生が認められないことになる一方当事者の不利益を意味する。これは、裁判所が審理を尽くしても裁判の基礎となる要件事実が存否不明の場合に、裁判所に裁判を可能ならしめる方法である。各要件事実につき必ず当事者のいずれかが証明責任を負担するのであって、各事実につきいずれの当事者が証明責任を負うかの定めが、**証明責任の分配**である。

★**証明責任の分配基準**　証明責任の分配基準については、**法律要件分類説**がこれまで通説的地位を占めてきた。法律要件分類説は、実体法の要件事実の定め方を分配の基準にし、法文の構造や法条の適用順序など、法条の形式的・論理的側面を重視する立場であり、この分配の原理の基礎には、正義・当事者の公平・紛争の迅速な解決等の考慮があるとされる。この見解によれば、基本的には、実体法規は、①権利の発生を根拠づける権利根拠規定、②権利根拠規定に基づく法律効果の発生を妨げる権利障害規定、③いったん成立した権利を消滅させる権利滅却規定に分類され、権利根拠規定については権利主張者がその要件事実につき証明責任を負い、権利障害規定と権利滅却規定については相手方がその要件事実につき証明責任を負う1)。

しかし、個々の実体法規の中には、例えばその要件事実が権利根拠規定の要件事実に該当するのか、権利障害規定の要件事実に当たるのか明確でない場合や、法条の形式的・論理的側面を重視しすぎると当事者間の不公平などの不都合が生じる場合が実際にある。そのため、これらの場合に、法律要件分類説のように専ら法文の形式や構造に依拠することに対して疑問が提起され、権利根拠事実・権利障害事実・権利滅却事実のようなアプリオリな区別を放棄して証拠との距離や立証の難易・信義則・実体法の立法趣旨等をも判断要素にして証明責任の分配を決めようとする**利益衡量説**2)が主張されるに至った。しかし、利益衡量説は、法律要件分類説と比較して分配の基準が不明確で、実用にたえられないとの批判を受け、広い支持を受けるに至っていない。そこで現在は、法律要件分類説の基本的立場を維持しつつ、権利根拠事実と権利障害事実の区別に疑問が生じる場合は法文の表現にとらわれずに実体法の立法趣旨や実質的考慮に基づき解釈により決するとする**修正法律要件分類説**3)が有力に提唱されている。これらの批判的見解の登場とも関連して、証明責任の分配基準が具体的に問題となる場合は少なくない。例えば、法文になく解釈上認められてきた要件（➡135事件の安全配慮義務違反、136事件の背信行為と認めるに足りない特段の事情）に関する証明責任の分配がそうである（また、法文上要件と定められているにもかかわらず、具体的に証明責任分配が問題となる場合として、本判決で問題とされている準消費貸借契約における旧債務の存否に関する証明責任の分配がある）。

★**準消費貸借における旧債務の存否に関する証明責任**　準消費貸借は、当事者が金銭その他の物を給付する旧債務を消費貸借の目的とする合意により成立する（民588条）。したがって、準消費貸借で問題となる要件事実は、旧債務の存在と準消費貸借の合意の成立である。本件のように、準消費貸借に基づき債権者が債務者に対し目的物の返還請求をする場合、準消費貸借の合意について請求者たる債権者が証明責任を負うことは明白であるが、旧債務の存否については、その証明責任を請求者たる債権者が負うのか、請求の相手方である債務者が負うのか、

見解の対立がある。本最高裁判決は、大審院の判例[4]を踏襲し、準消費貸借契約の効力を争う者が旧債務の不存在の事実につき証明責任を負うと判示した[5]。

判例を読む　✿**債権者説と債務者説の対立**　学説は、大別すると、債務者が旧債務の不存在の証明責任を負うとする債務者説と、債権者が旧債務の存在の証明責任を負うとする債権者説に分かれる。

債権者説は、旧債務の存在が準消費貸借契約の成立要件（権利根拠事実）であるから、証明責任の一般原則に従い、旧債務の成立要件については準消費貸借の効力を主張する者が証明責任を負うとする。この見解は、条文の構造を重視する法律要件分類説の中でも、法文の表現形式を最重視する立場（規範説）から提唱される。すなわち、準消費貸借における旧債務の存在は、消費貸借の要物性に代わるものであり、消費貸借において目的物交付が契約成立要件であるのとの対比において、旧債務の存在が権利根拠事実をなすという[6]。

しかし、準消費貸借契約の締結の際は、一般に、旧債務に関する証書が新債務に関する証書に書き替えられて破棄され、しかも新証書が旧債務を表示しないで新たな貸借が行われたような記載がなされることが多く、このような場合には新証書によって旧債務の存在を事実上推定するわけにはいかないから、旧債務に関する立証が困難であることは否定できない。債権者説も、旧債務証書の返還・破棄による債権者側の立証困難をよしとするわけではなく、債権者説においても、新債務証書の作成に基づく事実上の推定により、債務者は間接反証責任を負い、権利滅却事実の存在のみならず権利根拠事実の不存在ないし障害事実の存在について証明責任を負うとする立場[7]や、具体的事案ごとに自由心証ないし反証提出責任の問題として処理する立場[8]が存在する。しかし、これらの見解のうち、前者は、間接反証理論に対する批判を受けるであろうし（例えば、間接反証理論による処理は、証明責任問題を事実上の推定問題にすりかえるもので不当であると批判される）、後者も、実質的に証明度を引き下げる根拠が定かでないとか、自由心証による解決は裁判官の恣意がはたらく危険があるなどと批判される[9]。

そこで、法文の表現形式を重視する債権者説とは違い、旧債務の存否に関する立証の難易や当事者の公平を考慮に入れて分配を行うべきであるとして、準消費貸借の効力を争う債務者に旧債務不存在についての証明責任を負わせる**債務者説**が主張される[10]。債務者説は、今日の判例・多数説であるが、その根拠は、論者によって様々で、旧債務の不存在を準消費貸借契約における権利障害事実のように捉える立場、従来の債務関係を単純化しようとする準消費貸借の制度趣旨や取引の合理的要請に応えるためとする立場、立証の難易や公平を重視する立場、当事者が借用したと表示した以上、通常、債務は存在するのであって、旧債務不存在は特殊状態にほかならないとする立場などがある。基本的には、債務者説は、従前の債務関係の単純化という当事者の意思や、証明の難易を基準とした公平の観点にその根拠を求めるものであり、利益衡量説も含め、実質的考慮による証明責任分配の余地を認める立場に親しむ。

さらに、近時は、債務者説のように一律に債務者が証明責任を負うとするのではなく、準消費貸借を、旧債務を消滅させず債務の同一性を維持しつつその内容を変更するにとどまるもの（債務変更型）と、新債務の成立によって旧債務を消滅させるもの（更改型）との2種類に分け、前者の場合には、旧債務の成立は権利根拠事実で、その証明責任は債権者が負うが、後者の場合には、旧債務の存在は準消費貸借に基づく返還請求権の発生要件ではなく、旧債務について準消費貸借契約が締結された事実のみが権利根拠事実となるとする見解も提唱されている[11]。

〔髙田昌宏〕

1審＝広島地判昭40・10・19／2審＝広島高判昭42・3・13

1) 兼子・体系259頁以下。中野ほか編・新講義399頁以下参照。厳密には、さらに留置権や同時履行の抗弁権の行使のように権利の行使を妨げる規定として権利阻止規定が存在し、その要件事実については権利主張者の相手方が証明責任を負う（松本＝上野453頁、三木浩一ほか『民事訴訟法〔第3版〕』（有斐閣、2018）267頁）。
2) 石田穰『民法と民事訴訟法の交錯』（東京大学出版会、1979）9頁以下。
3) 注釈民訴⑥57頁、松本・証明責任の分配75頁など。
4) 大判大4・8・24民録21輯1405頁など。
5) 同旨の判決として最判昭52・1・31金判535号37頁。
6) 倉田卓次・民商59巻2号306頁、村上・証明責任の研究250頁。
7) 倉田・前掲注6) 311頁。
8) 村上・前掲注6) 251頁。
9) 森勇・百選Ⅱ新法対応補正版277頁。
10) 賀集唱「準消費貸借における旧債務成否の主張・立証責任」『民事実務ノート①』（判例タイムズ社、1987）124頁、石田・前掲注2) 11頁。
11) 松本・前掲注3) 390頁、森・前掲注9) 277頁。

135 証明責任の分配（3）――安全配慮義務

最高裁昭和56年2月16日判決　民集35巻1号56頁、判時996号47頁、判夕440号93頁　▶民1条2項、415条

論点 ▶ 安全配慮義務違反に基づく損害賠償請求訴訟において、同義務違反に該当する事実の主張・証明責任はどのように分配されるか

事実の要約　航空自衛隊員Aは、航空自衛隊所属のヘリコプターに搭乗していたところ、ヘリコプターの後部回転翼1枚が突然飛散して、ヘリコプターは墜落。Aは死亡した。亡Aの父母Xらは、国（Y）に対して、公務員の生命・健康等を危険から保護するよう配慮すべき安全配慮義務に違反したとして損害賠償請求の訴えを提起した。

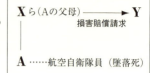

X ら（Aの父母）――→ Y
　　　　　　　損害賠償請求
A ……航空自衛隊員（墜落死）

裁判の流れ　1審：請求棄却　2審：控訴棄却　最高裁：上告棄却

1審でXらは、安全配慮義務違反に該当する具体的事実を主張できないまま敗訴した。2審でXらは、安全配慮義務違反の具体的内容として、定期修理・精密検査の懈怠、検査要項・整備基準の不備、後部回転翼を固定するためのソケット使用時間の超過等を主張した。しかし、2審は、証拠によりXらの主張を全て否定する認定を行い、事故原因は、ソケットにあったツールマークと呼ばれる顕微鏡の精密検査でしか発見できない微細なきずにあり、ツールマークによる事故発生は過去になく、予測できなかったものであり、ヘリコプターの整備点検に不十分な点はないとして、Xらの控訴を棄却した。

Xらは、原審は、債務不履行においてYが自己の責めに帰すべからざる事由によったものであることを立証しなければならないのに、Xらに立証責任があると解して、立証責任の法則を誤った、と主張して、上告。

判　旨　＜上告棄却＞「国が国家公務員に対して負担する安全配慮義務に違反し、右公務員の生命、健康等を侵害し、同人に損害を与えたことを理由として損害賠償を請求する訴訟において、右義務の内容を特定し、かつ、義務違反に該当する事実を主張・立証する責任は、国の義務違反を主張する原告にある、と解するのが相当である。しかるところ、本件記録及び原判決の判文によれば、Xらは右の法理に従って国の負担する具体的な安全配慮義務の内容及び右義務に違反する事実について主張をし、原審もまた、本件事故の原因を確定したうえ、右法理に従って、Yが本件のようなヘリコプターに搭乗して人員及び物資輸送の任務に従事する自衛隊員に対してヘリコプターの飛行の安全を保持し危険を防止するためにとるべき措置として、ヘリコプターの各部部品の性能を保持し機体の整備を完全にする義務のあることを明らかにし、この見地から、Xらの主張に基づき、Yにつき具体的に義務違反の事実の存否を判断し、その存在を肯認することができないとしたものであることが明らかである。したがって、原判決には所論立証責任の法則を誤った違法があるとは認められない」。

判例の法理　✦**安全配慮義務違反に該当する事実の主張・証明責任**　安全配慮義務は、もともと学説が雇用契約上、使用者が負うべき付随義務として認めてきたものであり、昭和50年2月25日の判決（最判昭50・2・25民集29巻2号143頁）で最高裁が国の公務員に対する安全配慮義務を認めるに及んで、判例法上も確たる存在を得るに至った。昭和50年判決は、国が「公務員に対し、国が公務遂行のために設置すべき場所、施設もしくは器具等の設置管理又は公務員が国もしくは上司の指示のもとに遂行する公務の管理にあたって、公務員の生命及び健康等を危険から保護するよう配慮すべき」義務を負うとし、この義務を「ある法律関係に基づいて特別な社会的接触の関係に入った当事者間において、当該法律関係の付随義務として当事者の一方又は双方が相手方に対して信義則上負う義務として一般的に認められるべきもの」と位置づけた。

これに対して、本判決は、安全配慮義務の違反を理由とする損害賠償請求訴訟での主張・証明責任が労働者側と使用者側にどのように分配されるのかについて最高裁が初めて判示したものであり、最高裁は、国家公務員に対する国の安全配慮義務違反を理由とする損害賠償請求訴訟においては、同義務の内容を特定し、かつ義務違反に該当する事実を主張・立証する責任は、損害賠償を求める原告にあると判示した。

判例を読む　✦**学説の状況**　安全配慮義務違反に基づく損害賠償請求訴訟において主張・証明責任がどのように分配されるかについては、判例・学説上、十分に解明されてはおらず、見解の一致をみていない。学説としては、債務不履行に基づく損害賠償請求一般の場合の証明責任の分配に従い、安全配慮義務違反の事実、損害の発生、および安全配慮義務違反と損害との因果関係については、労働者側が主張・証明責任を負い、安全配慮義務違反が自己の責めに帰すべからざる事由によることについては、使用者側が主張・証明責任を負うとする見解があげられる（通説的立場。この見解を原則的に認めつつ、例外的に、機械の故障・ガス爆発等の事故の場合には、もともと使用者側において万全の措置をとって、これらの事故を防止すべきであるから、労働者側は、抽象的にこれらの事故を起こさないよう防止すべきであったことを主張すれば足り、事故が使用者の責めに帰すべき事由によらずして起きたことの主張立証がない限り、使用者側に安全配慮義務違反のあったことを事実上推定すべきものとする見解もある）[1]。この説によれば、安全配慮義務の内容を特定し、かつ義務違反に該当する事実を主張・立証する責任が、損害賠償を請求する原告にあるとした本判決の立場は支持されるものと思われる。本判決判旨も、この見解も、安全配慮義務違反の事実として具体的にいかなる範囲の事実の主張・立証を要するとしているのかは明確ではないが、これらの見解に対しては、義務違反の主張・証明責任を厳格に解すると、義務者の帰責事由を主張・立証することを被害者側に要求するに等しく、それ故、本件のように当事者間に情報・資料収集能力の格差が存する事案で原告側に安全配慮義務の内容を特定し、その義務違反の具体的事実の主張・立証を要求することは、原告にかなり酷である、との批判が存在する[2]。

そこで、当事者間の情報収集能力の格差や、過失の証明責任を被害者側に課さないのが安全配慮義務理論の政策的意図であることを重視して、少なくとも本件のような類型の安全配慮義務違反事件では、被害者側が、安全配慮義務の前提となる法律関係と被害者に傷害を負わせた事故の存在を主張・立証したなら、使用者側が、具体的に安全配慮義務を尽くしたことの主張・証明責任を負うとする見解が提唱されている[3]。これは、証明責任の分配に関する利益衡量説や修正法律要件分類説と通じるものがある。しかし、この立場に対しては、傷害を負わせた事故の存在から安全配慮義務違反にそれが起因するとの推定は一般に成立しえないし、事故の存在が証明されただけで他の事情は存否不明である場合に、使用者に損害賠償を命じてよいとすると、安全配慮義務違反を損害賠償請求権の発生要件とする法の趣旨に合致しないとの批判が加えられうる[4]。

　したがって、結局は、安全配慮義務違反の事実として、原告は具体的にいかなる範囲の事実の主張・立証を要するとするのかが明らかにされなければならない。安全配慮義務違反は、債務不履行を意味するとともに、また帰責事由としても捉えられうるから、安全配慮義務違反の責任を基礎づける事情のうち、どの範囲のものを債務不履行である義務違反を構成する事実として労働者側に主張・証明責任を負わせ、どの範囲のものを帰責事由に関する事実として使用者側に主張・証明責任を負わせるかは、安全配慮義務を認める法の趣旨や、労働者側と使用者側との立証の負担の公平の観点から決定されるべきものであろう[5]。

　このような観点から、例えば、労働関係上の安全配慮義務に関する限り、それを生命・健康侵害をもたらす危険の除去という結果を実現すべき結果義務と捉えたうえで、労働者側は、安全配慮義務違反の事実として、「使用者の設置・提供する場所・施設・機械等に瑕疵があって、労働者の生命・健康が害される危険が存在し、使用者においてその危険を除去すべきであったにもかかわらず、事故当時それが除去されずに存在していたこと」を主張・立証すれば足り、使用者がその瑕疵ないし危険の存在を予知することができたか、予知しえたとしてそれを除去することが物理的ないし社会的に可能であったか、危険を除去しなかったのは不可抗力によるものであったかなどの事情は、帰責事由の有無に関する事実として使用者側が主張・証明責任を負うとする見解[6]や、ここでの安全配慮義務の内容を瑕疵のない労働場所・施設等を労働者に提供する義務と捉え、労働者側は場所・施設等に瑕疵があったことのみを主張・立証すれば足り、使用者はその点に帰責事由がなかったことを立証しない限り免責されないとの見解[7]がすでに提唱されている。

〔髙田昌宏〕

1審＝東京地判昭51・2・12判時825号67頁／2審＝東京高判昭54・5・14下民集31巻1〜4号275頁、判タ392号71頁

1) 奥田昌道・昭和50年度重判59頁、大内俊身「国家公務員に対する国の安全配慮義務」ひろば28巻6号42頁等。
2) 小林秀之・百選Ⅱ新法対応補正版279頁、松本博之「安全配慮義務違反に関する証明責任の分配」三ケ月古稀中380頁。
3) 小林・前掲注2) 279頁。
4) 竹下守夫・民商86巻4号627頁参照。
5) 竹下・前掲注4) 624頁。
6) 竹下・前掲注4) 625頁。
7) 松本・前掲注2) 394頁以下。

136 証明責任の分配（4）——背信行為と認めるに足りない特段の事情

最高裁昭和41年1月27日判決　民集20巻1号136頁、判時440号32頁、判タ188号114頁　▶民612条

論点 ▶ 賃貸人が賃借人の無断転貸を理由に賃貸借を解除して目的物の返還を求める訴訟において、賃借人の無断転貸に賃貸人に対する「背信行為と認めるに足りない特段の事情」があるか否かにつき、いずれの当事者が主張・証明責任を負うのか

事実の要約　Y（被告・控訴人・上告人）は、X（原告・被控訴人・被上告人）から本件宅地を賃借し、同土地上の一部に本件建物を所有している。その後、Yは、賃借地の一部をAに転貸し、Aはその土地上に建物を所有している。Xは、YのAへの転貸がXの承諾なしに行われたことを理由として賃貸借を解除して、本件建物の収去と土地明渡しを求める訴えをYに対し提起した。これに対しYは、事前にXの承諾を得たとの抗弁を提出して争った。

```
  建物収去土地明渡請求
X ─────────→ Y
土地所有者    土地賃借人
              │
              転貸
              ↓
              A
```

裁判の流れ　1審：請求認容　2審：控訴棄却　最高裁：上告棄却

1審は、YのAへの転貸についてXの承諾を得ているとのYの主張を退け、無断転貸であると認定してXの請求を認容した。Yは控訴したが、控訴棄却。Yは、「仮に無断転貸であったとしても借地関係は借地人と土地賃貸人の信頼的継続関係であり民法612条の無断転貸による解除権の発生は右信頼関係の信義則違反の一の例示である…果して然らば右無断転貸が他に何らかの事由により真実の信義則違反となるや否やにつき原審としては当然極めなければならない…況んや借地法改正案に於て、無断転貸乃至借地権譲渡は契約解除の事由とならない旨立法されている現状から鑑み原審は民法第612条の字句に拘泥し民訴第127条〔現149条〕の釈明権の不行使の責がある」として上告した。

判旨　＜上告棄却＞「土地の賃借人が賃貸人の承諾を得ることなくその賃借地を他に転貸した場合においても、賃借人の右行為を賃貸人に対する背信行為と認めるに足りない特段の事情があるときは、賃貸人は民法612条2項による解除権を行使し得ないのであって、…かかる特段の事情の存在は土地の賃借人において主張、立証すべきものと解するを相当とするから、…上告人が右事情について何等の主張、立証をなしたことが認められない以上、原審がこの点について釈明権を行使しなかったとしても、原判決に所論の違法は認められない」。

判例の法理　民法612条2項は、賃借人が無断で賃借権を譲渡または転貸した場合に、賃貸人は契約の解除をなしうる旨規定しているが、無断の譲渡・転貸であっても「賃貸人に対する背信行為と認めるに足りない特段の事情」があるときは、譲受人または転借人は賃貸人の承諾なしに譲受けまたは転借を賃貸人に対抗することができるとする法理が、判例[1]・学説上[2]確立している。本判決は、この「特段の事情」の主張・証明責任が賃借人にあることを最初に認めた最高裁判決であり、その後の判例も、同様の見解をとる[3]。

判例を読む　「背信行為と認めるに足りない特段の事情」という要件は、法文にはなく、判例によって新しく付加されたものであり、それだけに、その要件に該当する事実について誰が証明責任（および主張責任）を負うのかが、解釈上問題となる。証明責任は賃借人にあるというのが、本判決とその後の判例の立場であり、学説もこれを支持している[4]。それではなぜ賃借人に「特段の事情」の証明責任が配されるのか。まず、証明責任の所在との関係では、背信行為や「背信行為と認めるに足りない特段の事情」の要件の法的性質が重要である。すなわち、背信行為の存在を解除権発生の要件と解するか、「特段の事情」が解除権発生を阻止する権利障害事由になるのかが問題となる。背信行為の存在や「背信行為と認めるだけの特段の事情」を解除権発生の要件とみれば、「背信行為と認めるだけの特段の事情」の証明責任を賃貸人が負うことになる[5]。同じく背信行為を要件事実と解しつつも、無断譲渡・転貸を、背信行為を推認させる間接事実と位置づけ、賃貸人によってその間接事実が証明されれば、賃借人が「背信行為と認めるに足りない特段の事情」を間接反証として証明することになるとする見解も存在する[6]。このうち、後者の見解に対しては、背信行為という規範的・評価的概念を主要事実に据える無理を犯しており、ここでの間接反証は事実認定の衣の下に法的評価・解釈を隠蔽する作用をもつことになるとの批判がある[7]。そこで、背信行為を解除権の権利根拠事由と捉えずに、無断転貸・譲渡が民法612条1項違反として通常違法性を有し、同2項の法律要件となっていることから、無断転貸・譲渡を解除権発生の要件としつつ、「背信行為と認めるに足りない特段の事情」を権利障害的抗弁事由として構成する立場が提唱される[8]。この立場では、判例と同様、賃借人が特段の事情につき証明責任を負うことになる。

〔髙田昌宏〕

1審＝東京地判昭38・12・26／2審＝東京高判昭39・11・28

1) 最判昭28・9・25民集7巻9号979頁、最判昭30・9・22民集9巻10号1294頁、最判昭31・5・8民集10巻5号475頁など。
2) 幾代通＝広中俊雄編『注釈民法⑮〔新版増補版〕』（有斐閣、1996）278頁以下。
3) 最判昭44・2・18民集23巻2号379頁など。もっとも、実務は、この背信性の不存在のような抽象的な要件を規範的要件と捉え、背信性がないという評価を根拠づける事実について賃借人が証明責任を負い、その評価を妨げる事実は賃貸人が証明責任を負うとする。司法研修所編・要件事実②92頁参照。
4) 中野ほか編・新講義403頁、注釈民訴⑥77頁、松本・証明責任の分配4頁、村上・証明責任の研究264頁。
5) 広瀬武文『借地借家法の諸問題』（日本評論社、1959）199頁（その後、改説。同「建物と敷地利用権（11）」法時33巻13号87頁参照）。
6) 倉田卓次・民商62巻1号58頁。
7) 並木茂・百選Ⅱ新法対応補正版281頁参照。
8) 松本・前掲注4) 55頁。注釈民訴⑥77頁、村上・前掲注4) 264頁、渡辺武文・百選2版189頁。

137 事案解明義務

最高裁平成4年10月29日判決　民集46巻7号1174頁、判時1441号37頁、判タ804号51頁　▶247条、行訴30条

論点 ▶ ある事実につき証明責任を負わない当事者が当該事実に関連する資料を全て保持している場合、その当事者に主張・立証を要求することが許されるか

事実の要約　内閣総理大臣（Y）は、昭和47年11月28日A電力会社に対し、愛媛県西宇和島郡伊方町に加圧水型原子炉を設置することを許可した。同炉から二十数kmの範囲内に居住する住民Xらは、Yがした原子炉設置許可処分には安全審査に瑕疵があるとして当該許可処分の取消訴訟を提起した。

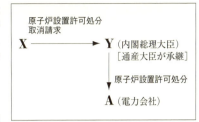

裁判の流れ　1審：請求棄却　2審：控訴棄却　最高裁：上告棄却

1審は、Xらの請求を棄却した。Xらは、控訴を提起（控訴審係属中に、法改正に伴い原子炉の設置許可権限が通産大臣に移管され、それに応じて被告側は通産大臣が訴訟承継した）。控訴棄却。Xらは最高裁に上告した。上告理由の1つとして、原判決（控訴審判決）が、原子炉施設の安全性を肯定する行政庁の判断に不合理があるか否かの主張・立証については、公平の見地から、安全性を争う側において行政庁の判断の不合理な点を指摘し、行政庁はその指摘を踏まえ自己の判断が不合理でないことを主張・立証すべきものであるとした点につき、結局は住民側に不合理であることの立証責任を負わせたもので、そこに法令違反があると主張した。この点については、最高裁は、次にように判示した。

判旨　＜上告棄却＞「原子炉施設の安全性に関する判断の適否が争われる原子炉設置許可処分の取消訴訟における裁判所の審理、判断は、原子力委員会若しくは原子炉安全専門審査会の専門技術的な調査審議及び判断を基にしてされた被告行政庁の判断に不合理な点があるか否かという観点から行われるべきであって、現在の科学技術水準に照らし、右調査審議において用いられた具体的審査基準に不合理な点があり、あるいは当該原子炉施設が右の具体的審査基準に適合するとした原子力委員会若しくは原子炉安全専門審査会の調査審議及び判断の過程に看過し難い過誤、欠落があり、被告行政庁の判断がこれに依拠してされたと認められる場合には、被告行政庁の右判断に不合理な点があるものとして、右判断に基づく原子炉設置許可処分は違法と解すべきである。

原子炉設置許可処分についての右取消訴訟においては、右処分が前記のような性質を有することにかんがみると、被告行政庁がした右判断に不合理な点があることの主張、立証責任は、本来、原告が負うべきものと解されるが、当該原子炉施設の安全審査に関する資料をすべて被告行政庁の側が保持していることなどの点を考慮すると、被告行政庁の側において、まず、その依拠した前記の具体的審査基準並びに調査審議及び判断の過程等、被告行政庁の判断に不合理な点のないことを相当の根拠、資料に基づき主張、立証する必要があり、被告行政庁が右主張、立証を尽くさない場合には、被告行政庁がした右判断に不合理な点があることが事実上推認されるものというべきである。

以上と同旨の見地に立って、本件原子炉設置許可処分の適否を判断した原判決は正当であり、原判決に所論の違法はない」。

判例の法理　★**証明責任を負わない当事者の主張・証拠提出義務？**　本件のような専門技術的判断を含む裁量処分の取消訴訟の場合、裁量権の範囲の逸脱または濫用（行訴30条）の取消事由の存在につき原告が主張・証明責任を負うというのが一般的見解であり1）、本判決も、これに従い、内閣総理大臣による原子炉設置許可処分の取消訴訟で、被告行政庁の判断に不合理な点があることの主張・証明責任は、本来、原告が負うべきものと解している。それにもかかわらず、本判決は、被告の側が原子炉施設の安全審査に関する資料を全て保持していることなどを考慮して、まず第1次的には、被告側が自己の判断に不合理な点のないことを相当の根拠・資料に基づき主張・立証する必要があるとし、その上で、「被告行政庁が右主張、立証を尽くさない場合には、被告行政庁がした右判断に不合理な点があることが事実上推認される」としている。したがって、本判決は、ある事実につき証明責任を負う者が審理上も当該事実を主張・立証しなければならないという一般的ルールから明らかに乖離し、ある事実につき証明責任を負わない当事者にその事実の不存在につき主張・立証の必要を負わせている。

判例を読む　★**主張・立証に関する一般的ルールからの乖離**　上記の主張・立証に関する一般的ルールからの乖離は、理論的にどのように説明することができるか。まず、証明責任は原則通り原告にあるが、ただ具体的訴訟の場での具体的な主張・立証の必要が被告に移っているとの見方が考えられる。しかし、具体的な立証の必要は、訴訟の具体的進行状況の中で裁判官の心証が当事者の一方に不利に傾いたときにその者に生ずるが、本件では処分の違法性についての裁判官の心証が被告の不利に傾いているとはいい難いから、具体的な立証の必要が被告に移っているとは考えにくい2）。

次に、証明責任が被告に転換されているとする見方がありうる。しかし、証明責任の転換があるとするなら、被告が主張・立証を尽くさないときは、被告敗訴の判決が下されるはずであるから、本判決のように、相手方主張の事実の「事実上の推認」という効果は認めにくい3）。

さらに、本判決中の「事実上の推認」という効果に着目すると、主張・立証の拒絶からの一定の「事実上の推定」と解する可能性がある。しかし、事実上の推定を認めるためには、事実や証拠を提出しうる当事者がそれを拒絶する場合に、その者に不利な事実関係が存在するといった経験則の存在が必要であるが、そのような経験則

がそもそも認められるか疑わしい4)。そこで、主張・立証を行わないという被告の消極的態度から被告に不利な事実を推論するには、被告が主張・立証という積極的な行為をなす義務の存在が必要不可欠であるとして、証明責任を負わない当事者（本件被告）に主張・立証義務を認める見解が主張されることになる。

✪**証明責任を負わない当事者の事案解明義務**　証明責任を負わない当事者に何らかの主張・立証の義務を認める見解としては、まず、証明責任を負わない当事者に「訴訟上の一般的事案解明義務」を認める見解（一般的事案解明義務説）があげられる5)。

　一般的事案解明義務説は、証明責任を負う者に紛争をめぐる事実の主張や証拠提出を期待することが客観的に不可能であり、むしろ相手方に事案解明の可能性がある場合、証明責任を負う者にだけ要件事実を証明できなかったことによる不利益を課すのは当事者間の公平を著しく欠き、相手方は、証明責任を負っていないという理由だけで事案の解明の協力を免れて拱手傍観していることは許されないとする。そこで、①証明責任を負う当事者が事件の事実関係から隔絶された地位にあること、②その者が自己の主張につき具体的な手がかりを提示していること、③相手方が事案解明を期待することが可能であること、④証明責任を負う当事者が事実関係を知りえず、または事実関係から隔絶されていたことにつき非難可能性がないこと、の要件を満たす場合に、証明責任を負わない相手方が事案解明のため主張、証拠提出をする義務を負うとする。そして、義務の違反があった場合、裁判所は、証明責任を負う者が主張する係争事実を真実であると推定することができ、逆に義務違反者は、係争事実が真実でないことを証明して右推定を覆さなければならないとする。この見解によれば、本判決は、事案解明義務の法理を実質的に承認したものと解され、本判決が、本来証明責任を負わない被告に自己の判断が不合理でないことの主張・立証を要求した根拠は、原告が原子炉設置許可申請から許可処分に至る事実経過の外にあり、原告に不合理性についての主張・立証が不可能であることに求められる6)。しかし、この見解に対しては、①事案解明義務は、直接に主張・証明責任を変更するものではないが、間接的にこれに影響を与えうる、②当事者の主体的地位に悪影響を及ぼしうる、③解明義務違反の存否の判断に際し、当該当事者に何が要求できるかに答えることが困難である、などの疑問点が指摘されている7)。

　そこで、最近では、さらに、「具体的事実陳述＝証拠提出義務」を認める見解が提唱されている8)。この説は、証明責任を負う当事者が事象経過の外にいて、事実を自ら解明する可能性を有していないが、相手方は難なく必要な解明を与えることができ、具体的事件の事情からみて解明を相手方に期待しうる場合に、相手方が事案の解明に協力しないことは、信義則に反するとする。したがって、この場合、証明責任を負わない相手方は、証明責任を負う当事者の概括的な事実主張に対しても、期待可能な範囲で具体的な事実をあげて否認しなければならず、場合によってはこの具体的事実を証明すべき証拠を提出する義務を負う。そして、義務者が期待可能な範囲でこの義務を履行しなければ、証明責任を負う当事者の主張事実が直ちに判決の基礎とされる。この見解によれば、本判決も具体的事実陳述＝証拠提出義務によって説明できるとされる。この見解は、証明責任を負う当事者に具体的事実の主張および立証を望めず、相手方に必要な解明を難なく行うことが期待できるような情報偏在訴訟において、当事者間の公平を図ろうとする点では、一般的事案解明義務説と共通する面があるが、信義則に基づく個別的義務として、機能的にあくまで個別的・例外的な調整原理として事案解明義務を構成している点では異なる9)。それゆえ、一般的事案解明義務説と比べると、具体的事実陳述＝証拠提出義務説は、主張・立証に関する従来の一般的ルールとの抵触が少なく、民訴2条の当事者の信義誠実義務との関連も有しうることから、その受容は容易であるかもしれないが、なお、信義則をもって前述の義務を認めうるかを検討する必要があろう。

〔髙田昌宏〕

1審＝松山地判昭53・4・25判時891号38頁／2審＝高松高判昭59・12・14判時1136号3頁

1) 高橋利文・ジュリ1017号57頁参照。
2) 竹下守夫「伊方原発訴訟最高裁判決と事案解明義務」木川古稀中9頁。
3) 竹下・前掲注2) 9頁。
4) 松本博之「民事訴訟における証明責任を負わない当事者の具体的事実陳述＝証拠提出義務について」曹時49巻7号1635頁、松本＝上野349頁。
5) 春日・証拠法研究223頁、竹下・前掲注2) 10頁。新堂487頁も好意的。
6) 竹下・前掲注2) 10頁以下。
7) 松本・前掲注4) 1639頁。
8) 松本＝上野347頁以下、松本・前掲注4) 1641頁。高橋・上575頁以下参照。
9) 具体的事実陳述＝証拠提出義務説は、一般的事案解明義務説と違い、証明責任を負う当事者に具体的な手がかりの提示を要求しない点で、本判決に親和的な面をもつ。髙橋・概論228頁。

138 損害の発生と損害額の算定 (248条)

最高裁平成20年6月10日判決 判時2042号5頁、判タ1316号142頁、裁時1461号15頁 ▶248条

論点 ▶ 採石権侵害の不法行為を理由とする損害賠償請求事件においても、248条を適用して相当な損害額を認定すべき場合はあるか

事実の要約 採石業を営むXは、平成7年7月20日当時、本件土地1および2につき採石権を有していたが、同じく採石業を営むYが、同月20日から27日ころまでの間に、本件各土地から岩石を採石した。そこで、Xは、同月27日、Yを相手方として、本件各土地における採石の禁止等を求める仮処分を申し立てた。この仮処分命令申立事件において、XとYの間で、①本件土地2を含む甲地についてはXに採石権があり、甲地に接する本件土地1を含む乙地についてはYに採石権がある（本件土地1の採石権はXからYに移転する）こと、②この合意は、本件和解時までに発生した採石権の侵害等に基づく互いの損害についての賠償請求を妨げるものではないこと等を確認する旨の和解が成立した。しかし、Yは、本件和解後も、本件土地2において採石を行った。そこで、Xは、Yが本件和解前の平成7年7月20日ころ本件各土地において採石をし、本件和解後も本件土地2において採石をしたと主張して、採石権侵害の不法行為を理由とする損害賠償請求訴訟を提起した。

採石権侵害の不法行為を
理由とする損害賠償請求
X ────▶ Y

裁判の流れ 1審：請求認容 2審：一部棄却 最高裁：破棄差戻

1審は、Xの主張をおおむね認め、Xの請求を2,342万円余の限度で認容した。2審は、本件土地2の採石権侵害に基づく請求については、本件和解前および本件和解後の採石行為に基づく損害として547万円余の限度で認容したが、Yが本件和解前に本件土地1において採石した量については、Yが本件和解後に本件土地1を含む乙地につき採石権を取得して実際に採石を行っていたため、Yが本件和解前に採石した量と、本件和解後に採石した量とを区別しうる明確な基準を見いだすことができず、したがって、損害の額を算定することができないとして、本件土地1の採石権侵害に基づく請求については棄却した。そこで、Xは、上告受理の申立をし、これが受理された。

判旨 ＜破棄差戻＞「前記事実関係によれば、Xは本件和解前には本件土地1についても採石権を有していたところ、Yは、本件和解前の平成7年7月20日から同月27日ころまでの間に、本件土地1の岩石を採石したというのであるから、上記採石行為によりXに損害が発生したことは明らかである。そして、Yが上記採石行為により本件土地1において採石した量と、本件和解後にYが採石権に基づき同土地において採石した量とを明確に区別することができず、損害額の立証が極めて困難であったとしても、民訴法248条により、口頭弁論の全趣旨及び証拠調べの結果に基づいて、相当な損害額が認定されなければならない。そうすると、Yの上記採石行為によってXに損害が発生したことを前提としながら、それにより生じた損害の額を算定することができないとして、Xの本件土地1の採石権侵害に基づく損害賠償請求を棄却した原審の上記判断には、判決に影響を及ぼすことが明らかな法令の違反がある」。

判例の法理 本判決の意義は、第1に、採石権侵害の不法行為を理由とする損害賠償請求事件においても、248条を適用することができる場合があるとした点にある。第2に、同条の要件を満たす場合には、裁判所は同条を適用して相当な損害額を認定しなければならないとした点にある。

判例を読む ✱**248条の適用事例** 248条は、平成8年の改正時に新設された規定である。立案担当者は、同条は慰謝料の算定と幼児の逸失利益の算定に関して被害者の立証負担を緩和する従来の裁判実務を明文化したものであって、同条の適用事例はこれらの損害類型に限定されると考えていたが[1]、実際には、焼失家財道具の算定その他の様々な損害類型についても同条を適用する裁判例が数多く現れた[2]。本判決もその一例であるが、むしろ同条の要件である「損害の性質上」の意味につき、損害の客観的な性質にとどまらず、個別事案に特有の事情を考慮に入れた点に意義がある[3]。

✱**248条の適用義務** 248条は、「…相当な損害額を認定することができる」と規定して、同条の適用による損害額の算定は裁判所の権能であることを明らかにしている。本判決は、それを超えて、同条の要件を満たしている場合には「…相当な損害額が認定されなければならない」として、同条の適用による損害額の算定は裁判所の義務であることを明らかにした点に意義がある[4]。その理論的根拠の解明は今後の課題となろうが、被害者の救済という同条の立法趣旨に照らすなら、裁判所は同条の要件を満たす限りで相当な損害額を認定しなければならないという命題に異論はなかろう[5]。

〔近藤隆司〕

1審＝長崎地壱岐支判平12・3・9／2審＝福岡高判平17・10・14

1) 法務省編・一問一答288頁、竹下ほか編・研究会新民訴319頁〔柳田幸三発言〕。
2) 焼失家財道具につき、東京地判平11・8・31（判時1687号39頁）。裁判例の動向とその類型化については、三木浩一「民事訴訟法248条の意義と機能」井上逸悼412頁、菊井＝村松・新コンメ⑤135頁参照。
3) 「損害の性質上」とは、損害の客観的性質をいうのであって、個別事案に特有の事情を考慮すべきでないとするものとして、伊藤滋夫「民事訴訟法248条の定める『相当な損害額の認定』（上）」判時1792号4頁、民事証拠法体系①312頁〔新谷晋司＝吉岡大地〕。これに対して、基本法コンメ民訴②279頁〔奈良次郎〕は、被害者の幅広い救済という観点から民訴法248条の幅広い適用を認めるべく、個別的・具体的事案の下での困難性と解する。
4) なお、本判決に先行する最判平18・1・24（判時1926号65頁）は、損害額の算定方法を示した上で、仮に損害額の立証が極めて困難であったとしても248条の適用義務がある旨を判示していた。
5) ただし、248条の安易な適用は差し控えなければならない。三木・前掲注2) 432頁、畑宏樹・明治学院論叢法学研究87号121頁、川嶋隆憲・法学研究（慶應義塾大学）82巻5号177頁参照。

139 訴訟上の証明（ルンバール・ショック事件）

最高裁昭和50年10月24日判決　民集29巻9号1417頁、判時792号3頁、判タ328号132頁　▶247条

論点 ▶ 訴訟上の証明とは何か。また、裁判官はどの程度の心証を得たときに証明ありと判断すべきか

事実の要約　当時3歳の男の子だったXは、化膿性髄膜炎のため、昭和30年9月6日、国Yの経営する大学病院に入院し、A医師・B医師の治療を受け、次第に重篤状態を脱し、一貫して軽快しつつあったが、同月17日午後0時30分から1時頃までの間に、B医師によるルンバール（腰椎穿刺による髄液採取とペニシリンの髄腔内注入）の施術を受けたところ、その15分ないし20分後に、突然、嘔吐やけいれんの発作等を起こし、同年11月2日、右半身けいれん性不全麻痺、性格障害、知能障害および運動障害等を残した欠損治癒の状態のまま退院し、後遺症として知能障害および運動障害等を生じた。そこで、Xは、Yに対し、これはルンバール施術のショックによる脳出血が原因であり、B医師のルンバール施術等に過失があったと主張して、不法行為に基づく損害賠償の支払を請求した。これに対して、Yは、Xの発作とその後の障害は化膿性髄膜炎の再燃によるものであって、ルンバール施術によるものではなく、また医師らに過失はなかったと争った。

医療過誤訴訟　X → Y

裁判の流れ　1審：請求棄却　2審：控訴棄却　最高裁：破棄差戻　差戻審：請求認容

1審は、Xの発作とその後の障害はルンバール施術に起因する脳出血によるものとしたが、医師らに過失はなかったとして、Xの請求を棄却した。2審は、医師らの過失を否定したほか、Xの発作とその後の障害はルンバール施術によるものか化膿性髄膜炎によるものか判定し難いとして、Xの控訴を棄却した。そこで、Xは、ルンバール施術との因果関係を否定した原判決には、経験則違背、理由不備の違法があるとして、上告した。最高裁は、次のように、ルンバール施術との因果関係を肯定して、原判決を破棄し、医師らの過失等をなお審理するため、原審に差し戻した。

なお、差戻審は、医師の過失を認め、Xの請求を認容した。

判旨　＜破棄差戻＞「一　訴訟上の因果関係の立証は、一点の疑義も許されない自然科学的証明ではなく、経験則に照らして全証拠を総合検討し、特定の事実が特定の結果発生を招来した関係を是認しうる高度の蓋然性を証明することであり、その判定は、通常人が疑を差し挟まない程度に真実性の確信を持ちうるものであることを必要とし、かつ、それで足りるものである」。

「四…(1)原判決挙示の乙第一号証（A医師執筆のカルテ）、甲第一、第二号証の各一、二（B医師作成の病歴概要を記載した書翰）及び原審証人Aの第2回証言は、Xの本件発作後少なくとも退院まで、本件発作とその後の病変が脳出血によるものとして治療が行われたとする前記の原審認定事実に符合するものであり、また、鑑定人K_1は、本件発作が突然のけいれんを伴う意識混濁で始り、後に失語症、右半身不全麻痺等をきたした臨床症状によると、右発作の原因として脳出血が一番可能性があるとしていること、(2)脳波研究の専門家である鑑定人K_3は、結論において断定することを避けながらも、甲第三号証（Xの脳波記録）につき『これらの脳波所見は脳機能不全と、左側前頭及び側頭を中心とする何らかの病変を想定せしめるものである。即ち鑑定対象である脳波所見によれば、病巣部乃至は異常部位は、脳実質の左部にあると判断される。』としていること、(3)前記の原審確定の事実、殊に、本件発作は、Xの病状が一貫して軽快しつつある段階において、本件ルンバール実施後15分ないし20分を経て突然に発生したものであり、他方、化膿性髄膜炎の再燃する蓋然性は通常低いものとされており、当時これが再燃するような特別の事情も認められなかったこと、以上の事実関係を、因果関係に関する前記一に説示した見地にたって総合検討すると、他に特段の事情が認められないかぎり、経験則上本件発作とその後の病変の原因は脳出血であり、これが本件ルンバールに因って発生したものというべく、結局、Xの本件発作及びその後の病変と本件ルンバールとの間に因果関係を肯定するのが相当である」。

「原判決の挙示する証人F、同K_4の各証言、鑑定人K_1、同K_2、同K_3及び同K_4の各鑑定結果もこれを仔細に検討すると、右結論の妨げとなるものではない」。なお、この点について、大塚喜一郎裁判官の補足意見がある。

判例の法理　●**証明度**　証明度とは、裁判の基礎となる事実を認定するために要求される裁判官の心証の程度をいうが、それはどの程度の心証をいうのだろうか。本判決は、判旨「一」において、訴訟上の因果関係の証明は**高度の蓋然性**の証明であり、それは**通常人が疑いを差し挟まない程度に真実性の確信を持ちうるもの**との一般論を示した。すなわち、証明度について、**高度の蓋然性説**に立つことを明らかにしたものである[1]。

本判決は、どの基本書等も引用ないし参照する重要なリーディングケースであるが、その一般論自体は、必ずしも斬新なものというわけではない。すでに、最判昭和23年8月5日（刑集2巻9号1123頁）が、刑事事件について、「元来訴訟上の証明は、自然科学者の用ひるような実験に基くいわゆる論理的証明ではなくして、いわゆる歴史的証明である。論理的証明は『真実』そのものを目標とするに反し、歴史的証明は『真実の高度な蓋然性』をもって満足する。言いかえれば、通常人なら誰でも疑を差挟まない程度に真実らしいとの確信を得ることで証明できたとするものである。だから論理的証明に対しては当時の科学の水準においては反証というものを容れる余地は存在し得ないが、歴史的証明である訴訟上の証明に対しては通常反証の余地が残されている」と示していた。また、民事事件についても、下級審のものではあるが、例えば、東京地判昭和30年4月22日（下民集6巻4号784頁）〔輸血梅毒事件。最判昭36・2・16民集15巻2号244頁の第1審判決〕は、「裁判上における証明は科学的証明とは異り、科学上の可能性がある限り、他の事情と相俟って因果関係を認めて支障はなく、その程度の立証でよい。科学（医学

上の証明は論理必然的証明でなければならず、反証を挙げ得る限り未だ立証があったとは云えまいけれど、裁判上は歴史的事実の証明として可能性の程度で満足する外なく、従って反証が予想される程度のものでも立証があったと云い得る」と示していた2)。したがって、本判決は、訴訟上の証明は論理的証明ではなく歴史的証明であるとする従来からの裁判実務の伝統的な立場を確認したものと言えよう3)。

本判決は、その後の裁判実務に多大な影響を与え、指導的な役割を果たしている。最高裁自身も、本判決と同旨のフレーズを繰り返し述べている。その中でも、最判平成9年2月25日（民集51巻2号502頁）は、やはり因果関係に関するケースであるが、訴訟上の証明一般の問題として同旨を示したこと（「訴訟上の立証は」で書き出し、それ以降は本判決と同文である）、また、最判平成12年7月18日（判時1724号29頁〔長崎原爆事件〕）は、これまた因果関係に関するケースであるが、「相当程度の蓋然性」の立証で足りるとした原判決を明確に否定した上で同旨を示したことに注目しよう。高度の蓋然性説は、今や確立した判例法理と言って差し支えなかろう4)。

判例を読む ❂**訴訟上の証明の意義** ひろく証明とは、ある事柄・命題について、その間違いのないことを明らかにすることをいうが、訴訟上は、裁判の基礎となる事実について、その間違いのないことを明らかにすることをいう5)。とかく民事訴訟においては、**弁論主義**が妥当するので、証明するのは当事者である。また、陪審制度も裁判員制度も採用されていないこと、**自由心証主義**が採用されていること（247条）から、証明があったかどうかを判断するのは、もっぱら裁判官の自由な心証に委ねられている。そこで、訴訟上の証明とは、裁判官からみると、間違いないとの心証（確信）を得た状態をいい、当事者からみると、そのような状態にさせるための立証活動をいう、などという言い方もなされるわけである6)。

❂**訴訟上の証明の性質** 前掲最判昭和23年8月5日等の表現を借りると、訴訟上の証明は、真実そのものの認識を目標とする論理的証明（自然科学的証明）ではなく、真実の蓋然性の認識を目標とする**歴史的証明**（歴史的事実の証明）である。すなわち、現存する有限の資料（史料）から推論して、過去の事実（史実）を認識するという回顧的な手法をとるほかないものである。そこで、証明度の問題が生ずる。

❂**証明度に関する学説** 学説は、古くから、社会の一般人が日常生活において疑いを抱かずに安心して行動するであろう高度の蓋然性と解する見解が通説である（高度の蓋然性説）7)。訴訟上の証明は、証拠調べ期日等の限られた時間内で行わなければならず、また、取調べの対象としうる証拠にも限りがある。さらに、裁判官とて人間であるから、その認識能力にも限界がある。したがって、訴訟上の証明を真実そのもの（絶対的真実）の証明と解することはもちろんのこと、万人が疑いを差し挟む余地がない程度まで真実性の確信（絶対的確信）を要求することも、当事者と裁判官に対して困難ないし不可能を強いることになってしまう。逆に、単なる蓋然性の確信で足りるとすることも、裁判所の事実認定に対する国民の信頼を危うくしてしまう。判例も、このような考慮などから、通常人が疑いを差し挟まない程度に真実性の確信を持ちうる高度の蓋然性を要求したものと理解することができよう。

もっとも、学説の中には、証拠の優越で足りるとする見解（証拠の優越説・優越的蓋然性説）8)、原則としては明白かつ説得的な証明が必要だが、一応の推定のように証明度の軽減が図られるべき場合には例外的に証拠の優越で足りるとする見解9)、公害訴訟等の特定の領域では高度の蓋然性ではなく相当程度の蓋然性で足りるとする見解10)、事実誤認により両当事者がそれぞれ被る損失効用を比較し各規範がどちらをどの程度優遇しているかを考慮して決定すべきであるとする見解11)などがある。これらの見解は、理論構成に違いがあるものの、医療過誤訴訟や環境公害訴訟における過失や因果関係など、一定の事実につき証明度の軽減・引下げを認めるものである。

事件の類型とか事実の特性に応じて証明度に段階を設けることは、裁判の法的安定性という観点からみれば、否定的に解することになろう。しかし、裁判の社会適合性という観点からみれば、実体法の趣旨、科学水準の発達・限界、価値観の変容等の要素も加味すべきであり、証明度に段階を設けることを肯定的に解するべきではなかろうか。そうしてこそ通常人の納得が得られる裁判になるものと考える。

最近は、優越的蓋然性説が、再び——しかしその中身を大幅に違えて——有力になりつつある（相当の蓋然性説とも呼ばれる）12)。今後の議論の展開・深化に目を離してはならないところである。

❂**裁判官の主観的確信の要否** ところで、高度の蓋然性説のように、証明度の判断基準に通常人の心理的状態を取り込む見解は、高度の蓋然性に加えて裁判官の主観的確信を要求する見解と、これを要求しない見解に分かれる。前説は、当該事件を担当している裁判官が、証明度に達していないと考えているにもかかわらず証明があったと判断することは、一種の虚偽判断であるから許されないとするものである13)。これに対して、後説は、裁判官の主観的確信は論理法則・経験則に裏打ちされた合理的なものでなければならず、そうであるとすれば、それは主観的なものとはいっても、高度の蓋然性を認識している状態というべきであり、ことさら証明度の説明に取り込む必要はないとする14)。

この点、最高裁の立場は微妙で、前掲最判昭和23年8月5日は「確信を得ること」と説いていたのに対し、本判決は「確信を持ちうるものであること」と説き、多少客観的な表現を用いていることから、本判決は裁判官の主観的確信をも要求したものかどうか、どちらともとれる。

いずれにしても、裁判官の事実認定は、可及的に客観化すべきものである。もっとも、裁判官からみると、証明とは、間違いないとの確信を得た心理的状態を指すものであるから、認識では足りないというべきであろう。

訴訟における証明・事実認定 209

よって、通常人なら疑いを差し挟まない程度に真実性の確信を持ちうる高度の蓋然性がある、裁判官がそう確信したときに証明があったものと考える15)。

なお、裁判官の主観的確信とか高度の蓋然性だけでは客観的な合理性に乏しいとしたうえで、確率論やそれを応用したベイズの定理を導入して証明の問題を理論的に客観化するとともに、証明度の説明を裁判官の主観的確信から追証可能なものにしようとする試みもある16)。

❂**本件事案の検討を望む**　本判決は、判旨「四」のように、原審の確定した膨大な数の事実の中から、いくつかの間接事実をピックアップし、そして積み上げて、Xの発作・障害とルンバール施術との間の因果関係（事実的因果関係）を肯定した。原審の確定した事実には、さらに、①ルンバールは、その施術後患者が嘔吐することがあるので、食事の前後を避けて行うのが通例であるのに、本件ルンバールは、Xの昼食後20分以内に実施されたが、これはB医師が学会の出席に間に合わせるためであった、②本件ルンバールは、嫌がって泣き叫ぶXに看護婦が馬乗りするなどして体を固定したうえ、B医師によって実施されたが、一度で穿刺に成功せず何度もやり直し、終了まで約30分を要した、③Xは、もともと脆弱な血管の持ち主で、入院当初から出血性傾向があった、という事実もあった。これらの事実は、医師らに対する非難の理由となり、この価値判断は、因果関係を肯定する方向に作用するのが、通常人の思考過程ではなかろうか17)。ところが、他方で、④鑑定人K_1、K_2およびK_4は、いずれも本件発作と病変の原因を脳出血とみるよりも、むしろ化膿性髄膜炎の再燃またはこれに随伴する脳白質の病変とみられるとして、ルンバールとの因果関係に懐疑的であった（なお、差戻審の鑑定人K_5およびK_6も、同じく懐疑的であった）、⑤鑑定人K_3も、「第1回の脳波記録前に髄膜炎の経過をもっていると考えられるので、2回目以降の脳波所見は、髄膜炎後遺症による脳波像と考えられる。尚この脳波所見からは、合併症として脳出血の有無は判断出来ない」としていた、⑥Xは、発作当時、いまだケルニッヒ症候（髄膜刺激症状の検査）が陽性で、熱も平熱とはいえず、髄液の所見も正常域に達していなかった、という事実もあった。これらの事実は、「権威ある鑑定」に基づくものであるところ、そこで得られる価値判断は、因果関係を否定する方向に作用するのが、通常人の思考過程ではなかろうか18)。

読者諸君には、ぜひとも判例集を紐解き、原審の確定した事実を用いて、Xの発作・障害とルンバール施術との間の因果関係の有無を証明されたい。証明の道筋はいくつもあろう。そして何より、裁判官の自由心証の難しさを疑似体験していただきたい19)。

〔近藤隆司〕

1審=東京地判昭45・2・28判時607号54頁／2審=東京高判昭48・2・22民集29巻9号1480頁／差戻審=東京高判昭54・4・16判時924号27頁

1) ただし、本判決は、証明度という用語は使用していない。後出の判例も、みなそうである。
2) ただし、「証拠の優越」とか「明白かつ説得的な証明」で足りるとする例外的な判例もある（東京地判昭33・3・26判時148号16頁等）。
3) 牧山市治・最判解民昭和50年度476頁参照。
4) 民事訴訟における証明度と刑事訴訟における証明度は同一かという問題もある。さしあたり、小林・新証拠法71頁、伊藤滋夫・事実認定の基礎171頁参照。
5) 民事訴訟においては、当事者間に争いのない事実（自白された事実）と裁判所に顕著な事実は、証明することを要しない（179条）。よって、証明の必要を生じるのは、当事者間に争いのある事実で、裁判所に顕著な事実でないもの、ということになる。なお、法規や経験則でも、裁判官の知らないものは、例外的に、証明の必要を生じる。
6) 各自、基本書等で確認されたい。
7) 兼子・体系252頁、中野ほか編・新講義388頁〔青山善充〕、伊藤5版332頁、加藤・手続裁量論133頁など。ただ、証明度を数値を用いて、「九分九厘」とするもの（兼子一「立証責任」民訴講座②568頁）や、「8割がた」とするもの（中野ほか編・新講義388頁〔青山善充〕）など、論者により相当のばらつきがある。説明のための比喩だとしても、同一の理解と認めることは難しいのではなかろうか。
8) 石井良三『民事法廷覚え書』（一粒社、1962）178頁、加藤一郎『公害法の生成と展開』（岩波書店、1968）29頁、石田穣『証拠法の再構成』（東京大学出版会、1980）143頁、村上・民事裁判における証明責任8頁など。
9) 小林・新証拠法73頁。
10) 徳本鎮『企業の不法行為責任の研究』（一粒社、1974）59頁。
11) 太田・証明論の基礎150頁。
12) 伊藤349頁注192、同「証明、証明度および証明責任」法教254号33頁、同「証明度をめぐる諸問題」判夕1098号4頁、三木浩一「民事訴訟法における証明度」法学研究（慶應義塾大学）83巻1号31頁、新堂571頁など。さらに、加藤新太郎（司会）「（座談会）民事訴訟における証明度」判夕1086号4頁、新注釈民訴④15頁〔大村雅彦〕参照。
13) 伊藤滋夫・事実認定の基礎158頁。なお、従来の学説は、高度の蓋然性の存在と裁判官の主観的確信とが常に一致するという前提に立つものであり、その意味では、裁判官の主観的確信を必要と考えていたものと思われる。
14) 加藤・手続裁量論132頁。なお、太田・証明論の基礎118頁、新堂568頁も、この点は同旨。
15) 竜嵜喜助・証明責任論211頁参照。
16) 太田・証明論の基礎が最も本格的である。さらに、春日・証拠法研究62頁参照。
17) 竜嵜喜助・百選2版183頁参照。
18) 竜嵜・前掲注17)182頁参照。
19) 本件事案は、いわゆる専門訴訟や鑑定のあり方を考えるための格好の素材の1つでもある。平成15年の民訴法改正による専門委員制度の導入（92条の2～92条の7）や鑑定手続の整備（215条～216条）も考慮しながら検討していただきたい。

140 集団訴訟における証明（大阪国際空港訴訟）

最高裁昭和56年12月16日大法廷判決　民集35巻10号1369頁、判時1025号39頁、判タ455号171頁　▶247条

論点 ▶ いわゆる集団訴訟の場合に、原告全員の被害を一律的に認定し、それぞれ異なった認定をしないことは許されるか

事実の要約　大阪国際空港の周辺住民Xら302名は、同空港に離着陸する航空機の騒音等により様々な被害（身体的侵害、睡眠妨害、生活妨害、精神的苦痛等）を受けているとして、空港の設置管理者たる国Yに対し、夜間における同空港の供用の差止め並びに過去および将来の損害の賠償を請求した。以下では、過去の損害について、各自につき一律50万円の慰謝料の支払を請求した部分を取り上げる。

裁判の流れ　1審：請求認容　2審：一部変更　上告審：上告棄却

1審は、Xらを居住地区および入居時期により4つのグループに分け、各グループごとに1人当たり50万円、30万円、20万円、10万円の額について請求を認容した。2審は、Xらを2つのグループに分け、請求額を限度として、昭和45年2月以前の損害については、各グループごとに1人1カ月当たり8,000円、3,000円で計算し、それ以後の損害については、両グループとも1人1カ月当たり1万円で計算した額について請求を認容した。Yは上告し、原審がXらの被害について個別的具体的な立証を不必要としXらに一律一様の被害が生じていると認定したのは違法である、等の主張をした。

判　旨　＜上告棄却＞「Xら…は、…各自の被っている被害につき、それぞれの固有の権利として損害賠償の請求をしているのであるから、Xらについてそれぞれ被害の発生とその内容が確定されなければならないことは当然である。しかしながら、Xらが請求し、主張するところは、Xらはそれぞれさまざまな被害を受けているけれども、本件においては各自が受けた具体的被害の全部について賠償を求めるのではなく、それらの被害の中には本件航空機の騒音等によってXら全員が最小限度この程度まではひとしく被っていると認められるものがあり、このような被害をXらに共通する損害として、各自につきその限度で慰藉料という形でその賠償を求める、というのであり、…同一と認められる性質・程度の被害をXら全員に共通する損害としてとらえ、各自につき一律にその賠償を求めることも許されないではないというべきである。…そうである以上、損害賠償の原因となるべきXらの被害について一律的な判断を示し、各人別にそれぞれ異なった被害の認定等を示していないことは、あえて異とするに足りないのである」。

なお、この多数意見に対しては、環昌一裁判官の意見と栗本一夫裁判官ら4名の反対意見が付されている。

判例の法理　★**共通被害の一律認定論**　集団訴訟とは、一定の共通の利害関係を有する多数の者が共同原告となり（原告団を組織し）、その共通の利益を追求するために起こす訴訟をいう1)。それが損害賠償請求訴訟であるときは、原告全員が同種の被害を受けていると認められる場合もあろう。では、このような場合に、原告全員の被害を一律的に認定し、それぞれ異なった認定をしないことは許されるだろうか。言い換えれば、原告各人の被害について個別的具体的な立証を不必要とすることは許されるだろうか。本判決は、空港周辺における航空機の騒音等の事案につき、原告全員に共通する被害については、原告全員の被害を一律的に認定し、それぞれ異なった認定をしないことも許されるとしたものである。

判例を読む　★**包括一律請求**　公害訴訟などの集団訴訟では、原告全員が、身体的被害や精神的被害等の様々な損害を包括し、同一額の賠償を請求するという、包括一律請求の例が多くみられる2)。包括一律請求は、個別的損害費目の具体的立証の困難を回避したり、原告団の団結を維持するのに役立つという。判例は、包括一律請求を正面から認めているとは言い難いが、これを善解する傾向にある3)。本判決もこの流れを汲むものである。

★**個別的具体的認定の要否**　包括一律請求の場合でも、被害は原告各人に個別的に生じたものであり、原告各自が固有の権利として損害賠償を請求するのであるから、厳格に考えれば、請求を認容するには、原告各人の被害について個別的具体的な認定が必要となるはずである。上告理由および反対意見は、この点を最後まで貫き、共通被害に基づいて請求を認容するにも、共通被害の具体的内容を明らかにしなければならないとする。しかし、多数意見はこれに何ら答えるところがない4)。学説も同様である。本件のような空港周辺での航空機の騒音等の事案では、上空からやってくる侵害の性質上、一部の原告について一定の被害を認定することができれば、同一地域に居住する他の原告についても同様の被害を認定することが許されるという意味で、原告全員の被害について一律的に認定することも許される、と解すべきか5)。今後の理論的探究を要しよう。

〔近藤隆司〕

1審＝大阪地判昭49・2・27判時729号3頁／2審＝大阪高判昭50・11・27判時797号36頁

1) 集団訴訟の特徴については、谷口安平「集団訴訟の諸問題」新実務③157頁参照。
2) 包括一律請求の発達史については、淡路剛久「一括請求・一律請求・包括請求」新実務⑥255頁参照。
3) その先駆けとなったのは、新潟水俣病判決（新潟地判昭46・9・29下民集22巻9＝10号別冊1頁、判時642号96頁➡144事件）、イタイイタイ病2審判決（名古屋高金沢支判昭47・8・9判時674号25頁）、熊本水俣病判決（熊本地判昭48・3・20判時696号15頁）などである。
4) なお、環裁判官は、Xらが平等に被っている環境汚染の危険そのものを、Xらの主張する被害と解し、よって、Xらの被害について個別的具体的な立証は不必要であると述べている。
5) そうであれば、新幹線の騒音等の事案では、同一地域の原告間でも周囲の建物等の影響で暴露量が異なるから、暴露量を同じくする原告全員につき、その被害を一律的に認定することが許される、と解することになろう。なお、名古屋新幹線1審判決（名古屋地判昭55・9・11判時976号40頁）参照。

141 統計学的立証の可否（鶴岡灯油訴訟）

最高裁平成元年12月8日判決　民集43巻11号1259頁、判時1340号3頁、判タ723号57頁　▶247条、248条

論点 ▶ 違法な価格協定に基づく損害賠償請求訴訟において、損害額の立証に必要な立証事項は何か

事実の要約　Xら消費者1,654名は、Yら石油元売業者12社に対し、いわゆる第1次石油危機の当時、Yらの値上協定（価格協定）のために高い灯油の購入を余儀なくされ、損害を被ったと主張して、民法709条を根拠に、総額約389万円の損害賠償を請求した。

裁判の流れ　1審：請求棄却　2審：請求認容　最高裁：破棄自判（控訴棄却）

1審は、Yらの価格協定の存在とその違法性（独禁法3条後段）を認めたが、当該価格協定と小売価格の上昇との間の因果関係について証明がないとして、Xらの請求を棄却した。2審は、因果関係を認め、損害額については、Xらの現実購入価格（現実の小売価格）と想定購入価格（価格協定がなければ形成されていたであろう小売価格）との差額であるが、価格協定がなくても小売価格の上昇が確実に予測されるような特段の事情をYらが立証しない限り、価格協定の実施直前の小売価格（直前価格）をもって想定購入価格と推認されるとして、Xらの請求を認容した。Yら上告。

上告審での論点は多岐にわたるが、損害額の点については、以下の通り判示したうえ、本件においては想定購入価格の証明がないとして、2審判決を破棄し、Xらの控訴を棄却する旨自判した。

判　旨　＜破棄自判＞「…想定購入価格の立証責任が最終消費者にある…以上、直前価格がこれに相当すると主張する限り、その推認が妥当する前提要件たる事実、すなわち、協定の実施当時から消費者が商品を購入する時点までの間に小売価格の形成に影響を及ぼす経済的要因等にさしたる変動がないとの事実関係は、やはり、最終消費者において立証すべきことになり、かつ、その立証ができないときは、右推認は許されないから、他に、…総合検討による推計の基礎資料となる当該商品の価格形成上の特性及び経済的変動の内容、程度その他の価格形成要因をも消費者において主張・立証すべきことになると解するのが相当である」。

判例の法理　●損害額の立証　違法な価格協定に基づく損害賠償請求訴訟の場合に、消費者（原告）が証明責任を負うべき損害額は、現実購入価格と想定購入価格との差額となるが（差額説）、想定購入価格は、現実には存在しなかった価格であるため、現実に存在した市場価格を手がかりとしてこれを推計するほかない。この点、最判昭和62年7月21日（民集41巻5号785頁〔東京灯油訴訟〕）は、①価格協定の実施直前の小売価格（直前価格）、②価格協定の実施当時から消費者が商品を購入する時点までの間に小売価格の形成に影響を及ぼす経済条件、市場構造その他の経済的要因等に顕著な変動がないこと、③当該商品の価格形成上の特性および経済的変動の内容、程度その他の価格形成要因が、想定購入価格の立証過程で問題になるとしていた。ただ、この判決は、証明責任の分配の問題に立ち入らなかった。この点、本件2審判決は、①が証明されれば、②の反対事実をYらが立証しない限り、①の直前価格をもって想定購入価格と推認されるとして、消費者側の立証負担を軽減したのだが（間接反証理論）、本判決は、これを否定し、①に加えて②、さらには（②の事実が立証できないときに問題になる）③についても消費者側の本証を要求した[1]。

判例を読む　●学説の反応―統計学的立証　本判決に対し、学説の多くは、消費者側に過酷な証明責任を強いるものだと批判し、本件2審判決を支持する[2]。もっとも、学説の中には、前記①の直前価格のみから想定購入価格を高度の蓋然性をもって事実上推定し得るような間接反証の前提となる高度の経験則はないとして、理論的には本判決を支持しながら、（因果関係および）損害額の立証方法として、統計学上の回帰分析を内容とする統計学的立証を提唱する見解もある[3]。具体的には前記③の事実につき統計学的立証を試みることになろう[4]。現実の利用には克服すべき問題もあるが、基本的には賛成すべきである[5]。

●現行法248条　現行法は、損害の発生が認められても損害額まで立証することが極めて困難な場合には、裁判所は相当な損害額を認定することができるとした（248条[6]）。本条を本件のような場合に適用できるだろうか。本件のような場合には、現実購入価格が想定購入価格よりも高いことが損害の発生であり、かつ、現実購入価格と想定購入価格の差額が損害額となるため、想定購入価格が立証されないと、損害額ばかりか損害の発生も認められないという特殊性がある。したがって、直接適用することは難しい。ただし、類推適用を認める余地はあろう[7]。

〔近藤隆司〕

1審＝山形地鶴岡支判昭56・3・31判時997号18頁／2審＝仙台高秋田支判昭60・3・26判時1147号19頁

1) なお、横浜地川崎支判平6・3・17判時1493号122頁（横須賀基地談合事件）参照。
2) 今村成和・ジュリ952号87頁、正田彬・法時62巻9号13頁、実方謙二・法時62巻3号20頁、谷原修身・公正取引473号29頁、田村次郎・平成元年度重判235頁、舟田正久・独禁法重要判例百選4版249頁など。
3) 伊藤眞「独占禁止法違反損害賠償訴訟（下）」ジュリ965号59頁。
4) 上原敏夫・百選3版139頁参照。
5) 統計学的立証の難しさとコストの問題については、川浜昇・私判リマ1991（上）127頁参照。
6) なお、法務省編・一問一答287頁は、証明度の軽減を定めたものとしている。
7) 竹下ほか編・研究会新民訴323頁参照。

142 概括的認定——過失の一応の推定

最高裁昭和32年5月10日判決　民集11巻5号715頁　　　　　　　　　　▶247条

論　点 ▶ 過失を基礎づける具体的事実を特定することなく過失を認定することは許されるか

事実の要約　Xは、Y医師から心臓性脚気の診断を受け、ビタミン剤の皮下注射等の治療を受けていたが、数回目の皮下注射の結果、注射部位が化膿し、ついに重労働に耐え難い機能障害を生じた。そこで、Xは、Yの治療上の過失を主張し、その不法行為責任を追及して損害賠償を請求した。

裁判の流れ　1審：請求認容　2審：控訴棄却　最高裁：上告棄却

1審はX勝訴。2審もX勝訴。その際、2審は、Yの過失について、「Xの…本件疾患はYが…Xの心臓性脚気の治療のため注射をした際にその注射液が不良であったか、又は注射器の消毒が不完全であったかのいずれかの過誤があって、この原因に基いて発生したものであること、従ってそのいずれにしてもYがこの注射をなす際に医師としての注意を怠ったことに基因して生じたものである」と認定した。Y上告。上告理由は主にこのYの過失の認定に対するものである。すなわち、①Yの過誤が注射液の不良にあるのか注射器の消毒不完全にあるのか不明とした認定は違法である、②Xの主張しない注射液の不良という事実を基礎とした判決は186条（現246条。以下同じ）に違反する、というものであった。

判　旨　＜上告棄却＞「原審は、挙示の証拠により『Xの心臓性脚気の治療のため注射した際にその注射液が不良であったか、又は注射器の消毒が不完全であったかのいずれかの過誤があっ』たと認定したけれども、注射液の不良、注射器の消毒不完全はともに診療行為の過失となすに足るものであるから、そのいずれかの過失であると推断しても、過失の認定事実として、不明又は未確定というべきでない。又Xの主張しない『注射液の不良』を、過失認定の具体的事実として挙げたからと云って、民訴186条に違背するということはできない。けだし同条は、当事者の主張しない、訴訟物以外の事実について、判決することができないことを定めたものであって、前記注射液不良という事実の如きは、X主張の訴訟物を変更する事実と認められないからである」。

判例の法理　★**選択的認定と過失の一応の推定**　本判決は、医療過誤訴訟の事案につき、医師の過失を基礎づける具体的事実について選択的な認定を許した1)（概括的認定の一種としての選択的認定2)）。選択的認定は、いわば曖昧な事実認定であり、一般的に許されるべきものではない。本件では、注射液が不良であったことも、注射器の消毒が不完全であったことも立証されていない。それにもかかわらず、本判決は多くの支持を得ている。その支持基盤は、過失の一応の推定と呼ばれる立証軽減理論であり、本判決は、暗黙または無意識ながら、この理論を採用したものと評価されている3)。

判例を読む　★**過失の一応の推定**　過失の一応の推定とは、蓋然性の極めて高い経験則を基礎として、加害の客観的事情から直ちに過失を認定することをいう4)。本件では、「注射部位が化膿して障害を起こしたときは注射をした医師に何らかの過誤があったとみてまず間違いない」という経験則を基礎として、「注射部位が化膿して障害を起こした」という客観的事情から、直ちに「医師の過失」を認定するところとなる。そして、過失は抽象的・不特定的概念であるため、過失の一応の推定が働く場合には、過失を基礎づける具体的事実を特定することなく、過失を認定することも許される（過失を基礎づける「何らかの事実」とか「AかBか…のいずれかの事実」といった認定も許される）。そこで、この場合には、挙証者は、過失を基礎づける事実を具体的・特定的に主張・立証する困難さから解放されるのに対し、相手方は、具体的・特定的な特段の事情を証明しない限り、過失の認定を妨げることができないのである5)。

★**弁論主義との関係**　過失の一応の推定が働く結果、過失を基礎づける具体的事実を（概括的または）選択的に認定する際に、当事者の主張しない事実をそこに含めることは、弁論主義（の第一テーゼ）に違背しないだろうか（本件では、注射液の不良という事実が問題となる6)）。旧来の通説では、「過失」が主要事実であり、「過失を基礎づける具体的事実」は間接事実であるとされていたが7)、最近では、「過失」は法的価値判断であり、「過失を基礎づける具体的事実」が主要事実またはこれに類する事実であるとされていて、さらに、このうちどんな事実が弁論主義の適用対象となる事実かについて、諸説がある8)。いずれにせよ、被告には防御の機会を保障する必要があり、裁判所としては釈明をして被告に不意打ちを与えないように配慮すべきである（この観点からみても本件については賛否両論がある9)）。

〔近藤隆司〕

1審＝札幌地判月日不明民集11巻5号723頁／2審＝札幌高判昭29・12・8民集11巻5号727頁

1) 同旨、最判昭39・7・28民集18巻6号1241頁（春日偉知郎・百選5版126頁参照）、大阪地判昭46・4・19判時646号72頁など。
2) 概括的認定と選択的認定の関係については、伊藤・事実認定の基礎228頁参照。
3) 中野・過失の推認8頁、新堂幸司・百選3版141頁など。
4) 「一応の推定」における「過失の一応の推定」の位置づけとそれぞれの性質については、藤原・証明62頁、小林・新証拠法60頁参照。
5) なお、過失の一応の推定の限界を指摘するのは、藤原・証明73頁。
6) 本件Yの上告理由②をこのように善解するのは、新堂・前掲注3) 141頁。
7) 本判決もこの立場か。高橋・上439頁参照。
8) 諸説の概況については、高橋・上423頁参照。
9) 賛成するのは、新堂・前掲注3) 141頁。被告にとって不意打ちであり防御権の侵害があるとして反対するのは、小林・民事裁判の審理102頁。

143 過失の一応の推定

最高裁昭和43年12月24日判決　民集22巻13号3428頁、判時547号40頁、判タ230号173頁　▶247条

論　点　▶　過失の一応の推定（過失の推認）が認められるのはどのような場合か

事実の要約　X（原告・控訴人・被上告人）は不動産売買および仲介周旋等を目的とする会社である。その代表取締役Aはほか2名とともに、昭和35年1月本件土地を含む約2500坪の土地を宅地として分譲する目的のもとに、訴外B会社に請け負わせてその整地工事を行わせた。ところが、隣接土地の所有者であるY（被告・被控訴人・上告人）との間に本件土地の帰属をめぐって紛争が生じたため、Yは本件土地に対する仮処分をする必要にせまられた。その際、YはAから工事の施行者がX会社であると聞かされていたわけではないが、その前年中Aから周辺の土地の分譲事業をする旨の挨拶を受け、X会社取締役社長の肩書が付された名刺を渡されたことがあり、昭和35年1月1日付のX会社差出しの年賀状を受けたことなどから、本件土地を含む附近一帯の土地を買い受けて現に整地工事を施行しているのはX会社であると判断し、同会社を相手方として工事禁止の仮処分を申請し、発令された。しかし、その後の仮処分事件の異議手続において、工事施行者がXであるとの疎明がないとして仮処分命令が取り消された。そして本案訴訟においても、本件各土地の所有者および工事施行者がX会社であることが認定できないとして、いずれもYが敗訴し、判決は確定した。

そこでX会社は、本件仮処分の執行により生じた損害100万円につき、Yを被告とする損害賠償請求訴訟を提起した。この訴訟では、仮処分の執行後の本案訴訟で仮処分発令のための被保全権利がないことが確定した場合に、仮処分申請者（Y）に過失が認められるかが問題となった。

裁判の流れ　1審：請求棄却　2審：一部認容　最高裁：破棄差戻

判　旨　＜破棄差戻＞「仮処分命令が、その被保全権利が存在しないために当初から不当であるとして取り消された場合において、右命令を得てこれを執行した仮処分申請人〔Y〕が右の点について故意または過失のあったときは、右申請人〔Y〕は民法709条により、被申請人〔X〕がその執行によって受けた損害を賠償すべき義務があるものというべく、一般に、仮処分命令が異議もしくは上訴手続において取り消され、あるいは本案訴訟において原告〔Y〕敗訴の判決が言い渡され、その判決が確定した場合には、他に特段の事情のないかぎり、右申請人〔Y〕において過失があったものと推認するのが相当である。しかしながら、右申請人〔Y〕において、その挙に出るについて相当な事由があった場合には、右取消の一事によって同人に当然過失があったということはできず、ことに、仮処分の相手方〔X〕とすべき者が、会社であるかその代表者個人であるかが、相手側〔X〕の事情その他諸般の事情により、極めてまぎらわしいため、申請人〔Y〕においてその一方を被申請人として仮処分の申請をし、これが容認されかつその執行がされた後になって、他方が本来は相手方とされるべきであったことが判明したような場合には、右にいう相当な事由があったものというべく、仮処分命令取消の一事によって、直ちに申請人〔Y〕に過失があるものと断ずることはできない。」

判例の法理　本判決は、最高裁判決として初めて、被保全権利を欠きながら仮処分を申請した者には、その過失につき「過失の推認[1]（過失の一応の推定）」が認められること、および特段の事情があれば過失の推認（過失の一応の推定）が覆ることを認めた判例である。

判例を読む　●**仮執行宣言との均衡**　仮執行宣言（259条）が失効した場合には、判決債務者が仮執行宣言の執行により被った損害の賠償（260条2項）については無過失責任と解されている。しかしながら、仮差押え・仮処分など民事保全命令の執行後に、被保全権利の不存在を理由に仮差押え・仮処分が取り消された場合については、特段の規定が存しないため不法行為の規定（民709条）に基づき損害賠償を請求するほかない。その場合、加害者（本件ではY）の過失の証明責任はXが負うことになり、仮執行宣言失効の場合と均衡を失しているため、明文規定のないXの証明負担軽減策が考案された。

●**過失の一応の推定**　過失の一応の推定とは、不法行為に基づく損害賠償請求訴訟[2]において、通常では生じえない事実の発生が認められるときに、過失や欠陥に該当する具体的事実の主張・立証がなくとも、裁判所が過失などの要件事実の充足を認め、損害賠償請求権の発生を認める考え方である[3]。その法的性質については、事実上の推定の一場面とする説、高度の蓋然性ある経験則が働く結果としての推定とする説[4]などがある。しかし近時では、過失については、その評価対象となる具体的事実を主要事実と解する立場からは、事実上の推定の名を借りて、主要事実の証明責任の分配を変更しているのではないかとの批判[5]もある。

〔薮口康夫〕

1審＝津地判昭40・12・24民集22巻13号3436頁／2審＝名古屋高判昭42・12・27民集22巻13号3444頁

1) 中野・過失の推認1頁。
2) 仮差押え・仮処分が取り消された場合には、限られない。
3) 伊藤387頁など。
4) 表見証明ともいう。表見証明を含め、一応の推定の法的性質については、高橋・上564頁以下参照。
5) 伊藤・前掲注3）。立証方法の充実や、主張負担の軽減策としては要件事実の内容を検討すべきであるとする。

144 事実上の推定

新潟地裁昭和46年9月29日判決　下民集22巻9〜10号別冊1頁、判時642号96頁　▶247条

論　点 ▶ いわゆる公害訴訟において、因果関係の立証に必要な立証事項は何か

事実の要約　Xら77名は、有機水銀中毒症（いわゆる新潟水俣病）の患者あるいはその遺族らであるが、その疾病の原因は、Y（総合化学工業会社）のK工場から阿賀野川に放出された工場排水中のメチル水銀化合物に汚染された川魚を多量に反復摂食したことにあると主張して（工場廃液説）、Yに対し不法行為に基づく損害賠償を請求した。これに対し、Yは、K工場におけるメチル水銀化合物の生成・排出の事実はなく、阿賀野川の川魚が汚染されていたとすれば、その汚染の原因は、昭和39年6月の新潟地震の際に埠頭倉庫内から多量の農薬が流出したことにあると主張した（農薬説）。

判　旨　＜請求認容（ただし、生存患者の妻として固有の慰謝料を主張した1名を除く）＞「不法行為に基づく損害賠償請求事件においては、被害者の蒙った損害の発生と加害行為との因果関係の立証責任は被害者にあるとされているところ、いわゆる公害事件…においては、…因果の環の一つ一つにつき、逐次自然科学的な解明をすることは、極めて困難な場合が多いと考えられる。特に…化学公害…などでは、…その争点のすべてにわたって高度の自然科学上の知識を必須とするものである以上、被害者に右の科学的解明を要求することは、民事裁判による被害者救済の途を全く閉ざす結果になりかねない。…本件のような化学公害事件においては、被害者に対し自然科学的な解明までを求めることは、不法行為制度の根幹をなしている衡平の見地からして相当ではなく、前記①〔被害疾患の特性とその原因（病因）物質〕、②〔原因物質が被害者に到達する経路（汚染経路）〕については、その状況証拠の積み重ねにより、関係諸科学との関連においても矛盾なく説明ができれば、法的因果関係の面ではその証明があったものと解すべきであり、右程度の①、②の立証がなされて、汚染源の追求がいわば企業の門前にまで到達した場合、③〔加害企業における原因物質の排出（生成・排出に至るまでのメカニズム）〕については、むしろ企業側において、自己の工場が汚染源になり得ない所以を証明しない限り、その存在を事実上推認され、その結果すべての法的因果関係が立証されたものと解すべきである」。

判例の法理　❖**公害訴訟における因果関係の立証**　公害訴訟における因果関係の立証は、事柄の性質上、いくつかの間接事実による**事実上の推定**を活用するほかない。しかし、その証明は、極めて困難である。この点、本判決は、公害訴訟の特殊性に鑑み、因果関係の立証について被害者側の立証負担の軽減を図っている。すなわち、公害訴訟においては、①被害疾患の特性とその原因物質、②原因物質が被害者に到達する経路、③加害企業における原因物質の排出が、因果関係の立証過程で問題となるが、①と②が証明され、汚染源の追求が加害企業の門前にまで到達した場合には、③でないことを加害企業が証明しない限り、③の存在が事実上推認（推定）され、その結果すべての因果関係が立証されたことになるとしている。

判例を読む　❖**因果関係と間接反証**　公害訴訟における因果関係の証明について、被害者側の立証の負担を軽減するために種々の試みが提唱されているが、その1つに**間接反証理論**がある。本判決はその一例であり、前記①と②が証明されれば③が推定され、③でないことが、加害企業が証明責任を負うべき間接反証事実である、との評価が一般的である[1]。しかし、因果関係の証明主題となる主要事実は、「因果関係」ではなく、「因果関係を構成する具体的事実」（①〜③）であるところ[2]、本判決は、本来被害者側が証明責任を負うべき主要事実の一部（③）について、加害企業側に**証明責任の転換**をしたものと理解すべきである[3]。ただ、こうした理解のもとでも、今度は因果関係を構成する具体的事実を主要事実として、新たに間接反証事実を観念することは可能であると思われる[4]。本件については、Yの主張する農薬説が、②についての間接反証事実となりえよう。

なお、③の事実は、そもそも因果関係を構成するものではなく、加害行為それ自体である、との指摘がある[5]。もしそうだとすると、従来の議論はその変容を迫られることになろう。

❖**立証負担の軽減**　本判決は、当事者間の公平や立法政策の価値判断に基づいて被害者側の立証負担の軽減を図っている。それは、（紙幅の関係で本書に掲載できなかったが）本判決が再三にわたり、因果関係の立証は被害者側には困難であるが加害者側には比較的容易であると述べている点や、加害企業が製造工程図を焼却し、関係資料の保存を怠り、プラントを完全に撤去した点などを指摘していることからうかがえる。本件の事案は、証明妨害、事案解明義務、危険領域説などを検討する際の格好の素材でもある。ぜひとも判例集を紐解き検討されたい。

〔近藤隆司〕

---

1) 別事件についてのものであるが、好美清光＝竹下守夫「イタイイタイ病第一次訴訟第一審判決の法的検討」判評154号5頁参照。
2) 石田穣『民法と民事訴訟法の交錯』（東京大学出版会、1979）39頁、63頁、小林・民事裁判の審理69頁、新堂618頁など。
3) 石田穣『損害賠償法の再構成』（東京大学出版会、1977）101頁、小林・新証拠法202頁参照。
4) 中野ほか編・新講義411頁〔青山善充〕。
5) 藤原弘道・百選2版185頁。なお、賀集唱「損害賠償訴訟における因果関係の証明」講座民訴⑤206頁、同・百選Ⅱ新法対応補正版263頁参照。

145 弁論の全趣旨

最高裁昭和36年4月7日判決　民集15巻4号694頁　　▶247条、253条1項3号、312条2項6号

論　点 ▶ 弁論の全趣旨を斟酌して事実を認定した場合、その具体的内容を判決理由中に説示することを要するか

事実の要約　Xは、Yに本件木材を売り渡したがYが代金の一部しか支払わないので、Yに対して残代金の支払を求める訴えを提起した。Yは、本件木材の受領は認めたが、それは訴外AがXから買い受け、さらにYがAから買い受けたもので、YはXから便宜上その引渡しを受けたにすぎないと主張した。

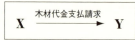

裁判の流れ　1審：請求認容　2審：控訴棄却　最高裁：上告棄却
　1審はX勝訴。2審もX勝訴。その際、2審は、書証、証人尋問および本人尋問の結果ならびに弁論の全趣旨を総合すれば、XY間に売買契約が成立し、Xは約旨に従いYに本件木材を引き渡したことが認められるとした。そこでYは上告し、原審は弁論の全趣旨をも斟酌して事実を認定しているが、原判決のいう弁論の全趣旨が何をさすのか記録を精査しても不明であるから、原判決には理由不備の違法がある、等の主張をした。

判　旨　＜上告棄却＞「原審は、その挙示する各証拠調の結果並に弁論の全趣旨をそう合して原判示事実…を認定しているのであって、右弁論の全趣旨が何を指すかは、本件記録を照合すればおのずから明らかであるから、原判決には所論…のような理由不備の違法はない」。

判例の法理　**✪弁論の全趣旨の具体的説示の要否**　最判昭和30年11月8日（裁判集民20号373頁）は、弁論の全趣旨の内容を明示していない原判決につき、弁論の全趣旨の具体的内容を判決理由中に説示することは至難ないし不可能の場合が多いから、裁判官に常にそれを要求するのは合理的ではないとして、理由不備の違法はないとした。ただ、この判決は、どんな場合に説示不要と言いうるかを明確にしていない。この点、本判決は、「弁論の全趣旨が何を指すかは、本件記録を照合すればおのずから明らかである」場合には、理由不備の違法はないとしている。その表現は必ずしも明瞭ではないが、少なくとも、本件記録を照合すれば弁論の全趣旨の内容が個別具体的に完全に把握できる場合という意味ではあるまい[1]。

判例を読む　**✪弁論の全趣旨**　民事訴訟においては、証拠調べの結果のみならず、弁論の全趣旨も事実認定の資料となる（247条。なお、刑訴317条参照）。弁論の全趣旨とは、証拠調べの結果以外の口頭弁論に現れた一切の訴訟資料をいい、より具体的には、当事者や代理人の陳述の内容（主張の矛盾など）はもちろん、その態度（あやふやな陳述、陳述の頻繁な訂正など）やその時期（当然早期に提出しうる攻撃防御方法の遅れなど）も含まれるものとされている[2]。そのほか、裁判所の釈明処分としての検証・鑑定・調査嘱託の結果も含まれるものとされている（通説）。

✪弁論の全趣旨と判決理由　判決には理由を付さなければならない（253条1項3号）。理由不備や理由齟齬は絶対的上告理由となる（312条2項6号）。したがって、判決の基礎となる事実の認定については、その根拠となる証拠原因を明らかにする必要がある。しかしながら、とかく弁論の全趣旨は、その内容が極めて複雑かつ多様である。そこで、その内容が記録上明らかな場合にまで個別具体的な説示を要求することは、裁判所に無用の負担を課すことになるとして、判例の立場を支持する見解も少なくない[3]。他方、裁判所の恣意を防止する観点から、より具体的な摘示が必要であるとして、判例に批判的な見解が多くみられる（もっとも、どの程度の摘示を必要とするかは、論者により異なる[4]）。さらに、両者の中間をいくものとして、弁論の全趣旨の内容を説示しなければ当該判決を破棄すべきほどに裁判の理念に反するようなケースに限っては、上告理由となると解する見解もある[5]。要するに、裁判の適正担保の要請と裁判の能率化の要請との調和点をどこに求めるかが分岐点となる。

　なお、判例の事案はいずれも証拠調べの結果と弁論の全趣旨とを総合して事実を認定している場合である。弁論の全趣旨のみで事実を認定した場合には、より慎重な検討を要しよう。

〔近藤隆司〕

1審＝釧路地北見支判民集15巻4号703頁／2審＝札幌高判昭33・7・30民集15巻4号704頁

1) 佐々木吉男・百選初版129頁。
2) 大判昭3・10・20民集7巻815頁、大判昭11・5・21新聞3993号12頁。なお、弁論の全趣旨の内容を明示した珍しい例として、大阪高判昭59・10・5判タ546号142頁参照。
3) 条解1370頁〔竹下守夫〕、菊井＝村松・全訂①1168頁、注釈民訴④83頁〔加藤新太郎〕など。
4) 斎藤秀夫・判例民事法昭和10年度338頁、上村明弘・民商45巻5号81頁、紺谷浩司・百選2版193頁、山本和彦・百選Ⅱ新法対応補正版267頁など。
5) 佐々木・前掲注1) 129頁。

146 反対尋問の保障

最高裁昭和32年2月8日判決　民集11巻2号258頁、判夕71号52頁　　▶202条1項、210条

論　点　▶反対尋問の機会なき証言を証拠資料とすることができるか

事実の要約　本件建物の賃貸人Xは、賃借人Y_1に対しては合意解除を理由として、またY_1の同居人Y_2に対しては不法占拠を理由として、本件建物の明渡しを求める訴えを提起した。

裁判の流れ　1審：請求認容　2審：取消・請求棄却　最高裁：上告棄却

1審で、被告Y_1への臨床尋問が行われたが、被告側の主尋問が長時間にわたったため、立会医師の勧告によって打ち切られ、原告側に反対尋問の機会が与えられなかった。1審は、Y_1への臨床尋問の結果を措信せず、Xの請求を認容。2審は、一転してY_1に対する臨床尋問の結果を採用するなどして、Xの請求を棄却。Xは上告し、「原審がY_1をさらに調べもせず、不備な証拠調手続のまま、これを証拠に採用したのは違法」と主張した。

判　旨　＜上告棄却＞「裁判所が本人訊問を打ち切った措置を違法と解し得ないことは、民訴260条〔現181条2項〕の趣旨からして当然であり、その後、再訊問の措置を採らなかったのも、右本人の病状の経過に照らし、これを不相当と認めたためであることが、記録上窺い得られるところである。従ってこのように、やむを得ない事由によって反対訊問ができなかった場合には、単に反対訊問の機会がなかったというだけの理由で、右本人訊問の結果を事実認定の資料とすることができないと解すべきではなく、結局、合理的な自由心証によりその証拠力を決し得ると解するのが相当である（なお、Xが第1、2審において異議を述べ、またはY_1本人の再訊問を申請したような事実は記録上認められない）」。

小谷勝重裁判官の少数意見「反対訊問の機会を与えない供述は、その後の再訊問と相俟つか、または反対訊問権者において積極的にその訊問権を抛棄したものと認められる場合でない限り、主訊問による供述だけでは、一方的な訊問でいまだ完結しない、供述としては未完成なものと解すべきであり、したがって該供述はいまだ裁判の資料となし得ないものと解するを正当と考える」。

判例の法理　❖**反対尋問の機会なき証言の証拠能力**　本判決は、被告本人に対する臨床尋問において病状悪化のため原告側に反対尋問の機会が与えられなかった事案につき、「やむを得ない事由」によって反対尋問ができなかった場合には、反対尋問の機会なき証言でも証拠資料とすることができるとしたものである。証人尋問の事案についても同様の立場をとることになろう。

判例を読む　❖**反対尋問権の保障**　現行法は、証人尋問の方法につき、**交互尋問制**を採用し、申出当事者の相手方に**反対尋問権**を保障している（202条1項）。本人尋問の場合も同様である（210条）。ところで、英米では、交互尋問制が真実発見に最も有効な手段であるとして、反対尋問の機会なき証言には証拠能力を認めないのが一般原則である（本判決の少数意見はこれを忠実に踏襲した見解である）。しかし、素人たる陪審員が事実を認定する陪審制度を採用する英米とは異なり、職業裁判官が自由な心証によって事実を認定するところでは、証拠力の合理的な判断が十分に期待できるとして、英米の一般原則を必ずしも厳格に妥当させる必要はないとされている[1]。現に、わが国では、反対尋問の機会が本来的に予定されていない伝聞証拠でも証拠能力を有するものとされている[2]。そこで、現行法上、反対尋問権には、反対尋問に曝されない証言の証拠能力を否定し去るまでの保障は与えられていないとの指摘もある[3]。

❖**反対尋問権の違法な剝奪・制限**　いずれにせよ、相手方当事者は反対尋問権を有するところ、反対尋問の機会なき証言が常に証拠能力を有するものとは解されない。すなわち、反対尋問権が違法に剝奪・制限された場合には、当該尋問手続は違法なものとなるから、責問権の放棄・喪失がない限り、主尋問の結果を証拠資料とすることはできない（本判決の多数意見の末尾括弧内の判示はこの趣旨である）。例えば、主尋問当事者または証人の意識的妨害によって反対尋問が不可能になった場合が、それに当たる。これに対して、反対尋問権者が適法な呼出しを受けていながら理由なく期日に欠席してその権利を行使しなかった場合や、本件のように、証人の病状あるいは死亡などが原因となって反対尋問権の行使が客観的に不可能になった場合には、当該反対尋問権の不行使は当該尋問手続を違法なものとはしない[4]。

なお、東京高判昭和51年9月13日（判時837号44頁）は、反対尋問権の剝奪・制限の違法性を問うことなく、反対尋問の機会なき証言に証拠能力を認め、反対尋問が行われたかどうかは信憑性を判断する際の事情にとどまるとするが、上記理由から賛成できない。本判決の趣旨にも反しよう。

〔近藤隆司〕

1審＝東京地判年月日不明民集11巻2号264頁／2審＝東京高判昭29・12・22民集11巻2号267頁

1) 田中和夫「交互尋問の研究〈その一〉」裁判官特別研究叢書1号61頁、田辺公二「英米型事実審理と大陸型事実審理」同・動態と背景98頁。
2) 判例として、最判昭27・12・5民集6巻11号1117頁など。もっとも、刑事訴訟においては人権保障の観点から伝聞証拠の証拠能力は制限されている。
3) 中務俊昌＝鈴木正裕・民商36巻2号212頁。
4) 石川明・百選続版161頁、内田武吉・百選2版205頁、本間義信・百選Ⅱ新法対応補正版269頁。

147 弁論の併合と証拠調べの結果の援用

最高裁昭和41年4月12日判決　民集20巻4号560頁、判時447号58頁、判タ191号75頁　　▶152条

論点 ▶ 弁論の併合前にそれぞれの事件においてなされた証拠調べの結果は、併合された他の事件との関係でも証拠資料になるか

事実の要約　本件不動産につき、XからY_1（Xの娘婿）へ、Y_1からY_2（Y_1の勤務する会社）へと、いずれも売買を原因とする所有権移転登記がなされた。Xは、これらの売買の無効を主張し、Y_1およびY_2を共同被告として、売買無効確認、所有権移転登記抹消登記手続を請求した。

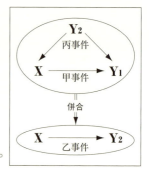

裁判の流れ　1審：請求認容　2審：取消・請求棄却　最高裁：一部破棄差戻・一部上告棄却

1審の経過は次の通り。まず①弁論分離。XY_1間の訴訟（甲事件）はY_1がXの請求原因事実を全部認めたため弁論終結。XY_2間の訴訟（乙事件）のみ証拠調べ等の手続続行。②甲事件の弁論再開。③Y_2は、本件不動産がY_2の所有であることの確認等を求めるため、XおよびY_1を相手方として、甲事件に独立当事者参加（丙事件）。④乙事件に甲・丙事件を併合。XおよびY_2はそれぞれ乙事件における主張立証を援用すると陳述。Y_1はY_2の主張事実を全て否認すると陳述。

1審はX勝訴。Y_2が控訴し、2審はY_2勝訴。Xは上告し、上告理由第4点として、Y_2が乙事件における主張や証拠を丙事件において用いるには、適式な方法で援用しなければならないのに、1審の調書には「参加人（Y_2）は従来の主張立証を援用する」と記載されているだけで、いかなる証拠をいかなる方法で援用したのか不明であり、採証上の違法がある、と主張した。この点についての最高裁の判断は以下の通りである。

判旨　＜一部破棄差戻・一部上告棄却＞「数個の事件の弁論が併合されて、同一訴訟手続内において審理されるべき場合には、併合前にそれぞれの事件においてされた証拠調の結果は、併合された事件の関係のすべてについて、当初の証拠調と同一の性質のまま、証拠資料となると解するのが相当である。けだし、弁論の併合により、弁論の併合前にされた各訴訟の証拠資料を共通の判断資料として利用するのが相当だからである。

したがって、XとY_2間の訴訟（乙事件）においてされた証拠調の結果が、併合された他の事件についても、前記認定の訴訟の経過のもとでそのまま証拠資料とすることができることを前提としてした原審の訴訟手続は相当であって、この点に違法はない」。

判例の法理　●**弁論の併合と併合前の証拠調べの結果**　弁論の併合前にそれぞれの事件においてなされた証拠調べの結果は、併合された他の事件との関係でも証拠資料になるだろうか。特に主観的併合の場合にどうだろうか。従来より見解は分かれ、実務の取扱いも一様ではなかった。そうした状況において、本判決は、他の事件の当事者による援用を要することなく、従前と同一の性質のまま（従前の証人の証言などがそのまま）証拠資料となるとする通説（援用不要説）の立場を採用したとの見方が一般的である[1]。もっとも、本判決は援用の要否に直接言及していないこと、本件ではY_2が乙事件における主張立証を援用していたこと等の理由から、必ずしも援用不要との立場を採用したとは断言できないとの見方もある[2]。

判例を読む　●**援用の要否**　学説には、通説[3]のほか、従前の証拠調べの結果を他の事件との関係でも証拠資料とするためには、他の事件の当事者による援用を要し、援用するときは従前の証拠調調書（証人尋問調書など）を書証として提出すべきとする少数説[4]と、他の事件の当事者による援用を要するが、援用するときは従前と同一の性質のまま証拠資料となるとする有力説[5]がある。理論的にみると、少数説は、併合後も各訴訟は別訴訟としての性格を失わないことを、有力説は、併合の時点から各訴訟は一個の訴訟として取り扱われることを、通説は、併合により各訴訟は当初から併合提起されたものとみなすことを、それぞれ前提としている。弁論併合の制度目的が、共通の判断資料によって審理の重複を避け、裁判の矛盾抵触を防ぐことにある点に鑑みれば、通説が最も合目的的ではある[6]。

●**手続保障**　有力説が指摘するように、従前の証拠調べに立ち会う機会がなかった当事者には、併合後の弁論において適当な防御の機会を与える必要がある。しかし、そのための方策については、通説の中でも見解が分かれていた[7]。そこで、現行法は、従前の証人尋問に関しては、尋問の機会がなかった当事者に再尋問の機会を保障することとした（152条2項）[8]。よって、通説に立つならば、従前の証人尋問に対しては再尋問の申出をし、従前の書証等に対しては必要な反論を提出するということになる。

〔近藤隆司〕

1審＝福岡地直方支判昭37・4・17民集20巻4号570頁／2審＝福岡高判昭38・4・30民集20巻4号578頁

1) 奈良次郎・最判解民昭和41年度140頁、石川明・百選2版197頁など。
2) 中村英郎・民商55巻5号107頁、吉村徳重・判評102号36頁、伊藤眞・百選続版139頁、新堂2版補正版325頁など。
3) 法律実務講座③291頁、井口牧郎「証人尋問と弁論の分離併合」兼子編・実例法学全集民訴上294頁、中務俊昌「弁論の併合」新演習民訴429頁、斎藤ほか編・注解民訴③435頁、注釈民訴③206頁〔加藤新太郎〕、奈良・前掲注1）141頁、林順碧・法教84巻3号407頁など。
4) 村松俊夫『民訴雑考』（日本評論社、1959）49頁。
5) 条解初版342頁〔新堂幸司〕、菊井＝村松・全訂初版①444頁、中村・前掲注2）107頁、伊藤297頁など。
6) 注釈民訴③206頁〔加藤新太郎〕参照。
7) 注釈民訴③207頁〔加藤新太郎〕参照。
8) 法務省編・一問一答155頁参照。

148 無断（秘密）録音テープの証拠能力

東京高裁昭和 52 年 7 月 15 日判決　判時 867 号 60 頁、判タ 362 号 241 頁　▶247 条

論　点 ▶ 話者の同意なしに録取された録音テープは証拠能力を有するか

事実の要約　X（映画 PR 会社）は、スポンサーとなるべき Y（製薬会社）との間にテレビ映画の製作放映に関する契約が成立したのに、Y がその債務を履行しないとして、Y に対し損害賠償を請求した。

裁判の流れ　1 審：請求棄却　2 審：控訴棄却

1 審で敗訴した X は控訴し、本件録音テープの反訳書面を書証として提出した。そのテープは、1 審で X が敗訴したのは Y の広告係長 C が X に不利な供述をしたことに起因すると考えた X の代表取締役 A が、X 敗訴後控訴提起前に、幼少の頃から親交のあった Y の人事課長 B を通じて C を料亭に招き、酒食を饗応したうえ、X の後援者 D に本件を有利に説明してほしいなどと依頼し、本件の経緯について種々誘導的に質問して C には単に諾否を答えさせるような方法で会話を交わし、その間、襖を隔てた隣室でひそかにこの問答を録取したものであった。2 審は、次のように、本件録音テープの証拠能力を肯定したが、本件録音テープに録取された C の供述部分はにわかに信用し難いものがあるなどとして、本件契約の成立を認めず、X の控訴を棄却した。

判　旨　＜控訴棄却＞「民事訴訟法は、いわゆる証拠能力に関しては何ら規定するところがなく、当事者が挙証の用に供する証拠は、一般的に証拠価値はともかく、その証拠能力はこれを肯定すべきものと解すべきことはいうまでもないところであるが、その証拠が、著しく反社会的な手段を用いて、人の精神的肉体的自由を拘束する等の人格権侵害を伴う方法によって採集されたものであるときは、それ自体違法の評価を受け、その証拠能力を否定されてもやむを得ないものというべきである。そして話者の同意なくしてなされた録音テープは、通常話者の一般的人格権の侵害となり得ることは明らかであるから、その証拠能力の適否の判定に当っては、その録音の手段方法が著しく反社会的と認められるか否かを基準とすべきものと解するのが相当であり、これを本件についてみるに、右録音は、酒席における C らの発言供述を、単に同人ら不知の間に録取したものであるにとどまり、いまだ同人らの人格権を著しく反社会的な手段方法で侵害したものということはできないから、右録音テープは、証拠能力を有するものと認めるべきである」。

判例の法理　●**違法収集証拠の証拠能力**　話者の同意なく録取された録音テープ（その反訳書面を含む）や窃取された文書など、実体法規に違反して収集された証拠は、民事訴訟において証拠能力を有するのだろうか。判例・学説とも、かつては、違法収集証拠にも証拠能力を認める見解が有力であった[1]。しかし、最近では、一定の場合に証拠能力を否定する見解が大勢である。もっとも、どんな場合に証拠能力を否定すべきかは争いがある。本判決は、著しく反社会的な手段を用いて、人の精神的肉体的自由を拘束する等の人格権侵害を伴う方法によって採集されたものである場合には証拠能力を否定すべきであるとしたうえで、本件録音テープについてはこれに当たらないとして、その証拠能力を認めたものである。

判例を読む　●**基本的視座**　裁判における真実発見の要請を重視すれば、違法収集証拠の証拠能力を肯定する方向に傾く。これに対して、手続の公正、実体法と訴訟法の間の法秩序の統一、違法収集証拠の誘発の防止、被侵害利益（人格権など）の保護を重視すれば、証拠能力を否定する方向に傾く。違法収集証拠の証拠能力の問題に対する基本的視座は、これらの要請の比較衡量にほかならない[2]。

●**学説の状況**　学説には、訴訟法上の信義則に違反する場合に限り証拠能力を否定すべきとする**信義則説**、単なる違法行為により収集された場合には証拠能力を認めるが、人格権など憲法上保障された権利を侵害する方法で収集された場合には証拠能力を否定すべきとする**違法性二段階説**、証拠の重要性・必要性、審理の対象、収集行為の態様と被侵害利益などの要素を総合的に比較衡量して決すべきとする**利益衡量説**などがある[3]。

●**判例の傾向**　判例[4]においては、本判決のように、違法収集証拠の証拠能力を否定するには証拠の収集行為に強度の違法性が必要であるとする傾向にある[5]。そして、証拠能力を制限する正当化根拠については、本判決は必ずしも明らかにしていないが、他の判例の中には、当事者間の公平の原則や将来の違法行為の抑制を挙げるもの[6]、訴訟上の信義側を挙げるもの[7] などがある。

〔近藤隆司〕

---

1 審＝東京地判昭 47・8・28

1) 大判昭 18・7・2 民集 22 巻 574 頁（原告が被告に無断で提出した被告作成の日記につき証拠能力を肯定）、法律実務講座④ 154 頁。
2) 小林・新証拠法 136 頁。
3) 信義則説は、上村明弘「違法収集証拠の証拠適格」岡山大学法学会雑誌 32 巻 3・4 号 381 頁など。違法性二段階説は、森勇「証拠調べの手続」演習民訴 550 頁、同「民事訴訟における違法収集証拠の取扱い」判タ 507 号 35 頁、春日偉知郎「録音テープ等の証拠調べ」新実務② 198 頁。利益衡量説は、小林・新証拠法 137 頁。学説の詳細については、間渕清史「民事訴訟における違法収集証拠（二・完）」民商 103 巻 4 号 617 頁、627 頁、注釈民訴④ 73 頁〔加藤新太郎〕参照。
4) 東京地判昭 46・4・26 判時 641 号 81 頁（無断録音テープにつき証拠能力を肯定）、大分地判昭 46・11・8 判時 656 号 82 頁（無断録音テープにつき証拠能力を否定）、名古屋高決昭 56・2・18 判時 1007 号 66 頁（手帳の無断コピーにつき証拠能力を肯定）、神戸地判昭 59・5・18 判時 1135 号 140 頁（何者かが窃取した文書につき証拠能力を肯定。林昭一・百選 5 版 140 頁参照）、盛岡地判昭 59・8・10 判タ 532 号 253 頁（無断録音テープにつき証拠能力を肯定）、名古屋地判平 3・8・9 判時 1408 号 105 頁（原告が窃取した信書につき証拠能力を肯定）、東京地判平 10・5・29 判タ 1004 号 260 頁（第三者が窃取した大学ノートにつき証拠能力を否定）、知財高判平 24・9・26 判時 2172 号 106 頁（社員の秘密保持義務に違反して入手・提出された文書につき証拠能力を肯定）など。
5) 森勇「証拠能力」争点新版 257 頁、間渕清史「証拠能力」争点 3 版 188 頁参照。
6) 前掲注 4) 盛岡地判昭 59・8・10。
7) 前掲注 4) 大分地判昭 46・11・8、前掲注 4) 神戸地判昭 59・5・18、前掲注 4) 東京地判平 10・5・29。

149 唯一の証拠方法の申出とその採否

最高裁昭和53年3月23日判決　判時885号118頁　　▶181条

論点 ▶ 唯一の証拠方法の申出がある場合、これを必ず取り調べなければならないか

事実の要約　ある土地が共有か単独所有かをめぐる訴訟の控訴審において、共有を主張する被告らの1人（Y_1）の本人尋問申出が被告側から出された。この申出は、土地売渡しを受けたのが被告らの先代であるかどうかという争点について被告側の唯一の証拠方法であったが、控訴審である原審はその採否を明らかにすることなく結審し、Xの明渡請求を認容する判決を下した。なお、原審口頭弁論調書には「他に主張立証はない」と当事者双方が述べたと記載されていた。

裁判の流れ　1審：不明　2審：Xの請求認容　最高裁：破棄差戻

本案について請求を認容した原審判決に対して、Yらが上告し、証人Aおよび控訴人（上告人）Y_1本人の尋問申出をしたのに、これらの証拠調べをしなかった点は違法であると主張した。

判旨　＜破棄差戻＞証人Aはそもそも尋問申出がなかった、とした後、以下のように判示した。「しかしながら、記録によれば、所論の上告人Y_1本人尋問の申出は、本件土地につき被上告人Xが完全な所有権ではなく共有持分を有するにすぎないとの上告人Y_1らの主張に関する唯一の証拠方法の申出であるから、特段の事情のないかぎりこれを取り調べることを要するところ、原審はこれに対する採否を明示することなく弁論を終結したことが明らかである。そうして本件において右特段の事情があったことは記録上窺われない。もっとも原審の第8回口頭弁論調書の記載によれば、原審の口頭弁論終結にあたって当事者双方が『他に主張立証はない。』と述べたことが認められるが、このことを以て前記唯一の証拠方法を取り調べることを要しない特段の事情とすることはできない」。

判例の法理　●**唯一の証拠方法の法理**　唯一の証拠方法は取り調べなければならないとの法理が現れたのは、明治時代の大審院判例においてである。すでに大判明治28年7月5日（民録1輯1巻57頁）にも唯一の証拠方法申出却下を違法とした例がみられるが、その実質的根拠は「法律が当事者に許したる立証方法を恣まに杜絶し自ら証明を為さしめざるに拘わらず尚其証明なしと論決したるの違法」1）という判示に示されている。

この判例法理は、当時の規定2）の反対解釈を前提としていたが、大正15年改正の旧民訴法下の実務にも受け継がれ、本判決が改めて確認したものである。

●**唯一の意味**　取調べを要する「唯一」とは、証明主題ごとに判断すべきとされている3）が、その証明主題とは主要事実で画され、間接事実について唯一の証拠であっても採否は裁量によるとした判決4）がある。また、唯一性は事実審全体を通じて判断するものと解されている5）。

●**唯一であっても取調べを要しない場合**　上記の意味で唯一であっても、例えば時機に後れた攻撃防御方法であった場合6）、証人または当事者本人尋問期日にその尋問を申し出た当事者が欠席した場合7）、費用の予納命令に従わなかった場合8）、証拠申出採用の後10か月も尋問事項書を提出しなかった場合9）、口頭弁論終結後に再開申請とともに証拠申出をした場合10）などの事情のもとでは、却下しても違法ではないとされている。

●**本判決の意義**　本判決は原審口頭弁論終結にあたって「他に主張立証はない」と述べたことが唯一の証拠方法を取り調べることを要しない特段の事情にはあたらないと判示している。この陳述は証拠申出の撤回とも解釈できそうだが、本判決はそのような調書の記載だけで唯一の証拠申出撤回の存在を認めることはできないと解した点が注目に値する。

判例を読む　●**唯一の証拠法理の実質的意義**　本来、証拠の採否は事実審裁判官の自由心証に委ねられているので、不必要と判断される証拠は、それが唯一であっても採用されないはずである。それにもかかわらず認められてきた唯一の証拠法理は、自由心証に対抗する証拠提出の権利性を承認したものと理解することができる。

●**証拠提出権の範囲**　このように理解すると、「唯一」であることも絶対的な基準となるものではない。むしろ複数の証拠申出であっても、その却下が証拠提出権を損なうかどうかを実質的に判断していく必要があろう。また逆に数として「唯一」であっても、実質的に証拠提出の機会を封じるものとはいえないのであれば、証拠調べをしないことも許されよう。

〔町村泰貴〕

1審＝奈良地判昭50・2・28／2審＝大阪高判昭52・1・26

1) 大判明34・5・1民録7輯5巻1頁。
2) 旧々法274条1項「当事者の申立てたる数多の証拠中其調ふ可き限度は裁判所之を定む」。
3) 大判明42・11・12民録15輯874頁。
4) 東京高決昭29・9・21東高民報5巻10号230頁。
5) 例えば、大判昭7・4・19民集11巻671頁。ただし、前掲注1) 明治34年判決は反対。
6) 最判昭30・4・27民集9巻5号582頁。
7) 神戸地判昭26・7・19下民集2巻7号923頁、最判昭29・11・5民集8巻11号2007頁。
8) 最判昭28・4・30民集7巻4号457頁。
9) 最判昭36・11・10民集15巻10号2474頁。
10) 最判昭45・5・21判時595号55頁。

150 「黙秘すべきもの」(197条1項2号)の意義

最高裁平成16年11月26日決定　民集58巻8号2393頁、判時1880号50頁、判タ1169号138頁

▶ 220条4号、197条1項2号

論点 ▶ 保険管理人が設置した公認会計士・弁護士による調査委員会報告書は、自己専用文書または黙秘すべきものを記載した文書といえるか？

事実の要約　X生命保険会社は、Y損害保険会社に対して不法行為に基づく損害賠償を請求する訴訟の控訴審において、Yの旧役員らが故意・過失により虚偽の財務内容を公表した事実を証明するために、Yの所持する調査報告書（本件文書）について文書提出命令を申し立てた。本件文書は、Yが経営破綻したため金融監督庁長官から業務停止等の処分を受け、保険管理人が同長官からの命令により設置した第三者による調査委員会によって作成されたものである。Yは、本件文書が自己専用文書に該当し、かつ197条1項2号に規定された事実で黙秘の義務が免除されていないものが記載された文書に該当するので提出義務を負わないと主張した。

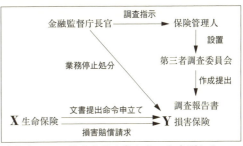

裁判の流れ　1審：申立認容　最高裁：抗告棄却
原審はYの主張をいずれもしりぞけ、保険管理人が本件文書等に基づき旧役員に対して損害賠償請求をすることを公表したことで、本件文書に記載された事実について黙秘の義務が免除されたと判断した。これに対してYが抗告許可を申し立てて、最高裁に係属した。

決定要旨　＜抗告棄却＞1. 自己専用文書について、最決平成11年11月12日（➡117事件）の判示を引用し、本件文書が法令上の根拠を有する命令に基づく調査結果を記載した文書であって専らYの内部で利用するために作成されたものではない等の理由から、自己専用文書には該当しないとする。

2.「民訴法197条1項2号所定の『黙秘すべきもの』とは、一般に知られていない事実のうち、弁護士等に事務を行うこと等を依頼した本人が、これを秘匿することについて、単に主観的利益だけではなく、客観的にみて保護に値するような利益を有するものをいうと解するのが相当である。…本件文書は、法令上の根拠を有する命令に基づく調査の結果を記載した文書であり、Yの旧役員等の経営責任とは無関係なプライバシー等に関する事項が記載されるものではないこと、本件文書の作成を命じ、その提出を受けた本件保険管理人は公益のためにその職務を行い、本件文書を作成した本件調査委員会も公益のために調査を行うものであること、本件調査委員会に加わった弁護士及び公認会計士は、その委員として公益のための調査に加わったにすぎないことにかんがみると、本件文書に記載されている事実は、客観的にみてこれを秘匿することについて保護に値するような利益を有するものとはいえず、同号所定の『黙秘すべきもの』には当たらないと解するのが相当である」。

判例の法理　197条1項2号の証言拒絶権は医師や弁護士など、職務上他人の秘密を知りうる者に関するものだが、これに関する裁判例は少ない。旧法のもとで、公証人の証言拒絶権が認められなかった例1）や宗教等の職にある者として氏子等の名簿の提出を拒んだが認められなかった例2）があるにとどまる。本決定は、弁護士が加わった調査委員会報告書に関してであり、依頼人の秘密のような本来の弁護士の職務上の秘密とは異なる事案だが、197条1項2号により保護されるべき秘密の意義を明らかにしたものとして重要である。

判例を読む　✦**弁護士、公認会計士の守秘義務と197条1項2号の関係**　本決定は本件文書に記載された事項が197条1項2号の「職務上知り得た事実」に当たることを前提としている。調査委員会には弁護士および公認会計士が含まれており、これらの者の職務上知りえた事実であることを問題とするが、同号には公認会計士が列挙されていない。しかし公認会計士法27条所定の守秘義務を根拠に、同号の適用を受けると解される3）。また、証言を拒絶する場面では同号列挙の職務従事者が主体となるが、220条4号ハの適用においては、当該文書所持者が197条1項2号の職務従事者である必要はない。

✦**「黙秘すべきもの」の意義**　本決定は秘匿について客観的な保護に値する利益を要すると判示しているが、これは旧法以来の通説4）に一致する。この解釈は、自己専用文書該当性や197条1項3号の技術または職業に関する秘密該当性における不利益の重大性の要求、あるいは公務秘密に関するいわゆる実質秘と同趣旨であり、妥当である。また、本件保険管理人の任命根拠や職務内容に照らして、本件調査結果が秘匿することについて保護に値する利益を有しないとしたことも、当然のことと解される。

なお、本決定は他の様々な調査委員会報告書に直ちに射程が及ぶものではない。自己専用文書性や秘密としての要保護性は、各委員会の設置根拠や目的に照らして個別に判断する必要がある。

〔町村泰貴〕

1審＝東京高決平16・6・8民集58巻8号2412頁

1）東京高決平4・6・19判タ856号257頁。
2）大阪高決平1・6・28判タ710号247頁。
3）旧281条1項2号に関してだが、同旨、注釈民訴⑥315頁〔坂田宏〕、新注釈民訴④241頁〔杉山悦子〕。
4）菊井＝村松・全訂民訴②501頁、秋山ほか・コンメンタール民事訴訟Ⅳ193頁。注釈民訴⑥316頁〔坂田宏〕、新注釈民訴④245頁〔杉山悦子〕など。

151 金融機関が有する顧客情報と職業の秘密

最高裁平成19年12月11日決定　民集61巻9号3364頁、判時1993号9頁　▶220条4号ハ、197条1項3号

論点 ▶ 金融機関が訴外人として提出を求められた顧客情報は、当該顧客が訴訟当事者として開示義務を負う場合にも、金融機関の職業の秘密として保護されるか

事実の要約　Aの相続人Xらは、共同相続人であるBに対して遺留分減殺請求権行使に基づく不動産共有持分権確認および移転登記手続、預貯金に関する金銭支払を求める訴訟を提起した。そこではAの生前にBがAの預貯金口座から払い出しを受けた金員がAの費用に充てられたのか、Bが取得したのかが争われている。そしてBが払戻金の入金をした事実を立証するため、Bの取引銀行であるYを所持者として、BとYのC支店との平成5年からの取引履歴が記載された取引明細表（本件明細表）の提出を求める文書提出命令申立てをした。Yは220条4号ハ、197条1項3号に規定する「職業の秘密」に該当するとして提出義務を負わないと主張し、争っている。

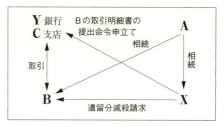

裁判の流れ　1審：申立認容　2審：取消・申立却下　最高裁：破棄自判

1審は本件明細表が職業の秘密を記載した文書に当たるとは認められないとして、提出を命じた。これに対して原審は、(1)顧客情報の秘密性は金融機関と顧客との信頼関係維持と業務の円滑な遂行に必要で、これを公開すれば業務の維持遂行に困難を来す、(2)取引履歴を記載した明細表は顧客との取引内容を明確化するためで、取引当事者以外の者に開示することを予定していないし、その秘密保持義務に反すれば顧客一般の信用を失うなど将来の業務の維持遂行が困難となる、(3)本件ではBの取引の全容が明らかになる本件明細表が職業の秘密を記載した文書であることは明らかであり、真実発見や裁判の公正を考慮しても、本件申立ては探索的なもので不可欠なものとはいえないとの理由を挙げて、本件申立てを却下した。Xらが抗告許可申立て。

決定要旨　＜破棄自判＞「金融機関は、顧客との取引内容に関する情報や顧客との取引に関して得た顧客の信用にかかわる情報などの顧客情報につき、商慣習上又は契約上、当該顧客との関係において守秘義務を負い、その顧客情報をみだりに外部に漏らすことは許されない。しかしながら、金融機関が有する上記守秘義務は、上記の根拠に基づき個々の顧客との関係において認められるにすぎないものであるから、金融機関が民事訴訟において訴訟外の第三者として開示を求められた顧客情報について、当該顧客自身が当該民事訴訟の当事者として開示義務を負う場合には、当該顧客は上記顧客情報につき金融機関の守秘義務により保護されるべき正当な利益を有さず、金融機関は、訴訟手続において上記顧客情報を開示しても守秘義務には違反しないというべきである。そうすると、金融機関は、訴訟手続上、顧客に対し守秘義務を負うことを理由として上記顧客情報の開示を拒否することはできず、同情報は、金融機関がこれにつき職業の秘密として保護に値する独自の利益を有する場合は別として、民訴法197条1項3号にいう職業の秘密として保護されないものというべきである」。

本件明細表は顧客Bの取引履歴であり、Yはこれを秘匿する独自の利益を有せず、本案の訴訟当事者Bが所持していれば提出義務の認められる文書であるから、Yの守秘義務によって保護されるべき正当な利益をBも有さないので、Yが本件明細表を提出しても守秘義務に違反しない。

判例の法理　★**銀行の守秘義務と情報主体の利益**　本決定は、金融機関が顧客の取引内容について守秘義務を負うことを認めつつ、情報主体である顧客自身が当事者となっている本案訴訟において、顧客に提出義務が認められる性質の文書であれば、銀行自身に秘密として保護に値する独自の利益がない限り、職業の秘密として保護されないとした。金融機関の所持する文書については、貸出稟議書をめぐる一連の決定例1)のほか、社内通達文書2)や自己査定文書3)などがあるが、職業の秘密との関係では本決定の外にも最高裁の判断が示されている。すなわち、顧客から提供された非公開の財務情報について、銀行自身は独自の利益を有せず、当該顧客が民事再生手続のもとにあり、また本案訴訟における証拠調べの必要性との比較衡量に基づいて提出の必要性が高いと認められる場合であるから、職業の秘密が記載された文書として提出拒絶することはできないとした4)。これは本決定の判断枠組みを受け継いだものである。

判例を読む　★**銀行固有の利益の可能性**　顧客が秘密性利益を主張しえない場合、銀行に想定できる独自の利益は何が考えられるか。顧客の財務情報の範囲やその分析に銀行自身の重要な非公開ノウハウが含まれている場合など、特殊なケースにとどまるであろう。その他、自己専用文書の該当可能性は別論とする。　〔町村泰貴〕

1審＝名古屋地決平18・12・19金法1828号53頁／2審＝名古屋高決平19・3・14金法1828号51頁

1) 最決平11・11・12民集53巻8号1787頁（→117事件）、最決平13・12・7民集55巻7号1411頁（→118事件）。
2) 最決平18・2・17民集60巻2号496頁（→122事件）。
3) 最決平19・11・30民集61巻8号3186頁（→123事件）。
4) 最決平20・11・25民集62巻10号2507頁。

152 報道関係者の取材源に係る証言拒絶

最高裁平成 18 年 10 月 3 日決定　民集 60 巻 8 号 2647 頁、判時 1954 号 34 頁、判タ 1228 号 114 頁　▶ 220 条 4 号ニ

論点 ▶ 民事事件において証人となった報道関係者が 197 条 1 項 3 号に基づいて取材源に係る証言を拒絶することができるかどうかを判断する基準

事実の要約　X_1 は、日本の企業である A 社のアメリカにおける関連会社であり、X_2 らは A 社の持分権者等であるが、A 社が所得隠しにより追徴課税を受け、アメリカの関連会社にも所得隠しの利益が送金されてアメリカの国税当局からの追徴課税を受けたとの報道が NHK によりなされ、その他のメディアによってもなされた。Z は NHK 記者としてこの報道の取材活動をした。

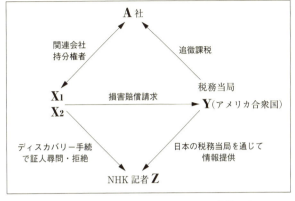

X_1 らはアメリカ合衆国を被告として、アメリカ国税当局の職員が A 社および X_1 らの徴税に関する情報を、無権限で、虚偽の内容も含めて、日本の国税庁税務官に開示し、これがもとで本件報道がなされたため株価下落等の損害を被ったと主張して、アリゾナ州の連邦地裁に損害賠償を求める訴え（本件基本事件）を提起した。そしてディスカバリー手続の中で Z の証人尋問を申請し、連邦地裁が日本の裁判所にこれを嘱託し、国際司法共助事件として新潟地方裁判所に係属した。この証人尋問において Z は、取材源の特定に関する証言を拒絶した。

裁判の流れ　1 審：証言拒絶認容　2 審：抗告棄却　最高裁：抗告棄却

1 審は証言拒絶に理由があるものと認めた。X_1 らの抗告に対して原審も、報道関係者の取材源は民訴法 197 条 1 項 3 号所定の職業の秘密に該当するなどとして、本件証言拒絶には正当な理由があるものと認め、抗告を棄却した。これに対して X_1 が抗告許可を申し立てて、最高裁に係属した。

決定要旨　＜抗告棄却＞　197 条 1 項 3 号の「職業の秘密」の意義につき、「その事項が公開されると、当該職業に深刻な影響を与え以後その遂行が困難になるものをいう」として最決平成 12 年 3 月 10 日（民集 54 巻 3 号 1073 頁）（➡ 119 事件）を引用したうえで、「ある秘密が上記の意味での職業の秘密に当たる場合においても、そのことから直ちに証言拒絶が認められるものではなく、そのうち保護に値する秘密についてのみ証言拒絶が認められると解すべきである。そして、保護に値する秘密であるかどうかは、秘密の公表によって生ずる不利益と証言の拒絶によって犠牲になる真実発見及び裁判の公正との比較衡量により決せられるというべきである」と判示した。

次いで報道関係者の取材源については以下のように判示した。「一般に、それがみだりに開示されると、報道関係者と取材源となる者との間の信頼関係が損なわれ、将来にわたる自由で円滑な取材活動が妨げられることとなり、報道機関の業務に深刻な影響を与え以後その遂行が困難になると解されるので、取材源の秘密は職業の秘密に当たるというべきである。そして、当該取材源の秘密が保護に値する秘密であるかどうかは、当該報道の内容、性質、その持つ社会的な意義・価値、当該取材の態様、将来における同種の取材活動が妨げられることによって生ずる不利益の内容、程度等と、当該民事事件の内容、性質、その持つ社会的な意義・価値、当該民事事件において当該証言を必要とする程度、代替証拠の有無等の諸事情を比較衡量して決すべきことになる。

そして、この比較衡量にあたっては、次のような点が考慮されなければならない。

すなわち、報道機関の報道は、民主主義社会において、国民が国政に関与するにつき、重要な判断の資料を提供し、国民の知る権利に奉仕するものである。したがって、思想の表明の自由と並んで、事実報道の自由は、表現の自由を規定した憲法 21 条の保障の下にあることはいうまでもない。また、このような報道機関の報道が正しい内容を持つためには、報道の自由とともに、報道のための取材の自由も、憲法 21 条の精神に照らし、十分尊重に値するものといわなければならない〔最大決昭 44・11・26 刑集 23 巻 11 号 1490 頁参照〕。取材の自由の持つ上記のような意義に照らして考えれば、取材源の秘密は、取材の自由を確保するために必要なものとして、重要な社会的価値を有するというべきである。そうすると、当該報道が公共の利益に関するものであって、その取材の手段、方法が一般の刑罰法令に触れるとか、取材源となった者が取材源の秘密の開示を承諾しているなどの事情がなく、しかも、当該民事事件が社会的意義や影響のある重大な民事事件であるため、当該取材源の秘密の社会的価値を考慮してもなお公正な裁判を実現すべき必要性が高く、そのために当該証言を得ることが必要不可欠であるといった事情が認められない場合には、当該取材源の秘密は保護に値すると解すべきであり、証人は、原則として、当該取材源に係る証言を拒絶することができると解するのが相当である」。

以上の一般論に基づき、本件事案については、本件報道が公共の利害に関する報道であること、取材の手段、方法が一般の刑罰法令に触れるようなものであるとか、取材源となった者が取材源の秘密の開示を承諾しているなどの事情はうかがわれないこと、本件基本事件が社会的意義や影響のある重大な民事事件かどうか明らかでないこと、本件基本事件の手続がいまだ開示（ディスカバリー）の段階にあること、公正な裁判を実現するために当該取材源に係る証言を得ることが必要不可欠であるといった事情も認めることはできないことから、証言拒絶に正

当な理由があると判断した。

判例の法理 ✪**報道関係者の取材源に関する証言拒絶** 新聞記者の取材源について裁判で証言を求められた場合に、これを拒否できるか否かについて最高裁は、かつて刑事訴訟についてであるが、証言拒絶は認められないと判示した [1]。もっとも、刑事訴訟法上の証言拒絶権は、医師、弁護士等を列挙して証言拒絶権を認める条文(刑訴法149条)となっており、民訴法197条1項3号に規定するような一般的な職業の秘密を理由とする証言拒絶権は定められていない。したがって、本件のごとく職業の秘密に新聞記者の取材源が該当するか否かは、上記の最高裁判決の射程外にあった。また、本決定が引用する最高裁大法廷決定 [2] は、報道機関の取材の自由が憲法上尊重されるべきこと、刑事裁判における証拠としての使用はその必要性等と報道の自由との比較衡量によって決せられるべきことを判示していた。民事訴訟においても、下級審では本決定と同様に「公正な裁判の実現という利益と取材源秘匿により得られる利益との比較衡量」によって、証言拒絶の可否を決するとしたものがあった [3]。本決定は、これらの下級審の先例と共通の判断枠組みにおいて、証言拒絶を認めた例として実務上も重要である。

判例を読む ✪**取材源に関する証言拒絶権の成否とメディアの種類** 本件のごとく、新聞記者やテレビ局の記者による取材源(ニュースソース)を秘匿する利益が憲法上保護に値するということは、多言を要しないが、それがどの範囲のメディアにまで認められるのかという射程の問題は残されている。

いわゆるマスメディアとしては、新聞やテレビ・ラジオが重要な役割を果たしてきたが、その中でも全国紙やキー局と地方紙、地方局、より零細なコミュニティメディアなど様々である。そのどの範囲までが取材及び報道の自由を享受し尊重されるべきかはこれまでも問題であったが、インターネットにより個人でもかなり広範囲な情報発信が可能となり、また既存のマスメディアもインターネットによる情報発信を積極的に展開している現在、その境界はますます不透明となっている。

民事訴訟法は「技術又は職業の秘密」と規定するので、職業としてなされた情報発信であることは要求されようが、その中で明確な線引きをするのは困難である。証言拒絶権が認められる範囲はいわゆるマスメディアに限られずに広がる可能性は否定できない。

✪**利益衡量アプローチの当否** 本決定は取材源の秘匿は職業の秘密に当たるとしたうえで、それが保護に値する秘密かどうかは、「当該報道の内容、性質、その持つ社会的な意義・価値、当該取材の態様、将来における同種の取材活動が妨げられることによって生ずる不利益の内容、程度等」と「当該民事事件の内容、性質、その持つ社会的な意義・価値、当該民事事件において当該証言を必要とする程度、代替証拠の有無等」との比較衡量によって決するとした。この利益衡量アプローチは、取材源の秘匿にとどまらず、他の職業の秘密に関する判断においても用いられている [4]。刑事訴訟関係文書の提出義務があるかどうかの判断においても、当該文書保管者の裁量的判断が「民事訴訟における当該文書を取り調べる必要性の有無、程度、当該文書が開示されることによる上記の弊害発生のおそれの有無等の諸般の事情に照らし」裁量権の範囲を逸脱または濫用するものといえるかどうかによるとされており、証拠調べの必要性と開示により生じる弊害との比較衡量が採用されている [5]。

こうした比較衡量アプローチに対しては、秘密保護や証言拒絶権の本質と相容れないとの批判がある [6]。確かに、情報の秘密性は当該情報自体、または情報主体もしくは情報保有者の地位に照らして要保護性が評価されるべきで、後に訴訟となった場合の状況、とりわけ代替証拠の有無などの事情に左右されるべきではなく、後の事情に左右されては秘密性に対する期待が損なわれるとの議論は考慮に値する。しかし、秘密に対する保護や秘密性への期待の保護も絶対的な価値ではなく、公正な裁判の要請と衝突する場面では相対化されることはやむを得ない。また開示により生じる弊害の程度は事案ごとに差がある。他方で証拠調べの必要性も事案ごとに差があり、両者の調整は比較衡量アプローチによるのが適切である。

〔町村泰貴〕

1審=新潟地決平17・10・11民集60巻8号2678頁／2審=東京高決平18・3・17判時1939号23頁

1) 最大判昭27・8・6刑集6巻8号974頁。
2) 最大決昭46・11・26民集23巻11号1490頁。
3) 札幌高決昭54・8・31下民集30巻5~8号403頁、判例講義民訴1版140事件参照。このほか本件原審と同様の事件に関するものだが、東京高決平18・6・14判時1939号23頁も新聞記者の証言拒絶を認めている。なお、同様に利益衡量により証言拒絶権の成否を決した例として、公証人の守秘義務に基づく証言拒絶に関する東京高決平4・6・19判タ856号257頁がある。
4) 最決平19・8・23判時1985号63頁。自己専用文書性が認められないとしたうえで、職業の秘密に関する事項が記載された文書であるとの主張に対し、取調べの必要性が高いことを指摘して排斥している。最決平20・11・25民集62巻10号2507頁も、金融機関が所持する自己査定文書について職業の秘密が記載された文書かどうかが争われ、開示の不利益と証拠価値の高さとの比較衡量がなされている。
5) 最決平16・5・25民集58巻5号1135頁➡114事件。
6) 伊藤402頁以下など。

153 磁気テープの証拠調べ

大阪高裁昭和53年3月6日決定　高民集31巻1号38頁、判時883号9頁、判タ359号194頁

▶223条、230条、231条

論　点 ▶ 磁気テープなど新種の証拠方法の取調べ方法および提出の方法

事実の要約　多奈川火力発電所の排出物質によって大気が汚染され、健康被害を受けたと主張するXらは、同発電所を運営するY電力会社に対して、損害賠償および運転差止を求める訴えを提起した。その訴訟において原告Xらは、被告Y電力会社の所持する二酸化硫黄の測定結果、発電所の出力、アンモニア注入、風向きなどの測定結果が記録されたコンピュータ用磁気テープの提出命令を申し立てた。

裁判の流れ　1審：Xらの申立認容　2審：原決定一部変更・一部棄却

原審は旧312条（現220条）1号および3号に基づき、Xの求める記録の磁気テープおよびこれより各データを取り出すのに必要不可欠な資料を、準文書として提出するよう命じた。これに対してYが抗告し、磁気テープが文書とはいえないこと、提出すれば業務遂行に支障を来すこと、申立対象外の秘密情報も含んでいること、データが壊れやすいこと、磁気テープだけでは裁判所においてアウトプットできないこと、証すべき事実の記載が抽象的すぎることなどを縷々主張した。

判　　旨　＜原決定一部変更・一部棄却＞本決定はまず証すべき事実が抽象的であることについて、Xらが提出を求める文書の記載内容を知ることはできないのであって、抽象的記載にとどまっていても不適法ではないとするのが公平の原理に適うとした。ついで磁気テープの文書性について、以下のように判示した。

「民訴法312条〔現220条〕にいう文書とは、文字その他の記号を使用して人間の思想、判断、認識、感情等の思想的意味を可視的状態に表示した有形物をいうところ、一般的にみて磁気テープ（電磁的記録）自体は通常の文字による文書とはいいえない。しかし、磁気テープの内容は、それがプリントアウトされれば紙面の上に可視的状態に移しかえられるのであるから、磁気テープは同条にいう文書に準ずるものと解すべく、本件測定資料…中の測定記録をインプットした磁気テープは、多数の情報を電気信号に転換しこれを電磁的に記録した有形物であって、それをプリント・アウトすれば可視的状態になしうるから、準文書というべきであって、磁気テープがその内容を直接視読できないこと、あるいは直接視読による証拠調の困難なことをもって、その準文書性を否定することができない。…情報ないし記録を磁気テープにインプットするのは、将来必要となった場合にこれを見読可能なものとして紙面等に顕出することを目的としているものであって、インプットした情報・記録等を見読不可能な状態で保存することのみを目的としているものではないから、これをインプットした者は、将来訴訟上相手方との間において、その者の要求により磁気テープにインプットされている情報・記録を相手方に示す必要が生じ、裁判所からその提出を命じられた場合には、単に磁気テープを提出するのみでは足りず、少なくともその内容を紙面等にアウトプットするに必要なプログラムを作成してこれを併せて提出すべき義務を負っているものというべきである」。

以下、本件文書が法律関係文書に準ずるものであること、業務遂行に支障を来す旨の拒絶事由は具体的に理由をあげて立証すべきであること、秘密扱いとしている部分が含まれているとしても、その理由を明示する必要があること、あるいは秘密部分をアウトプットしえないプログラムを作成できることを指摘して、原審の提出命令を支持した。

判例の法理　❖**旧法下の新種証拠の取扱い**　民事訴訟法は書証の対象としての文書、検証の対象としての物、尋問の対象としての証人、鑑定人そして当事者本人の、5種類の証拠方法を定めている。このうち前二者の取調べは、その目的によって区別され、証拠方法に記載された内容を証拠資料とする場合が書証であり、証拠方法の形状等を証拠資料とする場合が検証である。そして旧332条は書証に関する規定を準文書、すなわち「証徴の為作りたる物件にして文書に非ざるもの」に準用していた。この準文書に相当するものとしては荷物を預けた際に交わされる割り符などがその典型とされていた。

そこではコンピュータ用のデジタルデータはもちろん、アナログの録音テープやビデオテープも証拠方法として想定されておらず、これらの「新種」証拠の取調べを書証として行うか検証として行うか、あるいはそれ以外の方法によるべきか、争いがあった[1]。

❖**本決定の意義**　そのような中で本決定は、コンピュータ用磁気テープを準文書として書証により取り調べることを明示した裁判例としてあげられる。しかしながら本決定は、テープの所持者Yが文書提出命令に対する抗告理由として、文書性がないと主張したのに応えて文書に該当すると判示しているわけだが、もともと文書かどうかは提出義務の有無という争点にレレバントではない。文書性がないとしても、結局、検証物提示義務により提出しなければならなくなるからである。本決定の特徴はむしろ、コンピュータ・データの提出義務に、そのプリントアウトに必要なプログラムを作成して提出すべき義務までも含まれると判示した点にあろう。

判例を読む　❖**現行法下における新種証拠の取扱い**　現行法は、まず準文書に関する規定（231条）を大きく変更し、録音テープとビデオテープを例示してデータの記録媒体を準文書として書証の対象とし、必要に応じて内容説明・反訳文書を提出するものとした（規149条）。他方、規則144条では、録音テープ等の反訳文書自体を書

証の対象とし、元のデータ媒体（テープ等）の複製物を相手方の求めに応じて交付すべきことを定めた。つまり現行法は、録音テープやビデオテープなどの新種媒体それ自体を「準文書」として書証の手続により提出し、補助的に内容要約文書を提出させる方法と、内容の反訳書面を書証の手続により取り調べ、補助的に原データの複製を交付させる方法との2つを用意したわけである。

これらの規定ではコンピュータ・データの記録媒体が明示されておらず、解釈に委ねられている 2)。思うにカセットテープなどと同様に運搬可能で裁判所の設備でも内容の見読が可能なデータ媒体であれば、これを準文書と解さない特段の理由はない。したがって明示された準文書と同様に記憶媒体自体を証拠方法とすることも、また内容の反訳書面を証拠方法としてデータ記憶媒体の複製を交付する方法も、いずれも可能と解すべきである。

✪**データの原本性と真正**　ところで書証の場合、文書成立の真正を228条に従って証明しないと形式的証拠力がないとされる。デジタルデータの場合も同様の取扱いがなされるとすると、私文書における署名または押印に相当するものは何かということが問題となる。この点を立法的に解決したのが「電子署名及び認証業務に関する法律」である。同法3条は「電磁的記録であって情報を表すために作成されたもの（公務員が職務上作成したものを除く）は、当該電磁的記録に記録された情報について本人による電子署名（これを行うために必要な符号及び物件を適正に管理することにより、本人だけが行うことができることとなるものに限る）が行われているときは、真正に成立したものと推定する」と規定している。また同法2条には定義として、当該情報が当該措置を行った者の作成にかかるものであることを示し、かつ当該情報について改変が行われていないかどうかを確認できるものであることを、電子署名としている。つまり、作成者の真正と内容的真正のいずれをも確認できる電磁的記録が電子署名と呼ばれるのである。

この電子署名の実際のプロセスは、法律上は規定されておらず、将来の技術発展に対応可能な中立性を維持しているが、現在代表的な電子署名のシステムとして用いられているのが、公開鍵暗号技術を用いたデジタル署名である。簡単にいうと、送信すべき文書を一定の関数を用いて圧縮したダイジェストを作成し、送信者はこのダイジェストに秘密鍵を用いて暗号化し、デジタル署名を生成する。平文の送信すべき文書とデジタル署名とを受け取った受信者は、同じ関数を用いて平文からダイジェストを生成し、他方デジタル署名から送信者の公開鍵を用いてダイジェストに復号化する。平文から生成したダイジェストとデジタル署名から復号化されたダイジェストとが一致すれば真正、一致しなければ不真正というわけである。

問題は推定の前提事実たる電子署名が送信者の意思に基づいて付されたものかどうかの証明が必要となる点である。関数によるダイジェストとデジタル署名および公開鍵による復号化の結果とが一致したとしても、その公開鍵が送信者の利用にかかるものであることが証明されなければならない。そこで、認証機関（Certification Authority）が発行する電子証明書が必要となる。要するに、電子証明書が、実印における印鑑証明書の役割を果たし、デジタル署名とこれに対応する公開鍵が本人の意思に基づいて生成されたことを事実上推定させる証拠となるのである 3)。

✪**電子署名のないデジタル・データ**　実務上提出される電子データは、そのほとんどが電子署名などで真正を証明できないデータであろうと思われる。近時の裁判例に表れた録音データ 4) のように、改ざんの有無が争われた場合、真正の立証は困難である。電子証拠の保全技術すなわちデジタル・フォレンジック技術 5) に基づく真正性確保と立証を工夫する必要がある。

〔町村泰貴〕

1審＝大阪地決昭52・3・28

1) 録音テープにつき書証説として菊井＝村松・全訂②670頁、春日偉知郎「録音テープ等の証拠調べ」新実務②192頁、加藤新太郎「新種証拠と証拠調べの方式」講座民訴⑤221頁など、検証説として木川統一郎＝馬越道夫「民事訴訟における録音テープの証拠調」判夕237号34頁など。コンピュータ用記憶媒体については、書証説と検証説のほかに、プリントアウトした書面（生成文書）を書証として取り調べる新書証説（加藤・前掲237頁以下）、「電子記憶媒体及び媒体上のデータを直接に証拠調べの対象にする場合には検証によることとし、電子記憶媒体上のデータの全部または一部の印字出力については、それ自体を原本として書証による証拠調べをなすべきである」とする説（夏井高人『裁判実務とコンピュータ』（日本評論社、1993）158頁）が主張されていた。

2) 立法担当者の説明では、プリントアウトされた文書が書証となるのは当然であり、ディスク等自体は検証または鑑定によること、性質の異なる各種のコンピュータ用記憶媒体を包括的に規制の対象とすることは困難であることなどの理由から、取り上げないこととされた（法務省編「民事訴訟手続に関する改正要綱試案補足説明」（1993）45頁）。したがって、少なくとも立案担当者はコンピュータ用の各種媒体そのものを準文書とすることを予定していなかったともみられる。

3) 電子署名に関しては、高橋和之＝松井茂記編『インターネットと法〔第4版〕』（有斐閣、2010）186頁〔大谷和子〕、辛島睦＝飯田耕一郎＝小林義和『Q&A電子署名法解説』（三省堂、2001）特に76頁参照。

4) 東京高判平21・3・27判夕1308号283頁。

5) 町村泰貴＝白井幸夫編『電子証拠の理論と実務』（民事法研究会、2016）、佐々木良一編著『デジタル・フォレンジックの基礎と実践』（東京電機大学出版局、2017）など参照。

154 文書真正の推定
最高裁昭和39年5月12日判決　民集18巻4号597頁、判時376号27頁、判タ163号74頁　▶228条

論　点 ▶ 私文書の作成名義人の印影に基づく私文書の真正の推定の成否

事実の要約　X（信用保証協会）は、訴外A信用金庫からY₁が借入をするに際して保証人となり、Y₂Y₃はXのY₁に対する将来の求償債権について連帯保証した。Y₁はAに弁済しなかったため、Xが代位弁済し、求償債権のうち一部弁済を受けた残りの部分をY₁Y₂Y₃に対して訴求した。Y₂は請求原因事実を認めたうえで手元不如意を主張したが、主債務者Y₁は控訴審においてAからの借入およびXへの保証委託のいずれもY₂が無断で印鑑を用いてしたものであると主張した。

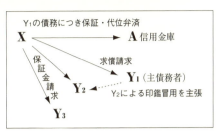

裁判の流れ　1審：Xの請求認容　2審：控訴棄却　最高裁：上告棄却

1審では、Y₂が請求原因事実を自白し、Y₁Y₃は不出頭のため擬制自白が成立し、Xの請求が全面的に認容された。これに対してY₁が控訴し、本件の各契約がY₂の印鑑盗用によるものであることを主張した。原審は、保証委託契約書および委任状等の印影がY₁の印鑑で顕出されたことに争いがないことから、旧326条（現228条4項）に基づいて真正に成立したものと推定され、他の証拠とあわせて請求原因事実が認定できるとして、控訴を棄却した。Y₁は、同条項の推定の前提としてY₂の印鑑盗用の有無を判断すべきなのにこれをしないことなどを違法であると主張して上告。

判　旨　〈上告棄却〉「民訴326条〔現228条4項〕に『本人又ハ其ノ代理人ノ署名又ハ捺印アルトキ』というのは、該署名または捺印が、本人またはその代理人の意思に基づいて、真正に成立したときの謂であるが、文書中の印影が本人または代理人の印章によって顕出された事実が確定された場合には、反証がない限り、該印影は本人または代理人の意思に基づいて成立したものと推定するのが相当であり、右推定がなされる結果、当該文書は、民訴326条〔現228条4項〕にいう『本人又ハ其ノ代理人ノ…捺印アルトキ』の要件を充たし、その全体が真正に成立したものと推定されることとなるのである」。

判例の法理　⛯**二段階の推定**　文書を証拠方法とする場合は、当該文書の真正、すなわち形式的証拠力があることが必要である（228条1項）。公文書の場合は方式および趣旨により公務員が職務上作成したと認められる場合には真正な成立を推定し（同条2項）、私文書の場合は、本人または代理人の署名または押印により真正な成立を推定すると規定している（同条4項）。もっとも私文書上にある印影が存在している場合でも、そのことが直ちに推定の前提事実である「本人の意思に基づく押印」を意味するわけではない。

当該印影が本人の印章と一致している場合でも他人が無断で使用したという場合がありうるからである。本判決はこの前提事実の証明について、本人の印章によって印影が顕出されたことから事実上推定されると判示した。したがって私文書上に本人の印章と同一の印影が見られる場合には、その印影の存在から本人の意思に基づく押印が事実上推定され、これによって228条4項に基づいて私文書全体の真正な成立が推定されるという二段階の推定がなされる。228条4項の推定の法的性質をめぐっては、法定証拠法則だとする説と法律上の推定であるとする説とが対立している[1]。

⛯**推定を破る反証**　本判決後、印章と一致する印影の存在から本人の意思に基づく押印の推定は定着した。この推定を破る特段の事情があったとされた例としては、当該印章が家族で共用されていた場合[2]、会社印が他に預託されていたなどの事情が認定されている場合[3]などがある。

判例を読む　⛯**経験則を支える慣行**　わが国においては重要な法律行為にいわゆる実印を使用する慣行があり、その保管は一般に慎重になされている。印影の存在から本人の意思に基づく捺印の事実を推定する本判決の判旨は、こうした慣行を前提としている。そうだとすれば、実印以外のいわゆる三文判では、特段の事情がない限りそうした推定は働かないものというべきである。本判決の射程はこの点で限界がある。

⛯**電子署名への応用**　本判決の論理は、いわゆる電子署名・認証法（**153事件**の解説参照）3条に規定された電子署名にも応用が可能である。この場合、電子署名のシステム自体が他人の冒用を許さないものとなっていることが必要であることはいうまでもない。加えて、電子署名を付すために必要なID・パスワードの管理が慎重になされていることも、電子署名が本人の意思に基づいて付されたことを推定する前提として必要となろう[4]。

〔町村泰貴〕

1審＝大阪地判昭37・12・25／2審＝大阪高判昭38・10・30

1) 法定証拠法則とするのは兼子一「推定の本質及び効果について」同・研究① 295頁など。法律上の推定であるとする説は松本・証明責任の分配 163頁。
2) 最判昭50・6・12判時783号106頁。ただし、結論的には作成名義人の意思に基づいて作成されたものと認定されている。
3) 最判昭47・10・12金法668号38頁。
4) 電子署名等については153事件の解説参照。

155 通常共同訴訟人独立の原則——当然の補助参加

最高裁昭和43年9月12日判決　民集22巻9号1896頁，判時534号50頁，判タ227号140頁　▶39条，42条，45条

論　点　▶　①当然の補助参加の可否
　　　　　　　②共同訴訟人独立の原則

事案の要約　Y_1 はその所有者であるXから本件土地を借り受け，その上に本件建物を所有していた。その後，本件建物の所有権は Y_1 から Y_2，Y_2 から Y_3（Y_1 の息子）へと移転し，Y_1 および Y_3 が居住していた。Xは，本件土地所有権に基づき，①Y_3 に対しては建物収去・土地明渡を求める訴えを，②Y_1 に対しては建物退去・敷地部分明渡し等を求める訴えを，③Y_2 に対しては本件建物を所有していた期間の賃料相当額の支払を求める訴えを，それぞれ提起した。訴訟では Y_3 が本件土地上に賃借権を有するか否かなどが争点となったが，Y_1Y_3 は，Y_3 が賃借権を有することを推認させる間接事実として，Y_2 が本件建物所有権を取得して以降自分たちが賃料相当額をXに支払い続けてきた事実を主張し，Xはこれを明らかには争わなかった。

裁判の流れ　1審：請求棄却　2審：控訴棄却　最高裁：破棄差戻

XY_2 間の請求について原審は，Y_2 は建物所有期間の占有権原や賃料支払の主張立証を行っていないが，Y_1Y_3 と Y_2 はいわゆる共同訴訟人間の補助参加関係にあるため，Xと Y_1Y_3 間の賃料相当額の支払の事実についての自白（明らかに争わなかった以上自白が成立するとした）は XY_2 間にも妥当するので，Xの損失の塡補が主張立証されているとして，Xの請求を棄却した1審の判断を支持し控訴を棄却。これに対して，本判決は，このような関係は認められるべきではないとして，XY_2 間に賃料相当額の支払の事実の主張立証はないとして，原判決を破棄し事件を原審に差し戻した。

判　旨　＜破棄差戻＞「通常の共同訴訟においては，共同訴訟人の一人のする訴訟行為は他の共同訴訟人のため効力を生じないのであって，たとえ共同訴訟人間に共通の利害関係が存するときでも同様である。したがって，共同訴訟人が相互に補助しようとするときは，補助参加の申出をすることを要するのである。もしなんらかかる申出をしないのにかかわらず，共同訴訟人とその相手方との間の関係から見て，その共同訴訟人の訴訟行為が，他の共同訴訟人のため当然に補助参加がされたと同一の効果を認めるものとするときは，果たしていかなる関係があるときこのような効果を認めるかに関して明確な基準を欠き，徒らに訴訟を混乱せしめることなきを保しえない」。

「されば，本件記録上，なんら被上告人 Y_1，同 Y_3 から補助参加の申出がされた事実がないのにかかわらず，被上告人 Y_1，同 Y_3 の主張をもって被上告人 Y_2 のための補助参加人の主張としてその効力を認めた原判決の判断は失当であり，…原判決は右請求に関する部分についても破棄を免れない」。

判例の法理　●**共同訴訟人独立の原則**　通常共同訴訟の場合，共同訴訟人の1人の訴訟行為，共同訴訟人の1人に対する相手方の訴訟行為および共同訴訟人の1人につき生じた事項は，他の共同訴訟人に影響を及ぼさない（39条）。つまり，請求の放棄・認諾，和解，訴えの取下げ，上訴など訴訟係属に関わる訴訟行為，事実の主張や自白など訴訟資料に関わる訴訟行為の効力は，共同訴訟人の1人とその相手方に限定され，他の共同訴訟人には影響を及ぼさない。また，共同訴訟人の1人に生じた中断・受継の効果も同様である。これを**共同訴訟人独立の原則**という。その結果，通常共同訴訟の場合，審理の重複や判決の矛盾の回避という共同訴訟に期待される重要な機能は，単なる事実上の期待にとどまることになるが，このような結果が著しく不当と考えられる場合もある 1)。

●**申出不要説**　通常共同訴訟におけるこのような結果を不当と考える論者は，通常共同訴訟の共同訴訟人間に補助参加の利益が存在する場合，補助参加の申出がなくても共同訴訟人は互いに補助参加したものと擬制すべきだという見解を主張した 2)。これにより，45条のルールが適用されるため，訴訟資料の統一を図り統一的な審判を保障することができ，上述の「孤立化」を緩和することができると考えたわけである。これを**申出不要説**という。この見解に対しては，これに従うなら，当事者が補助参加の関係に立つか否かは判決がでるまでは明らかにならないため（この場合補助参加の申出も許否の裁判もなされない），訴訟追行過程における共同訴訟人の立場は著しく不安定になる等の批判がなされていた 3)。

●**本判決の趣旨**　本判決は上述の批判を容れて申出不要説を明確に否定したものである。

判例を読む　本判決が申出不要説を否定したこと自体は正当であろう。しかし，共同訴訟人「孤立化」の問題は未解決のままである。そこで，これを解決するため，1人の共同訴訟人がある主張をし，他の共同訴訟人がこれと抵触する行為を積極的に行っていない場合は，その主張が他の共同訴訟人に有利である限り，この者にもその効果が及ぶと解すべきだ等，いくつかの提案がなされている 4)。

〔中西　正〕

1審＝名古屋地判昭41・3・17／2審＝名古屋高判昭42・4・27

1) 通常共同訴訟の共同訴訟人間に主張共通の原則を認める見解として，新堂788頁以下，高橋・下373頁以下。これに対して，伊藤612頁以下は，このような主張共通の原則は否定しつつも，訴訟行為の解釈や釈明で対応すべきとする。
2) 兼子一・判例民事法（有斐閣，1954〜1955）昭和7年度40事件，兼子・体系399頁，新堂690頁。
3) 三ケ月・全集241頁。
4) 前掲注1) 引用の各文献参照。

156 不動産の共有者の1人が不実の持分移転登記を了している者に対し同登記の抹消登記手続請求をすることの可否

最高裁平成15年7月11日判決　民集57巻7号787頁、判時1833号114頁、判タ1133号116頁
▶ 38条、40条、民252条但書

論　点 ▶ 不動産の共有者の1人が、第三者に対し、不実の持分移転登記を了した場合に、他の共有者は、1人で（つまり共有者としての資格で）、その第三者に対し、当該持分移転登記の抹消登記請求をすることはできるか

事実の要約　Cは、借金返済のために遺産を取得しようと、親であるAを殺害した（控訴審の口頭弁論終結後にCに対し無期懲役の有罪判決が確定した）。Aの相続人は、X₁、X₂、B、およびCで、相続財産を構成する本件各土地には、相続を原因として、各相続人の持分を4分の1とする所有権移転登記がされた。YはCに対して3500万円の金銭債権を有していたが、その代物弁済として、Yに対し、Cの持分全部の移転登記がなされた。なお、遺産分割は未了である。
　Xらは、CのYに対する本件持分の代物弁済は、通謀虚偽表示または公序良俗違反により無効であるとして、本件持分移転登記の抹消登記手続請求訴訟を提起した。なお、併せて2個の予備的請求もなされている。

裁判の流れ　1審：Xの請求認容　2審：取消・請求棄却　最高裁：破棄差戻
　1審は、通謀虚偽表示または公序良俗違反を理由に本件代物弁済を無効とし、Xらは、本件各土地の共有持分権に基づく保存行為として、無効な登記を有するYに対し抹消登記手続請求ができるとして、Xらの請求を認容した。Y、控訴。控訴審は、仮に本件持分のYへの譲渡が無効であり、本件持分移転登記が真実に合致しないとしても、Xらの共有持分権は全く侵害されていないので、Xらは、その共有持分権に基づく保存行為として、本件持分移転登記の抹消登記手続を請求することはできないとして、1審判決を取り消して、主位的請求、予備的請求すべてを棄却した。Xら、上告。

判　旨　<破棄差戻>「不動産の共有者の1人は、その持分権に基づき、共有不動産に対して加えられた妨害を排除することができるところ、不実の持分移転登記がされている場合には、その登記によって共有不動産に対する妨害状態が生じているということができるから、共有不動産について全く実体上の権利を有しないのに持分移転登記を経由している者に対し、単独でその持分移転登記の抹消登記手続を請求することができる〔最判昭31・5・10民集10巻5号487頁、最判昭33・7・22民集12巻12号1805頁。なお、最判昭59・4・24集民141号603頁は、本件とは事案を異にする。〕」。

判例の法理　★**本判決の位置づけ**　不動産の共有者の1人は、その持分権に基づき、単独で、共有不動産につき持分移転登記を経由している第三者に対し、その者が実体法上の権利を有していないことを理由として、その持分移転登記の抹消登記手続を請求することができるとするのが、判例である[1]。本判決も、このような流れに位置するものである。
　★**本判決の理論**　しかし、本判決は、他の同種事例の判決と異なり、このような請求を「保存行為」（民252条但書）により根拠づけていない。これをどのように理解するのかが問題である。共有持分権は共有物全体に及ぶので、1人の共有持分権に基づく妨害排除も共有物全体に及ぶ。この点に問題はないであろう。とするなら、不実の持分移転登記は共有物全体に妨害を生ぜしめている以上、このような場合には、共有持分権に基づき、各共有者に妨害排除請求権、つまり抹消登記手続請求権が成立していると、解されよう。このように考えるなら、「保存行為」を介さなくとも、共有持分権に基づく抹消登記手続請求を認めることができる。本判決は、このような理論に基づくと説明することも可能であろう[2]。

判例を読む　本判決が事案を異にするとした、前掲最判昭59・4・24は、ある共有者から、不実の登記を有する他の共有者に対する抹消登記手続請求であるが、このような事例では、自らの持分権が侵害される範囲でのみ、抹消登記手続請求を認めるのが、判例である（最判昭38・2・22民集17巻1号235頁）。しかし、不実の登記がなされているときは、共有物全体に妨害が生じている点では、不実の登記が共有者の1人になされた（登記が不実でもなおその者に共有権が帰属する）場合も、不実の登記が共有者以外の者になされた（登記が不実であればその者は共有者ではない）場合も、同じである。とするなら、前者の場合も、抹消登記手続請求を各共有権者に認めるべきであると思われる。そこで、判例の整合性につき、前者の場合についても、共有権者は単独で全体の抹消を請求できるが、請求の立て方や登記手続の制約により原告の持分を超える一部抹消登記が求められない場合もある（判例はこのような事例を扱っている）という説明も有力である[3]。

〔中西　正〕

1審＝名古屋地判平12・2・18民集57巻7号798頁／2審＝名古屋高判平12・11・29民集57巻7号809頁

1) 三木ほか549頁以下、高橋・下332頁。
2) 三木ほか550頁（少し詳しく12-4）。
3) 尾島明・最判解民平成15年度（下）396頁。

157 商標権の共有者の1人が当該商標登録の無効審決について単独で取消訴訟を提起することの許否

最高裁平成14年2月22日判決　民集56巻2号348頁、判時1779号81頁〔①事件〕、判タ1087号89頁〔①事件〕
▶140条、民252条、商標46条2項、商標46条の2、行訴32条1項

論　点　▶　商標権の共有者の1人は、当該商標登録を無効にすべき旨の審決がされた場合に、単独で無効審決の取消訴訟を提起することができるか

事実の要約　A社は平成4年12月17日、本件商標につき商標登録出願し、同商標は平成8年1月31日、設定登録された（以下「本件登録商標」という）。本件登録商標にかかる商標権は、A社からXに対して一部移転され、平成11年1月21日、その旨の登録もされ、以後はXとAが本件登録商標の商標権を共有している。Yは平成11年8月20日、XおよびA社を被請求人として本件登録商標にかかる商標登録を無効とする審判の請求をした。特許庁は平成12年10月26日、上記審判事件につき、商標法4条1項19号に該当することを理由として、本件登録商標にかかる登録商標を無効にすべき旨の審決（以下「本件審決」という）をした。そこでXは、単独で、本件審決の取消しを請求する訴え（取消訴訟）を提起した。

裁判の流れ　1審：訴え却下　最高裁：上告受理・破棄差戻
　1審は、共有にかかる商標権につき、登録商標を無効にすべき旨の審決の取消しを求める訴えは、共有者の有する1個の権利の存否を決めるものであり、合一に確定する必要があるので、固有必要的共同訴訟である等として、口頭弁論を経ずに本件訴えを却下した（140条）。そこでXは、商標権の共有関係はその性質に反しない限り物権の共有のルールで処理されるべきであり、そこでは共有者の1人は単独で妨害排除請求を認められるが、無効審決は商標権の効力を失わせる点で、共有財産である商標権の効力を害する妨害行為と見ることが可能であるから、共有者の1人は、民法252条の共有財産の保存行為として、単独で審決取消訴訟を提起することができると解すべきである等として、上告受理を申し立てた。

判　旨　＜破棄差戻＞「いったん登録された商標権について商標登録の無効審決がされた場合に、これに対する取消訴訟を提起することなく出訴期間を経過したときは、商標権が初めから存在しなかったこととなり、登録商標を排他的に使用する権利が遡及的に消滅するものとされている（商標法46条の2）。したがって、上記取消訴訟の提起は、商標権の消滅を防ぐ保存行為に当たるから、商標権の共有者の1人が単独でもすることができるものと解される。そして、商標権の共有者の1人が単独で上記取消訴訟を提起することができるとしても、訴え提起をしなかった共有者の権利を害することはない。」「無効審判は、商標権の消滅後においても請求することができるとされており（商標法46条2項）、商標権の設定登録から長期間経過した後に他の共有者が所在不明等の事態に陥る場合や、また、共有に係る商標権に対する共有者それぞれの利益や関心の状況が異なることからすれば、訴訟提起について他の共有者の協力が得られない場合なども考えられるところ、このような場合に、共有に係る商標登録の無効審決に対する取消訴訟が固有必要的共同訴訟であると解して、共有者の1人が単独で提起した訴えは不適法であるとすると、出訴期間の満了と同時に無効審決が確定し、商標権が初めから存在しなかったこととなり、不当な結果となり兼ねない」。「商標権の共有者の1人が単独で無効審決の取消訴訟を提起することができると解しても、その訴訟で請求認容の判決が確定した場合には、その取消しの効力は他の共有者にも及び（行政事件訴訟法32条1項）、再度、特許庁で共有者全員との関係で審判手続が行われることになる（商標法63条2項の準用する特許法181条2項）。他方、その訴訟で請求棄却の判決が確定した場合には、他の共有者の出訴期間の満了により、無効審決が確定し、権利は初めから存在しなかったものとみなされることになる（商標法46条の2）。いずれの場合にも、合一確定の要請に反する事態は生じない」。

判例の法理　★**本判決の位置づけ**　本判決は、商標権の共有者の1人は、共有に係る商標登録の無効審判がされたときは、単独で無効審決の取消訴訟を提起できるとのルールを定立した。その理由は、取消訴訟の提起は保存行為に当たること、単独での提起を認めなければ当該共有者の権利行使（権利保全）の道が閉ざされること、単独での提起を認めても権利関係の合一確定の要請に反しないこと、である。ここでも、共同所有関係における実体法的地位に法政策の観点を加えて判断するアプローチが取られている。

★**保存行為構成**　本判決は保存行為該当性により単独での訴え提起の適法性を基礎づけたが、妨害排除請求権構成とその実質において変わりないといえよう。

判例を読む　本判決は、最判平成7年3月7日（民集49巻3号944頁。共有に係る実用新案権の登録出願の拒絶査定不服の審判における請求不成立審決の取消訴訟は固有必要的共同訴訟であると判示した）とは事案を異にするという。後者は、未だ設定登録されていない商標登録を受ける権利を商標権に高める場面であり、共有物の対外的主張に相当するのに対し、前者は、権利として設定登録された権利を「保存」する場面で、共有物の保存行為に相当するという趣旨であろう。しかし、両者の区別については問題も多い1)。

（中西　正）

1審＝東京高判平10・12・25判時1665号64頁

1) 笠井正俊・平成14年度重判128頁およびそこで引用された各文献。

158 固有必要的共同訴訟（1）——第三者に対する入会権確認の訴え（馬毛島事件）

最高裁平成 20 年 7 月 17 日判決　民集 62 巻 7 号 1994 頁、判時 2019 号 22 頁、判タ 1279 号 115 頁　▶ 40 条

論　点 ▶ 入会権者が第三者に対して入会権自体の確認を求める訴えにおいて、入会権者全員が原告となるのではなく、訴えを提起しない入会権者を当該第三者と共に被告とした場合、この訴えは適法か否か

事実の要約　本件土地 1 ないし 4 は、鹿児島県西之表市（馬毛島）に存在し、同市 A 集落の住民を構成員とする入会団体（以下「本件入会団体」という）の入会地であった（各土地には構成員の共有名義の登記がなされていた）点に、争いはない。Y_1 は、土地 1 については、Y_2、Y_3 より、土地 2 ないし 4 については、Y_4、Y_5 より、それぞれの共有持分を買い受けたとして、平成 13 年 5 月 29 日に、それぞれの共有持分につき、共有持分移転登記を経由した。しかし、本件入会団体構成員である（と主張する）X ら 26 名は、本来自由に譲渡・処分することのできない入会の持分権を、Y_2 らが、第三者である（入会権者でない）Y_1 に売り渡した以上、当該売買は無効であり、Y_1 は権利を取得していないと主張して、Y_1、Y_2 ないし Y_5 を被告として、X ら、および Y_1 を除く被告ら（Y_2 ないし Y_5 の入会権者）が、本件土地 1 ないし 4 につき、共有の性質を有する入会権を有することの確認を求める訴えを提起した。

裁判の流れ　1 審：訴え却下　2 審：控訴棄却　最高裁：破棄自判・1 審判決取消・地裁差戻

1 審は、最判昭和 41 年 11 月 25 日（民集 20 巻 9 号 1921 頁）を引用しつつ、入会権者全員が共同原告となっていないことを理由に、原告適格が欠けるとして、本件訴えを不適法却下した。X ら控訴。控訴審も、以下のような理由で本件訴えを不適法と解して、控訴を棄却した。入会権の確認を求める訴えは、権利者全員が共同してのみ提起しうる固有必要的共同訴訟である。民訴法上、本件のような場合、訴訟提起に同調しない者は原告となるべきであり、被告として訴え提起を認めることは困難である。また、入会権は構成員に総有的に帰属し、構成員全員でなければその管理処分はできないので、構成員の一部による訴え提起を認めることは、この実体法上のルールと抵触する。X ら、上告受理の申立て。原判決は、構成員全員でなければ管理処分できないという実体法上のルールを尊重するというが、提訴の道を塞ぐことにより、構成員の一部による処分を容認する結果が生じているなどと主張した。

判　旨　＜破棄自判・1 審判決取消・地裁差戻＞「X らは、本件各土地について所有権を取得したと主張する Y_1 に対し、本件各土地が本件入会集団の…構成員全員が本件各土地について共有の性質を有する入会権を有することを合一的に確定するため、Y_1 だけでなく、Y_2 ないし Y_5 も被告として本件訴訟を提起したものと解される。

特定の土地が入会地であることの確認を求める訴えは、原審の上記 3(1) の説示のとおり、入会集団の構成員全員が当事者として関与し、その間で合一にのみ確定することを要する固有必要的共同訴訟である。そして、入会集団の構成員のうちに入会権の確認を求める訴えを提起することに同調しない者がいる場合であっても、入会権の存否について争いのあるときは、民事訴訟を通じてこれを確定する必要があることは否定することができず、入会権の存在を主張する構成員の訴権は保護されなければならない。そこで、入会集団の構成員のうちに入会権確認の訴えを提起することに同調しない者がいる場合には、入会権の存在を主張する構成員が原告となり、同訴えを提起することに同調しない者を被告に加えて、同訴えを提起することも許されるものと解するのが相当である。このような訴えの提起を認めて、判決の効力を入会集団の構成員全員に及ぼしても、構成員全員が訴訟の当事者として関与するのであるから、構成員の利益が害されることはないというべきである。

〔最判昭 41・11・25 民集 20 巻 9 号 1921 頁〕は、入会権の確認を求める訴えは権利者全員が共同してのみ提起し得る固有必要的共同訴訟というべきであると判示しているが、上記判示は、土地の登記名義人である村を被告として、入会集団の一部の構成員が…、前記のような形式で、当該土地につき入会集団の構成員全員が入会権を有することの確認を求める訴えを提起することを許さないとするものではないと解するのが相当である。

したがって、特定の土地が入会地であるのか第三者の所有地であるのかについて争いがあり、入会集団の一部の構成員が、当該第三者を被告として、訴訟によって当該土地が入会地であることの確認を求めたいと考えた場合において、訴えの提起に同調しない構成員がいるために構成員全員で訴えを提起することができないときは、上記一部の構成員は、訴えの提起に同調しない構成員も被告に加え、構成員全員が訴訟当事者となる形式で当該土地が入会地であること、すなわち、入会集団の構成員全員が当該土地について入会権を有することの確認を求める訴えを提起することが許され、構成員全員による訴えの提起ではないことを理由に当事者適格を否定されることはないというべきである」。

判例の法理　**✪入会権の性質**　入会権は、一定地域の共同体の住民が特定の山林・原野などにおいて当該共同体のルールに従って使用・収益を行う慣習上の権利であり、別の角度からいえば、一定地域の共同体が特定の山林・原野などを総有的に支配することを内容とする慣習上の物権である。なお、民法 263 条と 294 条を参照のこと。

入会権は、権利者である入会団体（一定地域の住民の共同体）に総有的に帰属すると理解される（住民全体に総有的に帰属するとも表現される。最判昭 41・11・25 民集 20 巻 9 号 1921 頁は、入会権は権利者である一定の部落民に総有的に帰属すると判示する）。したがって、入会団体の住民は持分権をもたず、入会団体のルールに従って山林・原野などにおいて使用収益する権利を有するのみである[1]。

✪昭和 41 年判決　この問題の先例とされている、前掲最判昭和 41 年 11 月 25 日（民集 20 巻 9 号 1921 頁）は、入会権は権利者である一定の村落民に総有的に帰属するものであるから、入会権の確認を求める訴えは、権利者全員が

共同してのみ提起しうる固有必要的共同訴訟であり、このことは入会権が共有の性質を有するか否かを問わない旨を判示した。入会権を総有という共同所有形態とみるなら、入会権者全員との関係で合一確定の必要があるうえ、入会権自体の確認を求める訴訟は処分に該当するので、入会権者全員を原告とする固有必要的共同訴訟と解したものと思われる。実体法のルール（処分権限の帰属）に即した解釈である[2]。

✿**昭和41年判決の問題点** 昭和41年判決のルールには、合一的確定、紛争の一挙的解決などのメリットがある。しかし、入会権者の訴え提起を著しく制約するという問題もあった。被告は入会権者の1人に提訴を思いとどまってもらえば、訴訟を回避できるのである。そこで、メリットを生かしながら、この問題点を除去する方法が考案された[3]。すなわち、訴訟政策的配慮である。

✿**入会団体構成員の使用収益権** 最判昭和57年7月1日（民集36巻6号891頁）は、各構成員は使用収益権をもつと解し、使用収益権の確認またはこれに基づく妨害排除請求については、各構成員に当事者適格がある旨を判示した。これにより、使用収益に対する妨害があった場合には、各構成員が単独で訴えを提起する道が開かれたが、入会地につき経由された地上権設定仮登記の抹消登記手続は使用収益権に基づいては請求できないとされ、その限界も明らかとなった。入会団体の個々の構成員（一定地域の共同体の住民）に物権的な持分権は帰属していない点に起因する制約である[4]。

✿**入会団体の原告適格** 最判平成6年5月31日（民集48巻4号1065頁）は、入会権者である村落住民が入会団体を形成し、それが権利能力なき社団に該当し、団体規約上不動産処分に必要な総会決議を経た場合には、その入会団体は、構成員全員の総有に属する不動産につき、総有権確認請求訴訟の原告適格を有する旨判示した。これにより、総有に係る権利の処分に該当する訴訟についても、固有必要的共同訴訟化による制約が相当緩和されたと思われるが、入会団体の個々の構成員の中に提訴を拒む者がいる場合には訴え提起ができない等、限界があることも明らかであろう[5]。

✿**参加命令** 平成8年の民訴法改正に際しては、共同所有関係で、4分の3の多数者が提訴した場合、裁判所は残りの（提訴に同調しない）権利者に参加命令を発令し、これにより当該訴えの提起を適法化する案が検討されたが、上述の平成6年判決により入会紛争はおおむね解決できると判断され、立法化には至らなかったとされる[6]。

✿**提訴に同調しない権利者を被告とする訴え** 最判平成11年11月9日（民集53巻8号1421頁）は、土地の共有者の内に境界確定の訴えを提起することに同調しない者がいる場合には、その余の共有者は、隣接する土地の所有者と訴え提起に同調しない者とを被告として、これを提起できる旨を判示する。この場合、合一的確定の必要があるうえ、裁判所は当事者の主張に拘束されず自ら正当と判断する境界を定めるため、権利者の一部が被告とされても、訴訟手続に支障は来さないからである。しかし、この判決はその妥当範囲を非訟事件に限定する趣旨であろう[7]。すなわち、被告とされた原告適格者（「二次的被告」）の地位をめぐっては、①二次的被告と本来的な被告との間に訴訟上の請求が定立されると解するのか、②二次的被告と本来的被告との間に既判力その他の判決効が生ずるのかなどをめぐり、様々な見解が対立する[8]。

✿**本判決の位置づけ** 本判決は、以上のような流れの中で、平成11年判決のルールを、総有に係る権利の処分に該当する訴訟についても、妥当せしめたものである。権利者全員が原告または被告となればよいとする点で、固有必要的共同訴訟性は保たれている（昭和41年判決と矛盾しない）。①すべての権利者が原告または被告となっていれば合一的確定の必要性は満たされる、②訴訟手続により紛争を解決する法律上の利益を保護する、③共同所有形態において権利者が原告と被告に分かれても当事者の利益を侵害することはない（遺産確認の訴えのような権利者間での内部紛争の場合、原告と被告に分かれて訴訟を行っている）の三点が、本判決のルールを支える理由であると思われる。

判例を読む 共同所有に係る権利の処分には所有者全員の同意が必要であるのが実体法のルールであろう。本判決のルールとこの実体法のルールの整合性をどう考えるかは、理論上興味深い問題である。

また、本判決のルールが給付の訴えにも妥当するのか、被告にされた原告適格者の訴訟上の地位はどうなるのか、既判力の主観的範囲はどうなるのかなど、未解決の問題も残されている[9]。

〔中西　正〕

1審＝鹿児島地判平17・4・12／2審＝福岡高宮崎支判平18・6・30

1) 安永正昭・物権・担保物権法186頁以下。
2) 瀬戸正二・最判解民昭和41年度509頁。
3) 高橋・下335頁以下。
4) 高橋・下330頁以下。
5) 高橋・下336頁以下、山本弘・百選5版204頁以下、基礎演習〔山本克己〕221頁以下。
6) 法務省民事局参事官室「民事訴訟手続に関する改正検討事項・第2・当事者・当事者関係後注3について」、「民事訴訟手続に関する要綱試案補足説明・第2・当事者・当事者関係後注3について」、高橋・下336頁以下、山本・参考文献204頁以下、基礎演習〔山本克己〕222頁。
7) 佐久間邦夫・最判解民平成11年度712頁。
8) 小林秀之＝山本浩美「判例から考える民事訴訟法・第11回」受験新報2018年7月号7～8頁。
9) 基礎演習〔山本克己〕223頁以下、三木ほか549頁。

159 固有必要的共同訴訟（2）——被告側の共同相続

最高裁昭和43年3月15日判決　民集22巻3号607頁、判時513号5頁、判タ221号114頁　▶40条

論　点　▶共同相続人を被告とする建物収去土地明渡訴訟は固有必要的共同訴訟か

事案の要約　Xは、Yに対し、X所有の土地上にYは権限なく建物を建て所有していることを理由に、所有権に基づく建物収去土地明渡の訴えを提起した。

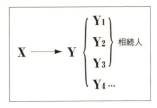

裁判の流れ　1審：請求認容　2審：控訴棄却　最高裁：上告棄却

1審ではXが勝訴したが、Yが死亡したため、その相続人であるY₁Y₂Y₃が訴訟を受継し控訴した。2審の最終口頭弁論終結後にY₄が自分も共同相続人の1人であるとして受継を申し立てたが、裁判所は弁論を再開せずにX勝訴の判決を下した。そこで、Y₁Y₂Y₃は、本件は固有必要的共同訴訟である以上、原審はY₄の受継を認めるかさもなければ訴えを不適法却下すべきであったと主張して上告。

判　旨　＜上告棄却＞「土地の所有者がその所有権に基づいて〔その土〕地上の建物の所有者である共同相続人を相手方とし、建物収去土地明渡を請求する訴訟は、いわゆる固有必要的共同訴訟ではないと解すべきである」。

判例の法理　★本判決の問題点　土地所有者がその所有権に基づき地上建物の共有者に対してなす建物収去土地明渡の訴えは固有必要的共同訴訟か否かについては、下級審の裁判例も、学説も、対立していた。本判決は否定説を採ることにより、この問題に決着をつけたものである。

★本判決の理由づけ　本判決では詳細な理由が述べられている。それを整理すれば以下のようになろう。第1は、実体法上の理由である。すなわち、土地の上に正当な権原なく建物が存在する場合、建物の各共有者は土地所有者に対し当該建物全部を収去し当該土地全部を明け渡す不可分債務を負っているとみるべきである。したがって土地所有者は建物の各共有者に対し、順次その債務の履行を訴求することができ、必ずしも全員に対し同時に訴えを提起し同時に判決を得ることを要しない。

第2は、訴訟政策的な理由である。つまり、このような場合を固有必要的共同訴訟と解するならば、以下のような訴訟手続上の不経済と不安定を招来するおそれがある。①固有必要的共同訴訟とするなら、共有者全員を共同被告としなければ、被告たる当事者適格を欠くことになる。そうすると、原告は建物収去土地明渡の義務につき争う意思のない共有者をも被告とせねばならず、訴訟進行中に原告の主張を認めるに至った被告についても、請求の認諾や訴えの取下げを行うことができなくなり、いたずらに手続を重ねなければならなくなる。②当該家屋の共有者全員を確定できないことはまれではないが、このような場合、一部の共有者を手続に加えなかったことが理由となり、すでになされた訴訟手続や判決が無効に帰することになる。

第3は、このように解しても弊害は生じないという理由である。一般に、土地所有者は、共有者全員につき債務名義を取得するか、または同意を得なければ、建物収去土地明渡の強制執行をすることができないのであるから、このように解しても建物の共有者の権利保護に欠けることはない。

判例を読む　★共同所有者を被告とする訴訟　共同相続を原因として被告側に共同所有関係が成立する事例は多く、これを固有必要的共同訴訟でないとするのが判例であり、本判決はそのリーディング・ケースである。

本件では、本件土地上の家屋はY₁ないしY₄の共同所有であるし、仮に抗弁として賃借権などが主張されたとすれば、それも同様である。訴訟がこれらの権利の「処分」であると見るなら、実体法的観点からは被告側に訴訟共同の必要があることになる。本判決がなされた当時、共同所有関係に関わる訴訟が必要的共同訴訟であるか否かは、基本的には訴訟物たる権利に関する管理処分権を基準に決定するという見解が多数説であった¹⁾。しかし訴訟政策的観点から、被告についてこのような基準を否定し、被告の場合、全員を当事者とせねばならない必然性はなく、全員に対する債務名義が必要な場合、1通の債務名義によらずとも、各別のそれによればよいとする見解も有力に主張されていた²⁾。

しかし、これに対しては、①執行段階での他の共同所有者の利益保護が十分でなく不当執行のおそれがある、②完全に紛争を解決できないので国家裁判制度上の不都合不経済を承認する結果となる、などの批判がなされていた³⁾。これに対して、①強制執行を行う際共同所有者全員につき債務名義または同意があることの確認は可能であるし、不当執行は第三者異議の訴えで阻止しうる、②1人について紛争が解決されれば他の者も従う可能性もあるなどの反論も、なされていた⁴⁾。

本判決は、このような状況のもと、主として訴訟政策的観点から、固有必要的共同訴訟でないと判断したものと解される。訴訟物が共同所有関係にある場合には実体法的観点から固有必要的共同訴訟とせざるをえないが、本件のようにそうでない場合には双方の観点から判断できよう。

（中西　正）

1審＝東京地判昭37・5・11民集22巻3号611頁／2審＝東京高判昭40・11・17民集22巻3号623頁

1) 兼子・体系384頁。
2) 三ヶ月・全集218頁。なお、下級審の裁判例については千種秀夫・最判解民昭43年度（上）330頁以下参照。
3) 五十部豊久「必要的共同訴訟と二つの紛争類型」民訴雑誌12号165頁。
4) 千種・前掲注2) 322頁以下。

160 固有必要的共同訴訟（3）——共同相続人間における相続人の地位不存在確認の訴え

最高裁平成16年7月6日判決　民集58巻5号1319頁、判時1883号66頁、家月57巻2号138頁

▶ 40条、民891条5号

論点 ▶ 共同相続人間における相続人の地位不存在確認の訴えは、固有必要的共同訴訟であるのか否か

事実の要約　Aは平成9年に亡くなり、相続人は、B、X、Y、C、およびDであった。同年、Aの遺産につき遺産分割の調停が行われたが不成立となり、審判に移行した。審判では、YがAの遺言書を破棄・隠匿したか（民法891条5号の相続欠格者となるか）否かが、争点となった。そこで、Xは、Yに対し、Yは被相続人Aの遺産につき相続権を有しない旨の確認を求めるとの訴えを、提起した。

裁判の流れ　1審：Xの請求認容　2審：取消・訴え却下　最高裁：上告棄却

　Xは、Yは、Aの遺言書を隠匿あるいは破棄し、民法891条5号に該当したため、相続欠格者となったと主張して、本件相続人の地位の不存在を確認する訴えを提起した。1審は、本件訴えの適法性については特に判断しないまま、Xの主張を認め、請求を認容する判決を出した。Y、控訴。原審は、相続人の内の1人の相続権の有無は、相続関係の処理に関する基本事項に関係するため、共同相続人全員の間で合一に確定すべきであるので、このような確認を求める訴えは固有必要的共同訴訟であると解すべきだとして、本件訴えを不適法却下した。Xは、共有持分権の確認を求める訴えや、遺言無効確認訴訟が通常共同訴訟とされることとの均衡上、相続人の地位不存在確認訴訟も通常共同訴訟と解すべきであるなどとして、上告。

判旨　＜上告棄却＞「被相続人の遺産につき特定の共同相続人が相続人の地位を有するか否かの点は、遺産分割をすべき当事者の範囲、相続分及び遺留分の算定等の相続関係の処理における基本的な事項の前提となる事柄である。そして、共同相続人が、他の共同相続人に対し、その者が被相続人の遺産につき相続人の地位を有しないことの確認を求める訴えは、当該他の共同相続人に相続欠格事由があるか否か等を審理判断し、遺産分割前の共有関係にある当該遺産につきその者が相続人の地位を有するか否かを既判力をもって確定することにより、遺産分割審判の手続等における上記の点に関する紛議の発生を防止し、共同相続人間の紛争解決に資することを目的とするものである。このような上記訴えの趣旨、目的にかんがみると、上記訴えは、共同相続人全員が当事者として関与し、その間で合一にのみ確定することを要するものというべきであり、いわゆる固有必要的共同訴訟と解するのが相当である」。

判例の法理　★**相続人の地位不存在確認の訴え**　相続欠格事由は遺産分割手続の前提問題である（相続欠格事由があれば相続人になれない。民891条）。相続欠格事由の存否は、欠格事由自体の確認訴訟は、事実の確認を求める訴えとなり、不適法なので、相続人の地位の不存在の確認（存在の確認）という訴訟形態のもとで、審判される。相続人の地位の存否の確認の訴えは、現在の法律関係の存否の確認を求める訴えであり、確認の対象として有効適切でないとはいえず、即時確定の利益があれば、訴えの利益を認められるというのが、本判決の前提である。

★**固有必要的共同訴訟とする理由**　主として、以下のような理由に基づくものと、思われる[1]。

　①ある物につき一定数の者の間に共有関係が成立するか否かを確認する訴えは、固有必要的共同訴訟であると解されている。相続人の地位不存在確認の訴えは、遺産につき共同相続人間に共有関係が存在するか否かを確認する訴えであるから、これとの均衡上、固有必要的共同訴訟と解されるべきである。

　②共同相続人間で個別に相続人の地位の有無を確定できるとすれば、個別訴訟の結論が矛盾した場合、どれに従って遺産分割するかにつき、決め手となるルールを欠くため、困難な状況に陥る。いずれにも拘束されないとしても、確定判決の既判力を無視する結果となり、相続人の地位不存在確認の訴えの存在意義を奪う結果となる（確認の利益を否定せざるをえなくなる）。したがって、固有必要的共同訴訟と解すべきである。

　③共同相続人間の相続人の地位不存在確認の訴えの訴訟法上の機能は、遺産帰属性を確定するか相続人の地位を確定するかの違いはあるものの、遺産確認の訴えの機能と同様であり、その確認の利益を肯定する限り、固有必要的共同訴訟と解すべきである。

　④固有必要的共同訴訟説に立つと、原告の負担は増えるが、遺産分割審判手続が共同相続人全員を当事者とせねばならないこととの均衡上、不当であるとはいえないし、原告の立場に同調しない共同訴訟人は被告とすればよいので、訴え提起が不当に制約されることもない。

判例を読む　判例は、ある訴訟類型を固有必要的共同訴訟とするか否かについては、管理処分権の帰属という実体法的な基準に加え、訴訟政策的な観点も加味しながら個別的に解決していると思われる[2]。本事件でも、同様の観点から固有必要的共同訴訟と解したものと理解できよう。

〔中西　正〕

1審＝静岡地沼津支判平14・10・29判例集未登載／2審＝東京高判平15・3・12民集58巻5号1325頁

1) 太田晃詳・最判解民平成16年度430頁以下。
2) 新堂773頁以下、高橋・下333頁以下。畑瑞穂・法教306号116頁。156〜159事件参照。

161 固有必要的共同訴訟(4)——遺産確認の訴え

最高裁平成元年3月28日判決　民集43巻3号167頁、判時1313号129頁、判タ698号202頁

▶ 40条、134条、民898条

論　点 ▶ 共同相続人間における遺産確認の訴えは固有必要的共同訴訟か否か

事案の要約　本件被相続人A死亡時の相続人は、妻Y、長男B、長女C、次女D、養女Eであった。しかし、その後、Bは死亡し、その妻と子8名（以下、Xらという）がBを相続した。Xらは、Yの所有名義となっている本件土地がAの遺産（相続財産）に属すると主張し、Yを被告として本件土地の遺産確認の訴えを提起した。すなわち、本件土地は国に買収されたAの土地の代替地としてAに売り渡されたが、当時Aは既に亡くなっていたため、便宜上、Y名義で所有権保存登記がなされたものであり、Aの相続財産を構成するものであると主張したのである。他方、Yは本件土地は自分が買い受けたものだと主張している。

```
Xら ─────▶ Y
    他の相続人
   (B、C、D、E)
(※Bは死亡し、Xらが相続)
```

裁判の流れ　1審：Xの請求棄却　2審：1審取消・訴え却下　最高裁：上告棄却

1審は本件土地はYが買い受けたものであるとして、Xらの請求を棄却した。しかし、2審は、遺産確認の訴えは共同相続人全体につき合一に確定すべき固有必要的共同訴訟であるとして、相続人全員が当事者とされていない遺産確認の請求につき判決を取り消し、訴えを却下した。Xらは、遺産確認の訴えを固有必要的共同訴訟とした控訴審の判断は法令解釈の誤りであるとして上告したが、上告は棄却された。

判　　旨　＜上告棄却＞「遺産確認の訴えは、当該財産が現に共同相続人による遺産分割前の共有関係にあることの確認を求める訴えであり、その原告勝訴の確定判決は、当該財産が遺産分割の対象である財産であることを既判力をもって確定し、これに続く遺産分割審判の手続及び右審判の確定後において、当該財産の遺産帰属性を争うことを許さないとすることによって共同相続人間の紛争の解決に資することができるのであって、この点に右訴えの適法性を肯定する実質的根拠があるのであるから〔最判昭61・3・13民集40巻2号389頁〕、右訴えは、共同相続人全員が当事者として関与し、その間で合一にのみ確定することを要するいわゆる固有必要的共同訴訟と解するのが相当である」。

判例の法理　✪**遺産確認の訴えの位置づけ**　本判決は、遺産確認の訴えの趣旨を、遺産分割審判手続係属中または右審判の確定後に当該財産の遺産帰属性を争うことを不可能にすることにより、共同相続人間の紛争を解決することだとしている。この趣旨からすれば、機能的にみて、遺産確認の訴えは遺産分割審判手続の前提手続としての位置づけを与えられよう。本判決はここから遺産確認の訴えにおける共同相続人間での合一確定の必要性を導いたわけであるが、以下ではその意味をより具体的にみていくことにする。

✪**合一確定の必要性**　遺産帰属性に関する判決が共同相続人の一部の間でのみ確定した場合、他の共同相続人は遺産分割審判手続係属中のみならず、審判確定後でもこの問題につき訴えを提起することができる。審判手続でも前提問題として遺産帰属性は判断されるが、この判断には既判力がないからである。係属中に訴えが提起されれば審判手続は一時中止されることもあり遅延しよう。審判確定後に分割の対象とされた財産が遺産に帰属しない旨の判決が出された場合には、審判はその限度で効力を失い、民法911条の担保責任の問題が生じ、その財産を除外すれば、分割の目的が達成できない場合には審判が解除されることになる（民911条）。さらに、共同相続人の一部の間の遺産確認の訴えである財産の遺産帰属性が肯定され、これに基づいて審判により分割された後、別の訴訟で、その財産は別の共同相続人の所有であるとする判決がでた場合、審判の効力の問題に当該財産の遺産帰属性が相続人ごとに異なるという問題が加わることになり、法律関係は非常に錯雑になる。以上のように考えれば、固有必要的共同訴訟とされなければ、遺産確認の訴えは遺産分割審判手続の前提手続として効果的に機能し得ないことは明らかであろう[1]。

✪**固有必要的共同訴訟の理由**　固有必要的共同訴訟を認めるにあたり、原審は実体法上の理由（遺産所有の共有性）をあげるのに対し、本判決は上述の訴訟政策上の理由のみを挙げている。しかし、判例理論が固有必要的共同訴訟の範囲を決定するにあたり訴訟政策的な考慮のみに依拠する立場に転じたわけではないと説明されている。

共同相続人間における遺産確認の訴えの場合、訴訟物は共同相続人の当該財産に関する相続持分全てであると解されるので、全ての共同相続人の訴訟共同を要する固有必要的共同訴訟だと解される（実体法上の観点からも同じ結論が導かれる）。

判例を読む　遺産確認の訴えについては、既に最高裁は、当該財産が現に共同相続人による遺産分割前の共有関係にあることを確認する訴えであるとして、その適法性を肯定しており[2]、本判決はこれを受けてその内容をさらに明らかにしたものだと理解できよう。

（中西　正）

1審＝山口地岩国支判昭58・7・11／2審＝広島高判昭60・3・19

[1] 高橋・下345頁。
[2] 最判昭61・3・13民集40巻2号389頁（➡ **78事件**）。その際の議論の詳細と文献については、中西正・百選Ⅰ新法対応補正版130頁参照。

162 固有必要的共同訴訟（5）――前婚の無効確認と後婚の取消

最高裁昭和61年9月4日判決　判時1217号57頁、判タ624号124頁、裁判集民148号407頁、家月39巻1号130頁、金判759号23頁

▶ 40条、民732条・744条、人訴7条・18条

論点 ▶ 前婚の離婚無効確認請求と後婚の取消請求は必要的共同訴訟か否か

事案の要約　AとXは別居の後協議離婚し、離婚届出の翌日、AはYと再婚し婚姻届出を行った。Aが亡くなった数か月後、Xは、検察官に対し、離婚する意思がなかったという理由でAとXの離婚無効確認訴訟を提起し、Yに対し、離婚無効を前提に後婚が重婚になることを理由にAとYの婚姻取消訴訟を提起した。これらの訴えは併合して提起された。

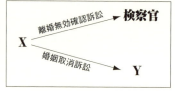

裁判の流れ　1審：請求認容　2審：控訴棄却　最高裁：上告棄却

1審では弁論は分離されることなく審理され、Xの各請求を認容する判決が下された。これに対してYは控訴したが、検察官は控訴をせず離婚無効確認訴訟はX勝訴のまま確定した。

控訴審でXは、離婚無効確認訴訟の判決効はYにも拡張され（人訴18条1項）、XY間の婚姻取消訴訟においてもAX間の離婚は無効であったことが前提とされるので、AY間の婚姻は重婚を理由とする取消を免れないと主張した。これに対してYは、離婚無効確認訴訟と婚姻取消訴訟は固有必要的共同訴訟であるから、Yの控訴により離婚無効確認訴訟も控訴されたこととなり、確定は遮断されていると主張した。

Yの控訴は以下のような理由で棄却された。「合一確定の必要のある場合とは、法律上必要のある場合のことであり、事実上又は論理上の必要だけでは足りないと解すべきところ、Xの検察官及びYに対する各請求は、離婚の無効が婚姻の取消の前提問題となっているとはいえ、法律上はそれぞれ別個独立の請求として別個独立の訴訟物であり、当事者適格もそれぞれ法定されていて、訴えの提起も判決も別個独立になされ得べく、本件離婚の効力についての判断が右各請求についての判断において区々になってはならないという要請は、人事訴訟手続法18条1項所定の既判力の拡張を考慮に入れても、現行法制のもとにおいては、いまだ論理的要求に過ぎないものというべきである」。Y上告。

判旨　＜上告棄却＞「本件離婚の無効確認請求と本件婚姻の取消請求とは、法律上それぞれ独立の請求であって、固有必要的共同訴訟に当たらないのはもとより、いわゆる類似必要的共同訴訟にも当たらないと解されるから、本件訴訟の目的が検察官及びYの両名全員につき合一にのみ確定すべき場合には当たらないとした原審の判断は、正当として是認することができる」。

判例の法理　⭐**固有必要的共同訴訟の成否**　離婚無効確認の訴えは人訴法2条1号に規定されている人事訴訟である[1]。そして固有必要的共同訴訟は、先に扱った共同所有関係のほか、この人事訴訟でも問題となる。すなわち、他人間の法律関係を変動させる人事訴訟の場合、必ずそのような法律関係の両当事者を被告とせねばならない（例えば、第三者が提起する婚姻取消・無効訴訟の場合は必ず夫婦を被告とせねばならない。人訴12条2項）。身分判決には対世効があるので（人訴24条1項）、争われている身分関係に密接な利害関係をもつ者に当事者として訴訟に関与する機会を与えるためである[2]。しかし、本件では、Xは無効確認請求を検察官に、婚姻の取消請求をYに対して行っているのであり、このような場合に該当しないのは明らかであろう。

⭐**類似必要的共同訴訟の成否**　一般に、類似必要的共同訴訟が認められるのは、共同訴訟人の1人に対する判決の効力が他の共同訴訟人にも拡張されるため、各共同訴訟人に独立の訴訟追行を許すと既判力が衝突して収拾がつかなくなる可能性のある場合であるといわれているが、本件は明らかにこのような場合に該当しない。離婚無効確認訴訟の判決効はYに拡張されるが、それはXY間の婚姻取消訴訟の前提問題として及ぶだけであり、他方、婚姻取消訴訟の判決の効力は離婚無効確認訴訟に直接の影響を与えず、双方の衝突はないからである。また、両者を別々に審理しても離婚の効力の判断が区々になることもない。離婚無効確認訴訟の判決が先にでた場合には既判力の拡張があるし、無効の判決がでず離婚届けが維持されている限り、婚姻取消訴訟で前提問題として離婚無効が認定されることもないからである。それでも、訴えが併合されている以上、合一に確定されるべきではないかという疑問は、共同訴訟人孤立化の問題（→ 155事件）へとつながることになろう。

⭐**Yの手続保障**　離婚無効確認訴訟の判決効を受けるのでYの手続保障が問題となるが、本件では、Yが離婚無効確認訴訟で検察官に共同訴訟的補助参加をする（補助参加をしつつ控訴を行う）ことができたので問題はない。

〔中西　正〕

1審＝浦和地判昭59・4・26／2審＝東京高判昭59・12・25判時1140号88頁

1) 松本・人事訴訟法346頁以下。
2) 高橋・下329頁、338頁以下。

163 固有必要的共同訴訟（6）——訴えの取下げ

最高裁昭和46年10月7日判決　民集25巻7号885頁、判時651号72頁、判タ272号221頁

▶40条、民249条・251条

論　点　▶共有権の確認を求める訴えは固有必要的共同訴訟か

事実の要約　$X_1 X_2$ は共同して本件土地を買い受けたが、両名の長男であるY名義で所有権移転登記を行った。その後、Yが自分が真実の所有者であると争うに至ったため、Yを相手取って本件土地の共有権の確認と、$X_1 X_2$ への所有権移転登記手続を求める訴えを提起した。

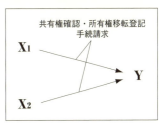

裁判の流れ　1審：Xの請求認容　2審：控訴棄却　最高裁：上告棄却

1審係属中に X_1 は訴えを取り下げ、Yもこれに同意した。しかし、1審は訴えの取下げに触れることなく $X_1 X_2$ の請求を全部認容した。そこで、Yは控訴し X_1 の訴訟係属の消滅を主張したが、控訴は棄却された。Y上告。

判　旨　＜上告棄却＞「一個の物を共有する数名の者全員が、共同原告となり、いわゆる共有権（数人が共同して有する一個の所有権）に基づき、その共有権を争う第三者を相手方として、共有権の確認を求めているときは、その訴訟の形態はいわゆる固有必要的共同訴訟と解するのが相当である〔大判大13・5・19民集3巻211頁参照〕。けだし、この場合には、共有者全員の有する一個の所有権そのものが紛争の対象となっているのであって、共有者全員が共同して訴訟追行権を有し、その紛争の解決いかんについては共有者全員が法律上利害関係を有するから、その判決による解決は全員に矛盾なくなされることが要請され、かつ、紛争の合理的解決をはかるべき訴訟制度のたてまえからするも、共有者全員につき合一に確定する必要があるというべきだからである。また、これと同様に、一個の不動産を共有する数名の者全員が、共同原告となって、共有権に基づき所有権移転登記手続を求めているときは、その訴訟の形態も固有必要的共同訴訟と解するのが相当であり〔大判大11・7・1民集1巻386頁参照〕、その移転登記請求が真正な所有名義の回復の目的に出たものであったとしても、その理は異ならない。それゆえ、このような訴訟の係属中に共同原告の一人が訴えの取下げをしても、その取下げは効力を生じないものというべきである」。

判例の法理　★**本判決の問題点**　共有者がその権利を第三者に主張する訴訟を判例は当初、広く固有必要的共同訴訟と解していた。しかしその後、共有権自体と各共有者が有する持分権の区別、保存行為、不可分債権などの法律構成により、固有必要的共同訴訟とされる範囲を狭めて行く。訴えの共同提起を強制する手段が存在しないため、共有者の1人でも提訴を拒んだり所在不明であったりすれば、他の共有者は権利救済の途をふさがれる可能性もあるからである（提訴を拒む者を被告とする方法はある）。その結果、持分権の確認のみならず、共有物全体の範囲の確認、共有物全体についての妨害排除請求の訴え、引渡の訴え、抹消登記手続請求の訴えなどが持分権に基づくものとされ、各共有者が単独で当事者適格を有することが認められるに至った[1]。以上のように、必要とされるほとんど全ての場合に共有者の一人が持分権に基づいて訴えを提起できるとなると、共有権自体に基づく訴えを認める必要性や実益はあるのかという疑問が生ずることになる。

★**共有権を確認する訴え**　ここでの問題は、共有者全員が共同原告となって共有関係の確認を求めている場合に、各共有者の持分権の確認請求が併合されていると解せば十分なのか、それらを超えた共有権自体の確認請求と構成すべき実益があるのかである。本判決は後者の立場に立ったうえで、管理処分権それゆえ訴訟追行権は共有者全員に帰属するうえ、共同原告と相手方の間に矛盾のない判決が期待されることを考慮して、本件を固有必要的共同訴訟としたものと、理解することができよう[2]。

これに対しては、各共有者の持分権に加え、これらの上に成立する共有権という概念を否定する批判や、各共有者の持分権についての訴えにより問題は処理できるので、全体としての共有権の確認の必要や利益はないとする批判もある。

★**所有権移転登記手続を求める訴え**　共有不動産全体につき所有権移転登記手続を求める訴えを、持分権に基づくものとみるべきか、共有権に基づくものとみるべきかがここでの問題であり、本判決は後者の立場に立ったわけである。その理由は、もしこれを前者とみるなら、判決では相手方から共有者の1人に対する移転登記を命ぜざるをえないが、このような実体関係に合致しない登記を是認するわけにはいかない点にあると理解してよいであろう。また、共有者の1人が他の共有者の共有持分に応じた移転登記を請求するなら、他人の権利を訴訟物として定立したことになる。持分権に基づいて行いうる抹消登記請求との関係が問題となるが、抹消登記の場合にはこのような問題はないわけである[3]。

これに対しては、移転登記請求を保存行為と解したり（共有物返還請求と同様だとする）、不可分債権と解したりすることにより、各共有者に当事者適格を肯定する見解もある。

〔中西　正〕

1審＝浦和地川越支判昭40・10・5／2審＝東京高判昭42・2・17

[1] 判例の動きにつき、五十部豊久「必要的共同訴訟と二つの紛争類型」民訴雑誌12号165頁以下、林屋礼二「共有不動産に関する訴訟の当事者適格」『不動産法大系Ⅵ〔改訂版〕』（青林書院、1975）64頁以下。
[2] 小倉顕・最判解民昭和46年度588頁以下、高橋宏志「共有関係の訴訟」民法の争点Ⅰ144頁、高橋・下330頁以下、三木ほか547頁以下。
[3] 小倉・前掲注2）592頁以下。鶴田滋「通常共同訴訟と必要的共同訴訟との境界」争点（伊藤＝山本編）70頁以下。

164 必要的共同訴訟と上訴（1）

最高裁平成9年4月2日大法廷判決　民集51巻4号1673頁、判時1601号47頁、判タ940号98頁
▶ 40条1項、292条、憲20条・89条、自治153条1項・242条の2第1項

論　点　▶　類似必要的共同訴訟である地方自治法242条の2第1項第4号の住民訴訟で共同訴訟人の1人が行った上訴の取下げの効力

事案の要約　本判決はいわゆる愛媛玉串料訴訟上告審判決であるが、事案は論点と関わる限度で紹介する。Xらは、愛媛県が宗教法人の挙行する祭祀について行った支出が憲法に違反したとして、県知事（Y_1）とその補助職員（Y_2）を相手どり、Y_1とY_2に対する損害賠償請求権を代位行使して、損害を県に賠償することを求めた。

裁判の流れ　1審：Y_1につき請求認容、Y_2につき請求棄却　2審：Xの控訴棄却、Y_1につき破棄自判し請求棄却・却下　最高裁：上告を取り下げた者を上訴人でないと判示した

　1審は、Y_1に対する請求を認容し、Y_2に対するそれを棄却した。これに対しては双方が控訴した。控訴審はXらの控訴を棄却し、Y_1に対する請求認容部分を取り消して請求を棄却し、さらに転出により原告適格を失った者について訴えを却下した。Xらが上告。その後上告した住民の一部がこれを取り下げたが、この取下げの効力が職権により判断された。

判　旨　判決は、まず地方自治法242条の2第1項各号の住民訴訟を、普通地方公共団体の財務行政の適正な運営を確保して住民全体の利益を守るため、当該普通地方公共団体の構成員である住民に、いわば公益の代表者として同条1項各号所定の訴えを提起する権能を与えたものだと位置づける。それゆえ、その判決の効力は当事者となった住民のみならず当該地方公共団体の全住民に及ぶので、複数の住民により提起された地方自治法242条の2第1項第4号の住民訴訟は類似必要的共同訴訟に該当するとした上で、以下のように判示した。「ところで、類似必要的共同訴訟については、共同訴訟人の一部の者がした訴訟行為は、全員の利益においてのみ効力を生ずるとされている（民訴法62条1項〔現40条1項〕）。上訴は、上訴審に対して原判決の敗訴部分の是正を求める行為であるから、類似必要的共同訴訟において共同訴訟人の一部の者が上訴すれば、それによって原判決の確定が妨げられ、当該訴訟は全体として上訴審に移審し、上訴審の判決の効力は上訴をしなかった共同訴訟人にも及ぶものと解される。しかしながら、合一確定のためには右の限度で上訴が効力を生ずれば足りるものである上、住民訴訟の前記のような性質にかんがみると、公益の代表者となる意思を失った者に対し、その意思に反してまで上訴人の地位に就き続けることを求めることは、相当でないだけでなく、住民訴訟においては、複数の住民によって提訴された場合であっても、公益の代表者としての共同訴訟人らにより同一の違法な財務会計上の行為又は怠る事実の予防又は是正を求める公益上の請求がされているのであり、元来提訴者各人が自己の個別的な利益を有しているものではないから、提訴後に共同訴訟人の数が減少しても、その審判の範囲、審理の態様、判決の効力等には何ら影響がない。そうであれば、住民訴訟については、自ら上訴をしなかった共同訴訟人をその意に反して上訴人の地位に就かせる効力までが行政事件訴訟法7条、民訴法62条〔現40条〕1項によって生ずると解するのは相当でなく、自ら上訴をしなかった共同訴訟人は、上訴人にはならないものと解すべきである。この理は、いったん上訴をしたがこれを取り下げた共同訴訟人についても当てはまるから、上訴をした共同訴訟人のうちの一部の者が上訴を取り下げても、その者に対する関係において原判決が確定することにはならないが、その者は上訴人ではなくなるものと解される」。

判例の法理　✪**本判決の問題点**　上訴は他の共同訴訟人の利益となる訴訟行為であるから、必要的共同訴訟の場合共同訴訟人の1人がした上訴は他の共同訴認人にもその効力を生じる（40条1項）。本件の住民訴訟の場合についても、最判昭和58年4月1日（民集37巻20号201頁）が、共同訴訟人の一部が上訴すれば他の共同訴訟人も上訴人になると判示していた。しかし、本件のような住民訴訟においては、敗訴して上訴しなかった者は訴訟活動を続行する意思を失っており、その者を上訴人とし続けることは実状にあわない面があったので、昭和58年判決後は、訴えを取り下げ、訴訟活動から離脱するよう促すのが一般的な取扱いとなっていた。

✪**本判決の解決と残された問題点**　そこで本判決は、本件のような住民訴訟の性質（判旨参照）や、原判決の確定の遮断、訴訟全体の上訴審への移審、非上訴人への上訴審判決効の拡張があれば、合一確定の要請は満たされていることを理由に、上訴しなかった共同訴訟人は上訴人にはならないとして、昭和58年判決を変更したのである。本判決は、非上訴人につき、原判決の確定の遮断、請求の上訴審への移審を認めつつ、上訴人にはならないとしたのであるが、このような非上訴人の地位を理論的にどのように説明するかは残された課題であろう。他の類似必要的共同訴訟について本判決の考え方を及ぼすべきかという問題も、同様である[1]。

　なお、本判決のルールは、その後株主代表訴訟にも及ぼされた一方（最判平17・7・7民集54巻6号1767頁）、数人の提起する養子縁組無効の訴えについては及ぼさない（上訴しなかった共同原告も上訴人となる）としている（最判平23・2・17判時2120号6頁）[2]。

（中西　正）

1審＝松山地判平1・3・17行集40巻3号188頁、判時1305号26頁、判タ696号57頁／2審＝高松高判平4・5・12行集43巻5号717頁、判時1419号38頁、判タ784号275頁

[1] 伊藤眞・ジュリ113号129頁、130頁、徳田和幸・私判リマ1998（下）139頁以下、高橋・下321頁以下。
[2] 大渕真喜子・百選5版212頁、小林秀之＝山本浩美「判例から考える民事訴訟法」受験新報2018年5月号2頁以下。

165 必要的共同訴訟と上訴(2)

最高裁平成12年7月7日判決　民集54巻6号1767頁、判時1729号28頁、判タ1046号92頁　▶商266条、同267条

論　点　▶類似必要的共同訴訟における非上訴者の地位

事実の要約　A社は証券会社であり、B社はその大口顧客である。BはC（信託銀行）との間で、Bを委託者、Cを受託者とする特定金銭信託契約を締結したが、これに基づく特金勘定取引のため、Bは投資顧問業者と顧問契約を締結せず、AがCに指図する方法（営業特金）が行われていた。かかる状況にあった当時、大蔵省（現：財務省）は、平成元年12月に発した証券局長通達において、事後的な損失補てんを慎むこと、特金勘定取引については投資顧問業者との間で投資顧問契約を締結すること等を証券会社に求めた。ところが、多くの証券会社と同様、Aも、この通達の主眼が営業特金の解消にあるものと理解し、今後のBとの取引関係に対する影響を考慮して、平成2年2月末頃Bに生じていた約3億6000万円の損失を補てんしたうえで、営業特金を解消した。

Aの株主X_1は、本件損失補てんの当時にAの代表取締役であったYらを相手として、本件損失補てんは法令違反であると主張して、商法266条1項5号の規定に基づく取締役の責任を追及する株主代表訴訟を提起した。

裁判の流れ　1審：請求棄却　2審：控訴棄却　最高裁：上告棄却

第1審はX_1の請求を棄却したため、X_1が控訴したところ、これにX_2〜X_4が共同訴訟参加をした。控訴審はX_1の控訴を棄却し、X_2〜X_4の参加請求を棄却したところ、X_3・X_4のみが上告した。最高裁は、X_3・X_4の上告を棄却したが、その際、上告しなかったX_1・X_2の地位が問題となり、次の通り判示した。

判　旨　＜上告棄却＞「商法267条に規定する株主代表訴訟は、株主が会社に代位して、取締役の会社に対する責任を追及する訴えを提起するものであって、その判決の効力は会社に対しても及び（民訴法115条1項2号）、その結果他の株主もその効力を争うことができなくなるという関係にあり、複数の株主の追行する株主代表訴訟は、いわゆる類似必要的共同訴訟と解するのが相当である。類似必要的共同訴訟において共同訴訟人の一部の者が上訴すれば、それによって原判決の確定が妨げられ、当該訴訟は全体として上訴審に移審し、上訴審の判決の効力は上訴をしなかった共同訴訟人にも及ぶと解される。しかしながら、合一確定のためには右の限度で上訴が効力を生ずれば足りるものである上、取締役の会社に対する責任を追及する株主代表訴訟においては、既に訴訟を追行する意思を失った者に対し、その意思に反してまで上訴人の地位に就くことを求めることは相当でないし、複数の株主によって株主代表訴訟が追行されている場合であっても、株主各人の個別的な利益が直接問題となっているものではないから、提訴後に共同訴訟人たる株主の数が減少しても、その審判の範囲、審理の態様、判決の効力等には影響がない。そうすると、株主代表訴訟については、自ら上訴をしなかった共同訴訟人を上訴人の地位に就かせる効力までが民訴法40条1項によって生ずると解するのは相当でなく、自ら上訴をしなかった共同訴訟人たる株主は、上訴人にはならないものと解すべきである〔最大判平9・4・2民集51巻4号1673頁参照〕。」

判例の法理　★**上訴しなかった者の地位**（判例）　株主代表訴訟（会社847条）は、株主が会社に代位して役員の責任を追及する点で第三者による訴訟担当であるとされ、株主の受けた判決の効力は会社に及ぶ（民訴115条1項2号）。会社に対して拡張された判決効を通じて他の株主も当該訴訟の結果を争えなくなるため、複数の株主が提起する株主代表訴訟は、判決効の拡張を介して合一確定の必要性が認められる類似必要的共同訴訟と解されている[1]。本判決は、この前提で共同訴訟人の一人である株主が上訴し、他の株主が上訴しなかった場合の訴訟関係について、一部の株主の上訴により、当該訴訟の全体について確定が遮断され、上訴審に移審することを認めている。これにより、他の株主にも上訴の効果が及ぶことになるが、確定遮断および移審の効果に加えて、上訴しなかった株主が上訴人になるかどうかについては、結論としてこれを否定している。もっとも、通説は、共同訴訟人の一人が上訴すれば全員が上訴人になると解してきた（上訴人説）。上訴は有利な行為として40条1項を適用でき、また一部の者だけが先に確定して合一確定を妨げないようにするためである[2]。判例も当初、最判昭和58年4月1日（民集37巻20号201頁）において、地方自治法旧242条の2第1項4号の住民訴訟につき、上訴人説を採用していた。ただし、昭和58年最判には「自ら上訴しなかつた共同訴訟人はいわば脱退して、ただ上訴審判決の効力を受ける地位にあるにとどまる」とする木下裁判官の反対意見が付されていた[3]。その後、最大判平成9年4月2日（民集51巻4号1673頁）は、住民訴訟を提起した住民の一部による上訴の取下げの効力を判断する前提として、住民訴訟の特質を理由に、類似必要的共同訴訟である複数住民による住民訴訟の一部の住民が上訴しなかった場合には上訴人とはならない旨を判示し、従前の上訴人説（通説）を退けて、判例を変更している。本判決は、この平成9年判決を踏襲し、株主代表訴訟の特質を理由として、同様の判断を示したものであり、住民訴訟と株主代表訴訟に関しては、非上訴人説で固まったとされている[4]。

判例を読む　★**非上訴人説と上訴提起の効果**　上訴の提起という訴訟行為は、確定遮断及び移審の効果を生ずるのみならず、不服のある範囲で上訴審の審判を要求する申立てでもある。本判決は、株主代表訴訟が類似必要的共同訴訟であることを前提として一部の者の上訴によって前者の効果が生じることを認める一方で、上訴しなかった者は上訴人にならないと結論している（非上訴人説。40条1項不適用）。しかしながら、この見解は、上訴しなかった者の請求に生じる確定遮断・移審の効果について、理論上どのように説明するのかという問題を抱えている。そのため、近時の学説の中には、上訴しなかった者の請求について確定遮断・移審の効果を否定する見解[5]も見受けられる。これによれば、結果的には、通常共同訴訟における扱いに近づくことになる。これに対して、確定遮断・移審の効果を認める本判決の立場を前提とする限り、上訴提起に伴う効果については、合一確定訴訟

における上訴不可分の原則から説明することも一考に値しよう。

❂**上訴しなかった者の地位**(学説)　類似必要的共同訴訟における共同訴訟人の一部が上訴した場合の非上訴者の地位について、上訴人説(40条1項適用)と異なる扱いが許されるのは、住民訴訟・株主代表訴訟では、訴訟の結果にかかる利益が必ずしも当事者である住民や株主の個人的利益に還元されないからである。そのため、当事者が上訴を提起しないことにより上訴審手続から離脱し、残存当事者のみが上訴審手続を進めても、審判の範囲、審理の態様、判決の効力等に影響はない。このような特質に鑑みれば、上訴しない者をあえて上訴人とする必要はない。しかし、本判決のように、上訴しない者の請求についても確定遮断・移審の効果が生じることを認めつつ、上訴人にならないとすれば、必然的に上訴人不在の請求が上訴審に係属する事態となる。学説上は、上訴しなかった者と上訴者との間に「審級限りの訴訟担当」を認める見解6)が有力である。この見解は、先の上訴人不在の事態を解消するのみならず、上訴審が上訴を認容して原判決を変更する場合は判決の名宛人とすること、附帯上訴では非上訴者を含む全員が被上訴人になること、上訴費用・上訴取下げは上訴人との関係でのみ処理すべきこと、非上訴者には期日呼出状その他の訴訟書類を送達する必要がないこと、上訴審にいつでも関与できる地位は非上訴者も保持すること等を説く。他方、これに触発され、非上訴者の地位の二面性を認めつつも、一応上訴人としたうえでその後の処理を弾力化すべきと説く見解7)もある。しかし、通説維持の方向に対しては、期日呼出状等の送達が実務的に煩瑣であり、実害があるとの反論8)があり、議論はなお流動的である。

❂**上訴しなかった者の地位と二重上訴の成否**　最決平成23年2月17日(家月63巻9号57頁)は、数人の提起した養子縁組無効の訴えを類似必要的共同訴訟とする判例9)を前提としつつ、一部の共同訴訟人がすでに上訴(上告及び上告受理申立て)している場合、他の共同訴訟人がさらに上訴することができるかどうかが問題となった事案において、後者の上訴が二重上訴に当たることを理由としてこれを不適法と判示した。二重上訴は、重複訴訟を禁止した規定の準用(民訴313条・297条・142条)により、後から提起された上訴が不適法となるからである10)。もっとも、類似必要的共同訴訟における共同訴訟人の一部が上訴を提起した場合における非上訴者の地位について、判例は、住民訴訟・株主代表訴訟に関しては上訴人とならないとすること(非上訴人説)は前述した通りである。しかし、判例はこれら以外の一般の場合には、通説と同様、上訴人説(40条1項適用説)であり、例えば、固有必要的共同訴訟における一部の共同訴訟人が上告した後に、他の共同訴訟人が上告した場合11)、補助参加人がすでに上告した後に被参加人が上告した場合12)について、上訴人説を前提に、二重上訴の成立を認めて重複訴訟禁止規定を準用して二重上訴を認め、後れた上訴を不適法としている。前掲平成23年最決は、類似必要的共同訴訟で同様の判断をしたものとして意義がある。もっとも、類似必要的共同訴訟においては、住民訴訟・株主代表訴訟の事件の特質に着眼する形で非上訴人説が採用されたため、養子縁組無効の訴えの場合に上訴人説が適するとされた当該事件の特質が何であるかが問題とならざるをえない。平成23年最決からこの点は明らかでないが、訴訟の結果が各共同訴訟人の個別的な利益に影響するかどうかが、住民訴訟・株主代表訴訟の判例法理との対比の観点からは留意されるべきである。

〔名津井吉裕〕

1審＝東京地判平・5・9・16判時1469号25頁／2審＝東京高判平7・9・26判時1549号11頁

1) 新堂・781頁、高橋・下358頁等。
2) 高橋・前掲注1) 321頁。
3) しかし、「脱退」の意味は不明確である。伊藤眞・平成9年度重判129頁は上訴関係からの離脱のみで当事者性を否定していないと見るが、菊井＝村松・新コンメ① 412頁は当事者の地位を否定したものとする。
4) 高橋・前掲注1) 322頁。
5) 徳田和幸「多数当事者訴訟と上訴」青山・古稀259頁以下は、上訴しなかった者(また、上訴を取り下げた者も)は訴えを取り下げたのと同様の意味で上訴人にならないとする。
6) 井上・多数当事者訴訟の法理204頁以下(207頁)、条解170頁〔新堂幸司〕。
7) 高橋・前掲注1) 323頁。高橋・後掲。
8) 高橋利文「片面的対世効ある判決と共同訴訟人の一部の者の上訴」貞家最高裁判事退官記念論文集『民事法と裁判(下)』(民事法情報センター、1995) 178頁。
9) 最判昭43・12・20集民93号747頁。
10) 菊井＝村松・全訂③ 121頁等。
11) 最判昭60・4・12集民144号461頁。
12) 最判平元・3・7判時1315号63頁。

166 主観的予備的併合

最高裁昭和43年3月8日判決　民集22巻3号551頁、判時518号52頁、判タ221号122頁　▶7条、38条

論　点　▶訴えの主観的予備的併合は適法か否か

事案の要約　Xは、本件土地の所有者は自分であり登記名義人であるY_2は無権利者であるとして、Y_2に対し移転登記手続を求める訴えを提起した。訴訟係属中本件土地はY_1に譲渡されその旨の登記もなされた。そこで、Xは、訴訟引受によりY_1を訴訟に参加させたうえで、Y_1に対しては移転登記手続を求める訴えを提起し、Y_2に対しては訴えを変更してY_1に対する請求が認められない場合にこれにより生じた損害を賠償することを求めた。

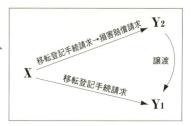

裁判の流れ　1審：Y_1につき請求棄却、Y_2につき訴え却下　2審：控訴棄却　最高裁：上告棄却

　1審、2審とも、Y_1に対する請求を棄却し、Y_2に対する訴えを却下した。2審は、Y_2に対する訴えを却下した理由について、おおむね以下のように述べる。XのY_2に対する請求は、XのY_1に対する請求が認められないことが前提とされており、主観的予備的併合である。主観的予備的併合は、その請求の当否につき裁判をするか否かを原告と主位被告の間の訴訟の結果によらしめるもので、予備的被告を応訴上著しく不安定、不利益な地位に置き、原告の保護に偏するものであるから、許されないものと解するのが相当である。しかも、併合された予備的請求は、これを分離するとそれ自体としては条件付き訴えとして不適法なものとなるといわねばならない。Xは上告した。

判　　旨　〈上告棄却〉「訴の主観的予備的併合は不適法であって許されないとする原審の判断は正当であり、原判決に所論の違法は存しない」。

判例の法理　●本判決の問題点　訴えの主観的予備的併合とは、Xが複数の被告を共同被告として訴えを併合提起するとともに、共同被告に順位をつけ、主位被告に対する請求が認容されることを解除条件として予備的被告に対する請求についての判決を求める（主位被告に対する請求が棄却または却下された場合に予備的被告に対する請求について判決を求める）、共同訴訟形態のことである。これについては、適法説、不適法説などが対立していたが、本判決は最高裁判所が不適法説に立つことを明らかにしたものである。

●**本判決の理由づけ**　原判決を是認しているところから、本判決が主観的予備的併合を不適法とした理由は、予備的被告に応訴上の不利益、不安定を課してまで原告の利益を保護するのは不公平であるという点にあると見るべきであろう。しかし、不適法という判断の背景には以下のような考慮があったと推測することができる[1]。主観的予備的併合につき統一的裁判が保障されるなら、原告は主位被告に対する請求についても予備的被告についての請求についても敗訴するという危険（後述）を正当に回避することができる。そうであるなら、被告の犠牲のもとにこのような併合形態を認めることも必ずしも不公平ではないと思われる。しかし、現実にはこのような保障は認められず、原告の1審限りの利益のために被告に多大な犠牲を課すことになるため、主観的予備的併合は不公平だとみるべきである。

判例を読む　●**主観的予備的併合をめぐる議論**[2]　XがY_1、Y_2に対し法律上両立しえない請求を有する場合、Y_1に敗訴した後、Y_2に対し別訴を提起するなら、Xは費用、労力および時間の点で不利益を受けるのみならず、弁論主義、自由心証主義との関係でY_2にも敗訴するリスクを負う。また、実質的に1つの紛争を2回の裁判で解決するのは、訴訟経済の観点からも効率的でない。主観的予備的併合で審理・判決するならこのような問題は生じない。そこで、このような併合形態の適法性が問題となるのである。

　不適法説は、以上の効用は認めつつ、以下の理由からこれを不適法とする。①予備的被告（以下Y_2）は終始訴訟追行せねばならないのに、Y_1に対する請求が認容され確定すれば、自分に対する請求については遡及的に訴訟係属が消滅し、請求棄却の判決を得る可能性を逃し、Xの再訴を既判力をもって阻止できない。Y_1に対する請求が棄却された場合でも、Y_2は自分とは何の関係もないY_1に対する請求の審理に最初から関与することを余儀なくされる。②主観的予備的併合の効用は、主位被告（以下Y_1）とY_2に対する訴えの併合関係が訴訟終了時まで維持されY_1Y_2に対する統一的な裁判が保障されることを、条件としている。しかし、主観的予備的併合は通常の共同訴訟であり、共同訴訟人独立の原則が適用されるので、上訴や中断・中止との関係で統一的裁判の保障は存在しない。③したがって、Xのわずかな利益のために（②からすればこの併合形態にはわずかな効用しかないことになる）、Y_2に①のような著しい不利益を課すのは不公平である。

　これに対し、適法説は、①統一的審判を保障することは可能であるし、②Y_2の不利益も最小限に抑えることができると主張する。すなわち、①については、Y_1Y_2に対する請求双方につき上訴がなされたと扱うことができると主張され、その方法については、当然の補助参加関係を利用する見解、必要的共同訴訟に関する40条を準用する見解、独立当事者参加が40条を準用していることとの均衡上、ここでも40条が準用されるとする見解などが、対立している。また、②については、前訴の争点効や禁反言により、XからY_2への再訴を封ずることができるし、Y_1に対する請求を認容する場合でもY_2に対する請求を棄却する判決を出すと構成すれば（このように解すなら主観的予備的併合ではなくなるというべきであろうが）、このような問題は抜本的に解決できるとする。さらに、Y_1

に対する請求と Y_2 に対する請求は共通の争点をもっている以上、Y_2 が最初から審理に関与することは不当ではないとする。つまり、併合の効用は非常に大きく、Y_2 の不利益は些細であるというのである。

　学説上は、適法説や、Y_1 への請求と Y_2 への請求が法律上両立しえない場合、Y_1 と Y_2 に実質的同一性が認められる場合、Y_2 の同意または異議なき応訴がある場合、Y_2 が関連請求につき既に同一手続内で被告とされている場合などに限って、主観的予備的併合を認めようとする、制限的な肯定説が、有力であった。

　また、本判決後の下級審の裁判例も、Y_1Y_2 が実質的に同一である場合、Y_2 が不安定、不利益を受忍すべき場合、Y_2 に不安定、不利益が生じない場合などに、主観的予備的併合を認めていた。

✿同時審判共同訴訟制度　以上のような議論を受けて、民事訴訟法の改正に当たり、主観的予備的併合を認めつつ、Y_1 の請求を認容する場合には Y_2 の請求を棄却し、上訴審についても統一的な審判を可能ならしめることの当否が検討された。しかし、Y_1 に対する請求を認容する場合に Y_2 に対するそれを棄却する併合の形態は、予備的併合ではなく単純併合であるから、弁論および裁判の併合を規定しておけば十分であること、統一的審判を保障するため1人の上訴により全訴訟が移審するとすれば、場合によれば当事者の合理的意思に反することもあるなどの理由で、主観的予備的併合は規定されず、それに代わって**同時審判申出共同訴訟制度**が創設された（41条）。

　これによれば、①共同被告の一方に対して主張する権利が他方に対して主張するそれと法律上併存しえない関係にある場合には、原告の申出があれば（控訴審の最終口頭弁論終結時まで可能である）、弁論および裁判は分離してはならず、②1審判決につき原告と敗訴被告が別々に控訴した結果、控訴が同一の控訴裁判所に別々に係属した場合には、弁論および裁判は併合してされねばならない。また、被告の1人に中断・中止事由が生じた場合にも、同時判決の原則は維持されると解されよう。以上によれば、この制度は、主観的予備的併合の効用を、通常の共同訴訟の枠内で弁論と裁判の併合を保障することにより、またその限度で実現しようとするものだといえよう。

　この制度と主観的予備的併合は以下の点で異なっている。①後者には40条の準用が主張されておりその限度で統一的裁判が可能になるのに対し、前者は通常の共同訴訟であり共同訴訟人独立の原則が働くため、場合によれば Y_1Y_2 に対する判断が区々になることもある。②後者においては、いずれの訴訟についても上訴がなされた場合にこれらが併合されるにすぎず、共同訴訟人の1人の上訴により全訴訟が移審するわけではない。したがって、X が Y_1 に敗訴し Y_2 に勝訴し Y_2 が控訴した場合、控訴審で Y_2 が勝訴すれば、X は Y_1Y_2 双方に敗訴することになる。これを避けるため、裁判の結果に満足している場合でも X は Y_1 に対する上訴を余儀なくされよう。

✿現行民事訴訟法下での主観的予備的併合　同時審判共同訴訟制度の創設との関係上、現行法のもとで主観的予備的併合がなお存続可能か否かは1つの問題である。

　この制度が旧法下での主観的予備的併合の適否をめぐる解釈論上の対立を解決する目的で創設されたこと、様々な解釈論的努力にもかかわらず、主観的予備的併合における予備的被告の地位の不安定という難点は必ずしも解決されていないことなどを考慮すれば、現行法のもとでは主観的予備的併合は許されないと考えるのが正当であろう 3)。

　しかし、旧法下で下級審が主観的予備的併合を認めた事例のように予備的被告の保護が必ずしも必要ではない場合には（また、原告側の主観的予備的併合の場合には、予備的請求の当事者の不利益は問題とならない）、処分権主義を基礎とした原告の併合形態選択の自由が尊重されるべきであるとして、あるいは当事者の1人の上訴により当然に全訴訟が上訴審に移転するという利点から（これは主観的予備的併合に40条を類推適用する見解を前提としている。ただし、40条を類推適用すること自体に対する批判も強い）、主観的予備的併合を適法とする見解も有力である 4)。

✿法律上の択一関係でない場合　主観的予備的併合肯定説に立っても、法律上の択一関係の場合でのみ認めるべきか、事実上の択一関係の場合（例、ある人が乗る自転車にはねられて大怪我をした、その人は A か B かどちらかに違いない、という事例）でも認めるべきかという問題が、残る。前者の場合、「主位的請求が認められれば予備的請求は認められない」（あるいはその逆）関係が必ず存在するのに対し、後者の場合は、双方とも認められない場合があり得る（例、A に対する請求も B に対する請求も棄却される）。このような理由から、法律上の択一関係の場合に限り主観的予備的併合を肯定する見解が有力である 5)。

〔中西　正〕

1審＝千葉地判昭41・3・28／2審＝東京高判42・7・4

1)　栗山忍「本判決の解説」最判解民昭和43年度296頁以下。
2)　議論を概観する文献として、河野正憲「訴えの主観的予備的併合」中野古稀上507頁以下、高橋宏志「主観的予備的併合について」法教204号113頁以下、高田裕成「同時審判の申出がある共同訴訟」新民訴体系①174頁以下、高橋・下394頁以下、山本弘「主観的予備的併合と同時審判申出共同訴訟」法教373号128頁。
3)　高田裕成・争点3版99頁、三木ほか544頁、546〜547頁。
4)　高橋・下394〜398頁は、統一的裁判の保障、予備的被告の不利益を詳細に論じたうえで、否定説がいう予備的被告の地位の不安定とか不利益とかは杞憂であるとして、主観的予備的併合を肯定する。
5)　高橋下402頁、403頁。

167 主観的追加的併合

最高裁昭和62年7月17日判決　民集41巻5号1402頁、判時1249号57頁、判タ647号109頁　▶38条、152条1項

論　点　▶訴えの主観的追加的併合の許否

事案の要約　AY_1間には本件土地の所有権の帰属につき争いがあったが、AがY_1に9000万円を支払いY_1はAに所有権移転登記手続を行う旨の裁判上の和解が成立した。Xは本件土地をAより取得したが、本件土地には宅地開発ができないなどの瑕疵があり、AはY_1に対して損害賠償請求権を有するので、これを代位行使すると主張して、Y_1に対して7000万円の支払を求める訴えを提起した。その後、XはY_2(信託銀行)に所属する不動産鑑定士が故意に不当な鑑定をした結果、AY_1間の和解金が著しく高額になり自己に損害が生じたとして、Y_2を被告として追加する申立てをしたうえで、Y_1と連帯して7000万円を支払うよう求めた。

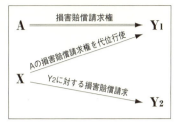

裁判の流れ　1審：Xの訴え却下　2審：控訴棄却　最高裁：上告棄却

1審は、主観的追加的併合の許否はともかく、Xの申立てはY_2に対する新訴の提起であるとして、Xに対し35万円あまりの印紙の納付を命ずる補正命令を発したが、Xがこれに応じなかったため、Xの訴え(申立て)を却下した。Xは控訴したが、控訴審は、訴えの主観的追加的併合は不適法であり、Xの申立ては新訴の提起である以上、1審の判断は正当であるとした。Xは上告した。

判　旨　<上告棄却>「甲が、乙を被告として提起した訴訟(以下「旧訴訟」という)の係属後に丙を被告とする請求を旧訴訟に追加して一個の判決を得ようとする場合は、甲は、丙に対する別訴(以下「新訴」という)を提起したうえで、法132条〔現152条1項〕の規定による口頭弁論の併合を裁判所に促し、併合につき裁判所の判断を受けるべきであり、仮に新旧両訴訟の目的たる権利又は義務につき法59条〔現38条〕所定の共同訴訟の要件が具備する場合であっても、新訴が法132条〔現152条1項〕の適用をまたずに当然に旧訴訟に併合されるとの効果を認めることはできないというべきである。けだし、かかる併合を認める明文の規定がないのみでなく、これを認めた場合でも、新訴につき旧訴訟の訴訟状態を当然に利用することができるかどうかについては問題があり、必ずしも訴訟経済に適うものでもなく、かえって訴訟を複雑化させるという弊害も予想され、また、軽率な提訴ないし濫訴が増えるおそれもあり、新訴の提起の時期いかんによっては訴訟の遅延を招きやすいことなどを勘案すれば、所論のいう追加的併合を認めるのは相当ではないからである。

右と同旨の見解に立ち、XのY_2に対する本件訴えは新訴たる別事件として提起されたものとみるべきであるから、新訴の訴訟の目的の価額に相応する手数料の納付が必要であるとして、Xが手数料納付命令に応じなかったことを理由に本件訴えは不適法として却下を免れないとした原審の判断は、正当として是認することができ、原判決に所論の違法はない」。

判例の法理　✦**本判決の問題点**　共同訴訟の要件(38条)が満たされている場合に、訴訟の係属中に、当初の当事者または第三者の申立てにより後発的に共同訴訟を成立させることができるか否かについては見解の対立がある。このような申立てにより成立する訴訟関係を、**主観的追加的併合**という。主観的追加的併合には様々な類型があるが、本判決で問題とされたのは、その中でも最も基本的な、原告が当初の被告とは異なる第三者を被告に追加するという形態である。

✦**主観的追加的併合をめぐる議論**　学説上は肯定説も有力である。その論拠としては、①このような併合を認める必要性は大きい(紛争を1つの訴訟で解決でき、訴訟経済に資するうえ、裁判の矛盾を避けることができる)、②訴額は新旧両請求が経済的に重複する限度で増加しないので、追加的併合とすれば新訴に印紙は不要となる、③これを認めないなら、別訴を新訴として提起したうえで弁論の併合を求める(152条)ことになるが、弁論の併合は裁判所の裁量に委ねられているだけに、併合審判に対する当事者の手続保障を全うすることはできない、などがあげられている[1]。

✦**本判決の立場**　本判決は、主観的追加的併合は必ずしも訴訟経済に資するわけではないし、弊害も予想されるとして、これを不適法としたわけである。ただ、別訴を新訴として提起したうえで弁論の併合をすることは実務上行われており、肯定説も併合が不適切な場合に追加的に併合された訴えを分離することは認めているので、両者の真の対立点は弁論の併合は当事者の権利か否かという点にあろう。本判決はこれを否定したものと位置づけることができる。学説は、本判決に批判的な見解、判例の立場に賛成する見解、限定された範囲で主観的追加的併合を認める見解(例、被告側で訴訟共同の必要がある場合において、欠けている被告を追加するために主観的追加的併合を認める)なども有力に主張されている。

〔中西　正〕

1審＝東京地判昭59・5・30／2審＝東京高判昭59・8・16　東高民報35巻8＝9号150頁、判時1152号140頁、判タ541号153頁

1) 議論の詳細は、注釈民訴② 35頁以下〔山本弘〕、谷口安平「主観的追加的併合」中野古稀上 531頁以下、参照。高橋・下422頁注(10)、三木ほか557〜560頁。

168 補助参加の利益
東京高裁昭和49年4月17日決定　下民集25巻1〜4号309頁　▶42条

論点 ▶ 42（旧64）条の「訴訟の結果について利害関係を有する」場合の意味

事実の要約　スモン病患者Xら（原告）は、キノホルム剤がスモン病の原因であることを前提として、キノホルム剤を製造、販売または製造承認した点を違法として、Yら（被告）に損害賠償請求訴訟（本訴）を提起した。Zら（補助参加申出人、抗告人）は、別訴でAからキノホルム剤がスモン病の原因であることを前提として、キノホルム剤を投与した点を違法として損害賠償を求められていたため、本訴におけるキノホルム剤がスモン病の原因であるかどうかという因果関係の判断は、別訴のZらに利害関係があるとして、Y側への補助参加を申し出た。

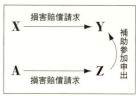

裁判の流れ　1審：申出却下　2審：抗告棄却

決定要旨　<抗告棄却>64（現42）条にいう「『訴訟ノ結果ニ付利害関係ヲ有スル』」場合とは、本案判決の主文に包含される訴訟物たる権利関係の存否についてだけではなく、その判決理由中で判断される事実や法律関係の存否について法律上の利害関係を有する場合も含まれるといえるが、当該他人間の訴訟の当事者の一方（被参加人）の敗訴によってその当事者（被参加人）から第三者（参加申出人）が一定の請求をうける蓋然性がある場合及びその当事者の一方（被参加人）と第三者（参加申出人）を当事者とする第二の訴訟で当事者の一方（被参加人）の敗訴の判断に基づいて第三者（参加申出人）が責任を分担させられる蓋然性のある場合でなければならず、第一の訴訟で当事者の一方（被参加人）が相手方から訴えられているのと同じ事実上又は法律上の原因に基づき第二の訴訟で第三者が右相手方から訴えられる立場にあるというだけでは、補助参加の要件を充足しないというべきである。…キノホルム剤がスモン病の原因であるかどうかという因果関係についての判断が本訴と別訴とを通じて共通の前提問題となっているというのは、所詮本訴と別訴が同一の事実上の原因に基づいているというものにすぎず、本件において本訴のYら（被参加人）の敗訴によってZらが右Yら（被参加人）から請求をうけ責任を分担させられる蓋然性がうかがえないばかりか、本訴における判決中の右因果関係の存否についての判断は、Zらの補助参加を認めても、いわゆる参加的効力は、別訴におけるAらとZらの間に及ぶものではないので、…Zらが補助参加人の要件を充足するとは認めがたい」。

判例の法理　★**訴訟の結果**　補助参加が許されるためには、第三者が「訴訟の結果について利害関係を有する」必要がある（ただし、44条）。この点につき本決定は、まず、「訴訟の結果」には、訴訟物たる権利関係の存否に関する判断のみならず、判決理由中の事実や法律関係の存否に関する判断も含まれる旨を判示した。

★**利害関係**　次に、本決定は、第三者が「利害関係を有する」といえるためには、被参加人が敗訴すると同人から一定の請求を受ける蓋然性のある場合および被参加人・参加申出人間の第2訴訟で被参加人敗訴の判断に基づいて参加申出人が責任を分担させられる蓋然性のある場合でなければならない旨を判示した。その結果、本件のように、第三者が被参加人と同一の事実上または法律上の原因に基づいて訴えられる立場にあるというだけでは補助参加の要件を充足しないと結論づけている。

判例を読む　「訴訟の結果」についての「利害関係」（補助参加の利益）の意味に関して、「訴訟の結果」とは、判決主文における訴訟物についての判断に限られる（①（訴訟物限定）説）か、判決理由中（の主要な争点について）の判断も含まれる（②（訴訟物非限定）説）[1]か、第三者が「利害関係」を有する場合とは、第三者の法的地位を判断する上で、訴訟の結果が論理的前提となる場合である（A説）[2]かなどを巡って判例・学説が対立してきた。また近時、個別ケースにおける第三者の弁論要求を手続経過要因をも加味して実質的具体的に検討すべきという説（C説）も現れている[3]。補助参加は、当事者に対する判決が存在することによって自己の法的地位につき被るおそれがある事実上の不利益を回避する手段として第三者に認められた制度であるから、本件のように第三者の法的地位の前提となる事実が判決理由中で判断される場合には、判決理由中の判断が第三者の法的地位に事実上の影響を与えるものとして、「訴訟の結果」に「利害関係」ありと解すべきであろう[4]。本決定は、補助参加の利益が肯定される場合を被参加人敗訴に基づいて第三者が一定の請求を受ける蓋然性がある場合およびその敗訴の判断に基づいて第三者が責任を分担させられる蓋然性のある場合に限定しているのであるが、当事者間の判決による事実上の不利益を回避し得る手段を第三者に与えるという補助参加制度の趣旨からいって疑問であるし、最判昭和51年3月30日（➡169事件）の立場にも反する。

〔間渕清史〕

1審＝東京地決昭49・1・18

1) かつての通説は「訴訟の結果」を訴訟の勝敗、つまり本案判決の主文で示される訴訟物たる権利関係の存否に関する判断としていた（①説。兼子・体系399頁、三ケ月・全集235頁、菊井＝村松・全訂民訴①403頁）。しかし、現在においては、判決理由中の事実や法律関係に関する判断も含まれると解する立場（②説）が通説化しつつある（新堂804頁、伊藤674頁、小林・メソッド438頁、川嶋847頁）。最高裁の立場は判然としない。最判平13・1・30民集55巻1号30頁および最判平13・2・22裁時1286号3頁参照。

2) 第三者が「利害関係」を有する場合とは、第三者の法的地位を判断するうえで訴訟の結果が論理的前提となる場合であると解するのは（A説）、兼子400頁、新堂805頁、伊藤眞「補助参加の利益再考」民訴雑誌41号1頁。これに対して、厳密な意味での論理的前提関係がなくても事実上の利益があれば足りると解するのは（B説）、谷口286頁。吉野・集中講義305頁も同旨。

3) C説を説くのは、注釈民訴②118頁（井上治典）。

4) 伊藤・前掲注2）民訴雑誌18頁、菊井＝村松・新コメ①432頁。

169 補助参加の態様
最高裁昭和51年3月30日判決　判時814号112頁、判タ336号216頁　▶42条

論　点 ▶ 共同被告の1人が原告と他の共同被告との訴訟につき原告側に補助参加できる場合

事実の要約　交差点でY（被告・被控訴人・上告人）運転の自動車とZ（被告・補助参加申出人）運転の自動車とが衝突し、その反動でYの車がX（原告・控訴人・被上告人）に衝突した結果、Xが負傷した。Xは、Y（および運行供用者Y₂、以下では省略）とZを共同被告として損害賠償請求訴訟を提起した。1審判決は、Yに対する請求を棄却、Zに対する請求をほぼ全部認容した。Zに対する判決は、控訴がなく確定したが、ZはYに対する請求棄却判決を争うため、X側への補助参加を申し出るとともに、控訴を提起した。

裁判の流れ　1審：Yに対する請求を棄却、Zに対する請求をほぼ全部認容　2審：1審判決取消・Yに対する請求を認容　最高裁：上告棄却

　1審判決は、Yの過失を否定し、Zの過失を肯定したうえで、Yに対する請求を棄却、Zに対する請求をほぼ全部認容した。2審はZの補助参加の利益を肯定したうえ、Yにも過失ありとして、1審判決を取り消し、かつYに対する請求を認容した。Y上告。

判　旨　＜上告棄却＞「…XとYらの間の本件訴訟の結果いかんによってZのXに対する損害賠償責任に消長をきたすものではないが、本件訴訟においてYらのXに対する損害賠償責任が認められれば、ZはXに対しYらと各自損害を賠償すれば足りることとなり、みずから損害を賠償したときはYらに対し求償し得ることになるのであるから、Zは、本件訴訟において、Xの敗訴を防ぎ、YらのXに対する損害賠償責任が認められる結果を得ることに利益を有するということができ、そのために自己に対する第一審判決について控訴しないときは第一審において相手方であったXに補助参加することも許されると解するのが、相当である」。

判例の法理　✪**共同被告の1人の原告側への補助参加**　本判決は、原告による他の共同被告に対する請求が認容されると、当該共同被告に対する自らの求償権の行使が法論理上可能となる共同被告は、原告の敗訴を防ぎ、原告の請求が認容される結果を得ることに利益を有するとの理由から、その者の原告側への補助参加を是認した。

判例を読む　**共同訴訟人の1人が相手方の他の共同訴訟人に対する訴訟につき相手方側に補助参加することが許されるか**という点については、これを認めると同一人が同一の訴訟で相反する双方の当事者の地位を有することとなり2当事者対立構造に反するし、補助参加は他人間に係属する訴訟につき認められるとする明文規定に反することになるなどの理由から、かつてはこれを否定する立場もあった（戦前のドイツの判例）。しかし、本件のように共同訴訟人間に利益対立のある場合には、共同訴訟人の1人が相手方の他の共同訴訟人に対する訴訟につき相手方側に参加することを認めても、同一人が相反する当事者の地位を同時に有することには必ずしもならないし、共同訴訟人の1人からみれば、相手方の他の共同訴訟人に対する訴訟は他人間の訴訟といえるから、否定説の理由に説得力はない。肝心なのは、そのような形式的な論理なのではなく、むしろ、共同訴訟人の1人が相手方の他の共同訴訟人に対する「訴訟の結果について利害関係を有する」（42条）かどうかである。

　本件では、XのYに対する損害賠償請求権の存在が肯定されること（＝XのYに対する請求の認容）がZのYに対する求償権の論理的前提となるという関係が認められる。このような事案のもとでは、42条の「訴訟の結果について利害関係を有する」場合を最も狭く解する立場（「訴訟の結果」とは、訴訟物についての判断であり、「利害関係を有する」とは第三者の法的地位を判断する上で訴訟の結果が論理的前提となる場合であるとする立場〔168事件の①＋A説〕）によっても、ZがXY間の訴訟につきX側に補助参加する利益は肯定されよう[1]。ZのYに対する求償権の存否というZの法的地位を判断するうえでXのYに対する損害賠償請求権（訴訟物）の存否についての判断が論理的前提となるからである。したがって、本判決の立場を支持するのが通説である[2]。もっとも、本判決は、Zは自己に対する判決に控訴しない場合にだけXに補助参加しうるかのように述べているが、このような限定を付すべき理由は見出し難く、不必要な判示であると思われる[3]。

（間渕清史）

1審＝青森地弘前支判昭45・5・22交通事故民事裁判例集9巻2号322頁／2審＝仙台高秋田支判昭46・9・8高民集24巻3号318頁

[1] 木川・重要問題講義上124頁。
[2] 新堂803頁、中野ほか編・新講義598頁〔井上治典〕〈補訂・安西明子〉、伊藤673頁、基本セミナー380頁〔佐野裕志〕、松本＝上野801頁、菊井＝村松・新コンメ①434頁、川嶋843頁など通説は、共同訴訟人の1人が相手方のほかの共同訴訟人に対する訴訟につき相手方側に補助参加を認める。ただし、上北武男・昭和51年度重判126頁。
[3] 井上・多数当事者訴訟の法理372頁。

170 補助参加人に対する判決の効力

最高裁昭和45年10月22日判決　民集24巻11号1583頁　判時613号52頁、判夕255号153頁　▶46条

論点 ▶ 46（旧70）条の裁判の補助参加人に対する効力の性質とその主観的範囲・客観的範囲

事実の要約　A（第1訴訟〔前訴〕原告）がY₁（第1訴訟被告、第2訴訟〔本訴〕被告・反訴原告・被控訴人・被上告人）に対し所有権に基づく貸室明渡・賃料相当損害金支払請求訴訟（第1訴訟）を提起したところ、Y₁から訴訟告知を受けたX（本訴原告・反訴被告・控訴人・上告人）は、同貸室の所有権を主張してY₁側に補助参加した。同訴訟は控訴・上告を経た後、貸室の所有権はXY₁間の賃貸借当時からXではなくAに属していたとの理由のもと、Y₁の敗訴が確定した。

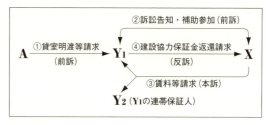

この第1訴訟の係属中、Xは、賃料不払いに基づき賃貸借契約を解除したとして、Y₁および連帯保証人Y₂に賃料および賃料相当損害金支払請求訴訟（本訴）を提起したのであるが、Y₁らはこれを争い、Y₁は賃貸借契約締結の際に支払った建設協力保証金の返還を求める反訴を提起した。

裁判の流れ　1審：本訴請求棄却・反訴請求認容　2審：控訴棄却　3審：上告棄却

1審判決は、旧70条（現46条）は既判力の主観的範囲を拡張するものであり、XはAの本件貸室に対する所有権の存否に関する第1訴訟の判決理由中の判断の拘束力を受けないと判断しつつも、同貸室はAに属しXには属さないと認定し、賃貸借の錯誤無効を認めて、Xの請求を棄却しY₁の反訴を認容した。2審判決は、旧70条（現46条）の裁判の補助参加人に対する効力は訴訟物の前提となった認定事実や判断にも及ぶと解し、Xは本件貸室がAに属していたとの判断を覆しえないとして、Xの控訴を棄却。X上告。

判旨　<上告棄却>「判決の補助参加人に対する効力…は、…既判力ではなく、それとは異なる特殊な効力、すなわち、判決の確定後補助参加人が被参加人に対してその判決が不当であると主張することを禁ずる効力であって、判決の主文に包含された訴訟物たる権利関係の存否についての判断だけではなく、その前提として判決の理由中でなされた事実の認定や先決的権利関係の存否についての判断などにも及ぶものと解するのが相当である。けだし、補助参加の制度は、他人間に係属する訴訟の結果について利害関係を有する第三者、すなわち、補助参加人がその訴訟の当事者の一方、すなわち、被参加人を勝訴させることにより自己の利益を守るため、被参加人に協力して訴訟を追行することを認めた制度であるから、補助参加人が被参加人の訴訟の追行に現実に協力し、または、これに協力しえたにもかかわらず、被参加人が敗訴の確定判決を受けるに至ったときには、その敗訴の責任はあらゆる点で補助参加人にも分担させるのが衡平にかなうというべきであるし、また民訴法70〔現46〕条が判決の補助参加人に対する効力につき種々の制約を付しており、同法78条〔現53条4項〕が単に訴訟告知を受けたにすぎない者についても右と同一の効力の発生を認めていることからすれば、民訴法70条は補助参加人につき既判力とは異なる特殊な効力の生じることを定めたものと解するのが合理的であるからである。…右別件訴訟の確定判決の効力は、その訴訟の被参加人たるY₁と補助参加人たるXとの間においては…判決の理由中でなされた判断である本件建物の所有権が右賃貸当時Xには属していなかったとの判断にも及ぶものというべきであり、したがって、Xは、右判決の効力により、本訴においても、Y₁に対し、本件建物の所有権が右賃貸当時Xに属していたと主張することは許されないものと解すべきである。…所論引用の大審院判例〔大判昭15・7・26民集19巻1395頁〕は、前記判示の限度において、変更すべきものである」。

判例の法理　本判決は、**裁判の補助参加人に対する効力**とは、補助参加人が被参加人との関係で判決主文中の訴訟物に関する判断のみならず、判決理由中の事実認定・先決的権利関係に関する判断などについてもそれが不当であると主張することを禁ぜられるという意味で既判力とは異なる特殊な効力であると判示している（参加的効力説）[1]。その根拠は、被参加人の訴訟追行に協力しえた補助参加人は敗訴の責任も分担するのが衡平にかなうし、46条（旧70条）による裁判の効力の制約や53条4項（旧78条）が訴訟告知にも同一の効力を認めていることから、このように解するのが合理的であるという点に求められている。

判例を読む　本判決は、裁判の補助参加人に対する効力を既判力の拡張とみる大審院判例を変更して、通説たる参加的効力説に従った。が、判決基礎の共同形成に基づく公平の要求から相手方・被参加人・参加人相互間に判決の拘束力（既判力、参加的効力、争点効）が及ぶと解する見解[2]や、本条の効力は、手続保障を代償としそれを担保にしての手続結果の不可争性に根拠を有する点で既判力と何ら相違はなく、参加人と相手方との間でも一定の場合に発生するとする立場[3]も有力である。

〔間渕清史〕

1審＝大阪地判昭42・3・24民集24巻11号1588頁／2審＝大阪高判昭44・10・30高民集22巻5号729頁

1) 兼子404頁、三ケ月・全集239頁、注釈民訴②164頁〔本間靖規〕。訴訟告知による参加的効力の主観的範囲・客観的範囲については、**171事件**。
2) 新堂812頁、高橋・下464頁。
3) 井上・多数当事者訴訟の法理381頁、松本＝上野810頁。

171 訴訟告知の効力の客観的範囲

最高裁平成14年1月22日判決　判時1776号67頁、判タ1085号194頁、裁判集民205号93頁、民事法情報187号93頁

▶53条4項、46条

論　点 ▶ 訴訟告知による参加的効力の主観的範囲・客観的範囲

事実の要約　Xは、YがAに建築させたカラオケボックスにAの注文により本件商品を納入したとして、Aに対し代金支払請求訴訟（前訴）を提起した。前訴でAが商品の買主はYであると主張したため、XはYに訴訟告知をしたが、Yは前訴に不参加。Xの前訴請求棄却判決が確定したが、その理由中に買主はYである旨の記載があったためXはYに対し代金の支払を求めて本訴を提起した。

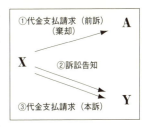

裁判の流れ　1審：請求認容　2審：控訴棄却　最高裁：破棄差戻
1審は、Y欠席によりX勝訴。2審は、訴訟告知の効力により、Yは本訴でXに対し自分は買主ではない旨主張することは許されないとし、Yの控訴を棄却。Y上告。

判　旨　＜破棄差戻＞「(1)旧…78条〔現53条4項〕、70条〔現46条〕…により裁判が訴訟告知を受けたが参加しなかった者に対しても効力を有するのは、訴訟告知を受けた者が同法64条〔現42条〕にいう訴訟の結果につき法律上の利害関係を有する場合に限られるところ、…法律上の利害関係を有する場合とは、当該訴訟の判決が参加人の私法上又は公法上の法的地位又は法的利益に影響を及ぼすおそれがある場合をいうものと解される〔最決平13・1・30民集55巻1号30頁〕。」／「旧…70条所定の効力は、判決の主文に包含された訴訟物たる権利関係の存否についての判断だけではなく、その前提として判決の理由中でされた事実の認定や先決的権利関係の存否についての判断などにも及ぶものであるが〔最判昭45・10・22民集24巻11号1583頁（→70事件）〕、この判決の理由中でされた事実の認定や先決的権利関係の存否についての判断とは、判決の主文を導き出すために必要な主要事実に係る認定及び法律判断などをいうものであって、これに当たらない事実又は論点について示された認定や法律判断を含むものではないと解される。けだし、ここでいう判決の理由とは、判決の主文に掲げる結論を導き出した判断過程を明らかにする部分をいい、これは主要事実に係る認定と法律判断などをもって必要にして十分なものと解されるからである。…その他、旧…70条所定の効力が、判決の結論に影響のない傍論において示された事実の認定や法律判断に及ぶものと解すべき理由はない。(2)…前訴におけるXのAに対する…代金請求訴訟の結果によって、YのXに対する…代金支払義務の有無が決せられる関係にあるものではなく、前訴の判決はYの法的地位又は法的利益に影響を及ぼすものではないから、Yは、前訴の訴訟の結果につき法律上の利害関係を有していたとはいえない。…Yが前訴の訴訟告知を受けたからといってYに前訴の判決の効力が及ぶものではない。…前訴の判決理由中、Aが本件商品を買い受けたものとは認められない旨の記載は主要事実に係る認定に当たるが、Yが本件商品を買い受けたことが認められる旨の記載は、…傍論において示された事実の認定にすぎないものであるから、同記載をもって、本訴において、Yは、Xに対し、…商品の買主がYではないと主張することが許されないと解すべき理由もない」。

判例の法理　本判決は、訴訟告知の効力は被告知者が補助参加の利益を有する場合にのみ及ぶところ（**主観的範囲**）、補助参加の利益は判決が参加人の私法上・公法上の法的地位または法的利益に影響を及ぼすおそれがある場合に認められるとしたうえで、XA訴訟の結果によりYの代金支払義務の有無が決せられる関係にないためYは補助参加の利益を有せず前訴判決の効力は及ばない旨を判示した。参加的効力の**客観的範囲**については、先例1)を敷衍し、参加的効力が及ぶのは判決主文の判断、主要事実に係る認定および法律判断などであるとしたうえで、Yが本件商品の買主である旨の前訴判決の記載はこれに当たらないとして参加的効力の発生を否定した。

判例を読む　本判決が補助参加の利益を否定した点につき、XがAに勝訴すれば、契約当事者の択一性からYは買主とされることはないなどとしてこれに反対する説が多い2)。また、訴訟告知の効力の発生には、補助参加の利益の存在だけでは足りず、①告知者敗訴により告知者・被告知者間に求償、賠償関係が成立する必要があるとする説3)、②告知者・被告知者間に訴訟追行上の協力期待関係が認められることを要するとする説4)、③告知者が矛盾判断に基づき二重に敗訴しうる窮地にあり、かつ告知者の訴訟上の主張につき被告知者に当事者性が認められることが必要であるとする説5)などがある。参加的効力の客観的範囲につき、多数説は、被告知者の予測可能性などの理由から本判決と同様、判決主文および主要事実の判断に限られ傍論は含まれないとする6)。

〔間渕清史〕

1審＝和歌山地判平9・2・13／2審＝大阪高判平9・10・30

1) 前出最判昭45・10・22参照。
2) 松本博之・民商127巻1号138頁、坂原正夫・法学研究（慶應義塾大学）75巻10号130頁、間渕清史・私判リマ26号125頁など。井上・多数当事者訴訟の法理74頁、木川・重要問題講義上154頁、高橋・下440頁参照。
3) 徳田・複雑訴訟251頁、新堂821頁も同旨。
4) 上野㤗男・判評532号12頁。
5) 間渕・前掲注2) 124頁。なお、柏木邦良・ジュリ539号106頁、木川・前掲注2) 205頁および松本・前掲注2) 132頁参照。
6) 注釈民訴②297頁〔上原敏夫〕、坂原・前掲注2) 124頁、上野・前掲注4) 188頁。ただし、福永有利・百選続版56頁、井上・多数当事者の訴訟150頁、松本・前掲注2) 140頁、川嶋四郎・法セ572号110頁は、主要事実・間接事実の区別が困難であるなどとして参加的効力は間接事実の判断にも及ぶとする。

172 共同訴訟的補助参加

最高裁昭和63年2月25日判決　民集42巻2号120頁　　▶40条、42条、45条、自治242条の2第4項

論点 ▶ ①住民訴訟に訴訟参加するための出訴期間の制限は、誰を基準とするのか
②共同訴訟参加できるにもかかわらず、補助参加を申し出た場合の取扱い

事実の要約　A市の住民Xらは、同市市長Yの支出した漁業補償金が違法・不当な支出であるとして、監査請求を経たうえで、地方自治法242条の2第1項4号に基づき、A市に代位してYらに対し損害賠償請求訴訟を提起していた。そこへ、別のA市民であるZらが、Xらの出訴期限経過後に、Xらと同じく監査請求を経たうえで、原告Xらへ補助参加した。1審の請求棄却判決に対し、Zらが控訴の申立てをしたところ、Xらは控訴の取下書を提出した。そこで、原審裁判所は、Xらの控訴取下げにより本件訴訟は1審判決が確定して終了したとして、判決で訴訟の終了を宣言した。Zらは、本件補助参加は共同訴訟的補助参加であり、Xらの控訴取下げにかかわらず本件訴訟は控訴審に係属している旨を主張して上告した。

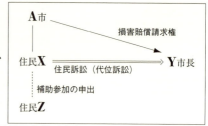

裁判の流れ　1審：請求棄却　2審：判決による訴訟終了宣言　最高裁：上告棄却

判旨　＜上告棄却＞「〔論点①〕〔地方自治〕法242条の2第4項は…住民訴訟が係属している場合に、…適法な監査請求手続を経た他の住民が、同条2項所定の出訴期間内に民訴法75条〔現52条〕の規定に基づき共同訴訟人として右住民訴訟の原告側に参加するのを禁ずるものではなく、右出訴期間は監査請求をした住民ごとに個別に定められているものと解するのが相当であるから、共同訴訟参加申出についての期間は、参加の申出をした住民がした監査請求及びこれに対する監査結果の通知があった日等を基準として計算すべきである。〔論点②〕そして、右期間内において、前記の適法な監査請求手続を経た住民が住民訴訟の原告側に補助参加の申出をしたときは、当該住民は右住民訴訟に共同訴訟参加をすることが可能であるところ補助参加の途を選択したものというべく、右補助参加をいわゆる共同訴訟的補助参加と解し、民訴法62条1項〔現40条1項〕の類推適用など、共同訴訟参加をしたのと同様の効力を認めることは相当ではない」。

判例の法理　●**住民訴訟に訴訟参加するための出訴期間の基準**〔論点①〕　すでに係属している住民訴訟では、別訴が禁止されているため（自治242条の2第4項）、他の住民が関与するには訴訟参加するしかない。その場合、参加を望む住民は、訴訟参加の申出をいつまでに行う必要があるかが問題となり、東京高中間判昭和46年5月31日（行集22巻5号808頁）は、係属訴訟の原告住民の出訴期間内に限られるとしていた。しかし、これには批判が強く[1]、本件判決は、訴訟参加のための出訴期間の制限は、参加を申し出た者の出訴期間を基準とし、この期間内であれば共同訴訟参加することができることを明らかにした。

●**共同訴訟参加できるにもかかわらず、補助参加を申し出た場合の取扱い**〔論点②〕　共同訴訟的補助参加と取り扱うことはできない。この結論は、そもそも共同訴訟的補助参加は、他人間の訴訟の判決効が第三者に及ぶ場合で、その第三者が当事者適格を有しないために共同訴訟参加（52条）できない場合に、認められてきた特別の扱いであることが前提となっている。そのため、第三者が法文上認められた共同訴訟参加ができる場合には、共同訴訟的補助参加の取り扱いを認める必要はなく、第三者が補助参加の申出をした以上、処分権主義の観点から、あくまでも通常の補助参加として扱うべきであることになる。

判例を読む　●**共同訴訟的補助参加の意義と効果**　この制度について民訴法上の明文の規定はなく、共同訴訟参加（52条）と補助参加（45条）の間隙を埋めるためにドイツ民訴法を参照しながら、学説・判例によって認められてきたものである[2]。本件では、Zらの共同訴訟的補助参加が認められると、40条1項が類推適用されて、Xらの控訴取下げによっても訴訟は終了していないことになる。しかし、補助参加しか認められないと、Xらの控訴取下げにより本件訴訟は終了してしまうし、Zらによる別訴提起も出訴期間を過ぎていることからできなくなる。そこでZらの補助参加の申立てがどのように扱われるかが問題となるのである。

●**共同訴訟的補助参加の要件**　本判決は、共同訴訟参加ができない場合にのみ共同訴訟的補助参加が認められると理解しているので、本件ではそもそも共同訴訟的補助参加が認められる余地はないことになる[3]。しかし、両制度とも判決の効力を受ける参加人の利益保護・手続権の保障が目的であることからすると、訴訟の過程において被参加人の訴訟行為との抵触が生じるときは、共同訴訟的補助参加の取扱いが認められるべき場合があるとの批判も根強い[4]。

〔薮口康夫〕

1審＝高松地判昭60・10・31民集42巻2号128頁／2審＝高松高判昭61・9・30民集42巻2号151頁

1) 江田五月・自治研究49巻8号166頁以下。三好達「住民訴訟の諸問題」新実務⑨322頁以下。
2) 兼子・体系407頁、三ケ月・全集242頁。最判昭40・6・24民集19巻4号1001頁。
3) その後の下級審裁判例である仙台高判平25・01・24判時2186号21頁は、被告側に参加した事例であるが、参加人が行政事件訴訟法22条に基づく訴訟参加をすることなく、あえて民事訴訟法上の補助参加を選択した場合、その補助参加に共同訴訟参加と同様の効力を認めることはできないと判示した。
4) 井上治典・判時1243号182頁以下。

173 独立当事者参加の可否

最高裁平成6年9月27日判決　判時1513号111頁，判タ867号175頁　▶47条

論　点 ▶ 不動産の二重譲渡が行われたが，いずれも未登記である場合に，買主の一方が売主に対して提起した所有権移転登記手続請求訴訟に，他方の買主は独立当事者参加することができるか

事実の要約　本件土地につき，XはYに対し，売買契約に基づく所有権移転登記手続を求める訴えを提起し，1審では売買契約の成立が認められて請求が認容された。Yの控訴による2審の手続が係属中，Zが，Yに対しては仮登記担保権の実行に基づく本登記手続を，Xに対しては右本登記手続の承諾を求めて，旧71条（現47条1項・4項。以下同じ）に基づく独立当事者参加を申し立てた。これに対し，Xは，Zの参加の申立ては旧71条の要件を欠くと主張して争った。

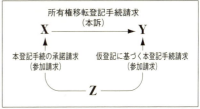

裁判の流れ　1審：本訴請求を認容　2審：取消・本訴請求を棄却，Zの参加請求を認容　最高裁：一部破棄差戻・一部破棄自判

　Zの独立当事者参加の申立てを受けた2審（原審）は，本件参加の申立ては，本件土地の所有権をめぐる紛争を三者間で同時に矛盾なく解決するためのものであり，旧71条後段の要件を満たすものであるとしたうえで，Zの主張を認めてXYに対する請求をいずれも認容した。この原審判決に対し，Xが上告した。

判　　旨　＜一部破棄差戻・一部破棄自判＞「本件参加の申出は，民訴法71条〔現47条1項・4項〕の要件を満たすものと解することはできない。けだし，同条の参加の制度は，同一の権利関係について，原告，被告及び参加人の三者が互いに相争う紛争を一の訴訟手続によって，一挙に矛盾なく解決しようとする訴訟形態であって，一の判決により訴訟の目的となった権利関係を全員につき合一に確定することを目的とするものであるところ…，Zの本件参加の申出は，本件土地…の所有権の所在の確定を求める申立てを含むものではないので，X，Y及びZの間において右各所有権の帰属が一の判決によって合一に確定されることはなく，また，他に合一に確定されるべき権利関係が訴訟の目的とはなっていないからである」。

判例の法理　✱**権利主張参加の要件**　権利主張参加の要件は，参加請求と本訴請求が論理的に非両立の関係にあることとする考え方が，伝統的に通説である[1]。本件判旨は，合一に確定されるべき権利関係の有無を基準としているところ，参加請求と本訴請求が合一に確定されるべき場合とは，両者が論理的に両立しない場合であると解されるので，伝統的な通説と同様の立場であると思われる。

✱**不動産の二重譲渡と独立当事者参加**　不動産の二重譲渡が行われたが，いずれも未登記である場合に，買主Xの売主Yに対する所有権移転登記手続を求める本訴に，他の買主ZがYに対して所有権移転登記手続を求めて権利主張参加することができるかどうかについて（典型事案），かねてから議論の対立があった。伝統的な多数説および下級審の裁判例は，ZがXに対して所有権確認請求を重ねて定立することを条件として，この場合には不動産の所有権の帰属をめぐってXの請求とZの請求が両立しないとして，Zの権利主張参加を認めてきた[2]。他方，こうした伝統的な見解に反対する有力説は，不動産の二重譲渡における最終的な優劣は登記で決まるのが実体的な規律であり（民法177条），XとZは両者ともにYに対して移転登記請求権を有するので，両者は論理的に両立する関係にあるとして，Zの権利主張参加は認められないとする[3]。

✱**本件事案と典型事案の異同**　本件事案は，XのYに対する所有権移転登記請求の訴えに，Zが自己への本登記を求めて参加したものであり，上記の典型事案に類似する。原審である2審は，こうした類似性を重視したためか，典型事案の場合における多数説および裁判例と同じ立場をとってZの権利主張参加を認めた。これに対し最高裁は，権利主張参加の要件を欠くとした。本件事案と典型事案との違いは，次の2点である。第1に，典型事案では，XとZは対等な立場で不動産の取得を争う関係にあるため，Zの参加を認めることにそれなりの合理性があるが，本件事案では，XY間の訴訟の帰趨にかかわらず，仮登記の順位保全効によってZは常にXに優先する立場にあるため，Zに参加を認める必要性は認めにくい[4]。第2に，本件のZはXに対して所有権確認を求めていないので，いかなる意味においてもXの請求とZの請求の間に排斥関係はない[5]。しかし，最高裁は未だ典型事案につき判断を示していないため，本件事案と典型事案を別異に取り扱うかどうかは不明である。

〔三木浩一〕

1審＝京都地判昭60・12・13／2審＝大阪高判平3・4・25

1) 三木ほか579頁等参照。
2) 注解民訴②257頁，井上・多数当事者の訴訟33頁。裁判例として，福岡高判昭30・10・10下民集6巻20号2102頁，東京高判昭36・2・28下民集12巻2号393頁，大阪高判昭43・5・16判時554号47頁など。
3) 吉野衛「不動産の二重譲渡と独立当事者参加の許否」判タ152号2頁，三木浩一「独立当事者参加における統一審判と合一確定」同『民事訴訟における手続運営の理論』（有斐閣，2013）218頁，伊藤676頁，新堂830頁，菊井＝村松・新コンメ①467頁など。
4) 井上治典・判評438号200頁。
5) 仮に，ZのXに対する所有権確認が求められていたら，本件最高裁がZの参加を認めた可能性も否定できない。宇野聡・民商114巻3号544頁参照。

174 債権者代位訴訟と独立当事者参加

最高裁昭和48年4月24日判決　民集27巻3号596頁、判時704号52頁、判タ295号254頁　▶47条、142条

論点　債権者代位訴訟に債務者が独立当事者参加し、本訴と訴訟物を同じくする訴えを第三債務者に提起した場合、重複訴訟禁止原則に抵触するか。また、債務者に当事者適格はあるか

事実の要約　本件土地の賃借人Xは、賃貸人Zに代位して占有者Yを相手に建物収去土地明渡請求の訴えを提起したところ、Zが、Xに対しては賃貸借契約の解除に基づく賃借権不存在確認を、Yに対しては所有権に基づく建物収去土地明渡を求めて、独立当事者参加を申し出た。これに対し、Yは、すでにXがZのYに対する所有権に基づく明渡請求権を代位行使している以上、Zはもはや自らYに対して同じ所有権に基づく明渡請求権を行使することは許されず、また重複訴訟の禁止に抵触して不適法であると主張した。

裁判の流れ　1審：本訴請求棄却、両参加請求認容　2審：取消・本訴却下・両参加請求につき各控訴棄却　最高裁：上告棄却

1審は、Zの参加申出を適法とした上で、ZのXYに対する各請求を認容し、XのYに対する請求を棄却した。2審は、XのYに対する請求につき、Xは賃借権を有さないから当事者適格を欠くとして却下し、Zの参加請求を適法としたうえで、XとYの各控訴を棄却した。Y上告

判旨　＜上告棄却＞「債権者が民法423条1項の規定により代位権を行使して第三債務者に対し訴を提起した場合であっても、債務者が民訴法71条〔現47条1項・4項〕により右代位訴訟に参加し第三債務者に対し右代位訴訟と訴訟物を同じくする訴を提起することは、民訴法231条〔現142条〕の重複起訴禁止にふれるものではない…。けだし、…債務者の提起した訴と右代位訴訟とは併合審理が強制され、訴訟の目的は合一に確定されるのであるから、重複起訴禁止の理由である審判の重複による不経済、既判力抵触の可能性および被告の応訴の煩という弊害がないからである」「債権者が適法に代位権行使に着手した場合において、債務者に対しその事実を通知するかまたは債務者がこれを了知したときは、債務者は代位の目的となった権利につき債権者の代位権行使を妨げるような処分をする権能を失い、したがって、右処分行為と目される訴を提起することができなくなる…。したがって、…債務者は右権利につき訴訟追行権を有せず、当事者適格を欠くものとして、その訴は不適法といわざるをえない反面、債務者が右訴訟追行権を有しないことが判明したときは、債務者はその訴訟追行権を失っていないものとして、その訴は適法ということができる」。

判例の法理　✪**重複訴訟の禁止との関係**　債権者が第三債務者に対して提起した**債権者代位訴訟**に、債務者が47条による独立当事者参加の申出をした場合、参加請求は先行する本訴請求（代位訴訟）と訴訟物が同一なので、142条の重複訴訟禁止原則に抵触するのではないかということが問題となる。しかし、近時、重複訴訟禁止原則一般について、その対象を訴訟物の重複を超えて審理の重要な一部の重複にまで拡大するとともに、同原則の趣旨は起訴の重複（二重起訴）ではなく審理の重複（重複訴訟）を防止することにあるとして、前後両訴が併合審理される場合には、重複訴訟の禁止に抵触しないと解する見解（拡大説）が有力である1)。本判決は、独立当事者参加では併合審理が強制されているため（47条4項による40条1項～3項の準用）、**重複訴訟禁止原則**の立法趣旨である審理の重複による不経済などの弊害は生じないとして、重複訴訟禁止原則には抵触しないとした。

✪**平成29年民法改正との関係**　改正前は、債権者が適法に代位権行使に着手し、債務者にその事実を通知するかまたは債務者が了知した場合、債務者は代位の目的となった権利の処分権を失うとするのが、通説・判例の立場であった。したがって、Zは、Xに共同訴訟参加することはできず（Xの本訴請求とZの参加請求は同一の訴訟物であるため、この点では共同訴訟参加になじむが、上記の通説・判例によれば、Zには共同訴訟人になる前提としての当事者適格がない）、考えうる唯一の手段として独立当事者参加を選択したものと思われる。しかし、権利主張参加の要件は本訴請求と参加請求の非両立であるところ、両請求は上記のように同一の訴訟物であるため、この要件を満たしているとは言い難い2)。本判決は、Zの独立当事者参加を認めたが、要件の充足に関する判断は示されておらず、理論的には不明な点が残る判例である。平成29年民法改正により、債権者が被代位権利を行使した場合であっても、債務者（本件ではZ）は被代位権利の行使を妨げられなくなったため（民法423条の5）、原告側に共同訴訟参加をすることが可能になった。このようなことから、改正法の施行後も、いわば旧法下の非常手段であった独立当事者参加を認めるべきか否かについては見解が分かれうる3)。

〔三木浩一〕

1審＝福島地郡山支判昭45・11・24民集27巻3号602頁／2審＝仙台高判昭47・5・24民集27巻3号621頁

1) 住吉博「重複訴訟禁止原則の再構成」民事訴訟法論集1巻255頁以下、三木浩一「重複訴訟論の再構築」同『民事訴訟における手続運営の理論』（有斐閣、2013）266頁等参照。
2) 当事者適格を争う手段として独立当事者参加の利用を認めるのは、制度の本来の趣旨からすれば特殊な利用の仕方を認めることになる。高橋・下559頁参照。
3) 三木ほか580頁。

175 上告審での独立当事者参加

最高裁昭和44年7月15日判決　民集23巻8号1532頁、判時570号47頁、判タ242号159頁　▶47条

論　点 ▶ 上告審における独立当事者参加の申出は許されるか

事実の要約　Xは、YがX所有の土地上にあるZ所有の建物に居住し、X の土地を不法占有しているとして、土地所有権に基づき建物収去土地明渡請求の訴えを提起した。1審はXが勝訴し、これに対してYが控訴した。Yは、2審において、YはZから本件建物を賃借しているのであり、Zは本件土地を時効取得した者またはその承継人であるから、本件土地の占有は適法であると主張した。2審は、時効の援用をなしうる者は時効の完成によって直接に利益を受ける者であり、Yはそのような者に該当しないとして、Yの控訴を棄却した。

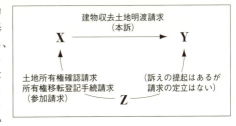

これに対してYが上告したところ、Zが、XとYを相手方として独立当事者参加の申出をした。ただし、Yに対しては請求を定立しなかった。

裁判の流れ　1審：請求認容　2審：控訴棄却　最高裁：申出却下

判　旨　＜申出却下＞「当裁判所は、上告審であって、事実審ではないから、参加人の請求の当否について判断し、右係属中の事件と矛盾のない判決をすることはできない。されば、上告審である当裁判所に対し同条〔旧71条、現47条〕による本件参加の申出をすることは許されないから、本件参加の申出は、不適法として却下を免れない」。

判例の法理　★**上告審での独立当事者参加の可否**　上告審での独立当事者参加の可否につき、学説において積極説と消極説が古くから対立している。

積極説は、①上告に理由があって原判決の破棄差戻がなされる場合には、事実審で三者間に矛盾のない裁判が行われることになるから、上告審における独立当事者参加の申出をとりあえず許すべきであり、本訴において上告却下または上告棄却の判決をする場合には、そのときに参加申出も不適法として却下すればよい[1]、②当事者がいずれも上告しないで詐害的判決をそのまま確定させようとする場合には、参加の申出と一緒に上告ができるものと解する必要がある[2]　等を理由とする。

これに対し、消極説は、①上告審は事実審ではないから参加人の請求（参加請求の訴訟物）の当否について審判することはできず、したがって三者間において矛盾のない裁判をすることができない、②上告に理由があって破棄差戻がなされる場合には、差戻後の事実審において独立当事者参加の申出をすれば足りる[3]、③事実審で当事者に対して一度も攻撃防御方法を提出していない者には固有の上告の利益はなく、参加の利益は事実審における合一確定の利益であるから、参加の利益から上告の利益を引き出すことはできない[4]　等を理由とする。

本判決は、最高裁として消極説に立つことを初めて明らかにしたものである。学説は、上記のように、積極説と消極説が拮抗している。

判例を読む　★**承継人による上告審での参加の可否**　本件事案とはやや異なるが、訴訟係属中に紛争の基礎をなす実体関係に特定承継があった場合（訴訟物の譲渡や目的物件の譲渡など）、承継人が権利を譲り受けたことを主張して訴訟に参加するには、独立当事者参加の形式によるべきものとされているため（49条、47条1項）、やはり上告審での独立当事者参加の可否という問題が生じる。

学説・判例の多くは、この場合にも上記の議論をそのまま適用するが[5]、学説の中には、本来の独立当事者参加の場合には消極説に立ちつつ、承継人による参加の場合には積極説に立つものもある。その理由は、本来の独立当事者参加の場合は参加人は当事者のいずれからも由来しない独立の地位で訴訟に参加するが、承継人の場合は前主の訴訟上の地位を引き継ぐ立場で訴訟に参加するのであり、承継人こそ上告審において原審の破棄を求めるべき地位にあるからであるとする[6]。

★**片面的独立当事者参加について**　本件において、ZはYに対して請求を定立していないので、このままでは片面的独立当事者参加となる。しかし、Zは、Yに対して、例えば土地所有権確認請求を定立することにより、容易に両面的参加の形態をとることができる。なお、平成8年改正において片面的独立当事者参加が明文で許容されたので、現在では、片面的参加の形態を維持したままで訴訟を続行しても何ら問題はない（最大判昭42・9・27民集21巻7号1925頁➡判例講義民訴1版158事件の解説参照）。

〔三木浩一〕

1審＝大阪地判昭41・4・26民集23巻8号1524頁／2審＝大阪高判昭42・9・18民集23巻8号1528頁

1) 兼子・体系412頁など。
2) 新堂831頁。
3) 小山499頁、花村・民事上訴制度の研究182頁。
4) 小山499頁、伊藤677頁。
5) 大判昭13・12・26民集17巻23号2585頁。
6) 小山478頁、榊原豊・百選Ⅱ新法対応補正版388頁。

176 敗訴者の1人による上訴

最高裁昭和48年7月20日判決　民集27巻7号863頁、判時715号51頁、判タ299号294頁　▶40条、47条

論　点　▶独立当事者参加訴訟の1審判決に対して1人が控訴した場合、控訴審は他の二者間の請求に関する1審の判断を、控訴をしない敗訴者に有利に変更することができるか

事実の要約　訴外AはYに債権を有していた。Xは、Aから債権譲渡を受けたとして、Yに対し①150万円の支払請求の訴えを提起したが、Yは債権者を確知できないとして80万円余を供託した。この訴訟が係属中、Aから同一債権を譲り受けたとしてZが独立当事者参加し、Xに対して、②XのYに対する債権が存在しないことの確認と③Zが供託金の還付請求権を有することの確認を求め、Yに対しては、④Zが供託金の還付請求権を有することの確認と⑤譲受債権額から供託額を差し引いた残額である70万円弱の支払を求めた。

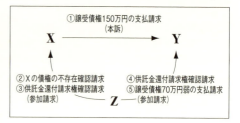

裁判の流れ　1審：本訴請求棄却・参加請求認容　2審：本訴請求認容・参加請求棄却　最高裁：上告棄却

1審は、AからXZへの債権二重譲渡があったことと対抗関係ではZが優先することを認定し、①請求の棄却、②請求の却下（訴えの利益なし）、③請求の認容、④請求の認容、⑤請求の一部認容という判決をした。この判決に対し、Xのみが控訴し、1審判決中Xの敗訴部分の取消と、①請求の認容および③請求の棄却を求めた。2審（原審）は、1審とは反対に、対抗関係ではXが優先すると認定し、①請求および③請求につき1審判決を取り消して①請求を認容し、③請求を棄却し、さらに、Xの控訴によってYはXに対しては被控訴人となるが、Zに対しては控訴人となるとしたうえで、④請求および⑤請求についても1審判決を取り消し、両請求を棄却した。Zが上告し、ZのYに対する請求は1審判決通り確定しているから、控訴審が上記部分を変更したのは不当であると主張した。

判　旨　＜上告棄却＞「本件は、訴訟の目的が原告、被告および参加人の三者間において合一にのみ確定すべき場合（民訴法71条〔現47条1項・4項〕、62条〔現40条1項～3項〕）に当たることが明らかであるから、1審判決中参加人〔Z〕の被告〔Y〕に対する請求を認容した部分は、原告〔X〕のみの控訴によっても確定を遮断され、かつ、控訴審においては、被告の控訴または附帯控訴の有無にかかわらず、合一確定のため必要な限度で1審判決中前記部分を参加人に不利に変更することができる」。

判例の法理　●**確定遮断効および移審効の範囲**　終局判決に対する上訴があったときは、上訴をした者とその相手方の間でのみ、原判決の確定遮断と上訴審への移審の効果が生じるのが原則である。しかし、独立当事者参加訴訟においては、三者間における合一確定の規律が働くため、敗訴者の1人のした上訴によって全請求の確定が遮断され、上訴をした当事者間のみならず、上訴をしない当事者間の請求も上訴審へ移審すると解するのが通説・判例である[1]。

●**上訴をしない敗訴者の地位**　上訴をしない当事者間の請求も移審すると解した場合、上訴をしない敗訴者が上訴審でどのような地位につくかが問題となる。学説には、上訴人説、被上訴人説、両地位兼有説がある[2]。上訴人説は、上訴をしない当事者間の請求につき不服申立てを擬制するため、この請求も上訴審の審判対象となり、上訴がなされた請求との合一確定を理論的に導くことができる。しかし、現実に上訴をした者が単独で上訴を取り下げられなくなる等の問題を生ずる。被上訴人説は、実質を反映した素直な構成である。しかし、上訴をしない当事者間の請求は、不服申立てがないので、附帯上訴がなければ利益変更禁止の原則によって上訴審の審判対象とならないため、そのままでは合一確定の要請に応えにくいという欠点がある。両地位兼有説は、両説のこのような欠点を克服するものとして主張されたが、上訴審においても当事者対立構造が原則である以上、無理があることは否めない。判例は、一般に、被上訴人説に立つとされる[3]。

●**審判の対象と不利益変更禁止の原則**　本判決は、上訴をしない当事者の地位については判例の立場である被上訴人説に立つ一方で、当事者の地位の問題と審判の対象の問題を分断して問題の解決を試みたものと解される。すなわち、独立当事者参加の基礎にある合一確定の要請を満たす限度で、上訴の一般原則である**利益変更禁止の原則**（上訴審における処分権主義）を後退させ、敗訴者からの上訴または附帯上訴がなくても審判の対象となりうることと、当該敗訴者の利益に原判決を変更しうることを認めたものである。仮に、本件で利益変更禁止の原則を貫くとすると、ZのYに対する請求を認容した1審の判断がそのまま確定することになり、これにXのYに対する請求を認容した2審の判断が加わると、Yが二重払いを強いられるという不当な結論になる。学説は、ZY間の請求をZに不利に変更することができるという本判決の結論については、一般にこれを支持している[4]。

〔三木浩一〕

1審＝広島地判昭41・10・21民集27巻7号871頁／2審＝広島高判昭43・12・24民集27巻7号881頁

1) 最判昭36・3・16民集15巻3号524頁、最判昭43・4・12民集22巻4号877頁参照。
2) 田中豊「独立当事者参加における一当事者の上訴」争点新版148頁参照。
3) 最判昭36・3・16民集15巻3号524頁、最判昭50・3・13民集29巻3号233頁参照。
4) 本件判批として、小山昇・判時727号139頁、小室直人・判タ304号84頁、石川明・法学研究（慶應義塾大学）47巻11号82頁、林屋礼二・昭和48年度重判115頁、井上治典・民商70巻6号1041頁、山本和彦・百選5版222頁など。

177 共同訴訟参加と当事者適格

最高裁昭和 36 年 11 月 24 日判決　民集 15 巻 10 号 2583 頁　　▶ 52 条、商 247 条

論　点 ▶ ①共同訴訟参加をなしうる第三者
②株主総会決議取消請求訴訟の被告適格

事実の要約　Y 会社の株主 X らは、Y 会社を相手方として、取締役選任に関する 2 つの臨時株主総会における各決議取消しの訴えを提起した。最初の決議で取締役の 1 人に選任された Z は、X らと Y 会社の馴合い訴訟に危惧を抱き、この訴訟の 1 審係属中に、旧 75 条（現 52 条）に基づき Y 会社の共同訴訟人として参加申出をなし、請求棄却の判決を求めた。なお、この時点において、Z はすでに取締役を辞任している。

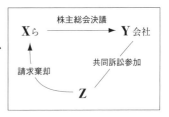

裁判の流れ　1 審：請求認容・参加申立却下　2 審：控訴棄却　最高裁：上告棄却

1 審では X らの請求が認容され、Z の参加申立ても認められなかった。控訴審でも Z の参加は認められなかったため、Z は上告した。

判　旨　＜上告棄却＞「第三者が同条（旧 75 条〔現 52 条〕）の規定により訴訟に参加することが許されるためには、当該訴訟の目的が当事者の一方および第三者について合一にのみ確定すべき場合であることのほか、当該訴訟の当事者となりうる適格を有することが要件となっていることは、同条の法意に徴し、明らかである。すなわち、Z の本件参加の申出が許されるためには、Z は本件訴訟の被告となりうる適格を有しなければならないのである。ところが、本件訴訟の被告となりうる者は、その性質上、Y 会社に限られると解するのが相当であるから、Z が本件訴訟の被告となる適格を有しないことは自明の理である。したがって、Z の本件参加の申出は許されない…」。

判例の法理　★**共同訴訟参加をなしうる第三者**〔論点①〕　本件のように、株主 X らと Y 会社との間の判決が対世効をもち、その影響を被る Z の立場からすれば、当該訴訟に関与するインセンティヴは小さくない。ことに、当事者間で馴合い訴訟がなされている可能性があればなおさらである。この場合、補助参加よりも当事者としての地位を Z が求める方法として考えられるのが、いわゆる主観的追加的併合を明文をもって認めたとされる**共同訴訟参加**（旧 75 条、現 52 条）である。問題は、その要件であるが、参加者に当事者適格を要求すると判示したのが本判決である。共同訴訟参加は別訴の提起に代わる故である[1]。一方、学説の一部には、共同訴訟参加の立法趣旨等から、当事者適格を必要としないと考える立場があった[2]。あるいは、本件のような事案で、共同訴訟参加の申出を共同訴訟的補助参加のそれと解する考えもある[3]。この見解では、参加人がなすことのできる行為の範囲、および被参加人の訴訟処分行為（本件であれば、請求の認諾）の可否が問題となる[4]。

★**株主総会決議取消訴訟の被告適格**〔論点②〕　判例のように、共同訴訟参加をする者に当事者適格を要求すれば、本件のような株主総会決議取消訴訟における被告適格を次に考えねばならない。会社法 834 条 17 号は、株主総会等の決議取消訴訟の被告を当該株式会社とする旨定めているので[5]、その取締役は被告会社側に共同訴訟参加をすることはできず、Z には共同訴訟的補助参加のみが許されることになる。

これに対し、学説では、法人の内部紛争の正当な当事者を根本的に問い直す見解[6]が提唱されたり、会社以外にも、被選任取締役のような重大な利害関係を有する者に当事者適格を認める余地を示唆する[7]などして、会社以外に、あるいは会社とともに当事者適格を認められる者が模索されてきた。こうした実質的な利害関係を持つ Z に対し訴訟に関与する機会を保障する解釈論を展開する余地は、なお存在しているように思われる[8]。

判例を読む　★**判決効が及ぶ者の手続への関与の方式**　判決の効力が及ぶため係属中の訴訟手続に関与したいと考える第三者の存在は否定できない。本件のように、当事者間で馴合い訴訟がなされている可能性があるような場合は特にそうであろう。この者の手続への関与をいかにして保障するかという視点で考えた場合、本判例の立場を前提とすれば、共同訴訟参加の必要性が問い直されるだけですむ問題ではない可能性もうかがえる。もちろん、当事者適格理論を再考することにより適切な処理を模索することも 1 つの方向であるが、複雑で相互に重複しているとされる現在の参加に関する規整をこれまでの解釈論の成果を踏まえつつ、立法論として検討することにも価値はあるかもしれない[9]。

〔藤本利一〕

---

1 審＝岡山地判昭 33・1・13 高民集 11 巻 10 号 748 頁／2 審＝広島高岡山支判昭 33・12・26 高民集 11 巻 10 号 743 頁

1) 民事訴訟費用等に関する法律 3 条 1 項別表 1 第 7 項参照。
2) 櫻井孝一「共同訴訟的参加と当事者適格」中村古稀 246 頁。
3) 新堂 796 頁、松本＝上野 780 頁。なお、高橋・下 555 頁参照。
4) 松本＝上野 781〜782 頁、高橋・下 470〜471 頁。
5) 従前の学説・判例の状況を俯瞰するものとして、中島弘雅「会社訴訟の争点」争点〔伊藤＝山本編〕28 頁、山本克己・会社法判例百選第 1 版 102 頁が有益である。
6) 谷口安平「判決効の拡張と当事者適格」中田還暦下 51 頁、同「団体をめぐる紛争と当事者適格」ジュリ 500 号 322 頁。
7) 福永有利「法人の内部紛争の当事者適格」新実務① 335 頁。
8) 山木戸勇一郎・百選 5 版 264 頁 A33。
9) 各種参加形態の重複性を明らかにしつつ、解釈論としてこのこと自体を積極的に評価していく方向を示唆するものとして、高橋宏志「各種参加形態相互の関係」講座民訴③ 253 頁以下。

178 訴訟の終了——養子縁組取消訴訟

最高裁昭和51年7月27日判決　民集30巻7号724頁　▶52条、124条、126条、民793条

論　点 ▶ ①一身専属権を訴訟物とする場合の訴訟承継の可否
②訴訟承継を認める場合の手続

事実の要約　Xは亡Aの妻である。このAX夫婦はY_1Y_2夫婦を養子とする縁組の届出をなした。この届出から30年以上経過した後、XはY_1Y_2夫婦を相手取り、養子の1人であるY_1がXよりも4歳ほど年長であることから、年長者養子を禁止する民法793条に違反するとして、右養子縁組取消訴訟を提起した。

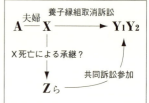

裁判の流れ　1審：請求認容　2審：判決による訴訟終了宣言、共同訴訟参加申立却下　最高裁：上告棄却

1審はXが勝訴し、Yらが控訴。控訴審係属中、Xが死亡した。そのため、Xの兄Zら3名が旧75条（現52条）により共同訴訟参加の申立てをなした。控訴審は、養子縁組取消権が一身専属権であることを理由に、Xの死亡による本件訴訟の承継は認められず当然に終了するものとし、Zらの参加申立ては不適法であるとした。Zらは上告。

判　旨　〈上告棄却〉「年長養子の禁止に違反する養子縁組の取消請求権は、各取消請求権者の一身に専属する権利であって、相続の対象となりうるものではな〔く〕、かつ、養親が養子を相手方として年長養子の禁止に違反した縁組の取消請求訴訟を提起した後原告である養親が死亡した場合には、相手方が死亡した場合におけるように検察官にその訴訟を承継させるものと解される趣旨の規定（人事訴訟手続法26条によって準用される同法2条3項参照）がないこと等の法意〔から〕、当該訴訟は原告の死亡と同時に終了するものと解する」。

「共同訴訟参加の申出は被参加訴訟と同一内容の別訴の提起に代わるものではあるが、被参加訴訟の終了後にされたかかる参加の申出は、参加の要件を欠き不適法であるから、終局判決をもってこれを却下すべきであ〔る〕」。

判例の法理　●**訴訟当事者が死亡した場合の手続上の処理**　一方当事者が死亡した場合、当事者対立構造が崩れ、当該訴訟は維持できないとも考えられる。しかし、このような処理を行えば、それまでの訴訟手続は無に帰することになり、不合理である。そこで法は、死亡した者の法的地位を包括的に引き継ぐ者があれば、この者を法律上当然に新たな訴訟当事者とし、それまでの訴訟状態を引き継がせる（当然承継）。民事訴訟法上、このことは手続の中断・受継という形で規定される（124条1項1号・3項、126条）。

●**一身専属権を訴訟物とする場合の訴訟承継の可否**［論点①］　訴訟当事者が死亡した場合、常に訴訟承継を認め、当該訴訟を維持してよいかは問題である。法的地位を包括的に承継した者が存在したとしても、相手方当事者との間で当該権利義務関係を争う利益がなくなることもありうるからである。この点、判例は、訴訟物である権利義務が一身専属的なものである場合、当該訴訟は中断することなく当然に終了するとし、判決をもって訴訟終了を確認的に宣言する。例えば、縁組解消（離縁）訴訟で、当事者の一方が死亡した場合、訴訟は終了する[1]。もっとも、本件のような養子縁組取消訴訟の場合、残された親族に当該訴訟を争う利益が認められる可能性があり[2]、この者に当該紛争について別訴を期待すると、訴訟経済上合理性を欠く疑いが残る[3]。この点、学説では、従前より身分訴訟の訴訟物が一身専属的であっても、訴訟承継を認める余地を論じてきた[4]。

●**訴訟承継を認めるとした場合の手続**［論点②］　仮に訴訟承継を認めるとした場合、新たに前訴訟当事者の法的地位を引き継ぐ者がどのように従前の手続に関与するかは問題である。本件では、共同訴訟参加の申立てを行っているが、受継申立てに準じた方法も示唆されている[5]。

判例を読む　養子縁組の取消しの訴えは、これらの取消原因の存在を主張して、特定の養子縁組を取り消す判決を求める形成の訴えである[6]。本件で、養子縁組の取消請求権（民805条）はXの一身に専属する権利であり、相続の対象とはならないとされ、原告の死亡と同時に当該取消訴訟が終了すると判断された。現行人事訴訟法27条1項によれば、人事訴訟係属中に原告が死亡した場合には、特別の定めがある場合を除き、当該訴訟は、当然に終了すると規定されている。もっとも、本件訴訟の実態は相続をめぐる争いとも思われ、また、民法805条によれば、縁組当事者の親族にも取消権が認められている。ZらのYらに対する別訴提起が許されるのであれば、同条の取消原因が容易に判断しうるものであること、かつ1審で請求が認容された後、原告が控訴審段階で死亡していること等からしても、従前の訴訟追行の結果を無駄にするべきではないという価値判断はありうる。このことは、理論上、訴訟対象が一身専属権であり、実体上承継が生じないとしても、なお、訴訟承継の可否を論じるための前提となる。

〔藤本利一〕

1審＝東京地判昭48・5・23民集30巻7号734頁／2審＝東京高判昭50・3・24民集30巻7号735頁

[1] 最判昭57・11・26判タ487号79頁。
[2] 民法805条参照。訴訟物が一身専属権であることを理由に当然承継を否定する裁判例につき、伊藤704頁注125参照。なお人訴法は、被告死亡の場合に検察官の被告適格を法定したこと（人訴12条3項）、検察官の立会いを裁判所の裁量に係らしめたこと（同23条1項）に注意を要する。
[3] 鈴木正裕・百選Ⅱ新法対応補正版396頁。Xの甥らが別訴を提起している（東京地判昭51・5・20判タ347号240頁（1審）、東京高判昭52・1・27判時850号27頁（2審））。
[4] 例えば、兼子一「訴訟承継論」兼子・研究①76頁。反対に、消極に解するものとして、山木戸・人事訴訟手続法107頁。
[5] 鈴木・前掲注3）397頁。
[6] 松本・人事訴訟法417頁。

179 訴訟承継——権利譲渡人からの引受申立て

東京高裁昭和54年9月28日決定　下民集30巻9～12号443頁、判時948号59頁　▶50条

論　点 ▶ 権利譲渡人からの訴訟引受申立ては可能か

事実の要約　XはYに対する損害賠償請求訴訟を提起した後、訴訟物の目的たる損害賠償債権等を訴外Aに譲渡し、Aに対する訴訟引受けを申し立てた。

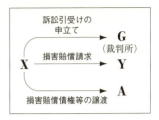

裁判の流れ　1審：訴訟引受申立却下　抗告審：抗告棄却

1審は、この申立てを却下した。Xは、訴訟引受けの申立てをなし従前の訴訟状態を譲受人に承継させることが債権の譲渡人として当然の義務であること、Y自身に引受申立てを期待することが通常困難である一方、本件ではYが引受けに同意していること、また権利承継人の参加では新訴提起の形式となり、印紙を再度貼付する必要が生じ不経済であること等を理由として抗告した。

決定要旨　＜抗告棄却＞「権利の譲受人が当該権利についての既存の訴訟状態を承継することを欲する場合には、いつでもみずから〔旧〕民事訴訟法73条、71条〔現49条、47条〕に基づき訴訟参加の申出をすることによってそれが可能であるから、譲受人に既存の訴訟状態を承継させるため訴訟引受の申立をすることが譲渡人の義務であると解することはできない。そして、このことは、譲受人が譲渡人の訴訟引受の申立により訴訟を承継することに同意し又はこれを望んでいる場合であっても異なるところはない。…

もっとも、譲渡人に…〔こ〕の申立を許すことにすれば、譲渡人としては、相手方の承諾を得られる限り、訴訟より脱退することにより、敗訴判決を免れることができるわけであるが、右脱退についての相手方の承諾は必ず得られるとは限らないのであるから、…前段の判断を動かすことはできない。

…譲受人としては、みずから訴訟参加の申出をするよりは、譲渡人からの訴訟引受の申立により訴訟を承継したほうが手数料の面で有利であることは否めない。しかしながら、このことをもって、譲渡人に…訴訟引受申立の利益があるとすることはできないし、〔こ〕の申立を許さないことが訴訟経済に反するということもできない」。

判例の法理　❖**訴訟引受に関する立法**　旧74条[1]（現50条）に規定された訴訟引受につき、義務だけでなく権利の承継の場合でも認められるか法文上明示されておらず問題とされたが[2]、兼子一博士の業績[3]および訴訟引受につき権利義務の区別をしない判例[4]によりこれを認める立場がすでに確立していた。現行法は立法的にこの点を明確にし[5]、引受承継の原因として権利承継・義務承継を区別していない（現51条）。

❖**権利譲渡人からの訴訟引受申立ては可能か**　権利承継の場合に訴訟引受が認められるとしても、本件のように、訴訟の目的とされた権利の譲渡人が引受の申立てをなすことはできるか。学説の中にも、これを肯定する見解がみられ[6]、裁判例にも現れている[7]。本決定は、この点について詳細な検討を行い申立てを却下した初めての判決である。問題の焦点は、前主に引受申立てを行う利益があるのか否かということであろう[8]。本決定および否定説[9]は、訴訟当事者として関与すべき承継人および相手方のイニシアティヴを強調し、この利益を認めない。ただ、前主の申立てにつき承継人の同意がある場合や参加承継と異なる訴訟費用の点については、一考の余地がある[10]。

判例を読む　原告たる権利譲渡人Xからの訴訟引受けの申立てを許さなかった本判決では、債権の譲受人であるAが自ら参加承継の申出をなしておらず、引受けの申立てをする利益がXにはない、ということが重要な要素とされている。また、相手方被告Yも、引受けを申し立てていない。新堂説によれば、被告Yが引受けを申し立てた場合、そこには債務不存在確認請求の申立てが内包されていると解する一方、Xにはかかる申立てを観念できないとする。また、中野説は、Xにつき、Aに対する請求で権利保護の利益を考えることができず、Xによる引受け申立てを認める必要がないとする。しかし、山本和彦教授は、権利者側承継の事例において、承継人に勝訴判決を得させ、追奪担保請求を防止するため、被承継人に、引受けの申立ての利益が認められるとされる[11]。要は、被承継人に引受けの申立てを認める利益としてどのようなものが考えられるか、仮にそれが認められるとして、引受けの申立てを訴訟法的にどのように組み立てるか、ということになる。

〔藤本利一〕

1審＝東京地決昭54・6・11

1) 旧法について、井上治典「訴訟引受けについての手続上の問題点」吉川追悼下107頁以下。また、池田辰夫・注釈民訴②255頁以下が有益である。
2) かつて大審院は、旧法74条について「債務」の承継につき適用されるという枠組みを用いていた（大判昭11・5・22民集15巻988頁）。
3) 兼子一「訴訟承継論」兼子・研究①1頁以下。
4) 最判昭32・9・17民集11巻9号1540頁（→180事件）。
5) さしあたり、法務省編・一問一答66頁以下。また、上北正男「訴訟参加及び訴訟引受け」新民訴大系①197頁以下。
6) 菊井＝村松・新コンメ①501頁は、被承継人も、訴訟引受けの申立てができるとするのが従前の判例・通説であるとする。池田・前掲注1）260頁、伊藤708～709頁、710頁、霜島甲一「当事者の引込みの理論」判タ261号18頁等。
7) これを認めるものとして、東京高判昭34・12・22下民集10巻12号2691頁。また、最判昭52・3・18金法837号34頁参照。
8) 池田・前掲注1）260頁は、引受申立てにつき請求の定立をするかという問題との関連を指摘する。なお伊藤710頁注136参照。
9) 井上治典・前掲注1）論文120頁、中野貞一郎「訴訟承継と訴訟上の請求」同・論点①171頁、新堂861頁、松本＝上野822頁注29等。
10) 以上につき、上田徹一郎・判評259号169頁以下、池田・前掲注1）260頁。
11) 山本和彦「訴訟引受けについて」判タ1071号60頁。なお、この点について、新版民訴演習②47頁以下〔福永有利〕参照。

180 訴訟承継制度——義務者の参加申立て

最高裁昭和32年9月17日判決　民集11巻9号1540頁　▶51条

論点 ▶ 義務承継者が既存の訴訟手続に関与する方法

事実の要約　XはYに対し不法占拠を理由とする建物収去土地明渡請求訴訟を提起し、1審で勝訴した。Yは控訴し、控訴審係属中に争われている建物をZに譲渡した。Zは、旧73条、71条（現49条、47条）を理由に訴訟参加を申し立てた。

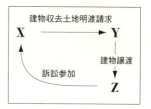

裁判の流れ　1審：請求認容　2審：参加申立却下　最高裁：破棄差戻

原審は、Zが本件訴訟に参加するには旧74条（現50条）の訴訟引受の申立てをなすべきであり、旧73条による参加申立ては許されないとして、Zの申立てを却下した。Zは上告。

判旨　<破棄差戻>「〔旧〕民訴73条、同74条の両規定は相俟って訴訟の目的たる権利または債務の承継人及び相手方に対し既存の訴訟状態を自己のために利用する機会を平等に与えるために設けられたものと解するを相当とする。けだし、権利といいまた義務というも、そは畢竟表裏の関係にあり、単に権利者またはその承継人に対してのみ既存の訴訟状態を利用する機会を与えることは公平の観念に反し妥当を欠くからである。それ故に、〔旧〕民訴73条の趣意は承継人が自ら進んで既存の訴訟に加入しうることを認めたものであり、また、同法74条の趣意は従来の訴訟の当事者が承継人を強制して訴訟に参加せしめうることを認めたものであって、その承継人は訴訟の目的たる権利または債務のいずれの承継人たるを問わないものと解すべきである。〔旧〕民訴73条は権利の譲受といい、また、同法74条は債務の承継というも、これは単に通常の場合を例示したに過ぎないものであって、これによって、債務承継人の〔旧〕民訴73条、同71条による訴訟参加が否定され、また、権利承継人に対する同法74条による訴訟引受の申立が否定されたものと解すべきでない」。

判例の法理　●旧民事訴訟法73条と旧74条の関係をめぐる論議と現行法　訴訟当事者から係争物が譲渡された場合、それがいわゆる基準時後であれば、判決効拡張の問題とされるが、訴訟係属中になされた場合、民事訴訟法立法当初においては対応する規定を欠いていた。そこで、大正15年改正により「権利」譲受人の訴訟への参加（旧73条）と、「債務」承継人の訴訟引受の規定（旧74条）が導入された[1]。当初これらの規定の理解には混乱がみられたようであり、旧71条と旧73条を共通の基盤で理解したり、旧73条の承継原因は「権利」の承継、旧74条の承継原因は「債務」の承継と簡易に二分して理解する判例[2]が存在したりした。しかし、その後、兼子一博士の研究により、旧71条参加に対する旧73条の参加承継の独自性、参加承継と引受承継における承継原因の同一性が示され、定着した。本判決はこれを認めたリーディングケースである。このような状況に応じて、現行法ではこのことが明文化された（51条）[3]。

●**義務承継者が既存の訴訟手続に関与する方法**　では、Zのような義務の承継者が従前の訴訟手続に関与するためには、どのような方法が考えられるであろうか。例えば、前主が有利に訴訟を展開していた場合、この者がその手続に関与したいと思うことは十分に理解できる。1つには、かつての判例の枠組みから、引受承継の規定を拡張解釈し、引受けの申立てを義務承継人自らがなすということが考えられるが、手続に関与するための方法という限りで、今日このような手法をとる意味は乏しい[4]。端的に独立当事者参加の方式により原告および被告を相手方にして、あるいは原告のみ相手方として参加すればよい（51条による47条から49条までの準用）。

ただし、参加承継と引受承継の基礎の同一性が強調されるとしても、例えば、参加は新訴の提起という方式となるため必要とされる手続費用が引受けのそれと異なること、あるいは妥当する審理原則が異なること[5]などのように、なお両者の差異を考えてみる余地はあるかもしれない。

判例を読む　義務の承継人からする訴訟参加について、兼子博士がこれを肯定する学説を確立し、本件判決はこれを踏襲した。実務上、このパターンの参加を認める必要性はそれほど大きいものではないという見方もあるが、現行法の立法時に、従前の解釈を明確化するため、51条が規定された[6]。この場合、まず、参加するZが原告Xに対してどのような請求を定立するべきかという問題が生じる。XからZに対して請求のあることを前提に、Zはたんに請求棄却を申し立てればよいとの考えもあり得る。しかし、義務承継人が訴訟参加する場合には、債務不存在確認請求を定立することになるとされ[7]、相手方当事者が給付判決を必要とする場合には、反訴を提起する必要があるとされる[8]。

〔藤本利一〕

1審＝東京地決／2審＝東京高判昭29・8・5民集11巻9号1553頁

1) この経緯につき、兼子一「訴訟承継論」兼子・研究①105頁以下、同「民事訴訟法の制定」兼子・研究②11頁以下、山木戸克己「訴訟参加と訴訟承継」民訴講座①299頁以下、日比野泰久「訴訟承継主義の限界について」法政論集（名古屋大学）120号85頁以下参照。
2) 大判昭11・5・22民集15巻988頁。
3) 法務省編・一問一答66頁以下。
4) ただし、かつての大審院の手法が完全に否定されたかについてはなお不明瞭である（福永有利「参加承継と引受承継」新版民訴演習②41頁、上田徹一郎・判評259号170頁）。
5) 訴訟参加の場合は、必要的共同訴訟に関する審理の特則が準用されるが（49条、51条、47条4項、40条1項・3項）、引受承継の場合には、同時審判申出共同訴訟の審理原則が準用される（50条3項）。
6) 竹下ほか編・研究会新民訴84頁。
7) 伊藤710頁および同注137、これに対し、中野貞一郎「訴訟承継と訴訟上の請求」同・論点①165頁参照。
8) 松本＝上野819頁注15。

181 引受承継人の範囲

最高裁昭和41年3月22日判決　民集20巻3号484頁　▶50条

論点 ▶ 訴訟係属中にその目的となっている建物の一部が第三者に賃貸された場合の引受承継の可否

事実の要約　Y_1はXから土地を賃借し、その土地上に建物を建築して所有した。その後、Y_1はXに無断で右建物の2階部分を増築したため、XはY_1に対し賃貸借契約の解除および期間満了に基づく建物収去土地明渡請求訴訟を提起した。なお、Y_1の元妻であるY_2が当該建物を占有・居住しており、Xはこの者に対しても退去を求めた。その後、Y_1が死亡したため、その相続人であるY_3らに本件訴訟は承継された。他方、本件訴訟係属後、Y_1は建物の一部をZら3名に賃貸し、引き渡した。

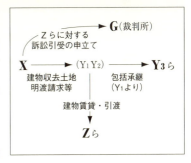

裁判の流れ　1審：請求認容　2審：控訴棄却　最高裁：上告棄却
　1審で、Xは建物からの退去を求めるため、Zらに対する訴訟引受の申立てを行い、認められた。請求は認容され、Xが勝訴した。Y_2Zらは控訴するも棄却。さらにY_2Zらは上告。

判旨　＜上告棄却＞「賃貸人が、土地賃貸借契約の終了を理由に、賃借人に対して地上建物の収去、土地の明渡を求める訴訟が係属中に、土地賃借人からその所有の前記建物の一部を賃借し、これに基づき、当該建物部分および建物敷地の占有を承継した者は、〔旧〕民訴法74条〔現50条〕にいう『其ノ訴訟ノ目的タル債務ヲ承継シタル』者に該当すると解するのが相当である。けだし、土地賃借人が契約の終了に基づいて土地賃貸人に対して負担する地上建物の収去義務は、右建物から立ち退く義務を包含するものであり、当該建物収去義務の存否に関する紛争のうち建物からの退去にかかる部分は、第三者が土地賃借人から係争建物の一部および建物敷地の占有を承継することによって、第三者の土地賃貸人に対する退去義務の存否に関する紛争という型態をとって、右両者間に移行し、第三者は当該紛争の主体たる地位を土地賃借人から承継したものと解されるからである。これを実質的に考察しても、第三者の占有の適否ないし土地賃貸人に対する退去義務の存否は、帰するところ、土地賃貸借契約が終了していないとする土地賃借人の主張とこれを支える証拠関係（訴訟資料）に依存するとともに、…土地賃貸人側の反対の訴訟資料によって否定されうる関係にあるのが通常であるから、かかる場合、土地賃貸人が、第三者を相手どって新たに訴訟を提起する代わりに、土地賃借人との間の既存の訴訟を第三者に承継させて、従前の訴訟資料を利用し、争いの実効的な解決を計ろうとする要請は、〔旧〕民訴法74条の法意に鑑み、正当…であるし、これにより第三者の利益を損うものとは考えられない…。そして、たとえ、土地賃貸人の第三者に対する請求が土地所有権に基づく物上請求であり、土地賃借人に対する請求が債権的請求であって、前者と後者とが権利としての性質を異にするからといって、叙上の理は左右されない」。

判例の法理　★訴訟係属中に目的建物の一部が第三者に賃貸された場合の引受承継の可否—承継人との間の新請求内容が旧請求と異なる場合　建物収去土地明渡請求訴訟の係属中に、目的建物の一部が第三者に賃貸された場合、土地所有者は土地賃借人のみを相手に訴訟をしても実効的な救済を得ることはできず、新たに登場した建物賃借人を当該訴訟に引き込む必要性が生じる。そのために訴訟引受の申立て（旧74条）が考えられ、それを認めたのが本判決である。

　本判決の意義は、紛争の「実効的な解決」のため、「債務を承継したる」者（旧74条）に、本件のような建物の占有承継人を含める「実質的」な解釈を採用しつつ、原告の債権的請求権と物権的請求権の違いを考慮する必要はないとした点にある。本判決により、訴訟承継を規律する通説の説明基準であった**当事者適格**に代わって、より広い**紛争主体たる地位**が提唱され、この概念が、その後、既判力の主観的範囲にかかわる「**承継人**」（115条）の議論についても用いられるようになったという点で、学説にとっても大きな意味をもつ[1]。

判例を読む　★引受承継の範囲と当事者適格理論　本件のように、建物収去土地明渡請求訴訟の被告から当該建物につき賃借権という**派生的権利関係**の設定を受けたような場合にまで引受承継の原因を拡大すると、当事者適格を承継の基準とする従来の考え方では説明に窮する[2]。そこで、**紛争の主体たる地位**という新たな基準が提示された。この点に関しては、近時、当事者適格の承継でも説明が可能であるとする見解がみられ、興味深い[3]。また、この問題は既判力の主観的範囲の拡張との関係の再考を促す。従来は訴訟承継を生成中の既判力の承継として、両者をパラレルに理解していたが、これらの差異を意識する見解が有力に主張されている[4]。さらに、「生成中の既判力」という比喩が、従前の訴訟追行結果を、引き込まれた者に一律負担させるのに役立っていたとすれば、この点の見直しの契機ともなる[5]。

〔藤本利一〕

1審＝福岡地判昭36・11・14民集20巻3号488頁／2審＝福岡高判昭39・2・21民集20巻3号496頁

1) 新堂・判例231〜232頁、伊藤569頁注233。
2) 注釈民訴②248（池田辰夫）頁。
3) 伊藤707頁、および同注130。
4) 新堂860頁、かかる新堂説の評価については、高橋・下581頁の分析を参照のこと。また、伊藤566頁以下の考察にも注意すること。さらに、谷口307〜308頁参照。
5) 池田・前掲注2) 252頁。

182 離婚の訴えに附帯して別居後離婚までの期間における子の監護費用の支払を求める申立て

最高裁平成19年3月30日判決 判時1972号86頁、判タ1242号120頁、家月59巻7号120頁
▶民771条・766条1項、人訴32条1項、家審9条1項乙類3号

論　点　別居後離婚までの間の子の監護（養育）費用の分担を求める申立ては、人事訴訟法32条1項の「その他子の監護に関する処分」として、適法であるのか否か

事実の要約　妻Xと夫Yは、平成12年10月2日に婚姻を届け出たが、Xが、XとYの長男（A）を懐胎した後に別居した。Xは別居後、Aを出産し、1人でその監護に当たった。その後Xは、Yに対して離婚の訴えを提起するとともに、附帯して、出生より約1年経過した月から成人に達する月までの間のAの養育費用（監護費用）の分担・財産分与などを申し立てた。Yも、これに対し、離婚請求の反訴を提起。

裁判の流れ　1審：XYの請求認容　2審：一部控訴棄却、一部破棄自判　最高裁：一部上告棄却、一部破棄差戻

1審は、本訴・反訴の各離婚請求をいずれも認容し、Aの親権者をXと定めた上で、監護費用の分担に関しては、Yに対し、①出生より約1年経過した月から離婚に至るまで（つまり本件判決が確定するまで）の部分についても、②離婚成立後Aが成人に達する月までの部分についても、監護費用の支払を命じた。Y、控訴。原審は、本訴・反訴の離婚請求と、監護費用の分担に関する②については、1審判決を維持したが、同①については、離婚の訴えに附帯してそのような申立てはできないから不適法であるとして、1審判決を変更して、申立てを不適法却下した。X、上告受理申立て。

判　旨　＜一部上告棄却、一部破棄差戻＞「しかしながら、本件申立て〔監護費用の分担に関する②の申立て〕に係る原審の上記判断は是認することができない。その理由は、次のとおりである。

離婚の訴えにおいて、別居後単独で子の監護に当たっている当事者から他方の当事者に対し、別居後離婚までの期間における子の監護費用の支払を求める旨の申立てがあった場合には、民法771条、766条1項が類推適用されるものと解するのが相当である〔最判平9・4・10民集51巻4号1972頁参照〕。そうすると、当該申立ては、人事訴訟法32条1項所定の子の監護に関する処分を求める申立てとして適法なものであるということができるから、裁判所は、離婚請求を認容する際には、当該申立ての当否について審理判断しなければならないものというべきである」。

判例の法理　●**問題の所在**　夫婦の一方が他方に対し婚姻取消しの訴えまたは離婚の訴えを提起し、併せて、(1)子の監護者の指定その他子の監護に関する処分、(2)財産分与に関する処分、または(3)標準報酬の案分割合（いわゆる年金分割）に関する処分が申し立てられている場合、裁判所は、その請求を認容する判決において、それらの処分（以下「附帯処分」という）の申立てにつき裁判をしなければならない（人訴32条1項）。附帯処分事項の審理は、離婚原因などの審理と資料を共通にするなど密接に関連しており、当事者にとって便宜であり、訴訟経済にも適うからである[1]。X、Yが離婚するまでのAの養育費を請求する方法としては、婚姻費用の分担として、民法760条、家事に基づく方法、そして、人訴法32条1項の(2)の附帯処分の申立てに基づく方法（当該養育費用の清算を含めて財産分与の額・方法を定めてもらう）がある。しかし、本件では、Xは、いずれの方法もとらずに、(1)の附帯処分の申立てをし、その適法性が問題となった。別居から離婚までの養育費用の支払は婚姻費用の分担に該当し、前者の附帯処分を認めると後者の附帯処分も認められる余地があり、そうなると、離婚訴訟と婚姻費用の分担では基礎となる資料が異なる等の事情のため、離婚訴訟が長期化する懸念があったのである。

●**見解の対立**　人事訴訟手続法下では、このような附帯処分の申立てを適法と解するのが判例（以下「平成9年判決」[2]という）であった。しかし、人訴法制定の際、婚姻費用の分担はあえて人訴法32条1項の附帯処分事項とされなかったこと（上述の懸念などが理由である）[3]、このような附帯処分を申し立てたいのであれば、財産分与に関する処分を申し立てればすむこと等の理由から、人訴法下では、これを不適法と解する見解も有力となっていた。

●**本判決の位置づけ**　本判決は、子の監護（養育）費用自体は婚姻費用の分担とは切り離して決定できる（離婚訴訟で婚姻費用の分担を定める場合のような弊害も生じない）、夫婦が離婚する際監護に必要な事項（この場合は監護費用の分担）につき協議が整わない場合は、裁判所が後見的見地からこれを定めねばならないという民法766条の趣旨は、この場面にも妥当する等の理由から、平成9年判決は現行人訴法の下でも妥当すると解したものであると、位置づけることが許されよう。

判例を読む　現行人訴法下でも、離婚をめぐる紛争解決手段が、地裁の離婚訴訟と家裁の家事審判の二元的構成とされている。その中で、離婚訴訟が係属した以上は地裁で一括して紛争解決できるよう、解釈論が展開されてきた。本判決もその1つである。しかし、解釈による一括的解決には、限界があろう。また、地裁ではなく家裁に一括すべきであるという見解も有力である。このような状況のもとで、本判決を読んでみるとよい。

〔中西　正〕

1審＝東京地判平17・2・16家月59巻7号128頁／2審＝東京高判平17・7・6家月59巻7号123頁

1) 野田愛子＝安倍嘉人監修『人事訴訟法〔改訂版〕』（日本加除出版、2007）205頁〔松原正明〕。
2) 最判平9・4・10民集51巻4号1972頁。
3) 「人事訴訟手続法の見直し等に関する要綱中間試案」について、家月54巻12号83頁、121頁。

183 多数当事者訴訟と上訴期間

①最高裁昭和37年1月19日判決　民集16巻1号106頁、判時286号19頁　　▶民訴45条・285条
②最高裁平成15年11月13日決定、民集57巻10号1531頁、判時1841号102頁、判タ1138号316頁
　　　　　　　　　　　　　　　　　　　　　　　　　　　▶家審規17・111条、家審7・9・14条、非訟22条

論点 ▶ 補助参加人および必要的共同訴訟人の上訴期間はどのように解すべきか

事実の要約

★①事件　Xは、Y（検察官）を相手として、Xが亡Aの子であることの認知を求める訴えを提起した。Yは、第1審以来、終始期日に出頭しなかったが、Aの家督相続人であるZがY側に補助参加し、事実上被告のように訴訟活動をして応訴した。

★②事件　Zの相続人はその子A～FおよびXの7名である。A～Dは、E、FおよびXを相手方として遺産分割の調停を申し立てたが不調に終わり、審判に移行した。Xは、A～Fを相手方として寄与分を定める審判を申し立て、これは遺産分割の審判に併合された。1審は、平成14年3月27日、Xの寄与分を定める申立を却下し、XおよびFの特別受益の額は本来的相続分の額を上回るため具体的相続分は0円である旨の審判をした。本件審判は、平成14年3月29日にDに対し、4月2日にX、C、EおよびFに対し、4月4日にAに対し、4月8日にBに対して、それぞれ告知された。

裁判の流れ

★①事件　1審：請求認容　2審：控訴却下　最高裁：上告棄却

第1審はXの請求を認容した。この判決正本は、Yに対しては昭和35年11月1日に送達されたのに対し、Zに対しては同月11日に送達された。Yは控訴しなかったが、Zは同月18日に控訴を提起した。控訴審は、Zによる控訴の提起は、控訴期間経過後にされた不適法なものであるとしてこれを却下したため、Zは上告し、補助参加人は控訴を提起できる以上、控訴期間はZに送達されてから2週間と解すべきである等と主張した。

★②事件　1審：遺産分割審判　2審：抗告却下　最高裁：破棄差戻

Xは、同年4月22日に本件審判に対する即時抗告をしたところ、原審は、本件即時抗告は、Xが本件審判の告知を受けた日から2週間の即時抗告期間を経過した不適法なものであり、期間の徒過についてXに訴訟行為の追完を認めるべき事情もないとして、これを却下した。そこでXは、最高裁に対し許可抗告を申し立てた。

判旨

★①事件　<上告棄却>「補助参加人は、独立して上訴の提起その他一切の訴訟行為をなしうるが、補助参加の性質上、当該訴訟状態に照らし被参加人のなしえないような行為はもはやできないものであるから、被参加人（被告・控訴人・上告人）のために定められた控訴申立期間内に限って控訴の申立をなしうるものと解するを相当とする〔最判平25・9・8民集4巻359頁参照〕。」

決定要旨

★②事件　<破棄差戻>「各相続人への審判の告知の日が異なる場合における遺産の分割の審判に対する即時抗告期間については、相続人ごとに各自が審判の告知を受けた日から進行すると解するのが相当である。そうすると、相続人は、自らが審判の告知を受けた日から2週間を経過したときは、もはや即時抗告をすることは許されないというべきである。」

判例の法理

★補助参加人が上訴できる期間　最高裁は、①判決の前後を通じ、一貫して補助参加人が独立して上訴を提起できるとする一方で、その性質上、被参加人の上訴期間の範囲内でしか上訴を提起できないものとし（最判昭25・9・8民集4巻359頁、最判昭40・12・19集民81号355頁、最判昭41・3・4集民82号661頁、最判昭50・7・3判時790号59頁）、通説も、被参加人ができなくなった訴訟行為を補助参加人はすることができないとしてこれを支持する[1]。確かに、第1審に参加していない補助参加人には判決正本が送達されないため、訴訟の結果に利害関係を有する者（42条）が上訴をするには、補助参加の申出と同時に上訴提起をすべきであるが（43条1項・2項）、この場合、上訴期間は被参加人のためのものしか存在しない。しかし、第一審から参加している本件のような補助参加人の場合には、補助参加人にも判決正本が送達されるのであり、補助参加人は抵触行為が許されないという制約（45条2項）はあるものの、その訴訟追行権（45条1項本文）は独自のものであるから、控訴期間も補助参加人に独自に計算すべきであるとする見解が有力である[2]。この有力説は、補助参加の申出に対して被参加人が異議（44条1項）を述べ、補助参加人の訴訟追行に協力的でない場合や、検察官が職務上の当事者として訴訟を追行し、積極的に上訴しない場合[3]などを考慮し、自己の名において自ら費用を負担して訴訟を追行する補助参加人の地位を保護しようとするものである[4]。有力説によるときは、補助参加人に対する判決正本の送達が裁判所側の事情で後れて被参加人の上訴期間が徒過した場合でも、補助参加人は適法に上訴できることになる。

★合一確定訴訟における上訴期間の捉え方　②決定は、共同相続人であるXおよびYらを当事者とする遺産分割の審判について、相続人ごとに審判の告知の日が異なる場合における即時抗告期間は、相続人ごとに各自が審判を受けた日から進行すると判断した。これは、遺産分割審判が共同相続人間で合一に確定されるべきものであるところ（これを前提に遺産確認の訴えを固有必要的共同訴訟とする判例として、最判平元・3・28民集43巻3号167頁）、遺産分割の審判に対する即時抗告期間は、告知を受けた日から2週間と法定されていること（家事14条、家事規17・111条）を踏まえて、この期間の起算日につき、合一確定訴訟（特に固有必要的共同訴訟）の判決に対する上訴期間をめぐる個別説と一律説の対立を参考として、個別説を採用する旨を明らかにしたものである[5]。合一確定訴訟の上訴期間に関する個別説は、共同訴訟人各人が送達を受けた日から2週間を上訴期間と解し、各人のための期間が経過した後は、他の共同訴訟人の上訴期間が残っていても上訴できないとする見解である[6]。これに対して、一律説は、共同訴訟人各人が送達を受けた日から2週間が経過しても、最後に送達された共同訴訟人の送達日から2週間以

訴えの客観的併合　259

内であれば、いずれの共同訴訟人も上訴することができる7)（最後の送達日から全員のために上訴期間の進行を開始するとの見解もあるが、結論は同じである）。訴訟事件に関しては、かつて一律説が主流とされたが、最近では個別説が多数説を形成している。他方、遺産分割審判に関しては、一律説が通説とされ8)、実務もこれに基づいて行われていたが、②決定は、訴訟事件の場合と同様に個別説に従うことを明らかにした点において、従来の実務を変更するものであり、その影響は大きい。

✪**訴訟行為の追完** ②決定は、訴訟行為の追完を認めるべき事由として、従前の実務が②の決定と異なり、一律説に基づいており、当事者がそれに従って行動した結果、自らの即時抗告期間を遵守することができなかったものと認められる場合には、追完を認めてよいとした。これは他方で、学説の対立が存在する場合に、当事者の選択した学説と裁判所が採用した学説が異なるというだけでは、追完事由にはならないこと、書記官による教示に誤りがあり、訴訟代理人も不注意でこれに従った場合なども本件とは事情が異なることになる。この意味で、②決定は、即時抗告の追完事由を限定する意義がある9)。

判例を読む　✪**一律説と個別説の関係**　一律説としては、最後の送達日から全員のために一律に上訴期間が進行を開始すると解する前述の見解が徹底しているが、この場合、先に送達された者の上訴期間は進行しないことの説明に難があろう。もう一方の一律説は、先に送達された者の上訴期間の進行を認めつつ、最後の送達日からの２週間をいわば追加することになるが、最後に送達された者以外には２週間以上の上訴期間を与える点に難がある。②決定も指摘しているが、やはり共同相続人の一人の上訴が他の相続人にも及ぶということと（40条1項）、上訴期間の問題とは区別すべきだろう。個別説の場合でも、最後に送達された者が、先に送達された者の上訴期間が経過していても、上訴することができ、これにより全員のために上訴の効果が生じる。最後に送達された者が実際に上訴した場合には、個別説も一律説も結論は同じである。むしろ、個別説は、上訴期間を各人に法定された通りに保障しつつ、合一確定訴訟における上訴提起の効果について個別訴訟の場合の帰結を修正する点において、合理的なものと考えられる。個別説を前提として、後に送達された者がその上訴期間内に適法に上訴した場合、先に送達されてすでに上訴期間が経過した者の上訴期間が伸長されることはない。先に送達され、上訴期間が経過した者との関係では、後に送達された者の上訴可能性がある限り、前者との関係でも裁判はなお未確定となるが、これは一人の上訴の効果を他の者に及ぼしたことの帰結としてやむをえない。いずれかの者の上訴期間が残っている限り、全体としては確定せず、最後の送達を受けた者の上訴期間が経過して初めて終局的に確定することになる。

〔名津井吉裕〕

---

①事件　1審＝大阪地判（判例集非登載）／2審＝大阪高判昭36・1・27大阪高裁集16巻第1号106頁②事件　1審＝東京家裁審判平14・3・27（判例集非登載）／2審＝東京高決平14・12・26民集57巻10号1558頁

1) 兼子・体系403頁、新堂808頁等。旧々民訴法の規定の内容および本文の通説が同規定に由来することにつき、高津環・後掲17頁等を参照。
2) 小室直人・民商47巻2号324頁、井上治典・多数当事者訴訟の法理38頁、注解民訴②226頁〔小室＝東〕、注釈民訴②145頁〔池尻郁夫〕、高橋・下432頁等。
3) 谷口安平・法セ254号144頁。
4) 条解237頁、高橋・前掲注2)432頁等。
5) 長谷川浩二・ジュリ1264号120頁、同・最判解民平成15年度671頁等。
6) 三ケ月221頁、注釈民訴②〔徳田和幸〕、注解⑨〔小室直人＝東孝行〕、菊井＝村松・新コンメ①390頁等。
7) 兼子・体系394頁、新堂・783頁、高橋・下319頁。
8) 佐々木睦男「家事審判に対する即時抗告と書記官事務」『家庭裁判所論集（創設30周年記念）』（法曹会、1980）169頁等。
9) 長谷川・前掲5)参照。

184 引換給付判決——立退料の支払と引換えの建物明渡判決

最高裁昭和46年11月25日判決　民集25巻8号1343頁　　▶246条、借地借家28条

論点　▶賃貸借契約の解約に基づく建物明渡訴訟において、原告の申し出た額よりも多い立退料を正当事由の補強条件として認め、これの支払と引換えに建物の明渡しを命ずることは、民訴法246条に反しないか——処分権主義

事実の要約　Xは自己所有の2階建建物の1階部分をYに賃貸し、Yはそこで果実小売店を営んでいた。Xは、昭和34年、本件建物を取り壊して高層ビルを建てることを計画し、Yに対して1階部分の明渡しを求めたが、Yがこれに応じなかったため、本件店舗明渡訴訟を提起した。Xは、借家法1条の2（＝借地借家法28条）の正当事由（本件店舗の老朽化や自己使用の必要性など）を主張したが、1審係属中の昭和39年6月に、300万円の立退料の提供を正当事由の補強条件として、その支払と引換えに本件店舗の明渡しを求める予備的請求をした。

```
X ─────────────────→ Y
  主たる請求：店舗の無条件明渡
  予備的請求：300万円の立退料と
            引換えの店舗の明渡

  ←───── 300万円の立退料 ─────
```

裁判の流れ　1審：予備的請求の認容　2審：一部認容（立退料増額）　最高裁：上告棄却

1審は、Xの主位的請求を棄却し、予備的請求を全部認容した。2審（原審）は、特に反対の意思がうかがわれない限り、解約申入れをする者（X）は立退料として主張する金額に必ずしもこだわることなく、一定の範囲内で裁判所にその決定を任せているものと考えるべきであるとして立退料を増額し、1審判決を変更して、500万円の立退料と引換えに本件店舗の明渡しを命じた。Yは、500万円という立退料の額が低きにすぎるとして原判決を非難し、上告した。

判旨　＜上告棄却＞「原審の確定した諸般の事情のもとにおいては、XがYに対して立退料として300万円もしくはこれと格段の相違のない一定の範囲内で裁判所の決定する金員を支払う旨の意思を表明し、かつその支払と引き換えに本件係争店舗の明渡を求めていることをもって、Xの右解約申入につき正当事由を具備したとする原審の判断は相当である。所論は右金額が過少であるというが、右金員の提供は、それのみで正当事由の根拠となるものではなく、他の諸般の事情と総合考慮され、相互に補完しあって正当事由の判断の基礎となるものであるから、解約の申入が金員の提供を伴うことによりはじめて正当事由を有することになるものと判断される場合であっても、右金員が、明渡によって借家人の被るべき損失のすべてを補償するに足るものでなければならない理由はないし、また、それがいかにして損失を補償しうるかを具体的に説示しなければならないものでもない。原審が、右の趣旨において500万円と引き換えに本件店舗の明渡請求を認容していることは、原判示に照らして明らかであるから、この点に関する原審の判断は相当であって、原判決に所論の違法は存しない」。

判例の法理　✦**立退料判決の可否**　賃貸借契約の解約に基づく建物（本件の場合は店舗）明渡請求訴訟において、原告（賃貸人）が自らに主張・立証責任がある解約の正当事由（借地借家法28条）の証明に失敗して敗訴した場合や失敗した場合に備えた予備的請求として（あるいは、主位的請求を変更して、または、当初からの主位的請求として）、いわゆる立退料（移転料。借地借家法28条の文言を借りれば「建物の明渡しの条件として又は建物の明渡しと引換えに〔する〕建物の賃借人に対して〔する〕財産上の給付」である）の支払によって正当事由を補強し、これと引換えに（あるいはこれを条件として）建物の明渡しを求めることが多い。ところが、当時の借家法には立退料の明文規定はなく、立退料が正当事由の補強条件となり得るのかどうか、そもそも立退料と引換の明渡し判決が可能かどうか（＝救済手段として適切なものかどうか）が論点となり得るものであったが、裁判実務はこれに肯定的であり、最高裁もこの実務を追認する判決をしていた[1]。

✦**立退料増額の根拠**　本件では、当初原告（賃貸人）から申出があった立退料は300万円であり、立退料が正当事由の補強条件であるとすれば、正当事由は補強されないことになって、結局、正当事由は存在しないことになるという判断も可能である。しかし、2審（原審）は、立退料が500万円ならば正当事由があるものとして立退料の増額を認め、その上で引換給付判決をした。これは一部認容判決である。その根拠として、最高裁は「XがYに対して立退料として300万円若しくはこれと格段の相違のない一定の範囲内で裁判所の決定する金員を支払う旨の意思を表明し」たことをあげており、原告の申し出た立退料額に拘束されない裁判実務を確認するにいたった判決である。

判例を読む　✦**処分権主義**　246条（旧186条）は、「裁判所は、当事者が申し立てていない事項について、判決をすることができない」と規定する。この規定は、民事訴訟法の大原則の1つである**処分権主義**を表している。訴訟物たる権利関係は、私的自治の原則により、実体法において当事者の自由な管理処分が認められている。このことを反映する訴訟法上の原則が処分権主義である[2]。本来、民事訴訟における処分権主義は、複数の訴訟法上の局面に妥当するものである。例えば、訴訟の終了の段階において、処分権主義は、訴えの取下げ（261条）、請求の認諾・放棄および訴訟上の和解（267条）の根拠ともなっている。しかしながら、246条は、訴え提起の段階で、いかなる権利関係につき、いかなる審判形式で、また、いかなる範囲で[3]救済を求めるのかを当事者（＝原告）の決定[4]（＝申立て）に委ね、この申立てに裁判所は拘束されると規定する[5]。このことは、相手方当事者（＝被告）にとって防御の目標が提示されるという手続保障の機能をもつ。

✦**申立事項と判決事項——一部認容判決**　申立事項と判決事項が一致しないとき（例えば1000万円の請求について5000万円の給付を認めるような場合）、原則として、このような不一致を引き起こした判決は許されないはずである[6]（上の例

では、結局、申立てを限度として1000万円の給付判決がなされなければならない)。ところが、理論上の例外として、一部認容判決が許される場合がある。すなわち、申立事項と判決事項との些細な不一致で、しかも申立事項よりも少ないものを認定しうる場合に請求棄却判決をすることが、結果として当事者の権利保護にならないこと、および、当事者としても一部認容判決を容認する意思を有するはずであることから[7]、一部認容判決は可能であり、必要であるとされる場合が多い。このような一部認容判決には、上に述べた例のような数量的な一部認容判決 (量的一部認容判決) のみならず、請求自体は全部認容の結果ではあるが、種々の負担が加わるような (いわゆる) 質的一部認容判決 (例えば条件付判決[8]) や引換給付判決) も含まれる。

✪**引換給付判決** 引換給付判決とは、例えば売買による動産引渡請求訴訟で、原告たる買主が代金債務を支払っていないことに基づいて被告 (売主) が同時履行の抗弁権 (民533条) を主張した場合に、「被告は、原告から金〇〇円の支払いを受けるのと引換えに、原告に対し、別記目録記載の動産を引き渡せ」という主文でなされる判決である[9]。留置権の抗弁 (民295条) に基づく場合も同様である[10]。引換給付判決の既判力は訴訟物である主たる請求に及ぶのみで、反対債権には及ばない[11]。同様に、執行力も、訴訟物である主たる請求についてのみ発生し、引換給付判決の主文は、反対債権の債務名義とはならない。引換給付判決の強制執行は、民執法31条1項により「債権者〔=原告〕が反対給付またはその提供があったことを証明したとき」に開始する (執行開始要件)。したがって、強制執行の段階では、債権者は厳密な意味での同時履行ではなく、先履行をせざるをえない。

✪**いわゆる立退料判決** 原告から正当事由の補強条件[12]として立退料を支払う旨の申出があれば、裁判所は立退料の支払いと引換えの明渡判決 (いわゆる立退料判決) をすることができる。もし原告からの申出がない場合にはどうか。近時、このような無条件の明渡請求に対して立退料判決をしても246条に違反しないとする見解が有力である (しかし、この見解も、原告からの立退料支払いの申出があったことが口頭弁論で主張されない限り、これを判決の基礎とすることは弁論主義に違反するとしており、結論において大差はない)[13]。

次に、原告から申出のあった立退料額は裁判所を拘束するか。立退料の申出があるにもかかわらず無条件の明渡しを認容したり、立退料を減額することは許されないが、立退料を「申出と格段の相違のない一定の範囲内で」増額することは許される。「格段の相違のない一定の範囲」を超える場合は、一部認容判決に必要な原告の意思を推認することができないから、このような増額は許されないと考えるべきである。しかしながら、立退料判決は、立ち退きをめぐる紛争を判決手続後の原告の立退料支払いの意思に委ねるものであるといえるから、「格段の相違のない一定の範囲」の認定は困難である。もし、立退料額が高すぎると判断した原告・賃貸人が執行に着手しない場合に、被告・賃借人から立退料の支払いを求めることができるか。同時履行の抗弁権と同様、立退料判決は、被告側からみた立退料の債務名義とはならない[14]。ただし、原告は立退料支払義務を負い、予備的反訴を提起することが可能であるとする見解もある[15]。

〔坂田　宏〕

1審=京都地判昭40・1・21金判293号11頁／2審=大阪高判昭41・5・31下民集25巻8号1359頁、金判293号9頁

1) 最判昭38・3・1民集17巻2号290頁、最判昭46・6・17判時645号75頁。
2) 伊藤219頁参照。
3) 一部請求訴訟 (➡192事件) や一定額を超える債務不存在確認訴訟 (➡185事件) などがこの例にあたる。
4) 処分権主義は、私的自治の中核にある当事者の自己決定権を尊重するものといえよう。坂田・処分権主義1頁以下参照。
5) これを「申立事項と判決事項」の問題という。裁判官は、訴状の申立事項と判決書の判決事項とを比較して、一部認容判決の可否を判断する。
6) このような判決を許すことは、当事者にとって判決による不意打ちとなる。
7) 被告の側からしても、棄却判決後の再訴 (5000万円の請求) に応訴する煩を避けられよう。
8) 例えば、大判昭7・6・2民集11巻1099頁 (限定承認の事件)。
9) 大判明44・12・11民録17輯772頁。
10) 最判昭33・3・13民集12巻3号524頁。
11) 坂田・前掲注4) 142頁以下参照。
12) したがって、立退料は建物明渡しの損失補償としての性格をもたない。
13) 近藤崇晴・百選Ⅱ新法対応補正版312頁、青山善充・法教140号112頁。
14) 福岡地判平8・5・17判タ929号228頁参照。
15) 近藤・前掲注13)、青山・前掲注13)。

185	**消極的確認訴訟における申立事項**——一定額を超える債務不存在確認訴訟の意味
	最高裁昭和40年9月17日判決　民集19巻6号1533頁、判時425号29頁、判タ183号99頁　▶246条

論点 ▶ 一定額を超える債務不存在確認訴訟でそれを超える債務の存在が明らかとなった場合に、裁判所はいかなる判決をすべきか

事実の要約　訴外AはYより金110万円を借り受けたが、その後死亡。共同相続人X_1〜X_{11}間の協議の結果、Y承諾の上で相続人X_1が単独でその全額を引き受けることとなった。Xは、その後イロハ3回の弁済により残存元本が14万6465円になったとして、「原告の被告に対する債務の残存元本は金14万6465円を超えて存在しないことを確認する」旨の判決を求めて提訴[1]。Yは、Xの第1回弁済における50万円だけが元本に、残りは利息等に弁済されたと主張。

X ──→ Y

14万6465円を超える債務の不存在確認請求

裁判の流れ　1審：請求棄却　2審：控訴棄却　最高裁：破棄差戻

1審は、Y主張の事実を認定し、50万円のみが元本債務に弁済されたのであるから（2回・3回の弁済の充当関係を明らかにすることなく）直ちに「残元本がX主張の14万6465円を超えることは明らかである」として請求を棄却。2審（原審）では、Xらの欠席により、1審判決を全面的に引用した控訴棄却判決がなされた。Xらは採証法則の違背および利息制限法の適用の誤りなどを主張して上告。

判　　旨　＜破棄差戻＞「本件請求の趣旨および請求の原因ならびに本件一件記録によると、Xらが本件訴訟において本件貸金債務について不存在の確認を求めている申立の範囲（訴訟物）は、X_1については、その元金として残存することを自認する金14万6465円を本件貸金債権金110万円から控除した残額金95万3535円の債務額の不存在の確認…であることが認められる」。「したがって、原審としては、右の各請求の当否をきめるためには、単に、前記イの弁済の主張事実の存否のみならず、ロおよびハの弁済の各主張事実について審理をして本件申立の範囲（訴訟物）である前記貸金残額の存否ないしその限度を明確に判断しなければならないのに、ただ単に、前記イの弁済の主張事実が全部認められない以上、本件貸金の残債務として金14万6465円以上存在することが明らかである旨説示したのみで、前記ロおよびハの弁済の主張事実について判断を加えることなく、残存額の不存在の限度を明確にしなかったことは、Xらの本件訴訟の申立の範囲（訴訟物）についての解釈をあやまり、ひいては審理不尽の違法をおかしたものというべく、論旨は、結局、理由あるに帰する」。

判例の法理　✱**一定額を超える債務不存在確認訴訟の訴訟物**　消極的確認訴訟の典型である債務不存在確認訴訟は給付訴訟の「反対形相」であり、給付訴訟と同等の訴訟構造をもつとされる[2]。したがって、その訴訟物も当該給付請求権ということになる[3]。本判決は、一定額の債務の存在を自認する原告からの請求について、本来の債務額から**自認額を控除した残債務額**の不存在の確認であるとし、以後の実務の取扱いを決定したものである。ただし、自認額の取扱い次第では、給付訴訟の反対形相ということから直接に**現存する残債務額**を訴訟物とする判決と理解することも可能である[4]。

✱**債務不存在確認訴訟における一部認容判決**　債務不存在確認訴訟においては、債務者＝原告が係争債務の全容を認識しておらず、不存在確認を求める債務の上限（額）を定めない訴えの申立て（＝請求の趣旨）がなされる場合がある。このとき、原告（債務者）の意思は、自らの主張が受け入れられない以上「単なる棄却を望むのが通常で、一部認容判決はむしろ欲していない」のではないかとの問題が生じうる[5]。しかし、本判決は、このような場合に裁判所は「貸金残額〔＝残債務額〕の存否とその限度を明確に判断しなければならない」として、上述した原告の意思が裁判所を拘束するものではないことを明らかにした[6]。むしろ、問題設定としては、このようなときも係争債務自体は特定しているのであるから、係争債務額の上限が請求の上限を画するものと捉える見解もある[7]。

✱**原告自認部分の取扱い**　本判決の直接の論点ではないが、原告自認部分の取扱いが問題となる。従来、この原告自認部分は訴訟物から除外され、既判力の対象にもならないと考えられてきたが[8]、近時は紛争の1回的解決の立場から既判力を認めるべきであるとする見解も有力である[9]。債務不存在確認請求を棄却する判決の既判力により残債務の存在が確認されるものとすれば、本判決のような場合に既判力が生じることは否定されるべきでない。しかし、訴訟から除外する原告の意思が明らかな場合を、理論上どのように整理するかは（一部請求の議論とも似て）非常に困難な問題である。

〔坂田　宏〕

1審＝和歌山地判昭39・1・13民集19巻6号1538頁／2審＝大阪高判昭39・5・27民集19巻6号1541頁

1) その他10人の共同相続人も一切債務が存在しないことの確認請求を起こしているが、割愛する。
2) 三ケ月112頁。
3) ただし、給付訴訟とは異なり、消極的確認の判決は執行力を有しない。
4) 基本セミナー126頁以下〔坂田宏〕参照。
5) 井上正三・民商54巻4号532頁参照。
6) 厳密な意味での民事訴訟における処分権主義の適用がない。
7) 坂田・前掲注4）（→168事件）42頁以下参照。
8) 奈良次郎・民訴雑誌21号92頁以下、新実務①378頁〔浅生重機〕。
9) 青山善充・法協83巻4号596頁以下、白川和雄・百選続版173頁、新堂341頁以下。

186 既判力の時的限界（1）——取消権

最高裁昭和55年10月23日判決　民集34巻5号747頁、判時983号73頁、判タ427号77頁

▶ 114条、民執35条2項、民96条・121条

論点 ▶ 既判力の基準時前に生じていた取消権を基準時後に行使できるか

事実の要約　XY間の土地売買契約に基づいて、YはXに対して土地所有権確認および所有権移転登記手続を求める訴え（前訴）を提起し、Y勝訴の判決が確定し、所有権移転登記手続も実行された。その後、Xは、上記の売買契約はYの詐欺によるものであるとして取消しの意思表示をし、Yを被告としてすでになされた所有権移転登記の抹消登記手続を求める訴え（本訴）を提起した。

```
前訴　Y → X　土地所有権確認・移転登記請求
         ↓
      取消権行使
本訴　X → Y　所有権移転登記抹消登記請求
```

裁判の流れ　1審：請求棄却　2審：控訴棄却　最高裁：上告棄却

1・2審ともX敗訴。Xは上告し、口頭弁論終結後の相殺を認めた判例（最判昭40・4・2民集19巻3号539頁）を引用し、詐欺による取消の意思表示も相殺の意思表示と同じ形成権の行使であるから、口頭弁論の終結後も認められるべきであると主張した。

判旨　＜上告棄却＞「売買契約による所有権の移転を請求原因とする所有権確認訴訟が係属した場合に、当事者が右売買契約の詐欺による取消権を行使することができたのにこれを行使しないで事実審の口頭弁論が終結され、右売買契約による所有権の移転を認める請求認容の判決があり同判決が確定したときは、もはやその後の訴訟において右取消権を行使して右売買契約により移転した所有権の存否を争うことは許されなくなるものと解するのが相当である」。

判例の法理　★**既判力の基準時と遮断効**　当事者は事実審の口頭弁論の終結時までは訴訟資料を提出することができ、裁判所もそれまでに提出された訴訟資料に基づいて判決を下すことになるので、この時点における権利または法律関係の存否について既判力が生じ、当事者が後訴において、前訴確定判決の既判力ある判断を争うために、前訴の口頭弁論終結時までに存在した事実に基づく攻撃防御方法を提出することは、当事者の知・不知、過失の有無を問わず原則として許されない（民執35条2項）。これを**既判力の遮断効**という。

既判力の基準時前に発生した法律行為の取消権を基準時後に行使して既判力によって確定している権利・法律関係の変更・消滅を争えるであろうか。この問題は**既判力の時的限界**といわれる。**通説**[1]は、取消権は訴えの目的たる請求自体に付着する瑕疵であり、基準時前に主張できた抗弁事由であること、民事執行法35条2項が基準時前に提出できた一切の抗弁を排除する趣旨であること、無効事由の主張でさえ既判力により遮断されるのにそれより軽微な瑕疵である取消権が遮断されないのは均衡を失するとして遮断効を認める。しかし、**反対説**[2]は、既判力は基準時における請求権の存在を確定するだけであり、将来にわたって取消権の行使により消滅する可能性がないということまで確定するわけでないとして、形成権の行使が基準時後の権利・法律関係の変動であることを強調して取消権を含む形成権の一般について遮断効を認めない。取消権の行使により消滅する可能性を内蔵した請求権が既判力をもって確定されたからといって消滅の可能性を脱し実体的に強化されるわけではなく、取消事由か無効事由かは、その瑕疵の軽重によるのではなく、法政策・法技術の問題であり、むしろ、通説によるときは実体法が認められている取消権の存続期間は取消権を自由に行使できるとする地位を否定する結果になると論じ、執行の遅延を目的として基準時後に行使する場合には、信義則による調整を認める。本判決は、書面によらない贈与の取消しにつき、遮断効を認めた最判昭和36年12月12日（民集15巻11号2778頁）に次いで、通説の立場を是認したものである。

★**個別評価説**　これらの見解に対して、前訴における形成権行使の期待可能性を問題とする**期待可能性説**[3]、前訴における提出責任を問題とする**提出責任説**[4]、前訴において当事者に形成権行使を要求する行為規範が存在したか否かを問題とする**形成権行使責任説**[5]、失権効の要件の精緻化を唱える**要件プログラム説**[6]なども主張されているが、本件のごとき義務者側の形成権行使は遮断されると解される。

判例を読む　本件では売買契約につき、通謀虚偽表示・心裡留保・錯誤による無効のほか予備的に詐欺による取消しと条件の不成就が主張されており、相殺権の行使の場合とは異なって、前訴判決を覆滅する意味しか有しない取消権の行使につき容易に遮断効を認めた事案であり、妥当な結果といえよう。

（髙地茂世）

1審＝津地判昭54・3・7民集34巻5号752頁／2審＝名古屋高判昭55・3・27民集34巻5号760頁

1) 兼子・体系240頁、三ケ月36頁。
2) 中野・論点①256頁。
3) 高橋・上608頁。
4) 上田491頁、新堂692頁。
5) 河野・当事者行為142頁。
6) 池田・新世代の民事裁判171頁。

187 既判力の時的限界（2）—白地手形

最高裁昭57年3月30日判決　民集36巻3号501頁、判時1045号118頁、判タ471号116頁
▶114条、手10条・77条2項、民執35条2項

論点 ▶ 白地手形であることを理由とする請求棄却判決が確定した後、白地部分を補充して再訴提起することは許されるか

事実の要約　約束手形の所持人Yは、振出人Xに対する手形金50万円の支払を求める手形訴訟（前訴）で、振出日欄が白地であることを理由に請求棄却の手形判決を受けたので、異議を申し立てたが、訴訟代理人により異議が取り下げられ、Xの同意により、その手形判決が確定した。1年3か月が経過した後、Yは白地部分を補充して手形訴訟を提起したが、Xは期日に欠席し、Y勝訴の手形判決がなされた。
　そこでXは異議訴訟（本訴）を提起し、①二重起訴の禁止、②権利濫用、③悪意の抗弁を主張した。

```
前訴 Y → X  手形金請求、Yの請求棄却
       ↓     白地補充
本訴 Y → X  手形請求金、Yの請求認容
本訴 X → Y  異議訴訟
```

裁判の流れ　1審：手形判決認可　2審：取消・請求棄却　最高裁：上告棄却
　1審は手形判決を認可（Y勝訴）、2審は前判決の既判力により本訴請求は棄却を免れないとして、1審判決を取り消した。

判旨　＜上告棄却＞「手形の所持人が、手形要件の一部を欠いたいわゆる白地手形に基づいて手形金請求の訴え（以下「前訴」という。）を提起したところ、右手形要件の欠缺を理由として請求棄却の判決を受け、右判決が確定するに至ったのち、その者が右白地部分を補充した手形に基づいて再度前訴の被告に対し手形金請求の訴え（以下「後訴」という。）を提起した場合においては、前訴と後訴とはその目的である権利または法律関係の存否を異にするものではないといわなければならない。そして、手形の所持人において、前訴の事実審の最終の口頭弁論期日以前既に白地補充権を有しており、これを行使したうえ手形金の請求をすることができたにもかかわらず右期日までにこれを行使しなかった場合には、右期日ののちに該手形の白地部分を補充しこれに基づき後訴を提起して手形上の権利の存在を主張することは、特段の事情の存在が認められない限り前訴判決の既判力によって遮断され、許されないものと解するのが相当である」。

判例の法理　✪**訴訟物の同一性**　既判力は、訴訟物たる権利関係の存否について生じる。白地手形による手形金請求の訴訟物と白地補充後の手形金請求の訴訟物は、同一であろうか。白地手形のままでは手形金請求できないとする手形法の通説[1]・判例からすれば、白地があっても完成された手形に基づく請求として提起された前訴と白地補充後の後訴の訴訟物を同一とする本判決の立場は当然であり、その結果に学説の異論はない。

✪**白地補充権と遮断効**　白地手形の補充権は、所持人がいつでも任意に一定内容の補充をなすことによって手形上の権利を発生・取得させうる権利であり、白地手形の所持人は手形金請求訴訟の事実審の口頭弁論終結時までに補充権を行使して手形要件を具備しなければ勝訴しえないはずである。このことから多数説[2]および本判決は遮断効を肯定する。少なくとも、異議訴訟や上訴による白地補充権行使の手続保障があったこと、被告側の応訴の負担や部分的であれ裁判所の重複審理回避の必要性などもその理由とされている。
　それに対して、前訴の基準時後の白地補充は口頭弁論終結後の形成権行使の問題ではなく、基準時後の弁済期の到来と同様に口頭弁論終結後の新事実として遮断効を否定する見解[3]が対立しているが、この見解によれば、実体法上白地の補充はいつでも可能であり、その行使は前訴判決の基準時前に限定されるべきではないし、前訴で行使しえたとしても補充権や請求権の放棄がなされたわけではない。また、「白地だから請求しえない」という判決が下されたのに「白地を補充しても請求しえない」というのは前訴判決の趣旨に反する既判力の拡大であり、権利者側による形成権の基準時後の行使を認めても1回の訴訟で確定しえたものを自らの落ち度で二度手間になるだけであり、許されるべきであるとする。このような学説の状況において本判決は、基準時後の白地補充権の行使結果の後訴での主張につき「特段の事情の存在が認めらない限り」遮断効を肯定した。

判例を読む　白地補充権の行使は、原告勝訴のための必須の前提であり、請求自体に付着する事情といえるから、本判決のごとく、原則として遮断効を肯定すべきであろう。なお、異議取下げの1年3か月後に再訴がなされた点を信義則違反として本判決の結論を肯定する見解[4]もある。

〔髙地茂世〕

1審＝横浜地判昭52・11・11民集36巻3号511頁／2審＝東京高判昭53・10・27民集36巻3号515頁

1) 前田庸『手形法・小切手法』（有斐閣、1999）244頁。
2) 小林・メソッド387頁、高橋・上621頁、新堂692頁、松本＝上野675頁、河野・当事者行為145頁など。
3) 条解521頁〔竹下守夫〕、伊藤550頁、中野・論点②264頁、池田・新世代の民事裁判178頁。
4) 吉野正三郎・昭和57年度重判129頁。

188 建物買取請求権と既判力——遮断効

最高裁平成7年12月15日判決　民集49巻10号3051頁、判時1553号86頁、判タ897号247頁

▶借地借家13条、民執35条2項

論　点 ▶ 建物収去土地明渡判決確定後に建物買取請求権の行使を請求異議事由として主張できるか

事実の要約　建物の所有を目的とする土地の賃貸借契約が期間満了により終了したことを理由に賃貸人Yが賃借人Xに対して提起した建物収去土地明渡請求の訴えを認容する前訴判決の確定後に、Xが建物買取請求権を行使して、請求異議の訴えを提起した。

```
前訴 Y → X  建物収去土地明渡請求（Y勝訴）
         ↓
         X  建物買取請求権行使
本訴 X → Y  請求異議の訴え
```

裁判の流れ　1審：請求認容　2審：控訴棄却　最高裁：上告棄却

1・2審ともX勝訴。Yは、建物買取請求権は借地人保護の見地からその投下資本の回収方法として借地法により認められたものであるが、その実質的機能は土地所有者の建物収去請求権を縮減させる抗弁的なものであるから、前訴で行使し得るのに、これをしなかった場合には確定判決の既判力に遮断されて消滅するとして上告。

判　旨　＜上告棄却＞「借地上に建物を所有する土地の賃借人が、賃貸人から提起された建物収去土地明渡請求訴訟の事実審口頭弁論終結時までに借地法4条2項〔現借地借家13条〕所定の建物買取請求権を行使しないまま、賃貸人の右請求を認容する判決がされ、同判決が確定した場合であっても、賃借人は、その後に建物買取請求権を行使した上、賃貸人に対して右確定判決による強制執行の不許を求める請求異議の訴えを提起し、建物買取請求権行使の効果を異議の事由として主張することができるものと解するのが相当である。けだし、(1)建物買取請求権は、前訴確定判決によって確定された賃貸人の建物収去土地明渡請求権の発生原因に内在する瑕疵に基づく権利とは異なり、これとは別個の制度目的及び原因に基づいて発生する権利であって、賃借人がこれを行使することにより建物の所有権が法律上当然に賃貸人に移転し、その結果として賃借人の建物収去義務が消滅するに至るのである、(2)…賃借人が前訴の事実審口頭弁論終結時までに建物買取請求権を行使しなかったとしても、実体法上、その事実は同権利の消滅事由に当たるものではなく〔最判昭52・6・20集民121号63頁〕訴訟法上も、前訴確定判決の既判力によって同権利の主張が遮断されることはないと解すべきものである、(3)…賃借人が前訴の事実審口頭弁論終結時以後に建物買取請求権を行使したときは、それによって前訴確定判決により確定された賃借人の建物収去義務が消滅し、前訴確定判決はその限度で執行力を失うから、建物買取請求権の行使の効果は、民事執行法35条2項所定の口頭弁論の終結後に生じた異議の事由に該当するものというべきであるからである」。

判例の法理　✪**建物買取請求権**　建物買取請求権（借地借家13条）も形成権の一種と解されているが、建物収去土地明渡請求の前訴で被告（借地人等）がこの権利を行使せず建物収去土地明渡請求認容判決がなされた場合、被告は以後この権利の主張を遮断されてしまうのであろうか。

Yの上告理由のほか、建物買取請求権は借地権の消滅に際して建物所有者に与えられる投下資本回収のための事後処理的制度であって、機能的には防御機能を中核とするものであるから、建物明渡請求訴訟において被告は買取請求権を行使するか否かの決断を促されており、当該手続内で建物買取請求権の行使責任を課されているとする**形成権行使責任説**の立場からの**遮断肯定説**も唱えらえている[1]。しかし、**多数説**は次の理由から遮断を否定する。すなわち建物買取請求権が相殺権に近い性質を有するとする本判決の理由(1)に加えて、建物所有者の保護、家屋の価値の確保という社会政策的な要因を考慮する必要があることとか、建物買取請求権は自己の敗訴を前提とする抗弁であり、前訴において提出を期待できないこと、前訴における予備的抗弁としての提出が被告の立場を弱めることなどである[2]。

建物買取請求権は、論理的には相手方の建物収去土地明渡請求権の存在を前提にし、建物収去義務の履行に代えて建物の所有権等を地主に移転させるものであり、その行使時期についても借地人等の裁量に委ねられている点で、相殺権の場合と同様の扱いをすべきであり、本判決の立場は妥当といえよう。

✪**請求異議事由**　建物代金請求の別訴のみを許し、請求異議訴訟による執行の阻止を認めない折衷説[3]もあるが、実質的な矛盾裁判のおそれや建物保護という制度趣旨に反する点で問題があるといえよう。

判例を読む　本判決では直接触れられていないが、多数説に従った場合、債務名義の執行力の範囲（限度）はどこまであるのか（請求認容の場合の主文の内容）、および建物代金の支払請求権をもって留置権ないし同時履行の抗弁権を行使できるかも問題となろう。

〔髙地茂世〕

1審＝大阪地判平3・7・26民集49巻10号3059頁／2審＝大阪高判平4・2・26民集49巻10号3079頁

1) 河野・当事者行為144頁、高橋・上627頁。
2) 条解555頁〔竹下守夫〕、中野・論点② 264頁、伊藤549頁。
3) 新堂693頁。

189 必要的共同訴訟と既判力―遮断効

最高裁平成9年3月14日判決　判時1600号89頁、判タ937号104頁　▶40条、114条、民898条

論点　土地所有権確認訴訟で敗訴した原告が後訴において共有持分の取得を主張できるか。またこの者は当該土地につき遺産確認の訴えを提起できるか

事実の要約　X_1は被相続人Aの妻で、X_2（長女）、Y（次女）はその子であるが、前訴でX_1はYに対して所有権確認と移転登記を求める訴えを提起し、自己が訴外Bから本件土地を取得した事実と取得時効を主張したのに対し、Yは本件土地は亡AがBから買い受けた後Yに贈与されたものとしてYの単独所有を主張し争った。前訴判決は、本件土地は亡AがBから買い受けたものであるが、Yに贈与された事実もないとして、X_1の請求を棄却し、確定した。

前訴　X_1　→　Y　土地所有権確認・移転登記請求（X_1敗訴）
本訴　$X_1 X_2$　→　Y　遺産確認・共有持分に基づく移転登記請求

その後Yが遺産分割調停の場で本件土地の単独所有を主張したため、$X_1 X_2$は本件土地がAの遺産に属することの確認と共有持分に基づく一部移転登記を求める本訴を提起した。Yは、X_1は前訴判決の既判力により本件土地の共有持分の取得を主張できないから遺産確認の訴えの原告適格を欠き不適法であると主張し、X_1の3分の1の共有持分不存在中間確認の反訴を提起した。

裁判の流れ　1審：請求認容　2審：X_1の移転登記請求についてのみ請求棄却　最高裁：双方の上告棄却

1審は$X_1 X_2$勝訴。2審は、$X_1 X_2$の遺産確認およびX_2の移転登記請求についてはYの控訴を棄却したが、X_1の移転登記請求については相続による共有持分取得の事実主張が前訴判決の既判力に触れるとして請求を棄却した。X_1は本訴請求は既判力に触れないことを理由に、YはX_1のYに対する遺産確認の訴えはX_1敗訴の前訴判決により訴えの利益を欠くことを理由に、それぞれ上告。最高裁は$X_1 Y$のいずれの上告も棄却した。

判旨　＜上告棄却＞X上告事件「前記事実関係によれば、X_1は、前訴において、本件土地につき売買及び取得時効による所有権のみを主張し、事実審口頭弁論終結時以前に生じていたAの死亡による相続の事実を主張しないまま、X_1の所有権確認請求を棄却する旨の前訴判決が確定したというのであるから、X_1が本訴において相続による共有持分の取得を主張することは、前訴判決の既判力に牴触するものであり、前訴においてAの共同相続人であるX_1、Yの双方が本件土地の所有権の取得を主張して争っていたこと、前訴判決が、双方の所有権取得の主張をいずれも排斥し、本件土地がAの所有である旨判断したこと、前訴判決の確定後にYが本件土地の所有権を主張したため本訴の提起に至ったことなどの事情があるとしても、X_1の右主張は許されないものといわざるを得ない」（補足意見・反対意見がある）。

Y上告事件「共同相続人甲、乙、丙のうち甲と乙との間において、ある土地につき甲の所有権確認請求を棄却する旨の判決が確定し、右確定判決の既判力により、甲が乙に対して相続による右土地の共有持分の取得を主張し得なくなった場合であっても、甲は右土地につき遺産確認の訴えを提起することができると解するのが相当である。けだし、遺産確認の訴えは、特定の財産が被相続人の遺産に属することを共同相続人全員の間で合一に確定するための訴えであるところ（最判昭61・3・13民集40巻2号389頁〔➡ 78事件〕、最判平元・3・28民集43巻3号167頁〔➡ 161事件〕参照）、右確定判決は、甲乙間において右土地につき甲の所有権の不存在を既判力をもって確定するにとどまり、甲が相続人の地位を有することや右土地が被相続人の遺産に属することを否定するものではないから、甲は、遺産確認の訴えの原告適格を失わず、共同相続人全員の間で右土地の遺産帰属性につき合一確定を求める利益を有するというべきである」。

判例の法理　★**確認訴訟の訴訟物**　単独所有を理由とする不動産所有権確認請求訴訟と相続に基づく共有持分権確認訴訟の各訴訟物は同一か。

確認訴訟の訴訟物は、原告が確認を求めた権利・法律関係であり、判決の既判力は、訴訟物たる権利・法律関係について生じる。確認される権利を発生させる各個の取得原因は、訴訟物の同一性を左右せず、所有権確認請求訴訟における請求棄却の判決が確定した場合には、原告が目的物の所有権を有しないことについて既判力が生じるから、原告が後訴において前訴の基準時以前の所有権取得原因事実を主張することは、前訴の確定判決の既判力に牴触して許されない（遮断される）とするのが**通説**であり1)、本判例もこの立場を前提とする。

また共有持分は所有権の一部であり、所有権確認請求の中には、共有持分の確認を求める趣旨も含まれているのが通常であると解する**判例**2)の立場からすれば、所有権確認請求棄却の確定判決は、所有権およびその一部である共有持分の不存在をも確定することになり、原告が前訴判決の基準時以前に生じた相続による共有持分の取得を主張せず、後訴で主張することは、前訴の確定判決の既判力に触れて許されないことになる。補足意見もこの立場であり、Yのそれまでの態度からみて、Yが前訴判決後もX_1の共有持分を認めないことにつきX_1にも帰責性があることを指摘する。

反対意見は、本件のように相続人間の争いでは、X_1の所有かYの所有かそれとも遺産かというのが紛争の実態であり、所有権の主張とあわせて予備的に相続による共有持分の主張をしておかなくとも普通は決着がつくのであり、Yが前訴で排斥された単独所有権を再び主張することこそが信義に反し、前訴でX_1が予備的に相続による共有持分を主張しておかなければ失権するというのは酷にすぎるとする。

★**既判力縮小論**　所有権確認訴訟において所有権取得原因ごとに訴訟物を構成し、売買による所有権確認は相続

または取得時効による所有権確認を遮断しないとする少数説3)によれば、本件における後訴は遮断されないが、旧訴訟物論の立場からも賛同は得られないであろう(本件判例もこのような立場をとっていない)。訴訟物の範囲と遮断効の範囲は一致するという通説・判例に対して、前訴の審理過程において全く問題とされず、問題とすることを期待できなかったため、その観点からする請求の当否をめぐっては、当事者に手続保障がなかったと認められる法的観点には既判力は及ばないとする見解(期待可能性説)4)があるが、この説によったとしても、例外的に同一事実関係から発生し、前訴において主張しておくことに何の支障もなく、その原告にこれを主張することを期待できた法的観点は、前訴で現実に主張されず、または裁判所が取り上げなかったとしても、実質的に審理済みとみることができないではないし、前訴判決による紛争解決に対する相手方の信頼を優先すべきであるから、既判力により遮断されるべきであるとされる。また、裁判所が法律問題指摘義務(法的観点指摘義務)に違反してある法律問題を指摘しなかった場合にはその法的観点による後訴は遮断されないが、評価規範としては勝訴した相手方との利益考量も必要なので、後訴原告が前訴で主張しえなかったことにつき無過失であることが要求されるとする見解5)や、相続人間の単独所有権確認請求における申立て事項は、通常、遺産持分の一部認容を求めない趣旨と解すべきであるとして後訴における共有持分の主張は遮断されないとする見解6)も有力である。しかし、本件ではY側から亡Aの買得という事実が主張され、それがX_1によって争われ、そのうえで本件土地が相続財産であることが認定されており、必ずしも相続による共有持分につき手続保障がなかったとはいえず、相続による共有持分の主張につき無過失とはいえないし、X_1が前訴で共有持分につき一部認容判決を求めて上訴しなかったことの評価の問題といえよう。結局、いずれの説によっても本判決の結論を肯定せざるをえない7)。

❖**遺産確認の訴えの原告適格** 遺産確認の訴えは固有必要的共同訴訟であるが8)、X_1はYに敗訴しているので遺産確認の訴えを提起できないとすることは、他の共同相続人X_2の利益を考えると採用することはできず、本判例の立場は正当といえる。

判例を読む ❖**釈明義務と既判力** 本判例を前提にすると、共同相続人間における単独所有をめぐる争いでは、最低限、相続による共有持分の取得を前訴において主張しなければ、共有持分の確認等の後訴を提起できなくなってしまうので、前訴において相続の事実が弁論に現れた以上、裁判所は釈明義務(法的観点指摘義務)を尽くすべきであり、共有持分の確認の範囲で請求の一部認容をなすべきであったといえる9)。

❖**遺産分割の方法** 共同相続人の1人であるX_1は前訴判決の既判力によりYに対して遺産共有持分権を主張することができないが、前訴に関与していないX_2には主張できるから、本件土地以外に遺産がない場合の分割の方法が問題になりうるが、X_1の本来の持ち分(3分の1)の半分(Yには持分を主張できない分=6分の1)はYに加算され、半分(X_2には主張できる分=6分の1)はX_1に残り、結果的にX_1=6分の1、X_2=3分の1、Y=2分の1の割合で分割されることになろう。

〔髙地茂世〕

1審=東京地判平3・9・27/2審=東京高判平4・12・17判時1453号132頁

1) 新堂697頁。
2) 最判昭38・2・22民集17巻1号235頁、最判昭42・3・23判時1600号90頁。
3) 木川・民訴政策序説321頁。
4) 新堂691頁、条解552・553頁〔竹下守夫〕、高橋・上608頁。
5) 山本・審理構造論325頁。
6) 上田徹一郎・民商117巻6号905頁。
7) 高橋・上739頁、なお小林秀之=山本浩美・受験新報68巻1号2頁以下参照。
8) 杉浦智紹・百選Ⅱ新法対応補正版364頁、越山和広・百選5版210頁。
9) 最判平9・7・17判時1614号72頁(➡104事件)。

190 争点効

最高裁昭和44年6月24日判決　判時569号48頁、判タ239号143頁　▶2条、114条

論　点　▶判決理由中の判断について明文の規定がなくても一定の場合に拘束力を認めることができるか

事実の要約　Xは、本件家屋とその敷地をYに売り渡しその旨の登記を経たが、明渡しをせず、錯誤による売買の無効を主張して所有権移転登記の抹消を求める本訴を提起した。Yも、ほぼ同時にXに対して本件家屋の明渡しおよび明渡し不履行による損害賠償請求の別訴を同じ裁判所に提起したが、Xは錯誤による売買の無効を抗弁した。

別訴　Y → X　家屋明渡・損害賠償請求の訴え
本訴　X → Y　所有権移転登記抹消請求の訴え

裁判の流れ　1審：請求棄却　2審：控訴棄却　最高裁：上告棄却

1審は、いずれの訴訟でも錯誤の事実は認められないとして、X敗訴。Xは詐欺による取消の予備的主張を付加して控訴。2審で両事件は別の部に配布された結果、Yの明渡請求事件につきY勝訴の判決が先に確定したが、Xの登記請求の本訴につき詐欺による取消が認められXの請求が認容された。Yは、Xの詐欺による取消の主張は別訴において排斥され、本件不動産がYの所有であることは確定していると主張して上告。

判　旨　＜上告棄却＞「右〔別件訴訟の〕確定判決は、その理由において、本件売買契約の詐欺による取消の抗弁を排斥し、右売買契約が有効であること、現在の法律関係に引き直していえば、本件不動産がYの所有であることを確認していても、訴訟物である本件建物の明渡請求権および右契約不履行による損害賠償としての金銭支払請求権の有無について既判力を有するにすぎず、本件建物の所有権の存否について、既判力およびこれに類似する効力（いわゆる争点効、以下同様とする。）を有するものでない。一方、本件訴訟におけるXの請求原因は、右本件不動産の売買契約が詐欺によって取り消されたことを理由として、本件不動産の所有権に基づいて、すでに経由された前叙の所有権移転登記の抹消登記手続を求めるというにあるから、かりに、本件訴訟において、Xの請求原因が認容され、X勝訴の判決が確定したとしても、訴訟物である右抹消登記請求権の有無について既判力を有するにすぎず、本件不動産の所有権の存否については、既判力およびこれに類似する効力を有するものではない」。

判例の法理　★**争点効**　争点効とは、前訴で当事者が主要な争点として争い、かつ、裁判所がこれを審査して下したその争点についての判断に生じる通用力で、同一の争点を主要な先決問題とした異別の後訴請求の審理において、その判断に反する主張立証を許さず、これと矛盾する判断を禁止する効力をいい、可能な限り関連紛争を統一的に解決しようと提唱されたものであり、信義則（当事者間の公平）をその根拠とする[1]。争点効の要件は次の5つとされている[2]。①前訴請求と後訴請求の当否の判断過程において、主要な争点となった事項についての判断であること、②当事者が前訴において、その争点について主張立証をつくしたこと、③裁判所がその争点について実質的な判断をしたこと、④前訴と後訴の係争利益関係がほぼ同等であるか、前訴の係争利益のほうが大きいこと、⑤後訴で当事者が援用することである。これに対して、確定判決の既判力は、相殺の抗弁の場合以外には、判決主文中の判断、すなわち訴訟物たる権利関係の存否についてのみ生じ、訴訟物の前提問題についての判断である判決理由中の判断には及ばない（114条1項）というのが従前の**通説的見解**[3]である。判決理由中の判断に既判力（拘束力）を認めない趣旨は、判決理由中の判断の誤りが当該訴訟を超えて永久化され、当事者がその訴訟においてかけた利益を超える広範な効力が当該事件から派生する将来の請求において生ずるのを防ぐべきであるとする立法者の意図的な政策決定にあるとされる[4]。本判例もこの立場に立って争点効を否定したものである。

争点効が問題となるケースには禁反言に当たるケースと紛争の蒸し返しになるケースがあるが、本件事案は禁反言のケースではなく、2つの訴訟が同時に係属してたまたま一方の判決が先に確定したからといってまだ係属中の訴訟が先に終了した訴訟の蒸し返しであるともいえないケースであり、判例の結論自体は妥当といえる[5]。

判例を読む　★**信義則説**　争点効理論に好意的な学説は、争点効が判決効としての制度的効力である点を強調して、その要件の定型化・具体化を追求する方向（適用要件説）[6]と、信義則の具体的適用の問題である面を重視して後訴における主張・立証禁止の効果をとらえようとする方向（信義則説）[7]に分かれる。現行法が争点効に関する明文を置かず、2条で信義則の明文が設けられたこと、争点効の判断も後訴における当事者の主張と前訴における審理判断のあり方（手続事実群）との関連で個別的・回顧的にしか判断されえないこと、蒸し返し禁止に関する判例理論（→195事件）の形成を考慮すれば、後者の方向での議論の展開が期待されよう。

〔髙地茂世〕

1審＝神戸地尼崎支判昭41・4・25／2審＝大阪高判昭43・7・30

1) 新堂709頁。
2) 新堂717頁、高橋・上646頁。
3) 三ケ月147頁、伊藤552頁、558頁、松本＝上野625頁、638頁。
4) 松本＝上野627頁。
5) 富樫貞夫・百選Ⅱ新法対応版326頁。
6) 小林・メソッド394頁、中野ほか編・新講義464頁など。
7) 中野・過失の推認201頁、伊藤559頁など。

191 限定承認の蒸し返し──既判力に準ずる効力

最高裁昭和49年4月26日判決　民集28巻3号503頁、判時745号52頁、判タ310号148頁

▶ 114条1項、民執35条2項、民921条・922条

論点　相続財産の限度での支払いを命ずる判決の確定後に、法定単純承認事由があったとして無留保の判決を求める訴えを提起することは許されるか

事実の要約　前訴でXは、限定承認における相続財産管理人Yを相手方として「411万6000円を相続財産の限度で支払え」という判決を得、確定した。その後、XはYほか3名を被告として前訴確定判決で認められた合計額を相続財産の限度にかかわらず支払えとの本訴を提起した。再訴の理由としてXは、Yほか3名は限定承認の申述に際し、財産を隠匿し悪意で財産目録に記載しなかったので、民法921条により単純承認とみなされると主張した。

前訴　X ──▶ Y　損害賠償請求（留保判決）

本訴　X ──▶ Y　無留保の損害賠償請求

裁判の流れ　1審：請求一部認容・一部却下　2審：控訴棄却　最高裁：上告棄却

1・2審とも遅延損害金につき一部認容・一部棄却、主請求につき前訴判決の既判力に触れるとして却下。前訴において限定承認の有効無効は争いとなっておらず、判決理由中の判断にすぎないから既判力が及ばないこと、Xの前訴請求は、相続財産の限度で支払えとの一部請求であり、本訴請求は残額請求であるが、一部請求についての既判力は残額請求に及ばないこと等を理由にXが上告。

判旨　＜上告棄却＞「相続財産の限度で支払を命じた、いわゆる留保付判決が確定した後において、債権者が、右訴訟の第2審口頭弁論終結時以前に存在した限定承認と相容れない事実（たとえば民法921条の法定単純承認の事実）を主張して、右債権につき無留保の判決を得るため新たに訴を提起することは許されないものと解すべきである。けだし、前訴の訴訟物は、直接には、給付請求権即ち債権（相続債務）の存在及びその範囲であるが、限定承認の存在及び効力も、これに準ずるものとして審理判断されるのみならず、限定承認が認められたときは前述のように主文においてそのことが明示されるのであるから、限定承認の存在及び効力についての前訴の判断に関しては、既判力に準ずる効力があると考えるべきであるし、また民訴法545条〔現民執35条〕2項によると、確定判決に対する請求異議の訴は、異議を主張することを要する口頭弁論の終結後に生じた原因に基づいてのみ提起することができるとされているが、その法意は、権利関係の安定、訴訟経済及び訴訟上の信義則等の観点から、判決の基礎となる口頭弁論において主張することのできた事由に基づいて判決の効力をその確定後に左右することは許されないとするにあると解すべきであり、右趣旨に照らすと、債権者が前訴において主張することのできた前述のごとき事実を主張して、前訴の確定判決が認めた限定承認の存在及び効力を争うことも同様に許されないものと考えられるからである」。

判例の法理　★**限定承認**　相続人が限定承認すると、相続人の責任は相続財産の範囲に限定され（民922条）、訴訟において限定承認が認められる場合には「相続財産の限度で」という留保付の給付判決をすべきであるというのが通説・判例1)であり、本判決もこれを前提とする。原告が自ら限定承認を自認した場合であれ、被告による限定承認の抗弁が認められた場合であれ、訴訟物そのものは債務であり、責任限定には既判力は生じえないはずであるが、判決主文に表示されていることから、紛争の蒸し返しは許されるべきではなく、「訴訟物に準ずるもの」に「既判力に準ずる効力」を認めたのが本件判例である。しかし、このような「既判力に準ずる効力」を観念する必要はなく、限定承認の有効・無効は現実の執行による取立ての範囲の大小をもたらすにすぎないから、後訴は前訴と同一の訴訟物をもつ訴訟で、既判力そのものにより後訴が遮断されるとするのが多数説2)である。それに対して、原告が自ら限定承認を自認した場合には、一部請求（留保付請求）に当たり、一部請求否定説の立場では残部たる無留保請求は既判力により排斥され、無留保請求をしたのに被告の抗弁で留保判決になった場合には、一部認容・一部棄却の場合に棄却された部分につき既判力により許されないのと同じであるから、「既判力に準ずる効力」を観念する余地はないとしつつ、基準時前の事由であっても例外的に主張の期待可能性がなかったときは、既判力によって遮断されないとする**期待可能性説**の立場から、財産隠匿などは被告側の事情であり、原告には容易にわかることではなく、原告がそれを知ったのが前訴判決の基準時後の場合には、既判力は作用しないとみるべきであるとする見解3)もある。また、判旨後段の訴訟上の信義則による遮断効を重視する説4)も唱えられている。

〔髙地茂世〕

1審＝東京地判昭45・2・27民集28巻3号518頁／2審＝東京高判昭46・1・28民集28巻3号524頁

1) 大判昭7・6・2民集11巻1099頁。
2) 柏木邦良・百選2版238頁、松本＝上野668頁など。
3) 新堂幸司・訴訟物下1頁、高橋・上673〜674頁。
4) 田尾桃二・最判解民昭和49年度298頁、伊藤543頁。

192 一部請求——明示の場合
最高裁昭和37年8月10日判決　民集16巻8号1720頁　▶114条

論点 ▶ 数量的に可分な債権につき、これを任意に分割して訴求することが許されるか

事実の要約　譲渡担保権者であるXは、Aから譲渡担保として取得した床板をY倉庫会社に寄託していたところ、YがAの引渡要求に対しXの代理権の有無を確かめずにAに引き渡し、Aがこれを他に売却し、Xは寄託物の返還を求めえなくなったため生じた30万円の損害につきその一部である10万円を訴求し(前訴)、8万円の一部認容判決を得て、これが確定した。その後Xは、改めて残額20万円を訴求した(本訴)。

前訴　X → Y　損害金30万円のうち10万円の支払請求(8万円認容)

本訴　X → Y　損害金30万円のうち残額20万円の支払請求

裁判の流れ　1審：訴え却下　2審：1審判決取消・差戻　最高裁：上告棄却
　1審は訴え却下。2審は一部請求についての前訴判決の既判力は残額請求に及ばないとして1審判決を取り消し差し戻した。Yより上告。

判旨　＜上告棄却＞「一個の債権の数量的な一部についてのみ判決を求める旨を明示して訴が提起された場合は、訴訟物となるのは右債権の一部の存否のみであって、全部の存否ではなく、従って右一部の請求についての確定判決の既判力は残部の請求に及ばないと解するのが相当である」。

判例の法理　★**一部請求**　数量的に可分な債権を任意に分割して訴求することを**一部請求**と呼ぶが、一部請求の訴えが適法であることを前提に、残部についての訴え(**残額請求**)が適法か否かが問題となる。
　前訴で、一部請求であると明示しなくとも分割された部分ごとに訴訟物が成立し、既判力も訴訟物とされた一部についてしか生じないとして残額請求を許す説1)と、紛争解決の効率性を著しく害し(審理の重複)、全部請求と信じた相手方の信頼保護・応訴の負担を無視する結果になりかねないことから、これを制限的に解する学説が多数説(**制限的肯定説**)2)といえよう。
　判例3)も一部請求と明示してなかったときは、残額請求することは許されないとの立場をとっている。明示の一部請求であれば、相手方は残額請求がありうることを認識でき、債務不存在確認の反訴提起によって残額請求を遮断することが可能であり、相手方の利益とバランスをとりつつ、訴訟物＝既判力の範囲という図式も守りやすく、本判例もこの立場に立っている。しかし、一部請求棄却判決の場合には債権全体について審理し、その不存在の判断がなされることから、残額請求はできないとする**折衷説**4)ないし前訴の具体的経過との関係で残額請求の可否を決する**具体的手続保障説**5)や、紛争解決の一回性を強調する**全面否定説**6)も有力である。
　一部請求容認の論拠として試験訴訟の必要性があげられることがあるが、本件のような契約関係に基づく債権の場合にまで一般化することには疑問がある。

判例を読む　★**一部請求と過失相殺**　裁判所により過失相殺がなされる場合、過失相殺によって控除する部分を一部請求された部分からとるのか、留保された残部からとるのかの問題がある。前訴で10万円のうち2万円分について過失相殺がなされ、その判決の既判力は残部に及ばないとする本判決の立場は、一部請求された金額そのものを対象に過失相殺を行う**案分説**によったものと思われる。損害の全額から過失割合による減額をし、その残額が請求額を超えないときはその残額を認容し、残額が請求額を超えるときは請求額全額を認容する**外側説**7)によれば、一部請求につき一部認容判決しか得られなかったときは、債権全体を審査ずみであり、もはや残部は存在しないので、残部請求は許されないはずである。同様に、一部請求について全部または一部として請求された額に満たない額しか現存しない(＝残部なし)との判断を示した場合には、残部請求することは紛争の蒸し返しに当たり、信義則に反し許されない8)と解される。

★**明示的一部請求と消滅時効の中断**　判例は、明示的な一部請求の訴えが提起された場合、裁判上の請求としての消滅時効中断の効力は、訴求された一部についてのみ生じ、残部に及ばない(最判昭34・2・20民集13巻2号209頁)が、債権者が将来にわたって残部をおよそ請求しない旨の意思を明らかにしているなど、残部につき権利行使の意思が継続的に表示されているとはいえない特段の事情のない限り、裁判上の催告として消滅時効の中断の効力が生じ、債権者は、当該訴えに係る訴訟の終了後6か月以内に(現)民法153条所定の措置(新民147条・148条)を講ずることにより、残部について消滅時効を確定的に中断することができると解している9)。

〔髙地茂世〕

1審＝大津地判民集16巻8号1724頁／2審＝大阪高判昭34・12・24民集16巻8号1725頁

1) 伊東・研究521頁。
2) 条解613頁〔竹下守夫〕、中野・現在問題85頁、小林・ケース265頁など。
3) 最判昭32・6・7民集11巻6号948頁。
4) 三ケ月114頁。
5) 井上正三・法教(2期)8号79頁。
6) 新堂337頁、髙橋・上107頁。
7) 最判昭48・4・5民集27巻3号419頁。
8) 最判平10・6・12民集52巻4号1147頁(→12事件)。
9) 最判平25・6・6民集67巻5号1208頁、小林秀之＝山本浩美・受験新報68巻3号7頁参照。

193 後遺症による損害額の増大

最高裁昭和43年4月11日判決　民集22巻4号862頁、判時513号3頁、判タ219号225頁

▶ 114条1項、267条、民709条・710条・711条、民調16条

論点 ▶ 訴訟・訴訟外の手続で紛争解決がなされたのちに増大した損害を訴求することが許されるか

事実の要約　Xの母Aは、Yの使用人Bの運転するオートバイに衝突され負傷したため、X・A・弟のC・DとともにYを相手方とする損害賠償請求の民事調停を申し立て、「相手方Yは申立人らに対して5万円を昭和37年2月8日限り申立人X宅に送金して支払うこと、申立人らはその余の請求を放棄する」という調停が成立した。

その10か月後に、Aは事故による受傷を一因として死亡したため、XはYに対して、Aの受傷および死亡により受けた損害3万1000円と精神損害30万円の賠償を求めて本訴を提起し、前記調停の錯誤による無効を主張した。

```
X・A・C・D  →  Y  Aの受傷による損害賠償
                 の民事調停
     │A死亡
     ↓
X          →  Y  Aの受傷・死亡による
                 財産上の損害・精神的
                 損害賠償の訴え
```

裁判の流れ　1審：請求棄却　2審：控訴棄却　最高裁：一部破棄差戻

1審は請求棄却。2審は、「当事者間において既に調停が成立しているので、当事者は右調停の趣旨に反する主張ができず、裁判所もこれに反する判断ができない。そこで本訴請求中右調停において認容された部分はもはや訴の利益を欠くものというべく、又、その余の部分は請求の理由がないことに帰する」として控訴を棄却した。X上告。最高裁は、原判決中、慰藉料請求に関する部分を破棄し、原審に差し戻した。

判旨　＜一部破棄差戻＞「右調停は、Aの受傷による損害賠償請求については有効に成立したものと認められ、従って、本訴においてXの請求する3万1000円の財産上の損害賠償請求は、右調停において、既に解決済であり、Xの右財産上の損害賠償請求権を、本訴において主張することはできない…。しかし、精神上の損害賠償請求の点については、AおよびXらはまず調停においてAの受傷による慰藉料請求をし、その後Aが死亡したため、本訴において、同人の死亡を原因として慰藉料を請求するものであることは前記のとおりであり、かつ、右調停当時Aの死亡することは全く予想されなかったものとすれば、身体侵害を理由とする慰藉料請求権と生命侵害を理由とする慰藉料請求権とは、被侵害権利を異にするから、右のような関係にある場合においては、同一の原因事実に基づく場合であっても、受傷に基づく慰藉料請求と生命侵害を理由とする慰藉料請求とは同一性を有しないと解するを相当とする。ところで、右調停が、原判決のいうように、Aの受傷による損害賠償のほか、その死亡による慰藉料も含めて、そのすべてにつき成立したと解し得るためには、原判決の確定した事実関係のほか、なおこれを肯定し得るに足る特別の事情が存し、且つその調停の内容が公序良俗に反しないものであることが必要である…。けだし、右Aは老齢とはいえ、調停当時は生存中で…、右調停はA本人も申立人の一人となっており、調停においては申立人全員に対して賠償額が僅か5万円と合意された等の事情にあり、これらの事情に徴すれば、右調停においては、一般にはAの死亡による慰藉料についても合意したものとは解されない…、この場合をもってなおAの死亡による慰藉料についても合意されたものと解するためには、Aの受傷が致命的不可回復的であって、死亡は殆ど必至であったため、当事者において同人が死亡するべきことを予想し、そのため、死亡による損害賠償をも含めて、合意したというような前記のごとき特別の事情等が存しなければならないのである。しかるに、原判決は、このような特別の事情等を何ら認定せずして、Aの死亡による慰藉料の損害賠償をも含めて合意がなされたとし、本訴請求を排斥したものである」。

判例の法理　✪**調停の拘束力**　調停調書の記載は裁判上の和解と同一の効力を有し（民調16条）、裁判上の和解調書の記載は確定判決と同一の効力を有する（267条）。この確定判決と同一の効力に既判力が含まれるか否かについては争いがあり、調停には既判力の前提となる当事者権の十分な保障がなく、調停における合意も私人の合意である以上、無効の場合を排除しえないとする**既判力否定説**[1]が最近では有力である。本判例の財産上の損害賠償は、調停により解決済みで訴求することができないとする部分を、調停の既判力を肯定したものとみることには疑問が呈されている[2]。**既判力肯定説**[3]に立てば、既判力による後訴請求の遮断（前訴請求と後訴請求の訴訟物の異同）の問題となり、否定説の立場では調停による合意の実体的拘束力の限界（合意内容の解釈）の問題となる。

✪**後遺症による追加請求**　不法行為による損害賠償請求の訴えを提起し、判決確定後に後遺症が判明した場合に後遺症による再訴を許さないことは原告に酷であり、再訴は適法であるという結論に争いはなく、本判例もそのことを意識している。問題は、その理論構成である。同一原因に基づく損害賠償請求訴訟においては、被侵害権利ごとに訴訟物を異にするという説[4]によれば、後遺症に基づく請求（生命侵害による慰藉料請求）は、前訴請求（身体侵害による慰藉料請求）とは別異の独立した訴訟物であるから、遮断されないとの結論を導くことは容易であるが、不法行為における訴訟物の細分化につながり、妥当とはいえない。本判決ではAの死亡が調停当時に予想可能であったかどうかを問題にしている点からすれば、一般的には、同一原因に基づく慰藉料請求は身体侵害と生命侵害とで区別されず、同一の訴訟物であるとの立場をとっているようにも考えられる[5]。

✪**一部請求論との関係**　不法行為の成立時に全損害の賠償請求権が観念的には成立するという民法理論を前提にすれば、後遺症に基づく損害の追加請求の問題は、前訴請求を結果として一部請求と評価せざるをえないという関係にある。治療費につき損害賠償請求した前訴判決確定後、前訴中に予測できなかった再手術の治療に要した費用の損害賠償を請求した後訴において、前訴では、その最終口頭弁論終結時までの治療費のみを請求すること

が明示されているとし、それ故前訴と後訴とは訴訟物を異にするから、後訴請求は既判力に牴触しないとした判例6)がある。本件判決が、Ａの死亡が調停当時に予想可能であったかどうかを問題にしている点では、上記の一部請求に関する判例を意識して、前の紛争解決時に未だ生命侵害が生じておらず、かつ、その予想さえもなしえない事情がある場合にのみ、生命侵害による慰藉料請求（残部請求）を許したものとも考えられる。なお、一部請求の全部または一部棄却後の残部請求が信義側に反し許されないことにつき、12事件参照。

❂**合意内容の解釈** 「Ａの受傷による損害賠償のほか、その死亡による慰藉料も含めて、そのすべてにつき成立したと解し得るためには、原判決の確定した事実関係のほか、なおこれを肯定し得るに足る特別の事情が存し、且つその調停の内容が公序良俗に反しないものであることが必要である」との部分は、交通事故による全損害を正確に把握できない段階で少額の賠償金につき請求権放棄条項つきで示談をしたのちに、示談当時予想できなかった後遺症による損害賠償を請求した事件で、示談によって被害者が放棄した損害賠償請求権は、示談当時予想していた損害についてのもののみと解すべきであって、その当時予想もできなかった不測の再手術や後遺症がその後発生した場合、その損害についてまで賠償請求権を放棄した趣旨と解するのは、当事者の合理的意思に合致するものとはいえないとした判例7)を意識したものと考えられる。

また、本判決は、被害者が重傷でそれによる死亡が予想される場合であっても被害者の生存中に、その死亡による慰藉料を事前に請求したと解することの不条理性および公序良俗違反性を示唆したものと解される。

判例を読む ❂**救済の方法** 本件判例の理論構成がやや明確性を欠くのは、前の紛争解決が調停という当事者の合意を本質とするものであり、かつ本人訴訟であったことがその一因と思われる。後遺症に基づく追加請求の問題については、明示の一部請求論で処理することは、民法理論を前提にする限りやむをえないという側面はあるが、前訴で一部と明示することは通常ありえず、そこには何らかの擬制を介在せざるをえないという難点がある。

既判力の遮断効は、当事者からその提出を期待することができた事実資料の限度でしか生じないとする**期待可能性説**ないし**手続保障説**8)によれば、後遺症による損害の発生のような基準時後の事情に限らず、それ以前に存した事情についても、およそ当事者にその提出を期待できない場合には、既判力により遮断されないということになろう。当事者権保障の充実と実体法上の地位から遮断効を説明する**提出責任説**9)によれば、基準時前の後遺症による損害が発生していなければ、そもそも原告はその賠償を請求すべき実体法上の地位にないし、被告も前訴において後遺症による損害につき免除等の処分がなされたと期待しうべき地位にないとの理由で、**時的限界説**10)によれば、基準時後に明らかとなった後遺症による損害賠償はほぼ同一の不法行為に基づくものであるが、別個の被侵害利益によるものとして実体法上別の権利であり、前訴とは別個の訴訟物をなすとの理由で、また事実関係を訴訟物の構成要素とする**二分肢説**11)によれば、後遺症の損害賠償請求と前訴とは事実関係が異なり、訴訟物が異なるとの理由で、それぞれ後遺症による損害賠償は遮断されないこととなる。　　　　　　〔髙地茂世〕

1審＝鳥取地倉吉支判昭38・9・6民集22巻4号871頁／2審＝広島高松江支判昭39・2・19民集22巻4号874頁

1) 新堂371・686頁、三ケ月514頁、松本＝上野567頁など。
2) 中野・論点①266頁。
3) 小山・民事調停法285頁。
4) 兼子一「確定判決後の残額請求」同・研究①415頁。
5) 河野正憲・百選2版234頁。
6) 最判昭42・7・18民集21巻6号1559頁。
7) 最判昭43・3・15民集22巻3号587頁。
8) 新堂691・338頁、髙橋・上608頁、633～634頁など。
9) 上田・判決効の範囲315頁。
10) 伊藤229頁、上村明広・百選Ⅱ新法対応版334頁。
11) 松本＝上野205～206頁。

194 確定判決の騙取

最高裁昭和44年7月8日判決　民集23巻8号1407頁、判時565号55頁、判タ239号145頁

▶ 114条、338条1項、民709条

論点 ▶ 不当取得された確定判決を否定し、再審を経ずに提起された損害賠償請求訴訟は適法か

事実の要約　YがXに対して貸金および売買代金請求の訴え（前訴）を提起したのち、XY間でXによる和解金の支払とYによる訴え取下げを内容とする裁判外の和解が成立し、Xが和解金を支払ったにもかかわらず、Yは訴えを取り下げず、この経緯をYの訴訟代理人に知らせなかったので、第1回口頭弁論にX不出頭のままY勝訴の判決がなされた。Xは判決送達後、Yに訴えの取下げを求めたが、Yが心配ないとXに話したので、Xは控訴せず判決は確定した。

前訴　Y → X　貸金・売買代金請求の訴え
本訴　X → Y　不法行為による損害賠償請求の訴え

ところがYは、この判決に基づいてX所有の不動産を差し押さえたので、Xは債務不存在確認・請求異議の訴えを提起した。

1審でX敗訴、Xはやむなく前訴判決の請求認容額相当の金銭を支払い、Yに執行申立てを取り下げさせなければならない事態になり、控訴審でこの金員支払はYの不法行為による損害であるとして、損害賠償請求の訴え（本訴）に変更した。

裁判の流れ　1審：請求棄却　2審：控訴棄却　最高裁：破棄差戻
1・2審とも確定判決の既判力に触れるとしてX敗訴。最高裁は、原判決を破棄差し戻した。

判旨　〈破棄差戻〉「判決が確定した場合には、その既判力によって右判決の対象となった請求権の存在することが確定し、その内容に従った執行力の生ずることはいうをまたないが、その判決の成立過程において、訴訟当事者が、相手方の権利を害する意図のもとに、作為または不作為によって相手方が訴訟手続に関与することを妨げ、あるいは虚偽の事実を主張して裁判所を欺罔する等の不正な行為を行ない、その結果本来ありうべからざる内容の確定判決を取得し、かつこれを執行した場合においては、右判決が確定したからといって、そのような当事者の不正が直ちに問責しえなくなるいわれ〔は〕なく、これによって損害を被った相手方は、かりにそれが右確定判決に対する再審事由を構成し、別に再審の訴を提起しうる場合であっても、なお独立の訴によって、右不法行為による損害の賠償を請求することを妨げられないものと解すべきである」。

判例の法理　✪**確定判決の騙取**　故意に相手方当事者や裁判所を欺いて確定判決を取得することを**確定判決の騙取**（不当取得）という。この場合に、再審の訴えを経ることなく、判決の無効の一場合として、後訴での無効の主張が許されるか、また騙取した判決による強制執行等によって損害が生じた場合に、直ちに不法行為による損害賠償請求や不当利得返還請求をすることが許されるかが問題となる。

この問題は、確定判決の**既判力による法的安定性**と判決の**正当性**（具体的妥当性）のどちらを重視するかの問題である。確定判決の不当取得には、①相手方の企みによって被害者が訴訟に関与して攻撃防御を行う機会を奪われた不利益・不当な内容の判決がなされた場合と、②被害者は訴訟に関与し、攻撃防御を行う機会があったが相手方の偽証等により不当の判決がなされた場合の2類型がある。本件事案は①の類型に属するものであり、再審事由がある場合であっても不法行為による損害賠償請求ができるとした。しかし学説は、賛否両論に分かれている。**肯定説**[1]は、被告の裁判を受ける権利が実質的に保障されなかった場合であるから、**判決の当然無効の主張**を認めるべきであり、不法行為原因の有無の判断の中で、再審事由に当たる事由があるかを厳密に判断すればよく、実際上、既判力制度を動揺させることにはならないとする。これに対して**否定説**[2]は、このような場合に判決の当然無効を認めるのは、既判力制度を動揺させることになり、このような行為を不法行為とすることは確定判決が誤りであると主張するに帰すから、原則として、上訴の追完となり、再審の訴えを提起しておかなければならないとし、必要ならば、再審事由の類推・拡大によって救済を図るべきであるとする。また上記①の場合には当然無効の主張をして損害賠償請求することも許されうるが、②の場合には許されないとする見解[3]とか、再審規定の類推によっても救済できない例外的な場合にのみ損害賠償請求等を認める見解[4]や請求異議の訴えによって防御することはできないが執行の結果について不法行為等の訴えを提起できるとする見解[5]もある。

（髙地茂世）

1審＝長崎地佐世保支判昭41・10・20民集23巻8号1413頁／2審＝福岡高判昭43・4・26民集23巻8号1418頁

1) 新堂677頁、高橋・上722頁。
2) 三ケ月554頁、上田475〜476頁、伊藤531頁、松本＝上野715頁など。
3) 条解562〜563頁〔竹下守夫〕。
4) 中野貞一郎・民商65巻5号857頁、山木戸克己・民商48巻2号252頁。
5) 石川明・三ケ月古稀下1頁。

195 信義則——判決の効力

最高裁昭和51年9月30日判決　民集30巻8号799頁、判時829号47頁、判タ341号161頁　▶2条、民1条2項

論　点 ▶ 訴訟物を異にする後訴に信義則に基づく確定判決の遮断効が及ぶか

事実の要約　Aの相続人X₁が元A所有で自作農創設特別措置法による買収処分がなされ、Bに売り渡された本件農地をBから買い戻す契約が成立したと主張して、B死亡後、その子であるY₁Y₂およびBの妻Cに農地法上の許可申請手続および許可を条件とする所有権移転登記手続請求を主位請求とし、買戻契約無効の場合に備えて不当利得返還を予備的請求とする訴えを提起し主位請求棄却・予備的請求認容の判決が確定したのち、X₁はX₂〜X₄を原告に加え、Y₁Y₂およびY₃（前訴係属中の係争土地の一部譲受人）に対して、昭和23年頃に行われた農地買収処分の無効等を主張して、所有権移転登記の抹消登記に代わる所有権移転登記手続等を求める本訴を提起した（2審で所有権移転登記手続と耕作物収去土地明渡の予備的請求を追加）。

前訴　X₁ ──→ Y₁Y₂C
　　　　　　　所有権移転登記手続請求・
　　　　　　　不当利得返還請求の訴え

本訴　X₁〜X₄ ──→ Y₁Y₂Y₃
　　　　　　　所有権移転登記手続請求等
　　　　　　　の訴え

裁判の流れ　1審：請求棄却　2審：取消・訴え却下　最高裁：上告棄却
　1審は取得時効の抗弁が認められ、X₁ら敗訴。2審は、本訴は前訴の紛争の蒸し返しであり、信義則に反するとして本訴を却下。X₁らが上告。

判　旨　＜上告棄却＞「前訴と本訴は、訴訟物を異にするとはいえ、ひっきょう、右Aの相続人が、右Bの相続人及び右相続人から譲渡をうけた者に対し、本件各土地の買収処分の無効を前提としてその取戻を目的として提起したものであり、本訴は、実質的には、前訴のむし返しというべきものであり、前訴において本訴の請求をすることに支障もなかったのにかかわらず、さらにX₁らが本訴を提起することは、本訴提起時にすでに右買収処分後20年も経過しており、右買収処分に基づき本件各土地の売渡をうけた右B及びその承継人の地位を不当に長く不安定な状態におくことになることを考慮するときは、信義則に照らして許されないものと解するのが相当である」。

判例の法理　❂**訴訟物の異同**　訴訟物が異なる以上、仮に前後両訴が同一の利益を追求するものであっても、後訴の提起は何ら妨げられないというのが、現行法の建前である。前訴における所有権移転登記手続請求と本訴の所有権移転登記手続請求は、**新訴訟物理論・二分肢説**の立場では同一の訴訟物とみられうる[1]としても、少なくとも耕作物収去土地明渡請求との関係では同一の訴訟物ということはできず、本判決は前訴と本訴が訴訟物が異なることを認めたうえで、なお信義則により後訴の提起が遮断されるとした。

❂**信義則による後訴遮断の要件**　本判決は、①本件各土地の取戻しを目的とし、実質的には、本訴は前訴の蒸し返しというべきものであること、②前訴において本訴の請求をすることに何ら支障がなかったこと、③買収処分後約20年も経過した後に本訴を提起することは、被告の地位を不当に長く不安定な状態におくことになることを、信義則による後訴の遮断の要件としてあげる。この場合の信義則の内容は**訴訟上の権能の失効**といわれるもので、紛争解決に対する相手方の信頼保護という観点から前訴で相手方が勝訴している場合にのみ作用し、本件のごとく、後訴における主張事実が前訴判決の理由中の判断の対象になっていない場合でも作用するが、信義則による遮断が**争点効**の範囲より広がる結果となりうる[2]。このほかに、④前訴における審理の程度や、⑤主張等の遮断を正当化するその他の事情などを要件とする説[3]もある。なお、主張（争点）レベルでの遮断が可能な場合には、請求レベルでの遮断は避けるべきであろう。

❂**手続事実群による調整説**　本件判例が信義則適用の基礎とした具体的事情（前訴で争点を絞った趣旨、裁判所の訴訟指揮・釈明権の行使、時間的経過や反証の提起のような被告側の対応策の有無など）を手続事実群と呼び、これを考慮して、訴訟物を異にする後訴との間にも信義則に基づく確定判決の遮断効が働くとする説[4]が有力である。「手続事実群」は総合評価の中で具体化するものであり、信義則の適用と全く同じ作業が必要であり、個別の訴訟手続との関係で具体的に定まる性質のものであるから、その本質および具体的適用において信義則の適用と軌を一にするものといえる。

判例を読む　本件では、X₂〜X₄およびY₃に対する判決効をどう捉えるかの問題もあるが、信義則による後訴の遮断がありうることは、その後、いくつかの最高裁判例[5]により確認されている。

〔髙地茂世〕

1審＝大阪地判昭45・11・28民集30巻8号806頁／2審＝大阪高判昭48・12・14高民集26巻5号847頁

1) 三ケ月章・百選2版103頁、髙橋・上679頁、松本＝上野642頁。
2) 伊藤532頁。
3) 小林・メソッド379頁。
4) 新堂726頁、髙橋・上682頁、中野ほか編・新講義467頁〔髙橋〕。反対、松本＝上野641頁。
5) 最判昭52・3・24金判548号38頁、最判昭59・1・19判時1105号48頁、判タ519号136頁。

196 口頭弁論終結後の承継人——既判力の主観的範囲

最高裁昭和48年6月21日判決　民集27巻6号712頁　▶115条1項3号、民94条2項

論　点　通謀虚偽表示につき善意の第三者である旨主張する原告は、通謀虚偽表示の当事者たる被告が相手方当事者に対してなした前訴の確定判決の既判力を受けるか

事実の要約　本件土地はAの所有名義で登記がされていた。Yの破産管財人は、当該登記がYとAとの通謀虚偽表示であるとして、Aに対して所有権移転登記手続を求める訴えを提起したが、A欠席のままY勝訴判決がなされて確定（口頭弁論終結時は昭和43年4月17日である）（前訴）。Xは、Aに対する本件土地の不動産強制競売手続において、上記の事情を知らずして（善意で）昭和43年6月に本件土地を競落し、登記も経由した。YはAに対する確定判決に基づきXに対する承継執行文の付与を受け、XからYへの所有権移転登記を得た。これに対して、Xは、Yに対して本件土地の所有権の確認と真正な登記名義回復のための所有権移転登記手続を求めて提訴。

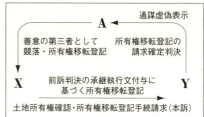

裁判の流れ　1審：請求認容　2審：控訴棄却　最高裁：上告棄却
1審・2審ともX勝訴。Yが上告したが、上告棄却となった。

判　旨　〈上告棄却〉「Yは、本件土地につきA名義でなされた前記所有権取得登記が、通謀虚偽表示によるもので無効であることを、善意の第三者であるXに対抗することはできないものであるから、Xは本件土地の所有権を取得するに至ったものというべきである。このことはYとAとの間の前記確定判決の存在によって左右されない。そして、XはAのYに対する本件土地所有権移転登記義務を承継するものではないから、Yが、右確定判決につき、Aの承継人としてXに対する承継執行文の付与を受けて執行することは許されないといわなければならない」。

判例の法理　●**実質説と形式説**　本判決の事案は、YのAに対する所有権移転登記訴訟の口頭弁論終結時後に、Xが、YA間の通謀虚偽表示を知らずして（＝善意で）、Aから本件土地の所有権を競売により買い受けたというものである。民法94条2項によれば、Yは、通謀虚偽表示による無効をXに対して主張することはできない。しかし、YA間にはすでに確定判決があり、Xは当該訴訟における口頭弁論終結後に権利を譲り受けているため、Xは、115条1項3号にいう「口頭弁論終結後の承継人」に当たり、YA間の前訴判決の既判力を受けることになるのかどうかが問題となる。学説における多数説は、まず口頭弁論終結後の承継人に当たることを肯定したうえで、承継人固有の主張（攻撃防御方法）を認め、その結果、YA間の通謀虚偽表示に対して、Xが善意の第三者であることが主張・立証され、Xの勝訴となるという形式説をとる[1]。本判決では、むしろXが善意の第三者であることから直接に「口頭弁論終結後の承継人」には当たらないとする実質説を採用したものとして理解されている[2]。最高裁は、本判決以前にも、不動産の二重譲渡に関する訴訟について判断し、前訴原告が所有権を後訴被告に対して対抗できるかどうかは、登記の先後によって定まる実体法上の問題であり、後訴被告は「口頭弁論終結後の承継人」には当たらないとしたことも[3]、判例の立場を実質説に立つものと理解する有力な根拠となっている（しかし、このような理解に対しては、後述するように、疑問も提起されている[4]）。

判例を読む　●**既判力の主観的範囲**　既判力は、原則として、その間の紛争を解決するために判決がなされ、手続保障も与えられた当事者相互間のみ（換言すれば、判決の基礎となる訴訟資料・証拠資料を提出する機会が与えられた当事者のみ）に及び[5]、例外的に訴訟当事者以外の者にも既判力が及ぶ。その1つは必要的共同訴訟の問題であり、もう1つは既判力の人的範囲（主観的範囲）の拡張の問題である。115条1項2号～4号は後者の既判力拡張を規定する。訴訟担当における被担当者（2号）、口頭弁論終結後の承継人（3号）、請求の目的物の所持人（4号。→197事件）に既判力が拡張されるのである[6]。もし既判力が拡張されないとすれば、これらの者に対して新たに訴訟が提起され、前訴と同内容の判決を得る必要が生じるが、これでは判決の紛争解決機能を著しく狭めることになるからである。なお、115条は判決の効力の主観的範囲を規定するが、執行力に関しては民執法23条1項3号・27条2項[7]による。形成力は形成判決に特有のもので、一般に民訴法115条とは区別されて扱われる[8]。

●**「口頭弁論終結後」の承継人**　「口頭弁論終結後」とは事実審の最終口頭弁論終結時以後を意味し、口頭弁論終結後の承継人とはそれより後の承継人のことである。既判力を拡張する規定がなかったとすれば、敗訴した当事者は訴訟物たる権利義務関係を第三者（承継人）に譲ることによって、相対的なものにすぎない判決の効力を、事実上無意味なものとすることができるであろう。しかし、115条1項3号の規定によって、口頭弁論終結後は、敗訴当事者から権利義務関係を承継した者にも既判力（あるいは執行力）が及び、敗訴当事者による嫌がらせは阻止される。「事実審」口頭弁論終結後が問題なのであって、したがって、上告審係属中の承継人もまた口頭弁論終結後の承継人である。口頭弁論終結前の承継人については、既判力の拡張はなく、訴訟承継の問題となる[9]。

●**承継の概念——適格承継説と依存関係説**　口頭弁論終結後の「承継人」、換言すれば115条1項3号のいう「承継」とは、どのような概念なのであろうか。一方で、訴訟物の承継については、115条1項3号のいう承継は、一般承継はもちろんのこと、特定承継をも含む概念である（ただし、免責的債務引受に関しては、見解が分かれている）。他方で、訴訟物の枠を超えた承継については、その理論的基準をどこにおくのか、学説上、見解の一致をみていないのが

現実である。分類としては、3説あるいは2説に分けるのが通常である。従来の通説は、「当事者適格の移転」をもって承継があるものと解してきた[10]。これに対して、近時の多数説は、前訴と後訴の訴訟物が異なる以上、当事者適格が同じものであるとはいえず、それが移転することも理論上考えられないとして、むしろ「紛争の主体たる地位の承継」を基準として提唱する[11]。これらの見解は、総じて、**適格承継説**と呼ばれている。承継を訴訟法上の地位の移転と理解する適格承継説に対して、第3説たる近時の有力説は、実体法上の権利義務関係における依存関係を承継の基準とすべきであるとする[12]。これを**依存関係説**と呼ぶ。いずれの説をとるべきかは困難な問題である。承継人に対する既判力拡張が当事者適格を有した当事者（前主）による訴訟追行にその根拠を置くものと考えると、「当事者適格や紛争の主体たる地位の移転の基礎となっている、実体法上の権利関係の承継そのもの」をもって承継の有無の基準とする方向もあろう[13]。

✱**実質説と形式説に対する疑問**　本判決のように、当事者適格（紛争主体の地位）の移転を伴う実体法上の権利関係の承継はあったものの、承継した者にとって固有の抗弁が成立する場合に、前述の実質説と形式説の対立がある。これは、例えば本判決のような通謀虚偽表示における善意の第三者や不動産の二重譲渡における第三者（第2買主）などであり、実体法の立場からみれば、前訴の確定判決があってもなお保護すべき第三者である。このような第三者を保護する説明としてどちらのほうが優れているかという視点で考えれば、やや形式説に利点があるようにみえる[14]。しかし、実質説[15]を擁護することも可能である[16]。何よりも、実質説と形式説という対立する概念構成自体に疑問がある。すなわち、前訴判決の既判力が及ぶことの意味は、前訴当事者間に一定の権利義務関係が存在するかしないかを承継人が甘受すべきであるのにとどまり、承継人固有の主張には何ら関わりがないのである（ある意味では承継人であり、同時に承継人ではないということもできようか）[17]。

✱**物権的請求権と債権的請求権**　同様のことは物権的請求権と債権的請求権が問題となる局面についてもいえる。例えば、建物賃貸人が賃借人の債務不履行による契約解除を主張した家屋明渡訴訟の勝訴判決の後、賃借人が当該家屋を転貸した場合に、転借人は口頭弁論終結後の承継人といえるか。この場合に、前訴が債権的請求権[18]であるから承継人とはならず、承継人といえるためには、前訴で物権的請求権を主張した場合か、あるいは背後に物権が隠されていなければならない[19]とする見解である[20]。これもまた、前訴当事者に既判力が及ぶことを転借人が甘受すべき部分と、転借人固有の主張をする部分とに分けて考えるべきであろう（固有の主張がない限り転借人は敗訴する）[21]。

✱**執行力拡張**　実質説＝形式説、物権的＝債権的請求権の議論とは異なるのが執行力の拡張の問題である。例えば、確定した動産引渡判決を得た債権者が承継執行に着手したが、通謀虚偽表示の善意の第三者が存在する場合に、どの執行段階で問題とされるべきか。債権者が承継執行文付与の段階で権利の確認を求めるべきとする説[22]と、承継執行文が出た後に承継人が請求異議の訴えをすべきとする説に分かれるが、既判力拡張の議論（実質説と形式説との対立）とは利害状況を異にしており、形式説といえども貫徹することには無理があろう[23]。　　　　　　〔坂田　宏〕

1審＝名古屋地判昭46・5・11民集27巻6号715頁／2審＝名古屋高判昭46・11・25民集27巻6号723頁

1) 新堂・訴訟物上327頁以下、高橋・上693頁以下。
2) 高橋・上693頁。
3) 最判昭41・6・2判時464号25頁、判タ199号119頁。
4) 中野・論点① 213頁以下、伊藤576頁以下。
5) 紛争の相対的解決。
6) 高橋・上687頁以下。法人格否認（→198事件）も既判力拡張の問題と捉えうる。
7) 承継執行。
8) 伊藤588頁以下。
9) 訴訟承継主義。
10) 兼子一「訴訟承継論」兼子・研究① 1頁以下など。
11) 条解570頁以下、斎藤ほか編・注解民訴⑤ 137頁、高橋・上690頁以下など。
12) 講座民訴⑥ 139頁〔吉村徳重〕。
13) 伊藤541頁以下、新判例コンメ③ 296頁〔上野泰男〕以下参照。
14) 高橋・上693頁以下参照、山本克己・百選5版184頁以下。
15) 兼子・体系345頁。
16) 高橋694頁以下参照。
17) 伊藤574頁以下参照。
18) いわゆる交付請求権。
19) いわゆる取戻請求権。
20) 三ケ月220頁。高橋・上702頁。
21) 伊藤572頁以下、上野・前掲注13) 301頁以下。
22) 権利確認説（新堂623頁以下）。高田昌宏・百選3版191頁参照。
23) 起訴責任転換説（中野・論点① 234頁以下）。高田・前掲注22) 191頁参照。

197 請求の目的物の所持人——実質的当事者に対する115条1項4号の類推適用

大阪高裁昭和46年4月8日判決　判時633号73頁、判タ263号229頁　　　　▶115条1項

論　点　▶　類推解釈による請求の目的物の所持者にも実質的当事者として既判力が及ぶか

事実の要約　Xらは、訴外A会社に対して売買を原因とする所有権移転登記請求訴訟を提起し、1審で勝訴し、控訴、上告を経て確定した（前訴）。A会社は、前訴に対する1審判決の直前に、A会社の社長令息Yに対して、本件土地の贈与を原因とする所有権移転登記をなしていた。そのため、XらがYに対して所有権移転登記をするように求めたのが本件訴訟である。Xらは、A会社とYとの間に贈与契約は存在せず、仮に存在したとしても通謀虚偽表示で無効であると主張した。これに対して、Yは、XとA会社との間の売買の成立を争った。

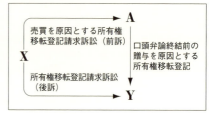

裁判の流れ　1審：請求認容　2審：控訴棄却
　1審はXらの請求を認容。Yから控訴がなされた。

判　旨　＜X勝訴＞本判決は、まず本件贈与の効力につき、「移転登記はもっぱらA会社の資金調達の便宜のため外形上Y名義にしたにすぎず、Y自身もそのことを了承し、ことに…〔前ներで〕A会社が敗訴しXらに移転登記しなければならなくなった際は、その結果を甘受するつもりでいた」との事実認定に基づき、A会社からYへの「移転登記は…通謀虚偽表示に該当し」、「本訴の実質上の当事者…はA会社それ自体」であるとし、次に本件売買の効力につき、「これは、A会社を相手どった前訴の請求原因とまったく同一」であり、「前示のような立場にあるYの右抗争は、結局前訴におけると同一の争いのむし返しにほかならない」としたうえで、「請求の目的物の所持人」（201条1項〔現115条1項1号・3号・4号〕）について以下のように判示する。「ところで、『登記』を『所持』または『占有』に対比して考えることは、しばしば行なわれているところであり、現に同条項にいう『口頭弁論終結後ノ承継人』の範囲を画するにあたっては、『登記名義の移転』を『占有の承継』と同列に扱うことにつき異論を見ないのである。そうすると、本件のYのように、たとい前訴の係属中に所有権移転登記が行なわれたにしても、単に前訴の当事者のために登記名義人になっているにすぎない者は、請求の目的物の所持者に準じ、これに既判力を及ぼす類推解釈が可能となる。これに対しては、本件のような移転登記請求の場合は、形式上の登記名義人を相手として別訴を提起しなければならず、承継執行（民訴497条の2〔現民執23条、27条2項、33条〕）の観念を容れる余地のないことから、逆に右類推解釈を否定する立場も考えられる。しかし、別訴を要することは登記手続の技術的要請にすぎず、このために右類推解釈をしりぞけることはできないと解すべきである」。「当裁判所は、右の理由により形式上の登記名義人に対しても実質的当事者の受けた確定判決の効力を拡張する法解釈も許されるものと考える。してみると、YがA会社とXらとの売買を否定して本訴請求を拒んでいるのは、前訴の確定判決におけると異なった事実上および法律上の判断を求めることに帰着し、右判決の既判力に抵触するから、許さるべきでない」。

判例の法理　❖**請求の目的物の所持者**　115条1項4号は、当事者および既判力の拡張を受ける者のために請求の目的物を所持する者にも、既判力が拡張されることを規定する。請求の目的物とは、訴訟物たる引渡請求権（物権的か債権的かを問わない）が対象とする動産または不動産であり、その所持人とは、その物を訴訟当事者のために占有し、その占有につき自己固有の利益をもたない者である（例えば、受寄者、管理人、同居人、留守番など。なお、口頭弁論終結時の前後を問わない）[1]。それ故、前訴当事者に手続保障が与えられていた以上、「請求の目的物の所持人」独自の手続保障は不要であり、前訴判決の既判力を甘受すべきであるということになる[2]。したがって、独立の占有者でない占有機関（雇人、法人の代表者）とも、占有につき固有の利益をもつ者（賃借人、質権者）とも区別される。

❖**「実質的当事者」概念**　本判決のような事例は、本来であれば、訴訟承継主義の帰結として、前訴判決の効力がYに及ばないのが原則である。しかし、Yへの移転登記を知らずしてなしたXの訴訟追行が無駄となる。そこで、「請求の目的物の所持者」という「きわめて狭く解されてきた」概念の類推適用によって解決を図ったのが本判決であり、多数の支持を受けている[3]。本判決を支えるのは、本訴の「実質上の当事者」（実質的当事者）がA会社であるという判示である。この「実質的当事者」概念から、「目的物の所持者」の範囲が広がりうるとする見解[4]や、本判決や法人格否認の事例における「実質的当事者」も115条1項1号の当事者に含まれるとする見解[5]が主張されるに至っている。

〔坂田　宏〕

1審＝神戸地尼崎支判昭43・3・25

1) 高橋・上705頁、伊藤578頁。
2) 「当事者型」既判力拡張（⟷「承継人型」既判力拡張）：上野泰男・法学論集（関西大学）41巻3号920頁以下。
3) 長谷部由起子・百選Ⅱ新法対応補正版342頁以下参照。
4) 新堂幸司・百選続版188頁以下。
5) 上田徹一郎・判タ270号92頁。

198 法人格否認の法理——法人格否認の場合における判決の既判力・執行力拡張の否定

最高裁昭和 53 年 9 月 14 日判決　判時 906 号 88 頁、金法 880 号 59 頁　　▶115 条 1 項、民執 23 条 1 項

論点　▶　実体法上、法人格否認の法理の適用がある場合に、訴訟法上、既判力・執行力の主観的拡張が認められるか

事実の要約　X は、訴外 A 会社に対して損害賠償請求訴訟を提起し、1 審、控訴審ともに勝訴し、請求認容判決が確定した (前訴)。ところが、1 審判決後、A 会社は多額の債務を負い、経営危機に陥った。そこで、A 会社の代表取締役の B は、訴外 C より資金援助を受け、別会社として Y 会社を設立 (役員は C と B の親族) し、経営の実権は依然 B の把握の下、A 会社の資産を譲り受けて事業を継続させていた。このように A 会社を有名無実のものとし、A 会社負担の債務の履行を事実上免れようというのが B および C の意図であった。X は、確定判決による損害賠償請求権に基づき、Y を相手方として執行文付与の訴えを起こし (本訴)、A と Y とは実質上同一の会社であり、A 会社に対する確定判決の執行力は Y に対しても及ぶと主張した。1 審では X 敗訴。控訴審においては、Y 会社設立の意図、A から Y への資産の移転などからみると、A と Y とは同一の法人格とみなされるという理由で、1 審判決取消・請求認容の判決がなされた。Y 上告。破棄差戻。

裁判の流れ　1 審：請求棄却　2 審：取消・請求認容　最高裁：破棄差戻

判旨　＜破棄差戻＞「Y 会社が訴外 A 会社とは別個の法人として設立手続、設立登記を経ているものである以上、上記のような事実関係から直ちに両会社が全く同一の法人格であると解することは、商法が、株式会社の設立の無効は一定の要件の下に認められる設立無効の訴のみによって主張されるべきことを定めていること (同法 428 条) 及び法的安定の見地からいって是認し難い」。「もっとも、右のように Y 会社の設立が訴外 A 会社の債務の支払を免れる意図の下にされたものであり、法人格の濫用と認められる場合には、いわゆる法人格否認の法理により X は自己と訴外 A 会社間の前記確定判決の内容である損害賠償請求を Y 会社に対しすることができるものと解するのが相当である。しかし、この場合においても、権利関係の公権的な確定及びその迅速確実な実現をはかるために手続の明確、安定を重んずる訴訟手続ないし強制執行手続においては、その手続の性格上訴外 A 会社に対する判決の既判力及び執行力の範囲を Y 会社にまで拡張することは許されないものというべきである (最判昭 44・2・27 民集 23 巻 2 号 511 頁参照)」。

判例の法理　●法人格否認の法理に関する判例　法人格が形骸化したり、濫用されている場合について、実体法上の法人格否認の法理を承認する最判昭和 44 年 2 月 27 日 (民集 23 巻 2 号 511 頁) は、判決理由中における括弧書きの中で、傍論としてではあるが、訴訟法上の既判力については別個の考察を要し、個人が当事者として判決を受けたとしても、その判決の効力は法人格を否認されるべき会社には及ばないと判示している (個人企業が法人成りした法人格形骸化の事例)[1]。その後の下級審裁判例として、東京高判昭和 49 年 7 月 29 日 (判時 755 号 103 頁) は、実体法上は法人格否認の法理を適用し、訴訟法上 (特に執行力について) これを否定した (実質同一の別会社を設立した法人格濫用の事例)。本判決は、執行免脱の意図のある法人格濫用の事例につき、最高裁昭和 44 年判決の傍論に従い、既判力・執行力の拡張について法人格否認の法理が適用されないことを確立したものと評価できる[2]。

●法人格否認による既判力・執行力拡張　既判力・執行力拡張について法人格否認の法理が適用されるかにつき学説は分かれている。商法学者を中心とした否定説[3] があるのに対して、近時は肯定説が有力である (ただし、論拠として、実質的当事者概念を用いる説[4]、依存関係をもって口頭弁論終結後の承継人であるとする説[5]、信義則を用いる説[6] など様々である)。また、形骸化の場合には肯定し、濫用の場合には否定する見解もある[7]。手続の明確・安定を論拠として既判力・執行力拡張を全面的に排除する本判決の解釈は問題ではあるが、反面、法人格否認の法理という「統一的実体のある法理ではなく、種々の場合の寄せ集めとでも言うべきもの」を中心とした構成もまた十分なものではないように思われる[8]。形骸化の場合には法人格の同一性の肯定が比較的容易であり、実質的当事者概念 (➡ 197 事件) で構成することができようが、濫用については、法人格否認の法理から直接に既判力・執行力拡張を導くのは困難であり、より実質のある根拠を探るべきであると思われる[9]。

〔坂田　宏〕

---

1 審＝京都地判昭 49・6・25／2 審＝大阪高判昭 50・3・28 判時 781 号 101 頁、判タ 330 号 303 頁／差戻後 2 審＝大阪高判昭 54・11・20 判時 960 号 52 頁、判タ 408 号 123 頁

1) 鈴木正裕・昭和 53 年度重判 153 頁参照。
2) 伊藤眞・百選 II 新法対応補正版 347 頁。ただし、中野・民事執行法 133 頁参照。
3) 実務⑤ 168 頁 (奥山恒朗)、加美和照・金判 575 号 63 頁、江頭憲治郎・ジュリ 754 号 114 頁以下、同『会社法人格否認の法理』(東京大学出版会、1980) 436 頁。高橋・上 715 頁以下も否定的か？
4) 上田 502 頁。
5) 竹下守夫・判タ 390 号 250 頁、同・会社判例百選 5 版 12 頁。
6) 伊藤・百選 II 新法対応補正版 347 頁参照。
7) 伊藤 600 頁以下。
8) 高橋・上 715 頁。
9) この試みをなすものとして、高橋・上 715 頁以下。三木浩一・百選 5 版 186 頁参照。

199 判決の反射効（1）——保証人敗訴判決確定後の主債務者勝訴の確定判決の保証人による援用

最高裁昭和51年10月21日判決　民集30巻9号903頁　▶115条1項

論点　▶敗訴の確定判決を受けた保証人は、主債務者勝訴の確定判決を自己に有利に援用できるか

事実の要約　AはYから150万を借り受け、XとCが連帯保証をした。Yは、Aの死亡後、相続人Bら、XおよびCに対して債務の支払いを求めて提訴。XとCは請求原因事実を認めたが、Bらは争ったため弁論が分離。XとCに対しては、Yの請求認容の判決が昭和41年11月に確定。Bらに対しては、Yの請求棄却（＝Bらの勝訴）の判決が昭和45年8月に確定した。同年12月に、YはXに対して強制執行を開始したが、Xは、Bらの勝訴判決を援用して請求異議訴訟を提起。

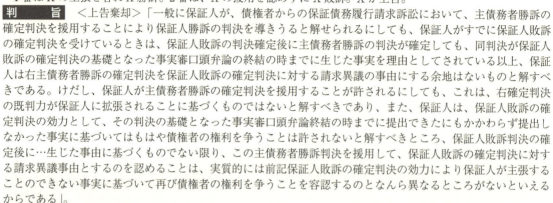

裁判の流れ　1審：請求認容　2審：取消・請求棄却　上告棄却
1審はXの主張を容れX勝訴。2審は、Xの援用を認めずにX敗訴。Xが上告。

判　旨　＜上告棄却＞「一般に保証人が、債権者からの保証債務履行請求訴訟において、主債務者勝訴の確定判決を援用することにより保証人勝訴の判決を導きうると解せられるにしても、保証人がすでに保証人敗訴の確定判決を受けているときは、保証人敗訴の判決確定後に主債務者勝訴の判決が確定しても、同判決が保証人敗訴の確定判決の基礎となった事実審口頭弁論の終結の時までに生じた事実を理由としてされている以上、保証人は右主債務者勝訴の確定判決を保証人敗訴の確定判決に対する請求異議の事由にする余地はないものと解すべきである。けだし、保証人が主債務者勝訴の確定判決を援用することが許されるにしても、これは、右確定判決の既判力が保証人に拡張されることに基づくものではないと解すべきであり、また、保証人は、保証人敗訴の確定判決の効力として、その判決の基礎となった事実審口頭弁論終結の時までに提出できたにもかかわらず提出しなかった事実に基づいてはもはや債権者の権利を争うことは許されないと解すべきところ、保証人敗訴判決の確定後に…生じた事由に基づくものでない限り、この主債務者勝訴判決を援用して、保証人敗訴の確定判決に対する請求異議事由とするのを認めることは、実質的には前記保証人敗訴の確定判決の効力により保証人が主張することのできない事実に基づいて再び債権者の権利を争うことを容認するのとなんら異なるところがないといえるからである」。

判例の法理　★**保証関係と反射効**　本判決は、確定判決により保証債務を負うとされた保証人が、後に主債務者勝訴の確定判決を自己に有利に援用して、保証債務の附従性による保証債務の不存在を主張した事案である。いわゆる反射効理論は、この場合に主債務者の確定判決の効力が保証人にも拡張され、保証人の確定判決の効力と矛盾することになると考える。判旨は「主債務者勝訴の確定判決を援用することにより保証人勝訴の判決を導きうると解せられるにしても」と反射効を認めるような判示をしてはいるが（もし保証人敗訴の確定判決がなければ、主債務の消滅の事実が保証人の有利に援用されうることは当然である1)）、「右確定判決の既判力が保証人に拡張されることに基づくものではない」として反射効の理論を否定した。最高裁の判例は反射効理論を採用していない（➡200事件）。そもそも、当初Yが共同被告としたAとXが弁論の分離により別個に判決されたことに問題があるといえよう2)。

判例を読む　（➡200事件も参照せよ）
★**反射効の理論**　当事者間に発生した既判力が、当事者の一方と実体法上の従属・依存関係にある第三者に有利・不利な影響を及ぼす場合に、これを判決の効力（の拡張）とみる理論を**反射効**（反射的効果・反射的効力）**の理論**と呼ぶ（本判決のような事例につき保証人からの自己に有利な援用を認める。ただし、主債務者敗訴の場合には不利に作用しない）3)。もともとは、ドイツにおける既判力本質論における実体法説と訴訟法説との論争から誕生したものであり、既判力とは異なるものとされてきた4)が、むしろ反射効と既判力の拡張との理論上の差異は疑われているといってよい5)。いくつかの下級審裁判例を除いて6)、判例は反射効理論を否定しているのに対し、学説の多数はこれを肯定する7)。これに対して、明文の規定がないこと、第三者の手続保障がないこと、さらには実体法上の権利関係の異別性などを理由に反射効を否定する見解が次第に有力になりつつある8)。反射効の理論状況はいまだ不明確な現状にあり、また、保証関係および連帯債務関係（➡200事件）の裁判例の事案がかなり特殊であったことも手伝って、学説・判例の争いはなおも続くものと思われる9)。

〔坂田　宏〕

1審＝松山地大洲支判昭49・2・27 高民集27巻3号326頁、金判513号14頁／2審＝高松高判昭49・7・29 高民集27巻3号319頁、判時763号53頁、判タ315号246頁、金判513号12頁

1) 保証債務の附従性による。
2) 高橋・上765頁以下、霜島甲一・判タ323号90頁以下参照。
3) 新判例コンメ③310頁〔上野泰男〕。
4) 職権調査事項の否定（＝援用事項）、共同訴訟的補助参加の否定、馴合訴訟の場合の否定など。
5) 鈴木正裕・判タ261号2頁以下。条解601頁以下。高橋・上749頁、伊藤596頁以下。
6) 200事件の「判例を読む」参照。
7) 兼子・体系352頁、斎藤402頁、林屋523頁、小山412頁、谷口366頁以下、新堂2版627頁以下など。
8) 三ケ月46頁、上村明廣・中村古稀381頁、後藤勇・判タ247号11頁、上野・前掲注3) 312頁以下、伊藤596頁以下。
9) 高橋・上759頁・同767頁。

200 判決の反射効（2）――共同不法行為者の1人がした相殺

最高裁昭和53年3月23日判決　判時886号35頁、金判548号16頁　　▶115条1項

論点▶ 不真正連帯債務者中の1人と債権者との間の確定判決は、相殺による反対債権の存否について効力を及ぼすか

事実の要約　A運転の自動車とBが運行の用に供しているC運転の自動車が衝突し、Aが死亡した。Aの遺族であるXらは、Bおよび道路管理責任者たるY（国）を共同被告とする損害賠償請求訴訟を起こした。Bは、BのAに対する損害賠償請求権を自働債権とする相殺の抗弁を主張した。

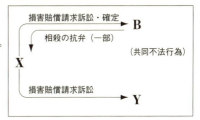

裁判の流れ　1審：請求認容　2審：Y（一部）勝訴　最高裁：破棄差戻
　1審は、この相殺の抗弁の一部を認め、これと支払済みの自賠責保険金を控除した残額についてAの損害賠償請求を認容し、確定した。ところが、Yに対する認容額はBに比して高額となった。そこでYが控訴し、YとBとは不真正連帯債務の関係にあり、XB間の訴訟の確定により前記相殺額の限度でYの賠償義務も消滅したものと主張した。2審（原審）は、XB間の相殺について認定することなく、XB間の1審判決が確定したことから、直ちにYに対する認容額をBに対する認容額に減額した。Xは、相殺について実質審理を経ずに、XB間の確定判決を援用して判決することは旧201条（現115条）に違反するとして、上告した。

判旨　＜破棄差戻＞「不真正連帯債務者中の一人と債権者との間の確定判決は、他の債務者にその効力を及ぼすものではなく、このことは〔旧〕民訴法199条2項〔現114条2項〕により確定判決の既判力が相殺のために主張された反対債権の存否について生ずる場合においても同様であると解すべきである。もとより、不真正連帯債務者の一人と債権者との間で実体法上有効な相殺がなされれば、これによって債権の消滅した限度で他の債務者の債務も消滅するが、他の債務者と債権者との間の訴訟においてこの債務消滅を認めて判決の基礎とするためには、右相殺が実体法上有効であることを認定判断することを要し、相殺の当事者たる債務者と債権者との間にその相殺の効力を肯定した確定判決が存在する場合であっても、この判決の効力は他の債務者と債権者との訴訟に及ぶものではないと解すべきであるから、右認定判断はこれを省略することができない」。

判例の法理　★**不真正連帯債務関係と反射効**　199事件における保証債務関係と同様、真正あるいは不真正の連帯債務関係についても、連帯債務者の1人が受けた判決の効力が他の連帯債務者に及ぶかどうかは、いわゆる反射効の理論の好個の事例として議論されてきた。連帯債務の場合、一連帯債務者による債権の満足（例、民436条）は他の連帯債務者によって実体法上援用されるものである。これについて、訴訟法上も援用することが可能であるのかどうかが反射効の問題あるいは既判力拡張の問題として議論されている1)。本判決の事案は、いわゆる不真正連帯債務とされる共同不法行為の事例であり、通常の連帯債務と比べて実体法上の絶対効が制限されており、また、一連帯債務者のなした相殺の抗弁の絶対効が問題となっており（しかもその相殺は実体法上違法であった2)）、議論はいっそう複雑なものとなっている。ともかくも、本判決は、XB間の確定判決の効力がXY間の訴訟には及ばないとして、反射効を明らかに否定したものと理解されている3)。

判例を読む　★**反射効が当事者に不利に及ぶ事例**　反射効理論が問題となる事例は、保証・連帯債務関係のように当該当事者にとって有利に働く事例ばかりではない。例えば、会社法580条・581条の社員の責任を根拠として、持分会社の社員に対して会社債務についての確定判決の効力が不利に及ぶかという問題もある4)。また、一般債権者も、債務者と第三者の間での、特定財産が債務者に帰属しない旨の確定判決の効力を受けるとする裁判例がある5)が、ここで判決効の拡張を問題にする必要はない6)。裁判例が多いのは、むしろ賃貸借関係についてである（例えば、賃借人に対する建物収去土地明渡判決の確定後に、地主が土地の適法な転借人あるいは地上建物の賃借人に対して退去等を請求する場合に、前訴判決が効力を有するかという問題）。当初は、反射効を肯定する裁判例が相次ぎ7)、最高裁が「法理上の根拠に乏しい」として反射効を否定した8)後も、反射効を肯定する下級審判決が存在する9)。このように、賃貸借関係における反射効の議論は、口頭弁論終結前の承継人への既判力拡張という意味がある（しかし、共同被告として訴えうるのであるから既判力を拡張する必要はないものといえよう10)）。

〔坂田　宏〕

1審＝大津地判昭49・5・8／2審＝大阪高判昭50・12・23

1) 本間靖規・百選Ⅱ新法対応補正版350頁以下参照。
2) 小山・判決効280頁以下、本間・前掲注1)351頁、高橋・上767頁注23。
3) 高橋・上766頁以下。
4) 新堂5版737頁以下は、当然の任意的訴訟担当とみて肯定する。
5) 名古屋地判昭14・8・28法律評論29巻民訴62頁。
6) 一般債権者は債務者の一般財産につき訴訟追行権能を有しないから。
7) 大阪地判昭30・8・24下民集6巻8号1692頁、東京高判昭29・1・23東高民報5巻1号8頁など。
8) 最判昭31・7・20民集10巻8号965頁。
9) 神戸地判昭47・11・30判時702号91頁。
10) 新判例コンメ③311頁〔上野泰男〕。

201 上訴の利益（1）

最高裁昭和31年4月3日判決　民集10巻4号297頁　　　　　　　　　　　▶281条、114条1項

論　点　▶　判決理由中の判断と上訴の利益

事実の要約　Xは、Yに対する貸金債務の担保として、自己が所有する本件不動産をYに売り渡し、本件不動産には売買を原因とする所有権移転登記がなされた。その後、XはYを相手取り、貸金債務の弁済による消滅を理由として、本件土地に関する所有権移転登記手続請求を求めて本件訴えを提起した。これに対して、Yは、①真実の売買契約に基づいて所有権を取得したと述べて、Xが主張する売渡担保契約の成立を争うとともに、②仮に、売渡担保契約が成立していたとしても、被担保債務が完済されてはいないとして、Xの請求棄却を求めた。

所有権移転
登記請求
X ──→ Y

裁判の流れ　1審：請求認容　2審：請求棄却　最高裁：上告棄却

1審はXの請求を認容。Y控訴。2審は、売渡担保契約は成立しているが、債務が完済されていないと認定して、Yの控訴を認め、1審判決を取り消してXの請求を棄却した。これに対して、Yは、売渡担保契約の不成立を主張して上告した。

判　旨　＜上告棄却＞「そこで本件上告理由を見るに、すべてYが勝訴したXの…請求につき原審がなした判決理由中の判断を攻撃するにとどま」るものである「ことが明らかである。そして所有権に基く登記請求の訴についてなされた判決の既判力は、その事件で訴訟物とされた登記請求権の有無を確定するにとどまり、判決の理由となった所有権の帰属についての判断をも確定するものではないから〔最判昭30・12・1民集9巻13号1903頁参照〕、Yは本件において」自己の「請求につき敗訴しても、なお、自ら訴を提起し又は相手方の請求に応訴することによって、」本件不動産の「所有権が自己に存することを主張して争うことができるのであるから、所論は結局上告の前提たる利益を欠くものと云わなければならない」。

判例の法理　●**上訴の利益**　上訴人が上訴の利益（不服の利益）を有することは、上訴の適法要件（上訴要件）の1つである。判例および通説は、上訴の利益の有無を判断する基準として、基準が明確な**形式的不服説**を採用している1)。原審（不服申立ての対象となる審級）における当事者の申立てと判決主文とを比較し、後者が前者よりも小さい場合に上訴の利益を認める形式的不服説によると、申立てを全部認容した原判決に対する上訴は、上訴の利益を欠く不適法なものとされる。この場合、比較の対象となるのは、既判力が生じる判決主文であり既判力が生じない判決理由中の判断に不服があっても上訴の利益はないとされる。

本判決はその一例を示すものであり、1審判決を取り消して請求を棄却せよというYの控訴申立てを全部認めた原判決（控訴審判決）に対して、Yは、控訴審判決の理由に不服があっても上訴の利益を有しない旨を判示している（解決としては、残債権の支払を条件に抹消登記を命じる条件付き給付判決をすべきで、その場合は上訴の利益はある2)）。

判例を読む　●**形式的不服説の根拠**　通説は、処分権主義に基づく自己責任に根拠を求め、自ら求めた裁判を獲得した者（勝訴当事者）が、相手方当事者にとって負担となる上訴を用いてさらにその裁判の取消しを求めることは認めるべきではないと説く。上訴によって実体的により有利な判決を得る可能性があれば上訴の利益を認める旧実体的不服説3)では上訴の範囲が広がりすぎるためである。本件について言えば、判決理由中の判断については既判力が生じない以上、求めた判決主文を得た当事者に上訴の利益はないことになる。

●**形式的不服説の例外**　通説は、別訴が禁じられている場合（人訴25条の別訴禁止、黙示の一部請求の残額請求〔➡202事件〕など）や申し立てた事項以外にも判決効が生じる場合（114条2項の相殺の抗弁、裁判所法4条の差戻判決の拘束力など）については、例外的に上訴の利益を認める。これらの場合には、処分権主義に基づく自己責任を問えないからである。

●**新実体的不服説**　原判決が確定すれば、その既判力その他の判決の効力により、何らかの致命的な（すなわち、後訴を待っていたのでは救済されないような）不利益を被る場合に、上訴の利益を肯定する見解であり、近時の有力説となっている4)。

新実体的不服説では上訴の利益が認められる範囲については形式的不服説と同様の結論が導かれるが、形式的不服説が例外として認める諸場合をも含めて、上訴の利益の有無を統一的に判断できる点で優れている。本判決の判旨は、新実体的不服説に基づいて上訴の利益を判断しているものとして理解することも可能である。

〔小林秀之〕

1審＝松山地宇和島支部判（年月日不明）／2審＝高松高判昭29・2・26

1) 小林・民訴法234頁、同編・法学講義360頁〔畑宏樹〕。
2) 高橋・下597頁。
3) 住吉・民事訴訟読本737頁。
4) 小林・民訴法235頁、同編・法学講義360頁〔畑〕参照。

202 上訴の利益(2)
名古屋高裁金沢支部平成元年1月30日判決　判時1308号125頁、判タ704号264頁
▶281条

論　点 ▶ 1審の全部勝訴者による請求拡張のための控訴の利益

事実の要約　Xは、訴外Aに対して400万円を貸し付けたが、その後、Aの死亡によりYほか6名がAの債務を相続した。そこで、XはYを相手取り、Yの法定相続分（12分の1）に相当する貸金33万3333円および遅延損害金等の支払いを請求した。Xの訴えが1審に係属中に、他の相続人4名が相続放棄をしたため、Yの法定相続分は4分の1となっていたが、請求の拡張等は行われなかった。

貸金返還請求等
X ──→ Y

裁判の流れ　1審：Xの請求認容　2審：控訴棄却

1審はXの請求を全部認容。これに対してXは、控訴して請求を拡張し、Yの法定相続分である4分の1に応じた100万円および遅延損害金等の支払いを求めた。Yは、1審全部勝訴者には控訴の利益はないため、本件控訴は不適法であるとしてその却下を求めるとともに、Yの法定相続分が変更したというXの主張は、1審で主張可能なものであり、時機に後れた攻撃防御方法に当たり却下されるべきであると述べて争った。

2審は、控訴を適法としたうえで、Xの（拡張された）請求を全部認容した。

判　旨　＜X勝訴＞「全部勝訴の判決を受けた当事者は、原則として控訴の利益がなく、訴えの変更又は反訴の提起をなすためのものであっても同様であるが、人事訴訟手続法9条2項（別訴の禁止）、民事執行法34条2項（異議事由の同時主張）等の如く、特別の政策的理由から別訴の提起が禁止されている場合には、別訴で主張できるものも、同一訴訟手続内で主張しておかないと、訴訟上主張する機会を奪われてしまうという不利益を受けるので、それらの請求については、同一訴訟手続内での主張の機会をできるだけ多く与える必要があり、また、この不利益は、全部勝訴の一審判決後は控訴という形で判決の確定を妨げることによってしか排除し得ないので、例外として、これらの場合には、訴えの変更又は反訴の提起をなすために控訴をする利益を認めるべきである。

そして、その理を進めて行くと、いわゆる一部請求の場合につき、一個の債権の一部についてのみ判決を求める趣旨が明示されていないときは、請求額を訴訟物たる債権の全部として訴求したものと解すべく、ある金額の支払を請求権の全部として訴求し勝訴の確定判決を得た後、別訴において、右請求を請求権の一部である旨主張しその残額を訴求することは、許されないと解されるので〔最判昭32・6・7民集11巻6号948頁参照〕、この場合には、一部請求についての確定判決は残額の請求を遮断し、債権者はもはや残額を訴求する機会を失ってしまうことになり、前述の別訴禁止が法律上規定されている場合と同一となる。したがって、黙示の一部請求につき全部勝訴の判決を受けた当事者についても、例外として請求拡張のための控訴の利益を認めるのが相当ということになる」。

判例の法理　★**形式的不服説の例外**　本判決では、1審で全部勝訴したXの提起した控訴が適法とされた。これは、上訴の利益に関する形式的不服説（→201事件解説参照）の例外が認められた場合の一例である。

本判決は、例外を認める理由として、請求の拡張部分は黙示の一部請求後の残額請求部分に相当するため、本件訴訟におけるその主張を認めないと既判力によって遮断される旨を判示している。過失なくして1審で残部請求できなかったことを要求する有力説[1]もあるが、多数説は本判決を支持する。

判例を読む　★**新実体的不服説との接近**　判例は、黙示の一部請求後の残額請求を認めない（→192事件解説参照）。本件では、他の4名の相続人による相続放棄に伴い、1審の口頭弁論終結時においてXは、Yに対する貸金債権の一部を請求していることになった（黙示の一部請求）。1審判決がXの請求を全部認容したため、同判決が確定すると、Xが後訴を提起して残額部分を請求することは認められない。

そのような事情に着目して、2審は、形式的不服説の例外として、請求を拡張するための控訴に利益を認めて、Xの控訴を適法と判断した。2審判決に示された考え方は、形式的不服説というよりも、むしろ、原判決が確定すると既判力等の判決の効力によって致命的な不利益を被る場合に上訴の利益を認める、という新実体的不服説（→201事件解説参照）の考え方に接近しているということができる[2]。

事案の適切な解決という視点からも、1審判決が確定してしまうと、1審の全部勝訴者は残額請求できなくなるから、本件のようにその控訴を認めるべきだろう。

〔小林秀之〕

1審＝富山地判昭63・5・31

1) 栗田隆「上訴を提起できる者」講座民訴⑦68頁。
2) 小林・メソッド477頁、同編・法学講義360頁〔畑宏樹〕。

203 上訴審の審判の範囲——予備的請求

最高裁昭和33年10月14日判決　民集12巻14号3091頁　　▶296条、304条

論　点　▶　控訴審の審判の範囲

事実の要約　Y銀行の職員である訴外Aに対して金員を貸し付けたXは、Yを相手どり金員の支払いを求める本件訴えを提起した。その際、Xは、①主位的請求として、Aの代理あるいは表見代理を理由とする貸金返還、および、②予備的請求として、Yの使用者責任を理由とする損害賠償を請求していた（Xによる第3次請求もなされているが省略する）。

（主位的請求）貸金返還請求
（予備的請求）損害賠償請求
X ────────→ Y

裁判の流れ　1審：主位的請求認容　2審：取消・請求棄却　最高裁：上告棄却

1審は、Xの表見代理の主張を認めて主位的請求を認容し、予備的請求についての判断は示さなかった。Yが控訴したところ、2審は、A個人の借入であることはXにも明らかであったとして、1審判決を取り消し、主位的請求および予備的請求のいずれも棄却した。これに対してXは上告して、1審において判断されていない予備的請求についてまで判断をした控訴審判決には、審級の利益を奪う違法がある等と主張した。

判　旨　〈上告棄却〉「いわゆる請求の予備的併合の場合、第一審裁判所が主たる請求を認容したるのみにて、予備的請求に対する判断をしなかったときといえども、第二審裁判所において、主たる請求を排斥した上予備的請求につき判断をなし得るものと解すべきことは大審院判例の示す所であって〔大判昭11・12・18民集15巻2269頁〕、当裁判所は、この判例を変更する要を認めない。されば論旨は理由がない」。

判例の法理　✪**請求の客観的予備的併合**　数個の請求が相互に両立しない関係にある場合に認められる請求の併合である。主位的請求（先順位の請求）が認められない場合に備えて、予め予備的請求（後順位の請求）についての審判も申し立てられており、予備的請求の審判は主位的請求の認容を解除条件とする関係に立つ。

裁判所が主位的請求を認容する場合には、予備的請求は審判の対象とならないが、主位的請求を棄却する場合には、予備的請求についての審判が必要となる。売主が買主を相手取り、売買の有効を前提とする代金支払請求を主位的請求、売買の無効を前提とする目的物の返還請求を予備的請求として審判を申し立てる場合がその一例である。

判例は、本件のような同一当事者間で行われる請求の客観的予備的併合は認めるが、異なる当事者間でなされる訴えの主観的予備的併合は不適法として認めない。主観的予備的併合については、166事件の解説参照。

✪**主位的請求を認容した1審判決と控訴審の審判の範囲**　主位的請求を認容した1審判決に対して控訴が申し立てられると、併合された全請求（主位的請求および予備的請求）が控訴審に移審する（控訴不可分の原則）1)。上訴により事件は全部上級審に移審し（移審効）、判決の確定は全事件について遮断される（確定遮断効）。

控訴審裁判所が、主位的請求を認容した1審判決を取り消すと、解除条件が成就しないことになり、予備的請求も控訴審裁判所の審判の対象となる。本判決は、このような理解に基づいて、予備的請求について判断を示した控訴審判決を適法と判示したものである2)。

判例を読む　✪**予備的請求の審判と審級の利益**　通説は、1審の審判対象とならなかった予備的請求について控訴審裁判所が審判しても、予備的請求についての当事者の審級の利益を害することにならないとして、判例の考え方を支持する。控訴審における訴えの変更が適法とされていること（297条、143条）との均衡に加えて、主位的請求と予備的請求の間には、実体法上密接で択一的な関係があるため、主位的請求について審理すれば、予備的請求についての審理も尽くされている場合が多いからである3)。したがって、控訴審が、1審において予備的請求についての審理が尽くされていないと判断した場合には、予備的請求について自判するのではなく、1審に差し戻すべきことになる。

なお、予備的請求を認容した判決に対して、控訴が提起された場合の控訴審の審判範囲については、**205事件**を参照。

〔小林秀之〕

1審＝横浜地判昭30・6・16／2審＝東京高判昭31・6・30

1) 高橋・下591頁、新堂889頁、小林・民訴法236頁。
2) 訴えの選択的併合や反訴が本訴と共に判決された場合も同様である。
3) 高橋・下632頁。

204 一部請求と相殺、不利益変更禁止

最高裁平成6年11月22日判決　民集48巻7号1355頁　▶304条、114条2項

論点 ▶ 一部請求訴訟における相殺の抗弁と不利益変更禁止の原則

事実の要約　Xは、自己が所有する家屋の増改築および店舗用建物の新築をYに請け負わせたが、工事に瑕疵が存するため、履行不能あるいは履行遅滞を理由として建築請負契約を解除した。その後、注文者Xは請負人Yを相手取り、損害金（710万円）および支払済み金員（250万円）の総額960万円のうち、その一部である380万円の支払いを求める訴えを提起した。

裁判の流れ　1審：請求一部認容　2審：控訴棄却　最高裁：上告棄却

1審において、Yは工事の瑕疵の存在を争うとともに、完成分の未収工事代金債権（190万円）による予備的相殺の抗弁を主張した。1審は、瑕疵の存在および履行不能による解除を有効と認めたうえで、損害額の総額を150万円、Yの未収代金額を100万円と認定し、Yの予備的相殺の抗弁を一部容れて、結局、損害額150万円に当事者間に争いのない支払済み金員250万円を加えた400万円から未収代金額100万円を控除した300万円の限度でXの請求を認容した。Y控訴。2審において、Yは新たに490万円の損害賠償請求権を自働債権とする予備的相殺の抗弁を主張した。2審は、損害額の総額を240万円、控訴審において相殺に供されたYの自働債権を60万円と認定し、支払済み金員250万円との合計490万円から1審および2審での相殺額合計160万円を控除した額である330万円の限度でXの請求を認めるべきであるとしたうえで、1審判決の認容金額を上回る支払を命じることはYへの不利益変更に当たり304条に反して許されないと判示して、控訴を棄却して1審判決を維持した。これに対してYが上告。

判旨　＜上告棄却＞「一部請求の事件において、被告から相殺の抗弁が提出されてそれが理由がある場合には、まず、当該債権の総額を確定し、その額から自働債権の額を控除した残存額を算定した上、原告の請求に係る一部請求の額が残存額の範囲内であるときはそのまま認容し、残存額を超えるときはその残存額の限度でこれを認容すべきである」。

「一部請求において、確定判決の既判力は、当該債権の訴訟上請求されなかった残部の存否には及ばないとすること判例であり〔最判昭37・8・10民集16巻8号1720頁（→192事件）〕、相殺の抗弁により自働債権の存否について既判力が生ずるのは、請求の範囲に対して『相殺ヲ以テ対抗シタル額』に限られるから、当該債権の総額から自働債権の額を控除した結果残存額が一部請求の額を超えるときは、一部請求の額を超える範囲の自働債権の存否については既判力を生じない。したがって、一部請求を認容した第一審判決に対し、被告のみが控訴し、控訴審において新たに主張された相殺の抗弁が理由がある場合に、控訴審において、まず当該債権の総額を確定し、その額から自働債権の額を控除した残存額が第一審で認容された一部請求の額を超えるとして控訴を棄却しても、不利益変更禁止の原則に反するものではない」。

判例の法理・判例を読む　✿**一部請求訴訟における相殺の抗弁**　本判決は、明示の一部請求訴訟において主張された相殺の抗弁を裁判所が斟酌する場合には、請求債権の総額から反対債権の額を減額するべきこと（外側説）1)を明らかにした。過失相殺に関して外側説を採用した最判昭和48年4月5日（民集27巻3号419頁）の流れに沿う判決である。

✿**外側説と既判力**　相殺の抗弁が認められた場合には、相殺が認められた限度で自働債権の不存在の判断についても既判力が生じる（114条2項）。しかし、本判決が述べるように、一部請求訴訟においては、相殺の抗弁について外側説による処理がなされるため、一部請求の額を超える範囲の自働債権の存否については既判力を生じない。本件でいえば、Yの相殺の抗弁のうちで既判力が生じる部分は、1審判決および2審判決のいずれによったとしても、訴求額の380万円から認容額の300万円を控除した80万円の部分に限られることになる。

✿**不利益変更禁止の原則との関係**　相殺の抗弁と不利益変更禁止の原則については206事件の解説参照。本件の控訴審判決では、相殺の抗弁として斟酌されたYの自働債権の額が1審判決よりも60万円ほど多いため、不利益変更禁止の原則との関係が問題となる。本判決は、1審判決と控訴審判決とではYの自働債権の不存在に関して既判力が生じる範囲に変わりがないことを理由として、Yに不利益な変更ではないと判断している。

〔小林秀之〕

1審＝福岡地小倉支判昭63・10・12／2審＝福岡高判平2・5・14

1）高橋・上117頁以下参照。

205 不服の限度——上訴しない当事者の請求

最高裁昭和58年3月22日判決　判時1074号55頁、判タ494号62頁　▶296条、304条

論点 ▶ 予備的請求を認容した1審判決に対する控訴と控訴審の審判範囲

事実の要約　Xは訴外Aの婚約者であり（後日XとAは結婚したが、離婚した）、スナック経営者のYはAの母である。Aは、Xから預かっていた金員のうち211万円をYのスナック店舗の改装費用として改装工事の請負業者に支払ったが、これはXに無断で行われたことであった。そこで、XがYを相手取り、①XはAの無権代理行為を追認したので、XはYに対して貸金債権ないしは立替払いに基づく求償債権を有するとして、②仮に、AとYの間で契約が締結されたとすれば、Xの金員を無断で使ったAの行為は不法行為に該当するのであり、Xは、Aに対する損害賠償債権に基づきAに代位して、Yに対して貸金または立替金の支払を求めるとして、③仮に、①②の主張がいずれも認められないとすれば、YはXの所持金211万円による工事代金の支払により、工事代金債務の支払を免れるという211万円の利益を得、Xは同額の損失を被ったことになるのだから、XはYに対して同額の不当利得返還債権を有するとして、211万円の支払を求める訴えを提起した。

① 貸金返還請求
② 貸金返還請求（賃権者代位）
③ 不当利得返還請求

X ──────▶ Y

裁判の流れ　1審：予備的請求③認容　2審：取消・請求棄却　最高裁：上告棄却
　1審は、Xの請求のうち主位的請求①および予備的請求②は棄却したが、予備的請求③を全部認容した。これに対して、Yが控訴し、Xは控訴も附帯控訴もしなかった。2審は、当事者による（附帯）控訴のなされていない主位的請求①および予備的請求②は控訴審における審判の対象にならないとして、予備的請求③についてだけ審理を行い、Yの不当利得は認められないことを理由として、原判決を一部変更し、予備的請求③を棄却した。結果的にすべての請求を棄却されたことになるXが上告し、主位的請求について審理判断せずに予備的請求についてだけ審理判断をした控訴審判決には、審理不尽、理由不備等の違法があると主張した。

判旨　＜上告棄却＞「主位的請求を棄却し予備的請求を認容した第一審判決に対し、第一審被告のみが控訴し、第一審原告が控訴も附帯控訴もしない場合には、主位的請求に対する第一審の判断の当否は控訴審の審判の対象となるものではないと解するのが相当であるから、これと同旨の見解を前提とする原判決は正当であ」る。

判例の法理　✪**上訴必要説**　主位的請求を棄却し予備的請求を認容した原判決に対して被告のみが上訴し、原告は上訴も附帯上訴もしなかった場合には、上訴裁判所は、予備的請求を理由なしと判断しても、不服を申し立てられていない主位的請求について審理判断することはできない、とするのが判例の立場である[1]。
　主位的請求を審判するためには、原告の上訴または附帯上訴が必要であると論じるこの見解は、上訴必要説とよばれる。なお、主位的請求を認容した原判決に対して上訴がなされた場合の上訴審の審判範囲については、203事件参照。

判例を読む　✪**上訴必要説と上訴不要説**　学説は上訴必要説と上訴不要説に分かれている[2]。上訴必要説は、304条（1審判決の取消し及び変更の範囲）が246条（判決事項）の控訴審における表れである点を重視する。処分権主義は上訴審においても行われるのであるから、不服申立てのなされている予備的請求部分だけが上訴審における審判の対象となるのであり、それを超えて、不服申立てのない主位的請求が審判されることは認められないと論じる。
　これに対して、上訴不要説は、予備的請求を棄却する理由は、そのまま主位的請求を認容する理由となる関係に立つ場合が多いこと、また、主位的請求を棄却した原判決に、上訴や附帯上訴を申し立てるよう原告に求めるのは酷であること（予備的請求認容部分を自ら否定する行動である）、などを理由として、このような場合には上訴は不要であり、上訴裁判所は主位的請求についても審理判断するべきであると述べる。
　✪**選択的併合との比較**　本件は、同額の金員の請求を法的構成が違うために予備的併合の形式をとっている。その意味では、実質的に選択的併合と変わらず、選択的併合の場合上訴不要とする判例理論[3]との整合性からも、本件のような請求が同一の場合は上訴不要として良いと思われる。これに対して、請求が異なる場合は、上訴を要求してもおかしくないだろう。

〔小林秀之〕

1審＝横浜地川崎支判昭55・5・21／2審＝東京高判昭57・6・30

1) 伊藤683頁。
2) 高橋・下632頁。
3) 最判昭58・4・14判時1131号81頁。

206 不利益変更の禁止

最高裁昭和61年9月4日判決　判時1215号47頁、判タ624号138頁　　▶304条、114条2項

論　点　▶相殺の抗弁と不利益変更禁止の原則

事実の要約　XはYに対して金銭を貸与したが、その際、Yが貸与された金銭を賭博開帳の資金とすることをXは知っていた。その後、XがYを相手取り、貸金の返還を求めて訴えを提起したところ、Yは、①賭博開帳の資金に供されることを貸主Xが知ってなされた本件貸金は不法原因給付に当たるとの抗弁、および、②仮に本件貸金が有効になされたのであれば、Xに対して有する売買契約解除に基づく代金返還債権を自働債権とする予備的相殺の抗弁を主張して争った。

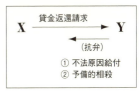

① 不法原因給付
② 予備的相殺

裁判の流れ　1審：Xの請求棄却　2審：取消・請求認容　最高裁：原判決破棄・控訴棄却
　1審は、本件金銭消費貸借契約は公序良俗に反しないとして貸金債権の発生およびその効力を認め、①不法原因給付の抗弁は退けたが、②相殺の抗弁を認めて、Xの請求を棄却した。1審判決に対して、Xが控訴し、Yは控訴も附帯控訴もしなかった。2審は、①Xの貸金債権については1審判決と同様に公序良俗違反などの抗弁を排斥して、その有効な成立を認めたうえで、②Yの反対債権は認められないとして相殺の抗弁を排斥し、1審判決を変更してXの請求を認容した。Yが上告したところ、上告裁判所は、本件金銭消費貸借契約は公序良俗に違反し無効であるとして原判決を破棄したが、不利益変更禁止の原則に基づき、Xの控訴を棄却して1審判決を維持するにとどめた。

判　旨　＜原判決破棄・控訴棄却＞「本件のように、訴求債権が有効に成立したことを認めながら、被告の主張する相殺の抗弁を採用して原告の請求を棄却した第一審判決に対し、原告のみが控訴し被告が控訴も附帯控訴もしなかった場合において、控訴審が訴求債権の有効な成立を否定したときに、第一審判決を取り消して改めて請求棄却の判決をすることは、民訴法199条2項〔現114条2項〕に徴すると、控訴した原告に不利益であることが明らかであるから、不利益変更禁止の原則に違反して許されないものというべきであり、控訴審としては被告の主張した相殺の抗弁を採用した第一審判決を維持し、原告の控訴を棄却するにとどめなければならないものと解するのが相当である」。

判例の法理　★**賭博の用に供される貸金**　賭博の用に供される金銭の消費貸借契約は、公序良俗に反して無効（民90条）であるとするのが判例の立場である。

★**相殺の抗弁と不利益変更禁止の原則**　上訴審での審判の対象は不服申立ての範囲に限られるから、上訴裁判所が原判決（不服申立ての対象となっている判決）を変更するに当たり、被上訴人側から上訴または附帯上訴がなされていない場合には、その変更は上訴人に不利益に行われてはならない。この原則を**不利益変更禁止の原則**という1)。

　さて、本件において原判決を破棄したため控訴裁判所の立場で判決することとなった上告裁判所が、消費貸借契約無効という自らの判断通りに判決をすれば、訴求債権の不存在という判断だけに既判力が生じる（114条1項）。しかしこれでは、控訴をした原告Xにとって1審判決よりも不利益な判決となってしまい、被告Yによる控訴も附帯控訴もない本件では不利益変更禁止の原則に反する。なぜなら1審判決は、訴求債権不存在および反対債権不存在という判断に既判力を生じさせるものだからである（114条1項・2項）。そこで、上告裁判所は、1審判決は取り消さずに、Xの控訴を棄却して1審判決を維持した2)。

判例を読む　★**不利益変更禁止の原則と処分権主義**　上訴裁判所の口頭弁論および裁判は、当事者の不服申立て（原判決変更の申立て）の限度内で行われる（296条1項、304条、313条）。不服の範囲は、上訴の利益の認められる部分（原判決における自己の敗訴部分）に限られるため、当事者の一方だけが上訴をした場合には、上訴審の審判対象とならない原判決中の上訴人勝訴部分が変更されることはない。反対に、他方の当事者（被上訴人）が上訴または附帯上訴をした場合には、原判決中の被上訴人敗訴部分（上訴人勝訴部分）も審判対象となるため、上訴人に不利益な原判決の変更が起こりえる。このように、不利益変更禁止の原則は、処分権主義（246条参照）の上訴審における表れとして理解されてきた。これに対して、上訴した者が上訴したことによって、かえって不利な判決を得るようではおかしいという法感情に、この原則の根拠を求める見解も主張されている3)。本件のような場合は、後者の見解によらなければ説明はむずかしいように思われる。

　不利益変更禁止の原則は処分権主義の上訴審での発現という形式的説明だけでなく、上訴によってかえって不利にならないという実質的衡量によって支えられている。

〔小林秀之〕

1審＝青森地十和田支判昭59・3・1／2審＝仙台高判昭60・9・20

1)　小林・民訴法236頁。
2)　小林・ケース451頁。
3)　注釈民訴⑧167頁以下。

207 必要的差戻

最高裁昭和58年3月31日判決　判時1075号119頁、判タ495号75頁　▶307条

論　点　▶訴えを却下した1審判決の取消と控訴審の自判

事実の要約　本件手形の裏書人であるXは、その所持人Yを相手取り、本件手形債務の存在しないことの確認を求める訴えを提起した。その後、YがXを相手取り、本件手形金300万円の支払いを求める訴えを提起した。

裁判の流れ　1審：Xの請求棄却、Yの請求一部認容　2審：取消・Xの請求一部認容　最高裁：上告棄却

1審裁判所は両事件を併合して審理を行い、Yの請求については、284万円の支払を求める限度で認容し、また、Xの請求については、Yの給付請求訴訟が提起されたことに伴い訴えの利益を欠くものとして請求を棄却した。Xが控訴。

2審は、Yによる給付請求訴訟の提起によって先行するXの確認請求が訴えの利益を失うことはなく、さらに、訴えの利益がないと判断する場合には請求を棄却するのではなくて訴えを却下するべきであるとしてXの控訴を認め、1審判決を取り消して、Xの請求について、284万円を超える手形債務の存在しないことの確認を求める限度で認容した。

これに対して、Xは、2審判決には旧388条（現307条に相当）違背の違法がある等と主張して上告した。

判　旨　＜上告棄却＞「記録にあらわれた本件訴訟の経緯とその内容に鑑みれば、原審が所論の手形金債務不存在確認請求について、事件を第一審裁判所に差し戻すことなく、自ら直接その当否について判断したことに所論の違法があるとするにはあたらない」。

判例の法理・判例を読む　✪**本件1審判決の誤り**　裁判所が、訴えを不適法と判断した場合には、訴えを却下する判決を言い渡す。請求棄却判決は、原告の請求が認められないと裁判所が判断した場合に言い渡される本案判決である。

また、債務不存在確認の訴えが訴訟係属している当事者間において、訴訟物を同一とする給付訴訟が提起されても、すでに係属している確認の訴えの利益が失われることなく、債務不存在確認の訴えは適法な訴えとして扱われる。

これに対して、給付訴訟の係属中に提起された同一訴訟物の不存在確認の訴えは、重複訴訟の禁止（142条）に触れるため却下判決がなされる。

✪**控訴審における自判**　控訴審が1審判決を取り消すときは、原則として控訴審が訴えに対する判決もする（自判という）。しかし、取り消される1審判決が訴え却下判決である場合には、控訴裁判所は、事件を1審裁判所に差し戻さなければならない（307条）。

これは、最初の1審の審理において、本案についての審理が尽くされていないおそれがあることから、当事者の審級の利益を保障するためにとられる措置である。したがって、1審の審理において、本案についての審理が既に尽くされており、さらに弁論をする必要がないときには、1審判決を取り消した控訴裁判所は、差戻をせずに自判することになる（同条但書）1)。

本判決は、手形債務の不存在確認を求めるXの請求について、1審において十分に審理が尽くされていると判断して自判した控訴裁判所の事件処理を正当としたものである。1審裁判所が、併合されたYの請求について手形債務の支払を命じる判決を言い渡している以上、手形債務の存否についての審理が尽くされていると考えるのは自然である。

なお、本件は旧法（平成8年改正前）のもとでの事件である。旧法には、現307条本文に相当する規定があるのみで、同条但書に相当する規定がおかれていなかったが、1審で審理が尽くされている場合は差戻せずに自判してよいという解釈が、判例・通説によって確立されていた2)。現307条但書は、そのような判例・通説の解釈が明文化された規定である。

✪**審級の利益**　民事訴訟の当事者は、1個の事件について、2回の事実審と1回の法律審において審理を受ける機会を保障されている。このような当事者の利益を「審級の利益」というが、必要的差戻は審級の利益を守るためである3)。本件のように、1審で実体的審理が尽くされているかで審級の利益が守られているかが異なり、必要的差戻になるかも決まる。

〔小林秀之〕

1審＝札幌地滝川支判昭54・1・30／2審＝札幌高判昭57・9・27

1) 高橋・下643頁。
2) 斎藤ほか編・注釈民訴⑧187頁以下。
3) 小林・民訴法243頁、高橋・下642頁。

208 控訴審での反訴

最高裁昭和 38 年 2 月 21 日判決　民集 17 巻 1 号 198 頁　　▶ 300 条 1 項

論　点　▶ 控訴審における反訴の提起と相手方の同意

事実の要約　X は自己の所有権に基づいて、土地占有者の Y に対して、建物収去土地明渡しおよび明渡しまでの損害金の支払いを求める訴えを提起した。これに対して Y は、X の代理人である訴外 A（X の叔父）との間で本件土地の賃貸借契約を締結した、A が無権代理人であるとしても、権限踰越の表見代理が成立するとして、賃借権の抗弁を主張して争ったのが本件である。

```
          建物収去土地
          明渡請求等
    X  ──────────▶  Y
          賃借権の抗弁
       ◀──────────
          賃借権確認
          請求（反訴）
```

裁判の流れ　1 審：X の請求棄却　2 審：控訴棄却、反訴認容　最高裁：上告棄却

1 審は、Y の賃借権の抗弁を認めて X の請求を棄却した。X 控訴。

2 審において、Y は反訴を提起し、自己の賃借権の確認を求めたところ、X は反訴提起に同意しなかった。2 審は、控訴審において本訴と同一訴訟物について反訴を提起する際には、審級の利益が害されることはないので反訴に対する相手方の同意は必要ではない旨を述べたうえで、本件での X の本訴は実質的には Y の賃借権の不存在の確認を求めるものであり、Y の反訴は Y の賃借権の存在の確認を求めるものであるから、本訴と反訴が同一訴訟物の場合に当たり、X の同意は不要であるとして、Y の反訴を適法としたうえでこれを認容し、また、X の本訴請求については Y の賃借権の抗弁を認めて棄却した。

2 審判決には X の同意のない Y の反訴を適法とした違法があるとして X が上告。

判　旨　＜上告棄却＞「そして右反訴の提起について控訴代理人が同意しなかったことは前述のとおりであるが、一審において X の本件土地明渡しの請求に対し、Y は同土地について賃借権を有する旨主張し、X はこれを争ったところ、一審はこれを容認して X の請求を排斥したものであること、Y は原審において反訴として右賃借権の存在を主張し、その確認の訴を提起するに至ったものであることは記録上明らかであるから、このような本件における反訴提起については、X をして一審を失う不利益を与えるものとは解されず、従って、右反訴提起については同人の同意を要しないものと解するのが相当である。されば、以上と結局において同旨に出た原審の判断は正当としてこれを是認し得る」。

判例の法理　✪**控訴審における反訴の提起と相手方の同意**　控訴審における反訴の提起は、相手方の同意または異議なき応訴がある場合に限り認められる（300 条 1 項、2 項）。これは、反訴請求に関する相手方の審級の利益（➡ 207 事件）を保護するための規定である。したがって、相手方の審級の利益が侵害されない場合、すなわち 1 審において、すでに実質的な審理が尽くされていると評価できる場合には、相手方の同意は不要となる[1]。

本判決は、反訴請求の訴訟物が 1 審において抗弁として主張されて相手方によって争われたことから、Y の反訴は X の審級の利益を害するものではないとして、相手方 X の同意は不要である旨を判示している。

判例を読む　✪**審級の利益と相手方の同意**　300 条 1 項の例外で相手方の同意が不要とされる場合として、明文の規定がある婚姻事件、養子縁組事件、および子の認知の無効・取消事件の反訴（人訴 8 条、26 条、32 条 3 項）以外にも、学説上、1 審において反訴請求と関連する争点について審理がなされているような場合が認められている。相手方の審級の利益を害さないからである。本件はそうした場合の一例である。

✪**控訴審における反訴の提起と訴えの変更**　控訴審における反訴の提起は、相手方の同意が必要とされるのに対して、控訴審における訴えの変更は相手方の同意等を必要としない。これは、請求の基礎の同一性（143 条 1 項）を要件としている訴えの変更が控訴審で行われたとしても、相手方の審級の利益を害することがないのに対して、請求または防御の方法との関連性さえあれば許されてしまう反訴（146 条 1 項）は、相手方の審級の利益を害することになりやすいという状況の違いを反映したものである[2]。

本件のように、反訴の実質的内容が 1 審で抗弁として提出され実質的に争われている場合は、1 審で抗弁の審理がなされているため、控訴審で反訴の提起をしても審級の利益を失わせることにはならない。　〔小林秀之〕

---

1 審＝東京地判年月日不明／2 審＝東京高判昭 34・7・20

1) 小林・民訴法 422 頁、伊藤 610 頁。
2) 斎藤ほか編・注釈民訴⑧ 144 頁。

209 経験則違反と上告

最高裁昭和 36 年 8 月 8 日判決　民集 15 巻 7 号 2005 頁　　　▶312 条、318 条

論　点　▶ 経験則違反は上告理由になるか

事実の要約　X が Y に対し、売買による建物所有権移転登記の抹消登記請求および自己に建物所有権があることの確認を求めて訴えを提起した。これは、X の経営する飲食店が経営不振により租税を滞納して差し押さえられるに至ったため、価格 10 万円でこの家屋の売買契約を締結、所有権移転登記を経ていたというものであったが、X は XY 間で建物の売買はなされたことはなく、売却代金が著しく低廉であることから登記は XY が通じてなした仮装のものであると主張したものである。これに対し、Y は、右売買契約を理由として X の建物明渡しなどを求める反訴を提起した。

裁判の流れ　1 審：X の本訴請求棄却・Y の反訴請求認容　2 審：X の控訴棄却　最高裁：破棄差戻

1 審は、本件建物の売買価格が著しく安いことは認めながら、X の租税滞納に基づきこの家屋が差押中であり、X の滞納税額に加え加算税が賦課されていたこと、さらに Y は買受けと同時に X に賃貸していたことからすれば不当に低廉とはいえないとして X の請求を棄却し、Y の反訴を認容した。

控訴審も、XY が 30 数年来の知人であり、Y は本件家屋が自己の所有となっても直ちに X に明渡を求める意思はなく、相当の期間内であれば X の買戻しに応じる意向であったことなどを考慮すれば、売却価格が一段と安く定められることは取引の通念に従い当然であるとして、X の控訴を棄却した。

判　旨　＜破棄差戻＞「原審鑑定人の鑑定の結果のとおり…当時の本件家屋とその敷地の借地権の時価の合算額は金 165 万 1700 円であるとすれば、右合算額から右滞納税額を差引くとしても時価 151 万 9000 余円のものがわずか金 10 万円で売買されたこととなる。このように時価と代金が著しく懸絶している売買は、一般取引通念上首肯できる特段の事情のない限りは経験則上是認できない事柄である。そして、原判決判示の事情および原判決の引用する一審判決判示の事情だけでは、Y は X から本件家屋を金 10 万円で買受けた旨の原判示を、一般取引通念上たやすく首肯することはできない。原判決は、よろしく、右鑑定の結果…を措信できるか否か、および買戻の特約があるために特に代金を低廉に定めたものであるか否かなど一般取引通念上是認できる特段の事情について審理判断を加うべきであるにかかわらず、原判決は上記事情を認定しただけで、たやすく、本件家屋の売買は代金が低廉に過ぎ仮装のものであるとの X の主張を排斥したのは、審理不尽、理由不備の違法があるといわなければならない。…原判決はこの点において破棄を免れない」。

判例の法理　**●事実認定と経験則**　裁判の基礎となる事実を認定するためには、適法な資料に基づき裁判官が自由な判断で、その存否について心証を形成できる（**自由心証主義**、247 条）。しかし、この自由な判断は、外的な制約を受けないにとどまり、論理法則と経験則に従わなければならない。事実認定の資料とその資料に基づく推論過程が判決理由中で明らかにされなければならないのも、論理法則と経験則に関わる部分についての違法が存在しないことを保証するためである（253 条 1 項 3 号）。

★経験則違反と上告理由　このような事実認定が経験則に反していた場合、法律審である上告審への上告の可否が問題となる。判例[1]・通説は、経験則は判断の大前提であり法規に準ずるものであるから、経験則の認定や適用の誤りは法令違反として法律審で取り上げるべきものとしている。

判例を読む　**★経験則違反と上告理由**　経験則は法規ではないが、不特定多数者が共有し利用するので、その解釈を統一する必要があることは法規と変わりない。ただ、現行法では、経験則違反そのものが上告理由とされていないので、どのような形で上告理由となるのかが問題となる。

まず第 1 に、法令の解釈や確定した事実の法律要件への該当を判断する場合に経験則が利用されるので、ここでの経験則違反は直接法令の解釈適用の誤りをもたらすことになり、法令違反としての高等裁判所への上告理由（312 条 3 項）となる（本判例の他、最判昭 50・10・24 集民 29 号 9 号 1417 頁など）。

次に、間接事実から主要事実（あるいは他の間接事実）を推認したり、証拠の証明力を判断する場合でも経験則が利用されるので、ここでの経験則違反は事実認定の誤りをもたらすが、これだけでは上告理由にはならない。しかし裁判官の事実認定は自由心証主義（247 条）に基づかなければならず、そこでは論理法則と経験則に従う必要がある。一定の証拠あるいは間接事実からほぼ必然的に一定の事実が推認されるであろう場合に、このような高度の蓋然性を有する経験則に違反してなされた事実認定は自由心証主義に違反する。そこでこのような場合での経験則違反は、247 条違反（つまり法令違反）として高等裁判所への上告理由になる。

また、これらの法令違反は上告受理理由となることもある（318 条）[2]。本判例は、現行法のもとでは、このように位置づけられる[3]。

〔佐野裕志〕

---

1 審＝東京地判昭 32・5・22 民集 15 巻 7 号 2014 頁／2 審＝東京高判昭 35・4・13 民集 15 巻 7 号 2024 頁

1) 大判昭 8・1・31 民集 12 巻 51 頁など。
2) 松本＝上野 858 頁。
3) 本判決の評釈として、坂井芳雄・曹時 13 巻 10 号 145 頁、上田徹一郎・法と政治 13 巻 2 号 155 頁、沢井種雄・民商 46 巻 2 号 189 頁、林順碧・法協 80 巻 4 号 98 頁、嶋田敬介・百選 1 版 132 頁、萩澤清彦・百選 2 版 272〜273 頁、同・百選Ⅱ 408 頁、加藤哲夫・百選Ⅱ新法対応補正版 420 頁、松下淳一・百選 3 版 238 頁、杉山悦子・百選 4 版 242 頁、同・百選 5 版 238 頁。

210 再審事由と上告理由

最高裁昭和38年4月12日判決　民集17巻3号468頁、判時341号28頁、判タ147号76頁　▶338条

論　点　▶再審事由は上告理由になるか

事実の要約　本件約束手形はYが訴外Aをして振出人の記名押印を代行せしめ振り出したものであるとして、XがYに対し手形金の支払を求めた事件である。

裁判の流れ　1審：Xの請求認容　2審：控訴棄却　最高裁：破棄差戻

1審・2審ともX提出の本件約束手形を証拠として、Xの主張通り、Yに対する本件手形金請求を認容した。ところが控訴審口頭弁論終結より3か月程以前に、Aに対し本件手形を偽造した旨の有罪判決が確定していた。そこでYは、この有罪判決の確定証明書を提出し、原判決破棄を求め上告に及んだ。

判　旨　＜破棄差戻＞「〔旧〕420条〔現338条〕1項6号2項によれば、文書その他の物件が偽造または変造せられたことの有罪判決が確定したときは、その文書または物件を証拠とした民事判決が既に確定した後でも、当該判決を為した裁判所に対し再審の訴により新に審理を求めることができる。…右規定の趣旨に徴すれば、当該判決が控訴判決であって、これに対し上告がなされたときは、Yは前記の理由によって控訴判決を破棄し、控訴裁判所において新に審理すべきことを求めうるものと解すべきである〔大判昭9・9・1民集13巻1768頁参照〕。本件において、原判決の証拠となった文書が偽造せられたものとして偽造者につき有罪の判決が確定したこと前示のとおりであるから、原判決を破棄し、右事実を斟酌してさらに審理判断せしめるため、本件を原審に差し戻すことを要するものというべきであ〔る〕。…なお、Xは、Yは原審においてAの有罪判決を知ってこれを主張しなかったものであるから、当審において右事実をもって原判決を論難することが許されないと抗争するところ、記録によれば…Aの有罪判決確定はその〔原審の口頭弁論終結〕以前となるが、原審においてYが右事実を知って主張しなかったことを認むべき証拠がないから、Xの右主張は採用できない」。

判例の法理　★**再審事由と上告理由**　338条1項6号・2項の解釈として同号の事由が上告理由になるとするのが大審院（判旨引用）以来の判例である。理由とするのは、主として訴訟経済である。もし、これが上告理由とならないとすると、この点を別としてまず判決を確定させ、その後再審の訴えで確定判決を取り消して再審理するという、ただ煩瑣なだけの手続を踏まざるをえなくなる。また、再審提起可能な期間の間は、確定判決がいつでも取り消されるという不安定な法律状態を不必要に残すことにもなるからである。

また、338条1項6号を理由とする上告の場合でも、同項但書による制約を受けることになる。6号の事由があるのを知りそれを主張しうるのに原審で主張しなかったならば、もはや原判決を破棄しなくとも正義は保持されるといいうる意味では、この事由が上告理由の場合でも再審事由の場合でも同じであるからである。

★**再審の補充性との関係**　このように再審事由には補充性の制限があるので（338条1項但書）、338条1項が規定する再審事由のうち、絶対的上告理由とされていないものが法令違反として上告理由になる（4号から10号）ことも、本判例から導き出されている（もっとも5号から10号までの再審事由は、性質上、判決へ影響があることが前提となり、4号は絶対的上告理由と同様に判決への影響は問わないことになる）。

★**最高裁への上告理由**　再審事由が上告理由になるとしても、現行法のもとで最高裁への上告権を基礎づけるかは問題である。現行法は最高裁の負担軽減を目的として上告制度を規定している以上は、否定的に解すべきである1)。

判例を読む　★**有罪判決と上告理由についての判例**　この判例に関連し、控訴審判決に対する上告理由書提出期間経過後に、原判決の基礎となった証言の偽証につき有罪判決の確定があった場合、これも適法な上告理由となるとの観点から、上告理由書提出期間を延長しその補充を認めた例2)がある。

一方、控訴審判決に対し同様の再審事由を主張して提起された再審の訴えが、有罪判決の確定がないとの理由により却下された後、それに対する上告の理由提出期間の経過後に有罪が確定した場合に、当該事実は再審を却下する原判決の再審事由ではないから、それを上告理由とすることはできないとする判例3)がある。

いずれも旧法下の判例であるが、後者の場合であっても前者の場合と同様、上告裁判所は職権をもって上告理由書提出期間の伸長決定をしたうえで適法な上告理由の追加提出があったものとしてこれを採用し、原判決を破棄差戻しすべきとする見解が有力に唱えられている4) 5)。

〔佐野裕志〕

1審＝佐賀地武雄支判／2審＝福岡高判

1) 上野泰男「上告―上告理由について」法教208号37頁、山本弘「上告審手続きの現状と展望―再審事由を理由とする最高裁に対する上告の可否を中心として」ジュリ1317号119頁、加波眞一「最高裁判所における再審事由の取扱い」民事手続法研究2号97頁、高橋・下700頁、松本＝上野856頁など。
2) 最判昭43・5・2民集22巻5号1110頁。
3) 最判昭43・8・29民集22巻8号1740頁。
4) 飯塚重男「再審事由と上告理由」新演習民訴795頁など。
5) 本判決の評釈として、佐々木吉男・百選1版198頁、坂井芳雄・曹時15巻6号128頁、小室直人・民商49巻6号77頁、小野寺忍・百選2版274頁、新堂幸司・法協82巻2号178頁、石川明・法学研究（慶應義塾大学）37巻11号115頁、橋本聡・百選3版280頁。

211　審理不尽という上告理由

最高裁昭和35年6月9日判決　民集14巻7号1304頁、判タ107号47頁　▶318条

論点　▶審理不尽を理由とする上告

事実の要約　紙類販売業者Xは、学校法人Yの出版局総務課長と称する訴外Aとの間で紙類売渡契約を締結し目的物の全部をAに引き渡したが、YはAには代理権限がないと主張したため、代金の一部しか支払を受けなかった。そこで、Yを相手取り、主位的請求として民法110条による表見代理の成立を主張したうえで売買代金の請求を求め、予備的に民法715条による損害賠償を請求した。

裁判の流れ　1審：Xの主位請求認容　2審：原判決取消、Xの両請求棄却　最高裁：破棄差戻

```
         代金支払請求
X ─────────────→ Y大学
                  ╲ 代理権の有無？
紙類売渡契約の交渉  ╲
                    A
              Y大学出版局総務課長（自称）
    主位請求：Aの表見代理により契約成立
          として代金支払請求

X ─────────────→ Y大学
    予備的請求：民715条による損害賠償請求
```

1審は民法110条の適用を認めてXの主位請求を認容。Yが控訴し、Aには民法110条の適用のため必要な基本代理権がないと主張。これに対しXは、1審と同様に基本代理権の存在と民法110条の表見代理の成立を主張した。

原審は、Aの所属する総務課は外部との契約締結等の法律行為とみられる事務を事業内容としていないこと、実際は総務課長心得にすぎないAには個別具体的事項についてはYを代理して法律行為をなす権限がないとして基本代理権を否定し、民法110条の表見代理の成立を否定した。同法715条についても、外部の商人からの紙類購入は出版局の業務でなく、Aの所為はYの業務を執行するについてなしたものではないとして、同条の適用を認めずYの使用者責任を否定し、1審判決を取り消し、Xの両請求を棄却した。

X上告。基本代理権および使用者責任の存否について審理不尽の違法、基本代理権の解釈について法律適用の違背、および基本代理権の存否について1審判決と異なる結論に達した判断過程を示さないという理由齟齬の違法などを主張した。

判旨　<破棄差戻>「民法110条適用の前提たる代理権については、事業内容とその機構につき、単に制度上のたてまえからのみ、その有無を判断すべきものではなく、その事業の実際の運営状況の実体に即して判断すべきものといわなければならない。然るに原判決は出版局の機構からも、また具体的事項についてもAにYを代理する権限は全くなかったと判示するに止まり、実際上用紙買入以外の事項についてYを代理するがごときことも全くなかったかどうか等運営の実際に即して十分な審理を尽した形跡が認められない。（第一審における証人Aは書籍買入の権限は右Aにあったと証言しており、また原判決が挙示する…証言中には、本件取引が右事務室において行われながら、他の人々がこれを怪しまなかったことを窺わせるような陳述もあるのであって、これらの証拠関係からすれば運営状況の実体においては、Aに何らかYを代理することがあり、Yもこれを黙認していたごとく窺われないではない。）原審の認定は、この点について、審理不尽、理由不備の違法ありといわなければならない。」「…業務執行の範囲内のものであるかどうかも、また運営の実際に即して判断すべきであるに拘らず原審の右事実認定も、前記同様に機構の制度上のたてまえに基づく認定に終始し、運営状況の実体についての審理について未だ尽さざるものがあり、審理不尽、理由不備の違法あるを免れない」。

判例の法理　**●審理不尽**　明文の規定を欠くにもかかわらず審理不尽を理由とする上告はしばしば行われ、また破棄判決の中でも審理不尽が破棄事由としてあげられることが多い。これは、一般的には、裁判所が事実認定手続を十分に尽くさなかったという手続上の違法を意味するものといわれる。しかし、実際には、法令解釈の誤り、理由不備、釈明権不行使などの破棄事由（312条・318条）とともに用いられることが多く（本判決の上告理由も、破棄の理由もそうである）、審理不尽の内容は必ずしも一義的ではない。そもそもこのような明文の規定にはない審理不尽は上告理由として認められるのか、認められるとしても有用性があるのか、またその性格は何かなど、学説によってかねてより論じられている。

判例を読む　**●学説による否定的評価**　従来、有力であった見解は、審理不尽という独自の概念は否定し、その使用を不適切あるいは不必要とするものであった。

理由とするところは、①上告審は法律審であり、審理不尽の名のもとに事実審の事実認定に干渉することは好ましくない[1]。②当該破棄判決に生じる差戻審への拘束力（325条3項後段）の範囲が曖昧となる[2]。つまり、原判決のどこにどのような違法があるのかを具体的に指摘して法令解釈・適用の統一を図ることが上告審の重大な使命の1つでありながら、審理不尽を理由にして、原判決のどこに違法が存在するのか具体的に指摘しないで破棄することを認めることは、上告審の使命をないがしろにすることになる[3]。③審理不尽が破棄事由とされている裁判例を検討すると、いずれの事案も、法令解釈の誤り、理由不備または理由の食違い（齟齬）、あるいは釈明権不行使こそが実質的な破棄理由であり、これらの実質的な理由に付加されて審理不尽があげられているにすぎず、審理不尽自体には独自の意味内容は認められない[4]などである。

●学説による積極的評価　しかしながら、近時は、審理不尽概念に独自の意味を認め、これを上告理由とすることを積極的に評価する見解が増えてきている。

理由とするところは、①紛争の適正な解決という上訴制度の目的からすれば、法律審といえども、法令適用の前提となる事実の確定について重大な審理上の問題点を放置することは適切ではない[5]。②そもそも実体法に

関して原判決の理解と上告審の理解が食い違った場合、法律構成が異なるのであるから結果的に審理すべき事実の範囲の判断を誤り原審は必要な審理を尽くしていなかったことになる、または具体的な事実の法規への当てはめを原審が誤った場合にも上告審から見て原審は審理すべき事実の範囲を誤り必要な審理を尽くしていなかったことになるが、審理不尽はこのことを指摘しているものである。つまり、原判決を通して見た原審における事実認定の失敗（法律構成や当てはめの問題で誤ったために審理認定すべき事実の範囲を誤った失敗）を指摘し、その後の差戻審の審理を指導することになる。③種々の上告理由は相互に重なり合わないように論理的に配列されているわけではないので、否定説が指摘するように審理不尽が他の上告理由に解消できるとしても、この概念を不要とする必要はない。また法の解釈・運用に問題があったのか経験則の適用に問題があったのかの区別が容易でないことも予想され、具体的な事件を目の前において、本件ではどのような誤りなのかの判断に手間取るようでは実際的ではなく、いずれも包摂する審理不尽概念を残しておくべきとする6)。

　以上のように、審理不尽という上告理由の有用性・必要性を主張する見解からは、審理不尽は、必要な審理を尽くしてから判決すべきとする訴訟法規（243条）違背と位置づけられる（旧394条の上告理由に該当7)、現行法では上告受理の申立て理由〔318条〕となろう）。

✪**実際上の便宜**　実際上の便宜を考えるならば、積極説の説く通りであろう。本件でも、実質的な破棄理由をどのように捉えるかについて見解の対立が存する8)。また、本判決が理由として述べているところについても、事実認定の問題とする見解がある9)一方で、民法110条・715条の解釈の問題とする見解10)がある。

　このような場合に、否定説の立場に立って、破棄事由を明確化しようとすれば、審理の硬直化・遅延すら招きかねない。差戻審としても、基本代理権の存否と業務執行の範囲内かどうかを実質的に審理せよという指標が示されれば十分であるから、それ以上に、破棄事由のいずれに該当するかまで示す必要もなかろう。このように考えれば、審理不尽という上告理由は、実務的に有用であることがわかる。

　なお、ある調査によれば、明治以来の判例では破棄判例の39％が審理不尽を理由としているとのことである11)。

✪**裁量上告制度での取扱い**　旧法と異なり、現行法では、最高裁への上告理由は憲法違反と重大な手続法違反に限定する（312条）一方で、上告受理制度が設けられた。「法令の解釈に関する重要な事項」を上告受理の申立て理由とし、上告が受理された場合は、その上告受理の申立て理由は、上告の理由と見なされる（318条）。立法に際し、審理不尽概念について特に手当がなされていないので、審理不尽についての従来からの取扱いが否定されたと考えるべきではない。「法令の解釈に関する重要な事項」が「法令ノ違背」（旧394条後段）に相当するとすれば、ここで検討した審理不尽概念は、現行法の下は、上告受理の申立て理由として位置づけられることになる。

　そして審理不尽は、事実認定段階で問題となる経験則の適用や法律構成、さらにそれへのあてはめ作業における誤りにより、必要な審理を尽くしてから判決をしなければならない（裁判をするに熟したときに終局判決をしなければならない）との訴訟法規（243条）に違反したもので、しかも判決の結論に影響する欠点を指示する原判決破棄の理由（325条1項後段・同2項）の1つとして位置づけられることになる12) 13)。

〔佐野裕志〕

1審＝東京地判民集14巻7号1314頁／2審＝東京高判昭31・12・25民集14巻7号1317頁

1) 菊井＝村松・全訂③237頁。
2) 小室直人「上告理由」同・上訴制度の研究209頁、破棄判決の拘束力については、→212事件および213事件。
3) 松本博之・注釈民訴⑧257頁。
4) 桜井孝一「民事上告理由としての『審理不尽』」早稲田法学39巻2号239頁。
5) 林屋礼二「上訴制度の目的」争点新版319頁。
6) 新堂幸司「審理不尽の存在理由」同・訴訟物下203頁。
7) 新堂・前掲注6) 291頁。
8) 桜井・前掲注3) 265頁は釈明義務違反、新堂・前掲注5) 283頁は法令解釈適用の誤りとする。
9) 田中実・民商43巻6号956頁。
10) 我妻栄・法協79巻1号119頁。
11) 小室・前掲注2)。
12) 新堂913頁。
13) 本判決の評釈として、前掲注9)・10) のほかに、広中俊雄・法学（東北大学）26巻3号68頁、川添利起・曹時12巻8号68頁、中村英郎・百選1版196頁、宇野聡・百選Ⅱ410頁、同・百選Ⅱ新法対応補正版422頁、杉山悦子・百選3版279頁。

212 破棄判決の拘束力（1）——法律上の判断

最高裁昭和43年3月19日判決　民集22巻3号648頁、判時515号60頁、判夕221号124頁　▶325条3項2文

論　点 ▶ 破棄判決が示した法律上の判断の拘束力の及ぶ客観的範囲

事実の要約　本件は同一事件についての3回目の上告審判決であり、第2次上告審判決である破棄差戻の判断に、差戻後の第3次控訴審判決が違反しているのではないかが問題となったものである。事案はかなり複雑であるが本件判旨の理解に必要な限度で要約すると以下のようになる。

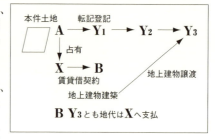

本件土地は、A→Y_1→Y_2→Y_3と移転登記がなされている。Xは、本件土地をAから買い受けたのは自分であり、Y_1（姉の夫で司法書士）は自分の代理人であるにもかかわらず、勝手にY_1名義で移転登記をしたとして、Y_1～Y_3を相手として、本件土地の所有権確認、Y_1からXへの登記の移転、Y_1→Y_2→Y_3の移転登記の抹消を求め、訴えを提起した。これに対して、Y_1は、Xより借りた金で自ら買い受けたと主張した（AおよびY_1にはそれぞれ相続があるが省略）。なお、特殊な事情として、①A→Y_1への移転登記は確定判決によるものであること（売買契約を履行しないAを相手として訴訟をなしたが、裁判費用を支弁したのはXであり、契約上の買主であるY_1が当事者となって訴訟を追行した）、②本件土地の占有はXが取得したが、その後Bに賃貸し、Bがこの上に建物を建てY_3に譲渡したが、BもY_3も地代をXに支払ってきたこと、の2点がある（②に関連し、Xは予備的に時効取得を主張している）。

裁判の流れ　1審：Xの請求棄却　2審：控訴棄却　最高裁：破棄差戻　第2次控訴審：Xの請求認容　第2次上告審：破棄差戻　第3次控訴審：Xの請求棄却　第3次上告審：上告棄却

(1) 1審および第1次控訴審　Xが敗訴（Xの請求棄却）。控訴審では、Aに対する訴訟はY_1が原告となり、その訴訟にXが証人として出廷し、AからY_1が買い受けたと証言していること等からすれば、Xが買主として所有権を取得したとは認められず、XがBおよびY_3から地代を得ていたのは、Y_1に対する貸金の利息に充当するためであったと認定された。

(2) 第1次上告審　破棄差戻。Xが自らの出捐で本件土地を買い受けた事実を認定しうる可能性のある書証が提出されているにもかかわらず、首肯するに足りる理由を示さないでこれを排斥した原審の判断は、審理不尽、理由不備であるとする（この判断は本件上告審には直接の関係はない）。

(3) 第2次控訴審　X勝訴（1審判決取消・Xの請求認容）。Y_1はXの代理人であり、Xが所有権を取得した。Y_1がAに対する訴訟の当事者となったのは、売買契約名義がY_1となっていたためである。この点について、Y_2Y_3から、これでは本件土地をY_1名義としたのは通謀虚偽表示であり、その無効を善意の第三者であるY_2Y_3に対抗できない旨の主張がなされたが、判決は、XY_1間で、Y_1に訴えを提起させるために譲渡を仮装した事実は認められないとして、この主張を排斥した。

(4) 第2次上告審　破棄差戻。第2次控訴審判決は、実質的にはXがY_1と通謀してY_1名義に虚偽仮装の所有権移転登記をした場合と同じであり、Y_2Y_3が民法94条2項の善意の第三者に当たるか否かを審理しなかったのは審理不尽、理由不備の違法があるとする。

なお、この判決には、上記確定事実のもとでは民法100条本文・177条の適用によりXは所有権取得をY_2らに対抗しえないとする後記第3次控訴審の法律判断と同趣旨の2裁判官の意見が付されている。

(5) 第3次控訴審　X敗訴（Xの控訴棄却）。改めて証拠調べを行い、Y_1はXの代理人であるが、Xのためにすることを示さず、相手方Aもこれを知らなかった本件では、Aから所有権を取得したのはY_1であり（民100条）、Y_1はこれをXに移転する義務がありながらY_2に移転登記をしたのは、Y_1を起点とする二重譲渡がなされたのと同じであり、Xは登記なくしてY_2Y_3に対抗できないと判断した。そしてY_2らの虚偽表示の主張には判断を示さないでXの控訴を棄却した。

これに対しXが上告。差戻後の原審は、破棄の理由となったY_2Y_3が民法94条2項の善意の第三者か否かを審理すべきでありながら、全く別の民法100条を持ち出し同法177条の対抗要件の問題としたのは、破棄判決の拘束力に違反することを理由とする。

判　旨　＜上告棄却＞「上告審判決の判断が差戻を受けた原裁判所を拘束する効力は、右の破棄の理由となった範囲でのみ、すなわち、同一の確定事実を前提とするかぎり、Y_2およびY_3が善意であることが認められるならば、民法94条2項の類推適用を否定することは許されないという限度でのみ、生ずるものと解すべきである。…上告審判決が破棄理由の基礎として用いた確定事実関係についても、その事実の確定自体の当否は上告審の判断を経ているものではなく、…何ら拘束力は生じていないと解されるのであるから、原審が再度の審理によって差戻前と異なる事実を認定することを妨げられるものではなく、その場合には、上告審の破棄理由たる判断と異なる法規の適用を行なう結果となっても、違法とされるものではない。さらに、右のとおり、上告審の破棄理由たる判断は、同一確定事実については民法94条2項の類推適用を否定しえないという限度でのみ拘束力を有するのであるから、差戻前の原判決と同一の認定事実を前提としても、右法条の適用のほかに、別個の法律的見解が成り立ちうる場合には、差戻後の原審が、右法条の適用を主張する前示Yらの抗弁について判断を示

すことなく、他の法律上の見解に立って、Xの請求を棄却することも許されるものと解するのが相当である。したがって、右抗弁について判断せず、前記のような判断によって結局Xの請求を棄却した原判決の措置が、上告審判決の右拘束力に違反したものとはいえない」。

判例の法理 ● **破棄判決の拘束力** 上告審により原判決を破棄され差戻を受けた裁判所は、従前の口頭弁論を再開続行し判決をなすことになる。この際に、「上告審が破棄の理由とした事実上及び法律上の判断」に拘束される（325条3項2文）。これを**破棄判決の拘束力**という（本件では、このうち法律上の判断の拘束力が問題となった）。

この拘束力の根拠については、①上告審による法令解釈の統一のためとする説と、②事件が際限なく裁判所間を往復する事を防止し、審級制度の合理的維持のためとする説があるが、裁判所法4条に上級審の判断はその事件につき下級審を拘束するとの一般規定があることから、②が定説である（もっともこのような性質論自体にどのような意味や実益があるかは問題であるが）。拘束力の法的性質については、かつては破棄判決を中間判決（245条）とみて1）その拘束力とする説、あるいは既判力と解する説もあったが、今日では審級制度を維持するための特殊な効力とみる見解が一般的である2）。なお、このような拘束力は、認定事実の同一を前提とするから、差戻を受けた原審で別の事実が認定されれば拘束力は及ばず、またその間に破棄理由として適用された法令の変更があれば消滅する。

● **拘束力の客観的範囲** 破棄差戻判決中のどの判断に拘束力が生じるか、325条3項は単に「破棄の理由とした判断」と規定するのみであり、その具体的内容は制度目的に即して解釈しなければならない。

①拘束力が生じるのは、原判決破棄を導いた直接的な否定的判断であって、その際に示された教示的判断には生じない。この拘束力は、上級審の下級審に対する積極的指導権限を意味するのではなく、下級審をして否定された同一の判断を繰り返させないためであるからである。例えば、原審が甲見解を適用したのは誤りとして破棄し、乙見解の適用を説示した場合に、差戻後の原審は、甲見解の適用が許されなくなるだけであり、他の丙見解を適用することは差し支えない。

②破棄の直接の理由となった否定的判断ではないが、その判断をなすにあたり論理必然的関係に立つ前提判断には、肯定的判断でも黙示的判断でも拘束力が及ぶ3）。

③判断遺脱、審理不尽、理由不備等を破棄理由とする場合、原審の不作為を違法と判断するものであるが、その判断と密接不可分な判断にも例外的に拘束力が認められる場合がある4）。

④上告理由を第1点より排斥し最後の点で破棄差し戻した場合、前半の排斥判断に拘束力が生じるかには争いがある（通説は否定）。

判例を読む ● **本判決の評価** 判旨は、本件を破棄判決の拘束力の原則的事例として処理している。第2次上告審で民法94条2項の不適用が違法として破棄された場合、差戻後の原審（第3次控訴審）はその適用を義務づけられるのではなく、別個の見解（民100条・177条）が成立するならそれを適用してよいとする。

民法94条2項の不適法を違法とする以上は、論理必然的にその適用を指示しており、この点に拘束力が生じると考えられようが、本判決は、第2次上告審の判断を「民法94条2項不適用は誤り」との否定的判断と、「同条を適用せよ」との教示的判断に分けて、前者にのみ拘束力が生じ、後者には生じないとしている（一体としてなされた判断をこのように分断することはやや不自然であるが）。

また、そもそも第2次上告審が前提とした事実と第3次控訴審が確定した事実は異なり（Y₁がXのためにすることを示したか否か）、そうすると初めから拘束力が問題にならない事案でもあった。

いずれにせよ、やや不自然な解釈で第3次控訴審判決が支持されたが、本件は提訴以来15年を超え、計7回の裁判を迎える事案であり、あらゆる事実は出尽くしており、Xの請求棄却の結論は動かないと考え、一種の救済判決をしたのではないかと評価されている（第3次控訴審の示した民法100条・177条による解決は、すでに第2次上告審での補足意見として示されているため、当事者にとって必ずしも予期できない立論とも言えず、改めて破棄するまでもないとしたのではないかとも推測される）5）。

〔佐野裕志〕

第1次上告審＝最判昭32・10・31民集11巻10号1779頁／第2次上告審＝最判昭37・9・14民集16巻9号1935頁

1) 大判昭5・10・4民集9巻943頁。
2) 遠藤功「差戻判決の拘束力」法学（東北大学）34巻2～4号235号、同「破棄判決の拘束力」争点3版298頁。
3) 訴訟要件欠缺と本案の違法な判断を上告理由として主張し、上告審が前者を退け、後者を認め破棄差し戻した場合、後者の判断のみならず、前者の判断＝訴訟要件存在の判断にも拘束力が生じる。
4) ある義務の存否とその履行が争われ、上告審が義務を肯定し履行の有無の点について審理不尽として破棄した場合の義務の存在の判断にも拘束力が生じる。
5) 本判決の評釈として、伊藤眞・法協86巻8号77頁、高島義郎・民商60巻2号131頁、小室直人・百選続版224頁、栂善夫・法学研究（慶應義塾大学）42巻8号107頁、内田武吉・判評116号35頁、畑郁夫・百選2版278頁、野田宏・曹時20巻6号178頁、青山善充・百選Ⅱ412頁、同・百選Ⅱ新法対応補正版424頁、西川佳代・百選3版241頁、山本克己・法教303号84頁、日渡紀夫・百選4版244頁、安達栄司・百選5版240頁。

213 破棄判決の拘束力（2）――事実上の判断

最高裁昭和36年11月28日判決　民集15巻10号2593頁　　　　　　　　　▶325条3項2文

論　点　▶破棄判決が示した事実上の判断の拘束力の及ぶ客観的範囲

事実の要約　再度の上告事件であり、先の上告審による破棄差戻判決後の第2次控訴審判決が、破棄差戻判決の「事実上の判断」に抵触するか否かが問題となった事件である。

裁判の流れ　第1次上告審：破棄差戻　第2次上告審：上告棄却

第1次上告審判決は、連帯債務者の1人が死亡し複数の相続人がいる場合は、各相続人は、被相続人の債務を相続分に応じて分割されたものを承継し、各自その承継した範囲において本来の債務者とともに連帯債務者になるとし、原審の連帯債務についての解釈（各相続人は被相続人の債務全額の支払義務を負う）を誤りとして破棄した。

この問題となった債務は、ここまでは利息債権を目的とした準消費貸借に基づくものとして、利息制限法の範囲内で、その一部の支払が認められてきたが、差戻後の第2次控訴審は、改めて事実審理を行い、数度にわたる貸金債権を準消費貸借の目的としたものと認定し、全額の支払を命じた。

被告債務者側が再度上告し、第1次上告審が利息債権であることを前提として判決したものを原審が貸金債権であるとして異なった金額を認定したことは、第1次上告審判決の「事実上の判断」と矛盾する（旧407条2項〔現325条3項〕）ものであることなどを主張した。

判　旨　＜上告棄却＞「上告審は原審の適法に確定した事実に覊束されることは民訴403条〔現321条1項〕の明定するところであるから、同法407条2項〔現325条3項〕にいわゆる『事実上の判断』とは、職権調査事項につき上告審のなした事実上の判断だけを指すもので、訴の本案たる事実に関する判断を含まないものと解するのが正当である」。

判例の法理　●**破棄判決の拘束力**　上告審により破棄された原判決の差戻を受けた裁判所は、従前の口頭弁論を再開続行し判決をなすことになる。この際に、「上告裁判所が破棄の理由とした事実上及び法律上の判断」に拘束される（325条3項2文）。これを**破棄判決の拘束力**という[1]。

●**事実上の判断**　ここで拘束力が生じるとされる「事実上の判断」とは何を指すのか、特に法律審である上告審での破棄判決の場合に議論がある。本判決は、この「事実上の判断」とは職権調査事項について上告審がなした事実上の判断のみを指し、訴えの本案たる事実に関する判断を含まないものとした。

大審院にも、同様に、職権調査事項について上告審がなした事実の判断だけを意味するとする判決があり[2]、その理由として上告審自身が事実を確定するのは職権調査事項に限られること（322条）をあげている。これは、本判決冒頭の「上告審は原審の適法に確定した事実に覊束されることは民訴403条〔＝現321条1項〕の明定するところであるから」との文言と同じ意味である。

学説も、かつては法律審のする判決に事実上の判断はありえないとの理解から325条3項（旧407条2項但書）における「事実上」の字句を無用・有害とする見解もあった[3]。しかし、一般には、法律審も事実上の判断をすることは承認されており、この「事実上の判断」とは、法律審がなす事実上の判断であり、訴訟要件などのような職権調査事項や再審事由に該当する事実のように、上告審自ら審理できる事項に関する事実についての判断を指すとするのが通説である（例えば、訴訟能力の判断のために当事者の年齢を認定する場合[4]）。また、再審事由も上告審で審理・判断できるとするのが通説・判例である。なお、経験則の有無および効力、意思表示の解釈などについての判断も「事実上の判断」に属するとの見解もあるが、これらはむしろ「法律上の判断」に属するとするのが通説であり、本判決を含めた判例である。

判例を読む　●**本判決の評価**　第1次上告審がその原判決を破棄した理由は、被告らの相続分についての判断であり、上告理由にいうような本件債権の目的に関するものではなく、この点について事実上の判断をしたとはいえない。したがって、差戻前の原審では利息債権を目的とするものと認定し、差戻後では従前の貸金をあわせて目的としたものと認定したことに違法はないことにある。

もっとも、このように破棄の理由になっていない事実認定について、差戻前の原審の認定に関係なく、差戻後の裁判所が自由な立場で事実認定できる理由については、本判決は「民訴法の精神」としかいっていない。これは差戻後の事実審は差戻前の事実審の延長として審理される（325条3項）のであるから、時機に後れて提出されたもの以外は新たな証拠調べもでき、その場合の事実認定は325条3項2文の拘束力以外には何ら拘束されず、自由心証により判断できるということであろう。したがって、その事実認定自身に他に違法なことがない限り、適法ということになる[5]。

〔佐野裕志〕

1審＝岡山地津山支判／2審＝広島高岡山支判昭32・3・6民集15巻10号2597頁／第1次上告審＝最判昭34・6・19民集15巻10号2601頁／第2次控訴審（差戻後2審）＝広島高岡山支判昭35・2・29民集15巻10号2604頁

1) 本件では、このうち事実上の判断の拘束力が問題となった。その内容・拘束力の根拠・法的性質などについては、➡212事件。
2) 大審昭10・7・9民集14巻1857頁。
3) 岩松・研究173頁。
4) 兼子・体系470頁。
5) 本判決の評釈として、桝田文郎・曹時14巻2号39頁、村松俊夫・民商46巻5号148頁、内田武吉・百選1版200頁、佐野裕志・百選Ⅱ414頁、同・百選Ⅱ新法対応補正版426頁。

214 違式の裁判

最高裁平成7年2月23日判決　判時1524号134頁、判タ875号95頁、労働判例671号12頁　▶336条

論点 ▶ 違式の裁判と不服申立て方法

事実の要約　42条（旧64条）の補助参加の申立てに対し相手方が異議を述べた場合、裁判所は参加の許否を決定で裁判し、この裁判に対しては即時抗告をなすことができる（同44条〔旧66条〕）。本件は、この即時抗告を原審が控訴と扱い、控訴棄却の本案判決をした場合に上告が認められるのか、認められるとした場合の上告審の審理対象はどこまで及ぶかが問題となったものである。

裁判の流れ　1審：補助参加の申立て却下　2審：控訴棄却　最高裁：上告却下

労働組合Aおよび同組合支部B（法人格あり）の救済申立てにより地方労働委員会Yの発した不当労働行為救済命令に対し、Xが取消訴訟を提起したところ、1審係属中にAおよびZ（Bと同一名称）が補助参加の申立てをした。ZはBと同一の存在であることを前提とし補助参加を申し立てたが、1審判決は、ZはBとは別個の組織であり訴訟の結果について利害関係を有しないとして、終局判決の主文でこの補助参加の申立てを却下した。Zが補助参加申立却下決定に対し即時抗告したところ、原審はこれを控訴として扱い（即時抗告の申立てを控訴状へと補正を命じ、Zもそれに従った）、本案判決の中でこの点について控訴棄却の判決をした。補助参加を認めなかった点につきZが上告に及んだ。

判旨　＜却下＞「記録によれば、第一審は、上告人Zの補助参加の申立てを却下する判断を終局判決の中でしており、原審はこれに対する不服申立てを控訴として扱った上、控訴棄却の判決をしている。そうすると、原審は、本来決定で裁判すべき事項につき判決で裁判したものであるが、本来の手続である決定よりも慎重な手続である判決により判断を示したことによって当事者に不利益を与えるような事情は認められないのであるから、この点だけをとらえて原判決を破棄すべきものとはいえない。また、右控訴棄却の判決に対して法定の上告期間内にされた上告は、原審の採った判決という裁判の形式に応じてされたものであるから、不服申立ての形式や不服申立期間の遵守に関しては適法というべきである。しかし、原審が判決という形式を採って判断したからといって、本来当審の審理の対象とならない事項についてまで当審が審理判断すべきこととなると解すべき理由はない。そうすると、結局、右上告についての当審の審理の対象は、補助参加の申立てを却下すべきであるとした原審の判断について本来当審として審理判断し得る事項である民訴法419条の2〔現336条〕所定の抗告理由の有無の範囲にとどまるべきものと解すべきである」。

判例の法理　❖**違式の裁判と不服申立方法**　裁判には判決・決定・命令の3つの方式があり、どのような場合にどの方式の裁判をすべきかは法定されており、この定めに違反してなされた裁判を**違式の裁判**という。この違式の裁判に対する不服申立方法については、原裁判所が法律に従い本来なすべきであった裁判の形式を基準として決めるべきとする**実質説**[1]と、現になされた裁判の形式を基準として不服申立を行うとする**形式説**[2]があるが、後者が本件を含めた**判例・通説**[3]である。前者の見解によれば、当事者に裁判所以上に裁判の種類についての法律知識を要求することになってしまうからである（328条2項も形式説の立場に立つ）。

❖**違式の裁判の効力**　決定事項を判決で裁判した場合の扱いにつき、下級審裁判例は分かれていたが、有力説は本判決と同様の理由から違式を理由に上級審は原判決を破棄すべきではないとしていた。当事者の手続権保障という観点からすれば、確かに判旨の指摘通りであり、また原裁判を破棄したうえで改めて適式の決定をやり直させるというのも訴訟経済に反することになる。

❖**上告審での審理対象**　違式の判決に上告がなされても、本来上告審の審理対象とならない事項についてまで審理判断すべきことにはならない。審理の対象となるのは、本来上告審が審理判断しうる事項、つまり特別抗告（336条）に該当する事由の有無に限定される。違式を理由にして、裁判が適式であった場合より上告人を有利に扱う必要はないからである。

判例を読む　❖**本判決の評価**　補助参加の申立てに対し相手方が異議を述べた場合、裁判所は参加の許否を決定で裁判し、この裁判に対しては即時抗告をなすことができる（44条）。このように、ある決定に即時抗告が許されるのは、提訴期間が制限され、法律もその決定により判断される事項を早期に安定させる意図に出たものであり、裁判所はできる限り早期に決定の形式で裁判することが要求される。にもかかわらず1審裁判所は、Zの補助参加の可否について終局判決と同時に裁判しており、このこと自体、法の趣旨に反すると評価できる（判決主文で、即時抗告に服する事項について判断が示されるのは違式の裁判となる）。しかも、Zが正しい法律知識に基づき即時抗告をしているにもかかわらず、原審は「控訴状」に補正を命じているのであり、裁判所が二重にミスを犯したことになり、違式の裁判についてのどの見解をとっても上告が認められたのは当然である[4]。

〔佐野裕志〕

1審＝札幌地判平2・12・25判時1386号144頁／2審＝札幌高判平4・2・24判タ795号167頁

1) 住吉・民事訴訟読本続巻737頁。
2) 兼子440頁、三ケ月525頁。
3) 大判昭10・5・7民集14巻808頁、最判昭31・4・3民集10巻4号297頁（→201事件）ほか。
4) 本判決の評釈として、鈴木正裕・私判リマ1966（上）124頁、佐野裕志・判評441号70頁、菱田雄郷・百選3版281頁、吉垣実・百選4版273頁、同・百選5版268頁。

215 原判決を破棄する場合における口頭弁論の要否

最高裁平成19年1月16日判決　判時1959号29頁、判タ1233号167頁、裁時1428号33頁　▶319条

論　点　▶ 上告裁判所が原判決を破棄する場合における口頭弁論の要否

事実の要約　XがY₁およびY₂の行為により名誉を毀損されたと主張して、不法行為に基づく損害賠償と謝罪文を求めた。

裁判の流れ　1審：Xの請求棄却　2審：控訴棄却　最高裁：破棄差戻
1審、原審ともXの請求を棄却したので、Xが上告した。

判　旨　＜破棄差戻＞「民訴法319条及び140条（同法313条及び297条により上告審に準用）の規定の趣旨に照らせば、上告裁判所は、判決の基本となる口頭弁論に関与していない裁判官が判決をした裁判官として署名押印していることを理由として原判決を破棄し、事件を原審に差し戻す旨の判決をする場合には、必ずしも口頭弁論を経ることを要しないと解するのが相当である」。

判例の法理　❊**判決書への裁判官の署名押印**　判決は、その基本となる口頭弁論に関与した裁判官がなさなければならない（249条1項）。この原則を直接主義と呼び、この要請をみたしたことを判決書の上でも明らかにするために、判決書には判決をした裁判官の署名押印が必要となっている（規157条1項）。

本件原判決の判決書には、原審の最終口頭弁論に関与していない裁判官が判決をした裁判官として署名押印をしていた。この原判決は、明らかに直接主義に違反し、判決の基本となる口頭弁論に関与しない裁判官によってなされたものであることから、312条2項1号に規定する絶対的上告理由があることになる1)。そこで上告審としては、適法な上告がなされているならば、他の上告理由について判断するまでもなく、原判決を破棄し、事件を原審に差し戻すことになる。

❊**口頭弁論の要否**　87条1項は必要的口頭弁論を規定し、319条は、その例外として、「上告裁判所は、上告状…その他の書類により、上告を理由がないと認めるときは、口頭弁論を経ないで、判決で、上告を棄却することができる」と定めている。そして、この規定の解釈として、上告審は、上告を理由があると認めるとき（原判決を破棄するとき）には、87条1項により、口頭弁論を開かなければならないとされている。この考え方に従うならば、本件においても、原判決破棄のためには口頭弁論を経ることが必要ということになる。

しかし、そもそも319条は、法律審であり事後審である上告審においては、事件記録中の上告状・上告理由書その他の書面を審理することにより、上告に理由があるかどうかの結論に到達することができるので、書面審理の結果、上告に理由がないことが判明した場合には、あえて口頭弁論を開くまでの必要がないと考え、このような場合に口頭弁論を経ずに判決で上告を棄却することができることとしたものである。

本件のように、判決の基本となる口頭弁論に関与していない裁判官が判決をした裁判官として署名押印している場合に原判決を破棄せざるをえないことは事件の記録から明らかであり、上告審において口頭弁論を開く必要性に乏しいことも明白である（このような場合にまで形式的に口頭弁論を開かなければならないとすることは、訴訟経済に反するうえ、かえって当事者の利益を損なうと考えられる）。そこで、本件のような場合についても、319条・140条（313条・297条により上告審に準用）の趣旨に照らし、上告審は、必ずしも口頭弁論を開くことなく原判決を破棄することができるとするのが相当であることになる。

判例を読む　❊**同趣旨の先例**　すでに、最判平成14年12月17日（判タ1115号162頁）は、上告審は、不適法でその不備を補正することができない訴えを却下する前提として原判決を破棄する場合には、口頭弁論を経ないでその旨の判決をすることができるとしている。また、最判平成18年9月4日（判タ1223号122頁）は、上告審が判決で訴訟の終了を宣言する前提として原判決を破棄する場合には、必ずしも口頭弁論を経ることを要しないとしている。

❊**本判決の評価**　本判決は、判決の基本となる口頭弁論に関与していない裁判官が判決をした裁判官として署名押印していることを理由に上告審が原判決を破棄する場合における口頭弁論の要否につき初めて判断を示したものであり、従来の判例から当然予測される結論であることから、判例として実務上も定着していくものと思われる2)。

〔佐野裕志〕

1審＝東京地判平17・11・29（平16（ワ）14377号）／2審＝東京高判平18・7・18（平17（ネ）5913号）

1) 最判昭32・10・4民集11巻10号1703頁。
2) 本判決の評釈として、和田吉弘・法セ52巻7号121頁、加波眞一・民商136巻6号742頁。

216 即時抗告審における手続保障
最高裁平成23年4月13日決定　民集65巻3号1290頁　　　　　▶289条、331条

論点 ▶ 付随的裁判に即時抗告があった場合、抗告のあったことを知らせることなくされた抗告裁判所の手続の適法性

事実の要約　XはYに対し、時間外勤務手当（残業代）の支払を求める訴え（本案訴訟）を提起した。この訴訟で、Xは、時間外勤務手当の計算の基礎となる労働時間を立証するため、Yの所持するXのタイムカード（本件文書）が必要であると主張して、文書提出命令の申立てをした。これに対し、Yは、「Xは事務局長だからタイムカードをつけなくてもよいとして、タイムカードをつけていなかったため、Yは本件文書を所持していない」旨記載された意見書を裁判所に提出した。

裁判の流れ　1審：文書提出命令　2審：文書提出命令を取消、同申立てを却下　最高裁：原決定破棄差戻

1審は、Yが本件文書を所持していると認めるのが相当であり、本件文書は220条3号所定の利益文書に当たるとして、文書提出命令を発した。これに対し、Yは、即時抗告をして本件文書の所持の事実を争った。

2審は、Xに対し、即時抗告申立書の写しを送付することも、即時抗告があったことも知らせることなく、1審の文書提出命令を取り消し、Xの文書提出命令の申立てを却下した[1]。そこで、Xは、「原審が、即時抗告のあったことをXに知らせず、抗告状の写しの送付等もせず、Xの手続に参加する機会を保障しないまま、第1審決定を取り消したことは、憲法32条に反し違憲である」と主張して、特別抗告（336条）をした[2]。

決定要旨　＜原決定破棄、原審に差戻＞「本件文書は、本案訴訟において、Xが労働に従事した事実及び労働時間を証明する上で極めて重要な書証であり、本件申立てが認められるか否かは、本案訴訟における当事者の主張立証の方針や裁判所の判断に重大な影響を与える可能性がある上、本件申立てに係る手続は、本案訴訟の手続の一部をなすという側面も有する。そして、本件においては、Yが本件文書を所持しているとの事実が認められるか否かは、裁判所が本件文書の提出を命ずるか否かについての判断をほぼ決定付けるほどの重要性を有するものであるとともに、上記事実の存否の判断は、当事者の主張やその提出する証拠に依存するところが大きいことにも照らせば、上記事実の存否に関して当事者に攻撃防御の機会を与える必要性は極めて高い。しかるに、…原審は、Xに対し、同即時抗告申立書の写しを送付することも、即時抗告があったことをXに知らせる措置を執ることもなく、その結果、Xに何らの反論の機会を与えないまま、…本件文書が存在していると認めるに足りないとして、原々決定を取り消し、本件申立てを却下している…以上の事情の下においては、原審が、即時抗告申立書の写しをXに送付するなどしてXに攻撃防御の機会を与えることのないまま、原々決定を取り消し、本件申立てを却下するというXに不利益な判断をしたことは、明らかに民事訴訟における手続的正義の要求に反するというべきであり、その審理手続には、裁量の範囲を逸脱した違法があるといわざるを得ない。そして、この違法は、裁判に影響を及ぼすことが明らかであるから、その余の点について判断するまでもなく、原決定は破棄を免れない。そこで、更に審理を尽くさせるため、本件を原審に差し戻すこととする。」

判例の法理　★抗告状の写し等の相手方への送達の要否　抗告および抗告裁判所の訴訟手続には、その性質に反しない限り、控訴に関する規定が準用される（331条）。控訴状は被控訴人に送達されなければならない（289条1項）が、この規定は、抗告手続には準用されないと解されている[3]。したがって、抗告がされた場合、抗告裁判所が相手方に抗告申立書（抗告状）を送付することは義務的ではなく、裁判所の裁量に委ねられる。本件では、本案に付随する文書提出命令について、即時抗告がされ、抗告裁判所が、相手方に即時抗告を知らせることなく、抗告を容れて原決定を取り消し、文書提出命令の申立てを却下するという相手方に不利益な決定をしたことが、裁量の範囲を逸脱するもので違法であるとされた。

判例を読む　文書提出命令の申立ては、本案に付随する手続であり、本案の審理について憲法上の保障（憲31条・32条・82条）がされている以上、文書提出命令に係る決定に対する抗告について、相手方にこれを知らせないことは、裁判を受ける権利（憲32条）等との関係で直ちに憲法違反に当たるものとはいえない[4]。しかし、本案にとって重要な書証で、その文書の提出が命じられるかが、本案の判断に重大な影響を与える付随的裁判であって、提出の是非を決する、文書の所持の事実の判断資料の収集が当事者の主張立証に委ねられる場合には、相手方への周知など十分な主張立証の機会を保障すべきであり、その裁判に対して抗告がされたときに、抗告人の主張に対し、相手方に反論の機会を与えることなく、抗告裁判所が相手方に不利益な決定をすることは、民事訴訟における手続的正義の要求に反し、裁判所の裁量の逸脱があり違法となる[5]。

〔齋藤善人〕

1審＝さいたま地決平22・8・10／2審＝東京高決平22・9・22

1) Y提出の即時抗告申立書には、Yが本件文書を所持していない理由が具体的に記載され、また、これを裏づける証拠として、第1審決定後に受訴裁判所に写しが提出されていた書証を引用していた。そして、2審は、この書証を用い、Yの本件文書の所持を認めるに足りないとしていた。
2) なお、Xは、抗告許可（337条）の申立てもしていたが、原審はこれを許可しなかった。
3) 菊井＝村松・全訂③336頁。一般に抗告手続では、迅速性が要請されるからである。331条本文は、「その性質に反しない限り」と規定している。
4) 宇野聡・平成23年度重判132頁。これに対して、川嶋隆憲・法学研究85巻1号162～163頁、田邊誠・私判リマ45号108頁は、即時抗告があったことを相手方に知らせずに非対審的手続を行った抗告裁判所の手続は、双方審尋主義を内容とする憲法32条に違反するものとして、特別抗告に基づいて破棄されるべきものとする。川嶋四郎・法セ683号126頁は、憲法31条違反とする。
5) 同様に、付随的裁判に対する即時抗告で、抗告人とその相手方の利害の対立が顕在化し、十分な主張立証の機会を保障すべく対審的な審理が求められるものとして、移送に関する決定（21条）、補助参加の許否に関する決定（44条3項）などが考えられる。

217 上告受理——再審事由との関係

最高裁平成15年10月31日判決　判時1841号143頁、判タ1138号76頁

▶ 325条2項、338条1項8号、特許（平15改正前）113条、126条

論　点 ▶ 絶対的上告理由と重複しない再審事由による上告

事実の要約　平成9年6月6日に設定登録されたXの特許について、訴外Aから特許異議の申立て（旧特許113条）がされ、平成11年10月1日、特許を取り消す旨の決定がされた。Xは、この取消決定の取消を求める訴えを提起したが、原審（東京高裁）は、平成14年4月24日、請求棄却判決を言い渡した。これに対し、Xは、上告および上告受理の申立てをした。一方、Xは、同年7月11日、特許請求の範囲の減縮を目的として、特許出願の際に添付していた明細書の訂正審判（特許126条1項1号）を特許庁に請求した。同年9月2日、明細書を訂正すべきとの審決がされ確定した。Xは、訂正審決が確定したので、原判決を破棄するよう求める旨の上申書を最高裁に提出した。

裁判の流れ　1審：請求棄却　最高裁：原判決破棄差戻

1審は、X提起に係る特許の取消決定を取り消す旨の請求をその理由がないとして棄却した。そして、これが上告審に係属中、Xは当初の特許出願の範囲を減縮するため、特許庁に訂正審判を請求し、訂正の審決がされて確定した。そこで、原判決に325条2項の「判決に影響を及ぼすことが明らかな法令の違反がある」かが問われた。

判　旨　＜原判決破棄、原審に差戻＞「特許を取り消すべき旨の決定の取消請求を棄却した原判決に対して上告又は上告受理の申立てがされ、上告審係属中に当該特許について特許出願の願書に添付された明細書を訂正すべき旨の審決が確定し、特許請求の範囲が減縮された場合には、原判決の基礎となった行政処分が後の行政処分により変更されたものとして、原判決には民訴法338条1項8号に規定する再審の事由がある。そして、この場合には、原判決には判決に影響を及ぼすことが明らかな法令の違反があったものというべきである〔最判昭60・5・28集民145号73頁参照〕。」

判例の法理　★**再審事由と上告理由の関係**　旧394条は、「憲法ノ違背」とともに「判決ニ影響ヲ及ボスコト明ナル法令ノ違背」を上告理由としていた。そして、旧420条1項の再審事由のうち、旧395条所定の絶対的上告理由と重ならないもの（旧420条1項4号〜10号）であっても上告理由になると解されていた[1]。しかし、現行法は、憲法解釈の誤りその他憲法の違反（312条1項）と絶対的上告理由（同条2項）のみが上告権を基礎づけ上告理由となるものとし、法令の違反は、上告受理の申立ての理由となる（318条1項）。そこで、338条1項所定の再審事由のうち、絶対的上告理由と重複している1号、2号、3号以外の再審事由が上告理由になるのかが問題となる。本件は338条1項8号の再審事由が上告受理申立ての理由になるとした。

判例を読む　特許取消決定の取消しを求める請求が原審で棄却されたが、その確定前に訂正審決がされた場合[2]、この訂正審決の確定によって、遡って訂正後の内容で特許権が登録されたことになる（特許128条）ので、判決は訂正前の特許を基礎としてされたものとなり、判決の基礎となった行政処分が後の行政処分によって変更されたことになる。ゆえに、原審判決には、338条1項8号の再審事由があることになるが、これが上告および上告受理の申立てとの関係でどう解されるか。

現行法は、最高裁への濫上告の弊害を除去し、最高裁の負担を軽減するとの趣旨から、上告権を基礎づける理由を限定した（312条1項・2項）。絶対的上告理由のうち、再審事由と重複するのは338条1項1〜3号であり、これら以外の再審事由は絶対的上告理由になっていない。したがって、同項4〜10号の再審事由を上告理由と解することはできない[3]。これらは、上告権を基礎づけることなく、判決の確定後に再審の訴えを提起すべしと解することも考えられる[4]が、上告をするには他の理由によらなければならず、上告審が終了するのを待って、再審事由を主張するしかないとすれば迂遠だし、相手方としても、上告審で勝っても、その後に再審に対応しなければならない。上告審で処理した方が簡便ではないか。これらの再審事由は、上告受理の申立て（318条1項）の理由となると解してよいだろう[5]。その場合、再審の補充性との関係は、338条1項但書が上告だけを規定していることから、上告受理申立てについては、再審の補充性の適用はないと解されよう[6]。そもそも上告受理申立ては、必ず受理されるとは限らないからである。

〔齋藤善人〕

1審＝東京高判平14・4・24

1) 兼子・体系483頁、菊井＝村松・全訂③239頁、注釈民訴⑧245頁〔松本博之〕。
2) 特許の無効審決取消訴訟の係属中に、その特許につき請求の範囲を減縮する訂正審決が確定した場合、当該無効審決は取り消されなければならないとされている（最判平11・3・9民集53巻3号203頁、最判平11・4・22時1675号115頁）。
3) 竹下ほか編・研究会新民訴468頁〔柳田幸三〕、伊藤743頁は、旧法下と同様に、絶対的上告理由と重複しない再審事由も上告理由になるとする。確かに、338条1項但書によれば、同項所定の再審事由を上告で知りながら主張しなかったときには、再審の訴えをすることができないと定められ、これは、再審事由が上告理由になることを認めた趣旨とも解される。
4) 上野泰男「上告—上告理由について」法教208号37頁、松本＝上野857頁注（30）、安達・NBL805号90頁。なお、この場合、再審の補充性（338条1項但書）の適用はない。
5) 梅本1060頁、笠井正俊＝越山和広・新コンメンタール民事訴訟法〔第2版〕（日本評論社、2013）1089頁、高橋・下712〜714頁。ただ、再審事由を上告受理申立ての理由とすると、最高裁が再審事由の存否という事実認定の問題を負担することになる（高橋・下720頁注（84））。
6) 岡田幸宏・民商130巻4＝5号909頁。

218 再審事由と補充性
最高裁平成4年9月10日判決　民集46巻6号553頁、判時1437号58頁、判タ800号106頁
▶ 106条1項、338条1項3号

論　点　▶ 補充送達による訴状・判決の送達と再審の可否

事実の要約　Xの妻Aは、Xに無断でXの名を用い、信販会社Yとの間で商品購入代金の立替払い契約を締結し、Yの特約店でX名義のクレジットカードを使って商品を購入した。代金を立替え払いしたYは、Xと保証人とされていたAとを共同被告として、立替金支払請求の訴えを提起した。この訴訟の訴状と第1回口頭弁論期日の呼出状の送達のため、郵便局員がX方に赴いたところ、XもAも不在であり、留守番をしていたXの娘B（当時7歳9か月）に訴状等が交付された。が、BはXにこれを渡さなかったため、Xは訴訟の係属を知ることがなく、この訴えは、X欠席のまま第1回口頭弁論期日で結審となり、Yの請求を全部認容するいわゆる欠席判決が下された。この判決正本の送達は、X方で実施されたが、在宅していたAが交付を受け、Aはこの事実をXに知らせなかったため、Xが控訴することなく、判決は確定した。約9年が経過した後、Xは、Yから立替金支払請求の内容証明郵便を受け取り、初めて確定判決の存在を知るに至った。そこで、Xは、旧420条1項3号（現338条1項3号）の再審事由があると主張して、Yに対し、再審の訴えを提起した。

裁判の流れ　1審：前訴判決取消、請求棄却　2審：原判決取消、再審の訴え却下　最高裁：原判決破棄差戻
　1審は、年齢的にBには、補充送達の受領者として旧171条1項が要求している「事理ヲ弁識スルニ足ルヘキ知能」（現106条1項の「相当のわきまえ」）が備わっているとは認められないとの理由で、前訴の訴状等の送達は無効であるから、旧420条1項3号所定の再審事由があるとして、前訴確定判決を取り消し、そして、Xは立替払い契約を締結していないとの理由で、前訴の本案につき請求を棄却した。Y控訴。
　2審は、Bに交付された前訴の訴状等の送達は無効としたが、Aに交付された判決正本の送達は、旧171条1項によりXに対する送達として有効とした。そして、Xは判決正本の送達を受けたときに、訴状等の送達の瑕疵を知ったものとみられるから、この瑕疵について控訴によって不服を申し立てることができた（旧420条1項但書／現338条1項但書）。が、Xは控訴することなく期間を徒過し、再審の訴えを提起するに至ったことから、原判決を取り消して再審の訴えを不適法却下した。X上告。

判　旨　＜原判決破棄、原審に差戻＞「民訴法171条1項に規定する『事理ヲ弁識スルニ足ルヘキ知能ヲ具フル者』とは、送達の趣旨を理解して交付を受けた書類を受送達者に交付することを期待することができる程度の能力を有する者をいうものと解されるから、原審が、…当時7歳9月の女子であったBは右能力を備える者とは認められないとしたことは正当というべきである。」
　「有効に訴状の送達がされず、その故に被告とされた者が訴訟に関与する機会が与えられないまま判決がされた場合には、当事者の代理人として訴訟行為をした者に代理権の欠缺があった場合と別異に扱う必要はないから、民訴法420条1項3号の事由があるものと解するのが相当である。」
　「民訴法420条1項ただし書は、再審事由を知って上訴をしなかった場合には再審の訴えを提起することが許されない旨規定するが、再審事由を現実に了知することができなかった場合は同項ただし書に当たらないものと解すべきである。けだし、同項ただし書の趣旨は、再審の訴えが上訴をすることができなくなった後の非常の不服申立方法であることから、上訴が可能であったにもかかわらずそれをしなかった者について再審の訴えによる不服申立を否定するものであるからである。これを本件についてみるのに、前訴の判決は、その正本が有効に送達されて確定したものであるが、Xは、前訴の訴状が有効に送達されず、その故に前訴に関与する機会を与えられなかったとの前記再審事由を現実に了知することができなかったのであるから、右判決に対して控訴しなかったことをもって、同項ただし書に規定する場合に当たるということはできないものというべきである。」

判例の法理　❖**訴状の補充送達の瑕疵と再審**　訴状の補充送達を受けたB（7歳9か月の子供）が、送達の意味を理解するに足る能力を備える者とはいえないから、この送達は無効であり、したがって、無効な補充送達の結果、Xが自己への訴訟提起の事実を知り得ず、そのため訴訟に関与する機会のないまま判決がされた場合、無権代理と同じく、420条1項3号の再審事由があるとした。

❖**判決の補充送達と再審の補充性**　判決の正本がAに補充送達されてはいるがAがこれをXに隠匿した結果、Xは、前訴の訴状が有効に送達されず、それゆえ前訴に関与する機会がなかったとの再審事由を現実に了知することができなかったのだから、再審事由を知って上訴しなかったときは、再審の訴えを提起することはできないとの規定（420条1項但書）は適用されないとし、Xに対して前訴判決の正本が有効に送達されたことのみを理由に、Xが控訴による不服申立てを怠ったものとして、その再審請求を排斥した原審の判断には、420条1項但書の解釈適用を誤った違法があり、この違法が判決に影響することは明らかだから、原判決は破棄を免れないとした。

判例を読む　✪**訴状の補充送達の無効と再審事由**　再審は、非常の不服申立てであるとの性格上、再審事由として列挙された事由は、例示的なものではなく制限的なものと解されている[1]。338条1項3号は、「法定代理権、訴訟代理権又は代理人が訴訟行為をするのに必要な授権を欠いたこと」を再審事由としているが、本判決は、訴状の無効な補充送達により、自分への訴訟提起の事実を知りえず、その結果訴訟に関与する機会がないまま判決がされた場合も、代理権の欠缺があった場合と別異に扱う理由はないとして、3号再審事由に当たるとした。106条1項の定める補充送達における同居者等の送達受領権限は、受送達という訴訟行為に関する一種の法定代

理権とされている 2) から、補充送達の受領権限のない者が送達書類を受け取りながら、これを名宛人に交付しなかった場合には、受送達についての代理権の欠缺となる。ゆえに、3号再審事由に該当するとの説明は、従来からあった 3)。この点、本判決の評価として、代理権の欠缺という構成ではなく、訴状送達の瑕疵により「訴訟に関与する機会が与えられないまま判決が下された場合」が3号再審事由に当たることを正面から認めたもの、すなわち、「法定代理権、訴訟代理権又は代理人が訴訟行為をするのに必要な授権を欠いたこと」以外の事由を端的に再審事由と認めたものと解する立場 4) がある一方、本判決の判示の文言から、代理権の欠缺の論理構成を採ったものとも解しうるとの指摘 5) もある。

ところで、訴状の補充送達が無効とすると、訴訟係属がなく 6)、したがって判決も無効ということにならないか。再審は、確定判決を取り消し、前訴の再審理を目的とするものだから、そもそも前訴の確定判決が有効であることは、再審の訴えが適法であるための当然の前提である。そうすると、本判決がXの再審を認めているということは、X名義の前訴確定判決が有効であるとの理解に立っていなければ成立しないのではないのか。この点を捉え、判決の無効の法理によってXの救済を図ることを肯定する見解もある 7)。ただ、この立場からも、たとえ無効な判決とはいえ、確定判決の外観が存在する以上、執行のおそれなしとしないから、それを除去するために再審という方法も採りうるとされる 8)。訴状の送達に瑕疵があったにもかかわらず、確定判決がされた場合、判決名宛人の救済ルートをどう解するかだが、当事者の選択に委ねることがあってもよいだろう。本件のように、Xが再審の方法を選択してきたならそれでよいし、判決の無効に依拠して、強制執行に際し、請求異議の訴えや執行文付与に対する異議の訴えといった方法を採ってもよいだろう。

✪**再審の補充性** 判決正本はAに補充送達されている。ただ、AはXに無断でその名義を借用してYと契約した者であり、事実上利害が対立する関係だったため、Xに交付することなく、隠匿していた。この補充送達が有効であるとすると、Xに送達されたものとみなされ (送達擬制)、そのときに訴状送達の瑕疵を知ったことになるから、控訴という手段でこれを主張できたはずということになる。そうすると、再審の補充性 (338条1項但書) により、Xは訴状送達の瑕疵を事由とする再審を求めることはできない。確かに、Aは送達された判決正本をXに交付していないから、Xは自分が敗訴した判決の存在や控訴ができることを知る可能性はない。が、この場合、Xは、自己の責めに帰すことができない事由で控訴期間を遵守できなかったのだから、判決の存在を知った日から1週間以内に控訴の追完が可能だった (97条1項)。そう考えると、やはり338条1項但書の適用が問われる。

本判決は、事実上利害が対立する者への判決正本の補充送達について、「前訴の判決は、その正本が有効に送達されて確定したものである」という 9)。しかし、338条1項但書の趣旨は、再審の訴えが上訴することができなくなった後の非常の不服申立方法だから、上訴ができたのにそれをしなかった者について、再審による不服申立てを否定するものであり、したがって、「再審事由を現実に了知することができなかった場合はただし書にあたらず」、「Xは、前訴の訴状が有効に送達されず、その故に前訴に関与する機会を与えられなかったとの再審事由を現実に了知することができなかったのであるから、判決に対して控訴しなかったことをもって、ただし書に規定する場合にあたるとすることはできない」とした。判決正本の補充送達を受けたAがこれを隠匿した結果、Xは訴状の補充送達の無効に起因する再審事由を現実に知ることができなかったとして、判決正本の補充送達が事実上利害が対立する者にされ、そのため受送達者に判決正本が交付されなかったという瑕疵を再審の補充性を緩和することで処理したものと評しうる。

〔齋藤善人〕

1審=松山地今治支判平2・6・29/2審=高松高判平2・12・27

1) 菊井=村松・全訂③ 370頁。
2) 菊井=村松・全訂①〔追補版〕954頁、条解481頁〔竹下守夫=上原敏夫〕。
3) 高松高判昭28・5・28高民集6巻4号238頁、東京地判昭52・2・21判時869号67頁、釧路簡判昭61・8・28NBL433号40頁。
4) 中山幸二・NBL506号17頁、加藤哲夫・法セ457号130頁、春日偉知郎・金法1364号60頁、高橋宏志・私判リマ8号149頁、坂本恵三・百選4版247頁。
5) 大江忠・NBL522号62頁。
6) 有効な訴状の送達の効果として、訴訟係属が生じることにつき、兼子・体系173頁、秋山ほか・コンメンタール民事訴訟法Ⅲ 139頁、条解820頁〔竹下守夫=上原敏夫〕など。
7) 中山幸二「付郵便送達と裁判を受ける権利 (下)」NBL505号28頁、高橋宏志・私判リマ8号149頁、150頁。
8) 中山幸二・NBL506号17頁、山本弘「送達の瑕疵と判決の無効・再審」法教377号115頁。
9) その理由は判旨からは読み取れない。補充送達を受ける同居者については、書類を受領する限りでの受送達者の法定代理人と位置づけられているが、AがXの法定代理人とすると、Xと事実上利害が対立するAへの補充送達は、双方代理禁止 (民108条) の趣旨から問題があるとも考えられよう。なお、訴状の補充送達に関して、事実上利害の対立する同居者にされた送達を有効とした例として、最判平19・3・20民集61巻2号586頁➡222事件。

219 再審の原告適格

最高裁平成元年11月10日判決　民集43巻10号1085頁、家月42巻3号21頁、判時1331号55頁、判夕714号71頁、金判836号40頁
▶338条

論　点 ▶ 検察官を相手とする死後認知判決に対する再審訴訟の原告適格

事実の要約　戸籍上A・Bの子とされていたYが、C（Aの妹の夫）の子であると主張し、ABC死亡後、検察官を相手として（旧人訴32条2項・2条3項〔現12条3項・42条1項〕）、A・Bとの間の親子関係不存在の確認とCへの認知を求め訴えを提起した。被告検察官は、答弁書をもってYの生年月日や戸籍記載事項等は認めたが、YとAB間の親子関係の存否、YとCとの間の父子関係の存否等は不知とだけ述べ、証拠調べの申立てもせず口頭弁論期日にも出頭しなかった。裁判所はYの申請により各戸籍謄本の他に証人2名（Cの友人とAの弟）を取り調べた上で、Yの請求をすべて認容する判決を言い渡し、同判決は確定した。

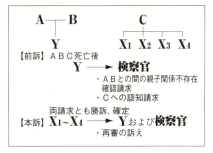

その後、Cの実子X₁X₂と養子X₃X₄はこの確定判決の効力を受けることから（旧人訴32条1項・18条1項〔現24条1項〕）、Yと検察官を共同被告として上記確定判決に対する再審の訴えを提起した。Cには9億7500万円余りの遺産があり、上記確定判決が有効であればYもCの相続人となり、X₁らはその相続権を侵害されることから、確定判決取消しについて固有の利益を有し、本件再審の訴えを提起する当事者適格を有する。また、X₁らは前訴係属中に認知請求事件について訴訟告知を受けたこともなく証人として取調べを受けたこともなく、また検察官から事情聴取を受けたこともないため、判決確定まで訴訟係属を知らなかったところから、本件確定判決には判決効を受けるX₁らに審問の機会を与えることなしになされた点で民訴法338条（旧420条）1項3号（代理権欠缺）の類推適用による再審事由がある、と主張した。

裁判の流れ　1審：原告適格を肯定して請求棄却　2審：一部差戻　最高裁：破棄自判

1審は、確定判決の効力を受ける第三者は再審の訴えを提起できるとし、X₁らの再審の原告適格を肯定したが、この第三者が訴訟に関与する機会がなかったからといって再審事由とはならないとし、請求棄却。控訴審は、行政事件訴訟法34条の第三者再審の規定を類推適用し、X₁らに再審の原告適格を肯定し、X₁らが自分の責めに帰せられない事由によって訴訟に参加できず、実質的に裁判を受ける権利を奪われたという意味で338条（旧420条）1項3号・342条3項（旧425条）の規定の類推適用が可能であるとし、前記確定判決のうち認知請求部分の再審請求について、1審判決を取り消して差戻を命じた。Yが上告。

判　旨　＜破棄自判＞「検察官を相手方とする認知の訴えにおいて認知を求められた父の子は、右訴えの確定判決に対する再審の訴えの原告適格を有するものではないと解するのが相当である。

けだし、民訴法に規定する再審の訴えは、確定判決の取消し及び右確定判決に係る請求の再審理を目的とする一連の手続であって（〔旧〕427条、428条〔現344条、348条1項・2項〕）、再審の訴えの原告は確定判決の本案についても訴訟行為をなしうることが前提となるところ、認知を求められた父の子は認知の訴えの当事者適格を有せず（〔旧〕人事訴訟手続法32条2項、2条3項〔現人訴法42条1項〕）、右訴えに補助参加をすることができるにすぎず、独立して訴訟行為をすることができないからである。なるほど、認知の訴えに関する判決の効力は認知を求められた父の子にも及ぶが（同法32条1項、18条1項〔現人訴法24条1項〕）、父を相手方とする認知の訴えにおいて、その子が自己の責に帰することができない事由により訴訟に参加する機会を与えられなかったとしても、その故に認知請求を認容する判決が違法となり、又はその子が当然に再審の訴えの原告適格を有するものと解すべき理由はなく、この理は、父が死亡したために検察官が右訴えの相手方となる場合においても変わるものではないのである。検察官が被告となる人事訴訟手続においては、真実の発見のために利害関係を有する者に補助参加の機会を与えることが望ましいことはいうまでもないが、右訴訟参加の機会を与えることなしにされた検察官の訴訟行為に瑕疵があることにはならず、前示当審判例は、第三者が再審の訴えの原告適格を有する余地のあることを判示したものと解すべきものではなく、更に、行政事件訴訟とは対象とする法律関係を異にし、再審の訴えをもって不服申立をすることが許される第三者には共同訴訟参加に準じた訴訟参加を許す旨の行政事件訴訟法22条のような特別の規定のない人事訴訟手続に、行政事件訴訟法34条の第三者の再審の訴えに関する規定を類推適用することはできない」。

判例の法理　★**再審訴訟の原告適格**（1審判決・2審判決の論理）　再審訴訟の原告適格については、確定判決で不利益を受ける当事者またはその判決の効力が及ぶことになる口頭弁論終結後の承継人に認められる[1]。これとともに確定判決の効力を受ける第三者も、その者に対する確定判決の効力を排除するために訴えの利益が認められる場合、再審訴訟の原告適格を肯定する下級審裁判例が存し[2]、通説も同様であった[3]。

1審判決は、これらの裁判例や通説に従い、本件確定判決の効力を受ける第三者であるX₁らは、原判決の取消しについて固有の利益を有する第三者であるとして、本件再審の原告適格を肯定した。しかし、その一方で、人事訴訟手続法は処分権主義・弁論主義を制限し、職権探知主義、検察官の訴訟への関与などにより認知判決の影響を受ける第三者の利益を手続的に保障しており、338条（旧420条）1項3号はこのような手続的保障がない場合であり、両者を同一に論ずることはできず、代理権欠缺に準じた再審事由があるとはいえないとして再審

請求を棄却した（再審原告適格は認めるものの再審事由は認められないとした）。

2審判決はさらに、認知訴訟において共同訴訟的補助参加人たりうるX_1らの知らない間に認知判決が確定してしまうことは憲法32条（裁判を受ける権利）に反する、行訴法34条の第三者再審も類推されるとしてX_1らの再審原告適格を肯定した。そして再審事由についても、責に帰すべき事由なしに認知訴訟に参加して訴訟活動をする機会を奪われ、自己に効力の及ぶ確定判決を受けてしまったのだから、実質的に裁判を受ける権利を奪われたという意味で民訴法338条（旧420条）1項3号・342条3項（旧425条）の規定を類推適用することが相当であるとして、認知請求部分について1審判決を取り消し、差し戻した（旧法事件のため再審手続が現行法と異なる）。つまり、再審原告適格も再審事由も肯定したのである。

★**再審訴訟の構造**（最高裁の論理）　この2審判決（そしてX_1らに原告適格を肯定した1審判決）に対し、最高裁は再審訴訟の構造に基づきX_1らの再審原告適格を否定した。

再審訴訟は、確定判決の取消しとそれに続く事件の再審理からなる一連の手続である以上は、再審訴訟を提起できるのは、この確定判決にかかる請求の再審理がなされる場合に、その本案について訴訟行為をなしうる者に限られるとする。すると本件では、認知を求められた父の子は認知訴訟の当事者適格を有しないので、X_1らは再審原告適格を有しないことになる。

判例を読む　★**第三者自身にかかわる再審事由**　再審の訴えは、原判決の既判力を取り消したうえで事件の再審理を行うという2つの段階からなる。認知を認める判決の効力は父とされた者の子にも及び、この子の相続権が侵害されることになる。この子が認知訴訟に関与する機会がないままに判決が確定したとすれば、既判力により不利益を受けることになり、再審の訴えを提起する利益が肯定できよう。原審までの論理は、いわば再審の訴えの第1段階に焦点を合わせている。

これに対して、最高裁は、再審の訴えの第2段階に焦点を合わせ、再審原告は確定判決の本案についても訴訟行為をなしうることを前提とした（再審原告適格を再審で問題となる本案訴訟についての当事者とその承継人に限定した）。したがって、認知を求められた父の子は認知訴訟の当事者適格を有せず、この子に判決効が及び、自己の責めに帰すことができない事由により認知訴訟に参加する機会を与えられなかったとしても、認知請求を認容する判決が違法となったり、子が当然に再審原告適格を有するに至ることもないことになる。

むろん、判決効が及ぶX_1らは独立当事者参加（47条参加）により再審の訴えを提起することもできる（共同訴訟的補助参加の申立てとともに再審の訴えを提起することもできる）。しかし、これらの方法をとった場合、再審事由は原訴訟当事者である検察官やYに生じたものでなければならない。ところが、検察官やYにとって原判決は何ら瑕疵のあるものではない。したがってX_1らの再審を肯定するには、X_1ら自身において再審事由があると構成せざるをえない。そこで、本件判旨の指摘するようにX_1ら独自の再審事由を検討してみても、人事訴訟手続法や民訴法の再審事由には該当するものを見出すことは困難である。

つまり、現行法での再審訴訟の規定をみる限り、この判旨の説くとおりであろう。しかし、自分の知らないうちに兄弟が生じてしまうX_1らの不利益については法的な手当が必要であることも事実である。とりわけ人事訴訟手続法では判決の効力を受ける第三者のための手続規定が必ずしも十分でなかったことから、本判決には批判的な見解が多い（X_1らに再審原告適格を認める方向を示す見解が多い）[4]。

★**立法による手当**　判旨が指摘するように、原訴訟において子であるX_1らに補助参加の機会を与えることが望ましかったことは言うまでもない。立法論的に考えても、再審自体よりも、原訴訟で手続参加の機会を与える方がより建設的である。そこで、平成8年法律110号により人事訴訟手続法33条が追加され、死後認知訴訟の場合に相続人などの利害関係人への通知が新設された。いわば事前の手続保障についての規定が置かれたのであるが、しかし補助参加の機会を与えなかったとしても検察官の訴訟行為が違法になるわけではないので、本判決が提起した問題が完全に解消されたわけではなかった。

そこで、平成15年改正により、人訴法28条に同様の通知の規定が設けられるとともに、15条においてこれらの利害関係についての強制参加が規定されるに至った[5]。

〔佐野裕志〕

1審＝福岡地判昭58・12・1民集43巻10号1100頁、判時1118号202頁／2審＝福岡高判昭59・6・19民集43巻10号1106頁、判時1138号93頁

1) 最判昭46・6・3判時634号37頁。
2) 千葉地判昭35・1・30下民集11巻1号176頁、東京高判昭43・11・27下民集19巻11＝12号748頁。
3) 兼子・体系485頁。
4) 吉村徳重・判タ735号179頁、本間靖規・民商102巻6号808頁、鈴木正裕・私判リマ1991（上）128頁など。これらの見解の背景には、検察官を被告とする身分訴訟では、検察官による訴訟追行は必ずしも十分でないことがある。
5) 本判決の評釈として、岡野谷知広・法学研究（慶應義塾大学）63巻10号95頁、吉村徳重・平成元年度主判解説（判タ臨時増刊735）178頁、原強・平成元年度重判135頁、三谷忠之・判タ722号76頁、栂善夫・法セ35巻8号120頁、富越和厚・ジュリ951号97頁、富越和厚・曹時42巻12号207頁、本間靖規・民商102巻6号808頁、鈴木正裕・私判リマ1991（上）128頁、林屋礼二・百選Ⅱ418頁、同・百選Ⅱ新法対応補正版430頁。

220 再審期間の始期

最高裁昭和52年5月27日判決　民集31巻3号404頁、判時864号85頁、判夕350号268頁、金判548号41頁
▶338条1項6号・2項後段、342条

論　点　▶再審期間の始期である文書偽造の確知の時期

事実の要約　Yは自己の先代BがAから本件土地を買い受けたと主張し、Aに対し所有権移転登記請求訴訟を提起した。1審勝訴、2審でも、Y提出の甲1号証（昭和5年3月26日付け売券証）のAの印影を真正とし、そこから甲1号証の真正を推認し、これを主たる証拠としてAB間の売買契約の成立を認めAの控訴を棄却（昭和42年2月27日）、Aの上告も棄却され（同42年9月22日）、控訴審判決が確定した。

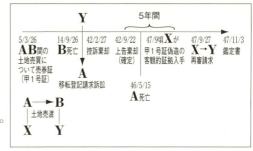

その後、昭和46年5月15日にAが死亡、Xらが相続した。控訴審判決確定後5年以上経過した同47年9月27日、XはYに対し本件再審の訴えを提起した（338条3項〔旧420条3項〕に従い、前訴の控訴審裁判所へ提出）。原判決の証拠となった売券証は亡BがAの実印に酷似した印鑑を用いて作成した偽造文書であることを理由とする（338条〔旧420条〕1項6号）。

Xは、再審期間（342条2項〔旧424条3項〕）の始期については、本件再審の訴え提起直前の昭和47年9月に売券証偽造の客観的証拠（Aの実印の印影と売券証のA名義印影とが別異であることを示すXら作成による拡大写真）を得たその時点、または再審訴訟係属中に印影鑑定専門家により作成された鑑定書というさらに客観性の高い証拠が得られた時点（同47年11月3日）を始点として除斥期間を起算すべきであると主張した（これらの時点が338条〔旧420条〕2項後段および342条2項括弧書〔旧424条4項〕に該当するとする）。

裁判の流れ　1審：Yの請求認容　2審：Aの控訴棄却　最高裁：Aの上告棄却　控訴再審の申立て：却下　控訴再審の上告審：上告棄却

原審は、Xらの主張するような曖昧な時点を基準にすれば除斥期間の起算日が不明確になること、被疑者Bが再審の対象である本案確定前に死亡し有罪判決を得ることはできないので342条2項括弧書（旧424条4項）の適用はなく、同項本文（旧424条3項）に従い除斥期間は判決確定の日から起算すべきであること等を理由にして、Xの再審請求を除斥期間経過後に提起したものとして不適法却下した。Xが上告。

判　旨　＜上告棄却＞「〔旧〕民訴法420条〔現338条〕1項6号に基づく再審の訴えが、同条2項後段の要件を具備するためには前審判決の証拠となった文書等の偽造又は変造につき有罪の確定判決を得る可能性があるのに、被疑者の死亡、公訴権の時効消滅、不起訴処分等のためこれを得られなかったことを必要とするから、文書偽造等につき有罪の確定判決がない場合に同条1項6号に基づいて再審を申し立てる当事者は、被疑者の死亡等の事実だけではなく、有罪の確定判決を得る可能性があることについてもこれを立証しなければならない〔最判昭42・6・20集民87号1071頁〕。しかし、有罪の確定判決を得る可能性そのものは被疑者の死亡等の時に既に存在すべきものであるから、右再審の訴えの除斥期間は、被疑者の死亡等の事実が前審判決確定前に生じたときは、同法424条3項〔現342条2項本文、旧規定には括弧書きに相当する部分はない〕により右判決確定の時から起算すべきであり、また、右事実が前審判決確定後に生じたときは、同条4項〔現342条2項括弧書きに相当〕により右事実の生じた時から起算すべきである。本件の場合、被疑者Bの死亡は前審判決確定前であったのであるから、同法420条〔現338条〕1項6号に基づく再審の訴えは、前審判決確定後5年の除斥期間内に提起すべきものといわなければならない。所論の再審甲第1号証の1は、前審の審理の過程においてその成立の真否が重要な争点とされた本案甲第1号証（売券証）の亡A名下の印影が同人の実印によるものであるかどうかについての鑑定書であり、その鑑定依頼・提出は有罪の確定判決を得る可能性があることについての立証方法の問題であるにすぎず、右鑑定書の作成されたのが前審判決確定後であるからといって、その作成の日が同法424条4項〔現342条2項括弧書き〕にいう再審事由発生の日にあたると解するのは相当でない。それゆえ、前審判決確定の日から同法424条3項〔現342条2項本文、括弧書の部分を除く〕の除斥期間を起算すべきであるとした原審の判断は、結論において正当であ〔る〕」。

判例の法理　❋**再審の出訴期間**　再審の出訴期間をめぐる制限はやや複雑である。不変期間として再審事由を知ってから30日の期間制限（342条1項）があり、判決確定より5年間の除斥期間も規定されている（同2項）。さらに再審事由が判決確定より後に生じた場合に除斥期間の起算日の延長が認められ（同項括弧書）、加えて代理権欠缺と既判力抵触には不変期間も除斥期間も適用がないとされている（同条3項）。

このように再審は、原則として、判決確定から5年の除斥期間内に提起しなければならない。民事上の権利や法律関係は時間の経過とともに変化し、5年も経過すれば、たとえ再審事由がある判決でもそれが既成事実となり、それを覆すことはかえって混乱を招くという配慮である。もっとも立法論としては5年では短すぎるとする批判が従来よりある[1]。

❋**除斥期間の起算点**　除斥期間は、再審事由が判決確定前から生じているときは判決確定から5年であるが（342条2項）、判決確定後に再審事由が生じたときは、その再審事由が生じた日から5年となり起算日が移動する（同項括弧書）。このような判決確定後に再審事由が生じるのは、338条1項8号の基礎となった判決等が変更された場

合と、同条 2 項の可罰行為について有罪判決等が確定した場合である。後者について、同項前段の有罪判決が、再審を申し立てられた原判決の確定前であれば、原則通り原判決確定から 5 年となり、再審を申し立てられた原判決の確定後であれば同項により有罪判決確定から 5 年となる。以上は条文の文言通り明快で問題が生じることはない。

しかし、同項後段の規定はやや複雑であり、本件では被疑者が死亡した場合が問題となった。本件は、原判決の証拠となった文書が偽造されたものである旨の主張があるが、被疑者がすでに死亡していた場合である。本判決は「有罪の確定判決を得る可能性そのものは被疑者の死亡等の時に既に存在すべきものであるから」、再審の訴えの除斥期間は、被疑者死亡が判決確定前に生じていたときは判決確定から 5 年、被疑者死亡が判決確定後に生じたときは死亡の時から 5 年である、有罪の確定判決を得る可能性を示す証拠が発見された時を 342 条 2 項括弧書にいう再審事由発生の日とするのは相当でない、と判示した。

先例として、原判決の証拠となった文書が変造された事実を再審原告が知ったときはすでに変造の罪につき公訴時効が完成しかつ判決確定から 5 年を経過していたという事案について、「判決確定前既に生じていた事由に基づく再審の訴がその確定後 5 年を経過して提起された場合にあってはその事情の如何を問わず不適法」とする判例が存していた 2)。この事案でも、除斥期間の起算点を再審原告が偽造の事実を知った時点（あるいは偽造の証拠が具備した時点）とすべきとの主張が斥けられ、一律に判決確定時を起算点とすべきとされたのである 3)。

判例を読む ★文書偽造についての証拠の具備と除斥期間の起算点　すでに本判決理由が引用している最判昭和 42 年 6 月 20 日（集民 87 号 1071 頁、判時 494 号 39 頁）が、同所で引用している趣旨の判断を示したうえで、「上告人は、原審において、公訴権が時効消滅しなかったならば、有罪の判決をえたであろうと思わせるに足りる証拠があることを明らかにしているとは認められないから…本件再審は民訴法 420 条〔現 338 条〕2 項の要件を欠く不適法なもの」と判断している。その後、大阪高判昭和 43 年 7 月 3 日（判時 552 号 57 頁）も、同様の判断を示した。これらの判決を根拠として、再審期間（342 条）は可罰行為について証拠が十分であることを知った日から進行するとの見解が主張されるようになった 4)（本件上告理由もこの見解に基づいている）。

これに対し本判決は、判決確定の時点から除斥期間を起算すべきとした。除斥期間は当事者の知・不知を問わないものである（再審原告がまだ再審事由を知らないかまたは知ってから 30 日以内であるため 342 条 1 項によれば適法に再審の訴えを提起できる場合でも、これを排斥するのが除斥期間の規定の趣旨）からとして判例に賛成する見解が多い 5)。

しかしながら理論的にはこの見解が説く通りであるが、この除斥期間の 5 年間は立法的にみて短すぎ、判例の立場では再審原告に酷になる場合もあり（再審事由に気付いたときは提訴に手遅れ）、また 342 条 2 項括弧書で除斥期間の起算日を延ばした趣旨にも添わないきらいもあるとして、実際的な考慮から、可罰行為を証明できる証拠を具備したときを除斥期間起算日とすべきとする見解も有力である 6)。しかし、どのような証拠がこれに該当するかの具体的認定は困難な問題であろうし、そもそも除斥期間は当事者の知・不知を問わないこととどう整合させるかも困難であろう。

なお、本件は、原訴訟は被疑者死亡から 23 年後に提訴され、しかもその訴訟の中でも偽造は主張されていたため、この事件の結論自体は妥当であろう 7)。

〔佐野裕志〕

---

1 審＝不明／2 審＝名古屋高金沢支判昭 42・2・27／最高裁＝最判昭 42・9・22／再審請求＝名古屋高金沢支判昭 48・9・19 高民集 26 巻 3 号 293 頁、民集 31 巻 3 号 418 頁

1) 三谷・民事再審の法理 48 頁によると、この 5 年は母法ドイツ法にならったのであるが、ドイツ法での可罰行為についての公訴時効 5 年と対応させたとのことである。しかし、わが国での可罰行為の公訴時効は 7 年が多く、民法 174 条の 2〔改正民 169 条〕によれば確定判決により時効は 10 年に延長されるのであるから 5 年は短すぎるとする。
2) 最判昭 29・2・11 民集 8 巻 2 号 440 頁。
3) これに対して、被疑者の死亡等の事実が判決確定後に生じたときには、その事実が生じたときが起算点となることを判示した判例として最判昭 47・5・30 民集 26 巻 4 号 826 頁がある。
4) 三谷忠之「可罰行為と民事再審に関する若干の問題」判タ 292 号 2 頁、特に 11～12 頁（同・民事再審の法理 125 頁）。
5) 上原敏夫・法協 95 巻 11 号 72 頁、中村雅麿・百選Ⅱ 424 頁、同・百選Ⅱ新法対応補正版 436 頁など。
6) 吉村徳重「再審事由」小室＝小山還暦下 96 頁、特に 131 頁、条解 1740 頁（松浦馨）、高橋・下 780 頁。
7) 本判決の評釈として、前掲注 5) のほかに、斎藤和夫・法学研究（慶應義塾大学）52 巻 1 号 110 頁、三谷忠之・百選 2 版 284 頁、三谷忠之・民商 78 巻 2 号 226 頁、小室直人・判評 230 号 36 頁、平田浩・曹時 32 巻 12 号 132 頁、波多野雅子・百選 3 版 246 頁、同・百選 5 版 268 頁。

221 再審と有罪の証拠

最高裁平成6年10月25日判決　判時1516号74頁、判タ868号154頁　▶338条1項但書、同項6号、同条2項

論点 ▶ 文書偽造等の有罪の証拠が前訴判決確定後に収集された場合と338条1項但書

事実の要約　X_1株式会社の代表取締役であったY_1Y_2は、X_2株式会社に自己保有の株式を売り渡した。その後、Y_1らは、この株式譲渡は、当時株式が発行されていたにもかかわらずその交付がなされていないため無効であると主張し（証拠として自己が保有するX_1会社の株券を提出）、X_1X_2を相手として自分たちが依然として株主であることの確認等を求める訴えを提起し、認容された（控訴・上告いずれも棄却）。

その後、X_1およびX_2会社は、この前訴認容判決の証拠となった株券はY_1によって作成された偽造文書であることにつき前訴判決確定後に新証拠を得たとして、338条（旧420条）1項6号に基づき、Y_2らを相手として本件再審の訴えを提起した（Y_1は前訴終了後死亡し、Y_2らを含む再審被告らがY_1の権利義務を承継）。前訴控訴審が本案判決をしているため、338条3項、（旧420条3項）に従い、前訴控訴審裁判所への提起であった。

Y_2らは、前訴の上訴において株券偽造の主張があったこと、仮にそうでなかったとしても偽造であることを知りながら上訴によって主張しなかったものであるから、338条（旧420条）1項但書前段または後段により本件再審の訴えは不適法であると主張した。

裁判の流れ　1審：Y_1らの請求認容　2審：控訴棄却　最高裁：上告棄却　控訴再審の申立て：再審請求認容
控訴再審の上告審：上告棄却

原審は、上訴人が上訴当時その事実を知っていてもその事実は確定してるわけではないとしてY_2らの主張を排斥し、再審請求を認容した（原確定判決を一部変更）。Y_2らが上告。

判　旨　＜上告棄却＞「〔旧〕民訴法420条〔現338条〕1項6号に該当する事由を再審事由とし、かつ、同条2項の適法要件を主張する再審の訴えにおいては、被疑者の死亡等の事実が再審の訴えの対象となった判決の確定前に生じた場合であっても、文書の偽造等につき有罪の確定判決を得ることを可能とする証拠が再審の訴えの対象となった判決の確定後に収集されたものであるときは、同条1項但書には該当せず、再審の訴えが排斥されることはないというべきである」。

判例の法理　★**再審と有罪の証拠**　338条1項4号から7号までの可罰行為の再審事由については、さらに同条2項で有罪の刑事裁判があったこと、または証拠欠缺以外の理由で確定判決等に達することができなかったときに限り再審の訴えを提起することができる。この2項の適法要件がどのような意義を有するかについて、同条1項但書の「再審の補充性」や342条1項2項の再審期間との関係で議論がある（最判昭39・6・26民集18巻5号901頁 ➡判例講義民訴1版203事件を参照）。

本判決は、338条1項6号に当たる再審事由と同条2項の適法要件を主張する再審の訴えについて、文書の偽造等有罪判決を得ることを可能とする証拠が前訴の判決確定後に収集されたものであるときは、同条1項但書には該当せず再審の訴えが排斥されることはないことを判示した。

★**338条2項後段の法意**　ここで証拠欠缺以外の理由で有罪の確定判決等を得られない場合とは、再審の訴えの対象となった判決の証拠とされた文書の偽造等につき、本来ならば有罪の確定判決を得ることが可能であったのに、被疑者の死亡や公訴権の時効消滅等実体に関係のない事由のためこれを得られなくなったことを指すのであるから、有罪の確定判決がない場合に6号に基づいて再審を申し立てる当事者は、被疑者の死亡等の事実だけではなく、有罪判決を得ることを可能とする証拠が収集されたことを立証しなければならないとするのが従来からの判例である[1]。

判例を読む　★**再審の除斥期間との関係**　再審の除斥期間についても本件と同様な問題、つまり再審の訴えにおいて、原判決の証拠となった文書が偽造されたものである旨の主張があるが被疑者がすでに死亡していた場合の除斥期間の起算点の問題がある。有罪の確定判決を得る可能性そのものは被疑者死亡等の時にすでに存在すべきものであるから、判決確定か被疑者死亡のいずれか遅い方が起算点となるとするのが判例である[2]。

この論法からすれば、本件でも、有罪の確定判決を得る可能性は被疑者死亡等の時にすでに存在すべきものであるとして、補充性を否定する余地もあったであろう。しかし、補充性が問題となるのは、当事者が知っていて主張しなかった場合であり、一方、除斥期間はそもそも当事者の知・不知を問わない。このような利益状況の差から、本件では証拠収集面に着目し補充性について判断されたものと理解できる[3]。

〔佐野裕志〕

1審＝山形地判昭55・2・23／2審＝仙台高判昭59・7・20／最高裁＝最判昭62・11・10／控訴再審請求＝仙台高判平6・1・25判タ860号283頁

1) 最判昭42・6・20裁判集民87号1071頁、最判昭52・5・27民集31巻3号404頁（➡220事件）。
2) 前掲注1）最判昭52・5・27。
3) 本判決の評釈として、加波眞一・民商114巻3号162頁、栗田陸雄・法学研究（慶應義塾大学）69巻4号88頁、上野泰男・判評439号64頁。

222 補充送達の効力と再審事由

最高裁平成 19 年 3 月 20 日決定　民集 61 巻 2 号 586 頁、判時 1971 号 125 頁、判タ 1242 号 127 頁
▶ 106 条 1 項、338 条 1 項 3 号

論点 ▶ 事実上の利害関係の対立がある場合の補充送達の効力、受送達者が訴訟提起を知らないまま判決がなされた場合の再審事由

事実の要約　B が A に金銭を貸し付け、X をその連帯保証人とした (A は X の義父)。この貸金債権が Y へ譲渡され、Y が A と X に対して支払請求訴訟を提起した (前訴)。X を受送達者とする訴状等はすべて義父 A が同居者として受領した。X・A は第 1 回口頭弁論期日に欠席し、答弁書等も提出しなかったため、同期日に弁論が終結され、次回期日において Y の請求を認容する判決が言い渡された。XA への前訴判決に代わる調書の送達は、住所における不在によりできず、付郵便送達が行われ、XA から控訴がなく、前訴判決は確定した。

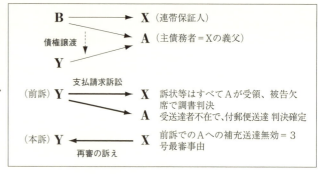

約 2 年後、X は Y に対し本件再審の訴えを提起し、338 条 1 項 3 号の再審事由を主張した。A が X の氏名と印章を冒用して連帯保証契約を締結したこと、A がこの事情を X に一切話しておらず、前訴では X と A は利害が対立しており、A が X あての前訴訴状等の交付を受けても、これが遅滞なく X に交付されることは期待できず、現に A は X に交付していないこと、したがって前訴における X に対する訴状等の送達は補充送達として無効であること等を主張した。

裁判の流れ　前訴 1 審：Y の請求認容 (確定)　再審 1 審：再審請求棄却　再審 2 審：抗告棄却

1 審・原審とも、前訴における X への補充送達は有効に行われたとし、訴状等の有効な送達がなかったことを前提とする X 主張の再審事由は認められないとして、本件再審請求を棄却した。X は原決定を不服とする許可抗告の申立てをなし、原審は抗告を許可した。

決定要旨　<破棄差戻>「受送達者あての訴訟関係書類の交付を受けた同居者等が、その訴訟において受送達者の相手方当事者又はこれと同視し得る者に当たる場合は別として (民法 108 条参照)、その訴訟に関して受送達者との間に事実上の利害関係の対立があるにすぎない場合には、当該同居者等に対して上記書類を交付することによって、受送達者に対する送達の効力が生ずるというべきである。

そうすると、仮に、X の主張するような事実関係があったとしても、本件訴状等は X に対して有効に送達されたものということができる」。

「しかし、本件訴状等の送達が補充送達として有効であるからといって、直ちに民訴法 338 条 1 項 3 号の再審事由の存在が否定されることにはならない。同事由の存否は、当事者に保障されるべき手続関与の機会が与えられていたか否かの観点から改めて判断されなければならない。

すなわち、受送達者あての訴訟関係書類の交付を受けた同居者等と受送達者との間に、その訴訟に関して事実上の利害関係の対立があるため、同居者等から受送達者に対して訴訟関係書類が速やかに交付されることを期待することができない場合において、実際にもその交付がされなかったときは、受送達者は、その訴訟手続に関与する機会を与えられたことにならないというべきである。そうすると、上記の場合において、当該同居者等から受送達者に対して訴訟関係書類が実際に交付されず、そのため、受送達者が訴訟が提起されていることを知らないまま判決がされたときには、当事者の代理人として訴訟行為をした者が代理権を欠いた場合と別異に扱う理由はないから、民訴法 338 条 1 項 3 号の再審事由があると解するのが相当である」。

判例の法理　★**事実上の利害関係の対立がある場合の補充送達の効力**　106 条 1 項所定の同居者等は、受送達者宛ての送達書類の受領に限定された代理権を有する訴訟法上の法定代理人であると解されているが 1)、同居者等が当該書類の送達された訴訟自体において受送達者の相手方当事者またはこれと同視しうる者に当たる場合には、双方代理禁止の原則に照らし、当該同居者等には補充送達を受ける権限がないことには、判例・学説上も異論がない。

これに対し、受送達者あての訴訟関係書類の交付を受けた同居者等と受送達者との間に当該訴訟に関して事実上の利害関係の対立があるにすぎない場合の補充送達の効力については、かつて下級審で判断が分かれていたが 2)、最判平成 4 年 9 月 10 日 (民集 46 巻 6 号 553 頁) は、有効説を前提とした判示をした。受送達者の同居者として前訴の訴状の交付を受けた者が 106 条 1 項の要件を満たしておらず、訴状送達が補充送達として有効に行われなかったため、被告とされた者 (再審原告) が前訴提起の事実を知らないまま前訴判決が言い渡され、確定したという事案について、訴状の有効な送達がないため被告とされた者が訴訟に関与する機会が与えられないまま判決がされて確定した場合には、当事者の代理人として訴訟行為をした者に代理権の欠缺があった場合と別異に扱う理由はないとして、3 号事由があると判示したものである。この判示の前提として、再審原告と事実上利害関係の対立

がある同居の妻に対する判決正本の交付をもって、判決正本の送達が有効に行われ、前訴判決は確定したと判示したのである。

裁判所書記官による送達事務も、この平成4年判決が有効説を採用したものとの理解の下に行われており、実務上は有効説が有力となっていたが、平成4年判決は有効説を採用する旨を明確に判示したものではなかった。本決定は、決定要旨のとおり、有効説を採用すべきであることを明らかにしたものである。

❸**3号再審事由** 次に、受送達者あての訴訟関係書類の交付を受けた同居者等が、当該訴訟に関して事実上の利害関係の対立がある受送達者に対して当該書類を交付しなかった場合、送達自体は補充送達として有効であるとしても、受送達者が自己を被告とする訴訟が提起されていることすら知らないまま欠席判決が言い渡され確定したときに、3号事由があるといえるかである。

このような場合の受送達者の救済手段として、338条1項5号の再審事由による再審請求や、控訴の追完(97条・285条)が考えられることについて異論はないが、この他に338条1項3号事由を主張して再審請求をすることができるかどうかについては、学説上争いがあり3)、平成4年判決後も残された問題であった4)。

代理人として訴訟行為をした者の代理権の欠缺を再審事由として定めた338条1項3号は、当事者に保障されるべき手続関与の機会が与えられなかった点に再審に値する違法事由を認める趣旨の規定であり、したがって3号事由の存否は当事者に保障されるべき手続関与の機会が与えられていたか否かの観点から判断されなければならない(平成4年判決もこの考え方を前提としているものと考えられる)。

さて、補充送達制度は、106条1項所定の同居者等の要件を満たす者に訴訟関係書類を交付すれば、それが速やかに受送達者に伝達されることが通常期待できることから、同居者等への交付をもって受送達者への直接交付と同一の効力を認めるものであり、通常の場合には、たとえ同居者等から受送達者に対して何らかの事情によって当該書類が交付されなかったとしても、同居者等への交付をもって受送達者に対して当該書類を了知する機会を与えたということができるものと考えられる。これに対し、受送達者あての訴訟関係書類の交付を受けた者が同項所定の同居者等の要件を満たす者であっても、その訴訟に関して受送達者との間に事実上の利害関係の対立があるため、当該同居者等から受送達者に対して訴訟関係書類が速やかに交付されることを期待することができないという例外的な場合において、実際にその交付がされず、そのため受送達者が訴訟が提起されていることすら知らないまま判決がされたときには、受送達者には、訴訟関係書類を了知する機会すら与えられておらず、したがって、その訴訟手続に関与する機会が実質的に与えられたことにはならないから、当事者の代理人として訴訟行為をした者が代理権を欠いた場合と別異に扱う必要はなく、3号事由があると解するのが相当である。

本決定は、以上の解釈に基づき、決定要旨のとおり判示して、3号事由肯定説を採用することを明らかにした。

|判例を読む| 本決定は、受送達者あての訴訟関係書類の交付を受けた106条1項所定の同居者等と受送達者との間に当該訴訟に関して事実上の利害関係の対立がある場合の補充送達の効力について、平成4年判決が前提とした有効説(と実務の取扱い)を明確に判示した。その上で、受送達者に対して訴訟関係書類が速やかに交付されることが期待できず、また実際に交付されなかった場合には、3号再審事由があることを最高裁として初めて判示した。つまり訴状等が有効に送達されたことは必ずしも3号再審事由を否定するものではないとして、訴訟手続関与の機会の保障の観点から3号再審事由を肯定したのである。このように下級審および学説において見解が分かれていた補充送達と再審の問題について最高裁が初めての判断を示したものであるが、この結論は、平成4年判決の延長線にあるものであり、判例として定着していくものと思われる5)。

なお、このことの関係から、有効な送達は必ずしも手続関与の機会の保障を意味しないのであるから、訴訟係属中に、本件のような訴訟に関して事実上の利害関係の対立が判明した場合や疑われる場合に、裁判所がどのように対応すべきかは、今後の問題として検討していく必要があろう6)。

〔佐野裕志〕

再審1審＝横浜地川崎支決平18・5・12民集61巻2号596頁／再審2審＝東京高決平18・8・23民集61巻2号604頁

1) 条解481頁。
2) 有効とする裁判例として神戸地判昭61・12・23判時1247号114頁、名古屋地決昭62・11・16判時1273号87頁、札幌簡判平2・1・25NBL454号43頁、東京地判平3・5・22判夕767号249頁など、無効とする裁判例として東京地判昭49・9・4判夕315号284頁、釧路簡判昭61・8・28NBL433号40頁、大阪高判平4・2・27判夕793号268頁などがある。
3) 受送達者が訴訟に全く関与できなかった点では、当事者が適法に代理されなかった場合と異なるところはないから、この場合も3号事由に当たると解するべきであるとする肯定説(森勇・平成4年度重判149頁、中山幸二「付郵便送達と裁判を受ける権利(下)」NBL505号25頁、同「送達の擬制と再審」青山古稀273頁、三谷忠之・判評412号42頁など)と、訴状等の補充送達が有効である以上、判決言渡しに至るまでの手続に瑕疵はなく、判決が適法に確定するに至ったことになるので、3号事由には当たらないとする否定説(井田宏・平成4年度主判解説212頁、同・平成6年度主判解説234頁、池尻郁夫「補充送達に関する一考察(1)」愛媛法学会雑誌20巻1号1頁など)が対立している。
4) 田中豊・最判解民平成4年度327頁。
5) 批判的な見解として山本弘「送達の瑕疵と民訴法338条1項3号に関する最近の最高裁判例の検討」青山古稀513頁。
6) 本件の評釈として、青木哲・平成19年度重判解説136頁、三木素子・曹時62巻5号1263頁、同・ジュリ1344号88頁、川嶋四郎・法セ634号114頁、堀野出・法セ増刊速報判例解説1号175頁、野村秀敏・法の支配148号65頁、河村好彦・法学研究(慶應義塾大学)81巻3号110頁、柳沢雄三・早稲田法学84巻1号255頁、山本研・明治学院大学法科大学院ローレビュー8号75頁、酒井博行・法学研究(北海学園大学)43巻3＝4号143頁、宇野聡・私判リマ2008(下)128頁、豊島英征＝真野さやか・平成19年度主判解説200頁、河野正憲・判夕1314号15頁、松下淳一・百選4版88頁、同・百選5版88頁。

223 第三者による再審

最高裁平成25年11月21日決定　民集67巻8号1686頁、判時2218号31頁、判タ1400号110頁

▶ 47条、338条1項3号、会社838条

論　点　▶　会社法上対世効のある裁判に対する第三者の再審の訴え

事実の要約　株式会社Y_1の代表取締役Xは、新株予約権を行使してY_1より株式の発行を受けた（その後、Xは解任）。Xは、この株式につきAとの間で質権を設定した。Y_1は、質権者Aに対し、この株式発行は見せ金により払込みの外形を作出してされた仮装なものであると主張したところ、AおよびXは、株式の発行は有効であると反論した。やがて、Y_1の株主であるY_2は、Y_1を被告として、この株式発行の不存在確認の訴えを提起し、その後、予備的に株式発行の無効の訴えを追加した。この訴えで、Y_2は、Xへの株式発行は見せ金により払込みの外形が作出されたものにすぎない等と主張した。Y_1は、第1回口頭弁論期日において、Y_2の請求原因事実をすべて認める旨答弁した。裁判所は、当事者双方の提出した書証を取り調べたうえ、請求原因事実についての追加立証の検討を指示して口頭弁論を続行し、第2回口頭弁論期日において、株式発行が見せ金によるものであること等が記載されたY_1提出の陳述書を更に取り調べて、口頭弁論を終結した。そして、主位的請求棄却、予備的請求認容の判決が言い渡され、控訴なく確定した。その後、Xは、この訴えの提起と判決の存在を知るに至り、株式発行無効の訴えに独立当事者参加の申出をするとともに、Y_1Y_2を被告として再審の訴えを提起した。

裁判の流れ　1審：再審請求棄却決定　2審：抗告棄却決定　最高裁：原決定破棄差戻

1審は、判決がXに対しても効力を有する（会社838条）にもかかわらず、訴えの係属をXに知らせることなく、判決を確定させ、Xの権利を侵害したのであり、338条1項3号の代理権欠缺に準じた再審事由に該当するとのXの主張1)に対し、対世効による法律関係の画一的処理が図られないことになってもやむを得ない特段の事情がある場合には、338条1項3号に準じた再審事由に該当する場合があることは認めつつ、しかし、本件では特段の事情はないとして、Xの再審請求を棄却した。これに対し、新株を取得したのが第三者Xであるのに、Y_1は事実をまったく争っておらず、Xの利益が守られないまま訴訟手続が進行し、不利益な判決が下されたのだから、338条1項3号の類推適用が認められるべきであるという理由で抗告した。

2審は、再審の訴えのXの原告適格に関して、株式発行無効の確定判決によって、Xは自己の権利を害されるから、共同訴訟的補助参加が可能であり、それゆえ再審の原告適格があるとした。そして、338条1項3号に準じた再審事由に関しては、判決効が第三者に及ぶ場合、判決内容を考慮して、詐害判決に対する再審を認めるかは個別に定められている（たとえば、行訴34条1項や特許172条1項）のであるが、会社法には、会社の組織に関する訴えについて、かような再審請求を認める規定はない2)としてXの抗告を棄却した。これに対し、許可抗告を申し立てた。

決定要旨　＜原決定破棄、原審に差戻＞「新株発行の無効の訴えに係る請求を認容する確定判決の効力を受ける第三者は、再審原告として上記確定判決に対する再審の訴えを提起したとしても、上記確定判決に係る訴訟の当事者ではない以上、上記訴訟の本案についての訴訟行為をすることはできず、上記確定判決の判断を左右できる地位にはない。そのため、上記第三者は、上記確定判決に対する再審の訴えを提起してもその目的を達することができず、当然には上記再審の訴えの原告適格を有するということはできない。しかし、上記第三者が上記再審の訴えを提起するとともに独立当事者参加の申出をした場合には、上記第三者は、再審開始の決定が確定した後、当該独立当事者参加に係る訴訟行為をすることによって、合一確定の要請を介し、上記確定判決の判断を左右することができるようになる…そうであれば、新株発行の無効の訴えに係る請求を認容する確定判決の効力を受ける第三者は、上記確定判決に係る訴訟について独立当事者参加の申出をすることによって、上記確定判決に対する再審の訴えの原告適格を有することになるというべきである。」

「新株発行の無効の訴えは、株式の発行をした株式会社のみが被告適格を有するとされているのであるから（会社法834条2号）、上記株式会社によって上記訴えに係る訴訟が追行されている以上、上記訴訟の確定判決の効力を受ける第三者が、上記訴訟の係属を知らず、上記訴訟の審理に関与する機会を与えられなかったとしても、直ちに上記確定判決に民訴法338条1項3号の再審事由があるということはできない。しかし、当事者は、信義に従い誠実に民事訴訟を追行しなければならないのであり（民訴法2条）、とりわけ、新株発行の無効の訴えの被告適格が与えられた株式会社は、事実上、上記確定判決の効力を受ける第三者に代わって手続に関与するという立場にもあることから、上記株式会社には、上記第三者の利益に配慮し、より一層、信義に従った訴訟活動をすることが求められるところである。そうすると、上記株式会社による訴訟活動がおよそいかなるものであったとしても、上記第三者が後に上記確定判決の効力を一切争うことができないと解することは、手続保障の観点から是認することはできないのであって、上記株式会社の訴訟活動が著しく信義に反しており、上記第三者に上記確定判決の効力を及ぼすことが手続保障の観点から看過することができない場合には、上記確定判決には、民訴法338条1項3号の再審事由があるというべきである。」

判例の法理　★**再審の原告適格**　Xが共同訴訟的補助参加できることから、再審の原告適格ありとした原決定に対し、本決定は、Xは当初より独立当事者参加の申出とともに再審を申し立てていたのだから、独立当事者参加の適法性を検討していない原審の判断には、裁判に影響を及ぼすことが明らかな法令違反があるとして、原決定を破棄した。そして、独立当事者参加の申出とともに再審の訴えを提起した場合、この参加に係る訴訟行為を

することによって、合一確定の要請を介し、確定判決の判断を左右することができるという理由から、対世効を受けるとしても、本来Xはその訴訟の当事者ではないため、本案について訴訟行為をできないので、判決の判断を左右できず再審の目的を達成できないゆえ、再審の原告適格はないという理屈にはならないとした。

★**再審事由（338条1項3号）の有無**　新株発行無効の訴えに被告適格を有するY₁が、提訴前より争いのあったXに訴え提起を知らせず、訴訟においてY₂の請求原因事実をすべて認める陳述をするような場合、Y₁の訴訟活動は著しく信義に反し、新株発行の効力を維持したいXが判決効に服することは、手続保障の観点から是認し難く、この確定判決には、338条1項3号の再審事由ありとみる余地があるとし、原審の判断には裁判に影響を及ぼすことが明らかな法令違反ありとして、原決定を破棄した。

▼**判例を読む**　再審とは、前訴の確定判決の取消の段階と、それにより復活・続行される前訴の再審理の段階からなる一連の手続である。再審の訴えの原告適格に関し、1つは、確定判決を取り消す段階に焦点を合わせ、判決の取消に自己固有の事由が存する第三者に再審原告適格を認める考え方3)である。再審の原告適格の存否と再審事由の存否の判断とを結び付けて考える。もう1つは、再審を提起できるのは、確定判決が下された請求の再審理がされる場合に、その本案について訴訟行為をなしうる者と解する。復活・続行される訴えの再審理の段階に焦点を合わせ、そこでの訴訟行為は前訴の復活戦だから前訴に属する訴訟行為ができる者に再審の原告適格を肯定する。

かつて平成元年判決4)は、死後認知請求の訴え（人訴12条3項）で認容判決が確定した場合、原告や被告（検察官）にとって確定判決に瑕疵はなく、第三者（父とされた者の他の子供）は認知の訴えの当事者適格を有せず、補助参加をすることができるにすぎず、本案について独立して訴訟行為をすることができないため、第三者に再審の原告適格を認めなかった。前訴の本案について当事者適格を有していなければ、再審の原告適格は認められないとの見解だろう。本件では、Xが株主であることの地位確認請求を定立して、Y₁Y₂を共同被告として独立当事者参加した場合、Xは、自分が定立した請求に係る主張等の訴訟行為を通じ、前訴（新株発行無効の訴え）の本案との合一確定の要請（47条4項による40条準用）の範囲で、前訴の本案に影響を及ぼし、その結果を左右することも可能となる5)。本決定は、再審の訴えで復活・続行される本案において訴訟行為をし、確定判決の判断を左右できることから、Xの再審原告適格を認めたものとみる6)ことができよう。

ただ、Xが再審で復活・続行される新株発行無効の訴えに請求を定立して独立当事者参加する場合、会社法上、前訴請求との関係では、Xは第三者にすぎず、自分との関係で前訴の手続に瑕疵があったとの主張が再審事由となると解してよいか。前訴での第三者の手続関与の機会の欠缺が、再審事由に当たるのかについては、前訴の詐害的な訴訟追行によって権利を侵害されることになった第三者を再審によって事後的に救済するため、338条1項3号の類推が可能であるとの見解が有力である。3号は、その原因いかんを問わず、当事者が訴訟において適法に代理されなかったすべての場合を含むと解され、代理権の欠缺と同視しうる場合に類推されるとの解釈に異論は少ない。

第三者の再審原告適格を基礎づけるため、独立当事者参加を用いる場合、当然この参加の適法要件が求められる。独立当事者参加は訴えの実質を有するものなので、参加人は自己の請求を定立して参加する必要がある7)。この点、平成26年決定8)は、株式会社の解散の訴え（会社833条1項1号）の請求認容確定判決につき、その効力を受ける第三者（会社838条）たる株主が独立当事者参加の申出をしつつ再審の訴えを提起したが、単に訴えの却下や請求棄却の判決を求めるのみで独自の請求を定立していなかったことを理由に、独立当事者参加の申出を不適法として第三者の再審原告適格を否定した。

〔齋藤善人〕

1審＝東京地決平24・3・30／2＝東京高決平24・8・23判タ1384号341頁

1) Xは、新株発行無効の訴えの被告となれない（会社834条2号）ため、自ら防御する機会がないまま（場合によっては提訴自体を知らないまま）、判決効が及ぶことにもなり、そうなるとY₁の訴訟活動次第で自分の権利（株主としての地位）を失うことになる。そこで、Xの救済を考えねばならない。なお、明治23年民訴法483条は、「①第三者カ原告及ヒ被告ノ共謀ニ因リ第三者ノ債権ヲ害スル目的ヲ以テ判決ヲ為サシメタリト主張シ其判決ニ対シ不服ヲ申立ツルトキハ原状回復ノ訴エニ因レル再審ノ規定ヲ準用ス。②此場合ニ於テハ原告及ヒ被告ヲ共同被告ト為ス」と規定し、第三者による詐害再審を認めていたが、これは大正15年民訴法改正で廃止され、現行法に至っている。
2) 責任追及等の訴えについては、原告と被告が共謀して会社の権利を侵害する目的で判決をさせたような、いわゆる詐害判決に対する株主など第三者による再審の訴えを定めた明文規定がある（会社853条1項）。
3) 兼子・体系485頁、新堂945頁、上田630頁、条解1716頁〔松浦馨〕、高橋・下794頁など。
4) 最判平1・11・10民集43巻10号1085頁（→219事件）。
5) 判決効が及ぶXは、共同訴訟的補助参加の申出とともに再審を申し立てることはできる（43条2項・45条1項）が、その場合、Xは、Y₁の自白を争える等有利な訴訟行為については被参加人の訴訟行為と抵触することが許容され（40条1項類推）、必要的共同訴訟人に近似の地位が与えられているとはいえ、前訴のY₁を補助するとの性格上、前訴の本案に関し、自己固有の事由を主張して争うといった訴訟行為をすることはできない。
6) 岡田幸宏・私判リマ49号125頁、三木浩一・百選5版247頁。再審の原告適格の考え方について、平成元年判決を踏襲するものと解する。対して、堀野出・新・判例解説Watch民事訴訟法No.1 147～148頁は、独自の再審事由を主張しつつ再審申立てをなしうる地位にあるか否かにより、原告適格が判断され、独立当事者参加の場合、本訴当事者の主張しうるものを超えた第三者に固有の事由の主張を第三者に許すことになり、これを通じて、結果的に第三者固有の再審原告適格が認められると解したのが本決定の枠組みであるという。
7) ただし、本件のような詐害防止参加（47条1項前段）では、請求を定立する必要はないとの説もある。
8) 最決平26・7・10金判1448号10頁。評釈として、徳田和幸・民商150巻6号760頁、笠井正俊・判セ2014〔Ⅱ〕30頁、石橋英典・同志社法学66巻6号219頁、吉垣実・ジュリ1479号135頁、安西明子・新・判例解説Watch民事訴訟法No.3 145頁、菱田雄郷・私判リマ51号128頁、間渕清史・判時2265号160頁など。

判例索引（年月日順）

タイトルの次の〔　〕内ゴシック数字は判例番号を示す。右端の数字は頁数。

●大正
大判大4・9・29民録21輯1520頁　自白の撤回の要件〔131〕……………………………………………………………197

●昭和1～19年
大判昭10・10・28民集14巻1785頁　氏名冒用訴訟〔24〕……………………………………………………………36
大判昭11・3・11民集15巻977頁　死者を当事者とする訴訟〔25〕……………………………………………………38
大判昭14・5・16民集18巻557頁　法定訴訟担当(2)――債権者代位権〔36〕…………………………………………51

●昭和20～29年
最判昭25・6・23民集4巻6号240頁　訴訟代理人の訴訟上の地位〔45〕……………………………………………67
最判昭27・11・27民集6巻10号1062頁　権利抗弁〔106〕……………………………………………………………156
最判昭29・6・11民集8巻6号1055頁　意思能力〔42〕…………………………………………………………………62
大阪地判昭29・6・26下民集5巻6号949頁　表示の訂正〔26〕………………………………………………………39

●昭和30～39年
最判昭30・1・28民集9巻1号83頁　裁判官の忌避事由〔56〕…………………………………………………………82
最判昭30・7・5民集9巻9号985頁　権利自白〔130〕…………………………………………………………………195
最判昭31・4・3民集10巻4号297頁　上訴の利益(1)〔201〕…………………………………………………………282
最判昭32・2・8民集11巻2号258頁　反対尋問の保障〔146〕………………………………………………………217
最判昭32・2・28民集11巻2号374頁　訴えの交換的変更と旧訴の扱い〔60〕………………………………………87
最判昭32・5・10民集11巻5号715頁　概括的認定――過去の一応の推定〔142〕…………………………………213
最判昭32・9・17民集11巻9号1540頁　訴訟承継制度――義務者の参加申立て〔180〕…………………………256
最判昭33・4・17民集12巻6号873頁　選定当事者――共同の利益を有する者〔34〕……………………………49
最判昭33・6・14民集12巻9号1492頁　訴訟上の和解と錯誤（無効）〔73〕………………………………………103
最判昭33・7・8民集12巻11号1740頁　当事者からの主張の要否(2)――代理人による契約締結〔101〕………151
最判昭33・7・25民集12巻12号1823頁　訴訟能力――特別代理人〔43〕…………………………………………64
最判昭33・10・14民集12巻14号3091頁　上訴審の審判の範囲――予備的請求〔203〕…………………………284
最判昭35・2・2民集14巻1号36頁　証明責任の分配(1)――虚偽表示における第三者の善意【不動産売買無効等確認事件】〔133〕………199
最判昭35・6・9民集14巻7号1304頁　審理不尽という上告理由〔211〕……………………………………………292
最判昭36・4・7民集15巻4号694頁　弁論の全趣旨〔145〕…………………………………………………………216
最判昭36・4・27民集15巻4号901頁　当事者からの主張の要否(3)――公序良俗〔102〕………………………152
最判昭36・8・8民集15巻7号2005頁　経験則違反と上告〔209〕……………………………………………………290
最判昭36・11・24民集15巻10号2583頁　共同訴訟参加と当事者適格〔177〕……………………………………253
最判昭36・11・28民集15巻10号2593頁　破棄判決の拘束力(2)――事実上の判断〔213〕……………………296
最判昭37・1・19民集16巻1号106頁　多数当事者訴訟と上訴期間〔183①〕………………………………………259
最判昭37・8・10民集16巻8号1720頁　一部請求――明示の場合〔192〕…………………………………………271
最判昭37・12・18民集16巻12号2422頁　民法上の組合の当事者能力〔28〕………………………………………41
最判昭38・2・21民集17巻1号182頁　訴訟代理人の代理権の範囲〔44〕…………………………………………65
最判昭38・2・21民集17巻1号198頁　控訴審での反訴〔208〕………………………………………………………289
最判昭38・4・12民集17巻3号468頁　再審事由と上告理由〔210〕…………………………………………………291
最判昭38・10・15民集17巻9号1220頁　境界（筆界）確定の訴え(2)〔62〕………………………………………89
最大判昭38・10・30民集17巻9号1266頁　弁護士による代理(1)――双方代理〔46〕……………………………68

最判昭39・5・12 民集18巻4号597頁　文書真正の推定〔154〕	227
最判昭39・7・10 民集18巻6号1093頁　訴えの変更〔59〕	86
最判昭39・10・13 民集18巻8号1619頁　裁判官の除斥事由——前審への関与〔55〕	81
最判昭39・11・26 民集18巻9号1992頁　消極的確認の利益〔76〕	106

●昭和40～49年

最判昭40・3・4 民集19巻2号197頁　占有の訴えと本権の訴え〔68〕	98
最大決昭40・6・30 民集19巻4号1089頁　訴訟と非訟(1)——夫婦同居の審判〔4〕	5
最判昭40・9・17 民集19巻6号1533頁　消極的確認訴訟における申立事項——一定額を超える債務不存在確認訴訟の意味〔185〕	263
最判昭41・1・27 民集20巻1号136頁　証明責任の分配(4)——背信行為と認めるに足りない特段の事情〔136〕	204
最判昭41・3・18 民集20巻3号464頁　給付の訴え——登記請求訴訟〔88〕	130
最判昭41・3・22 民集20巻3号484頁　引受承継人の範囲〔181〕	257
最判昭41・4・12 民集20巻4号560頁　弁論の併合と証拠調べの結果の援用〔147〕	218
最判昭41・7・14 民集20巻6号1173頁　信義則(2)——訴訟承継〔10〕	15
最判昭41・9・22 民集20巻7号1392頁　間接事実の自白〔128〕	192
最判昭42・2・24 民集21巻1号209頁　公示送達の不知と追完〔93〕	139
最大判昭42・9・27 民集21巻7号1955頁　弁護士による代理(2)——懲戒処分〔48〕	71
最判昭42・10・19 民集21巻8号2078頁　法人でない社団の当事者能力〔27〕	40
最判昭43・2・15 民集22巻2号184頁　和解契約の解除と訴訟の終了〔72〕	102
最判昭43・2・16 民集22巻2号217頁　証明責任の分配(2)——準消費貸借契約〔134〕	200
最判昭43・3・8 民集22巻3号551頁　主観的予備的併合〔166〕	241
最判昭43・3・15 民集22巻3号607頁　固有必要的共同訴訟(2)——被告側の共同相続〔159〕	233
最判昭43・3・19 民集22巻3号648頁　破棄判決の拘束力(1)——法律上の判断〔212〕	294
最判昭43・3・28 民集22巻3号707頁　擬制自白〔127〕	191
最判昭43・4・11 民集22巻4号862頁　後遺症による損害額の増大〔193〕	272
最判昭43・9・12 民集22巻9号1896頁　通常共同訴訟人独立の原則——当然の補助参加〔155〕	228
最判昭43・12・24 民集22巻13号3428頁　過失の一応の推定〔143〕	214
最判昭43・12・24 民集22巻13号3454頁　職権による過失相殺〔105〕	155
最判昭44・6・24 判時569号48頁　争点効〔190〕	269
最判昭44・7・8 民集23巻8号1407頁　確定判決の騙取〔194〕	274
最判昭44・7・10 民集23巻8号1423頁　法人の内部紛争(2)【銀閣寺事件】〔40〕	58
最判昭44・7・15 民集23巻8号1532頁　上告審での独立当事者参加〔175〕	251
最判昭44・10・17 民集23巻10号1825頁　裁判外の訴え取下げの合意の効力〔70〕	100
最判昭44・11・27 民集23巻11号2251頁　時効の完成猶予および更新（時効の中断）〔64〕	91
最判昭45・4・2 民集24巻4号223頁　株主総会決議取消の訴え〔92〕	138
最判昭45・6・11 民集24巻6号516頁　裁判所の釈明権〔107〕	157
最大判昭45・7・15 民集24巻7号861頁　子の死亡後の親子関係確認の利益〔79〕	113
最判昭45・10・22 民集24巻11号1583頁　補助参加人に対する判決の効力〔170〕	246
最大判昭45・11・11 民集24巻12号1854頁　任意的訴訟担当〔38〕	55
最判昭45・12・15 民集24巻13号2072頁　訴訟と法人代表者の表見代理〔49〕	72
仙台高判昭46・3・24 行集22巻3号297頁　当事者能力と当事者適格の交錯〔31〕	45
大阪高判昭46・4・8 判時633号73頁　請求の目的物の所持人——実質的当事者に対する115条1項4号の類推適用〔197〕	278
最判昭46・4・23 判時631号55頁　時機に後れた攻撃防御方法〔99〕	148
最判昭46・6・25 民集25巻4号640頁　刑事上罰すべき他人の行為による訴えの取下げ〔69〕	99
最判昭46・6・29 判時636号50頁　当事者からの主張の要否(4)——間接事実（否認理由に相当する事実）〔103〕	153
新潟地判昭46・9・29 下民集22巻9～10号別冊1頁　事実上の推定〔144〕	215
最判昭46・10・7 民集25巻7号885頁　固有必要的共同訴訟(6)——訴えの取下げ〔163〕	237

最判昭 46・11・25 民集 25 巻 8 号 1343 頁　引換給付判決——立退料の支払と引換えの建物明渡判決〔184〕……………261
最判昭 47・2・15 民集 26 巻 1 号 30 頁　遺言無効確認の利益〔75〕………………………………………………………105
東京高決昭 47・5・22 高民集 25 巻 3 号 209 頁　模索的証明〔110〕……………………………………………………161
最判昭 47・6・2 民集 26 巻 5 号 957 頁　当事者能力と登記請求権〔30〕…………………………………………………44
最判昭 47・11・9 民集 26 巻 9 号 1566 頁　当事者適格——相続財産管理人〔33〕………………………………………47
最判昭 48・4・24 民集 27 巻 3 号 596 頁　債権者代位訴訟と独立当事者参加〔174〕…………………………………250
最判昭 48・6・21 民集 27 巻 6 号 712 頁　口頭弁論終結後の承継人——既判力の主観的範囲〔196〕………………276
最判昭 48・7・20 民集 27 巻 7 号 863 頁　敗訴者の 1 人による上訴〔176〕……………………………………………252
最判昭 48・7・20 民集 27 巻 7 号 890 頁　信義則(1)——争点形成〔9〕………………………………………………13
最判昭 48・10・11 判時 723 号 44 頁　訴訟に要する費用(1)——弁護士費用の請求〔13〕……………………………20
最判昭 48・10・26 民集 27 巻 9 号 1240 頁　信義則(3)——当事者の確定〔11〕………………………………………16
最判昭 49・2・5 民集 28 巻 1 号 27 頁　訴額の算定〔50〕………………………………………………………………73
東京地判昭 49・3・1 下民集 25 巻 1～4 号 129 頁　過失の自認の効力〔132〕…………………………………………198
東京高決昭 49・4・17 下民集 25 巻 1～4 号 309 頁　補助参加の利益〔168〕…………………………………………244
最判昭 49・4・26 民集 28 巻 3 号 503 頁　限定承認の蒸し返し——既判力に準ずる効力〔191〕……………………270

●昭和 50～59 年

最判昭 50・10・24 民集 29 巻 9 号 1417 頁　訴訟上の証明【ルンバール・ショック事件】〔139〕…………………208
最判昭 50・11・28 民集 29 巻 10 号 1554 頁　国際裁判管轄権(3)——国際裁判管轄の合意【チサダネ号事件】〔20〕……29
最判昭 51・3・23 判時 816 号 48 頁　先行行為に矛盾する主張——訴訟上の信義則〔97〕…………………………145
最判昭 51・3・30 判時 814 号 112 頁　補助参加の態様〔169〕…………………………………………………………245
最判昭 51・7・19 民集 30 巻 7 号 706 頁　法定訴訟担当(1)——遺言執行者〔35〕……………………………………50
最判昭 51・7・27 民集 30 巻 7 号 724 頁　訴訟の終了——養子縁組取消訴訟〔178〕…………………………………254
最判昭 51・9・30 民集 30 巻 8 号 799 頁　信義則——判決の効力〔195〕………………………………………………275
最判昭 51・10・21 民集 30 巻 9 号 903 頁　判決の反射効(1)——保証人敗訴判決確定後の主債務者勝訴の確定判決の保証人による援用〔199〕…………………………………………………………………………………………………280
最判昭 52・3・15 民集 31 巻 2 号 234 頁・280 頁　部分社会と司法審査——国立大学における単位授与【富山大学事件】〔3〕………4
最判昭 52・4・15 民集 31 巻 3 号 371 頁　補助事実の自白——文書の真正〔129〕……………………………………193
最判昭 52・5・27 民集 31 巻 3 号 404 頁　再審期間の始期〔220〕………………………………………………………305
東京高判昭 52・7・15 判時 867 号 60 頁　無断（秘密）録音テープの証拠能力〔148〕………………………………219
最判昭 52・7・19 民集 31 巻 4 号 693 頁　訴えの取下げと再訴の禁止〔71〕…………………………………………101
大阪高決昭 53・3・6 高民集 31 巻 1 号 38 頁　磁気テープの証拠調べ〔153〕…………………………………………225
最判昭 53・3・23 判時 885 号 118 頁　唯一の証拠方法の申出とその採否〔149〕……………………………………220
最判昭 53・3・23 判時 886 号 35 頁　判決の反射効(2)——共同不法行為者の 1 人がした相殺〔200〕………………281
最判昭 53・7・10 民集 32 巻 5 号 888 頁　訴訟上の権能の濫用(1)——訴権の濫用〔6〕………………………………8
最判昭 53・9・14 判時 906 号 88 頁　法人格否認の法理——法人格否認の場合における判決の既判力・執行力拡張の否定〔198〕……279
大阪高決昭 54・2・28 判時 923 号 89 頁　移送(2)——著しい損害・遅滞の内容〔53〕………………………………78
東京高決昭 54・9・28 下民集 30 巻 9～12 号 443 頁　訴訟承継——権利譲渡人からの引受申立て〔179〕…………255
東京高判昭 54・10・18 下民集 33 巻 5～8 号 1031 頁　文書提出命令の不遵守〔126〕………………………………190
最判昭 55・2・7 民集 34 巻 2 号 123 頁　当事者からの主張の要否(1)——所有権喪失事由〔100〕………………149
最判昭 55・10・23 民集 34 巻 5 号 747 頁　既判力の時的限界(1)——取消権〔186〕…………………………………264
最判昭 56・2・16 民集 35 巻 1 号 56 頁　証明責任の分配(3)——安全配慮義務〔135〕……………………………202
最判昭 56・4・14 民集 35 巻 3 号 620 頁　情報の収集——弁護士法 23 条の 2 の照会〔111〕………………………163
最判昭 56・9・24 民集 35 巻 6 号 1088 頁　口頭弁論の再開〔96〕……………………………………………………144
最判昭 56・10・16 民集 35 巻 7 号 1224 頁　国際裁判管轄権(1)——外国会社に対する国際裁判管轄【マレーシア航空事件】〔18〕…26
最大判昭 56・12・16 民集 35 巻 10 号 1369 頁　集団訴訟における証明【大阪国際空港訴訟】〔140〕………………211
最判昭 57・2・23 民集 36 巻 2 号 183 頁　仲裁契約の成立〔74〕………………………………………………………104
最判昭 57・3・30 民集 36 巻 3 号 501 頁　既判力の時的限界(2)——白地手形〔187〕………………………………265
最判昭 57・9・28 民集 36 巻 8 号 1652 頁　併合された将来給付の訴え——保険金請求〔90〕……………………136

最判昭58・2・3民集37巻1号45頁　移送(1)――地家裁間の移送〔52〕	76
最判昭58・3・22判時1074号55頁　不服の限度――上訴しない当事者の請求〔205〕	286
最判昭58・3・31判時1075号119頁　必要的差戻〔207〕	288
最判昭58・10・18民集37巻8号1121頁　境界（筆界）確定の訴え(1)〔61〕	88

●昭和60〜64年

名古屋高判昭60・4・12下民集34巻1〜4号461頁　差止請求と請求の特定【新幹線訴訟】〔57〕	83
最判昭60・12・20判時1181号77頁　紛争管理権【豊前火力発電所建設差止請求訴訟】〔37〕	53
最判昭61・3・13民集40巻2号389頁　遺産確認の利益〔78〕	110
最判昭61・9・4判時1215号47頁　不利益変更の禁止〔206〕	287
最判昭61・9・4判時1217号57頁　固有必要的共同訴訟(5)――前婚の無効確認と後婚の取消〔162〕	236
広島地決昭61・11・21判時1224号76頁　診療録の証拠保全の要件〔112〕	164
最判昭62・7・17民集41巻5号1381頁　離縁無効確認の利益〔80〕	115
最判昭62・7・17民集41巻5号1402頁　主観的追加的併合〔167〕	243
最判昭63・1・26民集42巻1号1頁　訴訟上の権能の濫用(3)――訴えの提起と不法行為〔8〕	11
最判昭63・2・25民集42巻2号120頁　共同訴訟的補助参加〔172〕	248
最判昭63・3・15民集42巻3号170頁　二重起訴と相殺の抗弁〔65〕	92

●平成元〜9年

名古屋高金沢支判平元・1・30判時1308号125頁　上訴の利益(2)〔202〕	283
最判平元・3・28民集43巻3号167頁　固有必要的共同訴訟(4)――遺産確認の訴え〔161〕	235
東京地中間判平元・5・30判時1348号91頁　国際的訴訟競合【グールド事件】〔22〕	32
最判平元・9・8民集43巻8号889頁　法律上の争訟(1)【蓮華寺事件】〔1〕	1
最判平元・9・19判時1328号38頁　訴えの選択的併合〔58〕	85
最判平元・11・10民集43巻10号1085頁　再審の原告適格〔219〕	303
最判平元・12・8民集43巻11号1259頁　統計学的立証の可否【鶴岡灯油訴訟】〔141〕	212
最判平3・12・17民集45巻9号1435頁　別訴債権を本訴での相殺の抗弁に提出することの許否〔66①〕	94
東京高判平4・7・29判時1433号56頁　債務不存在確認の訴えの攻撃的性格〔82〕	118
最判平4・9・10民集46巻6号553頁　再審事由と補充性〔218〕	301
最判平4・10・29民集46巻7号1174頁　事案解明義務〔137〕	205
最判平4・10・29民集46巻7号2580頁　形成の訴えの利益の有無【ブリヂストン事件】〔91〕	137
最判平6・5・31民集48巻4号1065頁　入会団体の当事者適格〔41〕	60
最判平6・9・27判時1513号111頁　独立当事者参加の可否〔173〕	249
最判平6・10・25判時1516号74頁　再審と有罪の証拠〔221〕	307
最判平6・11・22民集48巻7号1355頁　一部請求と相殺，不利益変更禁止〔204〕	285
最判平7・2・21民集49巻2号231頁　法人の内部紛争(1)――原告適格〔39〕	57
最判平7・2・23判時1524号134頁　違式の裁判〔214〕	297
最判平7・3・7民集49巻3号893頁　特別受益財産と確認の利益〔87〕	128
最判平7・3・7民集49巻3号919頁　境界（筆界）確定の訴えと当事者適格〔63〕	90
最判平7・7・18民集49巻7号2717頁　法律上の争訟〔81〕	116
最判平7・12・15民集49巻10号3051頁　建物買取請求権と既判力――遮断効〔188〕	266
最判平8・6・24民集50巻7号1451頁　国際裁判管轄権(4)――離婚事件の国際裁判管轄〔21〕	30
最判平9・3・14判時1600号89頁　法的観点指摘義務と既判力の縮小〔108〕	158
最判平9・3・14判時1600号89頁　必要的共同訴訟と既判力――遮断効〔189〕	267
最大判平9・4・2民集51巻4号1673頁　必要的共同訴訟と上訴(1)〔164〕	238
最判平9・7・11民集51巻6号2573頁　外国判決の承認――懲罰的損害賠償を命じる外国判決の承認【萬世工業事件】〔23〕	34
最判平9・7・17判時1614号72頁　被告が主張した原告に有利な事実――当事者の主張の要否〔104〕	154
最判平9・11・11民集51巻10号4055頁　国際裁判管轄権(2)――特段の事情〔19〕	28

●平成 10～19 年

最判平 10・4・30 民集 52 巻 3 号 930 頁　相殺に対する反対相殺〔98〕……………………………………146
最判平 10・6・12 民集 52 巻 4 号 1147 頁　信義則(4)──一部請求〔12〕………………………………………18
最判平 10・6・30 民集 52 巻 4 号 1225 頁　別訴債権を本訴での相殺の抗弁に提出することの許否〔66②〕……94
最判平 10・9・10 判時 1661 号 81 頁（①事件）　郵便に付する送達〔94①〕……………………………………140
最判平 10・9・10 判時 1661 号 81 頁（②事件）　郵便に付する送達〔94②〕……………………………………140
最判平 11・1・21 民集 53 巻 1 号 1 頁　条件付法律関係の確認──敷金返還請求権の確認〔85〕……………124
最判平 11・6・11 判時 1685 号 36 頁　遺言者生存中に提起された遺言無効確認の訴え〔84〕………………122
最決平 11・11・12 民集 53 巻 8 号 1787 頁　文書提出命令(4)──銀行の貸出稟議書〔117〕…………………174
最判平 12・2・24 民集 54 巻 2 号 523 頁　具体的相続分確認の訴え〔83〕……………………………………120
最決平 12・3・10 民集 54 巻 3 号 1073 頁　文書提出命令(6)──文書提出義務と技術または職業の秘密および証拠の必要性と不服申立て〔119〕……………………………………………………………………………178
最決平 12・3・10 判時 1711 号 55 頁　行政庁の所持する文書と提出命令〔113〕………………………………166
最判平 12・7・7 民集 54 巻 6 号 1767 頁　必要的共同訴訟と上訴(2)〔165〕……………………………………239
最決平 13・12・7 民集 55 巻 7 号 1411 頁　文書提出命令(5)──信用組合の貸出稟議書【木津信稟議書提出命令事件】〔118〕………177
最判平 14・1・22 判時 1776 号 67 頁　訴訟告知の効力の客観的範囲〔171〕…………………………………247
最判平 14・2・22 民集 56 巻 2 号 348 頁　商標権の共有者の 1 人が当該商標登録の無効審決について単独で取消訴訟を提起することの許否〔157〕………………………………………………………………………230
最判平 14・4・12 民集 56 巻 4 号 729 頁　民事裁判権の免除(1)【横田基地夜間飛行差止等請求事件】〔16〕………23
最判平 14・6・7 民集 56 巻 5 号 899 頁　預託金会員制ゴルフクラブの当事者能力〔29〕…………………42
最判平 15・7・11 民集 57 巻 7 号 787 頁　不動産の共有者の 1 人が不実の持分移転登記を了している者に対し同登記の抹消登記手続請求をすることの可否〔156〕………………………………………………229
最判平 15・10・31 判時 1841 号 143 頁　上告受理──再審事由との関係〔217〕………………………………300
最決平 15・11・13 民集 57 巻 10 号 1531 頁　多数当事者訴訟と上訴期間〔183②〕……………………………259
最判平 16・3・25 民集 58 巻 3 号 753 頁　債務不存在確認の訴えを本訴とする訴訟において当該債務の履行を求める反訴が提起された場合〔86〕……………………………………………………………126
最決平 16・4・8 民集 58 巻 4 号 825 頁　不法行為に関する訴え（5 条 9 号）〔51〕……………………………75
最決平 16・5・25 民集 58 巻 5 号 1135 頁　文書提出命令(1)──訴訟に関する書類（刑訴法 47 条）は法律関係文書か〔114〕………168
最判平 16・7・6 民集 58 巻 5 号 1319 頁　固有必要的共同訴訟(3)──共同相続人間における相続人の地位不存在確認の訴え〔160〕…234
最決平 16・7・13 民集 58 巻 5 号 1599 頁　訴訟に要する費用(2)──訴訟上の救助と相手方の即時抗告〔14〕………21
最決平 16・11・26 民集 58 巻 8 号 2393 頁　「黙秘すべきもの」（197 条 1 項 2 号）の意義〔150〕……………221
最決平 17・7・22 民集 59 巻 6 号 1837 頁　文書提出命令(2)──捜索差押許可状および捜索差押令状請求書は法律関係文書か〔115〕…………170
最決平 17・7・22 民集 59 巻 6 号 1888 頁　文書提出命令(11)──223 条 4 項 1 号の「他国との信頼関係が損なわれるおそれ」〔124〕………186
最決平 17・10・14 民集 59 巻 8 号 2265 頁　文書提出命令(7)──220 条 4 号ロにいう「公務員の職務上の秘密」〔120〕………180
最判平 17・11・8 判時 1915 号 19 頁　檀信徒総会決議不存在確認の訴え〔77〕……………………………108
最判平 17・11・10 民集 59 巻 9 号 2503 頁　文書提出命令(8)──市議会議員の調査研究報告書は自己専用文書か〔121〕………182
最決平 18・2・17 民集 60 巻 2 号 496 頁　文書提出命令(9)──銀行本部からの社内通達文書と自己専用文書〔122〕………184
最判平 18・4・14 民集 60 巻 4 号 1497 頁　反訴請求債権を自働債権とし本訴請求債権を受働債権とする相殺の抗弁の許否〔67〕……96
最判平 18・7・7 民集 60 巻 6 号 2307 頁　訴訟上の権能の濫用(2)──親子関係不存在確認の訴えと権利濫用〔7〕……10
最判平 18・7・21 民集 60 巻 6 号 2542 頁　民事裁判権の免除(2)〔17〕…………………………………………24
最決平 18・10・3 民集 60 巻 8 号 2647 頁　報道関係者の取材源に係る証言拒絶〔152〕……………………223
最判平 19・1・16 判時 1959 号 29 頁　原判決を破棄する場合における口頭弁論の要否〔215〕……………298
最決平 19・3・20 民集 61 巻 2 号 586 頁　補充送達の効力と再審事由〔222〕…………………………………308
最判平 19・3・27 民集 61 巻 2 号 711 頁　訴訟代理人がある場合の訴訟手続の中断等【光華寮事件】〔47〕……69
最判平 19・3・30 判時 1972 号 86 頁　離婚の訴えに附帯して別居後離婚までの期間における子の監護費用の支払を求める申立て〔182〕…………………………………………………………………258

最判平 19・5・29 判時 1978 号 7 頁	将来の給付の訴えを提起することのできる請求権としての適格【横田基地訴訟事件】〔89〕……132
最決平 19・11・30 民集 61 巻 8 号 3186 頁	文書提出命令(10)——銀行が作成し保存している自己査定資料と自己専用文書〔123〕…185
最決平 19・12・4 民集 61 巻 9 号 3274 頁	訴訟に要する費用(3)——訴訟上の救助と猶予した費用の支払〔15〕……………………………22
最決平 19・12・11 民集 61 巻 9 号 3364 頁	金融機関が有する顧客情報と職業の秘密〔151〕…………………………………222
最決平 19・12・12 民集 61 巻 9 号 3400 頁	文書提出命令(3)——被疑者の勾留請求の資料とされた告訴状は法律関係文書か〔116〕…………………………………………………………………………172

●平成 20〜26 年

最決平 20・5・8 判時 2011 号 116 頁	訴訟と非訟(2)——婚姻費用の分担に関する処分の審判と憲法 32 条〔5〕………………7
最決平 20・6・10 判時 2042 号 5 頁	損害の発生と損害額の算定（248 条）〔138〕…………………………………207
最決平 20・7・17 民集 62 巻 7 号 1994 頁	固有必要的共同訴訟(1)——第三者に対する入会権確認の訴え【馬毛島事件】〔158〕……231
最決平 20・7・18 民集 62 巻 7 号 2013 頁	移送(3)——地簡裁間の移送〔54〕……………………………………………80
最決平 20・11・25 民集 62 巻 10 号 2507 頁	文書提出命令(12)——職業の秘密〔125〕…………………………………188
最決平 21・1・27 民集 63 巻 1 号 271 頁	秘密保持命令〔95〕……………………………………………………142
最決平 21・9・15 判時 2058 号 62 頁	法律上の争訟(2)【玉龍寺事件】〔2〕…………………………………………3
最判平 22・10・14 判時 2098 号 55 頁	法的観点指摘義務と他の請求権の釈明〔109〕……………………………159
最決平 23・4・13 民集 65 巻 3 号 1290 頁	即時抗告審における手続保障〔216〕………………………………………299
最決平 25・11・21 民集 67 巻 8 号 1686 頁	第三者による再審〔223〕……………………………………………………310
最判平 26・2・27 民集 68 巻 2 号 192 頁	法人でない社団による登記請求〔32〕………………………………………46

編者・執筆者紹介

編　者

小林　秀之（こばやし　ひでゆき）　　一橋大学名誉教授・弁護士

執筆者（五十音順）

伊東　俊明（いとう　としあき）	岡山大学大学院法務研究科教授
上北　武男（うえきた　たけお）	同志社大学名誉教授
金子　宏直（かねこ　ひろなお）	東京工業大学准教授
川嶋　四郎（かわしま　しろう）	同志社大学大学院法学研究科教授
近藤　隆司（こんどう　たかし）	明治学院大学法学部教授
齋藤　善人（さいとう　よしひと）	鹿児島大学法文学部教授
坂田　　宏（さかた　ひろし）	東北大学大学院法学研究科教授
佐藤　鉄男（さとう　てつお）	中央大学大学院法務研究科教授
佐野　裕志（さの　ひろゆき）	専修大学大学院法務研究科教授
髙田　昌宏（たかだ　まさひろ）	早稲田大学大学院法務研究科教授
髙地　茂世（たかち　しげよ）	明治大学法学部教授
田頭　章一（たがしら　しょういち）	上智大学法科大学院教授
田村　陽子（たむら　ようこ）	筑波大学ビジネスサイエンス系法曹専攻教授
中西　　正（なかにし　まさし）	同志社大学大学院法学研究科教授
中野俊一郎（なかの　しゅんいちろう）	神戸大学大学院法学研究科教授
名津井吉裕（なつい　よしひろ）	大阪大学大学院高等司法研究科教授
萩澤　達彦（はぎざわ　たつひこ）	成蹊大学法科大学院教授
畑　　宏樹（はた　ひろき）	明治学院大学法学部教授
原　　　強（はら　つよし）	上智大学法科大学院教授
藤本　利一（ふじもと　としかず）	大阪大学大学院高等司法研究科教授
町村　泰貴（まちむら　やすたか）	成城大学法学部教授
間渕　清史（まぶち　きよし）	駒澤大学法学部教授
三木　浩一（みき　こういち）	慶應義塾大学大学院法務研究科教授
薮口　康夫（やぶぐち　やすお）	青山学院大学大学院法務研究科教授
山本　浩美（やまもと　ひろみ）	国士舘大学法学部教授
我妻　　学（わがつま　まなぶ）	首都大学東京法科大学院教授

判例講義　民事訴訟法

2019（平成31）年3月30日　初版1刷発行

編　者	小林秀之
発行者	鯉渕友南
発行所	株式会社 弘文堂　101-0062 東京都千代田区神田駿河台1の7 TEL 03（3294）4801　振替 00120-6-53909 http://www.koubundou.co.jp
装　丁	大森裕二
印　刷	モリモト印刷株式会社
製　本	井上製本所

ⓒ 2019 Hideyuki Kobayashi. Printed in Japan

[JCOPY] <（社）出版者著作権管理機構 委託出版物>

本書の無断複写は著作権法上での例外を除き禁じられています。複写される場合は、そのつど事前に、（社）出版者著作権管理機構（電話 03-5244-5088、FAX 03-5244-5089、e-mail：info@jcopy.or.jp）の許諾を得てください。
また本書を代行業者等の第三者に依頼してスキャンやデジタル化することは、たとえ個人や家族内での利用であっても一切認められておりません。

ISBN978-4-335-35743-5

―― 好評発売中 ――

法学講義 民事訴訟法

小林秀之=編

小林秀之・畑　宏樹・金子宏直・川嶋四郎
西野喜一・我妻　学・萩澤達彦・近藤隆司　=著
町村泰貴・髙地茂世・薮口康夫・中西　正
名津井吉裕・間渕清史・齋藤善人・中野俊一郎

事例・図解・書式を用いて、実際の訴訟の流れとその全体像を冒頭でわかりやすく説明。全国の法科大学院・法学部で教鞭をとり、第一線で活躍する16名の執筆陣による充実した解説。必要不可欠な内容に厳選して徹底的に記述をスリム化。477判例を収録、『判例講義民事訴訟法』の事件番号を掲げ、判例学習の便宜を図る。2020年施行の債権法改正も盛り込み、コンパクトでありながら、民事訴訟法学習の基本をおさえた好評のテキスト。Ａ５判　並製　480頁　本体3300円

〔主要目次〕
1章　総論
2章　当事者と裁判所
3章　審判の対象と訴訟の開始
4章　訴訟要件・訴えの利益
5章　訴訟の審理
6章　証拠法
7章　訴訟の終了
8章　複数請求訴訟と多数当事者
9章　上訴と再審
10章　略式手続と国際民事訴訟

―― 弘文堂 ――

本体価格は2019年3月現在